중국미술사 3

오대五代부터 송宋·원元까지

국립중앙도서관 출판시도서목록(CIP)

중국미술사 = Art of China. 3, 오대(五代)부터 송(宋)·원(元)까지 /
수에융니엔, 자오리, 샹강 지음 ; 안영길 옮김. -- 서울 : 다른생각,
2011
    p. ;   cm. -- (세계의 미술 ; 3)

원표제: 中國美術. 五代至宋元
원저자명: 薛永年, 趙力, 尙剛
참고문헌과 색인수록
중국어 원작을 한국어로 번역
ISBN 978-89-92486-11-8 94910 : ₩60000
ISBN 978-89-92486-08-8(세트) 94910

중국 미술사[中國 美術史]

609.12-KDC5
709.51-DDC21   CIP2011004228

중국미술사 3

오대五代부터 송宋·원元까지

ART of CHINA
from THE FIVE DYNASTIES to YUAN DYNASTY

수에융니엔(薛永年) · 자오리(趙力) · 샹강(尙剛) 지음 | 안영길 옮김

다른생각

中國美術 3冊

五代至宋元 by Xue Yongnian(薛永年)

Copyright ⓒ 2004, China Renmin University Press

Korean translation copyright ⓒ 2011

by Darunsaenggak Publishing Co.,

Korean translation rights arranged with China Renmin University Press

through Imprima Korea Agency & Qiantaiyang Cultural Development

(Beijing) Co., Ltd.

세계의 미술 3

중국 미술사 3
−오대(五代)부터 송(宋)·원(元)까지−

초판 1쇄 인쇄 2011년 10월 10일
초판 1쇄 발행 2011년 10월 20일

편저자 | 수에융니엔(薛永年)·자오리(趙力)·샹강(尙剛)
옮긴이 | 안영길
펴낸이 | 이재연
편집 디자인 | 박정미
표지 디자인 | 아르떼203디자인
펴낸곳 | 다른생각

주소 | 서울 종로구 원서동 103번지 원서빌라트 302호
전화 | (02) 3471−5623
팩스 | (02) 395−8327
이메일 | darunbooks@naver.com
등록 | 제300−2002−252호(2002. 11. 1)

ISBN 978−89−92486−08−8(전 4권)
      978−89−92486−11−8 94910
값 60,000원(전4권 : 280,000원)

* 잘못된 책은 구입하신 서점이나 저희 출판사에서 바꾸어드립니다.

한국어판 출간에 부쳐

이 책은 중국의 중국인민대학(中國人民大學) 출판사에서 발행한 〈世界美術全集〉 가운데 제1부에 해당하는 중국 미술사 부분 네 권을 완역한 것이다.

이 중국 미술사(전4권)는 앞으로 계속하여 출간될 〈세계의 미술〉 시리즈의 첫 부분이며, 다음과 같이 네 권으로 구성되어 있다. 제1권은 선진(先秦)부터 양한(兩漢)까지, 제2권은 위(魏)·진(晉)부터 수(隋)·당(唐)까지, 제3권은 오대(五代)부터 송(宋)·원(元)까지, 그리고 제4권은 명(明)·청(淸)부터 근대(近代)까지를 다루고 있다.

이 책을 번역 출판하기로 결정한 것은 2007년 초였으니, 만 4년 만에 책의 모습을 갖추어 독자들에게 선보이게 되었다. 이 책을 번역하기로 한 것은 다음과 같은 몇 가지 이유 때문이었다.

이미 한국에는 적지 않은 수의 중국 미술사에 관한 책들이 나와 있지만, 대부분 저자나 역자의 전공에 따라 미술의 한 과목에 국한된 것들이며, 또한 비교적 간략하게 서술되어 있어, 폭넓고 체계적으로 중국 미술사를 정리한 종합 개설서는 별로 보이지 않기 때문이다. 이 책은 원시 시대부터 근대에 이르기까지 수만 년 동안의 중국 미술을 총체적으로 다루고 있다. 암화(巖畫)와 지화(地畫)를 비롯하여 도기와 청동기 등 원시 미술부터, 건축·회화·공예·조소·서법 등 모든 분야의 역사를 시대별로 자세히 서술하고 있는 중국 미술 통사(通史)이다. 각 시대를 개괄하면서, 사회 경제적 상황과 사상 철학적 배경을 근거로 당시의 예술론을 총괄하고 있어, 중국의 역사 일반과 미술의 관계를 유기적으로 연관시켜 이해할 수 있도록 서술되어 있는 장점이 있다. 뿐만 아니라 각 시기·각 분야별로 주요 미술가들의 생애와 그들의 주요 작품들에 대해서 풍부한 문헌 기록을 인용하면서 상세히 서술하고 있다. 또한 1300여 컷에 달하는 다양한 도판이 수록되어 있어 내용을 이해하는 데 한층 편리함을 제공하고 있다는 점이다. 미술이란 인간의 오관(五官) 중 시각을 통해 즐거움을 주는 게 궁극 목적이라고 할 수 있는데, 이런 측면에서 바로 이 책에 수록되어 있는 풍부한 도판은, 그 자체만으로도 충분히 출판 가치가 있다고 판단했을 정도로, 출판 여부를 결정하는 데 중요하게 작용하였다. 이와 같은 몇 가지 점들이 이 책을 번역 출판하도록 이끈 요인들이다.

하지만 여러 가지 어려움은 내내 번역자와 편집자들을 힘들게 했다. 그것은 책의 내용이 워낙 폭넓고 전문적이며, 세세한 부분까지 상세하게 서술하고 있어서, 중국 문화와 역사 전반에 대해 웬만큼 폭넓고 깊은 지식이 없는 사람은 이해하기 어려운 내용들이 적지 않았기 때문이다. 한마디로 번역과 편집 과정은 곧 '고난의 행군' 그 자체였다. 열람할 수 있는 모든 문헌과 자료들을 찾아서 스스로 내용을 이해하고, 그에 근거하여 수많은 각주를 다는 작업을 하지 않을 수 없었으며, 그 과정에서 전문가들에게 자문을 구하는 번거로움과 수고를 감내해야 했다. 편집 과정에서는 혹시라도 있을 번역 누락을 방지하기 위하여 편집자가 문장 하나하나를 대조하였다. 그 과정에서 1차로 번역문에 미심쩍은 부분이 있으면 편집진들이 토론하고 수정하여 번역자의 의견을 구한 뒤 수정하거나 보충하였으며, 다시 담당 편집자가 교정·교열을 진행하면서 2차로 내용에 의문이 생기면 다시 번역자와 토의하여 보충하거나 수정하는 절차를 거쳤다. 그리고 네 번의 교정·교열을 진행하였으니 총 일곱 번에 걸친 수정 보완과 교정·교열을 한 셈이다. 하지만 실물과 실제 과정을 보지 않고, 서술된 내용만을 가지고 그 내용을 완전하게 이해할 수 없는 부분들도 적지 않았다. 예를 들면, 고대 청동기의 제작 과정을 설명한 부분이라든가, 종류가 매우 다양한 각종 비단의 직조 과정 등을 설명하는 부분 등에서는, 전공자들조차도 충분히 이해하기 어려운 내용들이 있었다. 여러 사람들에게 자문을 구하고 논의하고 각종 문헌과 인터넷 검색 등을 통하여 최대한 정확하게 번역하려고 노력했으나, 몇몇 부분들에 대해서는 아직도 아쉬움이 남는다.

이 책을 번역하는 데에는 한 가지 중요한 원칙이 있었다. 즉 전문적인 내용이지만, 일반 독자도 이해할 수 있도록 한다는 것이었다. 그를 위해 편집 과정에서도 일반 독자의 눈높이에 맞도록 최대한 노력을 해야 했다. 내용을 풀어 써야 하는 부분도 있었으며, 수

많은 용어의 해설이나 내용의 해설을 부가하는 임무가 편집자에게 주어졌다. '편집자가 이해하지 못하면 일반 독자도 이해하지 못한다'라는 기준을 정하여, 교정과 교열을 진행하고, 더욱 상세한 각주를 찾아 달아야 했다. 여기에 약 3년의 시간이 필요했다. 각주는 역자의 검토를 거쳐 최종 확정되었으나, 이 또한 완벽하게 정확하다고 하기 어려운 부분이 있는데, 그 부분에 대한 책임은 전적으로 편집자에게 있음을 밝혀둔다.

이렇게 하여 마침내 한국어 번역본이 출간되기에 이르렀기에, 감회가 새롭고, 지난 시간의 고생이 보람으로 느껴지기도 한다. 이 책을 읽는 전문가와 독자들의 애정 어린 질책과 조언을 바라마지 않으며, 오류가 발견되면 출판사로 꼭 연락해 주시기를 진심으로 기대한다.

그 동안 출판사측의 재촉에 시달리며 본업을 침해받아가며 힘든 번역을 맡아주신 여러 번역자 선생님들과, 전화로, 구두로, 이메일 등으로 무례하게 질문하고 자문을 구했음에도 불구하고 친절하게 응해주신 미술사학계의 여러 교수님들과 선생님들께 깊이 감사드린다. 특히 원광대학교 홍승재 교수님의 노고는 말로 표현할 수준을 넘어선다.

이 네 권의 책들이, 더 나아가 앞으로 이어서 출간될 『인도미술사』를 비롯한 세계 각국·각 지역의 미술사 책들이 우리나라 미술사학계의 연구자들과 미술사에 관심이 있는 독자들에게 조금이라도 유익했다고 평가받기를 간절히 바란다. 또한 이 책에 버금가는 훌륭한 『한국미술사』를 출간하는 게 간절한 소망이기도 하다.

2011년 9월
기획·편집 책임 이재연

이 책의 출판에 대한 설명

이 책은 중국 혹은 세계적 범위 내에서 출판한 것으로, 중국의 학자들이 편찬하여 완성한 〈世界美術全集〉의 제1부이다. 따라서 또한 개척성·창조성과 선명한 학술적 특색을 갖춘 이 시리즈는 고금의 중국과 외국의 중대한 미술 현상 및 미술 발전의 개황을 관찰하고 연구한 도판과 문자 자료의 집대성이기도 하다.

〈世界美術全集〉 시리즈의 집필은, 비교적 완정(完整)하고 분명하게 세계 각 민족 미술 발전의 역사적 과정들을 반영하고 있는데, 이는 매우 많은 중국 학자들의 숙원이었다. 중국은 세계의 일부분이며, 수천 년 동안 끊임없이 이어져온 중국 미술도 세계 역사라는 커다란 환경 속에서 성장하고 발전해왔다. 현대의 중국은 바야흐로 진지하게 세계를 이해하고 연구하는 과정에 있으며, 세계 각국의 인민들도 진지하게 중국에 관심과 주의를 기울여, 중국의 역사와 현상을 연구하고 있는 중이다. 최근 백 년 이래, 중국과 세계 각국의 우호 교류(문화 교류도 포함하여)는 끊임없이 증대되어 왔으며, 중국의 전체 세계에 대한 시야도 끊임없이 넓어져왔는데, 그것은 중국과 세계의 진보에 대하여, 그리고 문화 예술의 번영에 대하여 이미 적극적인 영향을 미쳤으며, 또한 여전히 영향을 미치고 있다. 현재 그러한 과정은 계속되고 있을 뿐만 아니라, 끊임없이 확대 발전하고 있다.

이와 같은 상황에서 중국의 학자들에 의한 〈世界美術全集〉의 집필과 출판이라는 이 작업은 더욱 중요한 일이라고 생각된다. 그 까닭은 다음과 같다. 첫째, 역사 환경과 연구 조건의 제한으로 인해 수십 년 이래로 우리들은 이 작업을 질질 끌면서 일정을 잡지 못하고 있었기 때문이다. 또 다른 측면에서는, 적지 않은 서구의 학자들이 편찬한 세계 미술사들은, 비록 자료의 수집과 학술적 관점에서 나름대로 각자의 특색을 지니고 있긴 하지만, 적지 않은 저작들은 유럽 중심론과 서방 중심론의 영향을 받았기 때문에, 아시아에 대해, 특히 중국 예술사의 면모에 대해 매우 불충분하게 반영하고 있으며, 중국과 동유럽 예술에 대해서도 편견이 존재하여, 아예 소개를 하지 않거나 혹은 간단히 언급만 한 채 서술은 하지 않고 지나쳐버리고 있다. 특히 더욱 사람들을 불안하게 하는 것은, 일부 저작들 속에서는 중국 고유의 영토인 서장(西藏)과 신강(新疆) 지구의 미술을 중국 이외의 미술로 소개하여 기술하고 있다는 점이다. 분명히 이와 같이 역사적 진실과 관점에 대한 위배는 형평성을 잃은 미술사로서, 예술사 지식의 전파에도 이롭지 못하며, 세계 각국 인민들의 상호 이해에도 이롭지 않고, 또한 마찬가지로 예술사의 깊이 있는 연구에도 이롭지 않다고 본다. 이와 같은 상황은 이미 중국을 포함하여 세계의 수많은 유명한 예술사가들로부터 주목을 받고 있다. 다행으로 생각하는 것은, 적지 않은 서구와 아시아 학자들이 바로 이러한 상황을 바로잡기 위해 여러 가지 노력을 하고 있다는 점인데, 그들도 중국의 미술사학자들이 스스로 자신들의 공헌을 내놓기를 기대하고 있다.

10여 년 전, 우리가 그 첫걸음으로 〈中國美術全集〉의 편찬·출판 작업을 완성한 후, 곧 〈世界美術全集〉의 기획과 출판 작업을 시작했다. 중앙미술학원(中央美術學院) 미술사계(美術史系)가 집필하여 편찬한 외국 미술사와 중국 미술사 교재의 기초가 있었고, 또한 대만(臺灣)의 광복서국(光復書局)으로부터 지원과 찬조가 있었기 때문에, 이 작업은 순조롭게 진행될 수 있었다. 20여 명의 동료들이 힘을 모아 협력하면서, 수년 동안 긴장된 작업을 거쳐, 마침내 전체 초고를 완성하였는데, 애석하게도 예상치 못한 곤란에 직면하여 제때 출간되지 못하였다. 현재 우리가 보고 있는 이 20권짜리 〈世界美術全集〉은 중국인민대학출판사의 대대적인 지원을 받아, 위에서 언급한 초고를 기초로 하여, 보완하고 수정하여 완성한 것이다. 전집 편찬 작업에 참가한 사람들은 중앙미술학원·중국예술연구원(中國藝術研究院)·청화대학(淸華大學) 미술학원·중국인민대학(中國人民大學) 서비홍예술학원(徐悲鴻藝術學院)·북경대학(北京大學)·중국사회과학원(中國社會科學院)·고궁박물원(故宮博物院)·상해박물관(上海博物館)·중국미술가협회(中國美術家協會)의 교수와 연구원들이다.

과학적이고 객관적 역사관은 우리들이 편찬한 이 〈世界美術全集〉의 지도 사상이다. 우리는 사실(史實)을 기초로 삼아 힘써 추구하였고, 진실하고 객관적으로 각 역사 시기들과 각 민족들의 예술 창조를 서술하고 분석하였으며, 인류의 물질문화와 정신문화가 조형 예술과 실용 공예 미술 속에서 창조한 성취를 펼쳐 보이고, 세계 각국 인민들의 예술 창조의 지혜와 재능을 반영하려고 노력했다. 우리는 기나긴 역사의 대하(大河) 속에서 각 민족들간의 우호적인 예술 교류에도 관심과 주의를 기울였는데, 바로 각 민족들간 예술의 상호 영향은 세계 예술의 번영을 촉진하였다. 우리는 가능하면 전체 세계 미술의 역사적 과정을 전면적으로 반영할 수 있도록 최선을 다했지만, 두말할 나위 없이, 진정으로 이상적인 목표에 도달하기 위해서는 또한 우리와 이후 중국 학자들의 계속적인 노력을 기다려야 한다. 한편으로는 세계 미술사에 대한 연구가 중국에서 상대적으로 많이 늦었기 때문에, 학술 진영도 강고하지 못하며, 다른 한편으로는 또한 일부 국가와 지역들의 미술사 연구는 기존의 연구에서는 아직 공백 상태에 속하기 때문에, 중국 내외 미술사가들의 협력을 받아 그 부족한 점들을 보완해가기를 기다릴 필요가 있다.

이 책은 세계 미술사 지식을 보급하는 것이 주요 목적이므로, 미술사 연구에서의 일부 학술 문제는 지면의 제한으로 인해, 단지 약간만을 다룰 수 있었을 뿐 충분히 전개하지 못했는데, 다행히도 적지 않은 중국의 학자들이 이미 독립적으로 전문 저서들을 출판했기 때문에, 더 깊이 있게 읽고 연구하려는 독자들의 요구를 만족시켜줄 수 있을 것이다.

〈世界美術全集〉 편찬위원회

주편(主編) : 金維諾

부주편(副主編) : 邵大箴, 佟景韓, 薛永年

일러두기

책을 읽기 전에, 이 책의 편집은 다음과 같은 몇 가지 원칙에 따랐음을 알립니다.

1. 본문에 별색으로 표시한 용어나 구절들은 책의 접지면 안쪽 좌우 여백에 각주 형태로 설명을 부가한 것들이다. 이것들은 모두 역자나 편집자가 독자들의 이해를 돕기 위해 원본에는 없는 것을 별도로 추가한 내용이므로, 원저자와는 관계가 없다. 독자들의 편리를 위하여 반복하여 수록한 것들도 있다.

2. 본문의 [ ]나 ( ) 속에 있는 내용 중 '─' 혹은 '─역자' 표시와 함께 내용을 부가한 것은 역자나 편집자가 독자들의 이해를 위해 추가한 내용이다. 그리고 '∵' 표기와 함께 수록된 내용은 중국어 원본에 원래 있는 것을 번역하여 옮긴 것이다.

3. 지명이나 인명은 모두 한국식 한자 독음(讀音)으로 표기하는 것을 원칙으로 하였으나, 한국 독자들에게 낯익은 몇몇 지명은 간혹 중국식 발음으로 표기했으며, 여기에는 한자를 병기하였다.
   예 : 홍콩(香港)

4. 도판명은 가능하면 중국어 원본대로 표기하여 한국식 독음과 한자를 병기하였으나, 특별히 풀어서 쓰는 것이 독자들의 이해에 도움이 된다고 판단되는 것들은 풀어쓴 내용과 함께 한자를 병기하였다. 그리고 용어의 경우, 기본적으로 중국의 표기를 준용하였다. 예컨대 우리나라에서는 대개 '토기'라고 표현하는 것을, 이 책에서는 '도기(陶器)'로 표기하였는데, 번역어도 '도기'로 표기한 것이 그 예이다.

5. 숫자의 표기는 가능하면 아라비아 숫자를 배제하고 한글로 표기하였으나, 숫자가 길어지는 것은 일부 아라비아 숫자로 표기하였으며, 번호나 조대(朝代)를 표기하는 것은 아라비아 숫자로 표기하였다. 상황에 따라 읽기 편리하도록 하여, 표기에 일관성을 기하지 않았다.

6. 고전이나 옛날 문헌에서 인용한 부분은 최대한 한문 원문을 병기하였다. 몇몇 독음(讀音)을 알 수 없는 글자들은 □표시로 남겨두었다.

차 례

| 제1장 |

개설(槪說)

미술 발전의 역사·정치적 배경

중국 역사에서 오대(五代)·요(遼)·송(宋)·금(金)·원(元)(907~1368년)은 통일 상태에서 분열되고, 또 다시 분열되었다가 합쳐져, 마침내 다시 전국의 통일로 귀착된 역사 시기이다. 이 시기는 정권의 수립과 교체, 민족의 모순과 융합, 사회 구조의 발전과 변화 등 모두가 복잡하고 어수선한 국면을 드러냈다. 위(魏)·진(晉)과 수(隋)·당(唐) 시기에 높은 수준에 도달했던 중국 미술은 바로 이러한 특수한 역사 조건하에서 변모하며 발전하였다.

이 시기의 역사 발전은 네 단계로 나눌 수 있다. 바로 오대십국의 분열 시기, 요(遼)·서하(西夏)와 병립했던 북송 시기, 금(金)과 대치했던 남송 시기, 다시 천하를 통일한 원(元)나라 시기이다. 각 시기의 미술 발전은 전체적으로 발전하는 추세 속에서 다른 면모를 보인다.

오대십국(五代十國 : 907~960년)은 당(唐)나라 말기의 번진(藩鎭) 세력들이 할거하던 악조건 속에서 발전하였다. 당나라의 애제(哀帝) 때인 천우(天祐) 4년(907년)에 선무진절도사(宣武鎭節度使) 주온(朱溫)이 당나라를 멸망시키고 후량(後梁)을 세웠다. 53년이라는 짧은 세월 동안 중원 지역에는 앞서거니 뒤서거니 후량·후당(後唐)·후진(後晉)·후한(後漢)·후주(後周)의 다섯 왕조가 들어섰으며, 중원을 에워싼 강남과 북방 지역에는 열 개의 소국(小國)들이 수립되었다. 강남에는 오(吳)·오월(吳越)·민(閩)·남당(南唐)·초(楚)·남한(南漢)·전촉(前蜀)·후촉(後蜀)·형남(荊南 : 南平이라고도 함)이 있었고, 북방에는 북한(北漢)이

번진(藩鎭) : 당나라 및 송나라 초기에 중앙 권력이 미치지 않는 변방 지역에, 절도사를 최고 권력자로 하여 통치하던 지방 통치체제의 일종.

사타족(沙陀族) : 북방의 돌궐계 부족.

있었다. 거의 같은 시기에 각기 출현하여 병존했던 이들 정권들은 기본적으로 당나라의 제도를 답습하였다. 그러나 오대는 빈번하게 군주가 바뀌었고, 십국의 경우는 지역에 할거하며 군림했다. 오대 정권의 신속한 교체는 주로 미개한 사타족(沙陀族)과 중원에서 각축하는 과정에서 일어났으며, 또 동북 지역에 존립했던 거란족 정권의 군사적 간섭을 적극적으로 이끌어냄으로써 전란이 계속 이어져, 백성들의 삶은 도탄에 빠졌다. 십국(十國)을 수립한 인물들의 대다수는 당나라 말기에 용병으로 할거하던 군벌들이었다. 비록 중원의 전란을 빌미로 스스로를 황제라 일컬으며 통치했지만, 소수의 병력으로 전쟁에 대비해야 했기 때문에 나라의 태평과 백성의 안전을 내세우는 정책을 취하면서, 수·당의 기초 위에서 계속 발전할 수 있었다.

당항족(黨項族) : 중국 고대 강족(羌族)의 한 부족으로, 오늘날의 청해성과 사천성 서북 지역에 흩어져 살면서 유목과 사냥으로 생활했다.

북송(960~1127년)은 북방의 거란족 정권 및 당항족(黨項族) 정권과 병립했던 한족(漢族) 정권이다. 후주(後周)의 공제(恭帝) 때인 현덕(顯德) 7년(960년)에 금군(禁軍)의 총수였던 조광윤(趙匡胤)이 진교(陳橋)에서 정변을 일으켜 나라를 세우고, 황제라 칭하면서 변량(汴梁 : 오늘날의 開封)에 수도를 정함으로써 북송을 개국한 시조가 되었다. 북송의 건국은 오대십국의 분열 국면을 마감하였으며, 통치자는 일련의 조치를 통해 정권(政權)과 병권(兵權) 및 경제권을 황제 한 사람에게 집중되도록 하였다. 아울러 군벌의 할거를 막는 중앙집권 체제를 강화하면서, 과거제(科擧制) 하에서의 문관제도를 시행하여 무(武)를 억누르고 문(文)을 선양하는 정책을 취하여, 만당(晚唐) 이래 사회 구조의 변화와 경제 문화의 발전을 추진하였다. 그러나 변방의 위협을 제어할 국방력의 약화를 초래한데다, 통치자의 무사안일과 향락의 추구가 더해지면서, 변방의 위협이 끊이지 않는 국면이 조성되었다. 실제로 북송의 통일은 상대적인 것으로, 북방 거란족의 요(遼)나라 정권과 당항족의 서하(西夏) 정권이 관할하던 지역을 전혀 포괄하지 못했다.

동북의 거란족은 오대 시기에 이미 날로 강성해지고 있었는데, 불시에 중원을 침략하는가 하면, 동시에 기꺼이 신하로 칭하면서 세력을 키워온 지방 정권이었다. 후량(後梁) 정명(貞明) 2년(916년)에 거란국을 수립하고, 임황부[臨潢府 : 오늘날의 내몽고 바린쭤치(巴林左旗) 부근]에 수도를 정했는데, 후한(後漢) 천복(天福) 12년(947년)에 국호를 요(遼)로 고쳤다. 영토가 광대했던 요나라는 가장 먼저 중국 북방 지역의 대부분을 통일했는데, 국경 안에는 거란족·한족·위구르족·여진족 등 여러 민족들이 거주하고 있었다. 요나라의 통치자들은 "국가의 제도로 거란을 다스리면서, 중국의 제도로 한족을 대우하는[以國制治契丹, 以漢制侍漢人]" 정책을 채택하였으며, 당·송의 문화를 대량으로 흡수하여 북송의 북방을 위협하는 강대한 민족 정권이 되었다. 북송 초기에 군사를 일으켜 북벌을 감행함으로써 전쟁이 끊이질 않았는데, 송나라 경덕(景德) 원년(1004년)에 강화조약인 '전연지맹(澶淵之盟)'을 맺은 이후 송나라와 요나라는 상대적으로 안정된 평화 시기에 접어들었으며, 경제와 문화의 교류가 매우 활발했다.

서북의 강족(羌族) 중 당항(黨項) 일족도 오대 시기 중원의 혼란을 틈타 세력을 발전시키면서, 차츰 오늘날의 영하(寧夏)와 감숙(甘肅) 및 섬서(陝西) 일부를 차지하기에 이르렀다. 일찍이 '오주(五州)' 지역에 걸쳐 있었기 때문에 요나라와 연합하여 송나라를 공격한 적도 있었으며, 신하를 자처하며 송나라에 복속된 적도 있었다. 송나라 경우(景祐) 5년(1038년)에 마침내 정식으로 국가를 건립하고, 흥경[興慶 : 오늘날의 영하(寧夏) 은천(銀川)]에 수도를 정한 뒤 국호를 대하(大夏)라고 하였는데, 역사에서는 이를 서하(西夏)라 일컫는다. 서하는 건국 후에 곧바로 대외 확장 정책을 강화하여 북송과 여러 차례 전쟁을 일으켰는데, 경력(慶曆) 4년(1044년)에 쌍방이 화의를 맺어 평화 국면이 유지되다가 금(金)나라에 의해 멸망하였다.

전연지맹(澶淵之盟) : 송나라를 침공한 요나라의 성종(聖宗)이 송나라의 진종(眞宗)과 체결한 강화조약으로, 이후 두 나라는 오랫동안 평화를 유지하였다. '전연'은 오늘날의 하남성 복양현(濮陽縣) 서남쪽에 있다.

발극렬제(勃極烈制) : 1115년 정월에
아골타가 나라를 세우고 황제로 칭
한 것은 여진족 사회에 노예제도가 정
식으로 확립되었음을 나타낸 상징이
었다. 노예제 국가의 수요에 부응하기
위하여 이 해 7월에 여진의 대군사연
맹(大軍事聯盟) 아래 존재하던 도패근
(都孛菫)·국상(國相)·패근의사회(孛菫
議事會)를, 조정의 정사에 주도적으로
참여하고 국사를 함께 논의하는 최고
권력기구인 발극렬제도(勃極烈制度)로
개편하였다. 이 제도는 오래된 연맹의
사회제도의 흔적을 유지하면서 합의
제 형식으로 국가의 중대 정책에 대
한 방침을 결정하는 것이었는데, 비록
황제를 보좌하는 일종의 정치제도였
지만, 황제의 권력은 여러 발극렬(勃
極烈)들의 견제를 받았다. 이 제도는
20년간 시행되었는데, 태종(太宗)을 거
쳐 희종(熙宗) 때에 이르러서야 폐지되
었다.

맹안모극제(猛安謀克制) : 이 제도는
원래 여진족의 씨족사회 말기의 부락
조직이었는데, 이는 혈연으로써 유대
를 공고히 하기 위한 것이었다. 그 조
직은 십오(什伍) 단위로 편제가 이루
어졌는데, 오장(伍長 : 擊柝)·십장(什
長 : 執旗)·모극(謀克 : 百夫長)·맹안
(猛安 : 千夫長)으로 이루어져 있어서
붙여진 이름이다. 처음에는 단순한
수렵을 위한 조직이었으나, 후에는 바
뀌어, 평소에는 수렵을 위한 조직으
로 이용하다가 전시(戰時)에는 군사조
직으로 활용했다.

해상지맹(海上之盟) : 금나라와 송나
라가 함께 요나라를 정복하여, 금나
라는 중경(中京) 일대를 취하고, 송나
라는 연경(燕京) 지역을 취하기로 하고
맺은 동맹인데, 이는 송나라가 금나
라에게 멸망하는 빌미가 되었다.

북송과 요나라는 모두 여진족이 세운 금나라 정권에게 멸망하였
다. 요나라가 통치하는 동안 "괴로움은 눈앞에 있고, 즐거움은 함께
하지 않았기[辛苦則在前, 逸樂則不與]" 때문에 강렬한 불만이 야기되기
에 이르렀으며, 그 완안부(完顔部-여진족의 한 부족)는 마침내 정화(政
和) 4년(1114년)에 아골타(阿骨打)의 영도 아래 군사를 일으켜 요나라를
배반하고 요나라의 군대를 크게 패퇴시켰다. 다음해에 정식으로 나
라를 세워 국호를 대금(大金)이라 하고, 수도를 상경(上京) 회녕부[會寧
府 : 오늘날의 흑룡강(黑龍江) 아성(阿城) 남쪽]에 정하였다. 금나라는 건
국 초기에, 정치적으로는 의사제도(議事制度)의 성격을 띤 발극렬제
(勃極烈制)를 실행하였으며, 군사적으로는 군정(軍政) 합일의 맹안모극
제(猛安謀克制)를 실행하였다. 희종(熙宗) 시기(1135~1149년)에 송나라
를 흡수하면서 요나라의 제도에 개혁을 가해 국력이 더욱 강해졌다.
금나라는 일찍이 선화(宣和 : 1119~1125년) 초기에 북송과 '해상지맹(海
上之盟)'을 맺고 요나라를 함께 공격한 적이 있는데, 곧바로 말머리를
북송으로 돌려 대대적으로 남침을 감행하여, 정강(靖康) 원년(1126년)
에 개봉(開封)을 함락시키고, 북송의 휘종(徽宗)과 흠종(欽宗) 두 황제
를 포로로 잡아감으로써 북송이 멸망하였다.

북송이 멸망할 때 송나라 휘종의 아홉째아들 조구(趙構)가 황제
에 즉위하여 수도를 임안[臨安 : 오늘날의 항주(杭州)]으로 옮겼는데, 역
사에서는 이를 남송(南宋 : 1127~1279년)이라고 부른다. 남송 초기에
금나라 군대가 끊임없이 남침을 감행할 때, 용기 넘치는 남송의 군대
와 백성들이 떨쳐 일어나 금나라에 맞서 투쟁하였지만, 투항파들은
구차한 안일을 도모하며 투항하기로 타협하여, 마침내 소흥(紹興) 11
년(1141년)에 금나라와 송나라가 화의를 맺었다. 이후 남송과 금나라
의 대립은 상대적으로 안정적인 국면을 유지하다가 두 나라 모두 원
나라에 의해 멸망하였다.

원나라(1271~1368년)는 북방의 몽고족이 세웠으며, 전국을 아우른 정권이었다. 몽고족은 몽고 고원에서 발원하여 유목을 생업으로 하였는데, 13세기 무렵에 강대해지기 시작했다. 남송 개희(開禧) 2년(1206년)에 테무친이 몽고의 각 부족들을 통일하여 정권을 수립했는데, '징기스칸'으로 추대되었다. 그는 분봉제도(分封制度)를 실행하고 군정(軍政) 합일의 '겁설(怯薛)'군을 조직하였다. 그 후 일련의 전쟁을 일으켜 끊임없이 성을 공략하고 땅을 빼앗아 영토를 확장하였다. 바로 1227년에 서하를 멸망시켰고, 1234년에는 금나라를 멸망시켰다. 아울러 1217년 이후 6년 동안에 세 차례의 원정을 하여, 아시아와 유럽 대륙에 걸친 몽고 제국을 건설하였다. 몽고는 금나라를 멸망시키는 전쟁에서 남송과 연합한 적이 있었는데, 금나라가 멸망한 후에는 곧 대대적으로 남송을 공격하였다. 남송 함순(咸淳) 7년(1271년)에 테무친의 손자 쿠빌라이가 국호를 원(元)으로 고쳤으며, 다음해에 수도를 대도[大都 : 오늘날의 북경(北京)]으로 옮겼는데, 8년이 지난 1279년에 남송이 멸망하면서 중국은 다시 통일되었다.

쿠빌라이는 황제에 즉위하기 전에 한족(漢族)의 영향을 받았는데, 즉위한 후에 한족의 제도를 고쳐 한족의 법을 사용하는 정책을 추진하면서, 행성제(行省制)로 중앙집권을 강화하여 중앙과 변방의 관계를 결속시켰다. 원나라의 통일은 오대십국 이래 3백여 년에 달하는 분열의 상태를 종식시킨 것이며, 영토는 한(漢)나라나 당(唐)나라에 비해 훨씬 광활해졌다. 이제껏 소수민족 지방 정권에 의해 통치되던 여러 낙후된 지역들이 중앙 정부의 관할 아래 귀속됨으로써, 국내 각 민족들의 연계가 증진되었으며, 중국과 외국의 교류가 촉진되었다. 그러나 사람들을 네 등급(蒙古人·色目人·漢人·南人)으로 나누어 민족 분리 통치 정책을 실행하였기 때문에, 민족간의 모순이 더욱 심화되기도 하였다. 원나라 중기 이후에 정치가 무너지고 각종 사회적

분봉제도(分封制度) : 봉건제(封建制)라고도 부르며, 좁은 의미의 봉건(封建)을 의미한다. 공동체의 맹주나 중앙 왕조가 왕족·귀족과 공신들에게 영지(領地)를 분봉하기 때문에 정치 제도의 범주에 속한다. 고대 종법제(宗法制)는 분봉제의 기초였는데, 가정 범위에서 이루어지는 것이 종법제이고, 국가 범위에서 이루어지는 것이 분봉제이다.

겁설(怯薛) : 몽고와 원나라 때의 금위군(禁衛軍).

행성제(行省制) : 몽고 제국 시기에 연경(燕京-현재의 북경)·별실팔리(別失八里)·아모하(阿母河)의 사관 및 투항한 금나라의 관리(官吏)·군벌(軍閥) 등은 또한 행상서성(行尙書省) 혹은 행성(行省)이라고 불렀다. 그런데 이들 모두가 엄격한 의미에서의 행성이라고 할 수는 없다. 쿠빌라이가 원나라를 건국한 후, 정식으로 조정에 중서성(中書省)을 설치하고, 전국의 정무(政務)를 총체적으로 감독하였는데, 이때 이들을 '도성(都省)'이라고 불렀다. 얼마 안 되어 또 앞 왕조의 전례에 따라, 빈번하게 중서성 재집(宰執)을 재상의 직함을 주어 임시로 파견하여 한 지역의 행정과 정벌 업무를 책임지도록 도모하였다. 예를 들면 중통(中統 -1260~1264년)과 지원(至元-1264~1294년) 전기의 섬서(陝西) 사천(四川)행성·하동(河東)행성·북경(北京)행성·하동(河東)행성·산동(山東)행성·서하(西夏) 중흥(中興)행성·남경(南京) 하남부등로(河南府等路)행성·운남(雲南)행성·평송(平宋)전쟁 전후의 형호(荊湖)행성·강회(江淮)행성 등이 있었다.

모순이 격화되면서, 말엽에는 대규모의 봉기가 일어났다. 세력이 날로 커진 주원장(朱元璋)은 지정(至正) 28년(1368년)에 원나라를 멸망시키고 명(明)나라를 건립하였다.

오대부터 원나라에 이르는 4백여 년 동안의 분열로부터 통일에 이르는 역사의 변천과 정권의 변화는, 몇몇 도성 위주의 새로운 정치 중심과 문화 중심을 조성하면서 지역적 문화 예술의 발전을 추동하였다. 특히 정치·문화의 중심이 옮겨가는 가운데 예술적 성취와 경험의 만남이 촉진되면서, 황실 미술 기구(機構)의 변모나 흥망성쇠에도 영향을 미쳤다.

당나라 이래 황실의 미술 공예 기구는 관부(官府) 수공업 부문에 종속되었는데, 오대 이후에는 기본적으로 당나라의 제도를 답습하면서도 새로운 발전을 이루었다. 대체적인 상황을 살펴보면, 실용과 밀접한 관계가 있는 건축 공예 부문은 옛 제도를 보완하면서 발전하였으며, 감상용 회화를 창작하는 기구가 증설되었다. 건축 공예 부문에 대해서 말하자면, 송·요·금은 모두 두 계통으로 구분할 수 있다. 하나는 중앙 정부의 공부(工部) 계통이며, 다른 하나는 황실 사무 관리 계통이다. 두 계통의 하부기관이 때로 교차·전이(轉移)되는 경우도 있었지만, 후자의 계통을 더욱 중시했던 것 같다. 송나라의 황실 사무 관리 계통 가운데에는 장작감(將作監)을 설치하여 토목 공정을 관할하도록 했다. 그 아래에 수내사(修內司)와 동서팔작사(東西八作司)를 설치하고, 공정을 분담하여 책임지도록 했다. 아울러 소부감(少府監)을 설치하여 온갖 기술들을 관장하도록 했는데, 그 아래에 문사원(文思院)·능금원(綾錦院)·염원(染院)·재조원(裁造院)·문수원(紋繡院)을 설치하고, 각기 다른 공예 부문에 따라 그 직무를 담당하도록 했다.

요나라 정권도 한족의 제도를 흡수한 '남원(南院)' 속에 중앙기구

에 해당하는 장작감과 소부감을 설치하였는데, 그 직능은 송나라와
비슷했다. 금나라 정권도 송나라의 제도를 시행했는데, 비록 장작감
을 설치하지는 않고, 궁중의 토목사업은 공부(工部)의 수내사(修內司)
와 지응사(祇應司)가 분담하여 관리하도록 했지만, 소부감의 직능은
더욱 많아졌으며, 그 소속 부서로는 원(院)을 서(署)로 고쳐 상방서(尙
方署)·도화서(圖畫署)·재조서(裁造署)·문수서(紋繡署)·직염서(織染署)·
문사서(文思署)를 두었다. 그 가운데 상방서는 '금은(金銀) 기물과 정
장거여(亭帳車輿－정자·천막·수레·가마)를 제작하는 모든 일을 관장'하
였으며, 도화서는 '도화와 누금(縷金)의 일을 관장'하였는데, 송나라
와 요나라의 화원(畫院) 기능을 겸했던 것 같다. 그 나머지 각 부서들
의 직능은 송나라의 소부감과 비슷했다. 원나라의 황실과 몽고의 귀
족들은 기예에 열중하였기 때문에, 수공 공예를 관리하는 기관들이
급격히 증대하였다. 공부(工部) 계통 가운데 제색인장총관부(諸色人匠
總管府)를 설치하고, 그 휘하에 범상제거사(梵像提擧司)·출랍국(出臘
局)·은국(銀局)·마노옥국(瑪瑙玉局)·유칠국(油漆局) 등의 전문 기관들
을 두고 관할하였다. 장작원(將作院)의 기능은 송·요·금의 소부감에
해당했으며, 그 안에 제로금옥장인총관부(諸路金玉匠人總管府)를 설
치하고, 그 휘하에 옥국제거사(玉局提擧司)·금은기합제거사(金銀器盒
提擧司)·마노제거사(瑪瑙提擧司)·금사자국제거사(金絲子局提擧司)·옥
국(玉局)·부량자국(浮梁瓷局)·화국(畫局)·대소조목국(大小彫木局)·온
서대모국(溫犀玳瑁局)·이양문수제거사(異樣紋繡提擧司)·능금직염제거
사(綾錦織染提擧司)·사라제거사(紗羅提擧司) 등의 전문 기관들을 두고
관할하였다. 범상제거사와 화국은 대략 송나라와 요나라의 화원 및
금나라의 도화서 기능을 담당하였다. 이 밖에 원나라 정부는 대도
(大都)와 상도(上都) 및 각 노(路)와 부(府)에도 총관부(總管府)와 제거
사(提擧司) 및 각종 국(局)·원(院) 등 지역적 성격의 수공업 관리 기구

노(路) : 송(宋)·원(元)대의 행정구역
단위로, 오늘날의 성(省)에 해당한다.

부(府) : 당(唐)나라 때부터 청(淸)나라
때까지의 행정구역 단위로, 오늘날의
현(縣)보다 한 단계 높은 등급에 해당
했다.

와 수공업 제작 단지를 설치하였다. 원나라의 토목 건축 관리 기구는 대도의 유수사(留守司)와 상도의 유수사 안에 설치하였다.

황실 회화 창작 기구의 설치와 정비는 오대(五代)와 남송·북송의 미술 발전에서 중요한 사건이었다. 당나라 이전에는 황실의 미술 공예 기구 속에 결코 화원(畫院)의 제도가 없었으며, 화원의 설치는 오대십국 시기에 시작되었다. 오대의 중원은 전쟁의 불길이 꺼지지 않았으나, 십국의 경우는 상대적으로 안정을 누리며 경제가 발전하고 화가들이 모여들어 활동하였다. 황실의 심미(審美) 요구를 만족시키기 위하여 서촉(西蜀)의 군주 맹지상(孟知祥)은 정권을 잡은 초기(934년)에 중국 미술의 역사에서 최초의 황실 회화 기구인 한림도화원(翰林圖畫院)을 설립하였는데, 대조(待詔)와 지후(祗侯) 등의 직제를 만들어 화가들을 불러 모았으며, '안월의의(按月議疑)'라는 예술 연구 모임을 조직하여 각종 창작활동을 펼치도록 하였다. 뒤이어 남당(南唐)의 중주(中主)인 이경(李璟)도 서촉(西蜀)의 화원 제도를 본떠 보대(保大) 원년(943년)에 한림도화원을 개설하였다. 한림원(翰林院)은, 본래 당대(唐代)에 주로 문사(文辭)와 경학(經學)에 뛰어난 선비들이 황제의 명을 기다리던 곳이며, 점과 의술의 기술이 있던 인재들도 그 안에서 직분을 수행하였다. 서촉과 남당은 한림도화원을 설립하여 화가의 지위를 격상시킴으로써 일반 장인들과 구별되게 하였다.

북송은 강남(江南)을 평정하는 과정에서 남당과 서촉의 화원 화가들을 받아들임과 동시에 한림도화원을 설립하였다. 한림도화원은 한림원 아래 예속되어 있었고, 한림도화국(翰林圖畫局)이라고도 불렀으며, 서예국(書藝局)·천문국(天文局)·의관국(醫官局)과 같은 지위에 있었다. 그 규모는 오대 때보다 확대되어, 화가의 직함도 대조(待詔)·예학(藝學)·지후(祗侯)·학생(學生) 등 여러 과(科)에 이를 정도로 많아졌다. 북송의 화원은 회화를 매우 애호했던 휘종(徽宗) 조길(趙佶)의 시대에 가장 흥성했는데, 한 걸음 더 나아가 이전 시기의 "무릇 기예로 벼슬을 한 자는 어대(魚袋)를 찰 수 없다[凡以藝進者不得佩魚]"라는 옛 제도를 혁신하였다. 이에 따라 화원 화가의 지위는 거의 문관직 관원의 수준까지 상승되었으며, 아울러 옛 사람들의 시구(詩句)로 시험을 치러 화가를 선발함으로써, 화원 화가의 문화적 소양을 향상시키면서 창작의 발전을 촉진하였다. 북송이 멸망한 정강(靖康)의 변(變) 이후 고종인 조구(趙構)가 임안(臨安 : 오늘날의 항주)에서 다시 화원을 새롭게 회복하였기 때문에, 화원 창작의 흥성은 남송 말까지 지속되었다. 오대와 북송의 화원 설치는 요나라에 영향을 미쳤는데, 『요사(遼史)』의 기록에 따르면, 요나라의 성종(聖宗) 시기인 개태(開泰) 7년(1018년)에 이미 한림도화원이 설치되어 있었고, 대조라는 직책을 두었다고 한다. 금(金)·원(元) 시기에는 비록 화원이 설립되지는 않았지만, 금나라에는 도화서가 있었으며, 나중에 지응사(祗應司)를 두어 도화서의 기능을 하도록 하였다. 원나라에는 도화국(圖畫局)과 범상제거사(梵像提擧司)를 두었으며, 비서감(秘書監)과 함께 같은 분야의 작업을 담당하도록 하였다. 그러나 화가들은 다시 공장(工匠-공예인)의 지위로 떨어지게 되었고, 공교롭게도 금·원의 궁정회화는 쇠락의 국면으로 접어들었다.

오대(五代)부터 원나라에 이르는 동안 펼쳐진 민족들간의 전쟁과 정치·문화 중심의 변천은 또한 서로 다른 형식으로 중국 내 각 민족들의 문화 예술 교류를 강화하였으며, 한족(漢族) 예술 문화의 각 소수민족들에 대한 깊은 영향과 각 민족 예술 문화의 융합과 상호 보완을 조성하면서, 중화 민족의 미술 면모를 풍부하게 만들었다. 원대에는 국내외의 미술 교류가 더욱 증진되었다.

요·금·원의 소수민족 정권들은 중원의 주인으로 자리 잡는 과정에서 끊임없이 한족의 문화를 받아들였는데, 한족 출신의 건축·조

어대(魚袋) : 당·송 시대에 관원들이 착용하여 신분을 증명하던 물건을 가리킨다.

정강(靖康)의 변 : 북송의 휘종(徽宗)이 금나라와 동맹을 맺고 요나라를 정벌하여, 옛 영토를 되찾으려다가, 오히려 금나라의 공격을 받게 되어, 금나라와 화의를 맺고 흠종(欽宗)에게 양위하게 된다. 흠종도 역시 금나라와의 화의를 지키지 않고 다시 금나라를 정벌하려고 시도하였으나, 결국 다시 금나라의 침입을 받고 수도인 개봉(開封)이 함락되었다. 또 휘종과 흠종을 비롯한 왕실의 일족들이 모두 포로로 잡혀가게 됨으로써, 북송은 멸망하게 된다. 이후 잔존 세력이 임안(臨安-지금의 항주)에 도읍을 정하고, 흠종의 동생인 강왕(康王-고종)을 옹립하였는데, 이것이 남송(南宋)이다.

단풍환록도(丹楓幻鹿圖)
遼

상경(上京) 임황부(臨潢府) : 요(遼)나
라의 오경(五京) 중 하나로, 나머지 넷
은 다음과 같다. 즉 중경(中京) 대정부
(大定府)·동경(東京) 요양부(遼陽府)·
남경(南京) 석진부(析津府)·서경(西京)
대동부(大同府)이다.

소·공예 미술가, 혹은 기능이 뛰어난 장인들을 납치하거나 임용하
여 유목 문화의 예술 전통을 보존함과 동시에, 점차 한족 지역의 전
통 속에 융합되도록 하였다. 요나라의 상경(上京) 임황부(臨潢府)의 건
설은 곧 한인(漢人)인 강묵기(康黙記)가 감수하였는데, 또 후당(後唐)
의 사신 가거의(賈去疑)를 머물게 하면서 건설을 확장하여 완성하였
다. 요나라의 남경(南京) 석진부(析津府 : 오늘날의 북경)와 금나라의 중
도(中都 : 오늘날의 북경)도 완전히 북송 변량(汴梁)의 건축 제도를 모방

하여 건설한 것이다.

회화의 교류와 융합은 더욱 두드러졌다. 거란족의 유명한 화가 야율배(耶律倍)는 진심으로 한족 문화를 동경하였는데, 그는 황위 계승권을 상실한 뒤 계승자인 야율덕광(耶律德光)의 박해를 피하기 위하여, 후당(後唐) 장흥(長興) 4년(933년)에 "도화와 전적 천 권을 휴대하고 자진하여[携圖籍千卷自隨]" 바닷길을 통해 후당에 투항하여 이 씨(李氏) 성과 찬화(贊華)라는 이름을 하사받았다. 후진(後晉) 개운(開運) 4년(947년)에 요나라의 태종 야율광덕이 개봉을 공격하여 함락시켰을 때, 후량(後梁)으로 달아나던 저명한 화가들인 왕인수(王仁壽)·왕애(王藹)·초저(焦著)를 사로잡았다. 북송 건립 후에 이 사건과 관련하여 요나라와 교섭이 진행되었지만, 요나라는 왕인수와 초저가 세상을 떠난 뒤에야 왕애를 돌려보냈다. 송나라 인종(仁宗) 시대에 송나라와 요나라는 전쟁 대신 옥과 비단을 요나라에 바치는 것으로 대체하였는데, 요나라의 흥종(興宗)이 "다섯 폭의 비단 그림인 〈천각록도(千角鹿圖)〉를 바치면서, 모년 모월 모일에 직접 그려 방제(旁題)하였다[以五幅縑畫〈千角鹿圖〉爲獻, 旁題年月日御畫]"라고 하자, 송나라 인종은 "태청루(太淸樓) 아래에 그림을 펼쳐놓도록 명하고, 가까운 신하들을 불러 마음껏 관람하였다[命張圖于太淸樓下, 召近臣縱觀]"라고 한다. 서하(西夏)의 유적지에서 출토된 판화(版畫)인 〈사미인도(四美人圖)〉와 〈의용무안왕관우도(義勇武安王關羽圖)〉는 당시 서하로 유입된 송나라와 금나라의 작품들이다.

금나라의 통치자들은 침략하는 과정에서 화가와 장인들을 포로로 잡아들여 자신들을 위해 부렸다. 금나라에까지 명성이 자자했던 저명한 문인화가인 왕정균(王庭筠)은 북송의 저명한 서화가(書畫家)인 미불(米芾)의 외손자였기 때문에, 북송 문인화의 영향을 많이 받았다. 북송 예술의 영향은 심지어 금나라 정권 제왕들의 신상에도 강

야율덕광(耶律德光) : 902~947년. 요나라의 제2대 황제인 태종(太宗, 재위 : 926~947년)으로, 본명은 요골(堯骨)이고, 자는 덕근(德謹)이며, 시호는 효무혜문황제(孝武惠文皇帝)이다.

렬하게 반영되었는데, 금나라의 현종(顯宗)인 완안윤공(完顔允恭)은 유목 생활에서 소재를 취하여 노루와 사슴을 잘 그렸을 뿐만 아니라, "사람과 말 그림은 북송의 이공린(李公麟)을 배웠으며[人馬學李伯時]", 금나라의 장종(章宗)은 특히 서화 및 서화를 수장(收藏)하여 장식하는 방식에서 송나라의 휘종인 조길을 본받았다.

원나라는 영토가 광대하여 그 제국이 아시아와 유럽에 걸쳐 있었는데, 국내 각 민족들의 문화 예술의 융합을 촉진시켰을 뿐만 아니라, 대외 교류와 합작을 강화하였다. 원나라의 도성인 대도(大都 : 오늘날의 북경)는 한인(漢人)인 유병장(劉秉章)과 아라비아인인 야흑질아(也黑迭兒)를 임용하여 건설하였다. 궁정 미술기구의 책임자는 중국인 미술가를 임용했을 뿐만 아니라, 외국인 미술가를 등용하기도 했다. 관직이 소문관대학사(昭文館大學士)에 이르렀던 도화총관(圖畫總管) 비서감승(秘書監丞) 하징(何澄)은, 연(燕)나라 지역 출신의 한인이었지만 관직이 대사도광록대부(大司徒光祿大夫)에 이르렀고, 장작원(將作院)을 관리했던 아니코[阿尼哥]는 아라비아 사람이었다. 만일 하징의 회화가 이미 북송의 영향을 받은 금나라의 전통과 남송 이당(李唐) 화파의 전통을 합쳐 하나로 만든 것이라면, 대도의 묘응사(妙應寺) 백탑(白塔)을 설계했던 아니코와 그의 두 아들들의 경우는 새롭게 전래된 불교 밀종(密宗) 미술 양식의 중요한 대표자라고 할 수 있다. 아니코의 중국인 제자로 관직이 소문관대학사 정봉대부(正奉大夫) 비서감경(秘書監卿)에 이르렀던 유원(劉元)은, 특히 밀종 조상(造像)을 중국화(中國化)한 방면에서 업적을 이루었다.

대사도광록대부(大司徒光祿大夫) : '대부(大夫)'는 고대의 관직명으로, 서주(西周) 이후 선진(先秦) 시기까지 제후국(諸侯國)들에는 국왕 밑에 경(卿)·대부(大夫)·사(士)의 세 등급이 있었다. 대부는 세습되며, 봉지(封地)를 소유했다. 후세에는 대부가 일반 임명직 관직을 일컫는 말이 되었다. 진(秦)·한(漢) 이후에는, 중앙 요직에 어사대부(御史大夫)가 있었는데, 오직 고문(顧問)만을 하는 자들로는 간대부(諫大夫)·중대부(中大夫)·광록대부(光祿大夫) 등이 있었다. 당(唐)·송(宋) 시기까지도 여전히 어사대부 및 간의대부(諫議大夫)의 관직이 있었으나, 명(明)·청(淸) 시기에 이르러 폐지되었다. 또 수(隋)·당(唐) 이후에는 대부가 고급 관직을 일컫는 칭호가 되었다. 명·청 이후에는 고급 문관직(文官職)을 대부라고 불렀고, 무관직을 장군(將軍)이라고 불렀다.

|제2절|

미술 발전의 경제·문화적 환경

오대·송 이래의 정국의 변화는, 총체적으로 말한다면 사회·경제·문화의 발전에 결코 영향을 주지 못했으며, 또한 만당(晩唐) 이래 새로운 경제 관계의 형성과 이로 인해 초래되는 문화의 변이를 개변시키지 못함으로써, 중국 미술의 변화 발전을 위한 새로운 기회를 가져다주었다.

오대와 양송(兩宋-남·북송을 말함) 시기 한족 지역의 경제 중심은 정치 중심의 변이에 따라 장안(長安 : 오늘날의 西安)으로부터 변량(汴梁 : 오늘날의 開封)으로 옮겨갔으며, 또 황하 중·하류로부터 장강(長江-양자강) 유역으로 옮겨가면서, 전란을 피하며 경제적 발전을 위한 새로운 영역을 개척함으로써, 당대에 나타난 새로운 기회를 계속 발전시킬 수 있었다. 오대십국 시기에 중원의 생산이 파괴당했지만, 후주(後周) 시기에 이르러 회복되기 시작하였다. 남방은 상대적으로 안정되어 각국이 통치를 공고히 하기 위해 생산력을 발전시키는 데 주의를 기울였는데, 수리 시설을 확충하고 황무지를 개간하며 경제를 발전시켰다. 이러한 조치들은 양송의 농업과 수공업 발전의 기초를 다졌다.

양송 시기에는 농촌의 조전제(租佃制)가 한 걸음 더 발전하는데, 소작농인 전호(佃戶)와 지주의 관계가 계약을 통해 성립되어 만기가 되면 옮길 수 있었다. 이렇게 인신의 의존 관계가 확실히 느슨해지면서, 소작농도 호적에 편입되어 상대적으로 독립적인 지위를 갖게 되

조전제(租佃制) : 봉건 시대에 지주가 토지를 농민에게 임대해주고, 소작농을 착취하던 일종의 소작제도.

었다. 게다가 북송과 남송 초기에는 간척과 증산 등으로 생산의 발전을 고무하고 독려하는 정책을 장려하여 소작농과 농민의 생산성을 제고하였으며, 농업 경제의 발전을 촉진하였다. 십국(十國)의 경제를 기반으로 한 남방은 더욱 두드러져서, 북송이 멸망한 '정강(靖康)의 변' 이후 "고종(高宗)이 남쪽으로 내려갈 때 옛 물자의 절반을 잃었으나, 동남 지역 물산의 풍요로움 덕택에 오히려 나라가 부유해졌다[高宗南渡, 雖失舊物之半, 猶席東南地産之饒, 足以裕國]". 북송의 멸망은 북방의 한인들이 남방으로 대거 이주하는 현상을 초래하여, 중국 역사상 제2차 인구의 대이동이 이루어졌다. 대량의 노동자들이 남방으로 이주하면서 강남의 농토가 개발되었으며, 농작의 경험이 교류되고 농작물 품종이 전파되면서, 남방의 농업 경제가 새로운 수준에 도달하였다.

수공업의 상황도 대체로 비슷했다. 송나라의 관부(官府) 수공업과 개인 수공업 작업장들은 모두 '고치제도(雇值制度)'를 실행하였는데, 이는 고용된 기술자가 노동의 대가로 공임을 받는 제도로, 기술자와 고용주 사이에 인신(人身)의 종속 관계가 더 이상 존재하지 않게 되어, 어느 정도 생산의 주도성을 갖게 되었다. '4대 발명'의 추진과 국내외 무역의 발전도 수공업의 흥성을 촉진하였다. 조선업·인쇄업·병기 제조업·광산업이 빠르게 발전했을 뿐만 아니라, 제지업·방직업·도자업도 매우 발달하였다. 서화 예술과 관계가 밀접한 제지업은 재료의 선택이 달랐고, 품종이 매우 다양했는데, 사천(四川)은 마(麻)를 원료로 하였고, 강남의 절강(浙江)은 여린 대나무나 볏짚을 원료로 삼았으며, 북방에서는 뽕나무 껍질을 원료로 삼았다. 안휘(安徽)에서는 징심당지(澄心堂紙)를 생산하였고, 사천에서는 옥설지(玉屑紙)를 생산하였다. 본래는 공예 미술에 속했던 방직업도 발전했다. 북송 시기에는 수도(首都)에 수를 놓는 '백성수호(百姓繡戶)'가 있었으며, 재조원

징심당지(澄心堂紙): 중국 오대(五代) 시기에 남당(南唐)의 궁정에서 생산된 품질이 뛰어난 종이로, 뽕나무 껍질을 원료로 하였다.

재조원(裁造院): 송나라 건덕(乾德) 4년(966년)에 설치되었으며, 소부감(少府監)에 속했다. 복식(服飾)을 관장하고, 황제의 의복을 공급하고, 황실 및 빈객(賓客)·제사 용품을 관장하는 관청이었다.

(裁造院)에 완성된 수공예품을 납품하고 공임을 지불받게 되자, 또한 이 지역에는 방직을 직업으로 삼는 가내수공업자인 '기호(機戶)'가 출현하였다. 송나라 인종(仁宗) 때에는 재주(梓州) 한 지역에만 수천 가구에 달할 정도로 그 숫자가 많았는데, 남송에 이르러서는 더욱 증가하였다. 자기(瓷器) 제조는 눈에 띄게 발전한 수공업인데, 북송 시기에 이미 각 지역에 대량의 소규모 민요(民窯)들이 출현하였으며, 서주(徐州) 소현(蕭縣)의 백토진(白土鎭)에는 민요가 30여 곳이나 있을 정도였다. 남송 시기에는 자요(瓷窯)가 많이 증가했을 뿐만 아니라, 규모도 확대되어 생산량이 많아지고 분업화 작업이 두드러졌다. 경덕진(景德鎭)에서는 바로 "도공(陶工)·화공(火工)·토목(土木)을 담당하는 부서를 두었으며, 이배(利坯)·거배(車坯)·유배(釉坯)의 그릇을 만드는 기법이 있었고, 인화(印花)·화화(畫花)·조화(彫花)의 문양을 시문하는 기술이 있었는데, 질서 있게 규제하여 각기 서로 어지럽히지 않았다.[陶工·畫工·土木之有其局, 利坯·車坯·釉坯之有其法, 印花·畫花·彫花之有其技, 秩然規制, 各不相紊.]"

　　농업과 수공업의 발전은 상품의 교환을 증진시켰고, 도시의 번영을 촉진하였다. 오대십국 시기에 양주(揚州)·금릉(金陵 : 오늘날의 南京)·항주(杭州) 등 남방 십국의 도시들은 곧 상업이 흥성한 도시가 되었다. 남송 시기에는 다시 국도(國都)를 중심으로 또 다른 생기 넘치는 도시들이 형성되었는데, 바로 중소 도시의 시장들을 중심으로 무역업이 발전하기 시작하였다. 북송이 변량(汴梁)에 수도를 정한 후에 끊임없이 변하(汴河)를 보수하고 정리하며 조운(漕運)을 보장하였기 때문에, 이 정치 중심 도시가 상업 거점 도시로 되었다. 수공업과 상업 발전의 수요에 부응하기 위하여, 후주(後周)는 변주(汴州)를 다시 건설할 때 이미 당나라의 이방제도(里坊制度)의 제약을 수용하지 않았으며, 북송에 이르면 더 나아가 이방제도와 야간 통행금지를 없앰

이배(利坯) : 흙으로 빚은 도자기가 절반 정도 건조되었을 때, 활차 위에 놓고, 칼을 이용하여, 기물의 표면을 매끄럽고 빛나게 하며, 두께가 고르게 만드는데, 이 공정을 이배라고 한다.

이방제도(里坊制度) : 이방제도는 서주(西周) 시기의 여리제도(閭里制度)에서 이어진 것으로, 중국 고대의 주요 도시와 향촌을 계획하고 건설하는 기본 단위이자 거주 관리제도의 복합체였다. 전 지역을 약간 폐쇄적인 '이(里)'로 분할하여 거주 지역으로 삼고, 상업과 수공업은 곧 전체적으로 정해진 시간에 열고 닫는 '시(市)' 안에 제한하였다. 통치자들의 궁전과 관아는 전체 지역에서 가장 유리한 곳에 위치하였으며, 또한 성벽을 쌓아 보호하였다. '이'와 '시'는 모두 높은 담장으로 둘러쌓았고, 이문(里門)과 시문(市門)을 설치하여, 이졸(吏卒)과 시의 책임자가 관리하였으며, 전 지역에 통행금지를 실시하였다. 중국 고대의 건축제도일 뿐 아니라, 통치자들이 전제권력(專制權力)을 유지하기 위한 일종의 유효한 관리제도였다.

으로써, 거주 지역인 '방(坊)'과 수공업·상업 지역인 '시(市)'의 한계를 타파하여, 상업 활동의 범위가 다시는 동서의 두 시장에만 제한되지 않도록 하였다. 상점은 거리를 마주보고 서로 이웃하여 가게를 열어 개별적으로 장사를 할 수 있었기 때문에, 변량 도성 안의 술집과 찻집 및 화려한 유흥가는 생기가 넘치며 매우 시끌벅적하였다. 계신(界身) 거리는 금은과 비단을 교역하던 곳이었으며, 반루(潘樓) 주점 아래쪽에서는 서화와 골동을 집중적으로 매매하였다. 그림의 매매와 초상화 판매가 바로 자성문(資聖門) 앞에서 이루어지면서, 회화도 수공업과 상업의 대열에 진입하였다. 유종도(劉宗道)는 모조하여 이익을 취하는 것을 방지하기 위하여 〈화분을 돌보는 아이[照盆孩兒]〉라는 작품을 그릴 때마다, 창작 밑그림 수백 장을 한꺼번에 내다 팔았다. 산서(山西) 강주(絳州)의 화가 양위(楊威)는 높은 값을 받기 위하여 매번 판매자에게 화원(畫院)의 문 앞에 가서 팔도록 지시하였다. 야간 시장을 금하지 않았기 때문에 "실컷 떠들고 돌아다니는 것이 날이 샐 때까지 이어졌다[要鬧去處, 通曉不絕]." 대상국사(大相國寺)의 특별 시장은 매월 몇 차례 개방했는데, 민간 수공업 공방과 수공업 장인 개인들의 생산품들을 직접 팔았다. 마행가(馬行街)의 동서 두 골목에는 모두 공작(工作) 기술자들이 살았는데, 이들을 '대소화행(大小貨行)'이라고 불렀다.

남송의 도성이었던 임안(臨安)은, 내륙으로는 운하와 통하고 밖으로는 큰 바다를 접하고 있어 교통이 편리했으므로 인구가 북송의 변량을 넘어섰으며, 매일 쌀 1만 석씩의 식량을 소비하였다. 그러나 도시 자체에서 소비하는 것 말고도, 임안은 또 각 지역 생산품의 운반과 교환을 담당했는데, 상업과 무역의 번성은 북송의 변량에 뒤지지 않았다. 성 안에는 "큰 거리로부터 여러 거주 지역의 골목들에 이르기까지 크고 작은 점포들이 문을 맞대고 즐비하게 늘어서 빈 집이 없을 정도였으며, 매일 새벽에는 두 거리와 골목에서 점포의 문을 열고 장사를 시작하느라 온 시장이 소란하였다.[自大街及諸坊巷, 大小鋪席, 連門俱是, 卽無虛空之屋, 每日淸晨兩街巷門乳鋪上行, 百市熱鬧.]" 공·상업자들은 각기 행회조직(行會組織)을 갖고 있었는데, 4백 행(行-가게·상점)을 헤아릴 정도로 많았다. 황실과 권세 있는 귀족들은 가무의 공연에 심취했으며, 시민과 백성들도 성대하게 펼쳐지는 잡극과 온갖 놀이 혹은 책과 역사를 읽어주는 화려한 대중 연예장에서 즐겼다. 해외 무역의 발달로 말미암아 광주(廣州)·천주(泉州)와 명주(明州 : 오늘날의 寧波)는 이미 3대 상업항이 되었다.

행회조직(行會組織) : 일종의 수공업 동업조합으로, 길드와 같은 조직이다.

　양송에 비해 북방에 위치한 요·금나라의 소수민족 지역들의 경제는 비교적 낙후되어, 오대 초기에도 여전히 발전하지 못한 단계에 처해 있었다. 그러나 한족 정권과 전쟁을 하거나 옥·비단 같은 예물로 접촉하는 과정에서, 점차 한족의 문명을 받아들여 어업과 수렵 및 유목 경제를 농업 경제로 변모시켰으며, 낙후된 사회 제도를 한족과 비슷한 사회 제도로 변화시켰다. 거란족은 원래 어업과 수렵을 위주로 생활하다가 발전하여 목축에 종사하였는데, 요나라가 건립된 후에 비로소 포로로 잡혀간 한족 소작농들이 농지를 개간하여 경작하였으므로, 이를 이어받은 거란족들도 농업에 뛰어들어 농사를 짓게 되었고, 뽕나무를 심어 방직하는 것을 장려하여 농업 경제가 주요한 지위를 차지하게 되었으며, 수공업도 발전하였다. 당시의 '오경(五京)'은 곧 남경(南京 : 오늘날의 북경)·상경[上京 : 오늘날의 내몽고 파림좌기(巴林左旗) 부근]·중경[中京 : 오늘날의 내몽고 영성현(寧城縣) 서쪽의 대명성(大明城)]·서경(西京 : 오늘날의 산서 대동(大同)]·동경[東京 : 오늘날의 요녕 요양(遼陽)]이었는데, 정치 군사의 요충지들이면서 수공업과 상업의 중심들이기도 했다. 특히 남경이 가장 번화하여, "성의 북쪽에 시장을 열었는데, 육지와 바다의 온갖 재화가 그곳에 모였다[城北布市,

陸海百貨, 萃于其中"고 한다. 요나라와 송나라가 함께 존립한 160여 년 동안 쌍방의 무역과 왕래는 날로 빈번해지면서, 남북의 경제적 연계가 강화되었다.

여진족 지역은 본래 유목으로 생활을 영위하였는데, 원래 요나라와 송나라가 통치하던 한인 지역으로 진입한 이래로 사회·정치 제도의 변화에 따라 유목 경제도 농업 경제로 전환되었다. 금나라의 희종(熙宗)부터 장종(章宗)에 이르기까지 개혁을 거치면서, 농작물의 단위 면적당 생산량이 북송과 대략 같을 정도가 되었고, 인구도 크게 증가하였는데, 수공업 가운데 광업·방직·화기(火器) 제조·도자·제지·인쇄 등의 산업들이 모두 나름대로의 발전을 이룩하였다. 도자업이 특히 일정한 성취를 이루었다. 금나라 건립 초기에는 각 지역의 상업 발전이 매우 불균형을 이루었는데, 세종(世宗) 시기에 이르러 비교적 보편적인 발전을 이루면서, 중도(中都) 대흥부(大興府 : 오늘날의 북경)·남경 개봉부(開封府 : 오늘날의 개봉)·동도(東都) 요양부(遼陽府 : 오늘날의 요양) 등의 상업 중심을 형성하였다. 중도 대흥부는 원래 요나라의 연경(燕京)으로, 금나라 초기에 이미 상당히 흥성했는데, 수륙 교통이 편리하고 인구가 백만 명을 넘었으며, 성 북쪽의 시장 세 곳이 상업과 무역을 하던 곳이었다. 송·요와의 무역과 왕래는 주로 '각장(権場)'에 의해 진행되었다.

원나라를 건립한 몽고족은 소수의 부락들이 농업에 힘쓴 것을 제외하고는 대부분 유목 생활을 했는데, 중원의 주인이 된 후에는 농업과 수공업의 발전에 관심을 기울이기 시작하였다. 전국적인 범위에서 살펴본다면, 원래 기반 조성이 잘 되어 있었을 뿐 아니라 조전제(租佃制)와 양세제(兩稅制)를 계속 실행해온 강남의 경제가 발전해 있었으며, 남방의 농업 생산 경험을 총괄한 『농서(農書)』가 출간되어 경작 기술의 교류를 촉진하였고, 변방의 각 성(省)들도 일정한 정도 발

각장(権場) : 요(遼)·송(宋)·서하(西夏)·금(金)나라 정권이 각자 국경 지점에 설치했던 일종의 무역 시장.

조전제(租佃制) : 중국 봉건 사회에서, 지주가 토지를 농민에게 임대해줌으로써, 농민을 착취하거나 부려먹던 제도이다. 전국(戰國) 시기 이후 봉건적 생산 방식에 따라 출현한 일종의 봉건적 생산관계이다.

양세제(兩稅制) : 호세전(戶稅錢)과 맥세(麥稅) 등을 여름과 가을에 하세(夏稅)·추세(秋稅)로 두 번 징수하였으므로, 양세(兩稅)라고 하였다. 8세기에 들어서면서 안록산의 난 등으로 당나라의 지배체제가 동요하면서 재정이 파탄나자, 새로운 세목을 추가하여 세금 징수를 시도하였으나, 지주와 상류층은 교묘하게 탈세를 도모하였고, 변방의 번진(藩鎮)들은 중앙 정부에 수세(輸稅)를 거부하였다. 그러자 당나라 덕종(德宗) 때 재상이던 양염(楊炎)이 피폐해진 농민과 하층민을 보호하고, 세수(稅收)를 늘리기 위해 대대적으로 개혁하였다.

전해 있었다. 그러나 여전히 낙후된 '구노(驅奴)' 제도라는 노예제가 유지되고 있어 생산력 증진에 장애가 되었다. 수공업 분야에서는 다른 제도들이 병존하고 있었기 때문에 균형 있는 발전을 하지 못하여, 총체적으로는 남송의 생산 수준을 넘어서지 못했다. 그러나 면방직업·인쇄업·화포(火炮) 제조업·도자업은 생산 기술면에서 발전하였는데, 그 가운데 컬러 인쇄술의 발명과 경덕진의 발전 및 청화자기(靑花瓷器)의 제작 등이 대표적인 것들이다.

구노(驅奴) : 몽고의 노예 제도로, 건국 초기에 대외 전쟁에서 포획한 포로들을 대량으로 노예로 삼을 수 있게 했던 제도.

그러나 원나라의 광대한 영토와 교통의 발전은 중국 내 각 민족들의 각 지역들에 대한 무역과 왕래를 촉진하여, 해외 무역이 특히 발달했다. 지주와 관료 및 승려들이 상업을 함께 운영하는 상황은 송대부터 이미 시작되었는데, 원대에 이르러서도 지속되었다. 특별한 현상은 상인들의 대부분이 서역으로부터 온 색목인(色目人)이었다는 점인데, 북방의 색목인은 관료를 겸한 상인이 많아 특권을 누렸으며, 남방의 바다와 가까운 지역에서 활동하던 색목인은 종종 상업을 독점 운영하였다. 각 지역의 상행조직(商行組織)은 송대를 훨씬 초과할 정도로 많아졌는데, 원나라 정부는 북방으로 이주해온 상인들에 대해 면세 조치를 취하고 중간상인인 '아쾌(牙儈)'의 활동을 제한하여 상업의 흥성을 촉진하였다. 당시 최대의 상업 중심은 북방의 대도(大都)와 남방의 항주(杭州)였다. 대도는 원나라의 수도로, 정치 중심과 문화 중심의 지위를 겸하였기 때문에, 각 지역의 상인들이 재화를 팔기 위해 이곳에 많이 모여들었다. "온갖 진귀한 보물과 강남의 오월(吳越)에서 생산된 휴칠(髹漆)·각루(刻鏤-조각하여 새김) 제품, 형초(荊楚)에서 생산된 금석(金錫), 곤륜(昆侖)과 페르시아의 어린 노예, 기주(冀州)의 명마[萬方之珍怪異寶, 江南吳越之髹漆刻鏤, 荊楚之金錫, 昆侖波斯之童奴, 冀之名馬]" 등 이곳으로 모여들지 않는 것이 없었다. 성 안에서는 궁궐 밖을 에워싼 호수가 가장 번성하였다. 항주는 남송의 근

상행조직(商行組織) : 오늘날의 상사(商社) 혹은 대리점에 해당하며, 교역을 중개하는 큰 상점을 말한다.

거지로, 남북을 통일해주는 운하가 개통되어 있던 유리한 환경 때문에, 전국에서 가장 번화한 도시가 되었다. 이 밖에 해외 무역과 관련이 있던 천주(泉州)·경원(慶元)·상해(上海)·온주(溫州)·광주(廣州)는 새롭게 발전한 도시들로, 북방의 몽고 초원에 있던 상도(上都)·화림(和林) 등지의 상업과 더불어 크게 발전하였다.

오대·송·원의 문화 발전은 통치자들의 문무를 겸비한 정책 및 민족 정권의 전쟁과 화의 등 여러 분야와 관련되어 있었는데, 이러한 상황들이 농업과 수공업 및 상업 발전의 추진력이 되기도 하였다. 이 시기 경제의 번영과 발전은 문화의 발전에 튼튼한 물질적 기초를 제공해주었을 뿐만 아니라, 문화의 발전에 새로운 요구를 제기하였다. 새로운 요구는 주로 날로 더욱 커져가는 두 가지 사회 역량들을 통해 집중적으로 구현되었다.

하나는 과거제도하에서의 문관 계층을 중심으로 하는 중소 지주들의 역량이다. 이 시기에 중국 사회의 주체는 여전히 봉건제도하의 농업 경제에 처해 있었지만, 생산관계와 경제 구조에서는 중·만당(中·晚唐)에 버금가는 중대한 변화가 발생하였다. 조전제와 양세법의 지속적인 실행은 토지를 점유한 채 과거를 통해 관직에 오른 관료들의 자유로운 매매와 이동을 활성화시켜 일군의 새로운 중소 지주들을 만들어냈는데, 그들은 위(魏)·진(晋)의 문벌사족(門閥士族)과는 달리 영구불변의 신분을 유지할 수가 없었다. 바로 이러한 일군의 지주들은 사회 질서를 유지함과 더불어 사회·정치와 경제 및 문화를 지배하는 주요 역량을 지니고 있었으며, 문화 관념과 학술·사상 및 심미의식의 발전 방향을 좌우하였다.

또 다른 하나는 시민 계층의 역량이었다. 오대·양송 이래로 농업·수공업의 발전과 많은 상업 중심들의 번영에 따라, 농업과 가내수공업에서 벗어난 도시의 작방(作坊–작업장)들이 중요한 수공업 형태를 구성하였다. 각종 작방들의 생산 규모가 날로 증대되고 생산 공정이 날로 세분화되면서 고용 노동이 더욱 증가하였으며, 생산품이 더욱 상품화되었다. 상품 교환의 수요에 부응하기 위하여 개인 수공업자들도 도시로 집중되었다. 수공업자들이 상업 생산을 목적으로 하는 상황에서 동업자들간의 이익을 유지하고 협조하기 위한 행회조직(行會組織)도 생겨나 발달하였다. 위에서 서술한 수공업의 상품경제로의 발전도 관부수공업(官府手工業)에 영향을 미쳐, 관청과 장인 간의 고용제도를 형성하였다. 이리하여 전국과 지방의 상업 중심 속에서 시민 계층의 역량이 확대되었고, 시민의 생각과 수요를 반영하는 세속적 문화와 함께 심미 취향도 대두하게 되었다.

이러한 두 사회 역량의 증대와 문화 욕구의 확대는 오대·송·원나라의 학술 사상·종교 발전·문예와 미학 분야에서 일련의 변화를 초래하였다.

유학(儒學)의 철학화(哲學化)와 이학(理學)의 성립은 이 시기 문화에서의 일대 변화였다. 양송 이래로 전통적 중국 유학은 많은 대가(大家)들을 배출하였으며, 많은 유파들을 등장시켰다. 학술 분야의 대가들로는 북송의 주돈이(周敦頤)·소옹(邵雍)·장재(張載)·이정[二程 : 정호(程顥)와 정이(程頤)]을 비롯하여 남송의 주희(朱熹)·육구연(陸九淵)·섭적(葉適) 등이 있었다. 학파들로는 위의 대가들을 대표로 하는 관학(關學)·이학(理學)·낙학(洛學)·심학(心學)·영가학파(永嘉學派) 등이 있었다. 각 가(家)와 각 파(派)의 공통점은 유학 경전에 대해 고증을 중시하던 것으로부터 내용과 이치를 중시하는 방향으로 변화한 것이다. 당대의 유학은 통일의 대세에 적합하도록 『오경정의(五經正義)』를 관서(官書)로 삼아 주석가들이 경학을 통일하도록 했다. 한학(漢學) 계통으로 일컬어지는 이 유학은 훈고(訓詁)와 명물(名物)에 중점을 두어 철학 사상이 발휘되는 것을 가로막았다. 중당(中唐)부터 양송에 이르

이학(理學) : 송나라 이후의 새로운 유학(儒學)을 일컫는 말로, 도학(道學)이라고도 한다. 송나라 가우(嘉祐)·치평(治平) 연간(1056~1067년)에 최고로 발전하여, 왕안석(王安石 : 荊公)의 신학(新學)·사마광(司馬光 : 溫公)학·소식(蘇軾)의 촉학(蜀學)·이정(二程 : 程顥·程頤) 형제의 낙학[洛學·장재(張載)의 관학(關學)을 포함]이 대표하는 이학의 4대파를 형성하였다.

관학(關學) : 장재(張載)가 중심이 되어 관중(關中) 지역, 즉 지금의 섬서성 위수(渭水) 분지 일대에서 가르쳤기 때문에 일컫는 말.

낙학(洛學) : 정호(程顥)·정이(程頤) 형제가 낙양(洛陽)을 중심으로 학문 활동을 펼쳤기 때문에 일컫는 말.

심학(心學) : 유학(儒學)의 한 분파로서, 시초는 맹자(孟子)까지 거슬러 올라갈 수 있으며, 북송의 정호(程顥)가 그 단초를 열었고, 남송의 육구연(陸九淵)은 곧 그 문호를 활짝 열었는데, 주희(朱熹)의 이학(理學)과 상호 대립하였다. 명나라 때 이르러, 왕수인(王守仁 : 王陽明)이 처음으로 '심학'이라는 용어를 사용하였으며, 또한 심학의 종지(宗旨)로서 "치양지(致良知-모든 사람이 가지고 있는 선천적이고 보편적인 양지를 실현한다)"를 제시하여, 지금까지 심학이 뚜렷하고 독립적인 학술 맥락을 갖도록 하였다.

영가학파(永嘉學派) : 북송 말기부터 남송에 걸쳐, 섭적(葉適) 등 절강의 온주(溫州) 영가(永嘉) 출신 학자들을 중심으로 실용적 학문을 주장한 학파.

는 기간 동안 한학 계통의 유학은 송학(宋學) 계통을 향한 전환의 계기를 마련하였으며, 학자들은 다시는 옛 학설에 구애받거나 장구(章句)를 고증하는 데 얽매이지 않고, 불교와 도교의 사상과 자료들, 특히 불학(佛學)의 사변을 중시하고 논리가 치밀한 장점을 흡수하여 내용과 이치를 탐구하는 데 노력을 기울였다. 하릴없이 경전을 설명하거나 일가(一家)의 독단에 빠지기도 했지만, 하늘과 인간[天人]의 관계를 설명하던 것으로부터 심성(心性)을 토론하는 것으로 전환되면서 자유로운 사상이 발휘되었다. 비록 내용과 이치에서는 각 가와 각 파의 차이가 있었고, 각 가의 우주 본원에 대한 인식에는 "이(理)가 기(氣)에 앞서 존재한다[理在氣先]"거나 "기가 이에 앞서 존재한다[氣在理先]"는 차이, 혹은 천리(天理)를 주창하거나 공리(功利)를 중시하는 입장들이 나타나기도 했지만, 한결같이 유학의 철학화를 추진하였다. 일부 이학 학자들의, "천리를 보존하고, 인욕(人欲)을 제거해야 한다[存天理, 去人欲]"는 주장이 통치 질서를 유지하기 위하여 사람들의 합리적인 욕구를 속박해야 한다고 했지만, 그러한 주장은 공교롭게도 정반대로 사회적 물질 문화 욕구의 증대를 드러내 보여주었다. 공리를 주창하는 철학의 주장은 심지어 시민 계층의 가치 관념을 반영하였다. 오대·송·원 시기에 있었던 유학의 철학화는 오대에 이미 그 단초를 열었고, 금·원 시기에 이르면 그 물결이 드높아지면서 미술 이론의 체계화를 촉진하였으며, 또한 미술 창작에 영향을 미쳤다.

종교의 세속화 및 불교·도교와 유교의 융합은 이 시기 문화 발전의 또 다른 특징이다. 이러한 특징은 불가피하게 종교 미술 속에 반영되었을 뿐만 아니라, 종교 미술의 창작과 전파를 통해 더욱 강화되었다. 오대·송·원 시기에 유행한 종교 가운데, 나중에 흥기한 이슬람교는 송대에 전래되기 시작하였고, 원대에 이르면 중국에 와서 상업에 종사하던 아랍인 신봉자들에 의해 광주·천주(泉州) 등의 지역들에서 유행하였다. 원대에 등장한 천주교는 로마 교황이 끊임없이 파견한 선교사들이 중국에 오면서 전파되었다. 중국 사회에 광범하게 유행한 종교로는 일찍부터 중국화한 불교와 본토에서 발생한 도교(道敎)가 있었다.

불교는 후주(後周) 시기에 한 차례 대규모의 탄압을 받는 법난을 겪기도 했지만, 남방의 십국과 송·요·금·원은 줄곧 불교를 신봉하였다. 송나라의 여러 황제들은 거의 일률적으로 불교를 지원하였다. 송나라 태조(太祖) 때 〈개보장(開寶藏)〉을 판각하였는데, 송나라 태종(太宗)은 "부처의 가르침은 정치에 도움이 된다[浮屠氏之敎, 有裨政治]"는 점을 자각하였고, 그 밖의 황제들도 불교를 좋아하여 사탑을 건축하고 불상을 조성하면서, 사람들을 제도(濟度)하기 위하여 출가하는 것을 장려하였다. 불교를 사상의 도구로 삼아 힘껏 제창하였기 때문에, 북송에 이르면 전국에 불교 사찰이 4만여 곳에 이르렀으며, 남송 소흥(紹興) 27년(1157년)에는 전국의 승려와 비구니가 20만 명에 달할 정도로 많았다. 송대 불교의 각 파들 가운데 문인 사대부들이 열중한 선종(禪宗)이 비교적 발전하였다. 요나라 건국 후에 불교가 널리 전파되면서, 계속하여 운거사(雲居寺) 석경(石經)과 〈거란장(契丹藏)〉이 새겨지고 인쇄되는 등 한때 성황을 이루었다. 불상의 조성과 사탑의 건립은 금나라에 이르러서도 여전히 지속되어 끊이지 않았다. 원대에 성행한 라마교는 토번(吐藩-오늘날의 티베트)의 원시종교를 흡수한 장전불교(藏傳佛敎)나 몽고족이 역사를 통해 전통적으로 믿어온 샤머니즘과 상통하는 면이 있었으며, 또 원나라 조정이 몽고 내륙 지역 및 티베트 지역과 소통하는 데 도움을 줄 수 있었기 때문에 원나라의 통치자들에 의해 중시되었다. 원나라 세조 쿠빌라이가 토번의 라마승 파스파[八思巴]를 국사(國師)로 받들면서 라마교는 마침내 국교가 되었다. 쿠빌라이가 "천하를 통치하면서도, 여가에 스스로 염

장전불교(藏傳佛敎) : 장족이 믿는 불교를 가리키며, 일반적으로 라마교의 정식 명칭으로 통한다.

주를 굴리며 경전을 암송한 다음에, 보시를 베풀었을[萬機之暇, 自持 數珠課誦, 施食]" 뿐만 아니라, 원나라의 황제들 중 불교를 숭상하지 않는 사람이 없었고, 칙명을 내려 황제의 스승으로 봉하였으며, 크 게 불사를 일으키고 사찰을 대대적으로 건립하여 많은 승려와 비구 니들을 수용하였다. 지원(至元) 28년(1291년)의 통계에 의하면, 원나라 건립 후 20년 동안 전국에 이미 4만여 곳의 사원들이 있었으니, 객관 적으로도 장전불교 미술의 발전을 촉진하였다.

도교는 당대(唐代)에 국교가 되었으나, 오대십국 시기에 불교와 서 로 경쟁을 하며 성쇠를 거듭하다가, 송·금에 이르러 다시 흥성하게 된다. 송나라 진종(眞宗) 때 숭봉정(崇奉正) 일파가 도교의 신선 조현 명(趙玄明)을 날조하여 시조로 삼았고, 도교 사원인 궁관(宮觀)을 크 게 건립하였으며, 송나라 휘종은 더 나아가 교주로 자처하면서 스스 로를 교주인 도계황제(道啓皇帝)라 불렀는데, 남송 때에도 이 일파를 계속 신봉하였다. 금대(金代)에는 왕중양(王重陽)이 북방의 새로운 도 교인 전진교(全眞敎)를 개창한 이래로, 금나라 조정에서 승인을 받아 북방에서 유행하였다. 왕중양의 제자가 테무친의 부름을 받았고 또 신선으로 존경받았기 때문에, 원나라가 천하를 통일한 후에는 전진 교도 전국으로 전파되었다. 이 밖에 남방의 정일교(正一敎) 일파도 여 전히 원나라 조정의 지지를 이용하여 계속 전파되었다.

이 시기의 첨예한 모순과 현실의 고난은, 사람들을 정신적 고난으 로부터 해탈시키기 위한 불교와 도교 두 종교의 광범위한 전파에 토 양을 제공하였다. 제왕의 신봉이 더해지면서 종교가 정치·경제·문 화를 포함하여 현실 생활의 구석구석에 스며들게 되었다. 사원과 농 업 경제의 관계가 끊임없이 확대되었을 뿐만 아니라, 상품 경제도 종 교 영역에 침투하였는데, 송·원 두 정부 재정(財政)의 수지(收支)가 도 첩(度牒)을 판매하는 것에 의존하는 상황이 더욱 심해지면서, 그 당

도첩(度牒) : 정부가 승려에게 부여하 던 출가 증명서.

시 도첩은 관청에서 매기는 가격이 "값이 7백 관(貫)에 이를[價錢七百貫]" 정도로 높았다. 원대에는 더 나아가 승려와 도사의 법호(法號)도 팔았는데, 『원사(元史)』·「식화지(食貨志)」·'입속보관제(入粟補官制)'에는, "승려와 도사의 입속(入粟)은 3백 석 이상일 때는 여섯 자(字)의 사호(師號)를 하사하는데, 도성(都省)에서 교부한다. 2백 석 이상은 네 자의 사호를 하사하고, 1백 석 이상은 두 자의 사호를 하사하는데, 예부(禮部)에서 교부한다[僧道入粟, 三百石以上, 賜六字師號, 都省給之, 二百石之上, 四字師號, 一百石之上, 二字師號, 禮部給之]"라고 기록되어 있다. 간단하게 말하면 돈을 관청에 납부하는 것과 다름없는 것으로, 도첩도 이미 상품이 되었다고 말할 수 있다. 이 때문에 종교는 이미 봉건 상품 경제로 발전하고 있던 이 역사 시기에 사람들의 정신생활 방식의 중요한 방면 가운데 하나가 되면서 세속화되어갔다.

입속(入粟) : 국가에 조[粟]를 바치는 것.

　종교의 세속화에 따라 사대부와 서민 신도들도 많아졌으며, 당대(唐代)에 출현한 불교와 도교의 융합 현상은 오대·송·원에 이르러 한 걸음 더 발전하였다. 불교와 도교의 전파자들은 통치자로부터 강력한 지지를 쟁취하기 위하여 반드시 정통적인 유학과 서로 결합해야 했는데, 송대의 일부 불교 대사(大師)들은 종종 불교와 유교 모두에 정통했고, 불교 및 도교를 소통시키는 데 노력을 기울였다. 북송의 유명한 승려였던 계숭(契嵩)은 불가의 '오계(五戒)'를 유가의 '오상(五常)'에 비교하면서, 서로 도움이 되는 역할을 하도록 하였다. 유명한 승려 지원(智圓)은 더 나아가 "몸을 수양하는 것은 유교로 하고, 마음을 다스리는 것은 반드시 불교로 해야 한다[修身以儒, 治心必釋]"라고 주장하였다. 문인과 관료들도 선열(禪悅-선정에 든 즐거움)에 열중하였는데, 선종으로써 자유로운 유희(遊戲) 삼매를 통달한 인생 태도를, 덕을 쌓고 공을 세우는 데 보충으로 삼았다. 소식(蘇軾)과 황정견(黃庭堅)처럼, 불교를 통해 유교로 들어가고, 겉으로는 유교를 표방하

오계(五戒) : 불교에서 금지하는 다섯 가지 계율. 즉 살생을 하지 말며, 도둑질을 하지 말며, 삿된 일을 하지 말며, 헛된 말을 하지 말며, 술을 마시지 말 것.

오상(五常) : 유교의 다섯 가지 덕목인 인(仁)·의(義)·예(禮)·지(智)·신(信)을 말함.

고 안으로는 불교를 내세운 것이 대표적인 경우라고 할 수 있다.

신선 방술(方術)을 추구해온 도교도 불교의 전파에 따라, 자신을 완성하기 위해 불교의 종교 형식을 참조하게 되었다. 따라서 송나라 진종(眞宗)은 "불교와 도교라는 두 종교는 세상의 풍교에 도움을 준다[釋道兩敎, 有補世敎]", "세 종교의 설립은 그 종지(宗旨)가 한가지다[三敎之設, 其旨一也]"라고 인식하였다. 도교를 제창한 송나라 휘종은 더 나아가 부처를 대각금선(大覺金仙)으로 고쳐 부르면서, 불교도들이 사원 안에서 삼청(三淸)·공자(孔子)·오제(五帝)와 석가모니를 받들어 모시는 '삼교합일(三敎合一)'의 예배를 거행하도록 하였다. 전진교를 창시한 금나라의 왕중양은 간단명료하게 "교(敎)가 셋으로 나뉘었으나, 통달하면 하나일 따름이다[敎雖分三, 通則爲一]"라고 지적하였다. 유·불·도의 융합과 상호 보완도 미학적 관념 측면에서 문예의 효용과 문예 내용의 변화에 영향을 미쳤는데, 문인의 예술에서 더욱 두드러졌다.

오대·송·원 시기 문화 변천의 또 한 가지 특징은, 문학 예술이 민간에서 유래한 새로운 체재(體裁-장르)들로써 한층 더 광범위한 갖가지 자태의 현실 생활과 내심 감정을 반영하여, 감정이나 운치의 표현에 대해 새로운 것을 추구하고 있다는 점이다. 이 시기에는 상업과 도시가 번영하고 사회적으로 심미 수요가 증대함에 따라, 민간으로부터 비롯되고 그 내용과 형식도 민간에서 개척하고 발전시킨 몇몇 문예 장르가 매우 크게 발전했는데, 바로 송사(宋詞)와 원곡(元曲)은 당시(唐詩)와 아름다움을 견줄 만한 위대한 창조였다.

오대에 흥기한 사(詞)는 장단구(長短句)라고도 하는데, 시가(詩歌)에서 율격(律格)의 제한을 타파하여, 소비생활 속에서 가볍고 나지막하게 읊조리는 데 적합한 문학 형식이다. 송대에 이르러 문인들의 수련이 쌓이고 풍부한 사상 내용이 주입되어, 완약(婉約-완곡하고 함축

삼청(三淸) : 도교의 세 신선인 태청(太淸)·상청(上淸)·옥청(玉淸)을 가리킨다.

오제(五帝) : 중국 전설 속의 다섯 황제를 일컫는 말로, 사마천은 황제(黃帝)·전욱(顓頊)·제곡(帝嚳)·당요(唐堯)·우순(虞舜)을 가리킨다고 기록하고 있으며, 『제왕본기』와 『십팔사략』에는 황제 대신 소호(少昊)를, 제곡 대신 고신(高辛)을 포함시킨다.

송사(宋詞) : '사(詞)'는 중국 전통 문학 가운데 운문(韻文)의 한 형식으로, 송나라 때 가장 성행했기에 '송사'라고 한다.

원곡(元曲) : 익살과 해학을 내용으로 하는 중국 전통의 잡극(雜劇)으로, 원나라 때 가장 성행하여 붙여진 이름이다.

적임)할 수도 있고 호방(豪放)할 수도 있었으며[옛날 사람들은 사(詞)의 풍격을 '완약'과 '호방'의 두 파로 나누었다—역자], 일약 시가와 똑같이 중요한 문학 장르가 되었다. 원대에 흥기한 산곡(散曲)은 송사에 비해 더욱 통속적이고 자유스러웠는데, 민간의 설창(說唱) 문학에서 근원한 '통속리곡(通俗俚曲)'으로 문인들이 시가를 흡수하여 완성도를 더하는 과정을 거쳐, 마침내 아속공상(雅俗共賞)의 문학 장르가 되었으며, 원곡을 기초로 삼아야 했던 원나라 잡극(雜劇)의 예술 수준을 높여 당시(唐詩) 및 송사와 함께 빛을 발하였다.

이후에 '화본(話本)'·'제궁조(諸宮調)'·'잡극(雜劇)' 등의 통속적인 문학 장르들도 발전하였다. 송·금·원의 도시생활 속에서 시민적 취향이 풍부한 희곡과 잡극은 모두 매우 흥성하였다. 화본은 도시 속에서 고사를 이야기해주는 '설화인(說話人)'이 사용하는 원고본(原稿本)인데, 구어체에 가까운 문학으로 씌어져 소설과 전기(傳奇—일종의 단편 소설)를 발전시켰다. '제궁조'는 설창 문학에 속하는데, 산문과 운문의 두 부분으로 구성되어 있다. 운문은 몇 가지 다른 성조(聲調)의 악곡을 결합하여 일련의 사곡(詞曲)을 이루는데, 내용은 여전히 고사를 연기하면서 설창하는 것이다. 잡극의 경우는 일종의 동작과 대사가 첨가된 가극(歌劇)으로, 금·원 시기에 발생하여 원대에 매우 흥성한 단계에 이르렀다. 잡극은 전통적으로 연창(演唱)해온 원본(院本)과 제궁조를 결합시킨 것으로, 서사체(敍事體)를 대언체(代言體)로 고치고, 민요 소곡(小曲)을 더욱 많이 채용하여 매우 생동감이 넘쳤다. 작가들이 광대한 여러 도시의 주민들과 많은 관련을 맺고 있었기 때문에, 작품은 다른 방면들로부터 현실과 하층 민중의 사상 감정을 비교적 심도 있게 반영할 수 있었다.

동시에 일찍부터 성숙했던 시가와 산문도 시대의 발전에 적응하며 변모하였는데, 대략 네 단계를 거쳤다. 오대로부터 북송 초기에는

통속리곡(通俗俚曲) : 통속의 잡곡(雜曲), 즉 속요(俗謠)를 말함.

아속공상(雅俗共賞) : 문예 작품이 통속이면서도 훌륭하여, 신분의 구분 없이 고상한 사람이나 속인이나 모두 즐긴다는 뜻.

원본(院本) : 금(金)·원(元) 시대에 성행한 중국 전통극의 각본을 가리킨다. 금나라 때는 잡극(雜劇)이 기관(妓館)인 '행원(行院)'에서 행해졌기 때문에 붙여진 이름이다.

서사체(敍事體) : 어떤 사실이나 사건의 전달을 위주로 하는 문체.

대언체(代言體) : 연극이나 연기에서의 대사체.

시와 문장이 화려했다. 북송 중기에는 정치에서의 변법(變法-법과 제도를 고침)에 따라 고문(古文) 운동이 흥기하면서, 간결하고 명쾌하며 평이하고 순조로운 문풍(文風)이 유행하였으며, 시풍도 평이하고 청신함을 추구하면서 철리(哲理)를 담고 의론(議論)을 숭상하는 특징을 형성하였다. 남송에 접어든 이후로는 산문은 점차 쇠퇴하였고, 시가(詩歌) 가운데 청담하고 명쾌한 일파나 호방하고 격앙된 일파가 모두, 금나라와 투쟁하며 나라를 구하려는 형세로 인해 국사에 관심을 기울이는 주제를 표현하였다. 금·원의 시와 문장은 대체로 양송의 각 파(派)들을 답습하면서 시대의 마음과 목소리를 담아냈다.

　오대·송·원 시기에는 사(詞)·곡(曲)·잡극·시가(詩歌)·산문(散文) 등의 문예 형식들이 발전하고 변모하는 가운데 드러난 기능적 취향과 심미의 추세 및 풍격의 변화 발전 방면의 특징들이, 여러 가지 면에서 미술과 일치하거나 유사함을 보인다. 그러나 미술은 조형 예술로서의 특징과 한계로 말미암아, 정도의 차이와 중점을 두는 방면에서 차이를 야기하였다. 일반적으로 말해서 봉건적 윤리의 선양과 현실 생활을 심도 있게 드러내야 하는 본질 때문에, 미술은 위에서 설명한 문예 형식에는 미치지 못한 듯하지만, 사람들의 정신 면모와 심미 취향의 변화를 구현해 내는 데에서는 대체로 시나 문장과 방법은 달라도 같은 효과를 얻었다.

미술 발전 추이의 일반적 특징

농업·수공업·상업 및 문화의 발전과 번영은 다른 영역에서 오대·송·원 미술의 발전과 변화를 추동하였다. 회화·서법·조소·건축과 공예는 모두 새로운 영역을 개척하였고 새로운 성취를 이루었다. 그런데 영역을 개척하거나 성취를 이룬 것은 또한 사람들을 둘러싸고 있는 물질생활과 정신생활을 확대한 것이었다. 상전벽해나 전쟁의 참화와 같은 어려움 속에 오늘날까지 남아 있는 미술 유물들은 이미 구우일모(九牛一毛)처럼 드물지만, 문헌 기록과 결부시켜 보면, 당시의 실제 생활에서 그 미술 유물들이 결코 고립되어 존재한 것이 아니고 일체로 결합되어 있었던 것임을 알 수 있다.

우선 종교 생활 속에서 건축·조소·벽화는 전체가 하나의 통일체로 결합되어 있었다. 이 시기의 종교 미술은 여전히 인간 생활에서 일정한 지위를 차지하고 있었지만, 형식상에서는 이미 수·당과는 달라졌다. 한때 대단히 성행했던 석굴 예술은 여전히 석굴을 개착하여 불상을 조성하기도 했지만 기본적으로 쇠퇴의 길에 접어든 반면, 사묘(寺廟) 예술은 오히려 도시에서의 종교 활동의 전개에 적응하며 흥성하기 시작했다. 재료의 선택도 이미 다시는 석굴 건축이나 조소처럼 토목 위주가 아니라, 목조 건축과 이소(泥塑)·목조 불상으로 발전했으며, 사묘도 다시는 더 이상 세속으로부터 멀리 떨어진 맑고 고요한 산속에 많이 위치하지 않고, 이와는 반대로 시민이 문화나 상업 활동에 종사하는 시끌벅적한 곳에 설립되었다. 이로 말미암아 현실이 이상에 비집고 들어가고, 천국이 인간에게 가까워지면서, 종교 미술은 세속 생활과 결합하여 세속화하지 않을 수 없었으며, 심지어 세속 미술을 배양하는 하나의 토양이 되었다. 그 건축은 다시는 그렇게 숭고하거나 신성하지 않고 평이하면서 수려한 방향으로 변모하였고, 그 조소는 다시는 그렇게 장엄하거나 오묘하지 않고 인간미가 넘쳐나는 쪽으로 변모하였으며, 그 벽화는 심지어 현실의 인물을 신이나 부처로 만들어 숭상하여 받들기도 하였다. 곽약허(郭若虛)의 『도화견문지(圖畫見聞志)』에는, 북송의 무종원(武宗元)이 이렇게 말했다고 기록되어 있다. "일찍이 낙양(洛陽) 상청궁(上淸宮)에 36천제(天帝)를 그렸는데, 그 가운데 적명양화천제(赤明陽和天帝)는 태종의 어용(御容)을 몰래 그린 것이다.[嘗于洛都上淸宮畫三十六天帝, 其間赤明陽和天帝, 潛寫太宗御容.]" 이 책에서는 또 북송의 화가 고문진(高文進)이 〈자씨보살(慈氏菩薩)〉 작품 속에 보살과 남자 공양인(供養人)을 그린 것은 송나라의 진종(眞宗)과 그의 모친을 그린 것이라고 한다.

그 다음은 일상생활 속에서 궁정의 원유(苑囿-궁정에서 동물을 기르던 곳)와 저택의 개인 정원도 모두 건축·벽화·서화·공예가 일체로 결합되어 있었는데, 점차 황실·진신(縉紳-벼슬아치)·지주·상인이 일상적으로 인생을 향유하고 정신을 즐겁게 하는 장소가 되었다. 황실의 벽화에는 여전히 교화(敎化)의 기능이 있었는데, 예컨대 송나라 영종(英宗) 때, "경령궁(景靈宮)에 효엄전(孝嚴殿)을 건립하고 인종(仁宗)의 어진을 봉안할 때, 화가들을 소집하여 병풍과 담장 벽에 그림을 그리도록 하였다. 먼저 삼성(三聖)과 어진을 양쪽 회랑에 모시고, 창업 공신 및 조정에서 행한 대례(大禮)의 모습을 그렸다. 다음에는 문무(文武)를 익히는 일과 연회를 즐기는 모습을 그렸다.[于景靈宮建孝嚴殿, 奉安仁宗神御, 乃糾集畫手, 畫諸屛扆墻壁. 先是三聖神御兩廊, 圖畫創業勘定之功, 及朝廷所行大禮. 次畫講肄文武之事, 遊像宴饗之儀.]" 그러나 실내 장식용의 서화 병풍과 가리개는 황실이나 민간을 막론하고 모두 감상이나 수장·유통의 수요에 부응하며 점차 서화 권축(卷軸)과 책엽(册頁)으로 변화하였다. 등춘(鄧椿)의 『화계(畵繼)』 권1·「성예(聖藝)」에는 이렇게 적혀 있다. "선화(宣和) 4년 3월 신유(辛酉)일에 어가(御駕)가 비서성(秘書省)에 행차하였는데, 일을 마치자 제거청(提擧廳)으로 행차하여, 다시 삼공(三公)·재집(宰執)·친왕(親王)·사상(使相)·종관(從官)을 불러 어부(御府)의 도화를 관람하도록 하였다. 그곳에 이르자 황제가 몸을 일으켜 서안(書案)에서 서성이며 관람하다가, 좌우의 측근들에게 상자를 열어 황제가 그린 서화를 꺼내도록 한 다음, 삼공과 재집·친왕·사상·집정(執政) 모두에게 서화 두 축씩을 하사하도록 하였다. 이때 황제가 채유(蔡攸)에게 나누어주도록 했는데, 종관 이하 관리들은 각각 황제가 그린 그림 및 행서와 초서 각 한 장씩을 얻었다. 또 조종(祖宗)의 어서(御書) 및 휘종이 직접 모사한 명화를 꺼냈는데, 예컨대 전자건(展子虔)의 〈북제문선행진양(北齊文宣幸晉陽)〉 등과 같은 그림들이었다. 영대랑(靈臺郞)이 새벽 진시(辰時)라고 아뢰고 나서야 재집 이하 관원들이 공손한 모습으로 물러났다. 황제가 은혜를 베풀어 서화를 나누어줄 때, 여러 신하들은 패대(佩帶)가 부러지고 건책(巾幘)이 망가질 정도로 다투었는데, 황제가 이를 보고 웃었다.[宣和四年三月辛酉, 駕幸秘書省, 訖事, 御提擧廳事, 再宣三公·宰執·親王·使相·從官觀御府圖畵. 旣至, 止起就書案徒倚觀之, 左右發篋出御書畵, 公宰·親王·使相·執政人各賜書畵兩軸. 于是上顧蔡攸分賜從官以下, 各得御畵兼行書草書一紙. 又出祖宗御書及宸筆所模名畵, 如展子虔作〈北齊文宣幸晉陽〉等圖. 靈臺郞奏辰正, 宰執以下, 逡巡而退. 是時旣恩許分賜群臣, 皆斷佩折巾以爭先, 帝爲之笑.]"

이로부터 송나라 휘종이 서화로 환락의 감정을 추구한 일단을 엿볼 수 있다. 진귀한 새와 기이한 꽃을 그렸고 아울러 '부를 수 있는

삼공(三公) : 고대 중국의 조정(朝廷)에서 가장 높은 세 관직을 함께 일컫는 말로, 조대에 따라 삼공에 해당하는 관직이 수시로 바뀌었다. 북송(北宋) 시기에는 처음에 태위(太尉)·사도(司徒)·사공(司空)을 가리켰으나, 후에 휘종(徽宗) 때에는 태사(太師)·태부(太傅)·태보(太保)를 일러 삼공이라 했다.

재집(宰執) : 재상(宰相)과 집정(執政)을 함께 일컫는 말이다. 송나라 때에는 동평장사(同平章事)·상서좌우부사(尙書左右仆射)·좌우승상(左右丞相)을 재상이라고 하였으며, 참지정사(參知政事)·문하시랑(門下侍郞)·중서시랑(中書侍郞)·상서좌우승(尙書左右丞)·추밀사(樞密使)·추밀부사(樞密副使)·지추밀원등사(知樞密院等事)·동지추밀원사(同知樞密院事)를 집정이라고 하였다.

친왕(親王) : 중국의 작위(爵位) 제도 가운데 왕작(王爵)의 제1등급에 해당하는 작위이다.

사상(使相) : 만당(晩唐) 시기에 처음 설치된 관직명으로, 조대별로 약간의 차이가 있는데, 재상과 같은 반열로 인정되었다. 오대(五代) 때에는 실제로 재상의 권력을 행사하지 않았다. 송대에는 친왕(親王)·유수(留守)·절도사(節度使) 등에 시중(侍中)·중서령(中書令)·동평장사(同平章事)를 더하여 모두를 사상이라고 하였다.

종관(從官) : 수행원이나 가까운 신하를 일컫는 말.

영대랑(靈臺郞) : 사천감(司天監)에 소속된 관직명.

노래를 지은 『선화예람책(宣和睿覽册)』도 이로 말미암아 출현하였다. 점차 타이르고 깨우치게 하는 권계(勸誡) 용도의 서화는 즐기고 감상하며 마음을 즐겁게 하는 서화에 밀려났으며, 실용적인 공예품도 갖고 놀며 즐기는 공예품에 의해 타격을 받았다. 산수화의 의장(意匠-구상)이 가미된 원림(園林)의 경우는, 시민에게 개방함으로써 이미 일정한 의미에서는 공공의 문화오락 장소가 되었다. 북송 때 낙양의 유명한 정원들은 모란이 활짝 필 때 "꽃이 무성한 곳에 원포(園圃-농원)를 만들어 사방의 기예를 지닌 자들이 다 모여들게 했는데, 도시 사람들과 부녀자들이 술을 싣고 다투어 나와 원정(園亭)의 경치 좋은 곳에 자리 잡고, 다른 무대를 오르내리며 술을 마시고 노래 부르면서도, 그 주인이 누구인지 다시 묻지 않았다.[于花盛處作園圃, 四方伎藝畢集, 都人仕女載酒爭出, 擇園亭勝地, 上下他臺引滿歌呼, 不復問其主人.]" 세속 미술이 창성한 데에는 그럴 만한 까닭이 있었던 것이다.

또 그 다음으로 사후 세계에 대한 관념과 관련이 있는 능묘(陵墓) 미술은 황제의 능과 민간 무덤 간에 차이가 있지만, 능묘 건축·의위(儀衛) 조각·벽화·전각(磚刻)·부장품 등 여러 부문 미술 장르들의 전부 혹은 일부가 하나의 예술 통일체를 구성하면서, 죽은 자의 생전의 지위나 취미에 상응하는 예술 세계가 펼쳐졌다. 황릉의 예술 수준은 이미 당대(唐代)에는 미치지 못하지만, 저세상과의 거리가 줄어들기라도 한 듯이 의위 조각의 사실성이 증가되었다. 부유한 백성의 무덤은 그 건축의 화려함이 예법을 벗어나는 것조차 개의치 않을 정도였고, 그 벽화나 전각은 세속 생활의 다양하고 다채로운 모습을 묘사하였다. 무덤 속에 넣는 인형인 묘용(墓俑)의 살아 있는 듯이 생생한 모습이나 부장품으로 넣는 공예품의 정교한 아름다움은, 죽은 자에 대한 기념이라기보다는 차라리 하나의 세속 생활에 대한 찬가라고 말하는 편이 나을 정도였다. 북송 원부(元符) 2년(1099년)의 조대옹(趙大翁) 묘는 목조(木造) 건축을 모방하여 정미하면서도 복잡한데다, 건축의 채색 그림이 부귀하고 화려하여 일상생활 벽화의 호화로운 모습을 담고 있다. 금나라 대안(大安) 2년(1210년)에 조성된 동 씨(董氏) 형제 묘의 벽돌 조각[彫磚]에는, 정교한 솜씨로 노비를 시켜 여종을 부르는 이야기 줄거리 및 잡극(雜劇)에서 연출해 내는 생동감 있는 광경을 새겨놓았다. 또 원나라 연우(延祐) 7년(1320년)의 전유(錢裕) 부부 묘에 부장되어 있던 금은·옥·마노·수정 등의 장식물들과 20여 건의 금은 기명(器皿), 9건의 칠기, 27건의 실로 짠 의복 등의 호화로움은 모두 대표적인 것들이다.

위에서 서술한 개괄적인 내용으로부터 오대·송·원 시대 미술의 변천에서 두 가지 큰 특징이 사람들의 주목을 끌었음을 알 수 있다. 첫 번째는 기능성 미술의 감상성 미술로의 전화이다. 중당(中唐) 이전에 중국 미술 가운데 회화가 추구한 것은 '감계(鑑戒)'의 기능, 이른바 "교화하고 인륜을 돕는 것[成敎化, 助人倫]"으로, 그림을 보는 사람이 "착한 일을 한 것을 보고 악을 경계하며, 악한 짓 한 것을 보고 어진 사람을 생각하도록 하는 것[見善足以戒惡, 見惡足以思賢]"이었다. 건축·조소·공예·서법도 실용적 기능을 최우선으로 하면서도, 정도의 차이는 있지만 함께 윤리관과 예기제도(禮器制度)를 수용하여, 이른바 "그러므로 정(鼎)과 종(鐘)에 새겨, 도깨비나 괴물을 인식하고 해로운 귀신이나 요사한 물건을 알게 하였으며, 깃발의 문양을 분명하게 드러내어 빛나는 제도를 밝히고 국가의 특별한 면모를 갖추게 하였다. 맑고 깨끗한 사당을 엄숙하게 하고, 제사에 쓰이는 제기들을 늘어놓으며, 영토의 남북을 헤아려 국경을 분별할 수 있도록 하였다.[故鼎鐘刻, 則識魅魍而知神奸, 祈章明, 則見昭度而備國別. 淸廟肅而樽彝陳, 廣輪度而疆理辨.]" 미술의 감상적인 측면을 전혀 중시하지 않은 것은 아니었지만, 타이르고 깨우치는 권계적(勸誡的) 성격과 실용적 성격을 더욱 중시했었다.

　오대·송·원에 이르면 이러한 상황이 변화를 맞이하는데, 사람들은 만당(晩唐) 시기에 흥기한 "어질고 어리석음을 거울삼아 경계하는 것[鑑戒賢愚]"과 "감정과 성품을 즐겁게 하는 것[怡悅情性]"의 두 가지 모두를 중시하는 풍조를 계승하면서, 감정과 성품을 즐겁게 하는 감상적 측면으로의 전환에 더 많은 노력을 기울였다. 주경현(朱景玄)의 『당조명화록(唐朝名畫錄)』에서 언급한 "어질고 어리석음을 거울삼아 경계하고, 다스려짐과 어지러워짐을 드러내어 밝히는[鑑戒賢愚, 發明治亂]" 교화의 효용과 실용의 기능이 여전히 존재하고 있었지만, 쇠퇴하는 경향이 명확히 드러나고 있다. 그러나 각 분야 미술의 감상적 측면과 감정을 즐겁게 하는 요소가 막을 수 없을 정도로 강화되면서, 벽화의 지위는 권축화(卷軸畫)로 대체되기 시작했고, 법도를 준수하던 서법도 의(意)를 숭상하는 쪽으로 나아갔으며, 건축에서의 개인 저택[私家] 원림도 크게 발전했는데, 공예 미술의 경우에는 실용과 감상의 분리가 나타났다. 바로 위에서 설명한 풍조로 말미암아 『선화화보(宣和畫譜)』·「서(序)」에서도 정곡을 찌르듯이, "이 때문에 회화의 창작은 선행을 기려 시대를 드러낼 수 있고, 악행을 통해 후세를 경계할 수가 있으니, 어찌 한갓 오색(五色)의 꾸밈만으로 세상에서 감상하며 즐길 수 있겠는가?[是則畫之作也, 善足以觀時, 惡足以戒其後, 豈徒爲是五色之章, 以取玩于世也哉?]"라고 강조하고 있다.

　두 번째는 외부 세계에 관심을 기울이며 자유로운 정신을 추구하던 미술이 내면 세계의 성정을 담아 노래하는 미술로 변모하기 시작한 것이다. 양한(兩漢)과 성당(盛唐) 시기의 미술은 외부 세계에 대한 긍정과 경이로움·정복과 통치의 열정, 또 그처럼 강하고 굳센 정신과 넓고 큰 기세·왕성한 활력과 침착하고 웅대한 풍격, 그리고 내용이 형식을 압도하는 특징을 지니고 있었다. 그러나 중당(中唐)과 만당(晚唐)을 거쳐 오대·송·원에 이르면 이미 점차 풍부한 세계에 대한 음미와 풍부한 내면에 대한 몰두로 변모하게 된다. 일종의 나아가려다 다시 물러나는 정신과 우아한 운치·조화로운 생기와 온화하면서도 엄격한 풍격이 나날이 형성되어 갔다. 서법은 송대의 의(意)를 숭상하는 풍조로부터 원대의 취(趣)를 숭상하는 풍조로 변화하였고, 회화는 송대의 법(法)을 숭상하는 풍조로부터 원대의 의(意)를 숭상하는 풍조로 변모하였다. 건축과 공예의 경우는 원대의 민족문화 융합이 이끌어낸 몇 가지 소박한 회복과 발전이 있긴 했지만, 전반적으로 섬세함 및 정밀함과 수려함 쪽으로 나아갔으며, 조소는 개성화된 사실(寫實) 경향으로부터 세속의 정취에 영합하는 작은 장식품으로 점차 변화하였다. 위에서 서술한 상황들은 이 시기의 각 분야 미술들이 비록 편차는 있을지라도 몇 가지 공통점이나 유사점이 존재하고 있었음을 나타내준다. 그러한 공통점과 유사점들이 모여 일종의 총체적인 추세를 이루었는데, 즉 비교적 통속적이고 평이하면서도 또한 규범적인 예술 형식을 강구하는 가운데에서, 조형 예술이 시간이 흐를수록 심리적 평형 상태를 강화해감으로써, 조화롭고 고아하며 함축적이고 청신(清新)하며 정밀하고 엄격한 미적(美的) 이상을 표현해냈다. 비록 가끔 내용이 형식을 압도하는 웅장하고 힘찬 작품들이 있긴 했지만 주류가 될 수는 없었으며, 또 비록 섬세하고 교묘하며 사치스럽고 화려한 풍조가 있었지만 전체적으로는 끊임없이 바로잡혀져갔다.

미술 취향과 풍격의 변화 발전과 함께 옛날부터 이미 존재했던 궁정 미술·문인 미술과 민간 미술은 모두 매우 엄청나게 발전했으며, 아울러 서로 보완하고 융합하는 가운데 앞으로 나아갔다.

[본 장 집필 : 수에융니엔(薛永年)]

건축 · 조각 · 소조 및 벽화

건축·조소와 벽화의 새로운 모습

오대 시기의 중국이 다시 전쟁과 분열의 국면에 빠져들었지만, 남당(南唐)과 오월(吳越)이 통치하던 장강 하류와 전촉(前蜀)과 후촉(後蜀)이 전후하여 할거했던 사천 지역 및 변방 지역인 하서주랑(河西走廊) 지대는 전쟁이 비교적 적었기 때문에 경제와 문화가 여전히 발전했다. 건축·조소와 벽화는 풍격과 기예면에서 수·당 이래의 전통을 더욱 많이 보존하고 있었지만, 부분적인 혁신은 또한 이 시기의 성취와 발전을 나타내주고 있다. 이미 궁실·사관(寺觀─불교의 사원과 도교의 도관)이나 사묘(祠廟─사당)가 남아 있지 않지만, 세상에 남아 있는 불탑·능묘와 석굴사(石窟寺)들 가운데에서 이러한 변화 발전의 역정을 엿볼 수 있다. 예컨대 오월·남당의 석탑들이나 벽돌과 목재의 혼합 구조로 만들어진 탑들은 모두 당나라 전석탑(磚石塔)의 기초 위에서 한 걸음 더 나아가 누각식(樓閣式) 목탑을 모방한 것들이며, 광주(廣州)에 도읍을 건설한 남한(南漢)이 주조한 철탑[광효사(光孝寺)의 동·서 철탑(鐵塔)]은 곧 기술 수준의 향상을 반영하고 있다. 남당·서촉·오월 지역의 사관 벽화는 예전처럼 활발하게 제작되었다. 예컨대 남당의 능묘와 전촉(前蜀) 영릉(永陵)의 건축과 조각, 돈황(敦煌)의 막고굴(莫高窟)과 항주 서호(西湖) 산악 지역의 석굴 조상(造像) 및 거기에 오늘날까지 부

돈황(敦煌) 막고굴(莫高窟) 제55굴의 천왕(天王)

宋

돈황 막고굴 제265굴의 보살(菩薩)과 아난(阿難)

西夏

하서주랑(河西走廊) : 중국 내지(內地)에서 신강(新疆)으로 통하는 주요 길목이다. 동쪽으로는 오초령(烏鞘嶺)에서 시작하여, 서쪽으로는 옛 옥문관(玉門關)에 이르며, 남북으로는 남산[南山-기련산(祁連山)·아이금산(阿爾金山)]과 북산[北山-마종산(馬騣山)·합려산(合黎山)·용수산(龍首山)] 사이에 끼여 있다. 길이는 약 900킬로미터에 달하며, 너비는 수 킬로미터부터 수백 킬로미터에 이르며, 서북쪽에서 동남 ▶▶

분적으로 비교적 양호하게 보존되어 있는 장식적인 조소 작품들은 모두 기본적으로 중당과 만당의 여운을 이어받고 있다. 또 그 정형화(定型化)와 규격화의 면모가 성당(盛唐) 특유의 위엄 있는 분위기나 날카롭고 진취적인 정신과 서로 구별되기 때문에, 일종의 과도기의 시대적 특징을 나타내주고 있다.

북송 초기의 건축과 조소에는 오대의 영향이 많이 남아 있다. 전국을 통일하여 정권이 한 단계 더 공고화하고, 사회 경제가 회복되고 번영함에 따라, 중국의 건축과 조소 예술은 다시 하나의 새로운 발전 단계에 진입하였으며, 그 빛나는 광채는 이 시기의 건축과 조소가 한(漢)·당(唐)의 뒤를 잇는 또 다른 하나의 전성기를 이루게 하였다. 세속화와 다양화의 추세는 양송(兩宋)의 건축과 조소가 갖는 두 가지 특색이다. 그 특색은 나날이 소극적으로 나아간 정치 상황 및 사회 경제의 발전과 생산 기술 및 도구의 발전에 뿌리를 둔 것일 뿐만 아니라, 동시에 더욱 현실을 지향하는 사회의식과 밀접하게 관련을 맺고 있었다. 불교가 송나라 태조와 태종의 지원에 힘입어, 전국적으로 다시 승려의 증가와 사찰의 건립, 경전의 판각과 번역, 석굴의 개착과 불상의 조성이 이루어졌다. 그러나 부처에 예배하고 신에게 제사를 올리는 일이 이미 상류 사회에서는 중요시되지 않게 되면서, 이를 대신하게 된 것이 송대에 이학(理學)의 점진적인 상승과 중국식 불교, 즉 선종(禪宗)의 활약이었다.

나라 안 각 계층 신도들의 요구에 부응하기 위하여 선종의 중심 신앙 대상은, 이미 더 이상 오를 수 없이 높고 신비롭고 위엄 있는 부처로부터 '현세에서 복을 얻는' 등의 비교적 현실적 의미를 갖는 보살[관음(觀音)·지장(地藏)]·나한(羅漢)·조사(祖師) 및 더욱 생활화된 포대화상(布袋和尙) 등으로 옮겨갔다. 선을 익혀 도를 깨우치는 것도 사람들의 현세에서의 생활과 긴밀하게 하나로 연계되었다. 사회의식이 현실을 더욱 지향한 결과, 불교의 교의와 전파 방식도 세속의 현실 생활과 결합하며 변화하지 않을 수 없었는데, 사원 안에서 유행한 '속강(俗講)'과 민간 설창화본(說唱話本)이 불경고사를 참고로 한 것은 곧 이러한 추세의 반영이라고 할 수 있다. 이렇게 대중화된 불학(佛學)의 사조와 이로 말미암아 생겨난 세속화된 포교 방식은 불교 예술의 영역을 넓혀주었을 뿐만 아니라, 이 시기의 석굴 개착과 불상 조성 풍조가 점차 쇠퇴하면서 불교 건축과 조소가 인간화와 현실화의 추세로 나아가게 된 원인이기도 하였다.

이 단계의 일부 불교 성지들에서는 또 도교의 조상(造像)과 혼합되는 현상이 출현하기도 했는데, 이것은 사천 지역의 감굴(龕窟)에 있는 조상들에서 특히 두드러진다. 예컨대 석문산(石門山)·석전산(石篆山)·묘고산(妙高山) 등 적지 않은 예들이 있는데, 이것은 송대 제왕들의 도교에 대한 숭배와 관련이 있다. 그리고 오대·양송 시기에 불교가 민족화 추세로 급격히 변화한 것도 불교와 도교가 공존할 수 있는 조건을 마련하였다. 송대에 이학이 흥기한 이후 이학가(理學家)들이 불교와 도교 사상을 유가 학술 속으로 끌어들인 방법, 더욱 유·불·도 삼교가 합류하는 국면을 형성하였으며, 이리하여 건축과 조소에서도 삼교합일(三敎合一)의 흥미 있는 정경이 출현하였다. 세속 생활로부터 초래된 다양화된 요구와 취미는 의심할 여지 없이 건축과 조소로 하여금 다방면으로 발전하도록 촉진시켰다.

쪽으로 뻗어 있는 좁고 긴 평지인데, 그 모양이 마치 주랑(走廊-回廊)을 닮은 데다 황하의 서쪽에 위치하기 때문에 붙여진 이름이다. 감숙주랑(甘肅走廊) 혹은 하서회랑(河西回廊)이라고도 한다.

포대화상(布袋和尙) : 후량(後梁) 시대의 선승(禪僧)으로, 몸집이 크고 배가 늘어져 있으며, 이마에는 주름이 있고, 항상 웃는 모습으로 중얼대면서, 지팡이에 커다란 자루(포대)를 달고서, 그 속에 온갖 것들을 다 넣고 다녔다고 한다. 그리하여 그를 포대화상이라고 불렀는데, 미륵보살의 화신으로 존경받았으며, 복을 가져다준다고 알려져 있다.

속강(俗講) : 당나라 때 유행했으며, 사원에서 불경을 강의하는 형식이었다. 대부분은 불경고사(佛經故事) 등에 간략하고 이해하기 쉬운 변문(變文-일종의 민간 문학 형식)을 부연하여, 설창(說唱) 형식으로 일반 경서의 의미를 선전하는 것을 말한다. 속강을 주로 하는 승려를 '속강승(俗講僧)'이라고 불렀다.

건축 방면에서는 날로 발전하는 수공업과 상업에 부응하기 위하여, 도시의 구조와 배치에서 이미 근본적인 변화가 발생하였는데, 그 계획과 구조에 약간 새로운 조치들을 취하였다. 도성인 변량(汴梁)을 예로 들면, 전통적인 야간 통행금지와 이방제도(里坊制度)가 일찍이 타파되고, 거리를 따라 점포를 설립한 결과는 곧 영업 행위에 따라 거리가 이루어지는 구도를 형성하였으며, 상업도시에 걸맞는 소방·교통 운수·교량 등의 건축도 전에 없이 발전하였고, 거리를 따라 상점과 술집들이 대량으로 출현하였다. 큰 사관(寺觀)에 딸린 원림(園林)과 정기(定期) 시장의 형성은 모두 시민들의 오락적 수요를 만족시키는 건축 형식들이었으며, 또한 궁전과 황실의 원유(苑囿)와 개인 원림의 주요한 차용 모델이 되었다. 이와 마찬가지로 양송 시기의 조소도 종교 건축과 무덤 등의 전통 영역에서 계속 발전한 것 외에, 도시 경제의 번영으로 말미암아 사람들이 보고 즐기는 공예적인 조소도 크게 발전하였다. 특별한 장인 정신을 가진 수많은 예술가들이 도소(陶塑)·이소(泥塑)·석조(石彫)·목조(木彫)·죽조(竹彫)와 금속 공예 조소의 창작에 힘을 쏟았는데, 그들의 작품들은 사회와 시대의 정서를 반영해냈을 뿐만 아니라, 귀천에 관계없이 모든 계층의 사람들이 함께 즐기고 감상할 수 있는 이른바 아속공상(雅俗共賞)의 유흥 오락의 대상이었다. 기타 예술 부문과 마찬가지로 송대의 건축과 조소는 예술과 미학의 측면에서, 전체적인 격조는 부드럽고 아름다우며 서정적이고 개성적이었는데, 그처럼 민감하고 섬세하며 우아하던 것이 정연하고 눈부시게 아름다운 추세로 바뀌어, 진(秦)·한(漢)의 고졸(古拙)하고 거칠며 수·당의 호방하고 뛰어난 면모와는 달리 선명한 특징을 형성하였다.

송대의 단일 건축이나 집단 건축의 규모는 일반적으로 당대에 미치지 못하여, 대체로 한·당과 같은 씩씩하고 위풍당당한 기백이 결핍된 가운데 더욱 정교해지고 규격화되었다. 이 시기 집단 건축의 총체적인 국면은, 전체 평면 위에서 측면 방향의 공간 층차(層次)를 강화함과 동시에, 건축의 체적과 지형 및 높낮이가 다른 누각과 정대(亭臺)의 복잡한 조합을 통하여, 주체 건물을 돋보이게 해주었으며, 아울러 전체 집단 조합의 형상이 날렵하고 활발해 보이도록 하였다. 단일 건축의 개칸[開間-기둥과 기둥 사이]은 장방형을 드러내며, 주차(主次)가 분명한 외관을 형성한다. 열고 닫을 수 있으면서, 창살의 조합이 대단히 풍부한 문(門)과 창(窓)을 대량으로 사용하여, 건축의 외관을 크게 바꾸었고, 장식 효과를 증대시켰으며, 동시에 실내의 환기와 채광(採光)을 개선하였다. 주택의 하부는 통상적으로 조각이 정교하고 아름다운 수미좌(須彌座)로 만들었고, 주초(柱礎-주추)와 기둥의 형태도 풍부하고 다채롭게 변화되었다. 목조 가구(架構) 부분에는 각종의 화려한 채화(彩畵)를 그려 넣었는데, '오채편장(五彩遍裝-오채로 두루 장식함)'·'연옥장(碾玉裝)'·'청록질훈릉간장(靑綠迭暈棱間裝-청록으로 모서리 부분을 번갈아가며 칠하여 장식함)'·'해록장(解綠裝)'과 '단분쇄식(丹粉刷飾-단사로 만든 붉은 안료로 칠하여 꾸밈)'[이것들은 송나라의 저술인 『영조법식(營造法式)』에 나오는 건축 채화(彩畵) 방법들이다-역자]을 위주로 하면서, 지붕 부분에는 대량의 유리기와를 사용함으로써 사람들에게 화려하고 아름다운 효과를 주었다. 건축 내부는 설계가 정교하고 아름다운 많은 가구(家具)와 나무로 제작한 작은 장식들 외에도, 커다란 네모 격자의 평기(平棊)와 주체(主體)의 공간을 강조하는 조정(藻井)을 발전시켜, 밝고 탁 트여 시원스러워 보인다. 생경함을 피하기 위한 각종 직선과 간단한 호선(弧線)은 보편적으로 권쇄(卷殺)의 방법을 채택하여 부드러우면서 우아하다. 더욱 중요한 것은 송대의 목조 건축이 보편적으로 고전적 모수제(模數制), 즉 정부가 반포한 건축 규범인

가구(架構) : 주로 목조 건축에서 부자재를 서로 짜 맞추어 조립하는 구조나 구조물을 가리키는 말로, 지붕을 떠받치는 역할을 하며, 기둥을 중심으로 창방(昌枋)·평방(平枋)·도리·서까래 등을 구성하는 부분이다.

연옥장(碾玉裝) : 장식 등급이 오색을 두루 장식하는 오채편장(五彩遍裝)의 바로 다음이다. 색은 청(靑)·녹(綠)을 위주로 하여, 여러 층을 겹쳐 훈염하고, 바깥에는 흰색 훈염을 남겨두어, 마치 반짝반짝 윤이 나는 벽옥(碧玉) 같기 때문에 붙여진 이름이다. 때로는 일부분에 오색이나 홍색을 이용하여 장식하기도 한다.

해록장(解綠裝) : 바탕에 붉은색을 위주로 한 따뜻한 색들로 그림을 그린 다음, 청록으로 번갈아가며 테두리를 그린 것을 말하는데, 해록결화장(解綠結華裝)이라고도 한다.

평기(平棊) : 각종 기이한 꽃과 신기한 짐승들을 새기거나 그려 넣은 격자형 천장을 가리킨다. 격자는 정방형이나 장방형뿐 아니라 다양한 유형들을 사용한다.

조정(藻井) : 중국 전통 건축 중 실내 천정의 독특한 장식 부분을 가리킨다. 일반적으로 위쪽을 향하여 '井'자 형태로 솟아오르게 만들며, 방형이나 다변형 혹은 원형의 오목한 면도 있다. 주위에는 각종 문양이나 조각과 그림들로 장식한다. 대부분 궁전·사묘의 보좌(寶座)·불단(佛壇) 위쪽의 가장 중요한 부위에 이용하였다.

권쇄(卷殺) : 기둥의 윗부분·보의 양단의 윗면·첨차(栱)의 양단 아랫면 등의 단면을 점차 축소시켜가는 방법을 가리킨다.

모수제(模數制) : 건축의 설계에 표준화를 실현하기 위하여 일련의 기본 규칙을 제정한 것으로, 다른 건축물이나 부분들의 길이를 통일하게 하여, 그것이 통용성(通用性)과 호환성

▶▶

56 중국미술사 3 : 오대(五代)부터 송(宋)·원(元)까지

(互換性)을 갖도록 함으로써, 설계 속도를 빠르게 하고, 시공 효율을 높이며, 건축 비용을 절감하도록 한 것을 말한다.

재(材) : 중국 목조 건축의 부재(部材)는 일정한 비례의 치수에 따르고 있는데, 『영조법식』에서 규정하고 있는 '재(材)'는 각종 부재들 가운데 기준이 되는 '재'를 말한다. 즉 첨차[栱]의 치수로서, 단면이 항상 15푼[分]×10푼의 비례를 갖는다.

『영조법식(營造法式)』에서 규정한 '재(材)'를 건축의 표준으로 채택하였다. 이 점에 근거하여 말한다면, 북송 시기 건축의 표준화와 규격화는 이전에 없었던 수준에 도달했는데, 당시 목조 구조 체계가 고도로 성숙했음을 반영하고 있으며, 동시에 공정을 예상하여 재료를 준비하는 데 대단히 편리했고, 설계와 시공의 속도가 제고되었다. 남송의 건축은 남아 있는 실물이 비교적 적지만, 당시 회화 속에 표현된 건축의 풍격으로부터, 부드럽고 아름답던 경향이 이미 섬세하고 정교하며 번잡한 경지로 발전했음을 알 수 있다.

양송(兩宋) 시기의 조소도 마찬가지로 한·당 시기와 같은 규모가 크고 깊은 맛이 결핍되어 있었으며, 한·당이 거대한 업적을 이룬 종교 조상(造像)과 능묘 의위(儀衛) 조각상의 조건하에서, 단지 지난 시대 사람들의 창작을 낮은 차원에서 모방만 할 수 있었기 때문에 지나치게 규격에 구애되어 격식화된 모습을 드러냈다. 그러나 다른 한편으로는, 이 단계에서 생활 의식의 강화와 공예 기술의 진보로 말미암아, 지난 왕조에서 비교적 소홀히 다루어졌던 영역, 예컨대 종교 조상(造像)들 가운데에서 가장 풍부하고 다양한 자태를 보이는 것들은 바로 주요 참배 대상이 아니었던 보살·나한·시녀·공양인인데, 이것들은 이미 종교적 의궤(儀軌)의 제약을 적당히 타파하고 정형화된 표준 양식을 타파할 수 있어서, 현실화되고 인간화된 작품들이 대량으로 출현하게 하였으며, 아울러 이 시기의 독특한 사실적 작풍을 형성하였다. 그러나 다양한 사람들이 즐기고 감상하기 위한 작은 크기의 조소도 크게 발전했는데, 그 다양한 제재 및 사실성이 풍부하고 현실 생활의 정취가 넘치는 형식이 사회 각 계층의 생활 습속과 감상 요구에 서로 부응함으로써, 보다 광범한 대중들의 호응을 얻었다. 이것도 송대 조소의 주목할 만한 현상이었다.

건축과 조소 영역에서의 세속화와 다양화에 힘써 노력함으로써,

또한 그것들로 하여금 세속 생활을 향한 새로운 제재로 나아가게 하였고, 더욱 더 훌륭한 것을 요구하는 심미 요구를 만족시키는 새로운 기예들이 시대적 요구에 따라 나타나게 하였다. 벽돌과 유리가 이미 전통적 건축 재료를 대체하여 도시 건설에 광범하게 사용되었다. 북송 시기부터 사람들은 이미 건축의 표준화에 관심을 기울이기 시작했으며, 남송에 이르면 건축의 예술적 가공은 더욱 섬세해졌다. 그런데 현존하는 벽돌과 돌[磚石]이나 유리로 만든 불탑으로는, 예컨대 정현(定縣) 개원사(開元寺)의 요적탑(料敵塔)이 채택한 발권전(發券磚) 구조로 된 전형적인 양식이 있고, 교량으로는 예컨대 복건(福建) 천주(泉州) 만안교(萬安橋)의 '뗏목형[筏形] 기초'가 있는데, 이들 모두 어느 정도 당시 벽돌이나 돌의 가공과 시공 기술의 새로운 수준을 반영하고 있다. 건축 구조상에서 송나라는 이미 구조를 간소화하는 단초를 열었는데, 그 가운데 가장 주요한 특징은 두공(斗拱) 기능의 점차적인 쇠퇴이다. 이와 동시에 송나라의 건축은 토대의 구조를 더욱 중시하게 되는데, 규모가 큰 건축의 기초는 흙을 다져 쌓고, 토대 아래에 말뚝을 박았던 것은 비교적 많은 기록과 실례들이 남아 있다.

조소의 예술 형식에서도 여러 가지 독특한 것들이 창조되었다. 당대에는 석굴의 거대한 불상이 유행했지만, 절벽에 의거하여 개착한 경우가 많았다. 그러나 북송에 이르면 사원의 큰 불상들이 출현하는데, 크고 높은 전각 안에 불단을 설치하고 많은 거푸집을 이용하여 구리로 주조하는 기술을 채택하여 만들었기 때문에, 몸집이 높고 크면서도 의지하거나 기대는 것이 없었다. 이것은 북송의 조상(造像) 제작 기술의 발전이 지난 시대보다 훨씬 뛰어났음을 말해주는 것이다. 이와

발권전(發券磚) : 고대 중국의 벽돌에는 여러 종류가 있었다. 발권전이란 위가 크고 아래는 작은 형태의 벽돌을 가리킨다. 또 보통전(普通磚)은 대개 벽을 쌓는 용도로 사용되었으며, 지전(地磚)은 대개 다 방형(方形)이며, 공심전(空心磚)은 기둥이나 대들보 등 각종 형상을 만드는 데 사용했다. 또한 장방형의 길쭉한 것, 장방형의 덩어리, 삼각형 덩어리 등이 있었는데, 이것들의 용도는 대부분 역시 묘실을 쌓는 데 있었다.

하북 정현(定縣)의 개원사(開元寺) 탑
宋

노구교(盧溝橋)
金
석조 구조
길이 267m
북경 풍대구(豊臺區)

뗏목형[筏形] 기초 : 건축물 상부에 비교적 큰 것을 얹어야 하고, 그곳 지반의 적재 능력도 비교적 약할 때, 간단한 선형(線形) 기초나 혹은 '井'자형의 격자식 기초를 이용하여 차후의 지반의 변형에 적응하지 않도록 해야 할 때, 흔히 벽이나 혹은 기둥 아래 기초를 하나씩 연속되게 만들어, 전체 건축물의 하중을 전체 판면이 함께 견디내게 하는 것인데, 이처럼 판을 가득 채우는 형식의 기초를 뗏목식[筏式] 기초라고 부른다. 뗏목형[筏形] 기초는 평판식(平板式)과 양판식(梁板式)으로 나뉜다.

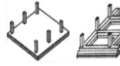

(평판식)   (양판식)

영벽(影壁) : 집 밖에서 정원이 훤히 들여다보이는 것을 방지하기 위하여 대문 바로 안쪽에 설치한 작은 벽으로, 중국 사람들은 이것이 잡귀를 막아준다고 믿었다. 잡귀는 똑바로만 움직이기 때문에 벽을 설치하면 들어올 수 없다는 것이다.

동시에 가장 훌륭한 재료인 단목(檀木-박달나무)으로 만든 목조상도 매우 유행했기 때문에, 목조 기술도 이에 따라 발전하였는데, 그 유적이 화북(華北)의 각 지역들에 있는 사원들에서 종종 발견된다. 그 새김의 섬세함과 사상 감정의 심도 있는 표현은 거의 흙으로 빚은 이소(泥塑)에 버금가는 정취를 느낄 수 있을 정도였으며, 풍격과 양식도 완전히 시대적 특징을 나타냈다. 전통적 이소의 영역 중에서 곽희(郭熙)는 당나라의 양혜지(楊惠之)로부터 시작된 흙손[泥掌]이라는 작업 도구가 이미 예술 창작의 표현력에 크게 도움이 될 수 있음을 깨닫고, 이에 흙손으로 진흙을 바르는 방법을 개량하였다. 이 방법을 산수화 창작에서 마음으로 터득한 것과 융합시켜 운용함으로써 '영벽(影壁)'이라는 표현 형식을 창조했는데, 당시에 영향이 대단히 컸다.

강소(江蘇) 오현(吳縣)의 보성사(保聖寺)에는 송대에 빚어 만든 나한이 현존하는데, 나한을 산의 바위·흐르는 샘·수목 사이에 안치하여, 그 위치와 방향 및 높낮이가 달라 운치가 있으며, 소벽(塑壁) 위의 산암(山巖)과 임목(林木)·기이한 봉우리와 바위를 배경으로 이용하여 인물의 자태와 정신이 특별히 진실되고 생동감 있게 하였다. 장례 습속의 변화와 화장법(火葬法)의 시행으로 말미암아 부장품으로 넣었

던 송대 용(俑)의 수량이 이전 시대보다 매우 적어진데다, 묘실의 전
조(磚彫-벽돌에 새긴 조각)가 도용(陶俑)을 대체하기 시작했다. 그러나
하남(河南)·사천(四川)·강소(江蘇)·강서(江西)·절강(浙江)·복건(福建)
등지에서 출토된 송대의 용들에 대해서 말한다면, 빚어 만들 때의 재
료의 선택과 사용에 민간 예술 및 공예 장식과 건축 예술의 요소를
도입하여 계속 새로운 아이디어를 만들어 냈는데, 예컨대 하남 우현
(禹縣) 백사(白沙)에 있는 조대옹(造大翁)의 묘와 언사(偃師) 주류구(酒
流溝)에 있는 송나라 무덤에서 출토된 잡극(雜劇)·산악(散樂)을 연기
하는 인물을 새긴 전조(磚彫) 등은 용의 새로운 형식을 창안한 것이
다. 사천의 성도(成都)·광한(廣漢) 등지에서 출토된, 유약이 칠해진 도
용은 특별한 풍격을 지니고 있으며, 절강 항주(杭州)의 노화산(老和
山)과 강소의 태현(泰縣)에서 출토된 목용(木俑)은 조각이 정교하고 뛰
어나, 송대 사람들의 재질(材質)·도법(刀法)에서의 정교하고 아름다운
처리와 능력에 대해 충분히 보여주고 있다. 강서 경덕진(景德鎭) 등에
서 출토된, 손으로 직접 빚어 만든[捏塑] 백자용(白磁俑)은 조소와 도
자 공예의 결정체이다. 그리고 복건에서 출토된 남송 시기의 수산석
조(壽山石彫) 용(俑)은, 수산석조로 하여금 훨씬 오랜 역사를 갖도록
해주었다. 송대의 조소 중에는 감상하고 즐기기 위해 만든 소형 이소
(泥塑)가 널리 보급되었는데, 자태의 변화가 무궁무진하였으며, 전국
적으로 칭송받는 유명한 장인과 작방들이 출현하였다. 또 남송 초기
의 각죽(刻竹) 명수인 첨성(詹成)·청전석(靑田石)과 조개껍질 조각[螺
殼]의 명수인 왕유구(王劉九) 같은 사람들도 앞 시대 사람들이 도달하
지 못했던 영역에서 각자 신의 경지를 뛰어넘는 비범한 기예를 펼쳐
냈다.

송대의 벽화 창작은 당대처럼 왕성하지는 않았지만, 황제가 불교
와 도교를 숭상했기 때문에 사관(寺觀)의 벽화는 여전히 일정한 규모

산악(散樂) : 궁중의 아악에 대한 상
대적인 개념으로, 무술·잡기·마술·
희극·춤 등이 한데 어우러진 형식의
예술을 가리킨다.

수산석조(壽山石彫) : 수산석(壽山石)
이란 중국의 진귀한 보석의 일종으
로, 마치 옥(玉)과 비슷하게 생겼으며,
중국 전통의 4대 인장석(印章石)의 하
나이다. 수산석조는 전통 민간 조각
공예술인데, 복주(福州) 북부 산악 지
역의 북쪽 봉우리인 수산(壽山)에서
나는 돌을 재료로 하여, 특수 기법으
로 제작해내는 소형 완상용 조각이
다. 복주의 수산석조는 복주의 탈태
칠기(脫胎漆器)·연목화(軟木畵)와 함께
'용성(榕城-복주의 옛 명칭) 삼절(三絶)'
이라고 일컬어졌다.

를 갖추고 있었는데, 그 가운데 황실이 주관하여 제작한 벽화는 특히 굉장한 장관을 이루었다. 개봉(開封)의 대상국사(大相國寺)는 송나라 초기에 계속 확장하여 건축했는데, 절 안에 있는 벽화는 모두 유명 화가들이 손수 그린 것들이다. 예컨대 고익(高益)은 대전(大殿) 주랑(走廊)의 왼쪽 벽에 〈아육왕변상(阿育王變相)〉·〈치성광불항구요귀백희(熾盛光佛降九曜鬼百戲)〉를 그렸고, 고문진(高文進)은 대전에 〈항마변상(降魔變相)〉·〈경탑천왕(擎塔天王)〉을, 후문의 동서 양쪽 벽에 〈오대아미문수보현변상(五臺峨嵋文殊普賢變相)〉을 그렸다. 왕도진(王道眞)은 〈보지화십이면관음상(寶志化十二面觀音像)〉을 대전 서문의 남쪽에 그렸고, 〈급고독장자매지타태자인연(給孤獨長者買祇陀太子因緣)〉을 대전 동문의 남쪽에 그렸다. 대전 동문의 북쪽에는 이용급(李用及)과 이상곤(李象坤)이 〈노도차두성변(勞度叉斗聖變)〉을 합작하여 그렸으며, 서장(西藏) 경원(經院)의 뒤쪽에는 원애화상(元藹和尙)이 그린 〈대비보살(大悲菩薩)〉 등이 있다. 이 밖에 왕단(王端)·석각(石恪)·손몽경(孫夢卿)·고회절(高懷節)·진탄(陳坦)·왕이(王易) 등도 상국사의 벽화 창작에 참여했는데, 그때 그린 작품들도 또한 당시 사람들이 보배처럼 여겼다. 태종(太宗)과 영종(英宗)의 두 황제는 상국사 벽화를 여러 차례 보수했는데, 태종 때에는 고익이 그린 벽화가 벗겨져 손상되었기 때문에 고문진과 왕도진 등에게 명하여 보수하도록 하였다. 영종 치평(治平) 2년(1065년)에 상국사 벽화의 일부가 홍수에 잠겨 훼손되자, 다시 최백(崔白)과 이원제(李元濟) 등에게 명하여 보수하여 다시 그리도록 하였다. 송나라 진종(眞宗) 때인 대중상부(大中祥符) 7년(1014년)에 건립한 옥청소응궁(玉淸昭應宮)은 매우 웅장하고 화려했는데, 벽화 창작에 동원된 인원도 매우 방대했다. 전국 각 지역의 명수(名手) 3천여 명을 소집한 다음, 그 가운데 백여 명을 선발하였는데, 무종원(武宗元)과 왕졸(王拙)이 우두머리였다. 그 가운데 장방(張昉)은 삼청전(三淸殿)

옥청소응궁(玉淸昭應宮) : 옥청궁(玉淸宮)의 완전한 이름으로, 송나라 진종(眞宗) 조항(趙恒)이 황성(皇城)의 서북쪽 천파문(天波門) 밖에, 5년에 걸쳐 건립한 웅장한 도관(道觀)이었다.

의 주악천녀(奏樂天女)를 그렸는데, 높이가 한 장(丈)이 넘는데도 밑그림을 사용하지 않고 붓을 휘둘러 단숨에 완성하였다. 방숭목(龐崇穆)은 늘어선 벽에 산수를 그렸는데, 변화가 정교하고 아름다워 당시 사람들 사이에 칭찬이 자자했다. 무종원과 왕졸은 5백 영관(靈官-도교의 신) 및 많은 천녀(天女)들이 노자를 배알하는 장면을 나누어 그렸는데, 장면이 넓고 크며 인물이 많아 장관을 이루었다고 한다.

장(丈) : 1장(丈)은 10척(尺) 즉 10자로, 1척은 약 30.3cm이니, 1장은 약 303cm이다.

송대 벽화의 제재(題材)는 여전히 당대의 내용을 답습하고 있었지만, 전쟁·악무(樂舞)·투법(鬪法)·항마(降魔) 등에 관한 이야기의 묘사가 더욱 유행하면서 격렬하고 시끌벅적한 분위기를 추구하였는데, 현실 생활의 광경을 더욱 많이 삽입하여 세상사람들에게 즐거움을 줌으로써, 송대 종교 벽화의 세속화 경향을 반영하였다. 이와 함께 황권(皇權)과 신권(神權) 합일의 사상이 송대 벽화의 창작 가운데 자주 구현되었는데, 예컨대 무종원이 낙양의 상청궁(上清宮)에 32척(尺)의 천제상(天帝像)을 그릴 때, 곧 적명양화천제(赤明陽和天帝)를 태종 조광의(趙光義)의 초상으로 그려놓아 진종(眞宗)이 경이롭게 여기며 예배하였다.

송나라의 종교화가들은 보편적으로 당대(唐代)의 오도자(吳道子)가 창립한 화풍을 견지하고 있었다. 건덕(乾德)부터 개보(開寶) 연간(963~976년)에 명성을 날렸던 왕관(王瓘)·무종원과 나란히 이름을 날린 손몽경은 모든 문헌들에 오도자의 화풍을 본받고 계승하였으며, 또한 발전을 이룬 대표적인 화가로 기록되어 있다. 잔존하는 몇몇 실례를 들어보면, 돈황 막고굴의 송대 벽화 유적·하북 정현(定縣) 정지사탑(靜志寺塔) 기단의 지궁(地宮) 벽화(977년)·정현 정중원(淨衆院) 사리탑의 지궁 벽화(995년) 및 산서 고평(高平) 개원사(開元寺)의 대웅보전 벽화는 운필이 굳세면서도 유창하며, 선묘의 풍격과 인물의 형상이 모두 오도자 일파의 특징을 갖추고 있다. 송나라의 사관 벽화의 대다수는 밑그림 견본들이 있어, 그림을 그리기 전에 주관하는 사람에게 심사를 받았다. 그 후에 화공들이 사제간에 서로 주고받았던 견본 그림들은 훗날 벽화를 보수할 때 근거가 되었다. 오늘날까지 전해지고 있는 무종원의 〈조원선장도(朝元仙仗圖)〉(卷−두루마리) 및 이른바 〈도자묵보(道子墨寶)〉는 모두 이러한 유형의 작품들인데, 장면이 넓고 크며, 형상이 풍부하고, 구도가 엄격하여, 오도자의 유풍(遺風)을 볼 수 있기 때문에, 송대의 종교 벽화를 연구하는 데 빠뜨릴 수 없는 진귀한 자료들이다.

북경(北京)의 천녕사탑(天寧寺塔)
遼

이 시기는 한족 지역 외에 북방의 소수민족 지역들에도 많은 건축·조소·벽화의 걸작들이 출현했는데, 이것은 한족 문화의 전파와 북방 소수민족 지역의 전통에 대한 유지 계승이다.

요대의 건축은 당대(唐代) 북방의 전통을 흡수하였으며, 공인(工人)들도 대부분 한족으로부터 납치해갔기 때문에, 당대의 건축 기법이 비교적 많이 보존되어 있다. 유물을 통해 살펴보면, 대목(大木-골조)·장수(裝修-내부 치장)·채화(彩畫)는 물론 불상에 이르기까지 모두 이러한 점들이 반영되어 있다. 요대의 묘실(墓室)은 전통적인 방형(方形)·육각형·팔각형을 제외하고도, 유목 민족의 이동식 텐트인 '파오[窮廬]'식의 거주 형식에 의거하여 대개 원형 평면을 사용하는 특색을 띠고 있다. 불탑은 벽돌로 쌓아 올린 밀첨탑(密檐塔)이 주류를 이루고, 누각식 탑은 비교적 적다. 외관상으로 목조를 최대한 모방한 건축은 이미 매우 높은 경지에 도달했는데, 북경의 천녕사탑(天寧寺塔)·산서 영구(靈丘)의 각산사탑(覺山寺塔)·하북 이현(易縣)의 태녕사탑(泰寧寺塔)이 가장 대표적이다. 요대에 만들어진 산서 응현(應縣) 불궁사(佛宮寺)의 석가탑은 중국에 드물게 남아 있는 목탑으로, 고대 목조 고층 건축의 좋은 예이다. 요나라에 이어 등장한 금나라는 송나라와 요나라의 문화를 흡수한 후에 점차 중국화[漢化]하였는데, 그 수도인 중도(中都)는 송나라 동경(東京)의 제도를 모방하여 건립하였다. 현존하는 일부 건축들도 금나라의 건축이 요나라의 전통을 답습한 것임을 보여주고 있다. 그러나 건축의 장식과 색채는 송나라와 요나라에 비해 더욱 풍부하고 화려해져서, 일부 전각 건물들은 녹색 유리기와로 지붕을 얹었으며, 화표(華表)와 난간은 중국의 백옥(白玉)을 사용하여 제작했는데, 새긴 솜씨가 정교하여 명·청

밀첨탑(密檐塔) : 중국 불탑(佛塔)의 주요 유형 중 하나이다. 벽돌로 쌓은 각루식(閣樓式) 탑은 완전히 벽돌을 이용하여 목조 구조의 형식에 따른 것으로, 탑의 겉면에 각 층마다 처마·들보·기둥·벽 그리고 문과 창이 있으며, 탑 안에는 또한 벽돌을 이용하여 계단을 만들어 놓아 각 층으로 올라갈 수 있게 했다. 또한 어떤 전탑(磚塔)과 탑의 안에는 목재로 각 층의 마루판을 만들기도 했으며, 목제 사다리를 통해 오르내릴 수 있게 되어 있다. 단 이러한 종류의 전탑들은 외형상 점차 변화를 보이는데, 누각의 맨 아래층은 크고 높게 하였으며, 그 이상의 각 층의 높이는 축소하여, 각 층의 처마가 촘촘하게 쌓인 모습을 보이게 함으로써, 전체 탑을 탑신(塔身)·밀첨(密檐)과 탑찰(塔刹)의 세 부분으로 나누었기 때문에, '밀첨식(密檐式)' 전탑이라 부른다.

화표(華表) : 주로 궁전이나 종묘 등의 중요 건축물 앞에 세웠던 기둥 모양의 표지성 건축물로, 용이나 각종 문양 등으로 화려하게 장식하였다.

독락사(獨樂寺) 관음각(觀音閣)
遼
목조 구조
높이 23m
하북(河北) 계현(薊縣)

(왼쪽) 불궁사(佛宮寺) 석가탑(釋迦塔)
遼
목조 구조
높이 67m
산서(山西) 응현(應縣)

대 궁전 건축 색채의 선구가 되었다. 금대 무덤의 벽돌에 새긴 문양과
장식도 솜씨가 교묘하고 섬세하여 너더분하게 쌓은 느낌마저 든다.

　원대에는 건축의 발전이 정체된 상황에 머물러 있었지만, 원나라
의 통치자들은 금나라의 중도(中都) 동북쪽에 매우 장대하고 웅장한
대도(大都)를 건립하였다. 아울러 통치자의 종교에 대한 숭배와 믿음
으로, 불교·도교·이슬람교·기독교 등이 모두 발전하여 종교 건축이
이례적으로 흥성하였기 때문에, 원대 종교 건축의 풍격과 면모의 풍
부하고 다양한 예술적 성과가 전개되었다. 특히 라마교는 원 왕조의
후원으로 서장(西藏-오늘날의 티베트 지역)에서 크게 융성하였으며, 중
원에도 라마교 사원이 출현하였는데, 라마탑은 이후 중국 불탑의 중
요한 유형 가운데 하나가 되었다. 목조 건축 방면은 여전히 송나라와
금나라의 전통을 계승했지만, 규모와 품질면에서는 북송에 비해 훨
씬 뒤졌는데, 북방에서 특히 심했다. 일반 사묘(寺廟)들은 사용한 재
료들이 간단한데다, 제작도 조잡하고, 대부분의 부재(部材)들도 간단
한 조치들만 취했는데, 이러한 변화는 비록 사회 경제적 쇠락과 목재

의 부족을 반영하고는 있지만, 오히려 목조 구조 자체의 전체적인 안정성은 강화하였다. 이것은 송나라 이후의 섬세하고 화려하며 너더분하게 쌓았던 풍조에 대한 첫 번째 반동이자 바로잡음이었다.

요·금 시기 조소 예술의 발전과 수준은 중원 지역과 대체적으로 비슷했다. 불교 석굴의 개착이 여전히 계속되었지만 규모는 비교적 작았으며, 불교 사묘들 중에도 적지 않은 우수한 작품들이 남아 있다. 특히 몇몇 협시보살(脇侍菩薩)은 얼굴형과 몸체가 점차 길쭉하게 변모하는데, 이것은 일종의 새로운 미의 풍격이었다. 또 다른 불교 조상(造像)의 형식은 수많은 전탑(磚塔) 위에 새겨 덧붙인 부조(浮彫)이다. 금대의 여진족은 요대의 불교 숭상 풍조를 답습하여 상(像)을 만드는 풍조가 여전히 성행하였다. 이 시기 사묘의 조상들과 남아 있는 불탑들에 대해 말한다면, 풍격은 한족의 문화와 같은 계통에 속하며, 예술 수준도 한족의 조상들에 비해 전혀 뒤지지 않는다. 금나라의 분묘들에서 대량의 벽돌에 새긴 조각[磚彫]들이 출토되었는데, 그 성취 또한 매우 훌륭하다고 말할 수 있다.

원대에 이르면 통치자들이 라마교를 신봉했기 때문에, 일종의 새로운 불교 조상 형식인 '범식(梵式-인도식)'이 점차 유행하게 되었으며, 명·청의 두 왕조를 거치면서 줄곧 그 독특한 면모가 보존되어왔다. 이 밖에 원대의 '용산(龍山) 석굴(石窟)'은 중국의 첫 번째 독립된 도교 석굴군(石窟群)이며, 기독교·힌두교·마니교 조소의 출현도 상당히 독특한 현상이었다. 그러나 중국의 조소에서 그 밖의 몇몇 전통 유형들, 즉 능묘 조소·명기(冥器) 조소·기념성 조소가 이 시기에 쇠락한 것과 마찬가지로, 종교 조소도 이미 가장 찬란했던 시기가 지나가고, 이를 대신하여 나타난 것이 건축 장식 조소와 공예성 조소의 발흥이었다.

원대의 두 도읍인 상도(上都)와 대도(大都)의 궁전과 단묘(壇廟-제과가탑(過街塔) : 운대(雲臺)라고도 하며, 그 밑으로 도로가 지나가기에 붙여진 이름이다.

독리노첩목아(禿里魯帖木兒) : 몽고의 4대 칸국[汗國]의 하나였던 차가타이칸[察合台汗国-Chagatai Khan]국의 왕이었다.

단과 사당) 건축 집단에는 모두 대량의 석조와 목조 및 유리 제품들이 있는데, 이들 건축의 장식 조소는 대체로 건축에 딸린 동물 원조(圓彫)·상대적으로 독립성을 갖춘 건축 장식·건축의 세부와 부재(部材)에 대한 장식 등 세 부류로 나눌 수 있으며, 장식 부위의 차이에 근거하여 신축적으로 운용했다. 라마교와 이슬람교 건축 조소의 출현은 주의할 만한 가치가 있는 현상인데, 특히 북경의 거용관(居庸關)에 있는 과가탑(過街塔) 기단의 권동(券洞-아치형 천장으로 된 통로)에 새겨진 부조(浮彫)와 신강(新疆) 이리(伊犁)에 있는 독리노첩목아(禿里魯帖木兒)의 마짜[瑪扎-위구르어로 '무덤'이라는 뜻]가 대표적이다. 복건 천주(泉州)에서는 심지어 원대의 기독교·힌두교 및 마니교와 관련된 약간의 유물들이 발견되었는데, 이들 외래 종교의 건축은 우리에게 원대의 대외관계와 관련된 자료를 남겨주고 있다.

요·금·원의 벽화 창작은 여전히 흥성했고 분포 지역도 매우 광범위했는데, 당·송의 전통을 계승한 기초 위에서 새로운 변화도 나타났다. 남아 있는 요대의 사관(寺觀) 벽화는 비교적 적은데, 요녕(遼寧) 의현(義縣)에 있는 봉국사(奉國寺) 대웅보전(大雄寶殿)의 전정(殿頂) 양주(梁柱-대들보를 받치는 기둥) 위에 그려진 요대(遼代)의 벽화는 보존

요녕(遼寧) 의현(義縣)의 봉국사(奉國寺) 전경

상태가 비교적 양호하다. 그 가운데 비천(飛天)의 조형은
아름다우며, 당나라의 풍격을 여전히 지니고 있다. 묘실
벽화는 오히려 수량이 많은 편으로, 거란족 회화의 민족
적 특색을 보여준다. 벽화의 내용은, 초기에는 유목 생활
과 요나라 지역 초원의 독특한 풍경들이 많았고, 장식성
이 매우 강했으며, 중·말기 이후에는 점차 내용이 풍부
해지면서 대량의 출행(出行)·의장(儀仗)·산악(散樂)·시녀
(侍女) 및 신수(神獸)·조상(兆祥－상서로운 조짐) 등 한족화
[漢化]된 제재들도 출현하였다. 요대의 벽화는 대부분 민
간 화공들이 그렸는데, 그 기법은 한족 전통의 표현 수법

을 충분히 흡수하였으며, 또 독자적으로 이룩한 부분도 있었다. 구
도(構圖)와 운필(運筆)은 형태를 묘사하는 데 구애받지 않고 기풍과

운치를 중시하였으며, 화조(花鳥)는 백묘(白描)를 많이 사용하였는데,
한족의 작품들에서는 시종 보조적인 위치를 차지하던 경물들, 예컨
대 수레와 말 및 화조의 경우는 거란족의 생활과 밀접한 관련이 있
었기 때문에, 눈에 띄는 지위를 자치하게 되었다. 채색은 평도(平塗)
를 위주로 하면서 훈염(暈染) 기법을 간간이 사용하였으며, 색조는 주
홍·아연백(亞鉛白)·행황(杏黃)·초록을 많이 사용하였다.

금대의 사관 벽화 유적도 많지 않은데, 산서 번치현(繁峙縣) 암산
사(巖山寺) 벽화는 이 시기의 걸작이다. 그림 속의 인간과 신이 섞여
있는 부분에는 환상적인 종교 모습과 생동하는 현실 생활이 합일되
어 있는데, 회화의 수법은 중원의 전통을 이어받고 있다. 전각 안의
서쪽 벽에는 창작 연대와 작자의 제기(題記)가 남아 있으며, 매우 진
귀한 유물이다. 금대에는 장례 습속이 소박했기 때문에 묘실의 벽화
는 규모와 수량 면에서 모두 요대에 뒤지지만, 그 내용은 더욱 한족
화[漢化]되어 있으며, 심지어 일부에서는 공자와 유교 사상을 받드는

백묘(白描) : 중국화 기법의 하나로,
단지 먹 선으로 형상의 윤곽만을 그
리고 채색을 하지 않는 화법을 가리
킨다.

평도(平塗) : 농도의 변화를 주지 않고
일정한 톤으로 고르게 색을 칠하는
것을 말한다.

훈염(暈染) : 색깔을 일정한 톤으로 칠
하지 않고, 점점 짙어지거나 옅어지도
록 바림하는 것을 말한다.

효행고사(孝行故事)를 반영한 장면들이 출현하기도 한다.

　남아 있는 실물과 문헌의 기록들을 살펴보면, 원대의 벽화 종류는 더욱 번잡해져서, 전통적인 불교 사원의 벽화와 도교 사원의 벽화 및 묘실 벽화들을 제외하고도, 벽화로 궁전과 관청 건물을 장식하는 것이 더욱 유행하였다. 제재의 내용면에서 사관 벽화는 여전히 도교와 불교의 인물들을 위주로 하였다. 묘실 벽화의 경우는 무덤 주인의 생전 생활 모습을 전개함과 동시에, 다시 산수(山水)와 죽석(竹石)·화조(花鳥)의 묘사 비중을 더 높였다. 그런데 전당(殿堂)의 벽화는 오히려 전적으로 산수와 죽석·화조로 장식하였다. 산수와 죽석 등 제재의 증가 및 문인 사대부 화가들의 궁전과 관청 건물 벽화 창작에 대한 참여는 문인화의 흥성과 당시의 사회 풍조를 반영해주는 것이며, 또한 원대 벽화의 뚜렷한 특징을 이루었다.

| 제2절 |

성시(城市)·궁실 및 원유(苑囿)

성시(城市-도시)·궁실 및 원유

오대 이후 농업·수공업·상업과 대외무역의 발전으로 말미암아 성시의 규모가 점점 확대되었는데, 이와 동시에 성시의 입지 선정·성시의 물 공급과 배수·교통 운수·화재 방비·성시의 녹화(綠化)와 성시계획 등 모든 방면에서 탁월한 성과와 경험을 축적하였다.

이 시기의 도성(都城)은 크게 두 유형으로 분류할 수 있다. 하나는 옛 도성의 개조와 확장이며, 다른 하나는 새로 건설한 성시(城市)이다. 전자는 원래 있던 성시와 건축을 기반으로 했기 때문에 건축의 제한을 받았는데, 북송의 동경(東京)이었던 변량(汴梁)이 이 경우에 해당한다. 후자는 따로 새로운 터를 닦고 새로운 계획에 따라 배치하여 건축할 수 있었는데, 원나라의 대도(大都-지금의 북경)가 대표적인 경우다. 그러나 어느 경우를 막론하고 제왕의 궁정이 도성의 주체였고, 평민의 주택은 부속물에 불과했기 때문에, 점유하고 있는 지역의 우열·성시의 도로·용수(用水)와 배수(排水)·녹화 등 모든 방면에서 매우 큰 차이를 드러냈다. 제왕의 사용과 안전을 보장하기 위하여 춘추(春秋) 시대부터 수·당 시대에 이르기까지 모두 이방제도(里坊制度)를 시행하였다. 성 안의 거주 지역을 약간의 이방(里坊)으로 구획하여, 안에 거리와 골목을 만들고 사방 주위를 높은 담장으로 두른 다음, 이정(里正)과 이졸(里卒)을 두어 파수를 담당하도록 하여, 일찍

열고 늦게 닫았다. 그러나 북송에 이르면 이러한 폐쇄적인 이방제도는 성시 경제가 발전함에 따라 타파되었으며, 상점가 및 대로와 골목들로 이루어진 배치 형식이 이를 대신하면서 '상방(廂坊)' 혹은 '보갑(保甲)' 등의 조직 수단을 이용하여 성시 주민을 통제하였다. 영업 행위에 따라 거리가 조성되는 것 말고도, 북송 때에는 심지어 묘당(廟堂) 안에서 이루어지는 정기 시장이 출현하여, 과거의 북을 쳐서 여는 이방식(里坊式) 시장의 고유 형식을 타파하였다. 성시 주민의 오락 장소는 당대 이전에는 대부분 사원 및 교외의 풍치가 좋은 곳에 있었으며, 사원 건물 안의 소상(塑像)·벽화·희곡기악(戲曲伎樂) 등도 모두 시민들이 감상하고 즐기는 대상이었다. 그러나 양송 시기의 큰 사관(寺觀)에는 또한 원림(園林)과 정기 시장이 딸려 있어, 당시 시민들이 활동하는 주요 장소가 되었다. 이와 동시에 일부 상점과 술집 및 오락성 건축들도 거리를 따라 대량으로 세워졌는데, 양송 시기 도성의 연극 무대는 심지어 단독의 '와사(瓦肆)'를 세워 사람들이 즐기는 온갖 기예, 즉 소창(小唱)·잡극(雜劇)·꼭두각시놀음[木偶戲]·요술이나 성대 모사 등의 잡기[雜耍]·강사(講史)·산악(散樂) 등 다양한 분야들을 공연하기도 하였다. 전통적인 원림 건축은 북송을 거쳐 남송에 이르면서 자연 환경과 더욱 긴밀하게 결합되었으며, 교묘한 아이디어를 풍부하게 구사한 많은 새롭고 독창적인 원림들이 출현하였다.

북송의 도성인 동경의 전신은 당나라 시기의 변주(汴州)인데, 이 지역을 확장하여 건설한 이래로 수륙 교통과 무역의 요충지가 되어 경제가 발달하였다. 문헌의 기록에 따르면, 동경에는 세 겹의 성을 쌓았고, 각각의 성벽 밖에는 그 주위에 성을 방어하기 위한 호(壕)를 둘러서 팠다. 바깥 성은 둘레가 38리(里)였는데, 성벽 위는 백 보(步)마다 방어용 '마면(馬面)'을 설치하였으며, 남쪽에 세 개의 문과 별도의 수문(水門) 두 개를 두었고, 동쪽과 북쪽에 각각 네 개씩의 문을 두고, 서쪽에 다섯 개의 문을 두었는데, 각 성문마다 모두 옹성(甕城)을 만들고, 그 위에 성루(城樓)와 망루를 축조하였다. 내성(內城)은 둘레가 9리로, 외성(外城)의 중앙에서 서북쪽으로 치우쳐 있었는데, 방향마다 각각 세 개씩의 문을 두었고, 궁실·관청·사관 및 민간 거주지와 공장·상점 등이 조성되었다. 비록 송나라 초기부터 끊임없이 넓게 확장하였지만, 동경은 이미 당나라 때의 장안의 규모에는 훨씬 못 미쳤다. 동경의 도로 체계는 남북 방향을 위주로 하는 격자형 배치를 채택하였지만, 거리나 도로가 당나라의 장안처럼 그렇게 곧고 평탄하지 못하여, 옛날 성을 개조한 특징을 보여주었다. 중요한 거리와 도로는 모두 성문으로 통하여 비교적 넓었지만, 여타 거리와 도로의 양 옆에는 주택·점포·공방들이 건축되었다.

북송 중기 이후에는 폐쇄적인 이방제도가 이미 폐지되었는데, 약간의 대로와 골목을 1상(一廂-한 구역)으로 조성하고, 각 상(廂)마다 다시 약간의 방(坊)을 두는 방식으로 구분하여 관리하였다. 황성 앞의 어가(御街)는 매우 넓었고, 양쪽 곁에 어랑(御廊)을 설치하였는데, 도로면에 목책(木柵) 난간을 이용하여 세 개의 길로 나누어 중앙을 황제의 어도로 삼고, 어도 양측에 어구(御溝-황궁을 거쳐 흐르는 수로)를 설치하였다. 상업의 발달로 말미암아 술집·여관·목욕탕·의원·기생집·극장 등이 곳곳에 가득 들어찼으며, 술집[酒樓]들은 대부분 2층이나 3층으로 된 건물들이었는데, 일부는 간판의 앞부분에 손님들의 눈길을 끌기 위해 '채루(彩樓)'와 '환문(歡門)'을 설치하였다. 성 안에서는 특히 주교(州橋)의 동쪽 대가(大街)와 상국사(相國寺) 일대 및 옛날 조문(曹門) 밖과 성 동북쪽의 옛날 봉구문(封丘門) 안팎이 가장 번화했는데, 야시장이 발달하여 불야성을 이루었다. 상국사 안에서는 또 매월 다섯 차례의 묘회(廟會) 정기 시장이 열렸다. 외성(外城) 안의 물길을 따라 창고 구역이 있고, 내성 안의 물길을 따라 객점(客

옹성(甕城) : 성문을 보호하고 성을 좀 더 든든히 지키기 위해 큰 성문 밖에 방형(方形)이나 원형으로 쌓은 작은 성.

채루(彩樓)·환문(歡門) : 채루는 비단으로 묶어 화려하게 만든 구조물을 가리키며, 환문은 오색 비단으로 장식한 문을 가리킨다.

店—여인숙) 지역이 있어, 남방에서 온 관원과 상인들에게 숙식을 제공했다. 옛날 봉구문 안쪽의 마행가(馬行街) 양측에는 각종 의원과 약방들이 있었다. 관청의 경우는 궁성 안에 일부가 있었고, 일부는 궁궐 밖과 백성들이 거주하는 곳에 있었다. 외성 안 동쪽 지역에 군영과 창고 50여 곳이 있었으며, 널리 소문이 났던 황실의 원유(園囿)도 외성 안팎에 흩어져 있었다. 건축의 밀도가 조밀해지고 토지 이용률이 높아져 화재 예방 문제가 부각됨에 따라, 북송 때에는 전문적인 소방부대와 감시소를 설립하여 수시로 순찰하며 화재를 진압했는데, 이것은 송나라 이전의 도시들에서는 없었던 것이다. 송나라의 동경성 안에는 네 개의 하천이 성을 관통하여 지나가도록 했는데, 이것은 남방과의 교통에 유리했을 뿐만 아니라, 성시의 용수와 배수 모두에도 크게 도움이 되었다. 성 안의 녹화(綠化)는 수·당 시기의 장안과 낙양의 전통을 이어받아, 거리 옆에 나무를 심고 어구(御溝) 안에는 연꽃을 심었다.

반듯하게 정돈되고 화려한 궁실과 인공을 많이 가미한 어원(御苑)에는 양송 시기의 건축 수준이 집중적으로 구현되어 있다. 북송의 궁성은 내성(內城)의 중앙 서북쪽에 치우쳐 자리하고 있으며, 각각의 방향마다 하나씩의 문을 냈다. 성의 네 모퉁이에는 각루(角樓)를 설치하였다. 남쪽 중앙의 단봉문(丹鳳門)에는 다섯 개의 문동(門洞)이 있고, 문루(門樓)의 양측에는 타루(朶樓)를 설치하였는데, 타루로부터 남쪽으로 뻗은 행랑(行廊)이 궐루(闕樓)로 이어지면서 '凹'자 형태의 평면을 드러내고 있다. 단봉문을 나와 남쪽으로 가는 길이 어가(御街)이며, 거리의 양측이 어랑(御廊)이다. 북송 시기 궁전의 구조는 당대(唐代)처럼 넓고 웅장하지 않았는데, 주(州)급 자성(子城)의 기초 위에서 확장하여 건설함으로 인해서, 규모에 제약을 받았기 때문이다. 궁전의 세로축은 단봉문으로부터 중심 전각인 대경전(大慶殿)에 이

문동(門洞) : 대문에서 집안으로 통하는 동굴처럼 생긴 통로.

타루(朶樓) : 본채 누각의 양 옆에 세운 누각.

자성(子城) : 외성(外城)에 둘러싸여 있는 내성(內城)이나, 혹은 규모가 큰 본성(本城)에 딸린 규모가 상대적으로 작은 성, 혹은 지방의 작은 성을 가리킨다.

르러 그치는데, 대경전은 너비가 아홉 칸[間]이며, 동서의 협옥(挾屋)이 각각 다섯 칸으로, 황제가 조회를 하던 장소였다. 내정(內廷)은 다시는 대칭의 형식을 유지하지 않았는데, 이러한 것들은 모두 기세나 형국이 크지 않았음을 보여준다. 그러나 송대 궁전의 건축에도 많은 창조적인 발전이 있었는데, 그 발전 내용들은 다음과 같이 정리할 수 있다. 첫째, 어가천보랑(御街千步廊) 제도가 건립된 것으로, 원·명·청의 궁전들의 천보랑 금수교(金水橋-천안문 앞쪽의 인공 수로에 놓은 다리)는 곧 송대의 영향을 받은 것이다. 둘째, '工'자 형태의 전각을 건축했는데, 이러한 평면 설계는 당대의 '축심사(軸心舍)'의 원리에 의거하여 발전해온 것으로, 집단 건축의 배치에서 규모가 반듯하고 매우 화려하며 정교하고 섬세한 특징을 보여준다.

북송 때에는 원림 조성의 풍조가 더욱 성행하여 황실의 원유(苑囿)가 거의 열 곳에 달했는데, 그 가운데 내성 동북쪽 모퉁이의 간악(艮岳)과 외성 서쪽 교외의 금명지(金明池)가 가장 유명했다. 간악 안에는 대량의 이궁(離宮)과 별관(別館)·정대(亭臺)와 누각(樓閣)·청당(廳堂)과 서옥(書屋) 등의 건축물들을 지어 배치하였는데, 지형이 평탄하여 산수의 아름다움이 결핍된 지점에 다시 인공으로 봉만(峰巒-죽 이어진 봉우리들)·암곡(巖谷)과 지소(池沼)·도서(島嶼)를 축조하여 원림의 경치를 조성하였다. 사용한 돌은 백성들을 동원하여 태호(太湖) 연안에서 채취하여 배로 실어 왔는데, 이것을 '화석강(花石綱)'이라고 불렀다. 금명지는 외성의 신정문(新鄭門) 밖에 위치했으며, 둘레가 9리였는데, 현존하는 〈금명지쟁표도(金明池爭標圖)〉에 근거하면, 고리 모양의 연못과 물에 맞닿은 누각·배가 드나드는 도크[船塢]·부두 등을 건축하였고, 연못 안에 섬이 있었으며, 그 위에 원형의 회랑 및 전각을 축조하고 다리를 놓아 양쪽 기슭[岸]이 서로 연결되도록 하였다. 연못 안에서는 용주(龍舟) 시합을 거행하여 황제를 기쁘게 하였기 때

협옥(挾屋) : 수·당 시기에 건축의 조합에서 비교적 큰 발전이 있었는데, 주체가 되는 건물의 사방면에 모두 연결하여 짓기도 했다. 이 경우에 주체 건물의 좌우측에 있는 것을 '협옥'이라 하고, 앞뒤에 있는 것을 '대루(對壘)'라고 하며, 부분적으로 앞뒤로 돌출된 것을 '귀두옥(龜頭屋)'이라 한다.

어가천보랑(御街千步廊) : '천보랑'은 황궁 앞의 어가(御街) 양 옆에 있는 복도를 가리킨다. 공간이 짜임새를 갖추게 하고, 높고 큰 주체 건축물을 돋보이게 해주는 작용을 하여, 시원스러워 보이면서도 주차(主次)가 분명한 효과를 조성해준다. 북송의 변경(汴京) 궁전의 정문인 선덕루(宣德樓) 앞어가(御街)의 양 옆에는 이미 대단히 긴 어랑(御廊)이 설치되어 있었다. 금대(金代)부터 명·청대에 이르기까지, 황궁의 앞면에 있는 어가에는 모두 천보랑(千步廊)이 있었다. 기록에 따르면, 청나라 때의 천보랑은, 천안문(天安門) 앞에서부터 대청문(大淸門) 안쪽까지 이어졌는데, 동쪽과 서쪽으로 각각 144칸씩, 모두 288칸이었다고 한다.

축심사(軸心舍) : '工'자형 궁전을 일컫던 당대(唐代)의 명칭으로, 지붕이 완만하고, 처마가 길게 튀어나와 조형이 장중하고 아름답다.

〈금명지쟁표도(金明池爭標圖)〉 : 북송 시기의 유명한 황가의 원림인 금명지(金明池)를 그린 그림으로, 송나라 사람 장택단(張擇端)이 비단에 그린 그림들이다.

문에, 그 배치와 설계는 자연스러운 형식의 일반적인 원유와는 현저한 차이가 있었다.

원대(元代)에 이르면 전국의 재력과 노동력을 집중하여 이룩한 원나라의 대도(大都)가 그 무엇보다 가장 휘황찬란했다. 대도는 화북(華北) 평원의 북단에 위치하며, 동북 평원과 몽골 고원으로 통하는 전략 요충지로서 지세가 평탄한데, 금나라는 이곳에 화려하고 당당한 중도(中都)를 건설하였다. 쿠빌라이 황제 때 금나라의 옛 성을 폐기하고, 도성의 중심을 북쪽에 있는 경화도(瓊華島)의 이궁(離宮)으로 옮겼는데, 곽수경(郭守敬)의 의견을 받아들여 서산(西山)의 물을 조거(漕渠), 즉 갑하(閘河)로 끌어들여 북성(北城)에 호박(湖泊), 즉 해자(垓子-성곽을 방어하기 위해 바깥 둘레에 파놓은 넓고 깊은 도랑)를 조성하고, 준설한 통혜하(通惠河)와 서로 연결하여 대도의 물길 체계를 구성하였다. 이렇게 하여 홍수 문제를 해결하였고, 또 대운하와 해상을 통해 운송되는 물자가 통주(通州)로부터 해자에 직접 도달할 수 있도록 하여 조운(漕運)이 매우 편리해졌다. 대도의 배수 체계는 전적으로 벽돌을 쌓아 축조했으며, 간선과 지선을 명확하게 구분하여 시공했고, 계획성이 매우 강했다.

원나라의 대도는 궁성 및 황성(皇城)의 중심이었는데, 대도의 계획자인 유병충(劉秉忠)과 야흑질아(也黑迭兒)는 한족 도성의 전통 배치를 계승하여 설계했으며, 8년에 걸쳐 완성하였다. 지세가 평탄한 곳에 새로 건설하였기 때문에 대도의 도로 체계는 반듯하게 정돈되어 네모난 격자 그물 모양을 형성하였으며, 성의 평면 역시 방형(方形)에 가까웠다. 북쪽 면에 두 개의 문을 설치하였고, 동·서·남쪽의 세 면에는 각각 세 개씩의 문들이 있었으며, 성 바깥은 성을 보호하는 물길로 에워쌌다. 성시의 중축선(中軸線)이 궁성의 중심축이었으며, 중심의 대(臺)는 전체 성의 중심점이었다. 전체 성의 도로는 간선 도로

곽수경(郭守敬) : 1231~1316년. 자(字)는 약사(若思)이며, 원나라 때의 천문학자이자 수학자로, 수리(水利)에 정통했고, 각종 기계들을 고안하여 만든 공학자이기도 했다. 특히 왕순(王恂) 등과 함께 중국의 가장 오래된 역법의 하나인 수시력(授時曆)을 만들었다고 한다.

조거(漕渠) : 주로 조운(漕運)에 이용하기 위해 인공으로 굴착하거나 준설한 하천을 말한다.

와 '호동(胡同-원래는 몽골어로, 골목이나 작은 거리를 말함)'으로 조성되었는데, 간선 도로는 너비가 25m로, 모두 성문으로 통하였다. 호동은 너비가 6~7m로 모두 동서 방향이었으며, 호동 사이의 앞뒤 거리는 약 50보였는데, 그 사이에 사묘·관청·주택 등이 분포되어 60개의 방(坊)을 형성하였다. 이러한 규칙적인 거리와 골목의 배치는 당대이전에 1평방리(平方里)를 폐쇄적인 이방(里坊)으로 만들었던 제도와는 완전히 다른 처리 방식이었다. 성 안의 시장과 상점들은 분산되어 있었는데, 조운(漕運)의 종착지인 해자의 동북안(東北岸)과 황성의 동서 양측 교차로의 어귀가 가장 번화했다. 대도 성 안의 남북 대로에는 돌로 쌓아 만든 명구(明溝-배수로)를 설치하여, 빗물을 흘려보내는 용도로 사용하였다. 전체 성의 중심지에는 종루(鐘樓)와 고루(鼓樓)를 건립하였다.

원나라의 궁전과 원유는 대도 성 안의 주요 건축이었다. 황성은 성의 남쪽으로 치우쳐 있었으며, 궁성·태액지(太液池)와 어원(御苑-궁정의 뜰)을 포함하고 있었다. 동쪽에 태묘(太廟)를 설치하고, 서쪽에 사직단(社稷壇)을 두었는데, 이것은 『고공기(考工記)』에 기록되어 있는, "왼쪽에 사당을 두고 오른쪽에 사직을 두며, 앞쪽에 조정을 두고 뒤쪽에 시장을 둔다[左祖右社, 前朝後市]"라는 이상적인 배치와 완전히 일치한다. 황성의 정문인 승천문(承天門)은 남향이며, 차례로 석교(石橋)·영성문(欞星門)·어가(御街)를 만들고, 어가의 양측에 긴 회랑을 건설했는데, 이를 천보랑(千步廊)이라고 불렀으며, 곧바로 도성의 정문인 여정문(麗正門)에 닿는데, 이것은 확실히 송나라와 금나라두 왕조의 궁성 앞 배치에 영향을 받은 것이다. 궁성은 전체 성 중심축의 남단에 위치하고 있는데, 황제가 머무는 곳으로 '대내(大內)'라고도 부른다. 궁성의 서쪽에 태액지가 있으며, 태액지 서쪽 측면의 남부가 서어원(西御苑)으로 태후가 거주하였으며, 북부는 태자가 거처한 흥성궁(興聖宮)이었다. 그리고 궁성의 북쪽에 어원이 있었다. 궁성의 네 면에 문을 냈고, 네 모퉁이에는 각루(角樓)를 설치하였다. 궁성 안에는 대명전(大明殿)·연춘각(延春閣)을 중심으로 두 그룹의 주요한 건축군(建築群)이 전체 성의 중축선 위에 위치하고 있었으며, 기타 전각과 건물들은 축선(軸線)에 근거하여 양측에 대칭으로 배치되었다. 원대의 궁전은 종종 앞뒤의 전각 중간에 천랑(穿廊)으로 연결되는 '工'자 형식의 전각으로 만들었는데, 앞쪽이 조회(朝會)를 하는 곳이었고, 뒤쪽이 사생활 공간인 내실이었다. 전각의 뒤쪽에 향각(香閣)을 건립했는데, 이것은 확실히 송·금대 건축의 전통을 받아들인 것이다. 그들이 보유한 유목민족의 생활 습속과 외부에서 받아들인 건축의 영향으로 말미암아, 새롭고 색다른 많은 수법들이 생겨나 나름대로의 특색을 형성하였다. 예컨대 다양한 색의 유리와 값비싸고 귀한 재료인 자단(紫檀)·남목(楠木)을 대량으로 사용하여 극도로 사치스럽고 호화로웠다. 금홍색(金紅色) 장식을 즐겨 사용하였는데, 특히 주요 궁전의 네모난 기둥 위에 붉은색을 칠한 다음에 금룡(金龍)을 그리기도 하였다. 담장의 벽은 라마교의 제재와 풍격의 벽화로 꾸며 장식하는 것 말고도 양탄자와 모피 및 실로 짠 유막(帷幕)을 걸쳐놓기도 했는데, 이것은 몽고족의 유목 습관과 관련이 있었다. 그리고 석재를 이용한 욕실과 선반의 축조 및 몽고식의 녹정전(盝頂殿)·외오이전(畏吾爾殿)·종모전(棕毛殿)의 출현은 이전의 궁전 건축에는 없던 현상인데, 명대의 궁정 건축과 장식에 일정한 영향을 주었다.

천랑(穿廊) : 두 건축물의 중간을 따라 연결한 복도.

녹정전(盝頂殿) : 중국 전통 지붕의 하나로, 녹정의 들보 구조는 대부분 네 개의 기둥을 사용하며, 널(枋子) 위에 말각(抹角)이나 팔량(捌梁)을 올려 사각형이나 팔각형의 지붕면(屋面)을 형성한다. 천장 부위는 사방 주위를 평정(平頂)의 지붕으로 만들고 한 바퀴 빙 둘러 바깥 처마를 덧붙인다. 마치 모임지붕의 중간 부분을 잘라낸 것 같은 옥상이 있는 지붕 형태이다.

능묘 건축과 조각

오대(五代) 이래로 장례를 후하게 치르는 풍조가 성행하여, 역대 제왕들은 계속 그 능묘의 건립에 대량의 인력과 물자를 소비하였다.

남경 부근의 남당(南唐) 이승(李昪–남당을 개국한 烈祖의 이름)의 흠릉(欽陵)과 이경(李璟–元宗의 이름)의 순릉(順陵) 및 성도(成都)에 있는 전촉(前蜀) 고조(高祖) 왕건(王建)의 영릉(永陵)은 오대 시기 제왕 능묘의 대표적인 것들이다.

남당의 흠릉과 순릉은 모두 당나라의 제도를 따른 것으로, 산(山)에 의지하여 무덤을 만들었다. 평면 위에 전(前)·중(中)·후(後)의 세 주실(主室)들이 세로 방향으로 서열을 이루고 있으며, 좌우에 다시 모두 측실(側室)을 딸려 두었다. 그 가운데 흠릉의 규모가 가장 커서 둘레가 22m이며, 전실과 중실은 벽돌로 축조하고, 후실은 석조로 만들었다. 무덤 안은 목조 양식을 최대한 모방하여 매우 사실적으로 기둥[柱]·방(枋)·두공(斗拱)을 만들고 붉은색을 칠하였다. 중실의 석문(石門) 위쪽에는 부조로 조각하였다. 후실은 푸른색 석판을 바닥에 깔고 돌 위에 강하(江河)의 형상을 새겼으며, 벽면은 진한 붉은색으로 칠하였다. 주실의 천장은 먼저 석회로 바탕을 만든 다음 천상도(天象圖)를 그려 넣었다. 전실과 중실의 천장 구조는 모두 벽돌을 쌓아 만든 찬첨궁륭정(攢尖穹隆頂)이며, 중실의 경우는 궁륭 아래에 대각(對角)의 공륵(拱肋)을 덧붙였다. 후실은 동쪽과 서쪽의 양쪽 벽으로부터 돌들이 점차 튀어나오도록 겹쳐 쌓았고, 그 위에 다시 빽빽하게 석량(石梁–석재 들보)을 배치하였다.

전촉의 왕건 묘인 영릉의 외형은 흙을 쌓아 만든 반구형(半球形)으로, 직경이 80m, 높이가 14m이다. 능묘의 기단 하부는 돌을 쌓아 4층으로 만들었다. 묘실은 돌로 쌓은 아치형 공권(拱券) 14줄기[道]를 갈빗대로 삼고, 위에 다시 석판을 덮고, 모가(模架–모형을 지탱하는 지지대)를 줄여 시공을 간략화하였다. 묘실은 3진(進)으로 만들었으며, 전·중·후 3실은 구조는 같지만 척도(尺度)가 달랐는데, 이것은 묘실 구조가 쉽게 연결되도록 해주었다. 그 가운데 중실이 주요 묘실로서,

방(枋) : 한옥식 건축에서 들보[梁]·도리[桁]·중도리의 밑에 설치하는 보조재인 두꺼운 널판이나 각재(角材)를 가리키며, 방항(方桁)이라고도 한다.

찬첨궁륭정(攢尖穹隆頂) : '찬첨(攢尖)'이란, 중국 고대 건축의 지붕 형식 중 하나로, 평면은 원형이나 다변형이며, 위는 송곳처럼 뾰족한 지붕을 가리킨다. 따라서 정척(正脊)이 없으며, 몇 개의 용마루가 뾰족한 지붕 끝에서 교차한다. 일반적으로 정자나 누각이나 탑에 흔히 사용되는 지붕 형식이다.

공륵(拱肋) : 아치형 다리나 건축물에서의 주(主)아치 부분의 골격.

공권(拱券) : 건축 구조의 일종으로, 아치형 구조를 가리키며, 간단히 공(拱) 혹은 권(券)이라고도 한다. 또한 권동(券洞)·법권(法圈)·법권(法券)이라고도 한다. 이는 수직 방향으로 하중을 받을 때 하중을 잘 견디는 특성 외에도, 장식하여 꾸미는 작용도 한다. 그 외형은 원호(圓弧) 형태로, 각종 건축 유형에 따라 변화하는 형태가 다르다.

중앙에 관상(棺床)을 설치하고, 돌로 수미좌(須彌座)를 만들었다. 후실 안에는 석대(石臺)가 있으며, 그 위에 왕건의 석각 좌상(坐像) 및 애책(哀册)·시보(諡寶-시호를 도장으로 새긴 것) 등을 올려놓았다. 무덤 안의 지면에는 전부 석판을 깔았고, 사방 벽은 붉은색으로 칠했으며, 주실의 천장은 천청색(天靑色-하늘색)이다.

왕건 묘의 조각은 대단히 정교하고 아름답다. 후실 안의 왕건 상(像)은 높이 86cm의 석조 입체 좌상인데, 중국 조소 역사에서 드물게 남아 있는 제왕의 초상을 새긴 조소이다. 그것은 왕건의 모습을 보존하고 있을 뿐만 아니라, 사람들에게 당시 조소의 사실적 묘사 능력이 충분히 있었음을 이해할 수 있게 해준다. 그리고 그 시기의 수준을 대표할 수 있는 것은 기실은 능묘 안에 있는 열두 구의 원조(圓彫)로 새겨진 관을 든 무사상(武士像)들과 석관의 사방 주위에 부조로 새긴 스물두 구의 악기상(樂伎像)과 무기상(舞伎像)들이다. 중실의 왕건 관상(棺床)의 양측에 있는 열두 구의 거관무사상은 모두 상반신 입체상으로, 좌대의 가장자리에 바짝 붙어 있다. 조상들은 대부분 얼굴이 남쪽을 향해 있고, 눈동자는 바깥쪽을 바라보고 있으며, 두 팔꿈치는 약간 굽어 있고, 팔뚝 부위 이하는 관상 쪽으로 뻗어 넣었는데, 전신의 힘이 모두 팔과 팔뚝 사이에 결집되어 관상을 힘껏 떠받들고 있는 듯하다. 열두 구의 무사들은 관을 쓰거나 투구를 썼으며, 모두 전포(戰袍-전투복)를 입었고, 겉에는 갑옷을 착용하고 있다. 얼굴 표정의 새김은 매우 과장되어 있어, 눈썹이 거꾸로 서 있고, 두 눈을 동그랗게 부릅떴고, 눈동자가 튀어나왔으며, 두 입술은 꽉 다물고 있는데, 그들의 용맹스러움이 남보다 뛰어나고 늠름하여 범하기 어려움을 부각시킴과 동시에, 긴장되고 조심스러운 표정과 태도를 표현해내고 있다. 기본 동작이 모두 일치하는 상황에서, 조각가는 각자 다른 변화를 고려하면서 열두 구 무사들의 자태와 표정을

애책(哀册) : 옛날 중국에서 황제나 황후 혹은 태자가 죽으면, 그의 생전의 공덕을 찬양하는 글을 운문(韻文)으로 지어 관 속에 넣었는데, 이를 가리킨다. '哀策'이라고도 한다.

미묘하게 새겼으며, 아울러 투구와 갑옷 및 장식물들의 서로 다른 질감을 섬세하게 표현해 내는 등 예술 기법이 매우 뛰어나다.

이들 무사의 형상과 선명한 대비를 이루는 것이 관상(棺床)의 사방을 허리띠처럼 묶은 부분에 조각된 스물두 명의 악기(樂伎)와 두 명의 무기(舞技) 부조이다. 두 명의 무기는 관상의 남쪽에 새겨져 있는데, 복식과 춤추는 자태가 같아 좌우 대칭을 이루고 있다. 두발은 빗어 올려 쪽을 찌었고, 화전(花鈿)으로 장식하였으며, 몸에는 소매가 큰 저고리를 입고 있으며, 어깨에는 4합의 여의식(如意式) 운견(雲肩)을 걸쳤고, 허리 부분에는 무의(舞衣)를 둘렀는데, 조형이 우아하고 아름다우며, 옷깃이 바람에 나부끼는 듯하며, 팔을 들어 올리고 허리를 굽히는 모습에서 운율감이 넘쳐나고 있다. 스물두 명의 악기들은 모두 책상다리를 하고 앉아 있는데, 머리의 꾸밈이 각각 다르며, 넓고 큰 소매가 양쪽으로 펄럭이게 하여 장식 효과를 강화하였다. 손에 들고 있는 악기는 서로 다른데, 연구에 의하면 그것이 표현한 것은 만당(晚唐)과 오대(五代)에 유행했던 '연악(燕樂)' 가운데 '좌부기(坐部伎)'로서, 중국 악무사(樂舞史) 연구에 매우 귀중한 자료를 제공해주고 있다. 조각가는 구체적으로 새길 때, 좌부악기(坐部樂伎)들의 연주에서 각종 악기들의 특정한 동작과 미묘한 표정들을 사실적이고 섬세하게 표현했을 뿐만 아니라, 동시에 이들 형상에 대한 고도의 개괄과 집중을 통해 더욱 완벽한 경지로 끌어올려, 뛰어난 예술적 매력을 지니고 있다.

왕건의 묘는 황제 능묘 제도의 등급에 따라 조성한 것으로, 역대 제왕의 능묘들 가운데 발굴을 거쳐 그 내부의 구조·배치·의제(儀制)를 이해할 수 있었던 최초의 한 예이다. 이것은 또한 당·송 사이에 위치하는 능묘로서, 당·송의 각 능묘들이 아직 발굴되기 전에, 왕건의 묘는 확실히 학술계의 당·송 능묘 제도에 대한 이해에 도움을 주

화전(花鈿) : 부녀자의 머리에 꽂는 장신구.

여의(如意) : 인도에서 전래된 불구(佛具)의 일종으로, 상서로움을 상징하는 물건이다.

운견(雲肩) : 피견(披肩)이라고도 하며, 수나라 때부터 발전하여 하나의 의복 장식이 되었다. 항상 네 모서리에 네 개의 운문(雲紋) 장식을 사용하였으며, 또한 채색 비단에 수를 놓아 만든 것이 많아, 화려하기가 마치 비온 후에 꽃구름이 햇빛을 받아 빛나는 듯하고, 맑게 갠 하늘에 무지개가 펼쳐진 듯하다.

연악(燕樂) : 넓은 의미에서의 연악은, 송나라 사람 심괄(沈括)이 쓴 『몽계필담(夢溪筆談)』에서 말하고 있는 대로이다. 즉 "선왕(先王)의 음악을 아악(雅樂)이라 하며, 이전 시대의 새로운 소리를 청악(淸樂)이라 하고, 호부(胡部-胡樂)를 합친 것을 연악(燕樂)이라 한다." 말하자면 한족(漢族)의 세속 음악과 외국이나 소수민족의 음악을 총칭하는 의미이다. 좁은 의미에서는, 당나라 십부악(十部樂)의 제1부, 즉 장문수(張文收)가 지은 연악만을 가리킨다. 여기에서는 넓은 의미로 사용되었다.

좌부기(坐部伎) : 당나라 때의 궁정 연악(宴樂-연회 때 연주하는 음악)이다. 대청 위에서 연주하여, 규모가 비교적 작았는데, 춤을 추는 사람이 모두 3~12명 정도였다. 제왕의 공덕을 노래로 찬양했는데, 군주의 만수무강을 축원하는 내용이었다.

었으며, 남당의 여러 능묘들보다 학술적 가치가 높다.

북송의 능묘 제도는 당나라의 제도를 답습하였으며, 단지 크기만 달라졌는데, 흙을 쌓아 올려 방추형(方錐形)으로 만들고, 그 상부를 잘라낸 고대의 '방상(方上)' 능제를 유지한 마지막 단계이다. 이 때문에 송대는 중국 능묘 제도의 전환기라고 말할 수 있다.

송나라의 능묘 규모가 비교적 작은 원인은 건축 기간의 제한 때문이었다. 송나라의 예제(禮制)에 따르면 황제의 능묘는 반드시 황제가 죽은 후에 장지를 선택하고 재료를 준비하여 작업에 착수해야 했으며, 또 사후 7개월 이내에 장례를 마쳐야 했다. 북송의 능묘는 8좌(座)가 현존하는데, 하남 공현(鞏縣)의 낙수(洛水) 남안(南岸)과 숭산(嵩山) 북쪽 기슭 언덕 위에 집중되어 있어, 하나의 능묘 지역을 형성하고 있다. 송나라의 능묘 제도는 대체로 다음과 같다. 즉 능의 본체를 상궁(上宮)이라 부르는데, 평면을 정방형의 신장(神墻-무덤을 둘러싼 담장)으로 둘러친 다음 사방으로 각각 신문(神門)을 내고, 문 밖에 사자한 쌍씩을 설치하였다. 중앙은 능대(陵臺)로, 방절추체(方截錐體-피라미드형의 윗부분을 잘라 낸 모양)로 땅을 다졌으며, 그 아래가 지궁(地宮)이다. 상궁의 남쪽에 신문을 내고 신도(神道), 즉 능역(陵域)의 입구로 인도하는 부분을 만들었다. 신도의 가장 남쪽에 작대(鵲臺), 즉 쌍궐(雙闕)을 설치하였고, 북쪽에 다시 유대(乳臺)를 축조하였다. 유대에서부터 북쪽으로 차례로 망주(望柱)·코끼리 및 코끼리를 다루는 아동·서수(瑞獸)·각단(角端-전설 속의 동물)·장마(仗馬-의장용 말) 및 말을 통제하는 관리·호랑이·양·외국 사신·무관·문관을 배치했으며, 다시 북쪽은 무사인데, 남쪽의 신문으로 들어서면, 다시 궁녀 두 쌍을 설치하였다. 신도의 배치는 제왕의 생전에 조정 대신들이 의장(儀仗)을 갖추고 늘어선 것을 개괄해놓은 것이다. 그 가운데 진귀한 새와 기이한 짐승은 상서(祥瑞)와 벽사(辟邪)의 상징이다. 황후의 능은 황제 능

작대(鵲臺) : 송나라 때의 능대(陵臺)의 이름이다. 『송사(宋史)』·「예지(禮志) 25」에는 이렇게 기록되어 있다. "남쪽 신문(神門)부터 유대(乳臺)까지와 유대부터 작대(鵲臺)까지는 모두 95보이다. 유대의 높이는 25척(尺)이며, 작대는 4척을 더하였다."

유대(乳臺) : 중국 고대의 제왕·황후의 능에 설치하는 법물(法物)의 하나. 『송사(宋史)』·「예지(禮志) 26」에는 이렇게 기록되어 있다. "사천감(司天監)은 산릉(山陵) 제도를 상세히 정했는데, ……유대(乳臺)의 높이는 1장(丈) 9척(尺)이며, 남쪽 신문(神門)까지 45보(步)이다."

망주(望柱) : 첫째는, 고대의 대형 건축물이나 교량 등에는 항상 돌로 만든 난간이 서로를 돋보이게 해주는데, 이러한 돌난간 사이를 지탱하는 돌기둥을 가리킨다. 둘째는, 능묘를 나타내는 상징물로서, 능묘 앞에 높게 세우는 돌기둥을 가리키는데, 예컨대 청나라 숭릉(崇陵)의 망주(望柱)를 보면, 망주의 머리 부분에는 항상 용·봉황·사자·원숭이 등의 동물 형상들이나 혹은 풀잎·꽃·과일 등의 식물·기하학적 도안 등의 문양들을 환조(丸彫)나 부조(浮彫)의 형식으로 조각하여 장식했으며, '망주석조(望柱石彫)'라고 통칭한다. 노구교(蘆溝橋)의 양쪽 망주 위에 있는 돌사자 환조 및 고궁(故宮)의 망주 위에 있는 운봉(雲鳳) 부조는 모두 명작들이다.

의 서북쪽에 위치하는데, 규모가 대체로 작다. 각 능들은 제도가 통일되어 있고, 석각의 내용이 일치하지만, 단지 척도의 차이가 있을 뿐이다. 그 밖에 하궁(下宮─왕릉의 부속 건물)을 건립했는데, 풍수설에 따라 상궁(上宮─왕릉의 부속 건물)의 서북쪽에 축조했으며, 이는 황제의 '재궁(梓宮)'으로, 장례 전에 잠시 안치해두는 곳이며, '침궁(寢宮)'이라고도 한다. 또 능원(陵園)을 관리하는 관원이나 환관·궁녀의 거처도 있었으며, 주방·창고·목욕탕 등의 장소도 함께 설치하였다. 각 능들이 차지하고 있는 지역을 '조역(兆域)'이라고 하는데, 조역은 가시나무로 울타리를 만들고 '백자호(柏子戶)'를 두어 전문적으로 묘목을 키우고 관리하도록 하였다. 그 범위 안에 두루 측백나무를 심고, 능대(陵臺) 위쪽도 상록(常綠)으로 덮게 했는데, 일종의 전통이 유구하면서도 능묘의 요구에 부합하는 녹화 수법으로, 효과적으로 엄숙하고 차분한 분위기를 자아냈다.

백자호(柏子戶): 송나라 때 황릉(皇陵)을 지키도록 설치한 민호(民戶)를 가리킨다. 황릉에는 넓게 측백나무[柏]를 심었기 때문에 붙여진 이름이다.

당·송 시기는 '오음성리(五音姓利)'의 풍수설이 유행하였는데, 이로 인한 송대 능묘의 또 한 가지 특징은 뚜렷하게 풍수 관념에 근거하여 지형을 선택하고 있다는 점이다. 이러한 설명에 따르면, 조(趙)씨 성(姓)의 묘역은 남쪽이 높고 북쪽이 낮아야 한다. 이리하여 송대의 능묘는, 중국 고대의 능역이 점차 더욱 높아지고 중심 건축을 가장 높은 위치에 배치하는 전통적 방법과는 달리, 능역의 지면이 입구로부터 능대에 이르기까지 점차 하강하여 능대가 가장 낮은 곳에 위치하도록 하였다. 그리고 각 능들의 지형도 동남쪽이 높고 서북쪽이 낮은 비탈진 곳을 선택하였다. 남송의 여러 황제들은 훗날 중원으로 이장되기를 원했기 때문에, 능묘는 임시적인 성격을 띠게 되었다. 상궁과 하궁은 동일한 축선 위에 서로 연결되었으며, 관곽(棺槨)은 상궁의 헌전(獻殿) 뒤쪽의 '찬궁(攢宮)' 안에 두고, 석상생(石象生)은 설치하지 않았다.

오음성리(五音姓利): 사람의 성씨(姓氏)를 궁(宮)·상(商)·각(角)·치(徵)·우(羽)의 오음(五音)으로 분류하고, 다시 오음을 음양오행(陰陽五行) 가운데 토(土)·금(金)·목(木)·화(火)·수(水)에 대응하여 분류하는데, 이렇게 하면 곧 그 성씨와 상응하는 가장 좋은 매장 방위와 일시를 찾을 수 있다. 그래서 장지(葬地)와 일시를 선택하여, 만약 이것과 음양이 서로 부합하면 상생(相生)하여 크게 길하고 이로우며, 이것과 음양이 서로 반하면 상극(相克)하여 흉한 일을 당한다고 한다.

송나라 능묘의 석각(石刻) 조형은 사실을 위주로 하여, 온후하고 질박하며 근엄한데다, 부분과 세부의 새김에 중점을 두었는데, 이것은 한·당 시기의 능묘 석각이 규모가 크면서도 전체적인 기세를 최대한 추구했던 것과는 다르다. 송나라 태조의 영창릉(永昌陵)은 송나라 능묘의 전기(前期) 석각 예술을 대표하는 것으로, 이때 일부 참신한 제재가 출현하였다. 예컨대 큰 코끼리와 코끼리를 부리는 노예를 표현한 것은 이전 왕조에서는 볼 수 없었던 것들이다. 큰 코끼리와 사자의 배와 목·몸통 위에는 모두 의도적으로 새끼줄 문양이나 사슬 문양들을 새겨 넣었는데, 이전의 자연스러운 분위기와 야성의 표현을 단번에 바꾼 것이다. 서금비(瑞禽碑) 형태의 부조는 당대(唐代)에 타조(駝鳥)를 부조로 새겼던 기초 위에서 발전해온 것으로, 서금의 조형은 말의 얼굴·용의 몸통·매의 발톱·봉황의 꼬리로 이루어져 있으며, 배경에 작은 동물과 풍경이 덧붙여져 있어, 화려하고 번잡한 특징이 잘 드러난다. 각단(角端)도 새롭게 출현한 소재인데, 『송사(宋史)』·「부서지(符瑞志)」에는 이렇게 기록되어 있다. "각단은 하루에 1만 8천 리를 가며, 또 사방 오랑캐의 말을 할 줄 아는데, 현명하고 성스러운 군주가 재위하면, 나라 안팎의 심오한 일들에 대해 지혜가 밝아 사리에 통달하여, 곧 문서를 받들고 온다.[角端者, 日行萬八千里, 又曉四夷之語, 明君聖主在位, 明達方外幽遠之事, 則奉書而至.]" 여기서 각단은 제왕이 외부 지역과 연락하고 소통하게 하는 임무를 지닌 상상 속의 사자(使者)임을 알 수 있다. 그 모양은 앞 시대의 각종 서수(瑞獸)들, 예컨대 기린(麒麟)·천록(天祿)·벽사(辟邪) 등의 특징들을 흡수하였기 때문에, 그 머리는 기린과 같고, 뿔이 하나이며, 사자의 몸통을 가졌고, 날개와 네 개의 발이 있는데, 형태가 날렵하고 유

서금비(瑞禽碑) : 송나라 때의 황릉(皇陵)에서만 보이는 독특한 형태의 비석으로, 상서로운 새의 모습이 부조로 새겨져 있는데, 이것은 전설 속의 동물인 각단(角端)과 함께 중국 조각사에서 걸작으로 일컬어진다.

사신(使臣) 입상(立像)
宋
석재
높이 353cm
하남(河南) 공의(鞏義)에 있는 송나라 진종(眞宗) 영정릉(永定陵)의 신도(神道)

연하다.

송나라 태종의 영희릉(永熙陵)과 진종(眞宗)의 영정릉(永定陵)은 규모와 기세 면에서 모두 영창릉(永昌陵)을 넘어서는데, 묘 앞의 석상생(石象生)이 더욱 높고 크며, 조각의 풍격에서 사실적 경향도 훨씬 두드러진다. 송나라 인종(仁宗)의 영소릉(永昭陵)과 송나라 영종(英宗)의 영후릉(永厚陵) 능묘 앞의 석각들은 북송 중기의 석각 예술 수준을 나타내주는 것으로, 이 시기의 인물 조형은 점차 거칠고 씩씩한 것에서 날씬하고 길쭉한 경향으로 바뀌면서 새김이 섬세해지는데, 문신(文臣)은 엄숙하면서도 온화하고, 무장(武將)도 '선비'의 풍모를 보인다. 북송 말기 신종(神宗)의 영유릉(永裕陵)과 철종(哲宗)의 영태릉(永泰陵)은 온화하고 문아한 면모를 드러내며, 세부의 새

김에 더욱 주의를 기울였는데, 현실을 반영하고 사상과 감정을 표현하는 생동성 측면에서 모두 진일보하였다. 이로부터, 북송의 능묘 건축의 조성과 평면 배치 및 능묘의 대형 의위(儀衛-의장병)·기념성(紀念性) 조각들은 양식과 기법에서 새로운 창조가 있기는 했지만, 오히려 앞 시대의 같은 종류의 작품들에서 느껴지는 웅건하고 당당한 기개를 잃어버렸음을 알 수 있다.

석상생(石象生) : 돌로 사람이나 동물의 형상들을 조각하여 묘도(墓道) 주위에 세워놓은 상을 가리킨다.

양송(兩宋)과 같은 시기의 서하·요·금·원나라의 각 소수민족들이 건립한 왕조는 능묘 제도상에서 당대, 특히 송대의 여러 능묘 형제(形制)의 영향을 받았으며, 동시에 본래 민족의 특징도 보존하였다. 영하(寧夏) 은천시(銀川市) 서쪽에 있는 하란산(賀蘭山)의 동쪽 기슭은 서하(西夏)의 역대 제왕들의 능침(陵寢)들이 있는 곳인데, 능묘 지역의 범위는 남북이 10km, 동서가 4km로, 지세에 따라 11좌의 서하 제왕들의 능원(陵園)과 70여 좌의 부속 무덤들이 흩어져 있다. 각각

의 능원은 10만 m²를 차지하며, 모두 하나의 완전한 건축 집합체를 이루고 있는데, 그 형상과 구조는 대체로 동일하다. 그 능원의 네 모퉁이에 각루(角樓)를 건립하여 능원의 경계로 삼았으며, 남쪽에서 북쪽으로 가면서 문궐(門闕)·비정(碑亭)·외성(外城)·내성(內城)·헌전(獻殿)·능대(陵臺)를 배열하고, 사방 주위를 신장(神墻)으로 에워쌌으며, 내성의 사면에 문을 설치했다. 지궁(地宮) 앞에는 하나의 비탈진 묘도(墓道)가 있으며, 앞쪽이 좁고 뒤쪽이 넓은 방형(方形) 묘실의 양측에는 각각 하나씩의 배실(配室-딸린 방)이 있다. 묘실은 벽돌을 쌓아 만들었는데, 토동묘(土洞墓-묘실을 흙으로 쌓은 묘) 형식에 속한다. 배장묘(陪葬墓)의 묘실은 방형의 토동(土洞)인데, 보편적으로 동우(銅牛)와 석마(石馬)를 순장하였다. 서하의 왕릉은 명대 이전에 도굴되어 훼손되었기 때문에 지면의 건축은 터만 남아 있을 뿐이지만, 그 능원은 당대를 모방했으며, 특히 송대의 여러 능묘 형제(形制)를 모방한 것이 뚜렷하며, 대량의 민족적 장식의 특징을 띤 건축 재료들 및 서하문(西夏文)과 한문(漢文)으로 된 비석 파편들이 남아 있다.

요(遼)나라 태조 야율아보기(耶律阿保機)의 능원은 조릉(祖陵)이라고 불리는데, 내몽고의 파림좌기(巴林左旗)에 있는 요나라의 조주성(祖州城) 터에서 서북쪽으로 2km 떨어진 곳에 있는 환형산(環形山) 골짜기 안의 서북쪽 산비탈 위에 있다. "산을 뚫어 능을 만들었고", 돌을 쌓아 지궁과 담장을 조성하였는데, 언덕 아래에 아직 향전(享殿) 터 및 석옹중(石翁仲)·경당(經幢) 등의 유물들이 남아 있다. 요대의 또 다른 제왕들의 능원인 경릉(慶陵)은 내몽고의 파림좌기에 있는 요나라의 경주성(慶州城) 터 북쪽 10km 지점의 대흥안령(大興安嶺) 산기슭에 집중되어 있는데, 요나라 성종(聖宗)인 야율융서(耶律隆緖)·흥종(興宗)인 야율종진(耶律宗眞)·도종(道宗)인 야율홍기(耶律洪基) 등 세 황제와 그 후비들이 묻혀 있으며, 이를 구별하여 동릉(東陵)·중릉(中陵)·서

배장묘(配葬墓) : 왕이나 귀족의 무덤의 주위에 딸린 무덤들로, 그 왕이나 귀족과 생전에 관계가 있던 신하나 권속(眷屬) 등이 죽었을 때, 그 묘역의 주변에 매장한 것을 가리킨다.

향전(享殿) : 향당(享堂)이라고도 하며, 조상이나 신불(神佛)을 모시는 전각을 가리킨다.

석옹중(石翁仲) : 고대 제왕이나 대신들의 묘 앞에 있는 석인상(石人像)을 가리키는 말이다. 석옹중을 석상생(石象生)이라고 부르는 사람도 있으나, 둘을 일정한 차이가 있다. 고대 제왕이나 대신들의 묘 앞에 있는 석조(石彫) 인물·금수(禽獸) 등을 통틀어 석상생이라고 부르지만, 단지 석조 인물만을 석옹중이라고 부를 수 있다.

경당(經幢) : 원래는 고대 중국의 의장(儀仗) 가운데 깃발의 일종인 정번(旌幡)을 가리키는데, 장대 위에 천을 매달아 만들었으며, 당번(幢幡)이라고도 한다. 인도에서 불교가 전래된 이래, 특히 당대 중기에 불교의 밀종(密宗)이 전래된 이래, 불경(佛經)이나 혹은 불상(佛像)을 처음에는 천으로 만든 당번 위에 써서, 오랫동안 훼손되지 않고 보존하였는데, 후에는 천에 쓰는 것 대신 돌기둥 위에 새기는 것으로 바뀌었다. 새긴 내용이 주로 『다라니경(陀羅尼經)』이었으므로, 이것을 경당(經幢)이라고 하였는데, 이것은 고대의 정번에 근원을 둔 것이다. 경당은 일반적으로 당정(幢頂)·당신(幢身)과 받침대의 세 부분으로 나뉘며, 주체는 당신이다. 새긴 것은 불교 밀종의 주문(呪文)이나 혹은 경문(經文)·불상 등이며, 대부분 육각형이나 팔각형으로 되어 있다.

릉(西陵)으로 부르기도 한다. 지상에 있는 향전·무전(廡殿-곁채)·선도(羨道-묘도) 등의 유적들은 모호하여 분간할 수 없다. 능 앞의 석상생들은 이미 파괴되었고, 묘실도 도굴당해 부장물들은 대부분 이미 사라진 상태다. 묘실 안의 벽화 내용은 매우 풍부한데, 그 가운데 작은 거란 문자로 방제(榜題)한 인물상은, 역사 문헌들에 기록된 거란족의 머리를 깎는 습속을 알려주는 첫 번째 증거 자료이다. 그리고 동릉의 벽화 가운데 큰 폭의 사계산수(四季山水)는 요대의 황제가 사계절마다 '탁발[捺鉢]'하던 풍속을 표현한 것으로, 민족적인 특징을 가장 잘 보여준다.

금대의 상제(喪制-장례 제도)는 한족의 영향을 받았다. 황릉(皇陵)들이 흑룡강(黑龍江) 아성현(阿城縣)과 북경 방산구(房山區) 대방산(大房山) 아래에 있지만, 유적은 오늘날 거의 남아 있지 않다. 금대의 개국공신인 완안루(完顔婁)와 금대의 귀족인 완안희윤(完顔希尹)의 가족 묘지에서 출토된 석상생들을 살펴보면, 금대의 황릉 앞에는 반드시 능묘상(陵墓象)을 설치하였다. 완안희윤 가족 묘지의 석인(石人)·석마(石馬)·석호(石虎) 유물들은 비교적 많이 남아 있는데, 형상과 구조가 예스럽고 질박하여 금대 조각 예술을 대표하고 있다. 그 가운데 세 번째 무덤군인 완안수도(完顔守道)의 묘 앞에 있는 돌 조각은 비교적 정교하고 아름다운데, 검을 움켜쥔 무신과 엎드려 있는 석양(石羊)은 금대의 온후하고 질박한 시대적 풍격을 대표하고 있다.

원대에는 비록 북경에 도성을 건설했지만, 몽고에 기반을 두고 있었기 때문에, 역대 제왕들은 사후에 모두 원래의 고향으로 돌아가 비밀리에 안장(安葬)했는데, 상제(喪制)가 중원의 풍속과는 달랐다. 현재는 징기스칸의 능만 남아 있는데, 내몽고 이금곽락기(伊金霍洛旗)의 아등석련진(阿騰席連鎮) 동남쪽 15km 지점에 있다. 건축 면적은 1500㎡로 평면은 凸자형을 이루고 있으며, 주체는 중앙 기념당(紀念

이금곽락기(伊金霍洛旗) : 이금곽락(伊金霍洛)이란 '성주(聖主)의 능원(陵園)'이라는 뜻으로, 악이다사시(鄂爾多斯市) 내에 있는 인구 백만 명의 전략 핵심구(核心區)로, 매우 아름다우며, 신성시 여겨지는 곳이다.

堂)으로 높이가 20m이다. 하부는 팔각형으로 만들었고, 안에 통주(通柱)를 설치했으며, 위로 이층의 처마[重檐]가 나오도록 하였다. 몽고의 파오식 궁륭 천장으로 만들었는데, 조정(藻井) 부분은 정교한 채색 그림을 그렸다. 좌우 양쪽 날개는 등변(等邊)이 아닌 팔각형으로 만들었고, 단층[單檐]인 몽고의 파오식 궁륭 천장으로 되어 있다. 천장의 외부는 남색의 유리기와로 우아하게 운두(雲頭)를 쌓아올리고, 황색 유리벽돌로 상감(象嵌)하였으며, 금황색 보정(寶頂)을 설치하여 아름답고 휘황찬란하다. 능묘의 사방 주위에는 두루 수목을 심어 능역을 녹화하였다.

운두(雲頭) : 건물을 지을 때, 기둥 위나 처마 등지에 구름 모양의 올록볼록한 형상들로 장식하는 것.

사관(寺觀)·사묘(祠廟)와 불탑(佛塔)

석굴과 사원

현존하는 오대 시기의 석굴과 사원들은 주로 강소(江蘇)와 절강(浙江) 두 지역과 사천(四川) 지역에 분포되어 있는데, 이곳은 당시 남당(南唐)·오월(吳越)·전촉(前蜀)·후촉(後蜀)이 할거하던 지역들로, 불교 예술이 주도적 지위를 차지하고 있었다.

오월의 국왕들은 불교를 일관되게 선양하여 70여 년 동안 불교 예술에 대해 대규모 건설을 진행하였으며, 항주(杭州)를 중심으로 많은 당탑(堂塔-전각이나 사당과 탑)·가람과 경당(經幢)들이 건립되었다. 항주의 연하동(煙霞洞)·석옥동(石屋洞)과 자운령(慈雲嶺) 등지에 많은 마애(磨崖) 감상(龕像)들을 개착하였는데, 그 가운데 가장 특별한 것은 연하동의 16나한이다. 그것은 본을 떠서 인공적으로 개착한 것이 아니고, 진부한 규범을 뛰어넘어 천연 암동(巖洞-바위 동굴)을 교묘하게 이용하여 상(像)을 조성한 것이다. 조상(造像)들은 또 "각지의 실정에 맞게 적절하게 대처하여 제작하는[因地製宜]" 수법을 채택하였는데, 천연 암석의 형세에 따라 조각상을 안배함으로써 각각의 것들이 개성 있고 다른 자세를 취하고 있어, 자연스럽고 탄력적이며 변화무쌍하다. 전숙(錢俶)이 재위할 때에 1천 구(軀)의 천관보살(天冠菩薩)과 8만 4천 개의 도금한 보갑인탑(寶匣印塔)을 만들어 불사를 널리 전파하였다. 1956년 강소(江蘇) 소주(蘇州)의 호구(虎丘)에 있는 운암사

감상(龕像): 감실, 즉 작은 불당이나 집이나 탑 모양 속에 새긴 불상.

전숙(錢俶): 929~988년. 원래의 이름은 홍숙(弘俶)이고, 소자(少字-어릴 때의 이름)는 호자(虎子)였으나, 후에 문덕(文德)으로 바꾸었으며, 임안(臨安) 출신이다. 오대십국 시기 오월(吳越)의 마지막 임금이다.

관음단감(觀音檀龕) : 박달나무로 감실을 파고 관음보살을 새긴 불감.

불공견색관음(不空羂索觀音) : 육관음(六觀音)이나 칠관음(七觀音)의 하나로, 생사의 대해(大海)에 묘법연화(妙法蓮華)의 먹이를 내려 심념불공(心念不空)의 줄로써 중생(衆生)인 고기를 낚아 열반(涅槃)의 언덕에 이르게 한다는 관음을 가리킨다. 형상(形狀)은 일면이비(一面二臂)·일면팔비(一面八臂)·삼면이비(三面二臂)·삼면사비(三面四臂)·삼면팔비(三面八臂) 등이 있으며, 대개는 손에 보병(寶瓶)·연화(蓮花)·견색(羂索-끈)·염주 등을 지니고 있다.

장란(裝鑾) : 채색 그림을 그려 장식하는 것으로, 채색 소조(彩塑)에서의 마지막 공정을 가리킨다. 『영조법식(營造法式)』 권2에는 이렇게 기록되어 있다. "지금 겸소(縑素-서화용 흰 비단)와 같은 것들에 칠하는 것을 화(畫)라 하고, 들보나 마룻대·두공(斗拱) 혹은 소상(素像-塑像) 같은 용품들에 색을 칠하는 것을 세간에서 '장란(裝鑾)'이라 한다.[今以施于縑素之類者謂之畫, 布彩于梁棟·斗拱·或素(塑)像什物之類者, 俗謂之'裝鑾'.]"

탑(雲巖寺塔) 속에서 발견된 관음단감(觀音檀龕)은 그 소재의 내용과 풍격의 양식을 살펴볼 때, 오대의 오월 시기 작품이다. 채색으로 단장하고 금색으로 그린, 높이 19cm에 불과한 이 소형 단감은 새긴 수법이 정교하고 뛰어날 뿐만 아니라, 동시에 창조적인 면모도 보이고 있어, 후대 사원에서 '선재오십삼참변상(善財五十三參變相)'을 벽에 소조하는 선례를 열었다.

전촉 시기에 굴을 개착하여 절을 건립하던 풍조는 만당(晚唐) 시기에도 여전히 이어지다가, 마침내 흥성하여 사그라지지 않았으며, 오늘날의 사천 지역의 광원(廣元)·낙지(樂至)·자중(資中) 및 대족(大足)의 북산(北山) 등지에서 계속하여 활발하게 조성하였다. 대족 북산의 조상(造像)을 예로 든다면, 감상(龕像)이 많은데, 그 가운데 새로운 소재들이 출현하였다. 예컨대 불공견색관음(不空羂索觀音)·옥인관음(玉印觀音)·십이신왕부중(十二神王部衆)과 칠불(七佛) 등은 비교적 잘 보존된 작품들로, 자태가 경쾌하고 유연하며 생동감 있는 많은 변화를 보여주고 있고, 의복 장식도 날로 더욱 화려해져 당대에서 송대로 넘어가는 일종의 과도기적 풍격을 보여준다. 몇몇 조상의 대가들, 예컨대 무성중(武成中)·허후(許侯)·옹중본(雍中本) 및 장란(裝鑾)의 명인인 양원진(楊元眞)의 출현도 한편으로는 전촉의 조소가 흥성했음을 반영하고 있는 것이다. 후촉 시기의 정승변(程承辨)도 조소에 매우 뛰어났는데, 그의 작품들도 황휴복(黃休復)이 지은 『익주명화록(益州名畫錄)』의 기록에서 볼 수 있다.

남경 서하사(棲霞寺)에 현존하는 사리탑은 매우 정교하고 화려한데, 건축 분야에서 후대의 『영조법식(營造法式)』의 본보기임과 동시에, 남당 시기 불교 건축과 불교 조상의 예술 수준을 최고로 구현하고 있다. 북한(北漢)과 민(閩)은 작은 나라였지만, 민나라 왕 왕심지(王審知)는 오늘날의 복주(福州) 조석산(鳥石山)·구선산(九仙山) 등지에 여러 사원들을 창건하고 마애상들을 새겼다. 북한은 멀리 북방에 위치했지만, 문화 예술은 여전히 만당의 유풍을 간직하고 있었다. 산서(山西) 평요(平遙)의 진국사(鎭國寺)는 드물게 남아 있는 북한 시기의 불교 유적인데, 절 안의 채소(彩塑)는 복식에 약간의 지방적 특색이 있는 것을 제외하면, 그 구성과 풍격 및 조소의 수법이 모두 뚜렷이 당나라 말기의 특징을 간직하고 있다.

대족(大足) 석굴의 석각과 항주(杭州) 비래봉(飛來峰)의 포대화상(布袋和尙)

사천 대족현(大足縣)에 불교 조상을 위주로 하는 대량의 종교 조소 유적들이 있는데, 특히 북산(北山)과 보정산(寶頂山)의 규모가 가장 크고, 수량이 가장 많으며, 내용도 매우 풍부하고 방대하다. 이 유적은 만당 시기에 시작되어 양송 시기에 흥성한, 중국 말기 석굴 조상의 중요한 대표작들이다.

북산 조상의 정수는 송대(宋代)에 만들어진 것들인데, 생활의 숨결이 풍부한 작품들이 돋보인다. 일부 주상(主像), 예컨대 제122감실[龕]의 〈귀자모(鬼子母)〉[가리제모(訶利帝母)] 조상은 완전히 세속 생활 속의 모자(母子) 형상을 원형으로 삼아, 귀자모를 자상한 어머니로 빚어 만들었으며, 주위에는 유모·시녀

귀자모(鬼子母) : 귀자모는 본래 흉악하고 잔인한 귀신으로, 자식이 천 명이나 되었으며, 이 자식들을 몹시 사랑하였다. 그러나 귀자모는 항상 남의 자식을 잡아먹어 세상의 모든 부모들이 무서워하였다. 어느 날 석가모니는 그의 막내아들을 데려다 감추어 두었다. 그러자 귀자모는 천 명이나 되는 자식 중에서 단 한 명을 잃었는데도 몹시 괴로워하며 슬퍼 날뛰었다. 그리 ▶▶

문수보살상(文殊菩薩像)
宋
높이 215cm
대족(大足) 북산(北山)의 석굴(石窟)

하여 귀자모는 자신의 잘못을 참회하고 부처의 제자가 되었다고 한다. 가리제모(訶利帝母)·환희모(歡喜母) 또는 애자모(愛子母)라고도 한다.

전륜경장굴(轉輪經藏屈) : '전륜경장'이란, 불경을 넣어 보관하는 책장의 일종으로, 이 책장을 돌리면 불경을 읽는 것과 마찬가지로 공덕을 쌓을 수 있다고 전해진다. 일명 윤장(輪藏) 혹은 전륜장(轉輪藏)이라고도 한다.

관음보살상(觀音菩薩像)

宋

높이 110cm

대족 북산의 석굴

와 아홉 명의 아이들이 앉거나 서 있는데, 아이들은 무릎 위나 품안에서 천진난만한 모습을 보이고 있다. 보살상도 북산의 송대 조상들 가운데 사람들의 주목을 끄는 대상인데, 제125감실 안의 관음 조상은 완연히 아름다운 소녀로, 손에 염주를 쥐고 있으며, 상반신은 왼쪽으로 약간 틀어져 있고, 양 손은 배 앞쪽에서 자연스럽게 교차하면서 얼굴에 약간 수줍은 듯한 미소를 띠고 있어 '미태관음(媚態觀音)'이라고 찬양받고 있다. 그러나 북산 제136감실인 '심신거굴(心神車窟)'[전륜경장굴(轉輪經藏窟)]의 보살 조상은 다른 면모를 보이고 있는데, 개성이 뚜렷하고 형상이 서로 비슷하지 않으며, 표정이 편안하고 친절하며, 크기는 진짜 사람과 대략 비슷하다. 조각은 기법이 정교하고 솜씨가 섬세하여 송대의 석조들 가운데 보배라고 할 수 있다. 북산의 조상들 가운데는 수량이 매우 많은 공양인(供養人) 형상들이 있는데, 북산의 조상들 가운데 가장 생동감 있는 부분이기도 하다. 이들 공양인상은 모두 관직명·가문·기간 등의 제기(題記)가 있으며, 그 의복 장식과 기물(器物)과 건축 등은 모두 당시 사회의 생활 상황을 진실하게 반영하고 있다.

대족의 보정산 조상들은 대불만(大佛灣)에 가장 집중되어 있는데, 남송 시기에 만들어지기 시작했으며, 천연적인 凹자형 산만(山灣)의 마애를 개착하여 조성한 것으로, 조상은 모두 산암(山巖)

의 자연 형상으로 세(勢)를 취하였고, 대형 고부조(高浮彫)로 새겨진 큰 감실들이 이어지며 장관을 이루고 있다. 전체적으로 정밀한 설계를 거쳐, 하나도 중복되는 것이 없는데, 이 점은 전국의 대형 감굴 조상들 가운데에서도 매우 보기 드문 것이다.

대불만은 기타 감굴들과는 달리 부처와 보살을 위주로 하지 않고 불교 경변고사(經變故事)를 소재로 삼고 있는데, 이들 경변고사들로는 〈부모은중경변(父母恩重經變)〉·〈십목(十牧)〉·〈십전염왕(十殿閻王)〉·〈공작명왕경변(孔雀明王經變)〉·〈관무량수불경변(觀無量壽佛經變)〉이 있다. 그 조각들의 본래 의도는 불교 교화의 목적에서 만들어졌으며, 밀종불교(密宗佛敎)의 법력이 끝이 없음을 선양하는 것이었지만, 사실상은 오히려 세속 생활의 묘사였다. 〈목우도량[牧牛道場]〉과 같은 경우는 본래 목우로 '마음을 다스리는' 수행 과정을 비유하여 설명한 것이지만, 조상(造像)만을 놓고 말한다면 농촌 목동의 생활에 대

경변(經變) : 변상(變相)이라고도 하며, 불경의 고사에 근거하여 회화·조각 혹은 설창문학으로 만든 것을 가리키며, 불교의 교의를 선전하는 데 이용하였다.

목우도량[牧牛道場]
宋
높이 5.5m, 너비 30m
대족(大足)의 보정산(寶頂山) 석굴

한 묘사로, 일련의 농촌 풍경화와 같다고 할 수 있다. 어떤 소는 들판을 달리고 있고, 어떤 소는 물가에서 물을 마시고 있으며, 누워서 되새김질을 하거나 밭을 갈고 있는 등 여러 형태들을 다 표현하고 있다. 그리고 목동의 나이·성격·의복 장식도 같은 것이 전혀 없고, 행동이나 자태도 생동감이 넘치는데, 땅에 앉거나 누워서 서로 장난을 치기도 하고, 피리를 불거나 서로 노래로 화답하고 있다. 배경에는 맹호·영양(羚羊)·원숭이·학·새와 나무의 형상들을 새겨, 전체 작품의 사실성과 생동감을 더욱 강화해주고 있다.

〈부모은중경변〉은 본래 부모의 은혜에 보답하기 위해 불상을 조성하여 보시해야 한다는 내용을 선양한 것인데, 조각 작품은 연환화(連環畫)와 고부조(高浮彫) 형식으로, 자식을 점지해주도록 빌며, 잉태하고, 낳고, 기르고, 옷을 빨며, 멀리 떠나보내는 등의 생활 장면들이다. 연관된 줄거리를 통해 부모가 고생하며 자녀를 키우는 과정을 서술해줌으로써, 사람들에게 절절한 감화를 준다. 석가모니의 효행을 선양한 〈대방편불보은경변(大方便佛報恩經變)〉의 조각에는 반신(半身)의 '피리 부는 여인[吹笛女]' 조각상이 있는데, 그녀는 용모가 준수하고 생동감이 넘치며 시적 정취가 풍부한 사천(四川) 지역 미소녀의 전형으로, 남쪽 절벽에 새겨진 목동과 멀리서 마주하며 서로 호응하고 있다. 〈지옥변상(地獄變相)〉은 조각 형식으로 지옥 세계를 표현한 것인데, 지옥 속에서 갖가지 벌을 받는 사람들의 모습을 그림으로 묘사하여, 진실로 사람들의 마음을 움직이는 효과를 얻고 있다. 이와 같은 것 말고도 〈지옥변상〉에는 매우 인정미 넘치는 제재들도 포함되어 있는데, 예컨대 〈지옥변상〉의 위쪽에 닭을 기르는 부녀자[養鷄女]를 조각한 것은, 본래 의도가 닭을 기르는 사람은 지옥에 떨어져야 한다는 것을 설명한 것이지만, 이곳의 닭을 기르는 여인은 오히려 막 닭장을 열고 있는 미모의 농촌 부녀자 형상이어서, 평범한 노동

연환화(連環畫) : 만화와 비슷한 형식을 띤 중국 전통의 연속 그림 형식.

양계녀(養鷄女)
宋
높이 125cm
대족 보정산의 석굴

생활에 대한 예찬으로 바뀌었다. 또 음주를 경계하고 있는 부조는, 갖가지 인물들의 취한 모습들을 매우 사실적으로 마치 살아 있는 듯이 생동감 있게 표현했는데, 생활의 상황과 재미있는 장면들이 풍부하게 넘쳐나고 있다. 대족 지역의 석각들 가운데는 불교의 제재를 빌려 인간의 세속 생활을 묘사한, 이야기의 내용이 풍부하고 고사(故事)와 희극적인 성격이 짙은 이러한 조소 군상들은 일일이 다 열거할 수 없을 정도인데, 이러한 현상은 전국적으로 다른 지역에서는 매우 보기 드문 것이다.

절강(浙江) 항주(杭州)의 비래봉(飛來峰)에 만들어진 감굴의 조상들은 오대부터 시작된 것이지만, 그 가운데 정수는 바로 원대(元代)의 것들이다. 비래봉에는 인도식 조상과 중국식 조상 및 양자가 서로 결합된 조상들이 있는데, 가장 유명한 것은 바로 제36굴의 포대화상(布袋和尚-54쪽 참조) 조상 세트를 꼽을 수 있다. 그것은 냉수천(冷水泉) 남안(南岸)의 깎아지른 절벽에 위치해 있는데, 바위의 울퉁불퉁한 기복에 따라 모두 19존(尊)의 상들을 조성하였으며, 주존(主尊)은 포대화상이다. 포대화상은 민간에서 매우 좋아하는 불교 조상의 제재인데, 비래봉의 포대화상은 이 제재 가운데 현존하는 가장 이른 시기의 작품들 가운데 하나이며, 이 제재 가운데 성공한 모범적인 사례이다. 다리를 쭉 뻗고 앉아 가슴과 배를 벗어 드러내고 있는 모습으로, 왼손에는 염주를 쥐고 있고, 오른손으로는 포대(布袋)를 어루만지고 있으며, 두 눈은 앞을 똑바로 바라보고 있는데, 웃는 모습이 손에 잡힐 듯 자연스럽다. 그런데 그 형상이 『송고승전(宋高僧傳)』에 기록된, 오대 시기의 봉화현(奉化縣) 계차화상(契此和尚)을 묘사한 서술과 서로 부합된다. 이와 동시에 조각가는 또 효과적으로 고도의 과장 수법을 이용하여, 포대화상을 스스로 그 즐거움을 누리면서 크게 득도한 자상한 모습이 드러나게 조각하였으며, 아울러 그 주위의 16나한에 대해서는 구도와 비례의 교묘한 안배를 통해 주상(主像)이 더욱 돋보이게 하여, 사람들의 선량하고 아름다운 소망을 반영해 냈다.

정정(正定) 융흥사(隆興寺)의 건축과 주동(鑄銅) 조상

하북(河北) 정정의 융흥사는 송대의 불교 사원을 대표하는데, 송나라 초기에는 용흥사(龍興寺)라고 불렸다. 평면은 남북을 중심축으

계차화상(契此和尚) : '계차(契此)'는 포대화상의 원래 이름이다.

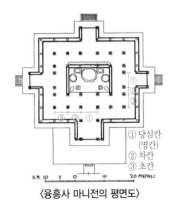

〈융흥사 마니전의 평면도〉

① 당심칸 (명칸)
② 차칸
③ 초칸

패방(牌坊) : 봉건 시대에, 공훈·과거 급제·선정(善政) 및 충효절의(忠孝節義)를 표창하기 위하여 세운 건축물을 말한다. 일부 궁관(宮觀)과 사묘(寺廟)에서는 패방을 산문(山門)으로 만들었으며, 또한 지명을 나타내는 데 사용하기도 하였다.

로 하여 좁은 장방형을 이루고 있는데, 밖에서 안쪽이 들여다보이지 않도록 대문을 가린 조벽(照壁)이 산문(山門)을 마주하고 있고, 문 앞에는 석교(石橋)와 패방(牌坊)이 있으며, 문 안쪽 좌우에 있던 종루(鐘樓)·고루(鼓樓)와 정면에 있던 대각육사전(大覺六師殿)은 이미 훼손되었다. 뒤쪽이 동서 배전(配殿-곁채)과 마니전(摩尼殿)이며, 다시 그 뒤쪽에 계단(戒壇)·자씨각(慈氏閣)·전륜장전(轉輪藏殿)·동서 비정(碑亭)·불향각(佛香閣)을 설치하였고, 맨 뒤가 미륵전(彌勒殿)이다. 융흥사의 축선은 매우 길지만, 건축가가 건축 규모의 크기와 마당 공간의 풍부한 변화를 충분히 이용하였기 때문에 결코 단조롭지가 않다. 그 가운데 마니전·전륜장전·자씨각은 모두 송대 건축의 풍격과 특징을 간직하고 있다. 마니전의 건축 형식은 중국에 현존하는 초기 고대 건축에서 보기 드문 특별한 예이다. 이 마니전은 북송 황우(皇祐) 4년(1052년)에 건립되었는데, 중첨구척전정(重檐九脊殿頂-2층 팔작지붕)으로, 4면의 정중앙에는 포하(抱廈-문 앞쪽에 붙여서 지은 회랑)를 냈으며, 포하의 지붕은 팔작지붕[歇山頂]으로 처리하였다. 외첨(外檐-건물의 벽보다 바깥으로 튀어나온 지붕 부분)의 첨주(檐柱-외첨을 받치는 기둥) 사이에는 가로막는 벽돌담을 쌓았으며, 내부의 주망(柱網)은 두 겹으로 둘러싼 내부 기둥들로 조성하였으며, 정면과 측면 방향의 차칸[次間]은 모두 초칸[梢間]에 비해 좁은 것이, 일반적인 처리와는 다르다. 첨주에도 측각(側脚) 및 승기(升起)가 있고, 난액(闌額) 위에는 이미 보박방(普拍枋)을 사용하여 난액의 끝부분이 기둥 밖으로 뻗어 나와 권운두(卷雲頭) 모양을 이루고 있다. 아래 처마 기둥머리의 포작(鋪作)은 5포(鋪)를 사용하여 쌍초투심조(雙抄偸心造)를 만들었다. 4면의 포하 밖에 있는 문과 창을 제외하면 공안(拱眼)으로 빛이 약간 들어올 뿐이어서, 건물 안의 채광과 통풍 조건은 좋지 않다.

불향각은 또한 대비각(大悲閣)이라고도 하는데, 절 안에서 가장

계단(戒壇) : 부처가 머무는 곳을 의미하여, 이곳에 부처의 사리를 모시며, 이곳에서 승려에게 계를 수여하기도 하고 불법을 설파하기도 한다.

헐산정(歇山頂) : 헐산식(歇山式) 지붕으로, 모두 아홉 개의 용마루가 있는 지붕을 말한다. 즉 하나의 반듯한 용마루와 네 개의 늘어진 용마루, 네 개의 버팀 용마루로 이루어진 지붕을 가리킨다. 따라서 구척정(九脊頂)이라고도 한다. 우리나라 경복궁의 근정전 지붕이 여기에 해당한다.

주망(柱網) : 규모가 큰 전각이나 불당 등을 지탱하기 위해 내부에 일정한 간격으로 많은 기둥들을 배치하여 그물망처럼 설치한 것을 말한다.

차칸(次間)·초칸(梢間) : 건물의 가운뎃칸을 당심칸[當心間] 혹은 명칸[明間]이라 하고, 그 좌우에 있는 칸을 차칸 혹은 협칸[次間]이라 하며, 맨 바깥쪽에 있는 칸을 초칸 혹은 퇴칸[退間]이라 한다.(앞 쪽 그림 참조)

측각(側脚) : 안쏠림이라고 하며, 기둥의 윗부분이 건물 안쪽으로 약간 쏠리게 하는 건축 기법.

승기(升起) : 귀솟음이라고 하며, 바깥쪽에 있는 기둥일수록 안쪽에 있는 기둥보다 점차 높아지게 하는 건축 기법.

난액(闌額) : 창방(昌枋)이라고도 하며, 고전적인 기둥식[柱式] 구조의 3대 부재(部材)의 하나로, 기둥 끝에 위치하며, 벽연(壁緣)과 처마를 지탱한다.

보박방(普拍枋) : 평방(平枋) 혹은 평판방(平板枋)이라고도 하며, 난액의 위에 직접 놓이는 하나의 횡목으로, 두공을 떠받치는 데 쓰인다. 이것은 난액과 겹치게 쌓아서, T자형 단면을 형성한다.

포작(鋪作) : 좁은 의미로는 두공을 가리키며, 넓은 의미로는 두공이 있는 부분의 구조물을 가리킨다.

5포(鋪) : 두공의 구조에서 첨차[拱]에 의해 앞으로 내미는 출목수(出目數-出跳)를 가리키며, 5포작은 2출목(出目)에 해당한다.

쌍초투심조(雙抄偸心造) : 포작(包作)을 기둥 위에서 앞으로 내미는 경우,

정정(正定)의 융흥사(隆興寺) 마니전(摩尼殿)

宋

◀◀ 첨차의 끝에 단공(單栱) 또는 중공(重栱)과 같이 세로 방향으로 확대되는 첨차를 거듭하면서 내미는 형식을 계심(計心)이라고 하며, 단공이나 중공을 쓰지 않고 단지 전방으로만 나가는 형식을 투심조라고 한다. 쌍초투심조는 상하 두 개의 첨차로 이루어진 투심조를 가리킨다.

공안(拱眼) : 첨차의 상부 소로와 소로 사이의 윗면을 활형[弧形]으로 깎아 낸 부분.

평좌(平座) : 누각 위에 튀어나온 처마 통로[檐廊]. 높은 대(臺)나 다층 건물에서 두공·각재(角材)·판자 등을 이용하여 튀어나오게 하여, 올라가서 조망하기 편리하도록 만든 층을 일컫는 말.

삼굴식(三屈式) : 불교 설화에 나오는 야차녀(夜叉女)의 자태로 자주 묘사되는데, 민간의 춤추는 자세를 차용한 것으로, 머리는 오른쪽으로 기울이고, 가슴은 왼쪽을 향하며, 허리는 오른쪽으로 돌린 채, 팔 부위는 다시 하체를 향해 왼쪽으로 기울여, S자형의 율동 곡선으로 강렬한 생동감을 주는데, 이러한 자태를 삼굴식이라고 일컫는다.

수미좌(須彌座) : 불상이 모셔져 있는 단을 가리킨다.

상방(上枋) : 건물 난간의 궁판 위에 댄 가로대로, 사람이 앉을 수 있도록 되어 있다.

겸주(槏柱) : 사방 문동(門洞) 주변의 기둥을 일컫는 말.

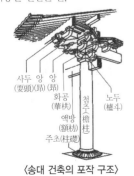

〈송대 건축의 포작 구조〉

높고 큰 건물로, 높이 33m의 3층으로 되어 있고, 2층의 팔작지붕[重檐歇山頂]이며, 난간과 평좌(平座)를 설치하였다. 전각 안에는 높이가 24m에 달하는 천수천안동관음(千手千眼銅觀音)이 있는데, 북송 개보(開寶) 4년(971년)에 만든 실물이며, 중국 고대의 동제(銅製) 공예품들 가운데 가장 큰 것이다. 조상은 연화좌(蓮花座) 위에 꼿꼿하게 우뚝 서 있는 자세를 취하고 있는데, 곁에 기대거나 의지할 곳이 없어, 이미 당대의 삼굴식(三屈式)을 따르고 있지는 않다. 조상의 몸체는 늘씬하고, 비례가 균형을 이루고 있으며, 옷 무늬와 의복 장식은 모두 대칭을 이루고 있는데, 허리 부분 아래가 아름답고 유려하여, 다분히 송대 풍격의 특징을 띠고 있다. 조상 아래쪽의 수미좌(須彌座)도 역시 북송 시기의 실물이며, 그 상방(上枋)·호문(壺門-127쪽 참조) 안과 간격을 둔 겸주(槏柱) 위에는 문양 장식 도안·기악(伎樂)·비천(飛天)·반룡(盤龍) 등의 정교하고 아름다운 송대의 조각들이 새겨져 있다. 동상(銅像)의 양 옆에 있는 마흔 개의 팔들은 부챗살 모양으로 배열되어 있으며, 각종 법기(法器)들을 나누어 들고 있는데, 청나라 말기에 개조하여 단지 가슴 부위에 합장하고 있는 두 팔만 동(銅)

으로 되어 있다. 그 주조 과정은 문헌에 다음과 같이 기록되어 있다. 즉 지하로 황천(黃泉)에 도달할 정도로 깊이 파고 나서, 먼저 자갈·석탄·진흙과 철주(鐵柱) 등을 이용하여 안정되고 견고한 기초를 주조하여 만들고, 조상의 몸체는 위로부터 아래로 일곱 단으로 나누어 주조하였으며, 마흔 개의 팔들은 별도로 주조한 뒤에 다시 조립하여 완성했다. 그 주조 공예의 높은 수준을 엿볼 수 있다.

태원(太原) 진사(晉祠) 성모전(聖母殿)의 건축과 채소(彩塑) 시녀(侍女)

산서(山西) 태원의 진사는 성(城)의 서남쪽 현옹산(縣甕山) 아래에 위치해 있는데, 주(周) 무왕(武王)의 둘째 아들 숙우(叔虞) 및 그의 어머니 읍강(邑姜)을 받들어 모시는 도교 사관(祠觀)으로, 원림의 분위기를 띠고 있다. 그 가운데 성모전(聖母殿)과 비량(飛梁)은 북송의 건축이다. 읍강을 모신 성모전은 북송 천성(天聖) 연간(1023~1031년)에 창건되었으며, 숭녕(崇寧) 원년(1102년)에 수리하였다. 전각은 동쪽을 향하고 있고, 정면은 7칸이고 측면은 6칸이며, 2층의 팔작지붕[重檐九脊殿頂] 형식으로 사방 주위를 회랑으로 둘렀다. 평면에서 건물 몸체[殿身]의 앞에 있는 첨주(檐柱)를 줄여, 앞쪽 회랑의 깊이가 2칸에 이르도록 하였으며, 내부의 기둥은 앞쪽의 금주(金柱)를 제외하고는 모두 없앴는데, 이러한 처리는 중국의 고건축에서 매우 보기 드문 것이다. 앞처마의 부계(副階) 기둥은 반룡(蟠龍-몸을 서린 용)으로 장식하였는데, 기둥에는 두드러진 측각(側脚)과 승기(升起)가 있으며, 이미 보박방(普拍枋-평방)을 사용하였다. 아래 첨주(檐柱)의 머리 포작은 5포(鋪)로 만들었고, 바깥쪽으로 두 개의 도앙식(跳昻式) 화공(華拱)을 냈는데, 이러한 형식의 부재(部材)를 사용한 최초의 사례이며, 단공계

금주(金柱) : 한국 건축에서는 고주(高柱)라고 한다. 건물 지붕의 보[梁架]는 기둥을 세워 지탱하는데, 가장 바깥쪽 1층의 처마 밑에 세우는 기둥을 첨주(檐柱)라고 하며, 첨주보다 안쪽에 세우는 기둥을 금주라고 한다. 대부분 바깥 회랑이 있는 건축물에 이용된다.

부계(副階) : 『영조법식(營造法式)』에서 유래된 중국 건축 용어로, 건물의 주체(主體) 건물 이외에 별도로 한 바퀴 회랑을 두르는 제작법을 가리킨다.

도앙식(跳昻式) 화공(華拱) : 도앙식이란, 경사면의 위쪽이 곡선을 이룬 하앙식(下昻式)을 말하며, 화공이란, 건물의 정면(正面)과 직각을 이루는 공(拱)을 가리킨다.

단공계심조(單拱計心造) : 두공은 일반적으로 노두(櫨斗-주두) 위에서 가로 방향의 공(拱-첨차)과 화공(華拱-살미)이 서로 교차한다. 하나의 조(造)는 1층 내지 2층으로 된 가로 방향의 공(拱)을 갖고 있는데, 이를 계심조라 하며, 단지 1층으로 된 가로 방향의 공을 단공(單拱)이라 하고, 2층으로 된 가로 방향의 공을 중공(重拱)이라 한다.

투심조(偸心造) : 출목[抄]은 있으나 출목과 직각으로 교차되는 첨차가 없는 것, 즉 출목에서 좌우로 전개되지 않는 형식을 말한다.

사두(耍頭) : 맨 위층의 공(拱) 혹은 앙(昻)의 위에, 공(拱)과 서로 교차하게 하여 밖으로 메뚜기의 대가리 모양으로 뻗쳐 나오게 한 것.

체상명조(砌上明造) : 건물 내에 평기(平棊)를 사용하지 않고, 들보나 보의 두공 구조가 전부 드러나 보이도록 하는 것을 말한다. 즉 천장을 설치하지 않아 지붕 구조가 다 노출되는 것이다.

차수(叉手) : 종보에서 종도리를 받치는 人자형 부재로, 한국 건축에서의 '솟을합장'과 같다.

탁각(托脚) : 보 위에서 상부 도리를 받치는 경사진 부재를 가리킨다.

성모소상(聖母塑像)
宋
채소(彩塑)
태원시(太原市) 진사(晉祠)

시녀군상(侍女群像)
宋
채소(彩塑)
높이 165cm
태원시 진사

심조(單拱計心造)이다. 안쪽은 쌍초(雙抄-두 개의 출목)가 네 개의 서까래를 받치는 것으로 바꾸었으며, 투심조(偸心造)이다. 위 첨주 머리의 포작은 6포작에 두 개의 화공[抄]과 한 개의 하앙(下昂)으로 만들었으며, 사두(耍頭)도 앙형(昂形)으로 만들었고, 안쪽은 화공이 사면으로 돌출되게 하였다. 상하 처마와 각 칸[間]과 보칸[補間]과 두공(斗拱)은 모두 한 덩어리이다. 지붕 가구[屋架]는 체상명조(砌上明造)이며, 차수(叉手) 및 탁각(托脚)을 사용하였다. 처마 및 정척(正脊-중심 용마루)은 모두 곡선을 나타낸다. 비량이란 성모전의 앞에 있는 방형 연못 위의 십자형 교량을 가리킨다. 건축할 때 물 속에 먼저 돌기둥을 세우고, 기둥 위에 두공(斗拱)·양목(梁木)을 설치한 뒤, 그 위를 다시 벽돌로 덮은 것이다. 두공·석주(石柱)와 복분연판석(覆盆蓮瓣石-동이를 엎어놓은 형상에 연꽃을 새긴 돌) 주춧돌의 형상과 구조는 송대 기풍의 특징을 드러내주고 있는데, 또한 보기 드문 예이다.

시녀(侍女)
宋
채소(彩塑)
태원시 진사

시녀
宋
채소
태원시 진사

중국 건축의 주요 지붕 형태들
① 경산정(硬山頂) ② 헐산정(歇山頂-9
척 : 팔작지붕) ③ 중첨무전정(重檐廡殿
頂-2층 우진각지붕) ④ 원찬첨정(圓攢尖
頂) ⑤ 단파정(單坡頂) ⑥ 현산정(懸山
頂 : 맞배지붕) ⑦ 무전정(廡殿頂-5척 :
우진각지붕) ⑧ 권붕정(卷棚頂) ⑨ 사각
찬첨정(四角攢尖頂) ⑩ 녹정(盝頂)

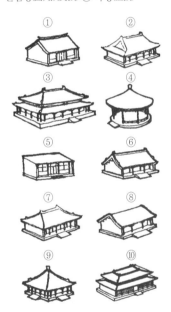

성모전 내부의 배치는 궁정 내부의 모습에 따라 설계한 것으로, 송대 궁정 생활의 묘사라 할 수 있으며, 45존의 소상들이 있는데, 그 가운데 송나라의 소조가 43존이다. 주상(主像)인 성모상은 대전(大殿) 정중앙의 신감(神龕) 안에 두었으며, 33존의 궁녀상들이 양 옆에 시립(侍立)해 있다. 조각가는 시녀 군상을 처리할 때, 비교적 자유롭게 예술적 창조력을 발휘하여 현실 속 부녀자의 용모와 자태의 아름다움을 종합하여 구현하였다. 동시에 대담하고 선명하게 인물의 서로 다른 나이와 경력 및 내면적 움직임을 표현하여 예술적 감동을 증대시켰다. 작자는 군상 사이의 상호 관계에 대한 안배 및 복식의 꾸밈과 색채의 변화에 매우 큰 관심을 기울였는데, 이것은 인물의 형태와 복식이 중복되는 것을 피하게 했을 뿐만 아니라, 복식을 치장할 때 다양한 변화를 통하여 짙은 생활의 숨결을 충분히 드러나게 했다. 시녀들의 직책과 나이의 구별 및 동작과 표정의 상호 관계를 통하여 군상의 잘 조화된 전체적 분위기를 만들어낸 것이다. 성모전의 시녀 군상은 송대의 조각가가 종교의 우상(偶像)을 빌려 현실 인물의 뛰어난 조상을 표현함으로써, 송대 소조 풍격이 섬세하고 화려한 방향으로 나아가는 과도기의 모습을 담아 낸 것이며, 또한 당시 조형 예술이 세속화와 현실화로 나아갔다는 예증이기도 하다.

계현(薊縣) 독락사(獨樂寺)의 건축과 이소(泥塑) 관음(觀音)

독락사는 계현의 현성(縣城) 안에 있으며, 당나라 때 처음 지어졌고, 이후 요나라 통화(統和) 2년(984년)에 중건되었는데, 현존하는 건축물 가운데 산문(山門)과 관음각(觀音閣)은 요대에 건립된 원래의 건물이다. 산문은 정면이 세 칸이며 측면은 두 칸으로, 네 개의 서까래와 단첨사아정(單檐四阿頂)의 형식을 취하였다. 돌로 쌓은 기단 위

사아정(四阿頂) : 무전정(廡殿頂)이라고도 하며, 중국 전통 지붕 가운데 등급이 가장 높아, 황궁의 주전(主殿) 등 중요한 건축물은 중첨무전정(重檐廡殿頂-2층 우진각지붕)을 채용하였다.(앞쪽 그림 참조)
중국 건축의 지붕 등급은 다음과 같다.
제1위 : 중첨무전정(重檐廡殿頂). 중요한 불전(佛殿)·황궁(皇宮)의 주전(主殿)에 적용하며, 존귀함을 상징한다.
제2위 : 중첨헐산정(重檐歇山頂). 흔히 궁전(宮殿)·원림(園林)·단묘(壇廟) 건축에서 볼 수 있다.
제3위 : 단첨무전정(單檐廡殿頂). 중요한 건축에 적용된다.
제4위 : 단첨헐산정(單檐歇山頂). 중요한 건축에 적용된다.
제5위 : 현산정(懸山頂). 민간 주택·신주(神櫥)·신고(神庫)에 적용한다.
제6위 : 경산정(硬山頂). 민간 주택.
제7위 : 권붕정(卷棚頂). 민간 건축.
무등급 : 찬첨정(攢尖頂). 정대(亭臺)와 누각(樓閣).

분심조(分心槽) : 원래의 명칭은 분심두저조(分心斗底槽)이며, 『영조법식(營造法式)』에 나오는 중국 고대 건축 용어로, 문(門)의 건축에서 일렬의 중주(中柱)를 이용하여 평면을 등분(等分)하는 건축법이다. 송대(宋代) 전각(殿閣) 내부의 네 가지 공간 구획 방식의 하나이다. 일렬의 중주 및 기둥 위의 두공으로 전각을 앞뒤로 서로 같게 두 개의 공간으로 나누는 것이다. 일반적으로 전각의 문을 처리하는 데 사용했다.

양가(梁架) : 중국 전통의 목조 건축에 사용되는 일종의 골조를 가리킨다. 일반적으로 기둥 사이의 상부에 들보와 짧은 기둥을 이용하여 겹쳐 쌓아 조립하며, 지붕의 도리를 떠받치는 데 이용한다.

에 세웠으며, 평면에 중주(中柱) 일렬이 있는데, 이는 송나라『영조법식』가운데 '분심조(分心槽)' 양식이다. 기둥머리의 포작은 비교적 오래된 5포작(鋪作)에, 2출목의 투심조[雙抄偸心造]로 되어 있으며, 안쪽에는 화공(華拱)이 4면에 돌출되어 있고, 난액(闌額)·양가(梁架)의 부분적인 제작법도 모두 비교적 오래된 방식이다. 출첨(出檐-건물의 몸체 밖으로 튀어나온 처마)이 깊고 크며, 두공이 웅장하면서도 기단이 비교적 낮기 때문에, 장엄하면서도 안정된 느낌을 준다. 산문의 뒷면에 빛이 들어오는 명칸[明間]을 설치하여, 주전(主殿)인 관음각의 전모를 볼 수 있게 하였는데, 이러한 공간 관계의 처리는 독특한 설계 감각이라고 할 수 있다. 산문의 북쪽에 위치한 관음각은 정면이 다섯 칸이다. 외관은 2층으로 되어 있고, 중간에 암층(暗層)이 있으며, 지붕은 구척전(九脊殿-헐산정, 즉 팔작지붕) 양식으로 되어 있다. 평면 위에

당심칸[當心間-건물 정면의 가운뎃칸]을 없애고 중주(中柱)를 붙여, 6변형(六邊形)의 정구(井口-테두리)를 만들어서, 높이가 16m에 이르는 요나라의 거대한 소조인 11면관음을 수용할 수 있게 하였다. 기둥은 단지 끝 부분에 권쇄(卷殺-57쪽 참조)가 있으며, 또한 측각(側脚-안쏠림)을 가하였다. 상·하층 기둥의 연결은 차주조(叉柱造)를 이용하였다. 상층과 협층(夾層-가운뎃층)의 첨주(檐柱)가 아래층의 첨주에 비해 안쪽으로 기둥 직경의 절반 정도만큼 좁혀져 있기 때문에, 외관상으로 일종의 안정감을 형성하고 있다. 아래층의 두공 위와 평좌(平坐)의 바닥판[樓板] 아래에 위치한 협층은 다시 기둥 사이에 사탱(斜撐)을 설치하여 전체 구조의 강도를 더욱 강화하였다. 전각의 아래 처마는 4단으로 된 화공(華拱)을 사용하여 도출해 냈고, 위 처마는 쌍초쌍하앙(雙抄雙下昻)을 사용하였는데, 이것은 지붕 내부의 공간과 지붕 가구[屋架]의 부재 사용을 절약하게 해줄 뿐만 아니라, 하앙(下昻)의 후미가 옥가의 아래를 눌러주어 바깥 처마의 두공과 지붕 프레임[構架]의 일체감을 강화시켰다. 아래쪽으로 늘어뜨린 쌍앙(雙昻)은 조형상으로 외관의 힘차고 중후한 모습을 유도해 내는데, 이는 고대 건축의 구조와 기능이 통일된 좋은 예이다.

거대한 이소(泥塑) 관음상은 절 안의 중심 건축인 관음각 안에 서 있는데, 이 조상의 머리 위에는 탑(塔) 모양으로 된 열 개의 작은 관음상들이 모여 있기 때문에 11면관음이라고도 한다. 조상은 높고 크며, 몸체가 앞쪽으로 약간 기울어져 있어, 바닥에서 고개를 쳐들고 보아야만 단지 관음의 머리 부분을 어렴풋이 볼 수가 있어, 일종의 신비하면서도 높이를 예측할 수 없는 느낌을 주기 때문에, 현존하는 요나라의 조소들 가운데에서 매우 뛰어난 작품이다.

차주조(叉柱造) : 삽주조(揷柱造)라고도 하며, 누각식 건축에서, 상층 첨주(檐柱)의 기둥 밑부분에 '十'자 혹은 '一'자로 홈을 파, 하층 평좌(平坐)의 두공 중심에 끼워 넣으며, 기둥의 밑부분은 두공의 맨 아래층인 노두(櫨斗)의 두면(斗面) 위에 위치하게 하는 것을 말한다. 이러한 방식의 구조는 상·하층 간의 연계를 증대시켜주며, 전체 부자재의 안정성을 증가시켜준다.

사탱(斜撐) : 위층과 아래층의 기둥 사이에 하중과 횡력(橫力)을 보강하기 위해 비스듬히 세운 부재를 가리킨다.

대동(大同) 하화엄사(下華嚴寺)와 선화사(善化寺)의 건축과 소상(塑像)

　대동 하화엄사와 선화사의 건축 및 그 조소는 평면·구조·조형의 측면에서 각기 특징을 갖추고 있어, 요·금 시기의 건축·조소의 변천을 연구하는 데 중요한 실제 사례들이다.

　하화엄사의 중심 건축인 박가교장전(薄伽敎藏殿)은 요대 중희(重熙) 7년(1038년)에 건립되었는데, 정면이 5칸이고 측면이 4칸이며, 5포작

부처와 보살 군상

遼

산서(山西) 대동(大同)의 하화엄사(下華嚴寺)

두팔조정(斗八藻井) : 사각형의 네 모서리를 잘라내어 팔각형으로 만든 아치형 천장을 가리킨다. 말각조정(抹角藻井)이라고도 하며, 우리나라에서는 귀접이천장이라고 한다.

금상두저조(金廂斗底槽) : 단조(單槽)·쌍조(雙槽)·분심두저조(分心斗底槽)와 함께 『영조법식(營造法式)』에 열거되어 있는 네 종류의 공간 구획 방법의 하나이다. 그 특징은 전각의 몸체 내에 일렬로 두른 기둥들과 두공을 두어, 전각 내부의 공간을 '回'자형으로 내부와 외부로 구분한다. 내·외 기둥의 높이는 서로 같지만, 기둥의 직경은 약간 차이가 있다. 조(槽)는 원래 테두리가 두툼한 방형(方形) 용기(容器)를 가리킨다.

명복(明栿)·초복(草栿) : 서로 상대되는 개념이다. 지붕의 상부 가구(架構) 중에서 노출되는 보를 명복이라 하고, 천장보다 위에 있어서 보이지 않는 보를 초복이라 한다. 따라서 초복은 장식이나 가공을 하지 않는 것이 일반적이다. 송나라 때는 명복을 초승달 모양의 월량식(月梁式)으로 제작하여 미감을 증가시켰다.

(鋪作)에 2출목[雙抄]의 단층 팔작지붕[歇山頂] 구조로 된 건축이다. 전각 안의 평기(平棊)와 두팔조정(斗八藻井)은 요나라 때의 유물로, 네 벽에 2층 누각식[重樓式]으로 되어 있는 벽장(壁藏)은 요대(遼代)의 보기 드문 소목(小木) 작품의 걸작이다. 그리고 대전(大殿)의 주망(柱網) 평면은 '금상두저조(金廂斗底槽)' 형식과 유사하고, 그 위에는 명복(明栿)과 초복(草栿)의 두 세트로 된 지붕 가구[屋架]를 사용하였다. 이것은 오대산(五臺山) 불광사(佛光寺)의 대전과 일치하고 있어, 요대의 건축이

협시
遼
산서 대동의 하화엄사

삼세불(三世佛) : 과거불인 연등불(燃燈佛), 현재불인 석가모니불, 미래불인 미륵불(彌勒佛)을 가리킨다.

당대의 전통을 계승했음을 보여준다. 대전의 凹자형 불단(佛壇) 위에는 요대의 채색 소조[彩塑] 31존이 차례로 늘어서 있는데, 세 구역으로 나뉘어져 있다. 중앙에 삼세불(三世佛)을 설치하였고, 양측에서는 제자(弟子)·보살·공양동자(供養童子)·호법천왕(護法天王)이 협시(脇侍)하고 있는데, 앉거나 서 있는 그 소상들의 표정들이 모두 드러나고 있어, 요대의 조소 가운데 걸작이다. 그 가운데는 보살의 형상이 가장 사람들의 주목을 끄는데, 표정과 자세가 비슷한 것이 없고, 콧대가 높이 솟아 있으며, 입술이 두터우며, 당대의 고운 자태를 벗어버리고 다분히 단정하면서도 장중한 모습이다. 치아를 드러낸 채 합장을 하고 있는 한 보살은 여러 군상 가운데 가장 돋보이는 걸작인데, 조상의 중심이 오른발에 있고, 상반신은 약간 알몸을 드러내고 있으며, 몸체를 가볍게 비틀고 있다. 또 머리는 약간 비스듬하고, 두 손은 합장한 채, 두 눈은 살짝 감고 있으며, 얼굴은 준수하면서도 날카롭고, 표정은 우아하며, 치아를 살짝 드러낸 채 웃음을 머금고 있어, 마치 얌전하게 주시하며 뭔가를 말하려고 하는 한 소녀 같다. 상을 빚은 기법을 보면, 여러 조상들의 형체가 간결하면서 새김이 섬세하며, 각종 질감의 묘사를 강조하였는데, 살결의 매끄러움·머리결의 경쾌함과 부드러움·진주나 보석류 장신구들의 정교함·의복의 부드럽고 질김 같은 것들을 모두 실물처럼 생생하게 표현하여, 번잡하게 새기거나 파낸 느낌이 들지 않는다. 동시에 조상의 등 부위에 대한 묘사를 강화하여, 매우 정교하게 사실적으로 표현하는 솜씨를 보여주고 있다.

선화사는 대동시 남문(南門) 어귀에 있는데, 그 가운데 대웅보전(大雄寶殿)이 요나라 때 지어진 것이고, 산문·삼성전(三聖殿)·보현각(普賢閣)은 금나라 때 중건되었다. 이 절의 평면 축선은 남북을 향하고 있으며, 남쪽에서부터 북쪽으로 가면서 차례로 산문·삼성전 및

대웅보전이 배치되어 있다. 대웅보전은 정면이 7칸이고, 측면이 5칸으로, 단층의 사아정(四阿頂-우진각지붕) 형식이며, 앞쪽에 벽돌로 쌓아 만든 월대(月臺)가 있다. 평면은 감주(減柱)를 사용하였고, 첨주(檐柱)는 승기(刋起-귀솟음)가 매우 높아 송나라의 『영조법식』에서 규정한 것의 두 배나 되며, 지붕이 높고 크기 때문에 외관이 웅장하면서 높고 크게 느껴진다. 첨주의 사이는 정면의 당심칸[當心間]과 두 개의 초칸[梢間]에 문과 창을 낸 것을 제외하고는 모두 두터운 담으로 둘렀

월대(月臺) : 궁궐의 정전(正殿)이나 큰 누각 등의 앞부분에 있는 널찍한 섬돌이나 대(臺).

감주(減柱) : 고대 건축의 주망(柱網) 평면에서 부분적으로 고주(高柱-金柱, 즉 기둥)를 없애고 건축하는 것을 가리킨다. 11세기 이후에 출현했으며, 요(遼)·금(金)대에 묘당(廟堂)이나 불당 건축에 이 방법을 사용하여, 실내 공간이 넓고 시원스러워 보이게 할 수 있었으나, 명대 이후에는 점차 사용이 줄어든다.

요첨(腰檐) : 탑과 누각의 평좌(平坐) 아래에 있는 처마.

다. 두공(斗拱)은 모두 5포작으로 만들었는데, 전각 안의 두공은 여덟 종류가 있으며, 구조가 복잡하다. 천장 부분은 두팔조정(斗八藻井)과 평기(平棊-56쪽 참조)를 사용했으며, 일부분은 체상명조(砌上明造-98쪽 참조)로 만들었다. 보현전은 대웅보전의 남면 서쪽에 있으며, 금나라 정원(貞元) 2년(1154년)에 중수하였다. 평면은 방형을 이루고 있고, 외관은 2층으로 되어 있는데, 요첨(腰檐)의 평좌(平座)로 구분되어 있으며, 지붕은 단층의 팔작지붕[九脊殿] 형식이다. 전각은 벽돌로 쌓은 평대(平臺) 위에 세웠는데, 평면상에는 내주(內柱-실내의 기둥)가 없으며, 아래층의 동쪽 당심칸에 문을 설치한 것을 제외하고, 그 나머지는 모두 벽돌 담장으로 둘렀다. 두공은 모두 5포작을 사용하였다. 삼성전은 산문과 대전 사이에 위치하는데, 금나라 천회(天會) 6년(1128년)에 지었으며, 정면은 5칸이고 측면은 4칸으로, 단층 사아정(四阿頂

－우진각지붕) 형식이다. 앞쪽에는 벽돌로 쌓아 만든 월대가 있다. 전
각의 평면에는 감주(減柱)가 매우 많다. 앞뒤 처마의 당심칸에 문을
달고, 앞 처마의 차칸[次間]에 창을 냈으며, 그 나머지는 벽돌로 담장
을 쌓았다. 중앙의 세 칸은 뒤쪽 처마의 안쪽 기둥이 있는 곳에 병풍
장(屏風墙)을 쌓았으며, 담장 앞에는 불단(佛壇)을 설치하였다. 두공
은 6포작을 사용하였다. 첨주(檐柱)의 승기(升起)는 『영조법식』의 규
정보다 높다. 양가(梁架)는 전부 체상명조(98쪽 참조)이며, 차수(叉手-
솟을 합장)를 쓰고 탁각(托脚)은 사용하지 않았다.

　　이 절의 대웅보전 안에 있는 불단 위의 오방불(五方佛) 및 2제자 2
보살 입상은 요대의 유물이며, 양측의 24제천(諸天) 소상(塑像)은 금
대에 조성된 것이다. 예술적인 측면에서는 금대의 소상들이 가장 돋

(왼쪽) 지국천왕상(持國天王像)
산서 대동의 선화사

(오른쪽) 수천(水天)·밀적금강(密迹金剛)
산서 대동의 선화사

오방불(五方佛) : 불교의 밀종(密宗)에
서 섬기는 주요 부처들을 가리키며,
오지불(五智佛)·오지여래(五智如來)라
고도 한다. 한가운데 있는 것이 법신
불(法身佛)인 비로자나불[毘盧遮那佛]
이며, 그 밑에 남방환희세계보상불(南
方歡喜世界寶相佛)·동방향적세계아벌
불(東方香積世界阿閦佛)·서방극락세계
아미타불(西方極樂世界阿彌陀佛)·북방
연화세계미묘성불(北方蓮花世界微妙聲
佛)이며, 이들 다섯 존의 부처들은 각
각 중앙·동·서·남·북쪽을 대표한다.

보이는데, 이들 제천상들은 머리에 보관을 쓰고 있고, 고귀하고 화려하며 온화한 용모에, 얼굴형은 길고 둥글며, 풍만하고 장중한 모습을 하고 있다. 또 모두 넉넉하고 큰 상의와 치마를 입고 있고, 두 손은 가슴 앞에서 합장하고 있는데, 외양과 정신을 모두 겸비하고 있어 매우 뛰어난 소조 솜씨를 보여주고 있다. 일궁천자상(日宮天子像)은 또한 보광천자(寶光天子)·보의천자(寶意天子)라고도 하는데, 관음보살의 화신으로 태양 속에 거주하기 때문에 이러한 이름을 얻었다. 소상은 머리에 화관을 쓰고 있고, 하나의 몸에 여섯 개의 팔을 갖고 있는데, 아래쪽 팔은 두 팔을 배 앞에서 합장하고 있고, 나머지 각 팔들은 법기(法器)를 들거나 법인(法印)을 매고 있다. 목에는 영락(瓔珞)을 걸치고 있고, 아래는 긴 치마를 입고 있는데, 옷 주름이 팽팽하면서도 유려하다. 보살의 눈과 눈썹은 맑고 수려하며, 두 눈을 살짝 감은 채 명상에 잠긴 모습인데, 작품의 표정과 태도에서 장인의 마음이 묻어난다. 귀자모상(鬼子母像)은 발계(髮髻-여자의 딴 머리)를 높이 묶어 천녀(天女)의 모습을 하고 있는데, 얼굴은 방원(方圓)형이며, 두 뺨이 풍만하고, 긴 눈썹의 굽은 모습이 초승달 같으며, 두 눈은 앞쪽을 똑바로 바라보고 있고, 곧은 코와 작은 입에 넓은 상의와 큰 치마를 입고 있다. 영락은 교차하여 걸치고 있고, 옷 주름은 유려하고 자연스러워 질감이 풍부하게 느껴진다. 몸체는 늘씬하고 길며, 두 손은 가슴 앞에서 포개어 쥐고 있는데, 형상에서는 모성의 자상함과 화기애애함이 잘 드러나고 있다.

법인(法印) : 불교 용어로, 불교도가 불법(佛法)의 진위를 감별하는 표준으로 이용하는 도장.

녹직(角直)의 보성사(保聖寺)·자금암(紫金庵)·영암사(靈巖寺) 등지의 나한 소상

중국 고대 불교 조상들 가운데 나한상(羅漢像)은 당대 말기의 오대와 북송으로부터 비롯되어 점차 흥성하기 시작했는데, 그것은 불상이 인간화되고 불교와 불교 조상이 세속화한 형식의 일종이다.

강소(江蘇) 오현(吳縣)의 녹직진(甪直鎭)에 있는 보성사의 나한은 원래 나한산(羅漢山)에 있던 소상으로, 북송 대중상부(大中祥符) 6년(1013년) 이전에 제작된 것인데, 현존하는 나한상 및 배치되어 있는 영벽(影壁)은 비록 이미 후대에 여러 차례 보수를 거쳤고, 또한 송대의 원

나한상(羅漢像)
높이 140cm
강소 소주(蘇州)의 보성사(保聖寺)

래 모습은 아니지만, 여전히 원작(原作)의 대략적인 모습을 살펴볼 수 있다. 조각가는 나한을 천변만화하는 산의 바위·흐르는 샘·수목으로 조성된 배경 속에 두었는데, 민족적 특색이 넘치는 표현 기법이다. 이와 동시에 이러한 형식이 주제의 내용과 잘 조화되도록 하여, 나한이 선(禪)을 익혀 도를 깨우치고, 또 시끄러운 속세에서 멀리 벗어난 하나의 이상 세계에 적합하도록 만들어 냈다. 나한 형상의 모든 표정과 자태는 충만하며, 의복을 장식한 선은 빈틈없이 치밀하면서도 장식적인 수법을 운용하여 호선(弧線)의 원만하고 유창한 맛을 표현해 냈다. 그 가운데 달마(達摩)의 소조가 가장 대표적인데, 조각가는 사실(寫實)의 기교를 빌려, 눈을 감은 채 가부좌하고 있는 한 인도 승려의 생생한 모습을 표현해 냈으며, 참선의 삼매경에 빠진 정신 상태의 깊이 있는 묘사에 중점을 두었다.

나한 군상(群像)
높이 152cm
산동(山東) 장청현(長淸縣)의 영암사(靈巖寺)

자금암(紫金庵)은 소주(蘇州)의 태호(太湖) 기슭의 동정동산(洞庭東山)에 있는데, 전각 안의 16나한은 남송의 민간 조각가인 뇌조(雷潮)의 작품이라고 전해진다. 이들 나한 소상(塑像)은 앞 시대의 나한도와 나한 소상의 발전을 계승하였으면서 독창성도 발휘하고 있는데, 풍부한 상상력을 통해 나이·성격·경력이 다른 불제자들이 불법에 귀의하고 수련하며 전도하는 상황을 표현하였다. 또 현실 생활 속의 희로애락을 빚어 낸 형상 속에 녹아들게 하여 군상들이 더욱 풍부한 인간미를 갖게 하였다. 나한의 조형은 비례가 잘 맞고, 얼굴 표정은 섬세하고 매우 치밀하게 처리하여, 졸거나 생각에 빠져 있는 모습, 혹은 떠들며 웃는 모습 등 상이하면서도 생동하는 자태가 잘 구별되어 드러나 있다. 소상의 장식도 매우 정교하며, 나한 전체를 한족 차림[漢裝]으로 채색했

허일서(虛日鼠)
宋
높이 70cm
산서(山西) 진성(晉城)의 옥황묘(玉皇廟)

허일서(虛日鼠) : 28성수(星宿) 중 북방의 제4수(宿)이다. 대길(大吉)을 상징한다.

천수천안관음(千手千眼觀音)
숭선사(崇善寺)

천수천안관음공상(千手千眼觀音供像)
숭선사 대비전(大悲殿)

는데, 옷 주름은 유창하고 자연스러우면서도 층차가 분명하고, 색채가 선명하며 강렬하다. 특히 질감의 묘사가 정교하고 아름다워, 거의 실물과 혼동될 정도의 경지에 이르렀으며, 매우 높은 예술적 기교를 보여주고 있다.

산동(山東)의 장청(長淸)에 있는 영암사(靈巖寺) 천불전(千佛殿)의 나한 소상은 원래 32구로, 대략 치평(治平) 3년(1066년)에 조성되었으며, 명대에 보충하여 40구에 이르게 되었는데, 29존의 나한과 11존의 고승 나한들을 포함하고 있다. 모두 앉은 자세를 취하고 있고, 진짜 사람보다 약간 큰데, 예술적인 측면에서 볼 때 대형의 소조를 세부의 묘사와 결합시켜 비교적 높은 예술 수준을 구현해 내고 있다. 예컨대 나한의 가사는, 빚어 만들 때는 단지 대체적인 기복(起伏)만을 만들었지만, 분선(粉線)·채회(彩繪) 및 색묵(色墨)으로 묘사하는 방법을 통해 세부를 보충했는데, 의복과 장신구 외에, 손·발·얼굴과 피부의 노출된 부분들도 또한 유지(油脂)나 단청(蛋淸-계란이나 오리알의 흰자위)으로 윤이 나게 장식하여, 유연하고 광택이 나는 피부 질감을 갖도록 함으로써, 진짜와 같은 생생한 효과에 도달하였다. 소상의 제작에서, 장청 영암사의 나한 군상도 매우 사실적인 표현을 추구하여, 인물의 형체·비례·용모 및 의복 장식의 표현은 정확하고 섬세하며 아름다워, 송대 소조의 높은 사실(寫實) 수준을 표현해 냈다. 동시에 빚어 만든 사람은 똑같은 것이 하나도 없는 다양한 얼굴 모습·체태(體態)·자세와 성격의 묘사를 통해, 각각의 소상(塑像)들을 개성화되고 생활화된 처리 기법으로 빚어 만들었다.

암산사(巖山寺) 및 그 벽화

암산사는 산서 번치현(繁峙縣)에서 동쪽으로 85리 떨어진 천연산(天延山) 북쪽 기슭에 있는데, 금대(金代) 정륭(正隆) 3년(1158년)에 창건되었으며, 처음에는 영암사(靈巖寺)라고 불리다가 청대에 지금의 이름으로 고쳐 부르기 시작했다. 현존하는 건축은 남쪽 전각인 문수전(文殊殿)이 금나라 때 지어진 것을 제외하면, 나머지 건축물들은 모두 청대에 중건되었다. 절 안의 문수전은 북쪽을 향해 있으며, 정면은 5칸[間]이고 측면은 6연(椽)이며, 사방의 벽에는 불전(佛傳)·귀자모경변(鬼子母經變) 등 매우 풍부한 내용의 금대 벽화들이 보존되어 있는데, 높이는 3m에 달하고, 구도가 정교하며, 금대 회화의 대표작이다. 서쪽 벽에는 석가모니의 일생에 대한 불전(佛傳) 고사를 그렸는데, 보존 상태가 매우 좋다. 그 내용은 불교의 교의를 선양하는 것이지만, 작자는 온갖 고사를 청록산수의 계화(界畫) 속에 안배하여 많은 현실 사회의 장면들을 전개했다. 예컨대 불전 속에 그려진 궁정의 성궐(城闕)은 금나라 중경(中京)의 형제(形制)에 따라 그렸으며, 궁녀들이 그 사이를 다니고 있고, 백관이 참배하는 등 당시의 궁정 생활을 재현하고 있다. 시정(市井)의 묘사는 도시의 세속 생활을 참조하여 시가(市街) 건축 형제의 다양한 표현에 주의를 기울였을 뿐만 아니라, 또 각계각층 인물들의 상이한 의관(衣冠)을 표현하는 것도 중시하였다. 특히 세부의 표현이 매우 뛰어난데, 예컨대 물가에 지은 술집의 문앞에 높이 세운 주기(酒旗)·가게 안에 가득한 손님들·시장

연(椽) : 『영조법식(營造法式)』에서는 보의 길이를 서까래[椽]의 숫자로 표기하는데, 그 서까래를 의미한다.

계화(界畫) : 중국 전통의 화법으로, 자[尺]를 사용하여 반듯하며 섬세하고 입체적인 느낌을 갖도록 그리는 방식이다. 주로 건물이나 교량 등을 그리는 데 사용되었다.

거리에 운집한 노점상 등은 금대에 번영했던 경제 생활과 화가의 현실 생활에 대한 오랜 관찰 및 친밀한 느낌을 생동감 있게 반영해내고 있다. 동쪽 벽의 정중앙에는 석가상을 그렸고, 남북 양측에는 본생고사(本生故事)를 그렸는데, 비록 똑같이 종교 설교로 충만해 있지만, 인간과 신이 섞여 있어 세속의 광경들을 곳곳에서 볼 수 있다. 그림 속의 여자 신선은 자태가 아름답고, 계화로 그린 누각의 정교하고 섬세함은 서쪽 벽보다 뛰어난데, 그 속에서 산과 물이 서로 어우러지고, 연기와 구름이 에워싸고 있으며, 금가루를 발라 칠하는 장식을 채택하여 더욱 화려함을 드러내고 있다. 북쪽 벽에는 5백 명의 상인들이 보물을 찾아 바다로 나갔다가 바람에 휩쓸려 나찰국(羅刹國)에 가게 된 고사를 그렸는데, 등장 인물이 많고, 구성이 엄격하고 치밀하며, 풍채가 심상치 않다. 주의할 만한 가치가 있는 것은 서쪽 벽의 위쪽에 남아 있는, 다음과 같은 화공의 제기(題記)이다. "大定七年□□二十八日了靈巖院普□畫匠王逵年陸拾捌[대정(大定) 7년(1167년) □□ 28일 영암원(靈巖院) 普□ 화장(畫匠) 왕규년(王逵年) 육십팔(陸拾捌)]." 이 밖에 이 절의 비석에 새겨진 내용에 근거하면, 또한 "함께 그렸던 화가 왕도(工道)[同畫人王道]"도 있는데, 이것은 연구자를 위하여 명확한 작자와 절대적인 창작 연대를 제공해주었다.

영락궁(永樂宮)의 건축과 벽화

영락궁은 원대의 전진교(全眞敎)가 송대의 여동빈(呂洞賓)이 머물렀던 옛터에 세운 도교의 궁관(宮觀)으로, 원나라 중통(中統) 3년(1262년)에 건립되었는데, 원래는 산서(山西) 영제현(永濟縣) 영락진(永樂鎭)에 있었고 규모가 매우 컸으나, 현재는 황하의 댐 공사 때문에 예성(芮城)으로 옮겼으며, 중앙 부분의 주요 건축들만이 남아 있다. 전체 건

전진교(全眞敎) : 금나라 초기에 왕중양(王重陽)이 산동(山東)의 영해[寧海-오늘날의 산동현 모평(牟平)]에서 스스로 자신의 거처를 전진당(全眞堂)이라고 써 붙이고 창립했다. 도교(道敎)의 일파이며, 입도(入道)한 모든 사람들을 전진도사(全眞道士)라고 불렀기 때문에 붙여진 이름이다. 또한 중국 도교 문화와 중국 전통 무술에 상당한 영향을 미쳤다.

여동빈(呂洞賓) : 저명한 도교의 선인(仙人)으로, 팔선(八仙)의 한 명이며, 전진파(全眞派)에서 받드는 북송의 다섯 조사[北五祖-즉 왕현보(王玄甫)·종리권(鍾離權)·여동빈·유해섬(劉海蟾)·왕중양]의 한 명이다. 종리권과 함께 내단파(內丹派)를 대표하는 인물이다.

영락궁(永樂宮) 삼청전(三淸殿)의 동벽(東壁) 벽화

元

축은 세로로 중축선을 따라 산문·용호전(龍虎殿)·삼청전(三淸殿)·순
양전(純陽殿)·중양전(重陽殿)과 구조전(丘祖殿) 순으로 배열하였는데,
주전인 삼청전의 규모가 가장 크고, 원락(院落−뜰)의 공간도 넓고 탁
트여 있다. 여기에서부터 뒤로 갈수록 건축의 규모와 원락이 점차 축

(왼쪽) 영락궁 삼청전 신감(神龕) 선면장
(扇面墻) 서쪽 벽화의 옥녀(玉女)

(오른쪽) 영락궁 삼청전 신감 선명장 서
쪽 벽화의 현원십자(玄元十子)

영락궁 삼청전 동쪽 벽화의 천정역사(天
丁力士)

(왼쪽) 영락궁 삼청전 서쪽 벽화의 팔괘
신(八卦神)

(오른쪽) 영락궁 삼청전 서쪽 벽화의 뇌
신(雷神)

소되면서 만들어져 있는데, 이것은 완벽하게 보존되어 있는 원대의

건축이다. 삼청전은 정면이 7칸이고 측면이 4칸인 단층의 사아정(四

阿頂-우진각지붕) 형식으로, 평면은 내부 기둥들을 많이 생략하여[減柱], 가운데 3칸의 중주(中柱-平柱)와 뒤쪽의 금주(金柱-高柱)만 남아 있을 뿐이다. 첨주(檐柱)에는 귀솟음[升起]과 안쏠림[側脚]을 가했으며, 처마의 정척(正脊-중심 용마루)은 모두 곡선으로 되어 있다. 전각의 앞에는 이중으로 된 월대(月臺)가 있고, 양 옆은 여전히 기둥처럼 만드는 제작법을 답습했으며, 지붕은 황색과 녹색의 두 가지 색으로 된 유리기와를 사용했는데, 이는 원대의 건축 장식들 가운데 걸작에 속한다. 전각은 정면의 중앙 5칸 및 뒷면의 명칸[明間]을 제외하고, 나머지는 모두 담장으로 막아버렸으며, 하나의 화공(華拱)과 두 개의 하앙(下昂)으로 이루어진[單抄雙下昂] 3출목(出目) 형식의 두공인데, 송대의 건축 구조를 계승하고 있음을

영락궁 삼청전 서벽 벽화의 십태을(十太乙) (일부분)

알 수 있다. 그리고 삼청전의 각 부분들은 비례가 적당하며, 중후하고 안정감이 있어, 송대 건축 풍격의 특징을 간직하고 있다.

영락궁의 각 전각들 내부에는 모두 정교하고 아름다운 원대의 도교 벽화들이 보존되어 있다. 삼청전의 사방 벽에는 '조원도(朝元圖)'가 채색으로 그려져 있는데, 화면은 8존의 주상(主像)들을 중심으로 하여, 사방 주위를 금동옥녀(金童玉女)·천정역사(天丁力士)·선후선백(仙侯仙伯)·제군성수(帝君星宿) 등 신상들 286존이 에워싸고 있다. 화면의 행렬은 3~4층으로 나누어 안배했는데, 여러 천신지기(天神地祇)들은 모두 상서로운 구름이 머리 위를 감싸고 있고, 발로 구름을 밟고 있어, 전체적으로 통일되면서도 변화가 다양한 집단을 형성하고 있다. 화법상으로는 중채구전(重彩勾塡)의 전통 기법을 위주로 하면서, 역분첩금(瀝粉貼金)으로 보충하였다. 선이 굳세고 힘차면서 변화가 풍부하여 당대의 오도자(吳道子) 화파에 뿌리를 두고 있는 관계임

중채구전(重彩勾塡): 윤곽을 구륵하여 그린 다음, 짙은 채색으로 채워 넣는 기법.

역분첩금(瀝粉貼金): 중국 고대 건축에 사용하는 채색 공예의 일종으로, 아교와 토분(土粉)을 혼합하여 고약처럼 만든 뒤, 끝이 뾰족하고 구멍이 나 있는 관에 넣고 짜서 채색 그림이나 도안을 볼록하게 튀어나오도록 그리고, 그 위에 아교를 바른 다음 금박을 입혀, 도안에 입체감을 추구하는 기법.

(위·아래) 순양전(純陽殿)의 〈순양제군선
유현화도(純陽帝君仙遊顯化圖)〉(일부분)

을 반영하고 있다. 제기(題記)에 근거하면, 작자가 민간 화공인 마군
상(馬君祥) 부자와 사제(師弟) 관계이며, 벽화는 태정(泰定) 연간(1325년)
에 완성되었음을 알 수 있다. 순양전의 네 벽 및 선면장(扇面墻-부챗
살처럼 둥근 형태의 벽)에는 〈순양제군선유현화도(純陽帝君仙遊顯化圖)〉
를 채색으로 그려, 여동빈(呂洞賓)의 전설 고사를 묘사하였는데, 여

동빈의 일생을 전체적인 통일감이 매우 강한 52폭으로 구성된 하나의 연환화 형식의 구도 속에 교묘하게 삽입시켰으며, 화면 속의 산수·운무(雲霧)·수석(樹石)·누각들을 이용하여 장면들을 구분하고 있다. 벽화의 내용은 복잡하며, 원대(元代) 사회를 연구할 수 있는 훌륭한 시각 자료이다. 선면장의 뒷면에는 〈한종리도여동빈도(漢鍾離度呂洞賓圖)〉를 그렸는데, 인물의 개성과 심리활동에 대한 묘사가 매우 뛰어나다. 왕중양(王重陽)의 탄생부터 득도에 이르는 고사 전설을 그린 중양전의 벽화는 명나라 초기의 작품이다.

누각식 탑·밀첨탑(密檐塔)·라마탑(喇嘛塔) 및 경당(經幢)

중국 초기의 불탑은 인도 간다라의 영향을 비교적 크게 받았는데, 후대에 발전하여 중국 특유의 건축·회화·조소의 여러 요소들을 한데 모은 종합적인 예술 형식을 갖추었다. 유형상으로는 대체로 누각식 탑·밀첨탑·단층탑·라마탑으로 나눌 수 있다.

목조 구조인 누각식 탑의 축조 전성기는 남·북조부터 당·송·요대에 이르는 시기였으며, 원대 이후에 점차 줄어들었다. 산서 응현(應縣)의 성 안에 위치한 불궁사(佛宮寺) 석가탑은 중국 내에서 찾아보기 드문 목탑으로, 현존하는 세계에서 가장 높은 목조 건축물들 가운데 하나이다. 요나라 청녕(淸寧) 2년(1056년)에 건립되었는데, 탑은 절의 남북 중축선 위에 위치하고 있으며, 앞쪽이 산문이고 뒤쪽이 대전(大殿)으로, '전탑후전(前塔後殿)'의 전통 배치 방식을 취하고 있다. 탑은 방형 및 팔각형으로 된 2층 벽돌 기단 위에 세웠는데, 평면은 팔각형을 이루고 있고, 높이는 9층에 67.31m이다. 1층의 안팎에 두 겹으로 둘러친 기둥들은 모두 두께가 1m에 달하는 흙벽의 안쪽에 쌓았으며, 첨주(檐柱)의 바깥쪽에 회랑을 설치했는데, 이것이 바로 『영부계주잡(副階周匝) : 건축의 주체(탑신이나 혹은 전각의 몸체)의 바깥에서부터 안쪽으로 별도로 한 바퀴 회랑을 두른 것을 가리킨다. 송나라 때 이계(李誡)가 편찬한 『영조법식(營造法式)』에 따르면, 이러한 종류의 건축 구조 형식은 상(商)나라 때의 건축에서 이미 최초로 출현했다고 하며, 통상 비교적 장중하고 성대한 건축에 응용하였다.

조법식』에서 말하는 이른바 '부계주잡(副階周匝)' 양식이다. 그리고 안팎 기둥의 배열은 당대의 '금상두저조(金廂斗底槽-106쪽 참조)' 제작 방법을 답습하고 있다. 각 층들 사이에 위치한 평좌(平座) 암층(暗層-겉에서는 보이지 않는 층)은 구조상 기둥과 들보 사이의 사향(斜向) 지탱력을 증가시켰고, 이에 따라 탑의 내구성을 증대시켰다. 상·하층의 기둥들은 차주조(叉柱造-104쪽 참조)를 사용하였고, 첨주가 밑에서부터 위로 갈수록 안쪽으로 좁아지게 설계함으로써, 외관상 층이 높아질수록 점점 안쪽으로 좁아지는 윤곽을 형성해 내어, 경쾌하면서도 색다른 느낌을 준다. 각 층에는 모두 평좌 및 주랑(走廊)을 설치하였고, 전체 탑에는 모두 60여 종의 두공이 있는데, 이 당시 목조 건축의 중요한 성취를 체현하였다.

이 시기의 전탑(磚塔)들은 비교적 많이 남아 있고 형식도 다양하여, 중국 전탑 축조의 전성기라고 할 수 있는데, 형식상으로는 대체로 누각식(樓閣式)과 밀첨식(密檐式)의 두 종류로 나눌 수 있다.

누각식 전탑으로는 강소 소주(蘇州)의 운암사탑(雲巖寺塔)·보은사탑(報恩寺塔), 절강 항주(杭州)의 육화탑(六和塔), 내몽고의 요경주백탑(遼慶州白塔), 복건 친주(泉州)의 개원사(開元寺) 쌍석탑(雙石塔), 산동 장청(長淸)의 영암사탑(靈巖寺塔), 하북 정현(定縣)의 개원사탑(開元寺塔) 및 하남 개봉의 우국사탑(祐國寺塔) 등을 예로 들 수 있다. 송대에 건립한 소주의 보은사탑과 항주의 육화탑은 탑신을 벽돌로 쌓고 외부를 목조로 둘렀기 때문에, 그 외관은 목조 누각식 탑과 차이가 없다. 그 가운데 보은사탑은 탑의 높이가 9층이고, 평면은 팔각형으로, 오대·송·요·금 시기에 가장 유행했던 형식인데, 벽돌을 쌓아 만든 탑신은 송대의 풍격을 간직하고 있다. 그 하중을 견디는 구조는 '쌍투통(雙套筒)'식의 전통(磚筒) 구조(벽돌로 두 개의 관처럼 쌓은 구조-편집자)로,

개원사(開元寺) 쌍탑(雙塔)
南宋
석조(石造) 구조
복건(福建) 천주(泉州)

당시 건축 수준이 높았음을 반영하고 있다. 탑신의 외벽은 4면에 문을 냈고, 내첨(內檐)의 두공은 5포작에 쌍초[雙抄-두 개의 화공(華拱)]를 냈는데, 아마도 단초(單抄)로써 상앙(上昻)을 받치는 방식은 단지 『영조법식』 속에 있는 상앙에 대한 기록을 입증해주는 것일 뿐 아니라, 또한 현묘관(玄妙觀) 삼청전(三淸殿)과 함께 이러한 종류의 작품은 세상에 거의 없을 것이므로, 대단히 귀중한 유물이라고 할 수 있다.

운암사탑·요경주백탑과 천주 개원사의 쌍탑은 모두 돌과 벽돌을 쌓아 만들었지만, 외관상으로는 목조 누각식 탑을 최대한 모방하였다. 운암사탑은 오대의 오월(吳越) 시기에 건립되었고, 평면은 역시 팔각형이지만, 탑의 본체는 외벽·회랑·탑심벽(塔心壁)·탑심실(塔心室) 등 몇 부분으로 나뉘어져 있으며, 1층에는 부계(副階-회랑)가 주위에 둘러져 있다. 탑의 높이는 7층으로, 대부분 벽돌을 사용했는데, 외첨(外檐) 두공의 개별 부재(部材)는 목재 골조를 사용하여 견고히 하였다. 탑신은 층이 높아질수록 안쪽으로 좁아지며, 탑찰(塔刹)과 벽돌로 만든 평좌(平座)는 지금 남아 있지 않다. 탑심벽(塔心壁)도 또한 팔각형을 이루고 있는데, 중국의 목조를 모방한 누각식 전탑 가운데 쌍층 탑벽 구조의 효시이다. 각 층의 내부 주도(走道-복도)는 이미 벽돌을 사용하여 아치형으로 만들었으며, 탑 안의 방(枋) 위에는 '칠주팔백(七朱八白)'의 방식으로 칠했고, 주도(走道)의 천화(天花-천장 장식)는 마름모의 아자(牙子-가장자리에 붙이는 조각 장식)와 여의두(如意頭)를 사용하였으며, 공벽(拱壁-에워싼 벽)에는 투전문(套錢紋)과 사생화(寫生花)를 그려 넣어 내용이 매우 풍부하다. 소주의 보은사탑과 복건의 개원사 쌍석탑은 남송 순우(淳祐) 연간(1241~1252년)에 만들어진 유적들이다. 동쪽 탑은 진국사(鎭國寺)라 이름 지었고, 서쪽 탑은 인수탑(仁壽塔)이라고 한다. 평면은 팔각형이고, 높이는 5층이며, 모두 큰 돌들을 쌓아 만들어, 비례가 굵고 튼튼하다. 아래에 수미좌(須彌座)

칠주팔백(七朱八白) : 송대의 『영조법식(營造法式)』에 나오는 채색 그림을 그리는 제도 가운데, 단분(丹粉-단사로 만든 붉은색 안료)을 칠하여 집을 장식하는 방식의 일종이다. 즉 난액(闌額-창방)의 입면(立面) 폭을 5등분[너비가 1척(尺) 이하인 것]·6등분[너비가 1척 5촌(寸) 이하인 것]·7등분[너비가 2척 이하인 것]하고, 각각 한가운데의 한 칸에는 백색을 칠한 다음, 긴 쪽 방향으로 고르고 균등하게 8등분하여 나눈다. 각각의 칸들 사이에는 붉은색 칸을 이용하여 일곱 개의 칸막이로 자르며, 양쪽 머리의 기둥에 가까운 곳은 붉은색을 이용하여 옆 칸을 자르지 않고, 칸막이는 흰색의 넓이를 따라 길게 한다.

수미좌(須彌座) : 수미단(須彌壇)이라고도 하며, 사찰의 법당 안에 수미산 모양으로 만들어 불상을 모셔두는 불단(佛壇)을 가리킨다. 불교에서는 수미산의 높이가 8만 유순(由旬-약 80만 km)이라고 하는데, 이는 부처님이 세상에서 가장 높다는 것을 상징한다.

를 설치하고 연판(蓮瓣-연꽃잎)·역사(力士)·불교 고사 등을 새겼으며, 탑신의 각 면 중앙에 문이나 창을 냈고, 양측에는 천신(天神)을 조각 하였다. 영암사탑·정현 개원사탑·우국사탑도 돌과 벽돌을 쌓아 만 들었는데, 누각식 목탑을 모방하여 만든 외형은 적당한 정도로 간소 화하였다. 그 가운데 우국사탑은 높이가 13층인데, 조형이 간결하면 서도 수려하며, 짙은 홍갈색 유리벽돌 장식을 사용하여 매우 기이하 고 특별하다.

이 단계의 밀첨탑은 중국 북방에서 성행했으며, 남방의 밀첨탑은 남경의 서하사탑(棲霞寺塔)을 대표로 꼽을 수 있는데, 이 탑은 오대의 남당(南唐) 시기에 건립되었고, 전체 구도가 독창성을 띠고 있다. 기 좌(基座)는 난간으로 둘러져 있고, 그 위에서 복련(覆蓮)·수미좌와 앙 련(仰蓮)이 탑신을 받치고 있으며, 기좌와 수미좌에는 정교하고 아름 다운 조각 장식을 가미했는데, 이러한 방식은 이전에는 없었던 것이

내몽고(内蒙古) 호화호특(呼和浩特)의 만 부화엄경탑(萬部華嚴經塔)

다. 북방에서는, 하남 낙양의 백마사(白馬寺)에 있 는 금대(金代)의 탑·산서 능천(陵川)의 소경사탑 (昭慶寺塔)과 같은 소수의 탑들이 당대의 방형 밀 첨탑 형식을 그대로 간직하고 있는 것을 제외하 면, 대부분의 탑들은 당나라 말기·오대의 기초 위에서 발전한 하나의 새로운 풍격을 띠고 있다. 산서 영구(靈丘)의 각산사탑(覺山寺塔)을 예로 들 면, 이 탑은 요나라 대안(大安) 5년(1089년)에 건립 되었고, 평면은 팔각형이며, 외벽·회랑 및 탑심주 (塔心柱)로 이루어져 있는 밀첨 13층탑이다. 탑 아 래에 방형 및 팔각형의 기좌가 이중으로 되어 있 고, 그 위에 수미좌를 설치했다. 제2층 수미좌의 속요각부(束腰角部-잘록하게 꺾인 부분) 및 호문(壺

門) 사이에는 역사(力士)가 조각되어 있고, 호문 안쪽에는 불상이 부조(浮彫)로 새겨져 있다. 수미좌 위에는 두공 및 평좌(平座)를 설치했고, 평좌의 난판(欄板)에는 기하학적 문양 및 연꽃으로 장식했는데, 조각이 정교하고 아름답다. 평좌의 위쪽은 연판(蓮瓣)이 비교적 높은 탑신을 받치고 있고, 탑심실은 팔각형인데, 그 중앙에 탑심주를 세워 당대 이전의 옛 의취를 추구하였다. 탑신의 상부는 두공으로, 각 층의 밀첨을 지탱하고 있으며, 꼭대기 부위는 탑찰(塔刹)로 꾸몄다. 이 탑은 외관상으로는 목조 건축 구조를 최대한 모방하고 있는데, 문과 창문 및 천신(天神)을 조각하여 이를 장식으로 삼았다. 동시에 제2층부터는 층의 높이와 층의 너비가 점점 줄어들도록 설계하여, 이 탑을 날렵하면서 특별한 운치가 있는 경관으로 조성하였다.

호문(壺門) : 수미좌(須彌座)의 속요(束腰) 부분이나 가구(家具)의 테두리 부위를 문(門) 모양으로 장식한 것을 가리킨다. 곤문(捆門)이라고도 한다.

난판(欄板) : 난간의 아래 부분을 막아놓은 판.

운남(雲南) 서려(瑞麗) 차륵채(遮勒寨)의 대금탑(大金塔)

선각(線脚) : 원래는 가구의 절단면 테두리에 선으로 꾸미는 것을 말하는데, 건축에서는 일반적으로 처마의 선각을 가리킨다. 이는 선(線)의 고저(高低)를 통하여 양선(陽線)과 음선(陰線)을 형성하고, 또한 면(面)의 고저를 통하여 凸형 면과 凹형 면을 나타낼 수 있다. 면은 원형과 방형이 있고, 선은 넓은 것과 좁은 것, 성긴 것과 조밀한 것이 있기 때문에, 다양한 선각을 형성하였다.

라마탑은 서장(西藏)에서 처음으로 보이는데, 대부분 절의 주탑(主塔)이거나 승려의 묘탑(墓塔)이다. 중국 본토의 라마탑은 원대에 나타나기 시작했으며, 또한 과가탑(過街塔) 등의 형식 변화가 나타난다. 북경 묘응사(妙應寺)의 백탑(白塔)은 원나라 지원(至元) 8년(1271년)에 건립되었는데, 네팔의 유명한 장인(匠人)인 아니코[阿尼哥]가 설계한 것이다. 전체 높이는 53m이며, 탑의 기초는 凸자형의 기단으로 이루어져 있고, 기단 위에 다시 亞자형의 수미좌를 2층으로 설치하고, 좌대 위에 복련(覆蓮)과 수평의 선각(線脚) 몇 가닥을 배치하였으며, 그 위에 탑신·탑경(塔頸)·13천(十三天)과 금속으로 된 보개(寶蓋)를 설치하였다. 탑신은 흰색인데, 상부의 금색 보개와 어우러져 찬란한 빛을 발하여 대단한 장관을 이룬다. 과가탑은 북경·계림(桂林)·진강(鎭江) 등지에 유물들이 남아 있는데, 북경의 거용관(居庸關) 운대(雲臺)가 가

(왼쪽) 운남(雲南) 대리(大理) 숭성사(崇聖寺)의 천심탑(千尋塔)

(오른쪽) 운남 대리 숭성사의 세 탑 전경

장 유명하다. 운대 위에는 원래 3기의 라마탑이 있었는데, 현재는 기좌(基座)만 남아 있다. 운대의 권석(券石-아치형 돌) 위와 권동(券洞-아치형 통로) 안쪽 벽에는 천신(天神) 등의 라마교 문양 및 여섯 가지 문자로 된 경문(經文)이 새겨져 있다. 조각은 모두 고부조(高浮彫)의 기법으로 처리했는데, 그 풍격은 한족의 전통과 매우 다르며, 원대의 조각들 가운데 뛰어난 걸작이다.

경당(經幢)은 팔각형 석주 위에 경문을 새겨 불법을 선양하는 기념의 성격을 띤 건축물이다. 당대에 처음 출현했으며, 송·요대에 이르러 점차 유행하다가 그 이후 쇠락의 길로 접어들었다. 일반적으로 기좌(基座)·당신(幢身)·당정(幢頂)의 세 부분들로 구성되어 있다. 송대에는 경당이 많이 증가했으며, 비례가 세로로 길어지고, 당신은 몇 단락으로 나뉘어졌으며, 장식이 화려해졌는데, 하북 조현(趙

살가(薩迦)의 남사(南寺)

1073년

서장(西藏)자치구 살가

縣)의 다라니경당(多羅尼經幢)이 대표적인 것이다. 이 경당은 북송 보원(寶元) 원년(1038년)에 건립되었는데, 전체 높이가 15m이고, 팔각형이며, 경당의 몸체는 세로로 길쭉하다. 경당의 아래 기좌는 3층으로 나뉘어져 있고, 불상·역사·가무기악(歌舞伎樂)을 조각하여 장식하였다. 경당의 몸체도 3단으로 나뉘었는데, 하단은 보산(寶山)·경문을 새긴 팔각 당주(幢柱)와 영락이 휘장처럼 늘어진 보개(寶蓋)로 구성되어 있다. 중단에는 사자와 코끼리의 대가리와 앙련(仰蓮)으로 된 수미좌·팔각 당주와 영락을 늘어뜨린 보개가 있다. 상단은 2층의 앙련(仰蓮)·팔각 당주(幢柱)·수분(收分)이 뚜렷한 성궐(城闕)로 구성되어 있다. 보정(寶頂)은 곧 지붕이 딸린 불감(佛龕)·반룡(蟠龍)·팔각 단주(短柱)·앙련·복발(覆鉢)과 보주(寶珠)로 구성되어 있다. 이 경당의 각 부분들의 비례는 매우 균형이 잡혀 있으며, 세부의 조각도 매우 정교하고 아름다워, 조형과 조각 예술 측면에서 모두 매우 높은 수준에 도달했으며, 중국에서 보기 드문 석각 예술의 걸작이다.

수분(收分) : 고대 건축의 기둥은 아래위 끝부분의 직경이 서로 다른데, 짧은 기둥인 과주(瓜柱)를 제외하고, 어떤 기둥도 모두 아래위 끝부분의 직경이 같은 것은 없으며, 뿌리 부분이 좀 굵고, 꼭대기 부분이 약간 가늘다. 이런 종류의 기둥 제작법을 '수류(收溜)' 또는 '수분'이라고 하는데, 이렇게 만드는 것은 곧 안정감을 주고 날렵해 보이도록 하기 위해서이다.

주택·원림·묘용(墓俑)·묘실 벽화 및 조각 장식

주택과 원림

북송 시기에는 규정상 관리(官吏)의 저택 및 사관(寺觀)과 궁전 이외에는 두공·조정(藻井)·문옥(門屋-지붕을 씌워 집처럼 만든 문)·채색하여 그린 양방(梁枋-들보)을 사용할 수 없었지만, 실제로는 사치와 향락의 풍조에 따라 재력이 넉넉한 지주와 부유한 상인들은 저택의 봉건적 등급 제도를 타파하고 있었다. 비교적 큰 규모의 주택들은 문옥·청당(廳堂-본채)·낭(廊-곁채)·무(廡-곁채)로 사합원(四合院) 구도를 이루었으며, 건축의 세부는 양가(梁架-103쪽 참조)·난간 등으로 매우 정교하게 처리하였다. 지붕은 기본적으로 헐산식(歇山式-팔작지붕)·현산식(懸山式-맞배지붕)으로 만들었지만, 인첨(引檐)·출하(出廈)를 덧붙이거나 채광을 위해 지붕에 천창(天窓)과 통풍을 위한 기창(氣窓)을 설치하는 등 자유롭고 활발하게 다양한 변화를 추구하였다. 집의 안팎은 모두 녹화(綠化)하고 아름답게 꾸미는 데 매우 신경을 썼다. 송대의 주택에는 또한 원림화(園林化)하는 특징이 나타났다. 이러한 주택의 구성과 배치는 정연하게 대칭을 이루기도 하고, 어떤 것은 산을 등지거나 물 옆에 짓기도 하는 등, 배열이 정연하지 않았다.

자연의 산수(山水)를 모방하는 것이 중국 고대의 원림을 만드는 특징이었는데, 산으로 구릉을 삼고 연못으로 강을 비유하는 원림

조정(藻井) : 궁전이나 혹은 청당(廳堂)의 천장판을 꾸미는 일종의 장식으로, 일반적으로 원형이나 정방형, 혹은 다변형이 있으며, 그 위에는 각종 문양이나 조각 혹은 채색 그림을 그린다.

정사(亭榭) : 정자(亭子)와 대(臺) 위에 지은 집.

차경(借景) : 중국 원림(園林) 예술의 전통 기법 중 하나이다. 의식적으로 원림 밖의 경물(景物)을 '빌려' 원림 안에서도 보이도록 하는 것을 말한다. 하나의 원림의 면적과 공간은 유한하기 때문에, 경물의 심도(深度)와 넓이를 확대하여, 감상하는 내용을 풍부하게 한 것으로, 다양한 통일과 우회곡절(曲折) 등의 정원 조성 기법들 외에도, 원림 조성자는 항상 차경의 기법을 운용하여, 유한한 것 속에 무한한 깃을 빌어들이는 신묘한 작용을 하도록 했다. 차경은 근차(近借)·원차(遠借)·인차(鄰借)·호차(互借)·앙차(仰借)·부차(俯借)·응시차(應時借) 등 일곱 종류가 있다.

대경(對景) : 원림(園林)에서, 정(亭)·대(臺)·루(樓)·각(閣)·사(榭) 위에 올라가 당(堂)·산(山)·다리(橋)·수목 등을 감상할 수도 있고, 혹은 거꾸로 당·다리·회랑 등이 있는 곳에서 정(亭)·대(臺)·루(樓)·각(閣)·사(榭)를 감상할 수도 있는데, 이렇게 A의 감상 지점으로부터 B의 감상 지점을 감상하고, B의 감상 지점으로부터 A의 감상 지점을 감상하는 방법이나 혹은 그렇게 경치를 구성하는 방법을 대경이라고 한다.

의 구성과 배치도 기본적인 원림 조성의 한 방식이었다. 오대 시기에는 적지 않은 멋진 구조의 원림들이 조성된 적이 있었지만, 오월(吳越)·남당(南唐)·남한(南漢)이 다스리던 한정된 지역에 국한되었을 뿐이어서, 원림 조성의 풍조는 그다지 보급되지 못했다. 송대에 이르러 원림 조성은 전성기에 진입하여 황가(皇家)의 원유(苑囿)와 귀족의 원림이 대대적으로 만들어져 원림 조성의 풍조가 더욱 성행했으며, 지역에 따라 약간의 서로 다른 풍격들이 형성되었다. 북송의 서경(西京)인 낙양은 관료들이 벼슬에서 물러난 뒤 은거하여 살던 지역으로, 『낙양명원기(洛陽名園記)』에 의하면, 낙양의 유명한 원림들은 규모가 비교적 컸으며, 산을 쌓은 것으로 명승으로 취하지 않고, 물이 있는 풍경과 꽃과 나무가 있는 것을 좋게 여겼는데, 적은 수의 청당(廳堂)과 정사(亭榭)만을 건립하여 자연의 풍취가 물씬 묻어나도록 했다고 한다. 지세에 따라 자연 환경을 교묘하게 이용하면서 차경(借景)의 수법을 보편적으로 채택하는 것도 하나의 특징이었다. 북송의 유명한 원림과 별장들로는, 낙양에 있던 문언박(文彦博)의 동원(東園)·사마광(司馬光)의 독락원(獨樂園)·여몽정(呂蒙正)의 여문목원(呂文穆園)과 소주(蘇州)에 있던 소순흠(蘇舜欽)의 창랑정(滄浪亭), 진강(鎭江)에 있던 심괄(沈括)의 몽계원(夢溪園) 등이 있다.

남송 시기의 임안(臨安)·오흥(吳興)·태호(太湖) 지역은 모두 호수와 산이 어우러진 뛰어난 경관을 갖고 있었기 때문에, 원유와 원림을 축조하는 게 유행했다. 임안에는 풍악루(豐樂樓)·배원(裵園)·교원(喬園)·운동원(雲洞園) 등이 있었고, 오흥에는 심덕(沈德)의 화원(和園)·조 씨(趙氏)의 국파원(菊坡園) 등이 있었으며, 태호 지역에는 범성대(范成大)의 원림과 한세충(韓世忠)의 서원(西園) 등이 있었다. 이 시기의 원림들은 대경(對景)을 매우 중시하여 "경치가 좋아야 조성[値景而造]"하였는데, 원림의 경관은 물·대나무·버드나무·연꽃이 뛰어났으며, 강남 수향(水鄕)의 특징을 풍부하게 띠었다.

　원대의 개인 원림들은 남북의 각 지역들에 분포되어 있었는데, 대도(大都)에는 만류원(萬柳園)·포과정(匏瓜亭) 등이 있었고, 섬서에는 염상(廉相)의 천원(泉園)이 있었으며, 강남에는 조맹부(趙孟頫)의 안련장(安蓮莊)·예운림(倪雲林-'雲林'은 호, 이름은 '瓚')의 청비각(淸閟閣)·소주(蘇州) 사자림(獅子林) 등이 있었다. 원림의 발전에 따라 돌을 감상하고 즐기는 풍조가 크게 성행하여, 종종 정원 안에 태호석(太湖石)을 놓고 품평하고 음미했다. 그리하여 인공으로 산을 쌓는 첩산(疊山)이 발전함에 따라 첩산 축조에 종사하는 전문적인 집단인 '산장(山匠)'이 출현했을 뿐만 아니라, 문징명(文徵明) 등 적지 않은 문인화가들이 원림의 설계 작업에 직접 참여하기도 했다. 이에 따라 원림과 문학·산수화의 결합이 더욱 밀접해지면서, 중국의 원림 발전에서 중요한 한 시기를 형성하였다.

묘장(墓葬)·묘용(墓俑)·묘실(墓室) 벽화 및 조각

　송대에 수공업과 상업의 발달은 지주와 부유한 상인들로 하여금 호화로운 생활을 추구하게 함과 동시에, 그들의 사후에 묘실 축조와 부장품의 제작에도 큰 힘을 쏟게 하였다. 송나라의 제도를 살펴보면, 무덤 속에 5포작 두공을 쌓거나 오채(五彩-청·황·적·백·흑의 다섯 가지 색)로 두루 치장하는 채색 그림은 허락되지 않았지만, 현존하는 많은 실제의 예들에는 이러한 봉건적 등급 제도가 이미 타파되어 있는데, 벽돌로 목조를 모방하여 화려하고 아름다운 조각으로 장식한 묘장도 송대의 일반 상인과 지주들의 묘장에서 보편적인 형식이 되었다. 그 가운데 북송 원부(元符) 2년(1099년)에 축조된 하남 우현(禹縣) 백사(白沙)의 제1호 무덤이 가장 전형적인 것이다. 이 무덤에는 전

용도(甬道): 큰 정원이나 묘지의 가운데에 낸 길로, 대부분 벽돌이 깔려 있다.

첩삽녹정(疊澁盝頂): 점점 튀어나오도록 겹쳐 쌓아 녹정 형태로 만든 지붕. 녹정이란 중국 전통 지붕 양식의 하나로, 녹정 들보의 구조는 대부분 네 개의 기둥을 이용하여, 사각형 혹은 팔각형의 평면을 형성한다. 지붕은 평정(平頂)의 지붕 사방 주위에 하나의 외첨(外檐-바깥처마)을 두른 것이다. 즉 지붕에 네 개의 정척(正脊) 테두리가 있는 평정으로, 아래는 무전정(廡殿頂-우진각지붕)이 붙어 있다. 녹정은 금·원 시기에 비교적 흔히 활용되어, 원나라 대도에는 매우 많은 집들이 녹정으로 지어졌으며, 명·청 양대에도 매우 많은 녹정 건축들이 있었다.

후 두 묘실이 있는데, 모두 벽돌로 축조하였고, 전실(前室)과 용도(甬道)의 평면은 'T'자형이며, 천장 부분은 첩삽녹정(疊澁盝頂)으로 되어 있다. 후실(後室)은 6각형이며, 천장은 첩삽 형상의 6각형 조정(藻井)으로 되어 있다. 묘문과 전후 두 묘실 및 후실의 조정은 모두 벽돌 조각[磚彫]의 두공을 설치했다. 사방의 벽은 벽돌 조각과 벽화 형식으로 무덤 주인의 생전 상황을 생동감 있게 표현했는데, 현세의 생활을 방불케 하는 유쾌하고 즐거운 세계를 최대한 조성해냈다. 전실의 벽화는 향연과 악기 연주 등을 제재로 삼았고, 후실은 세수를 하고 머리를 빗거나 재물과 보석을 정리하는 내용인데, 전통 주택 속의 전당(前堂)과 후실(後室)의 배치 방식을 반영하였다. 모든 건축 구조물들은 오채로 두루 치장한 채색 그림을 그려 넣어 화려하면서도 위풍당당하다. 전실과 후실은 모두 평면이 凹자형의 전대(磚臺)로 되어 있는데, 이것은 당대 말기 이래 실내의 침상[床榻] 배치를 모방한 것이다.

전반적인 추세에 대해 말한다면, 묘용(墓俑)을 부장하던 풍습이 나날이 사라져감에 따라 용(俑)의 수량과 품질 모두 한·당대에 미치지 못했으며, 과거에 유행하던 출행 의위(儀偉-의장병)와 집안에서 부리던 노복의 형상들도 감소했다. 오대·송나라의 남방 지역 무덤들에서는 당시 성행했던 풍수의 영향을 받아 묘용들 속에 새로운 제재가 출현했는데, 예컨대 노인 형상의 '호리노공(蒿里老公)'·갑옷과 투구를 걸친 '진전장군(鎭殿將軍)'·사람의 머리에 물고기의 몸을 한 '의어(儀魚)' 등등이 있다. 재질에 대해서 말하자면, 전통적인 도용(陶俑)을 제외하고도 돌·나무·자기 종류가 모두 출현했으며, 현실의 정취가 충만한 내용의 표현이 바로 이 시기 묘용의 발전 경향이라고 할 수 있다.

오대 시기의 도용은 강남과 사천에서 가장 많이 출토되는데, 당대의 풍격을 이어받았으면서도 사실적인 표현으로 처리한 것이 돋보인다. 남당의 흠릉(欽陵)에서 출토된 도용은 매우 특색이 있다. 남용(男

俑) 가운데 내신(內臣)·무사·서리(書吏)와 배우 등의 각종 형상들이 있는데, 배우는 표정이 풍부하고 자태가 다양하며, 특히 머리에 복건(幞巾)을 두르고 단화(短靴)를 신은 형상은 매우 생동감이 넘친다. 여용(女俑)은 더욱 생기발랄하여 발을 구르며 너울너울 춤추는 자태 및 치맛자락과 옷소매가 나부끼고 드리워진 모습이나 질감의 처리가 매우 주도면밀하다.

송대의 도제(陶製) 묘용은 사천에서 비교적 많이 출토되었는데, 예컨대 광한(廣漢)의 송대 무덤에서 출토된 일련의 유약을 입힌 도용들은 종류와 내용이 풍부하여, 일상생활 속의 남자 하인·시녀·마부·관리가 있으며, 아울러 생활을 반영하면서도 제재가 참신해져서 활간(滑竿)을 메는 가마꾼과 옆으로 누운 채 시를 읊조리는 문사(文士)와 신살(神煞) 용들도 나타나는데, 이 묘용을 만든 사람은 사천 지역이 후한(後漢) 이래 사회 각 계층의 생활 모습을 폭넓게 표현하여 성장한 지역 전통을 계승했음이 분명하다. 석용(石俑)은 이전 시대의 무덤 부장품들에서는 매우 드물게 보이지만, 송대에 들어선 이래로 각 지역들에서 점차 흥성하게 된다. 예컨대 복건 민후현(閩侯縣)의 송대 무덤과 하남 방성(方城) 염점(鹽店)의 강 씨(彊氏) 묘에서는 모두 대량의 석조용(石彫俑)들이 출토되었는데, 대다수는 시종의 형상을 하고 있고, 자태가 다양하면서도 생동감이 넘쳐 중국의 조각 예술 가운데 보기 드문 훌륭한 작품들이다. 송대의 목용(木俑)은 남방의 조각과 회화를 결합하여 제작하던 전통을 이어받은 산물로, 절강 항주의 노화산(老和山)과 강소 태현(太縣)의 송대 무덤들에서 모두 출토되었다. 강서 파양(鄱陽)에 있는 남송의 홍자성(洪子成) 부부의 합장묘에서 출토된 21건의 잡극을 연기하고 있는 도자용(陶瓷俑)들은 표정과 태도가 각기 다른 모습이며, 민간의 예인들이 설창(說唱)하는 각종 자태를 표현하였는데, 조형의 수법이 원숙하고 정교하며 생활의 숨

활간(滑竿): 죽편이나 새끼줄을 두 개의 긴 대나무 막대기의 중간에 얽어서, 위에 요를 깔아 사람을 태우고, 두 사람이 메고 가는 지붕 없는 가마와 비슷한 기구를 가리킨다.

신살(神煞): 명리(命理)를 연구하여, 운명을 추론하는 것을 가리키는데, 신(神)은 길신(吉神)을 의미하고, 살(煞)은 흉살(凶殺)을 의미한다.

남희용(男戲俑)
南宋
자기(瓷器)
높이 18cm
강서성(江西省)박물관 소장

결이 짙게 느껴진다. 경덕진(景德鎭)에 있는 남송의 사(査) 씨 성을 가진 사람의 무덤에서 출토된 도자용들은 시종용(侍從俑) 외에 잡극을 연기하는 인형도 있는데, 빚어서 굽는 기법이 매우 정교하고 아름답다.

요·금·원 시기의 묘실 벽화는 중원의 전통을 계승한 기초 위에서 각각의 특색을 띠고 있다.

요대의 묘실 벽화는 비교적 수량이 많으며, 중국 북방의 여러 성들에 널리 분포되어 있다. 내몽고 지역에 있는 요대의 묘실 벽화들 가운데 임동(林東)의 3릉이 가장 정교하고 아름답다. 그 가운데 동릉(東陵) 중실(中室)의 사계산수(四季山水)에는 구름·파석(坡石-비탈 바위)·호박(湖泊-호수)·화수(花樹)·조수(鳥獸)가 그려져 있는데, 특히 고수(枯樹-고목)와 소나무 줄기의 묘사는 특별하여, 그 풍격이 한족의 전통을 흡수했으면서도 독창적인 면모를 보이고 있으며, 작자의 뛰어난 예술적 재능을 보여주고 있다. 내몽고 오한기(敖漢旗) 강영자(康營子)에 있는 묘실 벽화와 백탑자(白塔子)에 있는 벽화는 인물 묘사를 위주로 하면서, 묘실 주인의 생전의 향연·일상생활·부엌 등의 광경들을 표현했는데, 기법은 인물의 선묘가 간결하면서도 선이 유려하고 굳세다. 옹우특기(翁牛特旗) 해방영자(解放營子)에 있는 무덤의 벽화는 목곽(木槨) 위에 직접 그렸는데, 제재들로는 문신(門神)·출행(出行) 및 화조(花鳥)가 있으며, 대칭식의 구도를 채택하여 장식적인 느낌이 매우 강하다. 극십극기(克什克旗)의 이팔지(二八地)에 있는 석곽(石槨)의 내벽도 채색 그림으로 장식했는데, 수렵·거장(車仗-전투)·묘 주인의 출행 등의 내용을 담고 있는데, 협엽수(夾葉樹-침엽수)·비조(飛鳥)·파석(坡石)과 잡초로 보완하여, 북

어린아이 상
宋
점토
강소성(江蘇省) 진강시(鎭江市)박물관 소장

방 유목민족의 생활 정취가 농후하게 묻어나고 있다. 철리목(哲里木) 맹고륜기(盟庫倫旗)에 있는 제1호 요대 무덤의 묘도(墓道) 양측에는 출행하고 귀가(歸家)하는 광경이 그려져 있는데, 길이가 22m에 달하고, 기세가 웅장하며, 지금까지 발견된 것들 가운데 규모가 가장 큰 요대의 풍속화로, 이 시기를 대표하는 걸작이다.

적봉(赤峰) 아로과이심기(阿魯科爾沁旗)에 있는 보산(寶山)의 요대 벽화묘와 요나라 재상 야율우지(耶律羽之)의 벽화묘는 1990년대의 중요한 발견이었다. 즉 보산의 요대 벽화묘는 요나라 초기의 거란족 귀족의 무덤으로, 모두 2기이며, 시대는 서로 같다. 그 가운데 제1호 묘의 주인은 요나라 '대소군(大少君)'의 아들이다. 석방(石房) 안에 먹으로 쓴 제기(題記)에 근거하면, 이 무덤의 축조 연대는 천찬(天贊) 2년(923년)으로, 시대를 알 수 있는 것들 가운데 기년(紀年)이 있는 가장

대소군(大少君) : 요나라 사람으로, 『요사(遼史)』에는 기록이 보이지 않는데, 무덤이 대단히 크고 호화로운 것으로 볼 때, 거란 건국 초기의 황족 중 중요한 인물일 것으로 추정할 수 있다.

이른 시기의 거란 귀족 무덤이다. 묘지는 규모가 크고 높으며, 외부는 성벽으로 둘렀다. 두 무덤은 모두 벽돌을 쌓아 만들었으며, 묘도(墓道)·문정(門庭-문 안의 뜰)·묘문(墓門)·용도(甬道)·묘실(墓室)·석방(石房) 등으로 구성되어 있다. 묘실은 모습이 정장(庭帳-휘장을 친 대청)과 비슷하며, 또 그 내부에 교묘하게 배치한 독특한 구조는 요대 무덤 가운데 생소한 것으로, 장인의 독창성이 돋보인다. 채색 그림의 장식 말고도 두 무덤의 묘실 및 석방에는 벽화와 시사(詩詞)·제기(題記)로 가득 채워져 있으며, 현존하는 면적은 120m² 정도인데, 각 부류의 인물들 46명이 표현되어 있다. 벽화 속 인물의 머리 장식과 옷 장식 및 몇몇 기구(器具)와 화훼는 금박을 이용하여 장식했는데, 제작 솜씨가 매우 정교하고 섬세하며, 지극히 아름답고 화려해 보인다. 묘실 석방 안의 정면 벽에는 〈부귀화조도(富貴花鳥圖)〉·〈청당도(廳堂圖)〉가 그려져 있고, 천장에는 단화(團花)·운학(雲鶴)이 그려져 있으며, 양쪽 측면의 벽화는 신화와 전설에서 인용한 송경(誦經-경서를 읽음)·강진(降眞) 등의 내용으로, 무덤 주인의 사후 세계에 대한 기탁을 표현하고 있다. 이들 화면의 구도는, 정교하고 섬세한 공필(工筆) 중채(重彩)로 그림을 그리고, 용필(用筆)이 생생하며, 색채가 화려함을 강구하였는데, 전형적인 당대(唐代) 회화 풍격의 특징을 지니고 있다. 묘실의 모든 벽과 석방 정면의 내·외벽 화면은 여전히 사실적이지만, 붓놀림이 유창하며 담채를 연하게 입혔다. 하인과 시종들은 각기 다른 표정과 태도로 각각 그 직분을 수행하고 있으며, 말·개·양 등의 동물 형상들은 너무 생생하여 부르면 나올 것 같고, 연회석의 기명(器皿)들도 섬세하게 표현하여 갖가지 훌륭한 물건들이 넘쳐나고 있다. 무덤의 천장에는 운문(雲紋)과 화훼를 그렸는데, 운필(運筆)이 자유분방하다.

　　보산에 있는 요대 벽화묘의 발견은 요대 초기 회화 예술의 성취를

강진(降眞) : 향을 피우고 참배하는 일.

공필(工筆) : 동양화에서 세밀하게 그리는 화법으로, 사의(寫意)와 대립되는 개념이다.

계통적으로 보여주었을 뿐만 아니라, 요대 초기의 사회 풍경과 모습을 보여주고 있으며, 만당(晩唐)의 회화 예술을 탐구하는 데에도 매우 가치가 있다. 요나라 야율우지 묘의 묘실 용도(甬道)에 그려진 벽화는 유운(流雲)·비학(飛鶴)·인물·기구(器具)를 위주로 하였는데, 선이 유창하고 색채가 담아(淡雅)하다. 천장의 〈부운선학도(浮雲仙鶴圖)〉는 거의 완벽하게 보존되어 있으며, 화면은 대칭을 추구하였다. 묘문(墓門)의 문액(門額)·문주(門柱)는 온통 주홍색으로 칠했고, 문의 안쪽 면에는 각각 하나의 무사(武士) 입상을 그렸는데, 갑옷을 입고 칼을 쥔 채 발로 맹수를 밟고 있는 위풍당당하고 씩씩한 모습이다. 주실(主室)의 석문(石門) 안팎은 모두 붉은색으로 바탕을 칠했고, 모란·단화(團花) 등의 도안을 두루 그려 넣었는데, 색채가 현란하고 아름다우며, 먹선은 거의 보이지 않으며, 아울러 색채의 변화를 강조하고 있다. 석문 위의 춤추며 날고 있는 봉황과 용의 무리가 특히 정교하고 아름다운데, 숫자도 많고 조밀하면서도 우아함을 잃지 않고 있다. 주실 소장(小帳-작은 휘장)의 채색 그림 중에는 '10인의 악대'가 가장 훌륭한데, 벽판의 정면에 폭(幅)에 맞춰 배열하였으며, 폭마다 한 사람씩 그렸고, 무늬가 있는 바깥 테두리를 붉은색으로 구륵(鉤勒)하였다. 악사는 모두 남성인데, 도포를 입고 각기 악기를 들고 연주를 하거나 덩실덩실 춤을 추고 있으며, 표정에 생동감이 넘치고, 자세가 모두 다르다.

요녕(遼寧) 지역의 요대 묘실 벽화는 수량이 매우 많은데, 그 가운데 조양시(朝陽市)에 있는 경연의(耿延毅-요나라 때의 귀족) 묘의 벽화·북표시(北票市) 소탑향(小塔鄕)에 있는 야율인야(耶律仁也) 가족묘의 벽화가 대표적이다. 하북(河北)과 산서(山西) 두 성에서 발견된 요대의 묘실 벽화 역시 가정생활과 연회를 제재로 삼았지만, 대부분 한족(漢族) 화가들이 그렸기 때문에 예술 수준이 비교적 높다. 언급할 만한 가치가 있는 것은, 요나라 천경(天慶) 6년(1116년)에 건립된 선화(宣化)에 있는 장세경(張世卿) 묘의 벽화와 북경의 재당(齋堂)에 있는 요나라 묘의 벽화이다. 장세경 묘의 〈산악도(散樂圖)〉는 인물 형상들의 크기가 진짜 사람과 비슷하며, 동작과 자태가 생동감 있으면서도 각기 달라, 당시 음악을 연주하며 춤추던 광경의 사실적 재현이라고 볼 수 있다. 천정(天井-천장의 격자형 틀)에는 4층으로 벽화를 그렸는데, 인물·화죽(花竹)·선학(仙鶴)·하당(荷塘-연꽃이 있는 연못)을 그려 사계절이 변화함을 암시하는 듯하다. 이 밖에 천정의 꼭대기에 다시 〈성상도(星像圖)〉를 그려 놓았는데, 이는 중국 고대 천문학의 성과를 연구할 수 있는 소중한 자료이다. 재당(齋堂-신불을 모셔놓은 방)에 있는 요나라 무덤 벽화 속의 산수도는 매우 특별한데, 붓놀림이 거칠고 호방하며, 청록으로 칠해져 있어, 이미 요대 초기의 산수에 산은 있고 물이 없던 면모가 바뀌었다.

북 치는 아이[擊鼓童子]
金
벽돌 조각[磚雕]
높이 36cm
하남성(河南省)박물관 소장

금대(金代)의 묘실 벽화는 장례 풍속의 변천으로 말미암아 쇠퇴하여, 수량과 규모면에서 요대에 뒤진다. 산서 강현(絳縣) 배가보(裴家堡)의 금나라 무덤은 무덤 주인 부부의 마주 앉은 모습 및 일상생활의 장면을 그렸을 뿐만 아니라, 다시 곽거(郭巨)·맹종(孟宗)·동영(董永) 등 효자들의 역사적 사실을 벽화로 그려 유가(儒家) 사상 가운데 '윤리절효(倫理節孝)'에 대해 선양하고 있다. 산서 자장현(子長縣) 석철(石哲)의 금나라 무덤·산서 문희현(聞喜縣)의 금나라 무덤도 〈이십사효도(二十四孝圖)〉로 유명한데, 전자는 연환화(連環畫)식의 구도를 채택하여 인물과 경물(景物)이 조화롭게 융합되어 있으며, 산수·수목의 준찰(皴擦) 표현이 운치가 있고, 밀도가 적당하다. 그리고 후자의 경우는 탁자와 의자를 벽돌로 쌓아 만드는 등의 수단을 택하고, 회화를 묘실 채회(彩繪) 건축 속에 도입함으로써, 평면의 회화와 묘실 입체 구조의 조화로움을 증대시켰으며, 더불어 회화 자체의 사실감과 입체감을 증가시켰다. 요녕 조양시의 남쪽에 있는 마령(馬슈) 묘의 벽화는 내용이 풍부하고, 방서(榜書—액자나 현판 글씨)에 창작 연대(1184년에 완성)를 밝혀놓아, 진귀하다고 할 수 있다.

원대의 묘실 벽화는 산서 대동(大同)의 풍도진(馮道眞) 묘와 북경 밀운현(密雲縣)의 벽화묘가 가장 대표적이다. 풍도진 묘 속의 〈논도도(論道圖)〉·〈관어도(觀魚圖)〉·〈도동도(道童圖)〉 및 〈소림만조도(疏林晚照圖)〉는 모두 수묵으로 그렸는데, 인물을 생동감 있게 표현했고, 산수의 묘사는 고아하면서도 힘이 있으며, 소박하면서도 중후한 문인화 풍격의 특징을 띠고 있다. 따라서 원대 초기의 산수·인물·화조죽석(花鳥竹石)의 풍격 변화와 기법을 탐구할 수 있는 중요한 예증이다. 밀운현의 원대 벽화묘는 인물의 옷 주름이 유려하고 화훼죽석의 선묘가 세련되었은데, 특히 매화와 죽석의 경우 단폭(單幅) 작품 형식이 출현하는 것도 원대 특유의 현상이다.

송·금의 묘실 속에서 발견된 벽돌 조각[磚彫] 예술은 이 시기 건축 장식 조각의 새로운 발전이다. 제재(題材)는 여전히 세속 생활을 표현하는 데 중점을 두었는데, 예컨대 하남 언사(偃師)에서 출토된 네 개의 벽돌 조각들은 부녀자가 주방에서 일하는 정경을 묘사한 것으로, 민간의 정취가 물씬 묻어난다. 하남 우현(禹縣) 백사(白沙)의 송나라 무덤은, 무덤 안의 벽돌로 쌓아 만든 방에 무덤 주인의 형상을 조각했을 뿐만 아니라, 실내의 설치물에 대해서도 실물처럼 조각했

무기(舞伎)
金
벽돌 조각
높이 40cm
산서성(山西省)박물관 소장

풍도진(馮道眞): 1189~1265년. 금나라 때의 전진교(全眞敎—도교의 일파) 도관(道官)으로, 호는 청운자(靑雲子)이다.

효자(孝子)

金

벽돌 조각

높이 27cm

산시(山西) 직산(稷山) 미촌(馬村) 제4호 무덤에서 출토.

진남(晉南) : 산서성(山西省) 서남부에 위치하는 지역으로, 독특한 풍속과 오랜 역사 문화를 가지고 있다.

예북(豫北) : 하남성(河南省) 내 황하 이북 지역을 가리킨다.

으며, 무덤 후실의 정면 벽에는 당시에 널리 유행하던 "문을 열고 엿보는[開門探視]" 내용을 새겼는데, 생동감이 느껴져 재미있다. 그 밖에 잡극(雜劇)과 산악(散樂)을 제재로 삼은 것도 있는데, 예컨대 하남 우현 백사의 묘·언사 주류구(酒流溝)에 있는 북송 말기의 소형 벽돌묘[磚墓]는 묘실 벽 사이에 모두 잡극을 저부조로 새겨 넣었으며, 이 시기를 대표하는 작품들이다. 이처럼 잡극을 조각한 벽돌묘는 금·원 시기에 특히 성행했으며, 벽돌로 만든 용[磚俑]과 벽돌 조각[磚彫]도 더욱 성숙해졌다. 그 가운데 산서 후마(侯馬)에 있는 대안(大安) 2년(1210년)의 동 씨(董氏) 묘는 사방 벽을 모두 조각한 벽돌로 쌓아올렸는데, 그 내용은 묘 주인의 일상생활 모습으로, 묘실 정면의 벽 위에는 잡극 무대를 조각했고, 무대 위에 입체 조각[圓彫]으로 만든 다섯 명의 잡극 인물들이 막 연기를 하고 있는 장면을 배치하였다. 인물들은 무대 복장을 입었고, 표정이 매우 사실적인데, 그것은 당시 번영했던 시민 생활의 실제 모습을 묘사한 것이다. 하남 초작(焦作)에 있는 금나라 무덤은 전후 두 묘실의 사방 벽두공(斗拱)들 사이에는 모두 입체 조각에 가까운 산악·무도·설창동자(說唱童子) 등 10여 명의 형상들을 새겨 넣었는데, 잡극·산악이 진남(晉南)·예북(豫北)에서 매우 발전했고, 사람들이 열정적으로 즐겼음을 반영하고 있다. 원대에도 잡극을 벽돌에 조각한 무덤들이 적지 않은데, 주요한 것들로는 산서 신강현(新絳縣)에 있는 위충(衛忠)의 가족 합장묘·채리촌(寨里村)의 원나라 무덤·후마(侯馬)에 있는 조 씨 집안의 총장묘(叢葬墓-여러 시신을 한 곳에 묻은 묘)가 있는데, 모두 정교하고 아름다운 벽돌 조각들로 축조하였다.

건축 조소 분야의 뛰어난 장인(匠人)들과 저술(著述)들

오대·양송(兩宋)·요·금·원 시기의 건축 조소 장인들

오른쪽의 설명글:

장란(裝鑾) : 채색 그림을 그려 장식하는 것으로, 채색 소조[彩塑]에서의 마지막 공정을 가리킨다. 『영조법식(營造法式)』권2에는 이렇게 기록되어 있다. "지금 겸소(縑素-흰 비단)와 같은 것들에 그리는 것을 화(畵)라 일컫고, 들보나 마룻대·두공(斗拱) 혹은 소상(素像-塑像) 같은 용품들에 색을 칠하는 것을, 세간에서 '장란(裝鑾)'이라 한다.[今以施于縑素之類者謂之畵, 布彩于梁棟·斗拱, 或素像什物之類者, 俗謂之裝鑾.]" 『원대화소기(元代畵塑記)』에 이 소(泥塑)의 채색에 관한 기록도 있다. 장란의 구체적인 방법은 진흙으로 빚은 소상을 바싹 건조시킨 다음에, 먼저 아교와 백반을 섞은 물을 두세 번 골고루 칠하고, 이를 다시 건조시킨 다음에 계단청(鷄蛋靑)을 아교물과 배합하여 대백분(大白粉)을 만들어 두 번 칠한다. 사람과 같은 크기의 소상 도료(塗料) 속에는 일반적으로 두 알의 계단청을 더 넣어야 기름을 칠한 것 같은 광택 효과를 낼 수 있다. 아교물이 지나치게 많아서는 안 되며, 칠한 다음에 색이 떨어져나가지 않는 것을 기준으로 삼는다. 흰 바탕색을 칠한 다음에는 솜이나 천으로 반복해서 힘껏 문지르는데, 광택이 날 때까지 한다.

본문:

오대 초기의 승려 지휘(智暉)는 일찍이 낙양 중탄사(中灘寺)의 서쪽 곁채[廡]에 16나한을 조성한 적이 있으며, 또 관자재당(觀自在堂)에 관세음보살상을 빚어 만들었는데, 교묘한 아이디어로 유명했다고 한다. 후당 송주[宋州 : 오늘날 하남성 상구현(商丘縣) 남쪽]의 지강화상(智江和尙)도 조소에 뛰어나, 일찍이 석가모니와 미륵 2불(佛) 및 16나한의 소조(塑造) 작업을 주관하였으며, 아울러 장란(裝鑾)을 가했는데, "성인의 위의를 꼭 닮았다[克肖聖儀]"라고 칭찬을 받았다. 후주(後周)의 산동 사람인 이운(李雲)은 창주(滄州)의 철사자(鐵獅子)를 주조했는데, 무게가 약 40톤으로, 현존하는 고대의 주조상(鑄造像)들 중 가장 큰 것이다. 남당(南唐)의 여건(呂建)은 소형(小型) 조소에 매우 뛰어났는데, 그가 상아로 만든 불상은 당시 사람들이 진귀한 물건으로 여겼다. 전촉(前蜀) 시기 동천[東川 : 오늘날의 사천성 삼대현(三臺縣)]의 옹중본(雍中本)과 간주[簡州 : 오늘날의 사천성 간양현(簡陽縣) 동쪽]의 허후(許侯)는 모두 조소의 대가들이었는데, 이들 두 사람과 함께, 장란을 전문적으로 담당했던 양원진(楊元眞)의 색채와 질감에서의 뛰어난 표현도 당시 사람들로부터 대단한 칭송을 들었다. 후촉(後蜀) 미주(眉州) 팽산[彭山 : 오늘날의 사천 팽산현(彭山縣)]의 정빙변(程冰辯)은 당시 이름난 화가

이자 조각가였는데, 그가 만든 팽산현 동명관(洞明觀)의 조상(彫像)은 송나라 때에도 남아 있었다고 한다.

송대 초기의 정연훈(鄭延勛)은 바로 정릉흥사(定隆興寺)에 있는, 동(銅)으로 주조한 천수천안관음상(千手千眼觀音像)의 제작을 주도한 자로서, 그의 예술적 구상과 설계 재능을 잘 보여주고 있다. 여자 조소가인 엄 씨(嚴氏)는 북송 전기에 항주에서 활동했는데, 잡화(雜畫)와 불상에 뛰어났던 승려인 온능(蘊能)의 누이동생이다. 사료에 기록된 내용에 따르면, 일찍이 크기가 한 치도 안 되는 단향목(檀香木) 위에 서련산(瑞蓮山)을 새기고, 아울러 조각칼로 5백 나한상을 새겨, 송나라 진종(眞宗)으로부터 '기교부인(技巧夫人)'이라는 칭호를 하사받았다고 한다. 엄 씨와 같은 시기에 활동한 사람들로는 항주 사람 장문욱(張文昱)과 왕문도(王文度)가 있었는데, 송나라 진종 때 변경(汴京)에 있는 명경전(明慶殿) 안의 조상을 제작한 사람들이다. 그리고 인종(仁宗) 때의 왕택(王澤)은 섬서 부풍(扶風) 법문사(法門寺)의 동랑(東廊)에 있는 아홉 자모상(子母像)을 제작하여 역사에 길이 이름을 남겼다. 송대에 이소(泥塑) 방면에서의 유명한 작자들로는, 점토로 어린아이 상을 잘 만들었던 전기(田屺)와 원우창(袁遇昌)이 있었다. 뇌조(雷潮) 부부는 남송 때 이소 분야의 민간인 고수로, 소주(蘇州) 동정(洞庭) 동산(東山)의 자금암(紫金庵)과 항주 정자사(淨慈寺)의 나한이 바로 그 두 사람이 빚어 만든 것이라고 전해진다. 대족(大足) 석굴에는 조각에 참여한 장인들의 서명이 가장 많이, 그리고 가장 집중적으로 보존되어 있는데, 그 가운데 문(文) 씨와 복(伏) 씨의 두 성씨를 가진 가족들이 대부분이다. 이러한 이름들은 당시 몇몇 석조(石彫)의 명문 집안이 출현했고, 아울러 장인들 가운데 '도작(都作)'·'전장(鐫匠)'·'소작(小作)' 등과 같은 직위의 등급들이 구분되어 있었음을 말해준다.

요대의 조소 장인으로는 '국공(國工)'이라고 칭송 받은 유란(劉鑾)

이 있었는데, 그가 역수(易水) 부근에 있는 사현사(四賢寺)에 빚은 소상은 기술 수준이 뛰어나고, 의관(衣冠)이 매우 고풍스러우며, 주대(周代)의 형제(形制)를 본받은 것이다. 금대에는 또 마천래(馬天來)·왕 씨(王氏)·가 씨(賈氏) 등의 유명한 장인들이 있었다. 마천래는 개휴(介休 : 오늘날의 산서 개휴) 사람으로 회화와 조소에 매우 뛰어났으며, 항상 다른 사람을 위하여 그림을 그리고 초상을 조각했다. 왕 씨 성을 가진 조각가는 일찍이 연경(燕京) 백운관(白雲觀)의 11요상(十一曜像)을 조각했는데, 세상 사람들이 기묘하다고 일컬었다. 가 씨는 두 눈을 실명했는데, 산서 교성(交城)의 유명한 사찰인 현중사(懸中寺)의 불상을 그가 조각했다. 그는 조각할 때 손으로 더듬으며 작업했는데, 뜻에 맞으면 손을 놀리는 솜씨가 바람과 같았다고 한다.

원대의 건축 조소가로는 아니코[阿尼哥=Aniko]와 유원(劉元)이 가장 유명하다. 아니코(1245~1306년)는 네팔의 건축가이자 조소가·공예미술가였다. 원나라 중통(中統) 원년(1260년)에 서장(西藏)에서 황금탑을 건립하는 데 참여했고, 탑이 완성되자 황제의 스승인 파스파[八思巴]에게 기량을 인정받고는 삭발하여 승려가 된 다음, 함께 대도에 이르러 쿠빌라이 황제를 알현하였다. 그의 걸출한 지혜와 재능이 쿠빌라이로부터 칭찬과 인정을 받았기 때문에, 이때를 전후하여 황제의 명을 받고 많은 중요한 사탑들을 설계하고 축조했으며, 신상(神像)을 빚어 꾸미는 모범적인 양식을 정립했고, 황제와 황후의 어용(御容) 제작 및 조정의 의장용(儀仗用) 예기(禮器)의 설계와 제조를 담당했다. 일찍이 제색인장총관부(諸色人匠總管府) 총관(總管)·광록대부(光祿大夫)·대사도(大司徒) 겸 장작원(將作院)에 임용되었다. 아니코가 중국에서 생활한 40년 동안 적지 않은 중요한 건축 공정들을 주관하여 건립했다. 그 가운데에는 세 개의 탑이 있는데, 대도(大都) 묘응사(妙應寺)의 백탑(白塔)이 가장 유명하다. 또 아홉 곳의 큰 절들도 건립했는

제색인장총관부(諸色人匠總管府) : 원대(元代)의 관서(官署) 명칭으로, 원나라 세조(世祖) 지원(至元) 12년(1275년)에 처음 설치되었다. 관방(官方) 장인과 공장(工匠)들의 생산을 관장했으며, 달로화적(達魯花赤)·총관(總管)·동지(同知)·부총관(副總管) 등의 관직이 있었다.

데, 원나라 상도(上都)의 건원사(乾元寺)·대도의 남사(南寺)·흥교사(興教寺)·삼황사(三皇寺)·오대산의 동화원사(東花園寺)·성수만녕사(聖壽萬寧寺) 등이 그것들이다. 그리고 제사를 모시는 사당[祠祀]도 두 곳을 건립했는데, 예를 들면 국가의 문묘(文廟)를 지었으며, 도궁(道宮)도 하나를 지었는데, 숭진만수궁(崇眞萬壽宮)이 그것이다. 아니코는 조소 방면에서도 중대한 공헌을 하였다. 첫째, 원대 초기에 산스크리트식 조상(造像)을 중원(中原)으로 들여와 중국 불교 조상 분야에 새로운 유형을 개척했을 뿐만 아니라, 동시에 중국 본토에서의 라마교 전파를 촉진시켰고, 한족·몽고족·장족(藏族-티베트족) 미술의 융합 및 중국과 네팔 두 나라 문화 교류를 도모했다. 둘째, 일군(一群)의 수준 높은 조소 명인들을 양성하여, 당시 조소가들의 저변을 확대하였다.

유원(劉元)은 자(字)가 병원(秉元)이며 계주(薊州)의 보저(寶坻) 출신으로, 13세기 중엽부터 14세기 초까지 활동하였다. 어린 나이에 출가하여 도사(道士)가 되었으며, 청주(靑州)의 기도록(杞道錄)으로부터 이소(泥塑)·주상(鑄像)·협저탈태(夾紵脫胎) 등의 조소 기술을 배웠다. 지원(至元) 7년(1270년)에 추천을 받아 대도에 가서 스승 아니코로부터 인도식 불상인 '서천범상(西天梵像)' 제작법을 배웠다. 부지런히 노력하였고 총명함이 남달랐기 때문에 매우 빨리 최고의 경지에 도달할 수 있었다. 그 당시 그가 만든 불상은 천하에 견줄 것이 없었다고 한다. 이 때문에 쿠빌라이 황제에게 기량을 인정받아 공장(工匠)의 우두머리로 임명되었고, 관직은 소문관(昭文館) 대학사(大學士)·정봉대부(正奉大夫)·비서경(秘書卿)에 이르렀다. 쿠빌라이 황제가 외출하여 순행(巡幸)할 때에는 반드시 유원으로 하여금 뒤따르도록 하였으며, 심지어는 교지를 내려 몸소 허락한 경우가 아니면 그가 다른 사람을 위하여 신상(神像)을 만들지 못하게 할 정도였다.

협저탈태(夾紵脫胎): 협저(夾紵)란, 모시나 삼베를 칠로 여러 겹 붙여 형태를 만든 다음 그 위에 최종적으로 옷칠을 하여 마무리하는 제작 기법을 가리킨다. 즉 나무나 점토로 골격을 만든 다음, 그 위에 협저 기법으로 원하는 형상을 만든 다음, 다시 골격을 제거[脫胎]하는 기법을 말한다.

아니코와 유원을 제외하고도 원대에는 적지 않은 건축과 조소 분야의 명인들이 있었는데, 그들에 관한 자료는 모두 『원대화소기(元代畫塑記)』에 실려 있다. 『원대화소기』에는, 원대 원정(元貞) 원년(1295년)부터 지순(至順) 원년(1330년)에 이르기까지 35년 동안의 중서성(中書省) 공부(工部)에서 관할하던 제색인장총관부 및 그 산하 기구인 범상제거사(梵像提擧司)에 소속된 장인들과, 교지를 받들어 조소와 회화 작업에 종사했던 내용 및 사용했던 재료의 명칭과 수량이 기록되어 있는데, 관부가 관할하던 조소·회화 등 장인들의 급료에 대한 준칙을 담고 있기도 하다. 책 속에는 또한 원나라의 대도(大都)와 상도(上都)에서의 중요한 조소 창작 활동을 기록하고 있기 때문에, 그로부터 원대 궁정의 회화·조소 제재(題材)의 분류 상황도 이해할 수 있다. 더욱 중요한 것은 『원대화소기』가 원대의 화가와 조각가들에 대한 자료를 보존하고 있어, 이 기록이 우리들로 하여금 아승가(阿僧哥)·나회(那懷)·여백공(呂伯恭)·왕청(王淸)·장제거(張提擧)·이동지(李同知)의 성명과 이들의 예술 창작에 대해 이해할 수 있게 해주었다는 점이다.

송대에 『목경(木經)』과 『영조법식(營造法式)』의 편찬과 간행은 중국 건축 역사상 획기적인 대사건이었다. 국가에 의해 건축 사업과 관련이 있는 규범을 제정하는 것은 당대(唐代)에 시작되었으며, 『대당육전(大唐六典)』 속에 이미 이 방면에 대한 규정이 있었다. 북송 초기의 유명한 목공인 유호(喩皓)는 자신의 경험과 깨달음에 근거하여 한 권의 『목경』을 편찬했는데, 이것은 개인적인 저작으로, 원본은 이미 없어졌으며, 단지 심괄(沈括)의 『몽계필담(夢溪筆談)』 속에 약간의 단락들만 보존되어 있다.

『영조법식』은 북송 후기에 공사를 주관하던 기관인 장작감(將作監)의 소감(少監) 이계(李誠)가 칙명을 받들어 편찬한 것으로, 원부(元符) 3년(1100년)에 완성되어, 숭녕(崇寧) 2년(1103년)에 간행 반포되었다.

책 전체의 구성은 357편(篇) 3555조(條)인데, 그 가운데 308편 3272조는 역대 공장(工匠)들이 지키며 실행하던 법규들이다. 편찬 방법상, 이 책은 다섯 부분으로 나뉘는데, 즉 석명(釋名)·각작제도(各作制度-각종 토목·건축에 관한 제도)·공한(功限)·요례(料例)·도양(圖樣)이며, 모두 34권이다. 앞부분에 '간상(看詳)'과 목록 각 1권씩이 있다. 『영조법식』은 국가가 문자 형식으로 건축과 관련된 규범을 제정하여 공포한 것의 효시이며, 중국 고대 건축 전통을 집대성한 가장 완비된 건축 기술 서적이기도 하다. 이 책의 출현은 당시 설계와 시공의 표준을 장악하여, 국가의 재정 지출을 절약하고 공정의 품질과 규격을 보증하는 데 유리한 역할을 하였으며, 동시에 책 속에 기록된 많은 북송 시기의 궁전·사묘(寺廟)·관서(官署)·부제(府第-관저) 등 목조 건축의 구체적인 사용 방법들은 그 시기 중원 지역의 건축 기술과 예술 수준을 일정 정도 반영하고 있어, 송대의 건축이나 중국 고대 건축의 발전사를 연구하는 데 상세하면서도 소중한 자료를 제공해주고 있다.

[본 장 집필 : 자오리(趙力)]

秋一幅
禾娥緑
芙蓉青
連閣道
其張地維
紅横峨眉
間稍合
便舟記
密輪無
於今詩
人走物
鳴奈此
割柳貫

圖請予
圖上

| 제3장 |

회화와 서법(書法)

회화와 서법의 발전 개요

    오대·송·원의 460여 년 동안에 걸친 사회·정치·경제·문화의 변화는 서화 창작과 감상 영역에도 상당한 정도로 반영되어, 서화의 효용·서화의 의미와 서화 풍격에 뚜렷한 변천을 초래하였다. 이러한 변천은 대체로 오대·북송 초기·북송 중후기·남송·원나라의 5단계를 거쳤으며, 최종적으로 송·원의 두 가지 서화 유형을 확정하여, 명·청에 대해 매우 큰 영향을 미쳤다.

    오대·송·원의 서화 발전은, 중당(中唐)과 만당(晩唐)의 전환 국면을 직접 이어받아, 감상의 효용을 더욱 중시하는 조건에서 세속 문화 생활의 중요한 구성 부분을 이루었다. 중당과 만당의 장안(長安)에서는, 사람들이 이미 서화를 감상하는 것을 비단옷을 입고 호화로운 생활을 하는 것과 동등하게 간주함으로써, 한 무리의 서화 상인들과 수장가(收藏家)들이 생겨났다. 오대·송나라 초기에 이르면 더욱 많은 개인 수장가들이 출현하는데, 그들은 서화를 완상용(玩賞用) 기물로 간주하여, 명품을 수장함으로써 재부를 축적하였으며, 심지어는 각첩(刻帖)의 풍조를 촉진하였다.

각첩(刻帖) : 명가(名家)들의 법서(法書)나 진적(眞迹)을 돌이나 목판에 새겨 복제하는 것.

    오대 후량(後梁)의 부마도위(駙馬都尉) 조암(趙嵒)은 천금을 아끼지 않고 법서(法書)와 명화를 사들여, 사람들이 그의 집을 가리켜 '선화장(選畫場-그림을 고르는 곳)'이라고 일컫기에 이르렀다. 같은 시기의 우천위(牛千衛) 장군 유언제(劉彦齊)는 수장한 서화가 천 권(卷)이 넘었으며, 본인이 그림을 잘 그리고 감별도 잘 했는데, 종종 명화를 빌려다 감상한 다음 손수 모사하여 소유자에게 가짜인 모본을 돌려보내고 진품을 자신의 집에 남겨 두었다고 한다. 조대(朝代)가 바뀐 송나라 초기는 서화의 유통이 활발해져 높은 관직에 오른 문인(文人)·지주(地主)들 가운데에서 더욱 많은 수장가들이 출현하였다. 사공(司空) 왕부(王溥-922~982년)의 집안에는 서화가 풍부했는데, "그의 아들 이정(貽正)이 대를 이어 서화 수집하기를 좋아했는데, 일찍이 수도(首都)와 낙양을 오가면서 명적(名迹)을 찾아 구하였다.[其子貽正繼爲好事, 嘗返來京洛間, 訪求名迹.]" 추밀사(樞密使) 초소보(楚昭輔-911~979년)는 서화를 관작(官爵)에 비견할 정도로 소중하게 여겼는데, 강남을 평정한 후에 "황제가 그의 진급을 논의할 때, 공(公)은 스스로 관작이나 상을 바라지 않았으며, 이욱[李煜-남당(南唐)의 마지막 황제]의 내부(內府)에 소장되어 있던 서화가 매우 풍부하다고 듣고는, 은혜를 베풀어 하사해 주시기를 원하였다. 황제가 그 뜻을 가상하게 여겨, 마침내 백 권이나 되는 명필을 하사하였다.[上議進拜. 公自陳願寢爵賞, 聞李煜內府所藏書畫甚富, 輒祈恩賜. 上嘉其志, 遂以名筆僅百卷贈之.]"[곽약허(郭若虛)의 『도화견문지(圖畵見聞志)』] 신하가 법서(法書)와 명화를 감상하고 즐기려는 수요를 만족시키기 위하여, 남당의 후주(後主-마지막 군주라는 뜻) 이욱과 송나라 태종 조광의(趙光義)는 내부(內府)의 법서를 다투어 모각(摹刻)하여 『승원첩(升元帖)』과 『순화각첩(淳化刻帖)』을 만들었다. 『순화각첩』을 판각한 후 송나라 태종은 대신들 가운데 이부(二府)에 오른 사람들을 선정하여 모두에게 한 부씩 하사하였다. 위에서 서술한 정황들은, 역사 무대에 등장한 중소 지주들이 한 걸음 더 나아가 이미 서화를 점유하는 주요한 사회적 역량을 갖추게 되었음을 나타내주는 것이다.

송대에 들어선 다음, 토지의 자유 매매와 과거제도가 시행되면서 토지의 점유와 정치적 지위의 세습이 이미 이루어지고 있었다. 관직

이부(二府) : 중국 역사에서 몇몇 최고위 관직들을 포괄적으로 일컫는 말로, 시대에 따라 이부에 포함되는 관직명들은 차이가 있었다. 송나라 때는 대내적인 지배를 강화하기 위하여, 군사를 관장하는 추밀원(樞密院 : '西府'라 함)과 정무(政務)를 관정하는 중서문하(中書門下 : '東府'라 함)가 공동으로 행정의 영도권을 행사했는데, 이들을 함께 일컬어 '이부'라 했으며, 최고 국무기관이었다.

생활에는 반드시 부침이 있게 마련이었고, 토지의 소유도 많고 적음이 있었지만, 빈곤과 현달(賢達)·벼슬과 은거·나라를 다스리는 것과 성정(性情)을 즐기는 것의 상호 보완은 세속 중소 지주의 보편적 심리 상태였으며, 심지어는 최고 통치자도 이해하는 것이었다. 이러한 상황에서 강호에 몸을 담고 있던 선비든 조정에서 벼슬하고 있는 관리든, 어느 누구를 막론하고 모두 수장한 서화를 감상하는 것을, 부를 축적하고 성정을 도야하는 수단으로 삼았으며, 험난한 관직 생활 속에서 마음의 위안을 얻는 도피처가 되었다. 북송의 유명한 미술사가인 곽약허(郭若虛)는 송나라 진종(眞宗) 곽(郭) 황후의 손자뻘 되는 일가로, 경관(京官)과 외교사절에 임용된 적이 있으며, 그의 할아버지 때부터 높은 벼슬을 한 명문 가문으로, 서화의 감식과 수장도 곧 그의 가풍(家風)을 이루었다. 그는 이렇게 말했다. "나의 할아버지인 사도공께서는 비록 높은 벼슬을 하셨지만, 검소하게 물러나 편안하게 살고 싶어 하셨습니다. 공무로부터의 여가를 내어, 유독 시·서·금(琴)·화를 즐기셨습니다. 당시 정진공·마정혜가 소장한 서화와 견줄 만했기 때문에, 화부(畫府)에서는 부자라고 일컬었습니다.[余大父司徒公, 雖貴仕, 而喜廉退恬養. 自公之假, 唯以詩書琴畫自適. 時與丁晉公·馬正惠蓄書畫均, 故畫府稱富焉.]" 관료와 문인들이 서화를 감상하고 즐기는 풍조는 곧 송나라 진종으로부터 고무와 격려를 받았는데, 곽약허는 기록하기를, 정진공이 금릉(金陵)을 관장하게 되어 황제에게 인사를 드리는 날, 진종(眞宗 : 재위 998~1022년)이 8폭의 〈원안와설도(袁安臥雪圖)〉 중 한 폭을 내오게 하였는데, ……황제가 정진공에게 명을 내려, "경이 금릉에 도착하는 날, 경치가 뛰어난 장소 한 곳을 골라 이 그림을 펼쳐놓으라[卿到金陵日, 可選一絶景處張此圖]"라고 했다고 한다. 송나라 진종은 그림을 하사함으로써 임금과 신하가 소통하는 수단으로 삼는데, 일찍이 종방(種放)에게 상으로 40여 권의 명화를 하

정진공(丁晉公) : 962~1033년. 본명은 정위(丁謂)이고, 자(字)는 위지(謂之) 또는 공언(公言)이며, 시(詩)·서(書)·화(畫)·악(樂)에 모두 뛰어났으며, 송나라 진종 때 옥청소응궁(玉淸昭應宮)을 세웠으며, 후에 진공(晉公)에 봉해져 정진공이라고 불렀다.

마정혜(馬正惠) : 955~1019년. '정혜'는 시호이며, 자(字)는 자원(子元)이고, 원래 이름은 '지절(知節)'이다. 송나라 초기에 용첩좌상도교(龍捷左廂都校)가 되어 강주(絳州)를 방어하였다.

화부(畫府) : 나라의 그림을 보관하던 곳.

종방(種放) : ?~1015년. 자는 명일(名逸)이고, 스스로 퇴사(退士)라고 불렀으며, 하남 낙양 사람이다. 송나라 진종(眞宗) 때 좌사간(左司諫) 등을 역임했으며, 시문과 학문에 뛰어났다.

사한 데에서도 나타난다. 송나라 진종이 화음(華陰)을 지날 때 종방이 화산(華山)에 은거하고 있다는 사실을 생각해 내고는, 곧 배유(裴愈)에게 명하여 그를 불러오게 하였으나, 종방은 병을 핑계로 오지 않았다. 진종이 배유에게 종방이 집에서 무엇을 하고 있는지를 물었다. 그러자 배유가 "초당의 대청에서 물소 그림 두 축을 보고 있었습니다.[在草廳中看畫水牛二軸.]"라고 대답하였다. 송나라 진종이 곁에서 시중드는 신하에게, "이것이 고상한 선비의 성정을 도야하는 물건이로다[此高士怡性之物也]"라고 말하고는, 곧바로 행차할 때 휴대하고 다니며 감상하던 것 가운데 40여 권의 명화를 고른 다음, 배유로 하여금 황제를 뵈러 오지 않은 종방에게 하사하도록 하였다.[『도화견문지』권6·「논근(論近)」]

당시 문인 사대부들이 서화 감상을 즐겨했을 뿐만 아니라, 바로 도시의 일반 백성들 사이에서는 회화가 특수한 수공업의 영역으로 진입하여 광대한 수요층을 확보했기 때문에, 시장에 편입되고 백성들 속으로 진입하였다. 약방에는 이성(李成)의 그림이 걸려 있었으며, 허도녕(許道寧)은 "처음에 도문(都門)에서 약을 팔았는데, 때로 붓을 들고 한림평원(寒林平遠)의 그림을 그려 구경꾼을 모았다.[初市藥都門, 時拈筆作寒林平遠之圖, 以聚觀者.]" 변량(汴梁)에 살던 여자인 진묘관(秦妙觀)은 매우 아름다웠는데, 화가들은 그녀의 초상을 그려 각지에 팔았다. 집안을 꾸미거나 딸을 시집보낼 때에도 조창(趙昌)·왕우(王友)의 작품으로 꾸미거나 혼수품으로 보냈다. 이러했기 때문에, 교화와 교훈으로 삼는 데 의미를 두었던 전통 인물화는 이미 그다지 사람들의 마음을 파고들지 못했으며, 풍속화의 의의를 띤 인물화와 심미적 효과가 뛰어난 산수화나 화조화의 경우는 날로 점점 유행하게 되었다. 이러한 현상에 대해 북송의 미술사가인 곽약허는 이렇게 지적했다. "어떤 사람은 요즘의 기예가 옛 사람들과 비교할 때 어떠하냐고

한림평원(寒林平遠) : 낙엽이 진 황량한 나무나 숲을 평원(平遠) 투시법으로 그린 산수화.

조창(趙昌) : 생몰년 미상. 북송 때 사람으로, 자(字)는 창지(昌之)이고, 광한(廣漢) 검남(劍南-지금의 사천 劍閣의 남쪽) 출신이다. 성격이 강직하고 고상했으며, 글씨와 화조초충(花鳥草蟲) 그림에 뛰어났다.

왕우(王友) : 촉(蜀)나라 사람으로, 자는 중익(仲益)이며, 스승인 조창(趙昌)으로부터 꽃 그림을 배웠는데, 필묵(筆墨)이 아니라, 오로지 늘 채색만을 사용하여, 그 향기롭고 아름다움을 터득하였다.

〈추림어부도(秋林漁父圖)〉(일부분)

(宋) 허도녕(許道寧)

묻는다. 이에 답한다면, 요즘은 옛날과 비교할 때 미치지 못하는 바가 많지만, 나은 부분도 있다. 불도인물(佛道人物)·사녀우마(仕女牛馬)를 논한다면 요즘이 옛날에 미치지 못한다. 그러나 산수임석(山水林石)·화죽금어(花竹禽魚)를 논한다면 옛날이 요즘에 미치지 못한다.[或問近代之藝與古人何如? 答曰, 近方古多不及, 而過亦有之. 若論佛道人物·仕女牛馬, 則近不及古. 若論山水林石·花竹禽魚, 則古不及近.]"

이 시기에 산수화와 화조화는 이미 일약 인물도석화(人物道釋畫)의 위에 자리하면서 눈부신 발전을 이룩하였다. 산수화 영역에서 당대 초기에 흥기한 수묵산수화(水墨山水畫)는 이 시기 이후에 주도적인 지위를 차지하게 되는데, 제재(題材)가 이미 수묵 수석(樹石)의 범위를 뛰어넘어, 이상향을 그리는 '연하선성(煙霞仙聖)'에 국한되지 않고, 남방과 북방의 화가들이 다투어 진경(眞景-실경)을 그려내기 시작했다. 산수를 사람들이 대대로 살아 숨쉬는 광활한 환경으로 여겨 찬미하면서, 웅장한 산과 빼어난 물을 그렸고, 강남의 풍경을 그릴 때에는 옥목(屋木-집과 나무)과 주거(舟車)를 그렸다. 이와 동시에 필법

연하선성(煙霞仙聖): 안개와 노을 속의 신선과 성인을 그린 그림.

〈추림어부도〉(일부분)

(宋) 허도녕

유필유묵(有筆有墨) : 수묵화에서 구
륵(鉤勒)과 준법(皴法)이 함께 잘 표현
되어 있는 것을 가리키는 말.

준법(皴法) : 동양화에서 산이나 바
위·나무 등을 입체감 있게 표현하기
위해 가볍게 주름을 그리는 화법.

이 발전하고 묵법이 풍부해졌으며, '유필유묵(有筆有墨)'을 자각하고
추구하는 가운데, 대자연의 입체감과 질감을 표현하는 '준법(皴法)'을
창안하였고, 형호(荊浩)·관동(關仝)과 동원(董源)·거연(巨然)을 대표로
하는 남방과 북방 두 산수화파가 출현하였다. 두 화파 가운데 북방
산수화파의 영향이 더욱 커서, 화풍이 후대에 많은 영향을 미친 관
동·이성·범관(范寬) 등 북송 초기 대가들을 배출했다.

화조화 방면에서는 당나라 말기의 전통이 강남의 서촉·남당의
화가들에 의해 전승되고 변용되었는데, 취향이 달랐기 때문에 제재
의 선택과 화법이 달랐던 서희(徐熙)와 황전(黃筌)의 두 양식이 출현하
였다. 이른바 "황가부귀(黃家富貴), 서희야일(徐熙野逸)"은 바로 두 회
화 양식에 대한 적절한 개괄이라고 할 수 있다. 그 가운데 황전 일파
는 북송 이후 주류를 이루는 풍격으로 자리 잡으면서, 북송 초기 궁
정 화조화의 흐름을 좌우하였다.

"요즘이 옛날에 미치지 못한다[近不及古]"라고 했던 인물 사녀화(仕
女畵)와 도석화(道釋畵)의 경우도 또한 결코 급격하게 쇠퇴하지는 않

았다. 오도자(吳道子) 일파가 중원과 남방에서 여전히 광범한 영향을 미치고 있는 가운데, 불교 회화와 도교 회화는 더욱 세속화되었으며, 나한(羅漢)의 형상은 화가들의 큰 흥미를 불러일으켰다. 세속적인 인물·사녀화와 초상화는 강남의 궁정 화원에서 섬세하고 화려한 방향으로 변화 발전하였으며, 상형(象形)과 전신(傳神)의 표현 능력 모두 비교적 크게 향상되었다.

서법 예술은 대체로 당대의 전통을 답습했기 때문에 오히려 큰 발전은 없었다. 주목해야 할 현상은, 문자학 연구의 추진에 따라 몇 몇 전서(篆書)와 예서(隸書)의 대가들이 출현했다는 점이다. 안진경(顔眞卿)·유공권(柳公權)의 혁신 정신의 영향을 받은 일부 서예가들은 안진경과 유공권을 거쳐 위로 거슬러 올라가 '이왕(二王 : 즉 왕희지와 왕헌지 부자)'을 탐구하였다. 전자의 경우로는 양응식(楊凝式)이 오대를 대표하는 특출한 서예가였으며, 후에 채양(蔡襄)은 북송 '사대가'의 반열에 올랐다. 그러나 전반적인 상황은 내세울 만한 성과가 적었다고 할 수 있는데, 특히 송나라 태종이 각첩(刻帖)의 풍조를 진작시킨 이후부터 『비각첩(秘閣帖)』에 이어 『순화각첩(淳化閣帖)』이 간행되었고, 다시 잇따라 『비각속첩(秘閣續帖)』이 간행되었다. 이러한 조치들은 한편으로는 법서(法書) 명적(名迹)의 전파를 강화시켰으며, 다른 한편으로는 학자들의 식견 및 각본(刻本)에 얽매여 법도만을 지키느라 점차 진상(眞相-진면목)을 잃게 하였다. 게다가 과거제도 때문에 유행하게 된 서체의 영향으로, 곧 시류에 영합하여 출세하고자 하는 '추시귀출(趨時貴出)'의 '조체(朝體)'를 형성하였다. 북송 중엽에 이르러 문인들의 의기(意氣)를 숭상하는 서풍이 흥기하면서 마침내 이러한 정세를 변화시켰다.

북송 중·후기의 서화 발전은 이미 양송(兩宋) 시기 서화의 성취를 대표할 수 있는 새로운 풍격과 새로운 추세를 형성하였다. 송나라 초

전신(傳神) : 중국의 전통 초상화에 관련된 개념으로, 그림 속 인물의 표정과 태도 등 심리 상태를 전달해주는 것, 즉 대상의 정신을 옮겨 겉으로 드러난 대상의 구체적인 특징을 객관적으로 그려내는 것을 가리킨다. 동진(東晉) 시대의 화가인 고개지(顧愷之)로부터 시작되었다.

기의 백 년에 가까운 경제·문화의 회복과 발전을 거쳐, 송나라 신종(神宗) 조욱(趙頊)의 시대에는 궁정 회화가 남당·서촉과는 다른 송화(宋畫)의 풍모를 수립했을 뿐만 아니라, 화공(畫工-직업화가)들의 화풍과 서로 대립하는 문인화 운동과 고법(古法)에 속박되지 않고 문인의 의기를 숭상하는 서풍(書風)도 일어나기 시작했다.

곽희(郭熙)로 대표되는 궁정 산수화는, 북송 초기 '삼가산수(三家山水-관동·이성·범관의 산수화)'의 웅장하고 험준했던 풍격이 변화하여 친밀하고 온화한 방향으로 나아갔다. 그리고 최백(崔白)을 대표로 하는 화조화는 거의 정통파로 굳어진 "황전(黃筌) 일파의 양식[黃家體制]"을 탈피하여 자연스럽고 생동하는 쪽으로 변화하였다. 나라를 어지럽히고 망치면서도 서화를 매우 좋아했던 송나라 휘종(徽宗) 조길(趙佶)이 정권을 잡은 후, 화원(畫院)은 역사에 없었던 전성기에 접어들었다. 같은 시기에 설립된 황실의 화원은 분야를 나누어 인재를 배양했는데, 『설문(說文)』·『이아(爾雅)』 등을 학습하는 과정을 설치하여 화원(畫員)들의 문화 수양을 제고시켰다. 한때 '형사(形似)'와 '법도(法度)'를 강구했지만, 이로 인해 관찰의 세밀함과 표현의 주도면밀함에 구애되지 않는 것을 추구하는 것이 당시 화원의 풍조였으며, 청록[금벽(金碧)] 산수 분야도 부흥하는 국면이 나타나 도시와 시골의 풍속을 묘사한 인물 산수가 크게 발전하였고, 생활과 더욱 밀접해진 소경(小景) 산수도 새롭게 발전하였다.

문인화 운동과 문인의 의기를 숭상하는 서풍이 일어난 것도 송나라 신종(神宗) 때인 희녕(熙寧)·원풍(元豊) 시기였다. 예로부터 서법에 능하고 그림을 잘 그린 자들 가운데 문인 학사(學士)가 적지 않았지만, 그들은 또한 자각하고 있지는 않았더라도 예술적 추구에서 일반 화공들과는 차이가 있었는데, 이때는 곧 자각하여 문인의 심미 의식을 표현·전달하는 예술 운동을 일으켰다. 문인화와 의기를 숭상하는 서풍의 주창자는 대부분 과거제도를 통해 관료의 길에 들어선 문인들이었다. 그들에게는 종종 사상적인 모순이 존재하고 있었는데, 일단 공자를 숭배하고 경서(經書)에 밝아, 유학을 통해 명철한 군주를 받들어 치국평천하(治國平天下)의 대업을 추구하고자 하였으며, 또 다른 한편으로 노장(老莊)의 거칠 것 없이 자유로운 경지로 나아가 노장사상을 즐기는 분위기를 조성하여 정신적 초월을 추구하면서, 또한 "예(藝)를 이룸을 낮게 여기는[藝成而下]"[『예기(禮記)』・「학기(學記)」편-역자] 것을 염려하였다. 이것에 기초하여, 그들은 서화를 정치 활동의 '여가'로 삼아야 한다고 주장하면서, 작품 속에서는 인품・수양・재능과 심미적 취미만을 구현해야 한다고 생각했다. 예컨대 소식(蘇軾)은 이렇게 말했다. "문동(文同)의 문장은 그 덕의 찌꺼기요, 문동의 시는 그 문장의 털끝과도 같다. 시로 다 표현해낼 수 없는지라, 넘쳐서 서법이 되었고, 변하여 그림이 되었다.[與可(文同)之文, 其德之糟粕, 與可之詩, 其文之毫末. 詩不能盡, 溢而爲書, 變而爲畫.]" 또 이공린(李公麟)은 이렇게 지적했다. "내가 그림을 그리는 것은, 시인이 시를 짓는 것과 같으니, 성정을 읊어낸 것일 따름이다.[吾爲畫, 如騷人賦詩, 吟詠情性而已.]" 그 최종 목적을 살펴보면, 구양수(歐陽脩)가 서법과 창작을 논할 때 언급한 "그 뜻을 기탁하고[寓其意]" "그 마음을 즐겁게 하는 것[樂其心]"일 따름이다. 이 때문에 문인 서화가들은, 서법과 회화는 시가(詩歌)처럼 주체의 감정 표현에 뛰어나고, 물상의 형사(形似)나 기존의 법도에 구애되지 않으면서, 창작 과정 속에서 만물에서 해방된 거칠 것 없는 자유를 강구해야 한다고 주장하였다.

따라서 이 시기의 문인화가 선택한 제재는 주로 산수와 죽목(竹木)이었으며, 회화 형태는 형사(形似)를 목적으로 삼지 않는 사의화(寫意畫) 혹은 일명 묵희화(墨戲畫)였다. 문동・소식과 미불(米芾)은 가장 주요한 대표자들이었다. 문인 사의화와 발걸음을 나란히 했던, 의기를 숭상한 문인의 서풍은 행서와 초서 두 서체를 위주로 했는데, 그 풍격은 첩학(帖學)의 속박을 받지 않고 강렬한 개성을 갖춘 것이었다. 북송 사대가 가운데 소식과 황정견(黃庭堅)·미불은 바로 그 뛰어난 대표자들이라 할 수 있다. 문인화의 흥기, 특히 소식을 필두로 한 "시와 회화는 본래 하나의 법칙으로서, 천공(天工-인위적이지 않고 자연의 조화와 같은 솜씨)하고 청신해야 한다[詩畫本一律, 天工與淸新]"와 "시 속에 그림이 있고[詩中有畫]", "그림 속에 시가 있다[畫中有詩]"라는 주장은 황실의 화원에도 영향을 주었다. 이미 『선화화보(宣和畫譜)』의 편찬에도 영향을 미쳤고, 또 시구(詩句)를 제목으로 하는 화원의 시험 방식을 통해 구현되기도 하였다. 의기를 숭상하는 문인 서풍의 주창자와 실천가들이 서법 예술에서의 개성을 중시한 것은, 심지어 송나라 휘종의 독특한 서체인 '수금서(瘦金書-357쪽 참조)'의 창조를 이끌어냈다. 요나라의 서화는 당나라의 풍격을 계승하면서도 북송의 영향도 함께 받았으며, 아울러 지역적인 특징도 가지고 있었다.

남송 시기의 서화 예술은 북송이 개척한 노선 위에서 계속 발전하였는데, 계승한 것도 있었고 변화된 것도 있었다. 영토의 절반만을 차지하고 있던 남송의 조야(朝野)에서는, 서화를 문방청완(文房淸玩)으로 삼는 풍조가 더욱 팽배했다. 개인 수장가들 중에는 송나라 종실과 권세 있는 신하들이 적지 않는데, 조영주(趙令疇)·조여근(趙與懃)·조희곡(趙希鵠)과 가사도(賈似道)는 바로 그 대표적인 사람들이다. 서화에 대한 시민들의 수요도 북송처럼 왕성했는데, 화가 조언녕(趙彦寧)과 같은 경우는 스스로 그림 가게를 열었을 뿐만 아니라, 화원에는 들어가지 않으려 했다고 한다.

이 시기에는 화조화가 지극한 공교함과 아름다움을 추구하는 단계를 거친 이후 두 방향으로 나아갔다. 하나는 궁정의 심미 취향에 부응하면서 미약하고 부드러우며 아름다운 방향으로 나아간 것이

문방청완(文房淸玩): 서재에서 향을 피워두고 밝은 창과 맑은 책상 아래에서 옛 글씨와 그림, 잘 만들어진 좋은 문방구들을 감상한다는 뜻.

며, 둘째는 문인화와 선화(禪畫)의 취지를 흡수하여, 맑고 시원스러우며 분방한 방향으로 나아간 것이다. 산수화는 이미 국토가 외적에게 침범당한 역사적 상황에서 문인화의 시정(詩情)과 융합하면서, 화면의 일부만을 활용하는 변각(邊角) 구도 속에서 그윽하고 아름다운 정취를 구현하는 방향으로 나아갔다. 인물화의 경우는 송나라와 금나라 간에 민족 전쟁이 발발함에 따라, 시사(時事)에 관심을 기울이고, 옛 것을 빌려 오늘의 상황을 비유하는 일군의 역사화(歷史畫)와 현실의 중대한 사건을 묘사하는 고사화(故事畫)가 발전하였다. 또 도시 생활의 전개로 말미암아 풍속화가 매우 크게 발전하였다. 그 화법은 여전히 섬세한 기법의 양식이 주류였지만, 수묵의 간결한 필치에 의한 고아하면서도 힘찬 화풍이 나날이 왕성해지면서 발묵(潑墨) 인물화가 출현하였다. 회화 발전의 전반적인 추세는 대체로 평담(平淡)한 것으로부터 정밀하고 기이한 것으로, 정밀하고 기이한 것으로부터 연약하고 미미한 것으로, 혹은 정밀하고 기이한 것으로부터 맑고 시원스러우며 분방한 방향으로 나아갔다고 할 수 있다.

서법 예술의 경우는 여전히 첩학(帖學)이 성행한 시대에 속하지만, 의기를 숭상한 북송 서예가들의 영향이 매우 커서, 얼마 뒤에는 기이하면서도 분방한 쪽으로 나아가기도 하고, 동진(東晉)의 고전 형태로 회기하기도 했는데, 이는 원나라 초기의 법도를 숭상하는 풍조를 배태하고, 고전 서풍(書風)의 부흥을 함축하고 있는 것이었다.

금나라 사람들의 서화는 북송의 영향을 많이 받았지만, 남송의 것도 역시 약간 참작하였다.

원대의 서화는 특수한 역사적 조건에서 송대와는 전혀 다른 풍모를 형성하였다. 몽고족 통치자들은 무력으로 정권을 수립한데다 문명의 수준도 비교적 낮았기 때문에, 중국의 문화에 비교적 깊이 동화된 소수의 제왕과 귀족들만이 서화를 중시하였다. 예컨대 원나라의 문종(文宗)은 늘 학사(學士) 우집(虞集)·박사(博士) 가구사(柯九思)와 더불어 법서와 명화에 대해 토론하였으며, 원나라 인종(仁宗)의 손위 누이인 노국대장공주(魯國大長公主)는 천녕사(天寧寺)의 아집(雅集-풍 아스러운 모임)을 개최하면서 문신들을 소집하여 잔치를 열고, 그림을 감상하거나 제사(題辭)와 발문(跋文)을 고증하였다. 그러나 이것을 제 외하면 단지 사치스러운 생활에만 열중할 뿐이었고, 화원도 이미 더 이상 존재하지 않았으므로, 다수 궁정화가들의 지위는 공장(工匠-기 능인)에 속하여, 양송 시기의 거의 문관에 가까웠던 광영은 다시는 찾아볼 수 없게 되었다. 그들이 완성한 사묘(寺廟)와 궁실(宮室)의 벽 화와 궁정의 수요에 부응한 기타 작품들은 대부분 요나라와 금나라 의 질박하고 꼼꼼한 사실적인 작풍을 답습했으므로, 새로운 풍격과 새로운 유파를 수립하려고 노력했다고 보기는 어렵다. 민간에서 활 동한 화공이나 직업화가들은 여전히 대도(大都)·항주(杭州) 등 상업 이 발달한 지역들에서 민간의 문화생활 수요를 충족시키고 있었다. 북방에서 생계를 꾸려나간 사람들의 예술 연원은 대략 궁정화가들과 같다고 할 수 있으며, 남방에서 생계를 꾸려나간 사람들은 대부분 남송 화원의 작풍을 계승하였다. 또 방향을 돌려 문인화의 공필(工 筆) 양식을 모범으로 취하는 경우도 있었으므로, 중대한 발전을 이룩 한 것은 곧 문인들의 서화였다.

원대의 통치자들이 상당히 오랫동안 과거제도를 폐지했었기 때문 에, 지식인들이 습관적으로 "배워서 뛰어나면 벼슬을 한다[學而優則 仕]"라는 진로가 가로막혔으며, 벼슬길에 들어서고자 해도 단지 하급 관리에 충당될 뿐이었다. 봉건 시기에 줄곧 남들 위에 높이 군림하던 문인 사대부들은 원대의 여러 직업들 가운데 겨우 거지보다 나은 아 홉 번째에 놓이는 신세로 전락했으며, 강남의 문인 사대부들은 처우 가 더욱 좋지 않았다. 이러한 조건에서 문인 사대부들은 벼슬길을 포기하거나 인간사에 소원해지지 않을 수 없었으며, '세상에서의 쓰임[用世]'에 관심이 없는 도가 사상의 깨우침과 문학 예술을 창작하는 '소요유(逍遙遊)' 속에 정신을 기탁하려고 추구하였다. 이리하여 송대에 주로 관료 문인들이 여가 시간에 즐기던 문화생활이었던 문인화는 다시 재야 문인들의 수중으로 더욱 많이 들어와, 그들이 고달픈 인생을 초월하여 다시 자연으로 돌아가게 하는 나침반이 되었다. 이미 진(晉)·당(唐)과 같지 않던 인물화는 산수화와 화조화에 의해 대체되었으며, 인물화도 고전적인 제재로 나아가 수묵 백묘(白描)가 발전하였다.

오대·양송 이래로 산수화와 화조화의 지위는 이미 높아졌으며, 아울러 부분적으로는 자연에 충실하고, 총체적으로는 이상화(理想化)하는 노선에 따랐으며, '응물상형(應物象形)'을 중요한 요구 가운데 하나로 삼는 고전 사실주의의 높은 수준에 도달하였다. 이를 계속 넘어서고자 할 경우, 첫째 사진과 같은 사실에 도달하는 것이었는데, 당시로서는 일단 조건이 갖추어지지 못한데다 가능성도 존재하지 않았다. 둘째, 앞 시대 사람들의 예봉을 피하여 따로 새로운 길을 모색하는 것이었다. 나무와 돌·대나무와 매화·구름 낀 산과 안개 속의 나무를 묘사 대상으로 삼았던 송대의 문인화는 비록 제재를 폭넓게 취하지는 않았지만, '의기를 숭상함[尚意]'과 '사의를 중시함[重寫]' 위에서 고전 사실주의와는 다른 하나의 새로운 영역을 열었다. 이른바 '의기를 숭상함'은 곧 화가의 주관적 심정의 표현을 '응물상형'보다 위에 두는 것이다. 또 이른바 '사의를 중시함'은 곧 개성 있는 풍격을 강구하면서도 또한 단지 점획의 절주(節奏)에 의지하여 감정을 표현하고 마음을 그려내는 서법을 회화로 끌어들이려고 추구하는 것이다. 문인 사의화 발전의 초기, 즉 송대의 죽목(竹木) 등 제재 선택의 단순화는 의기를 중시하고 사의를 숭상하는 경험의 축적에 따른 필연적

소요유(逍遙遊): 『장자(莊子)』의 33편(編) 중 제1편으로, 아무런 구속도 받지 않고 분방하게 행동하며, 유유자적한다는 뜻이다.

응물상형(應物象形): 동양화의 여섯 가지 기법 중 하나로, 대상의 형체나 특성을 잘 파악하여 사실적으로 표현하는 것을 말한다.

인 길이었다. 그것은 양송 시대뿐만 아니라 금나라와 원나라가 통치하기 이전의 관료 문인들 속에서 영향을 주고 호응을 불러일으켰다. 이로 인해 원나라 정권이 중국을 차지함에 따라, 조야의 선비들은 만약 오로지 고목(枯木)과 죽석(竹石)·매화와 난초만을 잘 그렸거나, 또는 함께 잘하는 것으로 유명했다. 그들은 일단 이것으로 인품을 상징하고 성정(性情)을 묘사할 수 있었을 뿐만 아니라, 또 서법으로써 회화에 입문하는 기교를 훈련하는 데 편리했다. 위에서 설명한 제재들은 곧 원대의 문인들 사이에서 가장 광범하게 유행한 것들이었으며, 오늘날까지 '삼우(三友 : 소나무·대나무·매화)'와 '사군자(四君子 : 매화·난초·대나무·국화)'로 일컬어지는 화과(畫科)로서, 원대에 이미 문인 화가들에 의해 반복적으로 그려졌다.

화조화 중에는, 한편으로는 묵죽(墨竹)과 목석(木石)의 제재가 성행하여 때때로 전문 화가가 출현했을 뿐만 아니라, 또 일부 산수화가들이 아울러 잘 그리는 분야가 되었다. 다른 한편으로는 묵죽의 발달에 따라 묵란(墨蘭)과 묵매(墨梅)가 동시에 유행하는 현상을 초래하였다. 일찍이 채색의 화려함을 특징으로 하던 섬세하고 기교적인 화

〈팔화도(八花圖)〉

(元) 전선(錢選)

조화는 또한 정교함을 유지하면서도 소박하고 담박함으로 돌아가는 수묵 혹은 백묘의 화조화로 변모하였다. 수묵화 가운데 특수한 분야인 계화(界畵)와 인물 초상화의 경우, 이때에 또한 필치가 온화하고 아름다우면서도 화려한 색채를 다 제거한 백묘가 성행하였다.

간편하고 익히기 쉬운 수묵(水墨)의 화목(花木)·죽석이 널리 유행함과 동시에, 사의의 관념과 수묵의 기교, 특히 종이 바탕 위에 물기가 적은 붓과 옅은 먹을 운용하는 기교는 곧 산수화 속에 스며들어, 원대 산수화의 왕성한 발전을 뒷받침하는 원인 가운데 하나가 되었다. 원대의 산수화, 특히 원대 후기의 산수화는 오대·북송 초기의 웅장하고 힘찬 면모와도 다르고, 또 북송 후기의 친근하고 조화로운 모습이나 남송의 시적 정취가 풍부한 것과도 같지 않았다. 원대의 산수화는 일정한 의미에서의 사실적 재현(再現)을 결코 소홀히 하지 않으면서도, 마음속에서 상상해 낸 산수 이미지[邱壑]를 주로 그려냈다. 이러한 마음속의 산수는 멀리 속세를 벗어나고 싶은 화가의 이상이 담겨 있는 것으로, 화가가 대자연에 뜻을 맡기고자 하는 자유로운 심경을 녹아들게 하면서, 어찌할 수 없는 소조담박(蕭條淡泊)한 운치도 스며들게 표현하였다. 그 면모가 간결하든 복잡하든, 담백하든 농습(濃濕)하든, 평원(平遠)을 추구하든 또는 고원(高遠)을 추구하든 간에, 깊이감 있는 공간 표현을 탐색하고 객관 대상의 다채로운 생태(生態)를 재현하려는 능동적인 정신은 확실히 약화되었으며, 기억이나 이상 속의 은거 환경이나 서재(書齋) 산수의 묘사는 이미 필묵 풍격의 개성화(個性化)를 더욱 중시하게 되었다.

궁정이나 민간의 전통 풍격이 여전히 유행하고 있었다는 사실을 고려하지 않는다면, 그러한 원대 문인화의 시대적 특징을 다음의 몇 가지 방면으로 개괄할 수 있다. 회화의 사회적 효용의 측면에서는 교화의 기능이 약화되고 스스로 즐기는 기능이 중시되었으며, 예술 방

소조담박(蕭條淡泊) : 적막하고 쓸쓸하면서도 엷고 묽음.

평원(平遠)·고원(高遠) : 동양화에는 가장 기본적인 세 가지 구도법인 삼원(三遠), 즉 고원(高遠)·심원(深遠)·평원(平遠)이 있는데, 평원이란 가까이에 있는 높은 산에서 먼 산을 바라보며 내려다보는 시각으로 먼 곳의 풍경을 표현하는 방법을 말한다. 이와는 달리 고원은 산 밑에서 높은 곳을 올려다보며 그리는 방법을 말하고, 심원은 산의 바로 앞에서 그 산의 뒤를 넘겨다보는 식으로 그리는 기법으로, 주로 중첩되는 산세를 표현할 때 쓰는 방법이다.

법의 측면에서는 감정의 표출을 숭상하고 모사를 경시하였으며, 변화를 강구하면서, 판에 박은 듯한 그림을 폄하하였다. 예술 형상의 측면에서는 형상을 간략히 표현하고 정신을 중시하였다. 또 기법의 측면에서는 채색을 배제하고 수묵을 숭상하면서도, "윤택한 수묵의 운용[水暈墨章]"은 줄어들고 "메마른 필치의 준찰(皴擦) 표현[乾筆皴擦]"이 많아졌다. 예술 풍격의 측면에서는 온화하고 부드러움을 존중하고, 강하고 굳셈을 멀리하였다. 예술 취미의 측면에서는 평담함을 좋아하고 현란함을 포기했다. 재료의 측면에서는 종이의 사용이 많아지고 비단의 사용이 적어졌다. 관련된 예술의 수용 측면에서는 순수한 시각 형상 위주에서 시(詩)·서(書)·화(畫) 결합의 양상으로 변모하였다.

그 발전과 변천의 자취를 살펴보면, 원대 회화는 전후 두 시기로 나눌 수 있다. 전기에는 강남의 오흥(吳興)·항주(杭州) 일대와 북방의 대도(大都)가 똑같이 서화의 중심지였다. 강남에서 활동하며 새 왕조를 섬기지 않았던 한족 유민 화가들 가운데 일부는 송대 문인 수묵화의 전통을 계승하면서, 원나라를 반대하는 정치적 견해를 완곡하게 표현했는데, 난초를 그려 한(恨)을 표현하거나, 인마(人馬)를 그려 세상을 풍자하기도 하였다. 다른 일부 화가들은

〈추산유적도(秋山幽寂圖)〉

(元) 황공망(黃公望)

인물·'산수'·화조화 영역에서, 남송 원화(院畫)의 위축되고 유약한
아름다움을 추구하던 저속한 화풍을 어떻게든 바로잡아 문인의 화
풍으로 이끌고자 하였다. 북송 이전의 구륵착색화(鉤勒着色畫)를 배
움과 동시에 선(線)의 운용을 간략화하고, 색을 담채로 표현하여 새
로운 길을 개척하였다. 북방의 궁정화가와 관료 출신 화가들은 일찍
이 금대로부터 직접 이어진 북송의 전통을 받아들였다. 묵죽(墨竹)과
목석(木石) 그림에 뛰어났을 뿐만 아니라 산수화에도 아울러 뛰어났
던 유명한 화가들은, 금나라의 회화로 하여금 이성(李成)과 곽희(郭熙)
를 정통으로 삼는 국면으로 변모시켜, 동원(董源)과 미불(米芾)의 세
계로 나아가게 하였다. 궁정화가들은 이공린(李公麟)의 백묘(白描) 화

법을 배우는 것이 이미 시대적 풍
조가 되었다. 원대의 통치자들이
멸망한 송나라의 유민을 흡수하
여 정권과 문화 건설에 참여시킴
에 따라 남북 미술의 교류와 융
합이 이루어졌는데, 이러한 변혁
속에서 한 시대의 회화 풍조에 영
향을 미쳤던 조맹부(趙孟頫)가 출
현하였다. 그는 '고의(古意)'를 기
치로 내걸고, 북송 이전의 전통
을 배울 것을 주창하면서, '사기
(士氣)'와 '예체(隸體)'로 일컬어지
는 문인화 풍격을 강구함으로써,
점차 전체 원대 권축화(卷軸畫)의
시대적 풍조를 이끌었다.
　원대의 회화가 후기로 진입한

〈동정어은도(洞庭漁隱圖)〉
(元) 오진(吳鎭)

이래로 대량의 한족 문인화가들은 점차 은거하며 벼슬길에 나아가지 않거나 전진교(全眞敎)에 투신하여 경제적 이익과 사회적 지위를 보전하는 생활 방식에 익숙해졌으며, 또 차츰 수묵 백묘의 수단으로 죽목(竹木)과 산수(山水)를 그려내는 것을 통해 품격과 정감을 기탁하는 것에 익숙해졌다. 강남 지역에서 개인 수장가인 고아영(顧阿瑛)·조지백(曹知白)과 예찬(倪瓚) 등이 출현하여 화가들이 모이는 구심점을 형성한 이후로, 회화는 문인들이 교류하며 주고받는 일종의 교제의 수단이 되기에 이르렀다. 산수화 분야는 마원(馬遠)과 하규(夏圭)를 계승한 일부 화가들 외에, 이성·곽희 화파와 동원·거연(巨然) 화파를 계승한 몇몇 산수화가들이 출현하였으며, 마침내 동원과 거연을 위주로 하고 수묵을 숭상하며 의취를 목적으로 삼는 새로운 시대의 면모를 형성하였는데, '원말 사대가'가 바로 그 대표적 인물들이다.

원대의 서법은 조맹부를 대표로 하는 송대 종실(宗室)의 정치 참여로 말미암아, 그 출발부터 곧 당나라의 서법을 토대로 진(晉)나라의 고전적 서풍을 학습하는 것이 조야(朝野)에서 대세를 이루는 가운데, 대체로 해서·행서·초서가 유행하였다. 원대 후기에 이르러서야 비로소 조맹부의 울타리를 벗어나 굳세고 분방함을 추구하는 양유정(楊維楨) 등의 서예가와, 서풍이 꾸밈 없고 단순하면서도 그윽하고 담박한 예찬이 출현하였다. 전서(篆書)와 예서(隸書) 분야는 이름난 서법가들이 있기는 했지만, 그 성취는 그다지 두드러지지 못했다.

오대(五代)·양송(兩宋)의 산수화

　　오대 수묵 산수화의 성숙을 상징하는 사대가로는 종래에 북방의
형호(荊浩)와 관동(關仝), 그리고 남방의 동원(董源)과 거연(巨然)을 꼽아
왔다. 진적(眞迹-진품)이 아직 전해오는 위현(衛賢)과 조간(趙幹)의 작품
들도 정도의 차이는 있지만 당시 산수화의 면모와 성취를 보여준다.

　　형호는 심수(沁水 : 오늘날의 산서 심수) 사람으로 당나라 말기부터
후량(後梁) 시기까지 활동하였다. 오랜 기간 동안 태항산(太行山)의 홍
곡(洪谷)에 은거하면서 스스로 홍곡자(洪谷子)라 불렀으며, 아침저녁
으로 산수와 수석의 변화를 관찰하면서 소나무 그림 수만 장을 그렸
다. 예술에서는 웅장한 기상을 구현하면서도 형사(形似)를 잃지 않는
사실감을 추구하였는데, 대관산수(大觀山水)의 묘사를 특징으로 하
는 북방산수화파를 개창하였을 뿐만 아니라, 유명한 산수화론인『
필법기(筆法記)』를 저술하였다. 그는 일찍이 업도(鄴都)의 청련사(靑蓮
寺) 대우화상(大愚和尙)을 위하여 6폭 병풍을 그렸는데, 그가 그린 낙
락장송과 큰 바위는 중당과 만당 시기에 흥기한 산수(山水)·수석(樹
石)의 제재를 답습하였지만, "뾰족한 필치로 그린 겨울나무는 앙상하
고, 담박한 먹으로 그린 들판과 구름은 가벼운[筆尖寒樹瘦, 墨淡野雲
輕]" 것처럼, 붓과 먹을 모두 운용하여 표현 효과를 발휘하였다. 형
호는 또 기세가 자유롭고 분방한 대관산수도 그렸는데, 북송의 매
요신(梅堯臣)은 이렇게 서술하고 있다. "고색창연한 바위와 이어진 뾰
족한 봉우리들이 드높은 큰 산의 운무(雲霧) 속에 나타나네. 노송과

수척한 나무에 붓의 흔적 보이지 않으니, 자연의 조화를 빼앗는 솜씨 누가 해낼 수 있을까? 오래된 비단(화폭-편집자) 찢어진 곳 풀로 다시 붙였어도, 그 기상 드높게 하나로 이어져 있네[石蒼蒼, 連崎峰, 大山巍峨雲霧中. 老松瘦樹無筆踪, 巧奪造化何能窮. 古絹脆裂再粘續, 氣象一似高高嵩]." 그는 구름 속 산봉우리를 사면이 깎아지른 듯이 중후하게 그려내는 데 특히 뛰어났다. 〈광려도(匡廬圖)〉는 비록 『선화화보(宣和畫譜)』에 수록되어 있지는 않지만, 형호의 필묵 운용이 구현된 대관산수를 대표할 수 있는 것으로 유일하게 전해오는 작품이라고 줄곧 인정되어 왔다. 이 작품에서 오대부터 흥기한 북방산수화파의 창작 풍격이 이미 장식적인 경향에서 사실적인 경향으로 변모하였음을 볼 수 있지만, 이러한 사실적인 경향은 주로 부분적으로 표현되었기 때문에, 종합적으로 말한다면 시공을 초월하여 인류가 살아 숨쉬며 번영하는 객관 세계를 이상화하고 고도로 축약하여 구현해 내려고 했다고 할 수 있다.

형호에게 배운 장안[오늘날의 섬서 서안(西安)] 사람인 관동은 후량부터 북송 초기에 활동한 수묵산수화가이다. 그의 작품은 형호에 비해 훨씬 간략하고 개괄적이면서도 사실감을 잃지 않아 사람들의 호응을 많이 얻었다. 『선화화보』에서는 이렇게 기록하고 있다. "용필(用筆)이 더욱 간결하면서도 기세는 더욱 웅장하고, 경물(景物)이 더욱 적으면서도 의취는 더욱 뛰어나다.[筆愈簡而氣愈壯, 景愈少而意愈長.]" 오늘날 전해지는 작품들로는 〈산계대도도(山溪待渡圖)〉·〈관산행려도(關山行旅圖)〉 등이 있는데, 〈산계대도도〉[軸; 대북(臺北) 고궁박물원 소장]에서는 문헌에 기록된 대로 "바위의 형체가 견고하게 응축되어 있고, 잡목이 풍성하게 우거졌음[石體堅凝, 雜木豊茂]"을 볼 수 있다. 그림에는 깎아지른 언덕과 완만한 언덕, 둥근 산봉우리와 산마루 등을 그렸는데, 근경으로부터 원경으로 돌아 올라가고 있으며, 주봉이 뾰족

〈광려도(匡廬圖)〉

(五代) 형호(荊浩)

<관산행려도(關山行旅圖)>
(五代) 관동(關仝)
비단 바탕에 채색
144.4cm×56.8cm
대북(臺北) 고궁박물원 소장

관동은 일찍이 형호(荊浩)에게 배워 형호화파의 주요한 계승자가 되었으니, 두 사람을 함께 부르기를 '형관(荊關)'이라고 한다. 관동은 마침내 스승을 뛰어넘어 자신의 독특한 산수화 풍격을 형성하여 '관가산수(關家山水)'라고 불렸다.

이 그림은 우뚝 솟은 산봉우리를 그린 것인데, 꾸불꾸불 흐르는 계곡물과 이내(산에 낀 짙은 안개-편집자)가 자욱한 깊은 골짜기, 산허리에 출몰하는 누각, 산길과 나무다리 위를 지나가는 사람, 계곡물 위를 날아오르는 제비, 계곡 옆 산촌의 미처 신록을 머금지 못한 수목들은 이른 봄의 풍경임을 느끼게 해준다. 근경의 산기슭 계곡물 주변에는 띠풀로 지은 주막이 있으며, 사람들이 왕래하는 사이로 닭과 개 같은 가축들이 있어, 북방 산촌의 분위기가 물씬 풍긴다. 화가의 용필은 간결하면서도 굳세고 원숙하면서도 날카로운데, 바위의 윤곽은 거칠고 섬세함이 끊겼다가 이어지는 용필 운용의 변화를 보여주고 있으며, 준법(皴法)의 필치가 수묵의 선염과 결합하여 표현되어 있다. 그림 속의 인물은 비록 점경(點景)으로 표현되었으면서도 비교적 생동감을 드러내고 있다. 공간감이나 필묵의 기교나, 어느 것을 막론하고 당대의 산수화에 비해 모두 성숙한 단계로 접어들어, 오대 시기 산수화의 새로운 발전을 충분히 구현해 냈다.

하게 우뚝 서 있고, 폭포가 날아갈 듯이 쏟아져 내리고 있다. 산 아래의 안개 낀 숲은 오래된 사찰의 사립문을 가렸다 드러냈다 하며, 언덕 옆으로 흐르는 계곡물이 배와 부딪치고 있고, 지팡이를 짚고 나귀를 몰며 사공을 부르는 자가 언덕 위를 지나가고 있다. 위풍당당한 큰 산의 풍경이 시대적 특징을 잘 드러내고 있다.

오대에 북방 중원 지역에서의 전란(戰亂)은 일부 화가들의 남부 지역으로의 이주를 촉진시켰다. 장안 사람인 위현(衛賢)은 남당(南唐)에 선 너가 관직에 종사하였다. 그의 예술은 당대의 전통을 계승하였는데, 처음에는 윤계소(尹繼昭)로부터 배웠고, 나중에 다시 오도자(吳道子)의 화법을 연구하여 계화(界畫) 방면의 고수가 되었다. 그의 작품인 <고사도(高士圖)>(북경 고궁박물원 소장)는 강남 회화의 영향을 받은 흔적이 없지 않지만, 여전히 비교적 많은 북방의 전통을 간직하고 있다. <고사도>는 비단 바탕에 수묵 담채로 그린 계화 산수이다. 작자는 높은 산을 우러러 바라볼 수 있고, 꽃나무가 에워싸고 있는 배경 속에, 한대(漢代)의 양홍(梁鴻)·맹광(孟光) 부부가 거실에서 "밥상을 눈썹 높이까지 들어 올려 서로 공경하기를 손님 대하듯이 하였다[擧案齊眉, 相敬如賓]"라는 고사를 그렸는데, 산수의 배경과 인물 활동의 결합을 통해 도덕적 삶을 칭송한 한 폭의 그림이다. 그림 속의 산은 높고 크며 웅장하게 그려, "큰 산의 당당한[大山堂堂]" 기세를 갖추고 있다. 건축물은 전체 화면의 4분의 1에도 미치지 못하고, 인물 또한 건축물의 3분의 1에도 지나지 않지만, 계화는 정교하고 단정하며, 인물은 용필이 간결한 가운데 형태가 갖추어져 있다. 집 근처와 산마루의 수목들은 무성하면서도 사실적으로 그렸으며, 어떤 장식 도안의 요소도 철저히 배제하였다. 바위의 묘사는 울퉁불퉁한 구조에 비교적 주의를 기울여, 구륵 용필의 흔적을 부각시키고자 하는 뜻이 없는 것 같으며, 점·선·면의 결합 속에서 마른 필치와 준찰(皴擦)의 효과를 극대화하고

〈산계대도도(山溪待渡圖)〉
(五代) 관동

있어, 오대 회화의 사실적 묘사와 용묵(用墨) 기교 방면에서의 발전을 매우 분명하게 반영해 냈다. 이 그림의 명칭은 본래 〈양백란도(梁伯鸞圖)〉로, 여섯 폭의 고사도 가운데 하나인데, 북송의 『선화화보(宣和畫譜)』와 남송의 『운연과안록(雲煙過眼錄)』에 일찍이 수록되어 있다.

오대의 후한(後漢)부터 북송 초기까지 활동한 북방화가 곽충서(郭忠恕 : ?~977년)는 하남(河南)의 낙양(洛陽) 사람이다. 그의 계화는 송나라 초기에 최고라고 일컬어졌으며, 그가 그린 산수는 관동(關仝)을 배웠으면서도 때로는 "바위의 표현은 이사훈(李思訓)과 흡사하고, 나무의 표현은 왕마힐(王摩詰 : 즉 王維)과 닮았다.[作石似李思訓, 作樹似王

〈고사도(高士圖)〉

(五代) 위현(衛賢)

비단 바탕에 채색

134.5cm× 52.5cm

북경 고궁박물원 소장

오대 남당(南唐)의 화가인 위현은 장안(오늘날의 섬서 서안) 사람으로 누대와 전각 및 수레와 물레방아·인물을 그리는 데 매우 뛰어났으며, 특히 계화(界畫)로 유명했다.

이 그림은 한대(漢代)의 은사(隱士)인 양홍(梁鴻)과 그의 아내 맹광(孟光)이 "밥상을 눈썹 높이까지 들어 올려 서로 공경하기를 손님 대하듯이 하였다"라는 고사를 그린 것이다. 그림 속의 바위는 깎아지른 듯이 가파르고, 나무는 짙은 녹음을 드리우고 있으며, 산 아래의 호수는 출렁이며, 한 채의 기와집이 산과 물에 의지하여 서 있다. 방안의 두 사람 가운데 앉아 있는 사람이 양홍이고, 맞은편의 밥상을 든 채 무릎 꿇고 들어오는 사람이 맹광이다. 양홍은 자태가 의젓하고 온화하며, 맹광은 겸손하고 조심스러운 모습이다. 구도가 엄격하고 용필이 견실한 가운데, 나무와 바위가 울창하게 자리한 곳은 일정하지 않은 준법과 마른 필치의 점태(點苔)로 표현되어 있다. 기법상의 이러한 새로운 면모는 오대의 인물산수화가 사실을 추구하던 정신을 반영한 것이다.

그림 앞쪽의 격수(隔水) 부분에 북송의 휘종(徽宗) 조길(趙佶)이 쓴 "衛賢高士圖梁伯鸞(위현고사도양백란)"이라는 여덟 자가 있다.

점태(點苔) : 동양화에서 바위나 나뭇가지 등에 낀 이끼나 그런 분위기 등을 표현하기 위하여 주요 부위에 찍는 점으로, '태점'이라고도 한다..

摩詰.]" 하지만 가옥과 나무와 배와 수레를 그리는 데에서는 스스로 일가를 이루었다. 유도순(誘道醇)은 『성조명화평(聖朝名畫評)』에서 그의 계화에 대해 이렇게 말하고 있다. "위아래로 꼼꼼하게 판단하고 계산한 것은 하나가 기울면 모든 게 다 따라 기울어지기 때문으로, 모두 벽돌공이나 목공 등 여러 장인들이 적용하는 본래 법도를 취하여, 대체로 서로 어긋나지 않는다.[上折下算, 一斜百隨, 咸取磚木諸匠本法, 略不相背.]" 이를 통해 그의 건축물에 대한 해박한 지식을 알 수 있다. 당시 이름을 떨친 예술가였음에도 불구하고, 그는 단지 인공으로 창조한 목조 건물의 표현에 만족하지 않고, 아울러 또 산수·인물과 하나로 결합시켜 사상 감정을 펼쳐내고자 하였다. 그의 작품인 〈설제강행도(雪霽江行圖)〉[권반권(卷半卷); 대북(臺北) 고궁박물원 소장]의 완벽한 구도는 미국의 넬슨-애킨스 미술박물관(Nelson-Atkins Museum of Art)에 소장되어 있는 명대의 모본(摹本)으로부터 살펴볼 수 있다. 이 그림은 누선(樓船-2층으로 만든 배)의 구조를 정교하고 섬세하게 그려냈을 뿐만 아니라, 뱃사람의 힘든 노동을 묘사하여, 화가의 노동자에 대한 동정을 의탁하고 있어, 풍속화로서의 의의도 갖추고 있다.

강남 산수화파의 대표는 남당(南唐)의 동원(董源) 및 그의 제자 거연화상(巨然和尚)이었다. 그들의 산수화는 강남의 풍경을 많이 그렸기 때문에 북방산수화의 장대하고 웅장한 맛은 없지만, 무성한 초목이 빼어나고 윤택한 모습을 드러내며, 구름과 안개 속에 뾰족한 봉우리와 둥근 봉우리들이 출몰하는 등 활기 넘치는 생명력으로 가득 차 있어, 송대 사람들은 이것을 "평담하고 천진하며[平淡天眞]", "한 편의 강남 풍경[一片江南]"이라고 일컬었다.

동원은 자(字)가 숙달(叔達)이며, 종릉[鍾陵 : 오늘날의 강서 진현(進賢) 서북쪽] 사람이다. 그는 일찍이 남당 정권의 북(후)원부사[北(後)苑副使]를 지냈는데, 그림을 잘 그렸고, 특히 산수로 명성을 날리며 오

권반권(卷半卷) : 전체 두루마리 그림 가운데 절반만 남아 있다는 뜻.

평담천진(平淡天眞) : 평이하고 담박(淡泊)하며 전혀 꾸밈이 없고 자연스러운 풍격의 산수화풍을 표현하는 말이다. 남당 시기의 산수화가인 동원(董源)이 부드러운 준법(皴法)인 피마준(披麻皴)으로 산수를 그리기 시작하면서 유래한 말이다.

대십국(五代十國)의 강남산수화파를 개창하였다. 전해지는 그의 작품들은 몇 가지 면모를 보이고 있는데, 수묵으로 그린 것도 있고, 채색으로 그리기도 하였다. 〈계안도(溪岸圖)〉[軸; 미국 명덕당(明德堂) 소장]에는 '後苑副使臣董源畵(후원부사신동원화)'라는 낙관이 있다. 그림에서는 수묵 담채로 고산준령을 그렸는데, 구름과 안개가 군데군데 짙고 옅게 끼어 있고, 물결은 바람에 출렁이며, 떨기를 이룬 나무들은 바람에 흔들리는 자세를 취하고 있다. 화법을 살펴보면, 북방화파에 가까운 부분들도 선을 부각시키지 않았고, 필묵(筆墨)의 운용에서 용묵(用墨)을 더욱 중시함으로써 용필(用筆)의 자취가 거칠거나 날카롭게 드러나지 않고 있다. 또 태점(苔點)은 매우 적으면서도 분위기가 온화하고 차분하여 바깥으로 강한 기세가 전혀 드러나지 않는다. 그러나 나무의 표현은 비교적 굳세고 딱딱하여, 조간(趙幹)의 〈강행초설도(江行初雪圖)〉와 매우 유사하다. 이 작품은 대체로 북송 사람들이 "수묵이 왕유와 유사하다[水墨類王維]"라고 평가한 양식을 대표하는 것이라고 할 수 있다.

〈용숙교민도(龍宿郊民圖)〉[軸; 대북 고궁박물원 소장]는 산 언덕의 웅혼한 모습을 그렸는데, 초목이 부성하고, 갖가지 나무들은 울긋불긋 어우러져 돋보이며, 산기슭의 인가(人家)에서는 나무에 등을 걸어놓았고, 잇닿은 배에서 가무를 즐기고 있는 것으로 보아, 명절에 오락을 즐기는 모습을 그려놓은 것 같다. 동기창(董其昌)은 이 작품의 제목을 〈용숙교민도〉라 하고, 그 내용을 "도성에서 소쿠리 밥과 물병을 가지고 황제의 군대를 맞이한다는 의미[大都簞壺迎師之意]"라고 하였는데, 근래에는 고증을 통하여 〈용수교민도(龍袖驕民圖)〉로 교정하여, 천자가 막 백성을 다스리는 자리에 나아감을 의미한다고 하였다. 이 그림은 인물 표현이 공필 채색화법에 가깝지만, 산수 표현은 소청록(小青綠)을 구사하고 피마준(披麻皴)을 사용하여, 산마루를 반두(礬

피마준(披麻皴) : 동양화에서 가장 기본적이고 많이 사용하는 준법으로, 주로 바위가 없이 흙으로만 된 산을 그릴 때 사용하는데, 삼베를 짜는 마(麻)의 올을 풀어서 늘어놓은 것처럼 여러 가닥의 선으로 표현한 것을 가리키며, 일명 '마피준(麻披皴)'이라고도 한다.

반두(礬頭) : 산수화 기법의 하나로, 산꼭대기 위에 있는 돌덩이를 가리킨다. 그 모양이 마치 명반석(明礬石) 꼭대기 부분의 결정(結晶)과 같다고 하여 붙여진 이름이다.

〈용숙교민도(龍宿郊民圖)〉

(五代) 동원(董源)

비단 바탕에 채색

156cm×160cm

대북(臺北) 고궁박물원 소장

10세기 무렵에 활동한 동원은 남당의 중주(中主–남당은 3대 동안 존속했는데, 그 중 제2대 군주를 가리킴)인 이경(李璟)이 재위하는 동안 북원부사(北苑副使)에 임용되었기 때문에 '동북원(董北苑)'이라고 불렸다. 그가 그린 풍경은 기복 있는 산봉우리와 구불구불 돌아 흐르는 강과 하천·무성한 초목과 안개 자욱한 물가의 모습 등 전형적인 강남의 풍광들이었다.

이 작품은 중첩된 산수를 그렸는데, 경계가 넓게 탁 트이고, 무성한 초목과 원만하면서도 웅혼한 산봉우리가 강남 산수 특유의 모습이다. 온통 붉게 단풍이 물든 나무들로부터 바야흐로 가을을 맞이하고 있음을 알 수 있다. 산기슭의 나무 위에는 등불을 걸어 놓았으며, 물 위에 떠 있는 두 척의 배 위에는 채색 깃발이 꽂혀 있고, 수십 명이 어깨를 맞대고 노래하며 춤추고 있는 모습을 그렸는데, 배 위와 강 언덕에서 북치는 사람이 서로 호응하고 있다. 맞은편 강가에는 가옥과 사람이 있다. 바위는 피마준(披麻皴)으로 그린 다음 청록으로 색을 칠했고, 산마루는 빽빽하게 많은 태점들을 찍었는데, 용필이 산뜻하고 빼어나다. 인물은 채색으로 그렸는데, 형체가 작지만 생동감이 넘친다.

이 그림에는 낙관이 없고, 시당(詩堂–표구한 그림의 위아래 여백) 중에 명나라의 동기창과 청나라의 왕홍서(王鴻緖) 등이 번갈아 수장한 내용이 실려 있는데, 후에 청나라의 내부(內府)에 소장되었다. 그 밖에 청나라의 왕홍서·진정(陳定)·청나라 내부 등의 감정 수장인이 찍혀 있다.

頭)로 처리하여 스스로 일가를 이루었는데, 옛 사람들이 "채색이 이사훈과 같다[着色如李思訓]"라고 평한 것과는 달리, 이사훈의 청록산수를 발전시킨 것이다.

〈하산도(夏山圖)〉(卷; 상해박물관 소장)·〈하경산구대도도(夏景山口待渡圖)〉(卷; 요녕성박물관 소장)와 〈소상도(瀟湘圖)〉(卷; 북경 고궁박물원 소장)는 모두 수묵담채로 그렸으며, 형체가 한결같다. 또 진흙이 많고 풀로 뒤덮인 강남의 둥근 산봉우리와 언덕 및 비바람 속에 출몰하는 평원(平遠)의 풍경을 일률적으로 묘사하였으며, 전체적으로 모두 짧은 선과 작은 먹점[墨點]들을 조합하여 풍경을 그려 냈는데, 이것은 동원이 확립한 새로운 풍격으로, 동원의 그림 가운데 창조 정신이 가장 풍부한 양식이다. 이 풍격은 이미 북방산수화파가 마른 선을 위주로 형체를 확립하고 있는 것과는 달리, 무수한 태점과 무수한 주

름선들로 풍경을 그려냈다. 따라서 북송의 심괄(沈括)은 동원의 그림
에 대해 일컫기를, "용필이 매우 간략하고 거칠어서, 가까이에서 보

(위·아래) 〈소상도(瀟湘圖)〉 (일부분)

(五代) 동원

비단 바탕에 채색

50cm×141cm

북경 고궁박물원 소장

  이 그림은 수려하면서도 광활한 강남의 산수를 표현했다. 산봉우리가 끊임없이 이어지고 있고, 강가에는 초목이 무성하게 우거져 모래톱까지 가로질러 있어, 평담하고 그윽하면서도 아득하고 몽롱한 느낌이 들게 한다. 근경의 강 언덕에는 사람들이 서 있는데, 그 가운데에는 붉은 옷을 입은 두 여자가 있으며, 다섯 명은 악기를 연주하고 있는 듯하다. 작은 배는 여섯 명을 태우고 오고 있으며, 강의 맞은편 언덕에서는 그물로 고기를 잡는 어부와 낚시꾼이 있다.

면 사물의 형상과 거의 닮지 않은 듯하지만, 멀리서 보면 풍경과 사물이 찬연하게 드러난다[用筆甚草草, 近視幾不類物象, 遠視則景物粲然]"라고 했다. 그러나 중국의 국내외 전문가들의 연구에 따르면, 〈소상도〉와 〈하경산구대도도〉는 원래 동원의 〈하백취부도(河伯娶婦圖)〉의 서로 다른 부분들이라고 하는데, 그 화법에 약간 다른 점이 있어, 송대 화가의 모본일 가능성이 높다. 〈하산도〉의 경우는 이러한 화풍의 원본일 가능성이 있다.

거연은 강녕[江寧 : 오늘날의 강소 남경(南京)] 사람으로, 남당 시기에 강녕의 개원사(開元寺)에서 승려가 되었는데, 후에 남당의 후주(後主-마지막 군주인 이욱)를 따라 송나라에 귀속하였으며, 북송 시기에도 계

〈하경산구대도도(夏景山口待渡圖)〉 (일부분)

(五代) 동원

비단 바탕에 담채

50cm×320cm

이 그림은 평원(平遠)으로 펼쳐진 강산(江山)을 그린 것으로, 무성한 수목은 강남의 여름날 교외 들판의 정경임을 보여준다. 중경(中景)에는 버드나무 숲과 나루터를 배치하였으며, 맞은편에는 작은 배가 멀리서 다가오고 있다. 배 위의 승객과 뱃사공 및 버드나무 아래에서 건너기를 기다리는 사람들의 정경이 화면에 생동감을 가득 불어넣어주고 있다.

초묵(焦墨) : 진한 먹으로 건조하고 메마르게 표현하는 것.

이리발정(泥裏拔釘) : 동양화 화법의 준법(皴法) 가운데 하나로, 먼저 물로 적당한 정도로 촉촉하게 산마루와 절벽 면에 칠한 다음, 계속하여 긴 필봉(筆鋒)의 뾰족한 붓으로 짙은 먹을 사용하여 위쪽을 향해 격렬하게 그린다. 이리하여 뾰족한 송곳 모양의 긴 점 하나하나가 산 고개와 절벽 모퉁이에 세워지기 시작한다. 짙은 먹은 옅게 젖은 물기의 흔적 속에서 자욱한 듯한 변화를 드러내면서, 실제로 진흙 속에서 못을 뽑아 낸 듯한 장관을 이룬다. 이러한 화법을 사용하여 산천의 생기 넘치는 숲을 표현함으로써, 사람들에게 대단히 감동을 주는 효과를 불러일으킨다. 『개자원화전(芥子園畫傳)』 권3에 있는 강관도(江貫道) 명의의 문장에서, "거연(巨然)을 배웠으나 그 준법에 약간 변화를 주었는데, 세간에서 이를 이리발정(泥裏拔釘)이라 불렀다. 태점(苔點)을 곧 송곳처럼 긴 점으로 만들었는데, 일종의 창연하고 깊은 맛이 있다.[師巨然, 其皴法稍變, 俗呼爲泥裏拔釘. 以若輒作長點如錐, 亦有一種蒼奧處.]"라고 하였다.

속 활동하였다. 그는 동원에게 배웠으며, 산수를 잘 그렸는데, 필묵의 운용이 맑고 윤택했으며, 안개나 이내가 낀 분위기를 잘 그렸고, 긴 피마준(披麻皴)을 잘 사용했다. 산마루는 반두(礬頭)로 그렸고, 산 사이에 여울물을 그렸으며, 수목은 굴곡이 많게 그렸고, 파묵 필치의 초묵(焦墨)과 태점으로 처리하였다. 아울러 물가에는 바람을 맞고 있는 부들을 그렸는데, 풍격은 동원에 비해 씩씩하고 빼어나며 기발하다. 지금까지 거연의 작품이라고 전해오는 세 작품들인 〈층암총수도(層巖叢樹圖)〉(軸)·〈소익잠난정도(蕭翼賺蘭亭圖)〉(軸)(모두 대북 고궁박물원 소장)와 〈계산난야도(溪山蘭若圖)〉(미국 클리블랜드박물관 소장)는 모두 그림 속의 산마루가 '반두'라고 불리는 작은 자갈들로 가득 덮여 있는데, 북송의 미불(米芾)이 거연을 일컬어 "젊은 시절에 반두를 많이 그렸다[少年時多作礬頭]"라고 한 것에 비추어 볼 때, 그것들은 거연의 젊은 시절 풍격을 반영하고 있는 것이다. 〈추산문도도(秋山問道圖)〉(軸; 대북 고궁박물원 소장)·〈만학송풍도(萬壑松風圖)〉(軸; 상해박물관 소장)·〈산거도(山居圖)〉[일본 사이토(齋藤) 씨 소장]와 〈계산도(溪山圖)〉(卷; 소장처 불명)는 맑고 산뜻하며 탁 트인 상쾌한 분위기를 드러내고 있어, 동일한 시기의 풍격임을 보여준다. 그 가운데 〈만학송풍도〉는 공필과 사의를 겸비한 작품으로, 수많은 봉우리와 골짜기들과 소나무 숲이 가득 펼쳐져 있고, 높은 다리가 가로놓여 있으며, 시냇물이 세차게 흐르고 있어, 지극히 높고 광활하며 해맑은 분위기 속에서 솔바람 소리와 샘물의 운치로 충만한 듯하다. 화법에서 두드러진 특징은 '반두'와 산 아래의 조약돌들인데, 동원의 그림들에 비해 더욱 길고 힘이 있는 피마준과 파묵(破墨) 필치의 농묵(濃墨)으로 '이리발정(泥裏拔釘)'과 같은 태점을 구사하였다. 이렇게 뒤섞여 분포되어 기이한 변화를 연출하는 태점들로 자연스럽게 이끼와 풀을 표현했지만, 사람들에게 주는 느낌은 솔바람 소리와 계곡물의 운치를 풍기는

(왼쪽) 〈층암총수도(層巖叢樹圖)〉

(五代) 거연(巨然)

비단 바탕에 필묵

144.1cm×55.4cm

대북 고궁박물원 소장

이 그림은 강남의 산림 풍경을 그린 것으로, 산봉우리가 우뚝 솟아 있고, 나무숲이 빽빽하게 우거져 있으며, 산길이 구불구불하게 깊숙이 이어져 있다. 화가는 담묵과 선준(線皴) 등의 기법을 사용하여 화면의 효과를 북돋우고 있다. 화가가 원만하고 윤택한 용필을 구사하여, 일종의 빼어나면서도 차분하고 몽롱한 아름다움을 표현해 냈으며, 매우 뛰어난 산수화 작품이다.

(오른쪽) 〈계산난야도(溪山蘭若圖)〉

(五代) 거연

비단 바탕에 필묵

185.4cm×57.5cm

미국 클리블랜드미술관 소장

그림 속의 산봉우리가 우뚝하고, 바위와 계곡 근처의 울창한 숲, 산기슭 숲 사이의 누각, 근경의 평원으로 펼쳐진 물가의 숲 아래에 있는 하나의 정자는 바로 강남의 여름날 풍경이다.

그림의 오른쪽 모퉁이에는 '巨五(거오)'라는 두 글자가 씌어 있고, 그림 위에 명나라 초기의 '司印(사인)'이라는 반인(半印)이 찍혀 있으며, 명나라의 오정(吳廷)·청나라의 양청표(梁淸標)와 안기(安岐) 및 청나라 내부(內府) 등의 감정수장인(鑑定收藏印)이 있다.

분위기다. 이러한 태점의 부호화(符號化)와 추상화는 위현(衛賢)과 조간(趙幹)의 작품에서는 나타나지 않고, 북송의 산수화들 속에서만 약간 보일 뿐이다. 이것은 위의 네 폭의 그림들이 거연의 만년(晩年)에 "평담하면서도 운치가 높은[平淡趣高]" 풍격을 구현한 것일 수도 있지만, 반드시 원작이라고 단정할 수는 없다.

남당 시기에 화원(畫院)의 학생이었던 조간(趙幹)도 〈강행초설도(江行初雪圖)〉(卷; 대북 고궁박물원 소장)가 전해지고 있는데, 진적(眞迹)

<강행초설도(江行初雪圖)> (일부분)

(五代) 조간(趙幹)

비단 바탕에 채색

25,9cm×376,5cm

대북 고궁박물원 소장

이 그림은, 초겨울 강가의 어민들이 눈이 내리는 것을 무릅쓰고 고단한 작업을 하고 있으며, 여행사가 추위를 피하며 걸어가는 풍경을 그린 것이다. 화면 속에는 바람에 나부끼는 갈대 잎·마른 나뭇가지·허공에 나부끼는 눈발이, 추위가 한창임을 암시해주고 있다. 화가는 바로 우리들에게 한겨울 강남 어민의 생활을 한 폭의 그림으로 펼쳐 보여주고 있다.

으로 공인되고 있다. 이 그림은 근경에, 강남의 어촌에 눈이 조금 내린 풍경과 어민의 고단한 생활을 묘사하고 있다. 그림에서 수목의 표현은 용필이 원숙하면서도 굳세며, 누런 갈대 및 물결은 용필이 날카롭고 가늘면서도 유려하다. 하늘에서는 눈발이 날리고 있으며, 인물과 가옥과 나무를 그린 화법은 대체로 용필이 간결하면서도 굳세어 <고사도(高士圖)>와 상통하는 면이 있으며, 준법이 먹의 선염과 융합되어 있고, 메마른 준찰[乾擦]로 그리지 않아, 강남 풍경의 특징을 잘 드러내고 있다. 물의 표현과 나무의 표현은 동원의 <계안도(溪岸圖)>와 매우 가깝다. 이로부터 오대십국 시기 강남산수화파의 한결같은 특징을 살펴볼 수 있다.

북송 초기에 산수화는 오대의 전통을 직접 이어받아 오대 북방(중원)산수의 풍격이 주류를 이루었다. 새로운 정권의 수립에 따라 강남과 오월(吳越)의 화가들이 북쪽으로 상경(上京)하는 경우가 적지 않았으며, 의식적이든 무의식적이든 주류 풍격의 영향을 받았다. 이 시기의 작자들은 대부분 숭앙하고 경탄하는 심정을 품고서 대관산수

[大山大水]를 그려서 사람들로 하여금 외경심을 갖고 탄복하여 감히 함부로 대할 수 없는 대자연의 웅대하고 장엄한 아름다움을 찬미하였다. 화법은 형호(荊浩)로부터 유래한 것이 많아, 질박하면서 힘이 있고, 소박하고 묵직하면서도 씩씩한 면을 갖추고 있는데, 이것이 주요한 방면이었다. 다른 한 방면은 인부 소수의 화가들이 대자연 풍경의 계절적 변화를 묘사하기 시작하고, 감정을 표현하고 뜻을 함축하는 평원(平遠)의 의경(意境)을 탐색하기 시작한 것이다.

송나라 초에는 이른바 '삼가산수(三家山水)'가 있었다. 이들 세 화가는 산동 영구(營丘) 사람인 이성(李成)·섬서 장안(長安) 사람인 관동(關仝)과 섬서 화원(華原) 사람인 범관(范寬)이다. 그들의 작품은 선명한 풍격과 사람을 감동시키는 심미 내용으로 한 시대를 풍미했으며, 11세기 전반기에 이르기까지 매우 큰 영향을 미쳤다. 이른바 "제나라와 노나라의 화가들은 오직 이성만을 모사하였고, 섬서 지역의 화가들은 오직 범관만을 모사하였다.[齊魯之士, 惟摹營丘, 關陝之士, 惟摹范寬.]"[곽희(郭熙)·곽사(郭思)의 『임천고치집(林泉高致集)』] 이성과 범관이 대표하는 송나라 초기 산수화의 양대 풍격은, 하나는 고원(高遠)이고 하나는 평원(平遠)이며, 하나는 웅장하고 힘차서 사람을 압도하는 것이고 하나는 탁 트여 아득하게 멀리 펼쳐지는 것이었는데, 당시에 사람들의 주의를 끌었다. 유도순(劉道醇)은 『성조명화평(聖朝名畫評)』에서 이들을 비교하여 이렇게 말하였다. "이성의 그림은 가까이서 바라보더라도 천 리처럼 멀리 펼쳐진 느낌이 있고, 범관의 그림은 멀리서 바라보더라도 앉은자리 밖으로 벗어나지 않는다.[李成之畫, 近視有千里之遠, 范寬之畫, 遠望不離座外.]" 한졸(韓拙)도 이들을 비교하여 이렇게 말했다. "참으로 한 사람이 문(文)이라면, 한 사람은 무(武)라 할 수 있다.[眞一文一武也.]"

범관은 자가 중립(中立)이고, 또 다른 자는 중정(中正)이다. 그의 활동 연대는 이성에 비해 약간 늦은 편으로, 처음에 이성에게 배운 적이 있지만 나중에는 다시 형호에게 배웠는데, 오대 중원의 산수화 전통을 직접 계승하는 과정에서 옛 사람들을 배우는 것이 대자연을 대면하는 것만 못하다는 것을 인식하고, 대자연을 학습함으로써 스스로의 솜씨와 안목을 창출하고자 하였다. 『선화화보』에서는 그의 말을 인용하여 이렇게 기술하고 있다. "나는 사람에게 배우는 것보다는 사물에게서 배우는 편이 낫고, 나는 사물에게서 배우는 것보다 마음에게 배우는 편이 낫다.[吾與其師于人, 未若師諸物也, 吾與其師諸物者, 未若師諸心也.]" 이러한 인식에 근거하여 그는 형호가 창안한 대관산수(大觀山水)식의 전경산수를 "산봉우리가 소박하고 중후하며, 기세와 형상은 웅장하고 힘찬[峰巒渾厚, 勢狀雄強]" 모습으로 더욱 발전시켰으며, '고원(高遠)' 산수를 더욱 강화하여 사람들에게 감동과 경이로움을 느끼게 하고, 사람들이 "멀리서 바라보더라도 앉은자리 밖으로 벗어나지 않는" 듯한 느낌을 받게 함으로써, 작품 속에 사람의 마음을 감동시키는 힘이 충만하도록 하면서, 숭고한 자연의 아름다

움을 찬미하고 있다. 전해지는 범관의 작품들로는 〈계산행
려도(溪山行旅圖)〉·〈임류독좌도(臨流獨坐圖)〉·〈설산소사도(雪
山蕭寺圖)〉(모두 대북 고궁박물원 소장)와 〈설경한림도(雪景寒林
圖)〉[천진(天津) 예술박물관 소장] 등이 있다. 〈계산행려도〉는 공
인된 범관의 진적(眞迹)이며, 북송의 대관산수 전경식(全景式)
구도의 최고 걸작이다. 그림 속의 깎아지른 절벽면 아래의 웅
혼하며 큰 산과 천 길 높이에서 곧장 떨어지는 폭포, 그리고
산 아래에 한 조각 희미하게 부각해 낸 우거진 숲과 누각을
통해 대자연의 웅장한 기상을 집중적으로 표현하였는데, 전
체적인 형세가 기이하면서도 위풍당당한 바위가 견고하게 응
집되어 있는 〈임류독좌도〉에 비해 사람을 감동시키는 힘이
더욱 강렬하다. 〈설경한림도〉와 〈설산소사도〉는 대체로 각기
범관화파 계승자의 손에서 나온 작품이라고 할 수 있다. 전
자는 숲이 우거진 설산을 그린 작품으로, 산마루에는 빽빽한

〈계산행려도〉(일부분)

<계산행려도(溪山行旅圖)>
(宋) 범관(范寬)
비단 바탕에 채색
206.3cm×103.3cm
대북 고궁박물원 소장

이 그림은 웅장하게 솟은 산봉우리 아래 암석이 우뚝 드러나 있고, 숲의 나무들이 무성한 가운데, 계곡 옆의 산길 위에 화물을 싣고 운반하는 한 무리의 상단(商團)과 여행자들이 그 사이를 뚫고 지나가는 모습이다. 이 그림은 세상에 전해지는 범관의 작품들 가운데 학계에서 유일하게 공인된 진적으로, 전해지는 북송의 작품들 가운데 경전(經典)에 해당된다고 할 수 있다.

숲이 널리 분포되어 있고, 산 아래에는 언덕과 고개가 서로 이어지면서 수목이 깊숙이 우거진 풍경을 표현하였다. "산이 사람의 정면에서 일어나는 듯이[山從人面起]" 사람을 압도하는 기세는 약화되었지만, 산을 그리는 '우점준(雨點皴)'과 원숙하고 딱딱하게 잎이 다 떨어진 나뭇가지를 그리는 화법은 모두 범관 산수화의 "산봉우리들이 웅혼하고", "용필의 풍격이 원숙하고 힘찬" 특징을 구현하고 있다. 범관의 산수화 풍격을 이해하는 데 빼놓을 수 없는 중요한 참고자료들이다.

만일 형호와 관동의 대산대수(大山大水)식 산수화의 기초 위에서 범관이 '고원(高遠)'법을 뛰어넘어 기세를 강조했다고 한다면, 이성의 경우는 '평원(平遠)'법의 발전을 통해 더욱 정밀하고 섬세한 감각을 표현하였다. 이성(李成 : 919~967년)은 자가 함희(咸熙)로, 오대 때 영구[營丘−오늘날의 산동 창락(昌樂)에 속함]로 난을 피하여 이주하였다. 그의 산수화는 형호를 스승으로 삼았고, 관동을 배운 적도 있지만, 스승보다 뛰어난 화가가 되었다. 이성의 작품을 전문적으로 연구한 적이 있던 미불은 그에 대해 이렇게 말했다. "형호를 배웠지만 서로 닮은 점을 한 군데도 찾아 볼 수 없으며, 관동의 화법을 배웠으니 바로 잎과 나무의 표현이 서로 비슷하다.[師荊浩未見一筆相似, 師關仝則葉樹相似.]"[『화사(畫史)』] 독특한 창조적 재능으로 말미암아 그는 3대가(三大家)들 가운데 영향력이 가장 컸으며, 북송 초기 산수화의 매우 중요한 대표 인물이 되었다. 이성의 산수화에 대한 특출한 공헌은, 산천의 지세와 한림평원(寒林平遠)의 풍부한 변화를 표현하면서 감정을 기탁한 점에 있다.

미불이 활동하던 북송 말기에는 이성의 작품이 이미 매우 희소해졌는데, 오늘날 전해지는 이성의 작품들은 두 부류로 나눌 수 있다. 첫째는 관동의 풍격에 가까운 것으로, 『성조명화평(聖朝名畫評)』에서 "험준한 봉우리가 중첩되어 있는 모습[危峰疊嶂]"이라고 말한 이른바

웅장한 풍격을 그려낸 작품들로, 〈청만소사도(晴巒蕭寺圖)〉(軸; 미국의 넬슨-애킨스 미술박물관 소장)가 여기에 해당되며, 둘째는 수량이 비교적 많고 사람들이 두루 알고 있는 한림평원의 풍격으로, 〈독비과석도(讀碑窠石圖)〉(軸; 일본 오사카 시립박물관 소장)가 가장 대표적인 작품이다. 그 작품들은 모두 원작(原作)은 아니지만, 다른 방면으로부터 이성의 풍격을 계승하거나 또는 개척한 것이 반영되어 있다.

〈청만소사도〉는 북송 전기(前期)의 이성 일파의 작품이라고 판단된다. 화가가 묘사하여 그린 것은 이전처럼 전경을 담아내는 대산대수인데, 수목의 표현은 관동의 〈관산행려도〉와 가까우며, 고원의 구도와 산석의 화법은 단선준(短線皴)을 내포하고 있어 범관의 〈계산행려도〉와 유사하고, 누각의 표현은 심괄(沈括)이 "우러러보면서 높은 처마를 그렸다[仰畫飛檐]"라고 말한 것과 일치한다. 그러나 공기투시(空氣透視)가 조성해 내는, 먼 것은 짙게 보이고 가까운 것은 옅게 보이는 효과에 주의를 기울임으로써 더욱 더 사실감을 증대시켜, 보는 이들에게 감동을 주었을 뿐만 아니라, 또한 더욱 통일감과 층차감을 갖추고 있다. 〈독비과석도〉는 그가 인물화가인 왕효(王曉)와 합작하여 그린 작품인데, 현존하는 것은 12세기 이성 화파의 모본일 가능성이 있다. 그림에서는 한림평원, 고목과 황량한 비석, 옛날을 생각하며 그윽한 감정을 회고해 내는 나그네를 묘사하였다.

이로부터 두 가지 문제들을 살펴볼 수 있다. 첫째, 관동의 그림 속에서는 대산대수의 부분으로서 가지만 있고 줄기가 없던 수목들이, 이곳에서는 확대되어 구도의 주체를 이루고 있으며, 이 때문에 묘사도 더욱 정밀하고 구체적이라는 점이다. 화가는 무의식적으로 "용필이 간결하면 간결할수록 기세가 더욱 씩씩한[筆愈簡而氣愈莊]" 화법을 추구하여, 황량하고 쓸쓸한 환경 속의 한림을 뱀이나 규룡(虯龍)이 꿈틀대는 듯한 "해조수(蟹爪樹-게의 발톱 형상으로 그린 나무)"로 그렸

으며, 파란만장한 인간 세상의 풍상을 겪으면서도 굴하거나 흔들리지 않는 생명력을 강하게 표출하였다. 둘째, 한림평원의 형상을 창조하였는데, "가까이에서 천 리나 펼쳐진 아득한 풍경을 볼 수 있는[近視有千里之遠]" 시각 효과에 도달하기 위하여, 화가는 근경(近景)의 경사지를 크고 간결하게 그렸으며, 중경(中景)의 한림을 충실하게 묘사했고, 원경(遠景)에는 나지막한 지평선과 "먹을 아껴 쓰기를 금과 같이 하는[惜墨如金]" 방법에 의거하여 아득하고 멀리 안으로 소실되도록 하였다. 이러한 수목과 바위를 위주로 하는 '한림평원'의 형상은 확실히 중당과 만당의 수석(樹石) 제재와 일맥상통하는 점이 있지만,

새로운 함축된 의미를 부여하였고, 간결하고 담박하며 정미(精微)한 묵법(墨法)을 발전시킴으로써, 북송의 웅장한 산수를 벗어난 독창적인 면모를 형성하였다.

먹의 운용을 말한다면, 사람들은 이성이 담묵을 사용하는 데 뛰어나 가을이나 겨울의 "안개 낀 숲의 맑고 광활한 모습[煙林淸曠]"이나 "분위기가 적막하고 쓸쓸함[氣象蕭疏]"을 성공적으로 표현함으로써, 범관이 사용한 짙은 먹과 공교롭게도 대비를 이루고 있음을 쉽게 발견할 수 있다. 범관은 먹을 즐겨 사용하였기 때문에, 미불로 하여금 "매우 짙은 색이 밤처럼 어두워, 흙과 바위를 분간할 수 없을 정도[深暗如暮夜晦暝, 土石不分]"라고까지 느끼게 하였으며, 누각의 경우도 그가 붓으로 그린 가옥을 "쇠로 만든 가옥[鐵屋]"이라고 느끼게 할 정도였다. 이것은 수묵 효과를 발휘함으로써, 수·당 이래 추구해 온 지척이 천 리[咫尺千里]인 평원 효과를 표현하는 데에서 이성이 새로운 방법을 개척했으며, 동시에 섬세하고 정교한 인생의 정감을 하나로 결합하여 표현했음을 말해주는 것인데, 이것도 그가 광범하고 심원한 영향을 끼친 중요한 원인이다. 북송 3대가 이후 진적이 세상에 전해지는 연문귀(燕文貴)와 허도녕(許道寧)도 한 시대에 이름을 날렸던 산수화가들이다.

북송 중기에 들어선 이후 화가들의 대자연에 대한 관찰과 체험의 심화 및 예술 표현력이 정교하고 섬세한 방향으로 나아가는 추세로 말미암아, 웅장하고 힘차며 험준함을 통해 사람들의 감동을 불러일으켰던 산수화는 쇠퇴하였다. 북송 초기의 각 지역 풍격들을 융합한 기초 위에서, 일찍이 이성(李成)의 붓끝에서 출현한 서정적 특징을 갖춘 산수화는, 다시 노닐 수 있고 살고 싶어지는 평이하면서도 친근한 모습으로 대거 출현하였다. 생동감 있는 변화로 가득한 계절 감각과 공간 감각 및 명암의 감각 속에서 목가적인 우아하고 아름다운 정취를 펼쳐 내는 것을 한때 화가들이 숭상했으며, 화법도 질박하고 순진하며 씩씩하고 굳센 풍격으로부터 편안하고 조화로운 풍격으로 변모하였다. 비록 큰 산의 당당하면서도 또한 친근감 있는 전경식(全景式) 산수가 여전히 산수화의 주류를 이루었으며, 또한 화원(畫院)에도 이러한 풍조가 진입하여 황제의 깊은 애호를 받았지만, 귀족 화가들의 경우는 또 다른 평이하고 친근한 소경(小景) 산수를 창조하였다. 만일 이성의 산수화파를 계승한 궁정화가 곽희(郭熙)가 전자(前者)의 성취를 대표한다면, 왕선(王詵)과 조영양(趙令穰)의 경우는 소경 산수화의 새로운 면모를 구현했다고 할 수 있다.

곽희는 하양(河陽) 온현(溫縣 : 오늘날의 하남 온현) 사람이다. 그는 송나라 인종(仁宗) 때 이미 명성을 날렸으며, 송나라 신종(神宗)이 즉위한 후에 궁중 화원에서 직책을 맡아 황궁 안에 대량의 벽화와 병풍을 제작하였다. 그는 사대부들의 욕구에 부응하여, 산수화를 "관청이나 지리를 뜨지 않고도, 앉은 채로 산수를 궁구[不下堂筵, 坐窮泉壑]"하려는 요구를 실현할 수 있다고 여겨, 벼슬아치들이 대자연을 잊지 못하는 심리를 만족시켜주었다. 이로 인해 볼 만하고 갈 만하고 노닐 만할 뿐 아니라, 또한 살 만할 것 같든가, 감상하는 사람들이 몸소 그 경계에 임하는 느낌을 갖도록 하든가 하여, 그들을 자연미의 감수성 속으로 이끌어갔다. 곽희는 『임천고치집(林泉高致集)』에서 이렇게 말하고 있다. "이 그림을 보면 사람으로 하여금 이러한 산수의 의미가 생겨나게 하여, 마치 진짜로 이 산속에 있는 것처럼 느끼게 하니, 이것을 그림의 '경외의(景外意)'라 한다. 이 그림을 보면 사람으로 하여금 이러한 산수의 의미가 생겨나, 마치 정말로 그 곳에 이르른 것처럼 여기게 하니, 이것을 그림의 '의외묘(意外妙)'라고 한다.[看此畫令人生此意, 如眞在此山中, 此畫之景外意也, 看此畫令人生此心, 如眞將至其處, 此畫之意外妙也.]" '경외의'와 '의외묘'를 실현하기 위하여 곽희

樹
杪
巍
峯
溪
閣
涼
橋
洞
仙
居
宸
上
層
不
藉
物
桃
開
鹤
淡
喜
山
早
见
氣
如
荼
己
卯
春
月
尚
甡

<조춘도(早春圖)>

(宋) 곽희(郭熙)

비단 바탕에 채색

185.3cm×180.1cm

대북 고궁박물원 소장

이 그림은 봉우리들이 우뚝 솟아 있고, 바위 골짜기가 종횡으로 펼쳐져 있으며, 샘물이 졸졸 흘러내려와 계곡물이 불어 넘치고 있다. 계곡 옆에는 사람이 배를 버려두고 언덕으로 오르고 있으며, 산길에는 사람이 짐을 짊어지고 걸어가고 있고, 산허리에는 연기와 안개가 자욱하게 서려 있는 가운데, 산봉우리가 맑고 윤택하여, 한 줄기 이른 봄의 생기가 넘쳐난다. <조춘(早春)>이라는 작품 명칭은 작가 자신이 지은 것이다.

운두준(雲頭皴) : 굴곡과 우회가 많은 붓으로 중심을 향해 둥그렇게 감싸는 준법으로, 여름날 구름의 기이한 봉우리가 많은 모습을 닮았기 때문에 붙여진 명칭이다.

는, 한편으로는 산수의 사계절과 아침저녁의 다름을 포착하는 것을 중시하였으며, 다른 한편으로는 산수 경치의 변화와 감상자의 정감의 관계를 연구하면서, 서정 산수화의 의경을 만들어 내는 데 창조적인 힘을 기울였다.

곽희의 <조춘도(早春圖)>(대북 고궁박물원 소장)는 엄혹한 겨울을 지나 대지가 다시 소생하는 이른 봄의 풍경을 그린 작품이다. 산천과 숲 사이로 자욱하게 피어오르는 흙내와 반짝이며 빛나는 햇빛이, 사람들에게 더 이상 웅장한 기상이나 사람을 압도하는 기세의 느낌을 주는 게 아니라, 친절하게 사람을 정감어린 운치로 이끈다. 만일 이 그림이 "봄 산이 담담하면서도 곱게 미소 짓는 듯한[春山淡冶而如笑]" 모습을 표현한 것이라고 한다면, <유곡도(幽谷圖)>(상해박물관 소장)는 곧 "겨울 산의 어둡고 쓸쓸하며 잠자는 듯한[冬山慘淡而如睡]" 모습을 구현한 것이라고 할 수 있다. 화가는 심산유곡의 겨울 풍경을 그렸는데, 흰 눈이 하얗게 덮여 있고 경치가 어둡고 쓸쓸한 가운데, 층을 이룬 바위 사이의 샘물이 차가운 분위기를 더해준다. 그러나 눈과 추위를 견디며 서 있는 몇 그루의 고목들은 오히려 굳게 참고 견디며 흔들림이 없는 자세로 바위 틈새에서 자라고 있어, 냉혹하고 적막한 환경 속에서 강인한 생명력을 드러내 보여주고 있다. 그림 속의 '운두준(雲頭皴)'과 '해조수(蟹爪樹)'로 대표되는 표현법과 담백하면서도 아득한 느낌의 먹 운용은 <조춘도>와 크게 다르지 않다. 그 밖에 <관산춘설도(關山春雪圖)>(대북 고궁박물원 소장)와 같은 작품도 옥돌처럼 부드럽고 굳센 가운데 따뜻한 향기를 드러내고 있으며, <과석평원도(窠石平遠圖)>(북경 고궁박물원 소장)도 만당 이래의 전통적 제재에 청신하고 유쾌한 시대의 맥박을 부여하고 있어, 두 작품 모두 매우 주도면밀한 예술적 조예를 보여주고 있다.

부마도위(駙馬都尉-임금의 사위)의 신분이었던 왕선(王詵 : 1048~

1104)은 자가 진경(晉卿)이며, 태원(太原) 사람으로, 서화와 문물을 풍부하게 수장했던 신분이 높은 문인이었다. 그의 산수화는 이성(李成)의 수묵담채 일파(一派)를 배웠으면서도 채색에 능했으며, 화풍은 "맑고 윤택하여 사랑할 만했다." 〈어촌소설도(漁村小雪圖)〉〈卷; 북경 고궁박물원 소장〉는 왕선의 대표적인 작품이다. 이 그림에서 작자는 조간(趙幹)의 〈강행초설도(江行初雪圖)〉처럼 근경과 중경을 그리는 데 중점을 두면서, 겨울에 첫눈이 내린 뒤의 교외 들판과 어촌 풍경을 표현하고 있으며, 또한 어민과 유람자의 활동을 그려 넣어 설경의 맑고 차가운 분위기를 구현하고 있고, 또 햇빛이 눈부시게 비치는 따뜻한 느낌도 표현하였

〈유곡도(幽谷圖)〉
(宋) 곽희
비단 바탕에 수묵
167.7cm×53.6cm
상해박물관 소장

이 그림에 그려진 풍경은 전형적인 중국 서북부 지역의 산천 모습이다. 눈이 내린 뒤의 산간 깊은 계곡은 혹독하게 춥고 어두침침하며, 산과 바위가 험준하게 펼쳐져 있다. 산 아래의 맑은 샘물이 바위 사이에서 솟아나와 물결이 바위와 부딪치며, 한 편의 자욱하고 아득한 분위기를 만들고 있다. 큰 바위 하나가 연못 가까이에 우뚝 솟아 있고, 바위 틈 사이로 몇 그루의 고목들이 자라고 있으며, 봉우리 앞쪽에는 굽이치는 깊은 골짜기가 있다. 벼랑 옆으로 숲의 나뭇가지들이 층을 이루고 있으며, 골짜기의 아래쪽에는 한기가 엄습하는 듯하다. 먼 곳에 주봉이 우뚝 솟아 아래로 천 길 낭떠러지를 굽어보고 있어, 하늘과 직접 맞닿은 듯한 아득한 느낌을 준다.

〈과석평원도(窠石平遠圖)〉

(宋) 곽희

비단 바탕에 수묵

120.8cm×167.7cm

북경 고궁박물원 소장

  이 그림은 대작으로, 늦가을의 경쾌하게 탁 트인 평야의 풍경을 그린 것이다. 근경의 바위 사이에 서 있는 잎이 떨어진 나무는 고목의 굳건한 모습을 빼어나게 펼쳐 보이고 있으며, 병풍처럼 원경에 높은 산이 있고, 숲이 있는 바위와 먼 산 사이로 드넓은 평지가 끝없이 광활하게 펼쳐져 있으며, 한 줄기 맑은 물이 산속 바위 사이에서 졸졸 흘러나와 맑은 물살을 이루고 있다.

다. 그가 그린 산석과 수목의 곡선은 곽희에 비해 원만한 가운데 모가 남이 더욱 뚜렷하고, 훨씬 뾰족하며 날카로운 느낌을 주지만, 정교하고 오묘한 필묵의 선염으로 대기의 느낌과 햇살의 느낌을 잘 표현해 내고 있다. 나뭇가지와 갈대는 간략하게 금분(金粉)으로 구륵하여, 뙤약볕이 내리쬐는 효과를 더욱 부각시키고 있다. 〈연강첩장도(煙江疊嶂圖)〉(卷; 상해박물관 소장)는 수묵에 청록의 짙은 색을 약간 섞었는데, 왕선의 또 다른 풍모를 대표하는 것이다.

  왕선의 〈어촌소설도〉와 같은 유형은 사람들에게 마치 눈앞에 펼쳐지는 듯이 다정다감한 느낌을 주는 작품으로, 평원소경(平遠小景)이라 일컫는다. 소경 작품은 북송의 혜숭(惠崇)에 의해 창시되었는데, 그의 작품은 섬세하면서도 풍부한 시의(詩意)를 담아 내어, 당시 소식

이 그림은 어촌의 설경을 그린 한 폭의 산수화이다. 기이한 봉우리·폭포·어촌·오래된 절·늙은 나무·가지가 성긴 버드나무·유람객·어부가 배치되어 있다. 작자는 전경을 담아내는 심원(深遠) 구도법을 채택하여, 근경·중경·원경을 유기적으로 결합시키고 있어 질서정연하고 문란하지 않다. 구성과 배치가 교묘하고 절도가 있으며, 구도의 짜임새가 엄격한 가운데 허와 실이 상생 효과를 발휘하고 있다.

(蘇軾)과 왕안석(王安石) 같은 문인들로부터 환영을 받았다. 아마도 당시의 풍속 때문이었을지도 모르지만, 황궁 근처를 벗어나 멀리 여행할 수 없었던 황실 출신의 화가들 가운데, 저명한 소경의 대가인 조영양(趙令穰)이 출현하였다. 조영양은 자가 대년(大年)으로, 활동 시기는 왕선과 비슷했다. 그의 작품은 맑고 곱기가 뛰어나다고 일컬어졌

〈호장청하도(湖莊淸夏圖)〉
(宋) 조영양(趙令穰)

(왼쪽) 〈연강첩장도(煙江疊嶂圖)〉
왕선
비단 바탕에 채색
26cm×138.5cm
상해박물관 소장

그림 속에는 구름 낀 높은 산이 교차하며, 강물이 아득하게 펼쳐져 있다. 또 잡목이 무더기로 자라 있고, 연기와 구름이 자욱하게 덮여 있다. 언덕과 언덕 사이에 하나의 굽은 다리가 설치되어 있으며, 나무꾼들이 땔감을 지고 그 사이를 오가고 있다. 강에는 작은 배 한 척이 떠 있고, 어부가 막 그물을 끌어올려 고기를 잡고 있다. 언덕 위의 숲에는 나무들이 겹쳐 자라고 있으며, 등나무 덩굴이 드리워져 있고, 두루마리 끝 부분의 왼쪽 아래 비탈바위 위에 고송이 무더기로 자라고 있으며, 언덕 앞쪽으로 고목이 그 사이에 비스듬히 누워 있는 모습으로 배치하여, 물 위로 솟아오르는 연무와 물결이 끝없이 아득하게 펼쳐지는 느낌을 부각시켰다.

는데, 도시 부근의 평화롭고 조용한 풍광을 잘 그렸다. 〈호장청하도(湖莊淸夏圖)〉(卷; 미국 보스턴박물관 소장)는 짙은 청록으로 경기(京畿) 호장(湖莊)의 여름날 풍경을 그린 훌륭한 작품이다. 화가가 무더위를 표현할 의도가 없었다 하더라도, 그의 다른 작품인 〈강촌추효도(江村秋曉圖)〉(卷; 미국 메트로폴리탄박물관 소장)와 마찬가지로 평범한 소경(小景) 속에 사람들을 도취시키는 시적 정취를 담아내고 있다. 이 작품은 청록산수임에도 불구하고, 화법에서 구륵(鉤勒) 채색의 한계를 뛰어넘어 장식미를 더욱 사실적인 격조로 변화시켰다. 양사민(梁師閔)의 〈노정밀설도(蘆汀密雪圖)〉(卷; 북경 고궁박물원 소장)도 소경산수에 속하는 진적(眞迹)이다. 화가는 눈이 많이 내린 혹한 속에서 서로 의지하고 있는 원앙들이 놀거나 잠든 모습을 그렸는데, 경치가 그윽하고 차분하여 색다른 의취(意趣)를 띠고 있다. 다만 화법이 비교적 기교에 치우치는 바람에 조심스러워져서, 조영양처럼 필치가 자유자재한 것만 못하다.

왕선과 조영양 등의 소경산수가, 비록 시인의 섬세한 감성을 표현하여 '화중유시(畫中有詩–그림 속에 시가 있음)'의 의미를 담아 내고 있

지만, 예술적으로 변형시켜 표현한 것은 그다지 많지 않고, 화법이 기본적으로 사실적이다. 산수 소품을 그릴 때에도 시를 짓는 것처럼 즉흥적으로 구사할 수 있는가 없는가에 대해, 북송의 중요한 문인화가인 미불(米芾)은 이 방면에서 새로운 시도를 진행하였다. 산서 태원(太原)이 본적인 미불(1051~1107년)은 자(字)가 원장(元章)이며, 훗날 양양(襄陽)으로 이사했는데, 일찍이 지방 관리를 역임하다가 송나라 휘종(徽宗)이 집정했을 때 궁정에 들어가 감서박사(鑑書博士)가 되었다. 그는 서법에 정통했을 뿐만 아니라, 고대 서화의 풍격 형태에 대해서도 조예가 깊었다. 그가 일찍이 안개비로 자욱한 진강(鎭江)에서 작품 창작을 한 적이 있었기 때문에, 풍우 속의 나무나 구름 낀 산에 대해 충분한 체험과 깨달음이 있었으며, 또 '한 조각의 강남 풍경[一片江南]'을 표현한 동원(董源)의 산수를 매우 사랑했으므로, 곧 점과 선을 조합한 동원의 필묵 기교를 당나라 왕흡(王洽)의 발묵(潑墨)과 혼합하여, "대부분이 안개와 구름으로 수목을 가리면서 어울려 돋보이게

〈호장청하도〉
(宋) 조영양
비단 바탕에 채색
19.1cm×161.3cm
미국 보스턴미술관 소장

이 그림은 언덕과 연못이 어우러진 한여름의 경치를 그렸는데, 계곡물에 스칠 듯이 늘어진 버들가지와 구불구불 이어지는 굽은 길, 늘어선 안개 낀 숲과 멀리 아득하게 펼쳐진 모래톱을 배치하였다. 작자는 빼어나고 윤택한 필법과 맑고 고운 채색으로, 차분하고 고요하며 그윽하고 품위 있는 의경을 매우 잘 표현해 냈다.

〈춘산서송도(春山瑞松圖)〉

(宋) 미불(米芾)

(아래) 〈운산도(雲山圖)〉

(宋) 미우인(米友仁)

종이 바탕에 수묵

27.2cm×212.6cm

대북 고궁박물원 소장

그림은 산봉우리들이 꿈틀꿈틀 이어진 모습과 흰 구름이 에워싸듯이 떠 있는 광경을 그렸는데, 산봉우리는 구름바다에 떠 있는 듯한 모습이고, 산 아래의 성긴 숲과 가옥도 절반쯤은 가려지고 절반쯤은 드러난 모습으로 처리하였다. 화가는 농묵과 담묵의 선염으로 산봉우리들의 명암을 표현하면서 사이사이에 먹점을 찍었는데, 산 아래의 성긴 숲도 동일한 형식의 먹점으로 찍었으며, 여백에 구름을 표현하면서도, 간략하게 담묵으로 구름의 형태를 구륵하였다. 화법은 간결하고도 개괄적이다.

할 뿐, 섬세한 기교에 치중하지 않은[多以煙雲掩映樹木, 不取工細]"[등춘(鄧椿)의 『화계(畫繼)』] '미가산수(米家山水)'를 창조하였다. 이러한 새로운 표현 양식은 안개와 비로 자욱한 수목과 산봉우리를 묘사하는

데 매우 적합하여, 모호하면서도 단순한 수묵의 덩어리 속에서, 한껏 선명하게 강남의 비바람과 안개와 구름을 표현하면서 시인의 감성을 펼쳐 낼 수 있었다. 애석하게도 그의 작품은 이미 그 진적이 전해지지 않는다. 미불의 산수를 계승하여 발전시킨 인물로는 그의 아들인 미우인(米友仁 : 1086~1165년)을 들 수 있는데, 자가 원휘(元暉)이다. 그는 남송이 들어선 이후 황제가 좋아했기 때문에, 황제를 위하여 '미우인의 구름 낀 산[米氏雲山]'을 그린 특별한 화가였으며, 당시의 애호가들이 다음과 같이 불평할 정도였다고 한다. "얼음이 녹고 비가 내리지만 나무가 자라기는 아직 어려우니, 어둡고 아득한 구름만 그려내는구나. 마치 오늘날 천자에게 몸을 바쳐 일하면서도, 한가로운 우리와는 어울리려 하지 않는 것 같구나![解作無根樹, 能描慒懂雲. 如今供御也, 不肯與閑人!]"(『화계』) 세상에 전해지는 미우인의 작품들은 모두 남송 때 그려진 것으로, 〈운산도(雲山圖)〉(軸; 일본 오사카시립미술관 소장)·〈소상기관도(瀟湘奇觀圖)〉(卷; 북경 고궁박물원 소장)는 모두 먹의 운용이 거칠고, 준법과 선염을 결합시켰으며, 점의 운용도 마음 내키는 대로 변화를 많이 주면서, 구름과 안개의 흐름 및 산에 수목

〈소상기관도(瀟湘奇觀圖)〉(일부분)
(宋) 미우인
종이 바탕에 수묵
19.8cm×289.5cm
북경 고궁박물원 소장

이 그림은 긴 두루마리 형식의 작품으로, 윤택하고 촉촉한 수묵으로 강가의 구름 낀 산을 그렸다. 그림 속의 산봉우리들은 기복이 있고, 숲과 가옥은 숨었다 보였다 하며, 운무(雲霧)가 자욱하게 깔려 있어, 변화무쌍하기 이를 데 없다. 전체 화면에 분명하고 뚜렷한 선과 필치가 없으면서도, 먹과 물기를 혼연일체가 되도록 융합시켜, 당·송 이래의 청록산수화의 "선으로 구륵하고 채색으로 채워 그리는" 화법을 완전히 변화시켰는데, 회화 역사에서 대담한 시도와 새로운 창조를 이룩함으로써 큰 성공을 거두었다. 후대의 사람들은 이 화법을 '미씨운산(米氏雲山)' 혹은 '미가산수(米家山水)'라고 부른다.

〈소상기관도〉 (일부분)
(宋) 미우인

이 우거진 모습을 생동감 있게 표현하였다. 위의 두 그림들의 제발 (題跋)로부터 미불의 "먹의 운용 방법이 윤주(潤州, 곧 진강)의 성 남쪽 으로부터 나왔고[墨法出潤州(鎭江)城南]"[달중광(笪重光)의 『화전(畫筌)』], 미우인의 〈운산도〉도 "신창(新昌)에 배를 타고 유람한[新昌泛舟]"[〈운산 도〉의 자제(自題)] 체험으로부터 나온 것임을 알 수 있다.

성당(盛唐) 시대에 발전하기 시작한 휘황찬란한 청록산수는 오대 (五代) 시기에 완고(阮郜)의 〈낭원여선도(閬苑女仙圖)〉(卷; 북경 고궁박 물원 소장)의 배경 속에서 여전히 이어지고 있지만, 얼마 후 산수화에 서 "안개나 노을 속의 신선이나 성인[煙霞仙聖]"을 그리는 제재가 사 라짐에 따라 화가들에게서 잊혀졌다. 북송 말기의 미불이 '미가산수' 를 창안한 송나라 휘종 시대에 이르러서야 비로소 다시 새롭게 화원 (畫院)에서 중요시함에 따라 발전하게 된다. 선화화원(宣和畫院)의 학 생이었던 왕희맹(王希孟)의 〈천리강산도(千里江山圖)〉(卷; 북경 고궁박물 원 소장)가 대표적인 작품이다. 이 작품으로부터 당나라 화가들이 그 린 청록산수의 장식 구상[意匠]은 이 시기에 이르러 크게 약화되었 고, 진기한 세상을 꿈꾼 신선의 경계도 다시는 존재하지 않게 되었음 을 알 수 있다. 화가는 '응물상형(應物象形-162쪽 참조)'의 사실적 방법 을 장식적인 색채 운용과 교묘하게 하나로 결합시켜, 금수강산의 각

별한 아름다움과 사람들이 안분자족하는 이상적인 생활을 극진하
게 펼쳐냈다. 동일한 풍격에 속하는 작품으로는, 선화화원의 화가에
의해 제작되었는데도 종실(宗室) 화가인 조백구(趙伯駒)의 작품이라
고 전해지는 〈강산추색도(江山秋色圖)〉(卷; 북경 고궁박물원 소장)가 있
다. 화가는 두루마리 그림에서 대(大)청록화법을 사용했지만, 색채의
대비가 그다지 강렬하지 않아 맑고 고우며 부드럽고 온화한 분위기

〈강산추색도(江山秋色圖)〉

(宋) 조백구(趙伯駒)

(왼쪽) 〈천리강산도(千里江山圖)〉

(宋) 왕희맹(王希孟)

비단 바탕에 채색

51.5cm×1191.5cm

북경 고궁박물원 소장

이 그림은 아름다운 산하를 그린 것이다. 화면의 많은 산과 골짜기들이 웅장한 아름다움을 다투듯이 뽐내고 있으며, 강의 흐름이 교차하는 가운데 안개와 물결이 아득하게 펼쳐지고 있어, 그 기세가 매우 웅장하면서도 아름답다. 산의 바위와 폭포·기와집과 초가집·푸른 소나무와 높은 대나무·푸른 버드나무와 붉은 꽃들이 그 사이를 수놓으며 어우러져 있다. 계곡물과 강과 호수·어촌과 들판의 나루터·물가의 정자와 긴 다리 등 갖출 건 다 갖추고 있어, 사람들이 두루두루 살펴보느라 정신이 없을 정도이다.

를 드러내며, 그려진 높은 산과 큰 강도 사람을 위압할 정도로 웅장한 기세가 없이 정교한 아름다움을 풍성하게 드러내는 쪽으로 나아가고 있다.

남송의 산수화 갈래는 북송 때 개척된 몇몇 풍격에 따라 약간의 발전이 있었는데, 그 주류는 수묵의 굳세고 힘찬 필법으로 펼쳐낸 정밀하고 기발하면서도 서정적인 풍모라고 할 수 있다.

북송의 원래 풍격과 모습을 계속 발전시킨 방면에서, 강삼(江參-약 1090~1138년)은 맑고 윤택한 수묵으로 그리는 노선을 따라 나아갔는데, 그의 〈천리강산도(千里江山圖)〉(長卷; 미국의 넬슨-애킨스 미술박물관 소장)는 강물이 넓고 아득하게 펼쳐져 있으며, 숲과 산봉우리가 한없이 많고, 맑고 윤택함이 넘치고 약간 섬세하고 자잘하다는 흠이 있지만, 바위의 뼈대를 딱딱한 필치로 윤곽을 그려내고 있는 것은 이미 거연이 남긴 화법이 아니다. 조영양과 왕희맹의 정교한 청록화법을 계승한 화가로는 조백구와 조백숙(趙伯驌) 형제가 있었는데, 조백숙의 〈만송금궐도(萬松金闕圖)〉(卷; 북경 고궁박물원 소장)는 그 화법이 청록의 채색에 속하지만, 공교한 가운데 졸렬함이 섞여 있고, 구륵 선염과 몰골의 무더기 점들을 하나로 혼합하여, 봄 산의 무성한 소나무와 금옥으로 장식한 듯이 화려한 누대와 궁궐, 밝은 달이 비추는 강, 붉은 다리 위로 내려앉는 새를 그렸는데, 매우 그윽하고 차분하면서도 맑고 아름다운 면모를 갖추고 있다.

새로운 풍격의 창조라는 측면에서는, 남송의 사대가로 널리 불리던 화가들 가운데 특히 이당(李唐)·마원(馬遠)과 하규(夏圭)의 성취가 가장 두드러진다. 그 가운데 이당은 자가 희고(晞古)이며, 하양[河陽 : 오늘날의 하남 맹현(孟縣)] 사람이다. 이당은 양송의 화풍을 계승하고 연결해주는 핵심 인물이자, 한 시대의 새로운 풍조를 개척한 대가이다. 창작 연대가 가장 이른 것으로 알려진 이당의 작품인 〈만학송

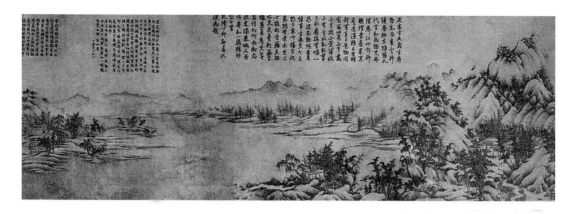

풍도(萬壑松風圖)〉(軸; 대북 고궁박물원 소장)는 북송이 멸망하기 3년 전 (1124년)에 완성되었는데, 이미 남송의 풍격이 초보적으로 나타나고 있다. 화가는 시야를 좁혀서 평시(平視)의 각도로 근경과 중경을 처리하고 있는데, 그는 곽희(郭熙)처럼 관람자[觀者]의 안내 역할을 하려는 의도는 없었던 듯하고, 단지 자신이 마주하는 경계(境界)의 구체적인 느낌을 독자(讀者)들에게 호소하려고 생각했던 것 같다. 이렇게 느낌이 크고도 강렬하여, 이미 곽희 시대 산수 의경의 느긋하고 평화로운 분위기와 크게 다르며, 또 범관(范寬)의 산수화처럼 사람의 마음을 격동시키는 것과도 다르다. 화법은 범관에 바탕을 두고 있다. 이것은 이당이 남송의 새로운 풍격을 개척하는 데에서 범관의 전통으로부터 도움을 받았음을 말해주는 것이다. 이 새로운 풍격은 북송 말

<천리강산도(千里江山圖)〉

(宋) 강삼(江參)

비단 바탕에 수묵

46.3cm×546.5cm

미국의 넬슨-애킨스 미술박물관 소장

이 그림은 중첩된 산과 물, 광활하게 펼쳐진 모래톱, 산뜻한 숲으로 이루어진 강남의 산수를 그린 것이다. 산과 바위는 피마준(披麻皴)으로 처리했고, 농묵으로 태점을 찍었으며, 나뭇잎은 무더기 먹점들로 표현했는데, 기법상으로 볼 때 확실히 거연의 화법에서 변화한 것이다.

〈만학송풍도(萬壑松風圖)〉

(宋) 이당(李唐)

비단 바탕에 채색

188.7cm ×139.8cm

대북 고궁박물원 소장

화면에는 큰 소나무와 깊은 골짜기를 그렸는데, 주봉(主峰)이 우뚝 솟아 있고, 바위는 벽처럼 서 있으며, 산속의 샘은 세차게 흘러내리고 있다. 화가는 전경식(全景式) 구도를 채택하였으며, 또한 시점(視點)을 비교적 가깝게 끌어들였고, 질박하고 순수하며 튼실하고 중후한 대부벽준(大斧劈皴)을 이용하여 암석의 모나고 험준하며 깎아지른 듯한 맛을 표현한 데다, 먹의 운용은 짙고 무거워, 산수의 웅장한 아름다움을 매우 잘 표현해 냈다.

〈청계어은도(淸溪漁隱圖)〉

(宋) 이당

비단 바탕에 수묵

25.2cm×144.7cm

대북 고궁박물원 소장

이 그림은 계곡이 휘감아 흐르고, 무성한 나무가 숲을 이룬 어촌을 그렸는데, 한바탕 빗줄기가 지나간 후에 계곡물이 넘쳐흐르고, 수

기에 아직 시작 단계여서, 구도 또한 간결함보다는 풍부함을 숭상했으며, 단순함과 세련미로 정신적인 측면을 강조하는 데에는 이르지 못했었다. 그러나 이당이 〈청계어은도(淸溪漁隱圖)〉(卷; 대북 고궁박물원 소장)를 창작할 때에 이르면, 그는 이미 매우 대담하게 경물을 잘라내고 소부벽준(小斧劈皴)을 대부벽준으로 변화시켜 필묵의 운용을 큰 도끼로 찍어내듯 시원스럽게 처리하고 있는데, 이 때문에 비온 뒤에 계곡 주변 나무들의 짙은 녹음, 매끄럽게 반짝이는 언덕의 모습과 수면의 시원하고 상쾌한 느낌을 성공적으로 표현하였다. 어떤 사람은 오늘날 보기에는 수묵산수인 〈만학송풍도〉가 원래는 청록의 짙은 색을 칠했던 것이라고 생각하기도 한다. 그것의 사실 여부는 이미 상세히 알기 어렵지만, 〈장하강사도(長夏江寺圖)〉(卷; 북경 고궁박물원 소장)에는 이당의 청록산수 경향이 그대로 보존되어 있다. 그것은 이미 북송 이전에 흔히 보던 청록화법이 아니라, 수묵을 위주로 하면서 청록화법을 결합시킨 것이다.

남송 사대가 가운데 전당(錢塘 : 오늘날의 항주) 출신인 유송년(劉松年)의 화풍은, 이당이 남쪽으로 건너간 후에 수묵을 힘차고 굳세게 구사한 화법의 면모와 매우 큰 차이를 보여주고 있지만 여전히 이당의 영향을 받고 있는데, 바로 그의 스승 장돈례(張敦禮)가 이당을 학습한

목도 촉촉하게 젖어 있는 풍경을 그린 것이다. 수풀 사이에는 물기가 촉촉하고, 짙은 안개가 자욱한 가운데, 한 사람이 계곡 옆의 외로운 배에서 낚시를 드리우고 있어, 맑은 계곡에서 고기 잡으며 은거하는 뜻을 드러내고 있다.

〈장하강사도(長夏江寺圖)〉

(宋) 이당

비단 바탕에 청록 채색

44cm×249cm

북경 고궁박물원 소장

이 그림은 여름날 강가와 여러 산의 빼어나고 아름다운 풍광을 그린 것이다. 그림 속의 많은 산과 골짜기가 기이한 봉우리들과 더불어 빼어남을 다투고 있다. 오른쪽 산마루에는 수십 칸의 건물이 자리하고 있다. 산속에는 숲이 무성한 가운데 구름과 안개가 자욱하게 서려 있다. 산 아래에는 강물이 맑게 흐르며, 광활하게 탁 트여 있다. 산과 바위의 표현은 대부벽준을 사용하였으며, 필법이 힘차고 굳세어 기세가 웅장하고 씩씩하다. 이당의 산수화 가운데 명작이라고 할 수 있으나, 애석하게도 많이 손상되어 있다.

〈사경산수도(四景山水圖)〉

(宋) 유송년(劉松年)

비단 바탕에 채색

각 폭마다 41cm×69cm

북경 고궁박물원 소장

이 그림은 사계절의 풍경을 그린 것이다. 제1폭은 봄 풍경으로, 제방 옆의 저택, 붉은 복사꽃과 푸른 버드나무, 우거진 풀밭을 그려, 생기 발랄함이 넘치는 풍경이다. 제2폭은 여름 풍경으로, 빈 집과 강 언덕의 버드나무, 주인이 편안히 앉아 피서하고 있는 모습이다. 제3폭은 가을 풍경으로, 서리 맞은 고목과 울긋불긋하게 수를 놓은 듯한 단풍을 그렸다. 화면에는 안개와 물결이 넓고 아득하게 펼쳐지며, 그윽하고 운치 있는 정원에서 나이든 사람이 홀로 앉아 정신을 수양하고 있는 맑고 한가로운 풍경을 담아냈다. 제4폭은 겨울 풍경으로, 흰 눈이 산과 숲을 하얗게 덮고 있는 모습을 그렸다. 집안의 한 여인이 창을 열고 밖을 살펴보고 있으며, 시종이 일산을 받쳐 들고 따르는 가운데, 한 사람이 말을 타고 몸을 움츠린 채 길을 가고 있다.

화가였기 때문이다. 그가 춘하추동 사계절의 전원 풍경을 그린 〈사경산수도(四景山水圖)〉(북경 고궁박물원 소장)를 보면, 필묵의 운용이 모가 나고 딱딱하면서, 때때로 부벽준(斧劈皴)을 사용하고 있으며, 먹빛이 아름답고 힘차며 중후하여 이당의 영향을 받은 면모를 분명하게 드러내고 있다. 그러나 산수와 인물의 활동을 함께 중시하여 표현했고, 공교하고 신중하며 윤택하고 아름다운 격조를 드러내고 있어, 이미 이당의 법식에서 벗어나 있음을 보여준다.

수묵의 표현이 힘차고 굳센 이당의 풍격을 극도로 발전시켰으며, 아울러 궁정(宮廷)의 취미나 혹은 문인화의 장점을 더욱 많이 혼합시킨 저명한 두 화가들이 바로 마원과 하규이다. 마원은 자가 요보(遙父)이고, 세상에서 대대로 "불상을 잘 그린 마(馬) 씨 집안"으로 불렸던 화가 집안 출신인데, 송나라 광종(光宗)과 영종(寧宗)이 통치하던 시기에 활동하였다. 그는 다양한 장르에 뛰어나 화원에서 독보적인 존재였는데, 특히 산수화에 매우 뛰어났다. 마원의 산수화는 이당의

〈만학송풍도〉에서 보이는 질박하고 무성하며 씩씩하고 힘차면서도 기운이 넘치는 풍격을 버리고, 〈청계어은도〉에서와 같이 적당하게 줄여 없애고, 형상의 요철(凹凸)을 뚜렷이 하여 필묵을 굳세고 힘차게 발전시켰다. 경물의 배치 구성에서도 전통적인 조감도식 구도를 철저히 타파하여 "깎아지른 산봉우리가 위에 있는데도 그 정상이 보이지 않거나, 절벽이 아래에 있는데도 그 하단부가 보이지 않으며, 가까이에 있는 산이 하늘을 찌르거나 멀리 있는 산이 낮게 그려지기도 했고, 달밤에 외딴 배에 사람이 홀로 앉아 있기도 하였다.[或峭峰在上而不見其頂, 或絶壁在下而不見其脚, 或近山參天而遠山則低, 或孤舟泛月而一人獨坐.]"[조소(曹昭)의 『격고요론(格古要論)』] 그의 작품은 항상 비교적 많은 공백을 남겨 사람들로 하여금 연상을 일으키도록 했는데, 이것을 사람들은 '마일각(馬一角)'이라고 일컬었다.

　그가 그린 나무와 바위의 형상은 궁정에서 애호하고 숭상하던 취향의 영향을 받아, 기발하고 특이한 것을 추구하면서 정형화되어갔

〈답가도(踏歌圖)〉

(宋) 마원(馬遠)

비단 바탕에 채색

192.5cm×111cm

북경 고궁박물원 소장

　이 그림은 그윽하고 고요하며 아름다운 많은 산봉우리들 아래에서, 교외의 농부들이 언덕 위에서 노래하고 춤추며 풍년을 경축하는 정경을 그렸다.

　다. 바위를 그릴 때에는 대부벽준을 많이 사용했고, 모서리를 분명하게 표현하였다. 나무를 그릴 때에는 용필의 꺾임과 굴곡이 많아 그

분포가 정향(丁香)나무 가지와 흡사했다. 그는 핵심적인 경물을 취한 다음 거기에 사람의 마음을 움직이는 섬세한 시적 정취를 주입하는 데 매우 뛰어났으며, 북송 중기 이래 대다수 산수화의 평이하고 자연스러웠던 풍격을 정밀하고 교묘하며 평범하지 않은 방향으로 나아가게 견인함으로써, 정교하지만 웅장한 맛이 없는 양강미(陽剛美)를 경계가 드넓은 음유미(陰柔美)로 대체하였다. 〈답가도(踏歌圖)〉(軸; 북경 고궁박물원 소장)는 구도와 배치·나무와 바위의 표현·필묵의 형태 등에서 자신의 특유한 풍모를 반영하고 있다. 〈산경춘행도(山徑春行圖)〉(대북 고궁박물원 소장)·〈화등대연도(華燈待宴圖)〉(대북 고궁박물원 소장)·〈한강독조도(寒江獨釣圖)〉(일본의 동경 국립박물관 소장)는 모두 사람을 감

〈수도(水圖)〉

(宋) 마원

비단 바탕에 채색

각 폭마다 26.8cm×41.6cm

북경 고궁박물원 소장

이 두루마리 그림은 모두 12폭으로 구성되어 있으며, 각 폭은 모두 남송 영종(寧宗)의 양(楊) 황후가 쓴 다음과 같은 명칭들이 붙어 있다. 즉 '동정풍세(洞庭風細)'·'층파질랑(層波迭浪)'·'한당청천(寒塘清淺)'·'장강만경(長江萬頃)'·'황하역류(黃河逆流)'·'추수회파(秋水回波)'·'운생창해(雲生滄海)'·'호광격염(湖光激灩)'·'운소랑권(雲疏浪卷)'·'소일홍산(小日烘山)'·'세랑표표(細浪漂漂)' 등이다.

동시킬 수 있는 아름다운 의경(意境)을 창조하는 데 각각의 오묘함을 다 갖추고 있다. 〈수도(水圖)〉(북경 고궁박물원 소장)는 또한 다른 선묘를 활용하여 각기 다른 물의 기세를 파악하여 표현함으로써, 매우 뛰어난 사실적(寫實的) 표현 능력을 발휘하였다.

영종(寧宗) 때 화원의 대조(待詔)였던 하규(夏圭)는 자가 우옥(禹玉)이며, 전당(錢塘 : 오늘날의 항주) 사람이다. 그가 산수를 그릴 때 경물의 구성은 매우 간결했는데, 사람들은 이것을 '하반변(夏半邊)'이라고 일컬었다. 하규의 산수는 필묵 운용이 마원에 가까웠지만, 다음과 같은 두 방면에서 이당 일파의 예술을 발전시켰다. 첫째는 짙은 초묵(焦墨)의 성긴 준법으로 담담하고 아득하면서도 씩씩하고 빼어난 경치를 표현한 것인데, 세상에 널리 알려진 〈계산청원도(溪山淸遠圖)〉(卷; 대북 고궁박물원 소장)는 긴 두루마리 구도 속의 초점투시(焦點透視)와 유사한 평원법(平遠法) 배치이며, 큰 면적의 여백을 활용하면

서, 매우 간략하게 여백 속에 먼 산과 건너편 언덕의 보일 듯 말 듯한 몽롱한 분위기를 묘사하였다. 근경은 종이 바탕의 특성에 맞춰 빼어나고 굳센 초묵의 성긴 준법으로 웅장하고 험준한 언덕과 바위를 묘사하여, 빼어나고 가파르면서도 맑고 탁 트인 생명력이 넘치는 운치를 조성해 냈다. 둘째는 서위(徐渭)가 "형체를 버리고 그림자를 즐긴다[捨形而悅影]"라고 칭찬했던 것으로, 그는 대기의 느낌과 빛이 내리쬐는 풍경을 매우 단순하면서도 생동감 있게 묘사하기 위해서, 대상 실체의 형사(形似)에 중점을 두지 않았고, 곽희의 시대에 〈소상팔경도(瀟湘八景圖)〉를 그린 적이 있는 송적(宋迪)의 예술과 미가[米家-미불(米芾)·미우인(米友仁) 부자] 묵희(墨戲-묵화)의 실루엣만 닮은 '영사(影似)'의 기법으로부터 암시를 얻은 듯한데, 대부벽준(大斧劈皴)을 타니대수준(拖泥帶水皴)으로 발전시켰다. 필묵과 물을 혼합하여 개척해 낸 〈산수사단(山水四段)〉(원래는 12단이었음)의 잔권(殘卷; 미국 넬슨-애

타니대수준(拖泥帶水皴) : 이 준(皴)은 백반으로 처리한 선지(宣紙)나 비단 위에 사용하는 한 가지 방법이다. 이 준법의 특징은 준법의 성격과 선염의 성격을 함께 갖추고 있어, 곧 준법이기도 하고 선염이기도 하다는 점이다. 구체적으로 말하자면, 부벽준을 운용하여 산석(山石)을 그릴 때, 먼저 비교적 짙은 먹을 축축하게 묻힌 붓으로 윤곽을 그린 다음, 윤곽선이 마르기 전에 다시 비교적 축축한 농묵(濃墨)이나 담묵(淡墨)으로 준(皴)을 가하고, 준필(皴筆)이 아직 마르지 않았을 때를 이용하여 다시 비교적 축축한 농묵이나 담묵으로 선염을 가하는 것을 가리킨다. 따라서 타니대수준의 방법을 운용하여 그린 산석들은 준필(皴筆)과 준필 사이나 농묵과 담묵 사이가 모두 자연스럽게 연결되어 하나의 덩어리를 이루며 혼연일체가 된다.

〈계산청원도(溪山淸遠圖)〉

(宋) 하규(夏圭)

송이 바탕에 수묵

46.5cm×889.1cm

대북 고궁박물원 소장

이 그림은 언덕과 큰 바위, 높이 솟아 있는 절벽, 무성하게 우거진 숲, 산속의 절과 누각들, 몽롱함 속에 잠겨 있는 먼 산, 넓고 아득하게 펼쳐진 강물 등 끝없이 펼쳐지는 강산의 풍경들을 그려 내고 있다.

킨스 미술박물관 소장)들이 대표적이라고 할 수 있다. 어쩌면 이 때문에 궁정화가들을 줄곧 비판하며 깎아내렸던 동기창(董其昌)도 『화안(畫眼)』에서 그의 독창성을 칭찬하며 이렇게 말했다. "하규는 이당을 배

〈산수사단(山水四段)〉

(宋) 하규

우고, 거기에 간솔함을 더했다. 이것은 조소(彫塑) 장인들이 말하는 '감소(減塑)'와 같은 것이다. 그 취지는 다른 사람의 법식을 모방하여 따르는 방식을 다 제거하여 없애버리려는 것이었으며, 또 마치 없어진 듯했는데, 붓끝에는 두 미 씨(米氏)의 묵희(墨戲)가 지닌 맛이 담겨 있다.[夏圭師李唐而更加簡率, 如塑工所謂減塑者. 其意欲盡去模擬蹊徑, 而若滅若沒, 寓二米墨戲于筆端.]"

|제3절|

요(遼)·금(金)·원(元)의 산수화

천간(天杆) : 족자의 맨 윗부분에 대는 반원형의 막대.

지척중심(咫尺重深) : 산수화 표현 기법의 하나로, 지척천리(咫尺千里)와 상대되는 개념이다. 즉 평면적인 거리나 높이가 아니라, 입체적인 깊이를 표현하는 것을 말한다. 어떤 학자는 산수화 발전의 역사라는 각도로부터 고찰하여 전자건(展子虔)의 〈유춘도(遊春圖)〉가 수나라 시대와 전혀 연관이 없다고 생각하였다. 동진(東晉)부터 수나라 때까지, 수많은 문헌 자료들은 산수화의 구도가 '지척천리(咫尺千里)'의 방식으로 표현되었다는 것을 증명해준다. 즉 주로 단지 상하(上下)로써 높이를 나타내고, 좌우(左右)로써 길이를 나타내는 방법만 사용했을 뿐이고, 뚜렷이 서로 다른 층차로써 깊이감을 표현하는 창작 방법은 아직 없었다는 것이다. 혹자는 적어도 이 시기에는 아직 의도적으로 종심(縱深) 방향으로 화경(畵景)을 개척한 적은 없었다고 말한다. 산수화 구도가 '지척천리'로부터 '지척중심'의 단계로 넘어가는 것은 당나라 중엽 이후이다. 이때부터 화사(畵史)에서 '중심(重深)' 혹은 '지척중심'이라는 말이 출현하기 시작한다. 돈황의 벽화들 속에 보존되어 있는 당대(唐代) 산수화와 관련이 있는 실물 자료들을 보면, 무측천(武則天) 시기의 화면상에 이미 분명한 깊이감이 존재했다. 그리고 〈유춘도〉의 원경과 근경의 경물 안배가 들쑥날쑥한 가운데 층차를 두고 있어, 이미 '중심(重深)'의 표현에 매우 주의를 기울이고 있다.

오대부터 남송 말기에 이르는 3백여 년 동안 북방의 요나라와 금나라의 산수화는 줄곧 오대 및 북송과 남송의 영향 아래 놓여 있었다. 비록 남아 있는 작품들이 매우 적지만, 극소수의 출토된 작품들과 세상에 남아 있는 작품들로부터 그 대략적인 모습을 엿볼 수 있다.

요녕(遼寧) 법고(法庫) 엽무대(葉茂臺)에 있는 요나라의 무덤에서 발견된 〈심산회기도(深山會棋圖)〉는 출토될 때 묘실 안에 걸려 있었는데, 천간(天杆)과 화축(畵軸)의 표구가 모두 온전한 모습이었다. 이것은 무덤 주인이 살아 있을 때에 화축을 거는 형식이 이미 실내에서 사용되고 있었음을 나타내주는 것이다. 고고 발굴의 보고에 근거하면, 이 무덤의 연대는 대략 북송의 태평흥국(太平興國) 5년(980년) 무렵인데, 이 그림의 창작은 확실히 이보다 훨씬 이를 가능성이 있다.

이 그림은 험준하게 솟은 산봉우리와 바위로 된 깊은 골짜기가 있는 산간의 경치를 그렸다. 이 그림은 다섯 가지 점에서 주의할 만한 가치가 있다. 첫째는, 산림의 환경을 그렸지만 인물의 생활 정취를 부각시키는 데 뜻을 두고 있다는 점이다. 둘째는, 산간의 물길을 통해 묘우(廟宇—신위를 모신 집)로 나아가면서도, 구불구불 꺾이며 올라가는 표현은 "지척중심(咫尺重深)"의 아득하고 심원한 느낌을 강조하고 있으며, 봉우리들이 우뚝 솟아 있는 높은 산은 비록 가깝지만 오히려 멀게 느껴지도록 그려, 이미 '고원(高遠)' 화법의 단초를 드러내고 있다는 점이다. 셋째는, 그림의 낙엽송은 형상이 매우 실물에 가

깊고 화법이 사실적이며, 산과 바위의 입체적 구성 또한 '응물상형(應物象形)'의 원칙을 따르고 있다는 점이다. 넷째는, 산과 바위를 표현하는 준법이 때때로 마른 필치로 길게 문지르듯 그려내면서 메마름과 촉촉함을 함께 구사하고 있지만, 억지로 준법을 추구한 흔적은 보이지 않는다는 점이다. 다섯째는, 수묵을 위주로 하면서 가옥과 나무와 인물의 경우는 간략하게 담채를 사용하고, 먼 산은 석청(石靑)과 석록(石綠)을 사용하여, 화법이 확실히 청록산수로부터 수묵산수로 대체되는 과도기에 처해 있음을 보여주고 있다는 점이다. 이상의 몇 가지 점들에 근거해 볼 때, 〈심산회기도〉는 완전히 수묵산수가 성숙한 단계로 나아가는 과정의 작품으로 볼 수 있으며, 오대와 북송 초

〈풍설삼송도(風雪杉松圖)〉 (일부분)

(金) 이산(李山)

비단 바탕에 수묵

29.7cm×79.2cm

미국 프리어미술관 소장

이 그림은 눈이 쌓인 추운 겨울의 풍경을 그렸는데, 하늘과 맞닿을 듯한 소나무와 삼나무 숲이 눈보라 속에 서 있으며, 울타리와 뜰이 있는 초가집 안에 한 사람이 화로를 끼고 앉아 있고, 집 뒤쪽에 초가지붕의 정자가 반쯤 모습을 드러내고 있다. 소나무와 삼나무가 화폭의 상당히 넓은 부분을 차지하고 있는데, 이 작품은 북방의 혹독한 겨울 소나무와 삼나무의 굳세고 험하며 변화가 많은 아름다움을 표현한 것이다.

〈적벽부도(赤壁賦圖)〉(일부분)

(金) 무원직(武元直)

종이 바탕에 수묵

50.8cm×136.4cm

대북 고궁박물원 소장

북송 때 소식(蘇軾)의 「적벽부(赤壁賦)」의 정취를 그린 것인데, 바위 절벽이 강 속에 깎아지른 듯이 서 있고, 주산(主山)이 병풍처럼 이어져 있으며, 강 언덕에는 늙은 소나무들이 우뚝 서 있다. 늘어선 산봉우리들 아래로 강물이 절벽을 에워싸고 굽이쳐 흐르는데, 강의 폭이 갑자기 탁 트이며 끝이 없는 형세를 드러낸다. 한 척의 배가 물길을 따라 내려오다 그 사이를 배회하고 있으며, 배 위에는 세 사람이 마주앉아 있는데, 바로 소식이 친구와 함께 "강물은 소리내어 흐르고, 깎아지른 강가 절벽은 천 길[江流有聲, 斷岸千尺]"이라고 느낀 적벽의 야경이다.

기 북방 산수와 밀접한 관계가 있음을 알 수 있다.

금나라가 통치하던 시기에 이성 화파와 곽희 화파는 오래도록 쇠퇴하지 않았었다. 이산(李山)의 〈풍설삼송도(風雪杉松圖)〉[卷; 미국 프리어미술관(Freer Galley of Art) 소장]는 "하늘 가득 눈보라가 삼나무와 소나무에 휘몰아치는[滿天風雪打杉松]" 겨울 풍경을 표현했는데, 화법은 대체로 '이성과 곽희'의 화풍을 참작했으면서도 자신의 풍격을 갖추고 있으며, 무원직(武元直)의 〈적벽부도(赤壁賦圖)〉[卷; 대북 고궁박물원 소장]도 남송의 원체(院體) 화풍과 유사한 면이 있다.

남송 때 최고의 화가로 일컬어졌던 마원과 하규 일파의 고아하고 힘차면서도 정밀하고도 교묘한 산수가, 원나라가 들어선 이후에는 사람들의 눈길을 끌기 어려운 침체기에 접어들었는데, 다만 직업화가에 속한다고 볼 수 있는 항주(杭州) 사람인 손군택(孫君澤)과 송강

(松江) 사람인 장관상(張觀尙)만이 세상에 작품을 남기고 있으나, 새로운 풍격은 많지 않다. 손군택의 〈하당피서도(荷塘避暑圖)〉[軸; 미국의 경원재(景元齋) 소장]와 장관상의 〈추림모옥도(秋林茅屋圖)〉〈卷; 북경 고궁박물원 소장)로부터 그 대략적인 면모를 살펴볼 수 있다. 이와는 반대로 북송의 동원·거연 화파와 이성·곽희 화파의 수묵산수는 매우 큰 발전을 이룬다. 청록산수도 흡수하고 참작했지만, 풍경은 실(實)로부터 허(虛)로 나아갔고, 의경(意境)은 구체적인 것으로부터 광범한 것으로 나아갔으며, 구도와 필묵의 운용도 정밀하고 교묘하며 고아하고 힘찬 것으로부터 평담(平淡)하고 함축적인 경향으로 선회하였다. '활원법(闊遠法)'의 사용과 마른 붓에 의한 준찰(皴擦)의 성행, 서법(書法)으로 그림 위에 시나 문장 쓰기의 유행 등은 모두 남송의 산수화와 구별되는 특징이었다. 그 원인을 살펴보면, 원대 초기에 전선·고극공(高克恭)과 조맹부가 주창한 것에까지 거슬러 올라갈 수 있다. 그 가운데 조맹부와 고극공 두 사람은 원대 산수화의 새로운 기풍을 형성하는 데 매우 중요한 역할을 담당했다.

전선(錢選 : 약 1239~약 1300년)은 자가 순거(舜擧)이고, 호는 옥담(玉潭)이며, 삽주[雪州 : 오늘날의 호주(湖州)] 사람이다. 송나라 말기에 향공(鄕貢─지방의 향시에 1차 합격한 사람)으로 진사(進士)가 되었으나, 원나라에 들어와서는 벼슬을 하지 않았다. 그의 산수화로는 〈산거도(山居圖)〉〈卷; 북경 고궁박물원 소장)와 〈부옥산거도(浮玉山居圖)〉〈卷; 상해박물관 소장) 등이 있다. 두 그림은 모두 오흥[吳興 : 오늘날의 호주(湖州)]의 부옥산(浮玉山)을 그렸는데, 한결같이 외부 세계와 단절된 도화원(桃花源)과 같은 산수를 그렸다. 그 의경은 시간과 공간을 뛰어넘어 영원하고 평안한 경계이며, 그 화법은 선의 운용과 평면 효과를 중시하면서도 일정하게 추상성도 지니고 있다. 그러나 전자가 강렬한 장식성을 갖춘 간결하고 치졸한 면모로써 청록산수의 수려하고 번화한

(오른쪽) 〈산거도(山居圖)〉

(元) 전선(錢選)
종이 바탕에 채색
26.5cm×111.6cm
북경 고궁박물원 소장

강남의 호수와 산이 어우러진 풍경을 그린 것인데, 화면 가운뎃부분의 구성과 배치가 비교적 빽빽한 반면, 좌우 부분은 상대적으로 탁 트여 있다. 가운뎃부분에는 몇 개의 푸른색 봉우리가 있고, 산 아래에는 녹색 나무숲이 있으며, 숲 속에는 보일 듯 말 듯한 초가집 몇 채가 배치되어 있다. 대나무 울타리가 집 앞쪽을 에워싸고 있으며, 환경이 맑고 그윽하다. 산속 거처의 좌우에는 거울처럼 잔잔한 호수가 에워싸고 있다. 오른편 강 위에는 작은 배 한 척이 떠 있고, 왼쪽에는 들판에서 언덕으로 이어지는 다리 및 큰 소나무들이 높이 솟아 있으며, 말을 탄 사람이 동자와 함께 멀리서 오고 있다. 먼 곳은 산봉우리가 기복을 이루며 끊임없이 이어지고 있다. 두루마리의 끝 부분에는 5언 율시 한 수를 스스로 써서, 작자가 서화 창작에 묻혀 벼슬길을 단념하고 있다는 생각을 전달하고 있다. "吳興錢選舜擧畵并題[오흥의 전선 순거가 그림을 그리고 또 쓰다]"라고 관서(款署)를 하고, '錢選之印(전선지인)'·'舜擧(순거)' 등의 인장을 찍었다.

山居惟爱静 掩日午掩柴門

多是無求道自尊 鷗鵬俱有志

艾不同根坐得蒙 莊叟相逢與細論

吳興錢選舜舉書并題

전통을 타파했다고 한다면, 후자의 경우는 구름을 통한 윤곽의 처리
에 중점을 두지 않고 순전히 점과 선의 조합과 담채(淡彩)의 선염(渲
染)을 위주로 하여, 청록과 수묵을 하나로 융합시킨 새로운 전형을
개척했다고 할 수 있다.

　만일 남방의 전선이 간략화와 장식화의 방법으로 남송의 원체화
(院體畵)의 면모를 변화시켰다고 한다면, 북방이 고극공은 금대(金代)
부터 전해오는 전통을 직접 계승하면서, 북송 문인화의 전통 혹은
북송 문인화가들이 숭앙한 오대의 전통과 일맥상통하고 있다. 고극
공(1248~1310년)은 자가 언경(彦敬)이고, 호는 방산(房山)이다. 그의 선

〈산거도〉(일부분)

(元) 전선

조는 서역 출신으로, 나중에 대동(大同)에 본적을 두었다가 방산(房山
: 오늘날의 북경)으로 이주하였는데, 그는 일찍부터 한족과 혼인한 문
인의 가정에서 자랐으며, 벼슬은 형부상서(刑部尙書)에 이르렀다. 그
의 산수화는 구름 낀 산과 안개 자욱한 숲을 많이 그렸는데, 처음에
는 미불과 미우인의 화풍을 배웠고, 만년에는 이성과 '동원·거연'의

〈부옥산거도〉 (일부분)

〈부옥산거도(浮玉山居圖)〉

(元) 전선

종이 바탕에 채색

29,6cm×98,7cm

상해박물관 소장

이 두루마리 그림은 작자의 고향인 부옥산의 풍경을 그린 것인데, 은거 생활의 환경을 구현해냈으며, 시적 정취와 회화의 의경이 충만한 산수 경관을 담아냈다. 화법은 질박하고 고아한 화면 효과를 추구하여, 산석(山石)이 덩어리 형태를 이루고 있으며, 모서리가 많고, 가늘고 힘찬 필묵으로 구륵하여 표현했으며, 빽빽하고 무성한 나무와 작은 풀들은 푸르스름한 색으로 옅게 처리하였다. 그림 속에 스스로 고체시(古體詩)를 썼고, 끝에 "위와 같이 적는다. 나 스스로 〈산거도〉를 그렸다. 오흥의 전선 순거[右題余自畫山居圖, 吳興錢選舜擧]"라고 적고 있다. 아래쪽에는 '순거(舜擧)'라는 인장이 찍혀 있다. 두루마리의 끝부분에 원대와 명대의 저명인사들이 쓴 제발이 매우 많으며, 감상자의 인장도 320여 개에 달할 정도로 많다.

화풍을 넘나들었다. 그가 62세 때 그린 〈운횡수령도(雲橫秀嶺圖)〉(軸; 대북 고궁박물원 소장)는 수묵과 청록을 하나로 융합시킨 대표작인데, 그림 속의 높이 솟은 구름 낀 산은 여전히 북송의 기세를 간직하고 있으며, 완만하게 펼쳐진 바위 언덕과 몽롱한 안개가 자욱한 숲은 동원과 미불의 맑고 윤택한 분위기를 담아내고 있다. 그러나 동원과 미불의 산수화와 비교할 때, 고극공의 경우는 이미 사실의 요소가 현격하게 줄어들었으면서, 나무와 태점의 처리는 변화가 매우 적은 규격화[程序化]를 향하여 매진하였다. 그가 관직 생활을 하는 동안 여러 차례 강남에 갔었지만, 그림 속에 표현한 것은 특정한 인상이 아니라, 일종의 고대의 전통을 혼합하여 이룬, 무성한 가운데에서도 질박함이 부족하지 않고, 평온한 가운데에서 유유자적함이 감도는 풍격인 듯하다.

원나라 초기에 남북의 양식을 융합하여 한 시대에 새로운 바람을 일으킨 저명한 화가가 바로 조맹부다. 조맹부(趙孟頫 : 1254~1322년)는 자가 자앙(子昻)이고, 호는 송설거사(松雪居士) 등이며, 오흥[吳興 : 오늘날의 절강 호주(湖州)] 사람이다. 그는 본래 송나라의 종실이었으나, 송

〈청산백운도(靑山白雲圖)〉

(元) 고극공(高克恭)

고극공은, 조상이 서역 출신으로, 회족(回族), 즉 위구르족 사람이었다. 중국 문화의 영향을 많이 받은 문인 집안 출신으로, 소년 시절에 이미 한족의 문화 예술에 대해 높은 식견과 깨달음이 있었다. 성년이 된 이후에는 남방의 한족 사대부 서화가들 및 수장가들과 밀접하게 교류함으로써, 그의 예술 창작에 영향을 미쳤다. 《운횡수령도》는 흰 구름에 에워싸인 수려한 산봉우리를 그린 것이다. 숲이 무성한 가운데 계곡물이 맑게 흐르고 있다. 화가는 물기가 적은 붓으로 산의 형체를 준찰하여 그렸고, 산자락과 비탈바위는 구륵하여 주름을 표현하였다. 산의 형체는 묵직하고 두터우며, 화풍은 고아하고 수려하여, 미가산수의 풍격을 견지하고 있다. 그러나 전체적으로 이미 자신의 풍격을 구축하고 있으며, 일종의 남북의 화풍을 융합한 새로운 산수이다. 그림에는 이간(李衎)과 등문원(鄧文原)이 쓴 두 편의 제발(題跋)이 있다.

〈유여구학도(幼輿丘壑圖)〉 (일부분)

(元) 조맹부(趙孟頫)

비단 바탕에 채색

27cm×116.3cm

미국 프린스턴대학미술관 소장

　조맹부는 송나라의 종실(宗室)로, 1286년에 원나라 세조 쿠빌라이의 부름에 응해 원나라 조정에서 벼슬을 하였다. 그러나 일생 동안 마음속은 모순으로 충만해 있었으므로 항상 은거 생활로 돌아가려 했는데, 이러한 것들이 그의 예술의 핵심적인 취지를 결정하였다. 이 그림은 진(晉)나라의 명사였던 사곤(謝鯤)이 산림에서 유연하게 노닐며 산수에 감정을 의탁했던 고사를 그린 것이다. 산과 바위는 구륵한 뒤에 선염하여, 준법이나 태점 처리가 없으며, 청록으로 채색했고, 화풍은 고아하고 수려하며, 진(晉)·당(唐) 사람의 풍모를 갖추고 있다. 이 그림에는 낙관이 없으며, 덧붙인 말미에 조옹(趙雍)과 예찬(倪瓚) 등의 제발이 있다.

　나라가 멸망한 후 오흥에 은거하면서 그 지역의 명사(名士)였던 전선 등과 더불어 '오흥팔준(吳興八俊)'으로 일컬어졌다. 원나라 세조(世祖)가 강남에 은둔해 있는 선비들을 찾아내어 등용하는 정책을 시행함에 따라 부득이하게 원나라 조정에서 벼슬을 하면서, "옛날에 물가의 갈매기였다가, 오늘은 새장 속의 새가 되었네[昔爲水上鷗, 今爲籠中鳥]"라는 모순된 심정을 가슴에 품은 채, "영화가 다섯 임금을 거치면서, 벼슬이 일품(一品)에 이르렀다.[榮際五朝, 官居一品.]" 아마도 남송 정권이 필연적으로 멸망할 운명이었음이 역사에 의해 증명되었고, 또한 아마도 그가 남송의 궁정회화가 활기를 잃고 부드러운 아름다움을 추구하는 폐단을 간파했기 때문인지는 모르지만, 전선과 마찬가지로 조맹부가 회화에 기울인 갖가지 노력들은 모두가, "용필이 섬세하고 채색이 농염한[用筆纖細, 賦色濃艶]" '근체(近體)'를 반대하고, '고의(古意)'·'사기(士氣)'와 '간결함과 진솔함[簡率]'으로 남송 원체의 형식화와 풍격화를 바로잡기 위한 것이었다.

그가 초기에 그린 산수화인 〈유여구학도(幼輿丘壑圖)〉(卷; 미국 프린스턴대학미술관 소장)는 북송의 청록산수로부터 당나라 화가들로 거슬러 올라간 작품으로, 풍격이 맑고 수려하지만 아직 자신의 면모를 형성하지는 못하고 있다. 대략 중년 시기에 이르러서야 그의 소청록산수(小靑綠山水)와 수묵산수가 모두 한 시대에 새로운 바람을 일으키는 면모를 형성하기 시작하였다. 〈작화추색도(鵲華秋色圖)〉(卷; 대북 고궁박물원 소장)는 그가 42세 무렵에 그린 것으로, 동원(董源)에서 비롯되어 왕유(王維)의 작품 속에 전해진 형상·필묵과 선명하면서도 활발한 색채를 이용하여, 제남(濟南) 교외의 작산(鵲山)과 화부주산(華不注山) 일대의 가을날 평원 풍경을 구성해냄으로써, 일종의 평화롭고 안정된 전원 생활에 대한 동경 및 시공을 초월한 향수를 표출해냈다. 화가는 '응물상형'의 사실적인 묘사를 결코 버리지 않으면서도, 예스러운 것 같지만 실제로는 새롭고, 보잘것없는 것 같으나 실제로는 수려하고, 아득하고 심원한 것 같으나 실제로는 진실하고 자연스러운 서정적 특징을 분명하게 추구하고 있으며, 동시에 시(詩)·서(書)·화(畫)를 더욱 밀접하게 결합하기 시작했다.

그로부터 7년 뒤에 완성한 〈수촌도(水村圖)〉(卷; 북경 고궁박물원 소장)는 경물의 배치와 구상의 측면에서 〈작화추색도〉와 대동소이한 면모를 보이고 있다. 그림의 내용은 여전히 상상 속에서 그려낸 문인의 은거(隱居) 환경이지만, 경치는 더욱 탁 트이고 아득하게 펼쳐져 있으며, 〈작화추색도〉에 출현한 적이 있는 가을의 버드나무나 잡목들이 여전히 성글거나 빽빽하고 들쑥날쑥한 표현의 법칙에 따라 분포되어 있지만, 그림을 보는 사람과의 거리는 훨씬 멀리 떨어져 있어, 근경의 산과 나무들은 이미 어느 정도 모호하고 흐릿한 모습을 띠고 있으며, 중경의 작은 나무들의 표현은 태점(苔點)으로 변화를 지극히 주었다. 더욱 중요한 것은 화가가 색채를 버리고 종이 바탕 위에 필묵

〈작화추색도(鵲華秋色圖)〉(일부분)

(元) 조맹부
종이 바탕에 채색
29cm×90.5cm
대북 고궁박물원 소장

이 그림은 제남(濟南)의 명승지인 작산(鵲山)과 화부주산(華不注山) 일대의 가을날 풍경을 그린 것이다. 작산과 화부주산의 두 산은 한눈에 들어오지 않을 정도로 아득하고 먼 모래톱과 평원 속에 우뚝 솟아 있다. 종횡으로 교차하며 흐르는 물길과 성긴 숲의 나무들, 온통 붉게 물든 가을의 나뭇잎, 여기저기 흩어져 있는 농가와 오가는 고깃배들, 이 모든 것들이 맑게 탁 트인 고즈넉한 정취를 잘 드러내고 있다. 이 그림은 동원과 이성의 화풍을 계승하고 있다. 산봉우리와 숲의 나무, 평평한 언덕은 농도가 다르고 물기가 적은 붓으로 구륵하여 그렸는데, 필법이 우아하여 서법(書法)의 정취를 많이 띠고 있다. 원대(元代) 문인화의 새로운 풍격을 열어놓았다. 이 그림은 원정(元貞) 원년(1295년)에 그린 것인데, 화가는 두 산의 풍경에 대한 기억에 의거하여 오랜 친구인 주밀(周密·1232~1298년)을 위해 그렸다. 두루마리 안에 스스로 이렇게 적고 있다. "공근(公謹-주밀의 字)의 아버지는 제(齊)나라 사람이다. 내가 제주(齊州)를 맡아 다스리다가, 벼슬을 그만두고 돌아와서 공근에게 이렇게 말하였다. '제나라의 산천 가운데 유독 화부주산이 가장 이름이 알려졌다. ……이 작품을 〈작화추색(鵲華秋色)〉이라고 명명하였다.' 원정(元貞) 원년 12월, 오흥(吳興)에서 조맹부가 그리다.[公謹父齊人也. 余通守齊州罷官來歸, 爲公謹說, '齊之山川, 獨華不注最之名. ……命之曰鵲華秋色云. 元貞元年十有二月, 吳興趙孟頫製.]"

덧붙인 두루마리의 말미와 격수 ▶▶

余二十年前見此圖於嘉興項氏以為文敏一生得意
筆不減伯時蓮社圖每往来校懐之年長玉見日項
肯伯以屬舟訪余携此卷来則達社之史在于
與伯秉視甚〜勤黄坳伯田不可使涇津〜劍久制

渡極誅嶺嶠 公謹父喬人之字通宇曹州
清明簪盍陪 萃富氏子州為公諼諼之
蔣苑寄情暴 山川翻华不注家知名世
把驛鉤撥蕚 共在氏而莫狀久峻肖持
誰翻疆勢心 乃有此氏作此圖為
兩茫茫 太羊門嵋山之回
右系龍山 華火色云先皇元年〜
戊戌辰書 有二月吳興趙血顆製

◀◀ (隔水) 위에 양재(楊裁)·전박(錢博)·
동기창(董其昌)·오경원(吳景遠)·조용
(曹溶) 등의 발문이 있다. 이것 말고
도 명나라의 문팽(文彭)·항원변(項元
汴)·청나라의 장응갑(張應甲)·납란
성덕(納蘭性德) 및 청나라 내부(內府)
등의 감장인(鑑藏印)이 찍혀 있다.

의 변화를 능숙하게 구사하고 있다는 점인데, 물기가 적은 붓과 담묵
으로 처리하여 간결하면서도 소탈하고 산뜻하다. 동원과 거연의 화
법을 완전히 소화하여 자신의 것으로 만들었다고 할 수 있다. 조맹부
가 만년에 그린 〈쌍송평원도(雙松平遠圖)〉(卷; 미국의 메트로폴리탄 미술
박물관 소장)도 종이 바탕에 그린 수묵 산수화 작품이다. 그러나 화법
이 더욱 성글고[疏] 간결해졌으며, 필법에서 선(線)을 중시하는 풍조가
수묵의 준법(皴法)과 선염(渲染)을 중시하던 풍조를 한 걸음 더 뛰어넘
었으며, 전통을 계승하고 본받는 방면에서는 동원으로부터 이성과 곽
희의 풍격으로 나아갔는데, 이것은 그가 서법의 정취를 추구하며 표
현한 나무나 바위와는 소홀히 할 수 없는 연관성을 지니고 있다.

원나라 초기의 조맹부와 고극공의 산수화 예술은 주로 동원·거연
및 이성·곽희로부터 비롯된 것인데, 산수화를 배우는 자들도 곧 양

대 화파, 즉 동거파(董巨派−동원·거연파)와 이곽파(李郭派−이성·곽희파)를 형성하여 함께 발전하였다. 동거파의 주요 화가들로는 관료의 자제 출신으로 고급 궁정화가였던 상기(商琦), 가흥(嘉興)의 직업화가였던 성무(盛懋)와 동거(董巨)·이미(二米−미불과 미우인 부자)의 풍격을 참작했던 강서(江西) 용호산(龍虎山)의 도사(道士) 방종의(方從義)가 있었다. 이곽파의 주요한 산수화가들로는 조맹부의 추천으로 관직에 오른 곤산(昆山) 사람 주덕윤(朱德潤), 예술에서 조맹부의 지도를 받은 적이 있는 오강(吳江)의 현령 당체(唐棣), 젊은 나이에 벼슬을 시작했다가 오래지 않아 벼슬을 그만두고 집에서 살았던 송강(松江) 사람 조지백(曹知白) 등이 있었다. 그러나 원나라 말기에 산수화의 발전을 이끌며 강남에 은거한 산수화가들은 점점 동원과 거연의 화법을 위주로 하면서 오대와 북송 대가들의 성취를 폭넓게 흡수하여, 강남의 풍경을 고매한 정감이 담긴 풍격으로 그려냄으로써, 남송 이후 산수의 변화를 완성하였다. 역사에서 '원말 사가(元末四家)'로 일컫는 이들이 그들 가운데 걸출한 대표 화가들이다. 네 명 가운데 황공망(黃公望)과 오

〈동정어은도(洞庭漁隱圖)〉
(元) 오진(吳鎮)

진(吳鎭)이 나이가 비교적 많았으며, 왕몽(王蒙)과 예찬(倪瓚)의 경우는 명나라 초기까지 계속 활동하였다.

　남송 말기에 출생한 우산(虞山) 사람 황공망(1269~1354년)은 자가 자구(子久)이며, 호는 대치(大癡)이다. 그는 50세 무렵이 되어서야 그림을 배우기 시작했다. 그 이전에 그는 여러 해 동안 하급 관리를 지냈으며, 훗날 연좌제에 걸려 투옥됨으로써 벼슬의 길을 그만두고 신흥 도교인 '전진교(全眞敎)'에 가입하여 구름처럼 각지를 떠돌면서 점을 치거나 전도를 하였으며, 동시에 그림을 그리는 삶을 시작하였다. 그의 산수화는 조맹부에 연원을 두고 있는데, 청년 시절에 조맹부가 그림 그리는 것을 직접 본 적이 있었다. 조맹부로부터 시작하여 동원과 거연의 계통을 학습하면서 기본 풍격을 확립하였으며, 더 나아가 형호(荊浩)·관동(關仝)·이성(李成)과 같은 여러 대가들을 널리 섭렵하면서 70세가 넘어서 자신의 면모를 형성했고, 80세가 넘어서면서 원숙한 경지에 도달하였다.

　70세 무렵에 완성한 〈계산우의도(溪山雨意圖)〉(북경 고궁박물원 소

장)는 안개와 비로 자욱한 냇물과 산이 어우러진 평원(平遠)의 풍경을 표현하였는데, 화법은 동원·거연·미불과 미우인·고극공을 참작했으며, 조맹부의 영향도 엿보인다. 72세에 비단 바탕에 그린 〈천지석벽도(天池石壁圖)〉(軸; 북경 고궁박물원 소장)는, 나무와 바위의 필법은 동원과 거연으로부터 유래하였으며, 경치는 우산(虞山)과 소흥(紹興) 일대의 명승으로부터 취했는데, '천강(淺絳)' 화법은 그가 맨 먼저 창안한 것이다. 이른바 '천강'은 수묵담채의 일종이지만, 수묵을 위주로 하는 것 외에 또한 황토색과 묵청(墨靑)·묵록(墨綠)의 차갑고 따뜻한 색의 조화를 통해 산색의 짙은 푸르름과 햇살의 포근함을 강하게 표현하는 데 적합하다. 이것이 이른바 "황갈색과 옅은 황색 속에 봄이 감돌고, 검푸름과 짙은 초록 속에서 정신이 드러나는[赭色微黃畫裏春, 墨靑墨綠見精神]" 것이다. 그러나 다른 화가들과 다른 점은, 이 그

〈계산우의도(溪山雨意圖)〉

(元) 황공망(黃公望)

종이 바탕에 수묵

26.9cm×106.5cm

북경 고궁박물원 소장

황공망은 본래의 성이 육(陸)이고, 이름이 견(堅)으로, 평강(平江) 상숙(常熟) 사람이다. 영가(永嘉)의 황 씨 집안에 양자로 들어가 이름과 성을 고쳤는데, 자는 자구(子久)이며, 호는 일봉(一峰)·대치도인(大痴道人) 등이다. 서법에 뛰어났고, 음률에도 정통하여 산곡(散曲)을 작곡할 줄 알았으며, 산수화를 잘 그렸는데, 조맹부의 지도를 받은 적이 있고, 동원과 거연을 본받아 배웠으며, 만년에 그 화법을 크게 변화시켜 스스로 일가를 이루었다. 화면의 앞쪽은 망망한 수역(水域)이고, 맞은편 언덕에는 먼 산이 면면

▶▶

히 이어지면서 흰 구름이 뭉게뭉게 피어오르고 있으며, 초목이 울창하게 우거져 있다. 산기슭의 평평한 언덕에는 집들이 나란히 자리하고 있고, 모래톱의 얕은 여울에는 수초가 무더기로 자라고 있다. 바위 언덕의 숲은 나무들이 뒤섞여 생동감을 더하는데, 푸른 소나무는 우뚝 솟아 있고, 잡목들은 부드럽고 작게 표현되어 있는 것이, 산에 비가 막 내리려고 하는 수향(水鄕)의 풍경이다. 스스로 이렇게 쓰고 있다. "이것은 내가 몇 년 전 평강(平江)의 광효(光孝)에 살 때, 육명본(陸明本)이 좋은 종이 두 폭을 가져왔기에 대타석(大陀石) 벼루와 곽충후(郭忠厚)의 먹으로 단번에 손길 닿는 대로 그린 것이다. 이 작품은 아직 완성되지 않았는데, 이미 호사가가 가져가 버렸다. 지금 세장(世長)이 가져왔으므로 지정(至正) 4년(1344년) 11월에 시내[溪] 위에 그 정취를 더할 수 있게 되었다. 올해 나이 76세로 이 해 11월에 다시 밝혀 적는다.[此是僕數年前寓平江光孝時, 陸明本將佳紙二幅, 用大陀石硯·郭忠厚墨一時信手作之. 此紙未畢, 已爲好事者取去. 今爲世長所得, 至正四年十月來溪上足其意. 是年七十有六, 是歲十一月哉生明識.]" 아래에는 백문(白文-글자가 희게 찍히는 음각 인장)으로 '黃氏子久'와 주문(朱文-글자가 붉게 나오는 양각 인장)으로 '黃公望印'이 각각 하나씩 찍혀 있다.

인수(引首-서화의 두루마리 표구에서 공백으로 남겨둔 종이의 위쪽을 가리키는 말) 부분에 문팽(文彭)이 전서(篆書)로 '溪山雨意'라 썼으며, 두루마리 뒤쪽에 왕국기(王國器)와 예찬(倪瓚)의 제기(題記)가 있다. 두루마리의 앞쪽과 뒤쪽에 문징명(文徵明)·안기(安岐)·항원변(項元汴)·이조형(李肇亨)·건륭(乾隆) 등의 감장인(鑑藏印)들이 찍혀 있다.

림의 풍경은 매우 풍성하지만 용필이 간결하고, 허와 실이 서로를 돋보이게 해주며, 경물의 배치가 평시(平視)로부터 고원(高遠)으로 높아졌고, 주봉이 층층이 겹쳐져 이어지면서 곧바로 구름 낀 하늘로 솟아오르고 있으며, 양쪽 측면으로 안개와 구름이 윤택하게 흘러내리고 있는 점을 들 수 있다. 산마루의 '반두(礬頭)'와 산 위의 피마준(披麻皴)은 동원과 거연으로부터 비롯된 것이지만, 기운이 웅혼하고 고아하며 탁 트인 가운데 경쾌하고 빼어난 생동감을 잃지 않고 있어, 이미 원나라 초기 고극공의 침착하고 단아한 풍격과 조맹부의 수려하고 고아한 자연스러움을 바꿔놓았다.

비단 바탕에 그린 〈구봉설제도(九峰雪霽圖)〉(軸; 북경 고궁박물원 소장)는 그가 81세 때 그린 만년의 작품이다. 이 작품은 상해(上海) 송강현(松江縣) 서쪽에 있는 '구봉(九峰)' 일대의 눈 내린 뒤의 풍경을 그렸는데, 담묵으로 하늘과 물을 표현했고, 먼 곳의 여러 봉우리들이 에워싸고 있는 아래쪽의 평범하지 않은 얼음산의 눈 덮인 봉우리는 보는 사람을 맞이하는 듯한 모습으로 서 있게 배치하였다. 그 양측에는 심원(深遠)의 기법으로 일정한 거리를 두고, 눈을 맞은 나무와 황량한 마을 및 하천이 얼어붙은 겨울 숲을 묘사하였다. 나무와 바위를 그린 필법을 살펴보면, 이미 동원·거연과 이성·곽희의 풍격을 완전히 벗어났으며, 나무를 그릴 때 죽근화수법(竹根花須法-대나무 뿌리와 꽃술 모양으로 그리는 기법)을 사용하여 이어진 듯 끊어진 듯하여, 눈이 쌓인 느낌이 저절로 생겨난다. 산과 바위를 그릴 때에는 전서(篆書)의 필법을 사용했고, 준법을 없애고 선염을 가미하였으며, 성김과 빽빽함이 어우러지고 들쑥날쑥하여 운치가 넘친다. 만일 조맹부의 〈수촌도〉와 비교한다면, 비록 두 그림 모두 변화를 숭상하여 형상화를 멀리하고, 필묵을 중시하여 형상을 간략히 처리하고 있기는 하지만, 〈구봉설제도〉에서는 근경을 묘사할 때 동원과 거연의 화법에 의

거하지 않고 실(實)한 듯하면서도 허(虛)하고, 언덕과 골짜기를 배치하되 필법을 더욱 중시하는 새로운 변화를 완성함으로써, 맑고 차가우면서도 쓸쓸하고 적막한 정취를 표현해 냈다.

대북(臺北) 고궁박물원과 절강성박물관에 나뉘어 소장되어 있는 〈부춘산거도(富春山居圖)〉[卷; 무용선사본(無用禪師本)]는 황공망이 만년에 그린 걸작이다. 3년의 세월을 들여 85세에 이르러 비로소 완성하였다. 전체 두루마리는 길이가 6m가 넘으며, 동원·거연·이성·곽희 등 여러 화가들의

〈천지석벽도(天池石壁圖)〉

(元) 황공망

비단 바탕에 채색

139.4cm×57.3cm

북경 고궁박물원 소장

이 그림은 우산(虞山)의 명승인 천지(天池) 석벽(石壁)의 수려한 풍광을 그린 것이다. 층층이 겹쳐져 이어지는 산봉우리와 수많은 바위들이 빼어남을 다투고, 안개와 구름이 윤택하게 흐르는 가운데, 기세가 웅장하고 힘차게 펼쳐져 있다. 천지는 화면 오른쪽 상부에 있으며, 연못 위에는 정자가 있고, 양쪽 언덕의 석벽이 서로 마주하고 있다. 산 아래 숲의 나무들은 무성하여 활기가 넘치는 가운데, 몇 채의 집들이 그 사이에 흩어져 있으며, 왼쪽 아래에 두 그루의 큰 소나무가 우뚝 서 있다. 산골짜기의 샘물이 하나의 못으로 모여들고 있고, 못 위에 정자와 작은 다리가 설치되어 있다. 구도는 빽빽하면서도 답답하지 않으며, 필법은 예스럽고 부드러우면서도 간결하고 힘차다. 왼쪽 위에는 스스로 이렇게 적고 있다. "至正元年十月, 大痴道人爲性之作天池石壁圖, 時年七十有三.[지정(至正) 원년(1341년) 10월에 대치도인(大癡道人)이 본성대로 〈천지석벽도〉를 그렸다. 이 해의 나이가 73세이다.]" 두 개의 인장이 찍혀 있는데, 분별할 수가 없다.

화법을 하나로 융합시켜, 부춘강 일대의 초가을 풍경을 생각대로 거침없이 붓을 놀려 묘사했는데, 천변만화하면서도 완전한 통일을 이루고 있다. 주목해야 할 만한 가치가 있는 것들은 다음의 세 가지다. 첫째, 실경(實景)을 그렸지만 곧이곧대로 융통성 없이 그리지 않았으며, 산이나 나무를 고립적으로 그리기보다는 경물(景物)들간의 관계를 중시했다는 점이다. 둘째, 때로는 메마르고 때로는 촉촉한 필법으로, 때로는 빠르고 때로는 느린 필법으로 선의 율동을 충분히 발휘하면서, 사물에 구애받지 않는 심경으로 정감에 따라 붓을 놀려, 언

〈구봉설제도(九峰雪霽圖)〉

(元) 황공망

비단 바탕에 수묵

117cm×55.5cm

북경 고궁박물원 소장

그림 속의 일체의 경물(景物)들은 모두 새하얀 백설 속에 뒤덮여 있다. 화면의 구도는 평온한 가운데 험준함이 깃들어 있으며, 층차가 분명하고, 허와 실이 서로 돋보이게 해준다. 황공망이 그린 수묵 설경산수화의 걸작이다. 스스로 이렇게 적고 있다. "至正九年春正月, 爲彦功作雪山, 次春雪大作, 凡兩三次, 直至畢工方止, 亦奇事也. 大痴道人, 時年八十有一, 書此以記歲月云.[지정(至正) 9년(1349년-역자) 춘정월에, 언공(彦功)을 위하여 설산을 그렸으며, 다음해 봄에 큰 눈이 내린 것이 무릇 두세 차례나 되는데, 바로 작업을 마치자 바야흐로 그치니 또한 기이한 일이다. 대치도인이 81세에, 연월을 기록하여 이것을 쓴다.]' '大痴(대치)'·'黃公望印(황공망인)'·'大痴道人(대치도인)'이라는 인장이 찍혀 있다. 그 외에도 '怡親王之寶(이친왕지보)' 등 많은 인장들이 찍혀 있다.

덕과 골짜기와 나무와 바위를 그려나갔다는 점이다. 셋째, 기교를 뽐내지도 않았고, 진력하여 공교함을 추구하지도 않으면서, 풍격의 평범함과 순수함[平淡天眞]을 추구하였는데, 이것이 바로 원대(元代) 사람들이 산수를 변화시킨 주요 내용이다.

황공망과 비교할 때, 가흥(嘉興) 사람인 오진(吳鎭)의 산수화 예술이 비록 동원과 거연을 배우는 것으로부터 출발했지만, 먹의 운용을 더욱 중시하였으며, 풍격도 더욱 침울하고 넓고 아득하며, 간결하고 굳세어 힘이 있었다. 오진(1280~1354)은 자가 중규(仲圭)이고, 호는 매화도인(梅花道人)이다. 그는 젊었을 때 칼 쓰는 법을 배운 적이 있었으며, 나중에는 이학(理學)을 배우고 불교와 도교에도 통달했는데, 평생토록 벼슬을 하지 않은 채 점을 치거나 그림을 팔아서 생활하였다. 그는 자신이 그림을 파는 것은 '뜻에 맞기[適意]' 때문이라고 말했는데, 이웃에 살았던 화가 성무(盛懋)의 집 문 앞이 시장처럼 붐빈 것에

(좌·우) 〈부춘산거도(富春山居圖)〉 (일부분)

(元) 황공망

종이 바탕에 수묵

31.8cm×51.4cm

절강성박물관 소장

이 작품은 황공망의 산수화 작품 가운데 가장 유명한 작품으로, 그의 만년의 산수 기법의 변화를 보여주는 대표작이다. 전체 두루마리는 여섯 장의 종이를 이어서 만들었으며, 부춘강(富春江) 주변의 아름다운 풍광을 그렸다. 산봉우리의 기복이 중후하며, 평평한 언덕과 춘수(春水)·푸른 소나무와 첩첩한 산봉우리·초목이 활기차고 윤택하게 펼쳐져 있다. 화가는 대상 표면의 섬세한 묘사에 전혀 구애받지 않고 산수의 전체 면모를 파악하는 데 중점을 두면서, 내재된 생기가 충만하면서도 변화가 끝이 없는 하나의 경계를 표현하였다. 황공망은 '삼원(三遠)'을 병용하는 구도법을 채택하였으며, 긴 두루마리 형식과

구조를 결합하여 구도를 잡아 나갔는데, 전체 화폭 속의 경물은 성김과 빽빽함이 어우러져 운치를 북돋우고 있다. 필법은 동원과 거연으로부터 취했으면서도 더욱 간결하게 처리했고, 산과 바위는 준법이 많고 선염은 적으며, 필묵을 어지럽게 구사하여, 화가의 예술 수준을 충분히 구현하였다.

명·청 이래로 화가들이 경전처럼 간주했던 작품으로, 다투어 서로 모방하는 바람에 매우 큰 영향을 미쳤다. 두루마리 말미에, 이 작품이 지정(至正) 7년(1347년)에 무용선사(無用禪師)를 위하여 그리기 시작하여, 지정 10년(1350년)까지 3~4년이 지나도 완성하지 못했다고 스스로 적고 있다. 표구의 말미와 격수(隔水) 부분에 명나라의 심주(沈周)·문팽(文彭)·왕치등(王穉登)·주천구(周天球)·동기창(董其昌)·추지린(鄒之麟), 청나라의 심덕잠(沈德潛) 등의 제발(題跋)이 있다.

대해 전혀 개의치 않으면서, 20년 후에는 반드시 성대한 명예를 누릴 것이라고 자신하였다.

그의 산수화는 대체로 두 종류가 있는데, 한 가지는 고목(古木) 평원(平遠)의 풍격이다. 49세 때에 그린 〈쌍회평원도(雙檜平遠圖)〉(軸; 대북 고궁박물원 소장)는 오진의 가장 초기 작품으로 알려져 있다. 그는 낮은 시점(視點)의 평평한 선을 구사하는 방법으로, 규룡(虯龍)이 노하여 용트림하듯이 오래된 두 그루의 노송나무[檜=편백나무]가 하늘을 머리에 이고 땅에 서 있는 모습을 그렸는데, 원경의 평평한 숲·마을의 집·비탈진 언덕·계곡물은 곧 화면의 중간 아래쪽에 배치하여, 원대의 화가들이 같은 주제의 구도에서 경물을 취했던 방식과 비슷하게 처리하였다. 그러나 필묵의 운용이 원만하면서도 굳세며, 선염이 많고 준찰이 적으며, 촉촉한 필치를 위주로 했기 때문에, 풍격이 침울하면서도 여유롭다. 그림을 보면, 그가 평원의 경치를 그릴 때는

〈어부도(漁父圖)〉(일부분)

(元) 오진(吳鎭)

비단 바탕에 수묵

84.7cm×29.7cm

북경 고궁박물원 소장

오진은 자가 중규(仲圭)이고, 호는 매화도인(梅花道人)으로, 절강의 가흥(嘉興) 사람이다. 일생 동안 은거하며 벼슬을 하지 않았는데, 그가 그린 산수들은 대부분 이른바 '어은산수(漁隱山水)'이며, 〈어부도〉는 바로 그 중 하나이다.

거연의 화법을 취했고, 두 그루의 노송나무를 그릴 때는 이성과 곽희의 특징을 취했음을 볼 수 있다. 다른 한 가지는 어부도(漁父圖)에 속하는 것으로, 어부 모습을 한 은일(隱逸) 문인이 한 척의 작은 배

〈어부도(漁父圖)〉(일부분)

(元) 오진

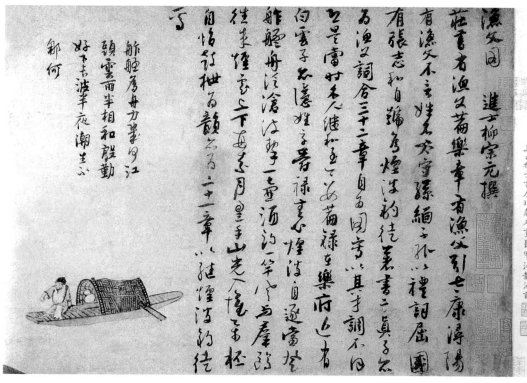

를 타고 산천경개 사이를 소요하는 모습을 그린 것이다. 〈어부도(漁父圖)〉(軸; 북경 고궁박물원 소장)를 보면, 뜻을 이루지 못한 문인이 어부나 나무꾼과 동반자가 되어 정신의 자유를 추구하는 심경을 충분히 표현하였음을 알 수 있다. 이 그림의 필력이 씩씩하고 굳세며, 먹의 기운이 흥건한데[淋漓], 비록 습윤한 먹의 운용은 남송의 마원·하규와 같지만, 필법이 침착하고 간결한 것은 마원·하규가 교묘함과 기발함을 추구한 것과 전혀 다르며, 그 풍격은 침울하면서도 예스럽고 중후하다고 할 수 있다. 〈추강어은도(秋江漁隱圖)〉(軸; 대북 고궁박물원 소장)는 나무와 바위를 그린 필법이 거연에 좀 더 가깝지만, 구도는 오히려 남송의 '하반변(夏半邊)' 기법에 가깝다. 그림을 보면, 원나라 말기의 화가들 가운데 오진이 남송의 화풍도 받아들이고 있음을 볼 수 있다.

오진의 산수화는 대부분 비단 바탕에 그렸으며, 거의 물기가 적은 붓[乾筆]을 사용하지 않고 수묵의 습윤한 효과를 중시하는 것이 하나의 큰 특징을 이루는데, 이것은 종이 바탕 위에서 물기가 적은 붓으로 담묵의 효과를 충분히 발휘하는 데 뛰어났던 예찬(倪瓚)과 대조를 이룬다. 강소(江蘇) 무석(無錫) 사람인 예찬(1301~1374년)은 자가

하반변(夏半邊) : 마원·하규의 산수의 특징 가운데, 한눈에 알 수 있는 것은, 화면에 큰 공백을 남겨두었다는 것이다. 이 공백은 모두 일정한 예술적 표현의 목적을 완성할 수 있게 해주는데, 이렇게 형성한 그의 구도법은 교묘한 것이다. 이러한 구도법은 과거에 일찍이 그 표면적 특징을 일컫기를 '변각지경(邊角之景)'이라고 하였으며, 혹자는 마일각(馬一角)' 또는 '하반변(夏半邊)'이라고도 하였다.

〈추강어은도(秋江漁隱圖)〉
(元) 오진

원진(元鎭)이며, 호는 운림자(雲林子) 등이다. 그의 집안은 강남에서 손꼽히는 부자 가운데 하나였는데, 비록 원나라 조정의 멸시를 받는 '남인(南人)'에 속했지만, 집안의 형들과 그는 특권을 누릴 수 있었던 전진교(全眞敎)에 가입하였으며, 전진교의 비호 아래 부유하고 풍족하게 후세에 이름을 남길 것만 생각하는 생활을 할 수 있었다. 그는 풍부한 양의 서화를 수장했고, 명사들과 폭넓게 교유하였는데, 모두 당대 최고의 수장가였던 조지백(曹知白)에게 뒤지지 않을 정도였다. 훗날 가세가 몰락한 데다 사회에 대변혁이 닥칠 것이라고 느꼈기 때문에, 그는 곧 집을 버리고 세상을 떠돌며 오호(五湖)와 삼묘(三泖) 사이를 오가곤 하였다.

예찬은 42세 전후에 이미 산수화를 그렸는데, 39세 때 그린 수묵 산수인 〈추림야흥도(秋林野興圖)〉(軸; 미국의 메트로폴리탄 미술박물관 소장)와 43세 때 그린 소청록산수인 〈수죽거도(水竹居圖)〉(軸; 중국 국가박물관 소장)는 그가 동원과 거연에 연원을 두면서도 조맹부의 화법을 참작한 초기의 풍모를 반영하고 있다. 제재가 이미 은일(隱逸)의 유형에 속하지만, 아직 어둡고 황량하며 쓸쓸한 개인의 풍격은 형성하지 못하고 있다. 50세 전후에 이르러 그의 특별한 풍격을 갖춘 산수화가 출현하였다. 그 이후의 작품들은 대부분이 태호(太湖) 일대의 가을 경치에 변화를 가한 것들로, 구도가 소략하고 간결하며, 분위기가 어둡고 무겁다. 가까운 곳에는 종종 바위 언덕·드문드문 서 있는 나무들·띠집 정자[茅亭]를 배치하고 있으며, 중경(中景)은 호수로, 먼 쪽은 평탄한 작은 산으로 처리하였는데, 그림 속에는 전혀 인적이 없으며, 배를 저어 왕래하는 자도 보이지 않고, 이미 맑고 고요하여 속세의 느낌이 없으며, 또한 썰렁할 정도로 쓸쓸한 가운데 그윽하고 담박하며, 마치 자욱한 연기와 안개로 가려져 있는 듯하다. 이것은 물론 화가의 마음속에 있는, 세속의 때에 오염되지 않은 환경을 그린 것이

이 그림은 태호(太湖) 한 모퉁이의 맑은 가을날 저녁 무렵의 산천 경개를 그린 것이다. 호수는 넓고 아득한데, 멀리 구불구불 기어가는 듯한 산맥과 맞닿아 있다. 근경의 작은 언덕 위에 근사한 나무 다섯 그루가 들쑥날쑥하고 어긋버긋하게 서 있다. 물기가 적은 먹으로 소략하게 붓질을 하면서 심혈을 기울여 구륵과 준법을 구사하였으며, 그림 속에는 자신이 쓴 시가 있다.

오호(五湖)·삼묘(三泖) : 오호(五湖)는 근대에는 동정호(洞庭湖)·파양호(鄱陽湖)·태호(太湖)·소호(巢湖)·홍택호(洪澤湖)를 일컫는데, 고대에는 이와는 달리 태호만을 일컫거나 태호와 그 주변의 호수들을 일컫는 말이었다. 삼묘(三泖)는 송강(松江)·청포(靑浦)·금산(金山)부터 절강의 평호(平湖) 사이에서 서로 연속되는 태호탕(太湖蕩)을 가리킨다.

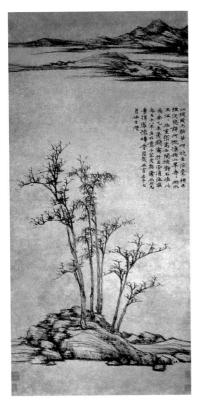

다. 〈어장추제도(漁莊秋霽圖)〉(軸; 상해박물관 소장)는 바로 이러한 작품에 해당한다. 예찬이 55세 때 친구에게 그려준 이 한 폭의 산수를 황공망의 작품과 비교해보면, 평면 구도를 충분히 발휘한 필법의 변화는 일치하지만, 황공망의 분위기는 초탈하며, 분방하고 거리낌 없는 자유로움 속에 대자연의 풍부한 경관에 대한 격렬한 감동이 들어 있다고 한다면, 예찬의 분위기는 적적하고 쓸쓸하며, 약간 담담한 애수를 띠고 있다고 할 수 있다.

예찬의 그림은 황공망에 비해 더욱 단순하고 더욱 소략하고 간결하며 더욱 평범하여, 북송의 구양수(歐陽脩)가 제기한 "쓸쓸하고 한산하며 간결하고 심원한[蕭散簡遠]" 심미적 이상(理想)에 더욱 부합된다. 그의 경물 배치가 간결하고 여백의 위치가 확대됨으로 말미암아, 여백 위에 쓴 시와 문장도 곧 화면의 유기적인 구성 부분이 되어 더욱 사람들의 눈길을 끈다. 그러나 예찬의 그림에서 나무와 바위의 표현은 여전히 매우 사실적이며, 결코 "형사를 추구하지 않은 것[不求形似]"이 아니라, 필법이 개인의 풍격을 더욱 중시하고 생각대로 더욱 자유롭게 처리했을 뿐이다. 그리하여 언덕과 바위의 준법은 비록 동원과 거연으로부터 연원하고 있지만, 원만한 것을 모난 것으로 바꿔 절대준(折帶皴)으로 변용시켰으며, 수목의 표현은 이성과 곽희의 곧고 힘찬 면모와 가까운 점이 있지만, 일부러 그렇게 하려는 의도는 전혀 없었다. 이와 같기 때문에, 그의 물기가 적은 붓과 담묵의 구사는 마르고 담박한 선으로 층층이 교차해 올림으로써, 물상을 고립적으로 묘사할 때 생기는 형상화의 티를 드러내지 않고, 모호한 가운데 대상들 사이의 연계와 변화를 강화하였다. 〈우산임학도(虞山林壑圖)〉(軸; 미국의 메트로폴리탄 미술박물관 소장)와 〈송정산색도(松亭山色圖)〉[軸; 미국의 명덕당(明德堂) 소장]는 모두 그의 만년의 회화가 더욱 자연스럽고 순수하고 온화한 면모

절대준(折帶皴) : 측봉(側鋒)의 와필(臥筆)을 사용하여 오른쪽 방향으로 진행하다가, 다시 전절(轉折)하여 횡으로 깎아 내며, 왼쪽으로 진행하다가 거꾸로 필봉을 앞쪽으로 향하며, 다시 아래 방향으로 전절할 수도 있다. 이렇게 그려 낸 먹 선이 마치 '띠를 꺾은[折帶]' 것 같다고 하여 붙여진 이름이다. 이러한 준법은 방해석(方解石)과 물에 잠긴 바위의 구조 등을 표현하는 데 사용된다. 원나라 사대가의 한 사람인 예찬(倪瓚)이 절대준으로 즐겨 그렸는데, 붓 끝에 물기가 매우 적은 '갈필(渴筆)'로 그려 내어, 허령(虛靈)하면서도 빼어난 맛이 있어 매우 예술적인 매력을 자아낸다.

를 지니게 되었음을 반영하고 있다.

예찬의 예술이 간결함을 그 특징으로 삼았다면, 오흥[吳興 : 오늘날의 절강 호주(湖州)] 사람인 왕몽의 회화는 바로 번잡함을 그 능사로 삼았다고 할 수 있다. 왕몽(王蒙 : 1308~1385년)은 자가 숙명(叔明)이고, 호는 황학산초(黃鶴山樵)이며, 원나라 말기에 황학산(黃鶴山)에 은거하면서 소주(蘇州)와 송강(松江) 일대를 왕래하였는데, 적막한 생활에 만족하지 못하여 마침내 원나라 말기의 장사성(張士誠) 정권에서 낮은 관직을 맡았으며, 계속해서 명나라 초기에는 태주지주(泰州知州)가 되었다가, 호유용(胡惟庸) 사건에 연루되어 감옥에서 세상을 떠났다. 그가 조맹부의 외손자였기 때문에 산수화에서 조맹부 일파의 영향을 많이 받았는데, 처음에 조맹부를 배우다가, 나아가 원대 화가들의 마음을 사로잡은 왕유의 풍격으로 거슬러 올라갔으며, 더 나아가 동원과 거연을 본받아 배우면서, 경물의 배치가 번잡하고 용필이 빽빽한 자신만의 풍격을 형성하였다. 일관된 자신만의 풍격 속에서도 다양한 면모를 보여주고 있는데, 그가 50세 때 그린 〈청변은거도(青卞隱居圖)〉(軸; 상해박물관 소장)는 종이 바탕 위에 그린 한 폭의 수묵산수로, 그의 외사촌 동생인 조린(趙麟) 집안의 별장이 있는 오흥의 변산(卞山) 풍경을 그렸다. 이 작품 속에서 왕몽은 북송의 대관산수 구도로 은거 환경의 중첩된 산봉우리와, 높이 솟은 험준한 산마루와 깊은 계곡의 빽빽한 숲을 그렸는데, 은거하는 사람도 유연하고 자유로운 모습으로 산속의 평지에 있는 초당 안에 출현하고 있다. 북송의 산수와 다른 점은, 산세에 대한 묘사가 북송 곽희의 〈조춘도(早春圖)〉 속의 구불구불한 기복이 있는 차분함[靜]을 역동적[動]으로 변화시킨 것이다. 뭇 산봉우리들은 모두 몸을 뒤틀며 요동치는 용이나 뱀의 모습처럼 높은 하늘을 향해 뻗어 있다. 동원과 거연의 그림 속에서 '피마준(披麻皴)'으로 일컬어지던 길쭉한 준법(皴法)도, 웅혼하고

〈우산임학도(虞山林壑圖)〉

(元) 예찬

종이 바탕에 수묵

94.6cm×34.9cm

미국 메트로폴리탄 미술박물관 소장

이 그림은 하나의 강과 양쪽 강언덕을 배치하는 방식의 구도를 취했지만, 배치가 그의 초기 산수 작품들에 비해 약간 복잡해졌으며, 비탈과 바위는 물기가 적은 붓으로 준찰(皴擦)했는데, 풍격은 혼후하고 온화하여, 예찬의 말기 산수화 특징을 갖추고 있다.

호유용(胡惟庸) 사건 : 명나라 초기의 재상 호유용이 모반을 일으키려다 발각되어 만여 명이 목숨을 잃은 사건이다.

〈청변은거도(靑卞隱居圖)〉

(元) 왕몽(王蒙)

종이 바탕에 수묵

140cm×42.2cm

상해박물관 소장

이 그림은 작자의 고향인 오흥에 있는 변산(卞山)의 풍경을 그린 것이다. 산세가 높고 험준하며, 산봉우리들이 첩첩이 겹쳐져 있고, 숲은 무성하며, 폭포가 쏟아지고, 깊은

원만한 형상으로부터 때로는 경쾌하고 때로는 묵직하게 떨리고 꿈틀대는 '해삭준(解索皴)'과 세밀한 '우모준(牛毛皴)'으로 변화시켰다. 송대 화가들의 산수에서, 먼 산 위의 작은 나무들을 묘사하던 점들도 왕몽에 의해 더욱 추상성이 가미된 '혼점(混點)'·'파죽점(破竹點)'·'호초점(胡椒點)'과 '파묵점(破墨點)'으로 구사되었으며, 먼 산 위에 사용되었을 뿐만 아니라, 또한 가까운 언덕 위에도 나타나면서 준법을 보조하는 일종의 부호가 되었다. 왕몽도 역시 예찬과 마찬가지로 물기가 적은 붓으로 준법을 구사했지만, 층층으로 겹쳐 쌓아 올려 오히려 층차가 풍부한 맛을 조성해 냈으며, 울창한 가운데 깊고 빼어나며 기운이 넘쳐나는 효과를 표현함으로써, 사람들이 번잡하지만 혼란스럽지 않고 빽빽한 가운데 공기의 흐름이 있는 것처럼 느끼게 하였다. 51세와 53세 때 그린 〈임천청집도(林泉淸集圖)〉(軸)와 〈하일산거도(夏日山居圖)〉(軸)(둘 다 북경 고궁박물원 소장)는 모두 종이 바탕에 그린 수묵산수이며, 풍격 또한 〈청변은거도〉와 대체로 비슷하다.

만년에 그린 〈구구임옥도(具區林屋圖)〉(軸; 대북 고궁박물원 소장)는 수묵과 채색을 혼합한 또 다른 하나의 풍격이다. 화가는 건조하면서도 부드럽고 빼어난 '해삭준(解索皴)'으로, 태호(太湖) 임옥동(林屋洞)에 있는 기괴한 형상의 산과 바위를 묘사하면서 엷은 청색과 홍갈색을 사용했으며, 또 호수 주변과 산 위의 단풍 든 나무들을 주사(朱砂)로 두루 점경(點景)하거나 선염(渲染)함으로써, 평안하고 차분함 속에서 열렬함을, 그윽하고 적막함 속에서 생기를 조성해 냈다. 구도의 번잡함, 필치의 부드럽고 빽빽한 가운데 거침없는 생동감, 비스듬하다가 평평하고 곧게 나아가는 선의 방향감의 변화는 〈청변은거도〉와 결코 아무런 차이도 없다고 할 수 있다. 다만 경물을 취할 때, 남송 시기에 산 그림에서 정상이 보이지 않도록 그렸던 화법을 참고하여, 그림 밖으로 높이 솟은 산세의 모습을 표현했을 따름이다. 〈청변은

〈구구임옥도(具區林屋圖)〉

(元) 왕몽

종이 바탕에 채색

139cm×58cm

대북 고궁박물원 소장

거도)와 〈구구임옥도〉에서 왕몽이 고원(高遠)의 풍경을 그렸을 뿐만

아니라, 눈앞에 펼쳐진 풍경도 그렸음을 볼 수 있는데, 그는 이들 작

품에서 다시는 평원(平遠) 한 가지 화법만을 구사하지 않았으며, 심지

어는 먹색의 농담(濃淡) 심천(深淺)에 의거하여 공간 관계를 드러내려

계곡의 산을 등지고 앞쪽에 강이 흐르는 곳에 몇 채의 집들이 있다. 집안에는 한 사람이 무릎을 끌어안고 궤안(几案)에 기대어 앉아 있어, 문인의 품성에 맞는 은거생활을 표현하였다.

고도 하지 않았다. 그는 나무와 바위의 표면 질감을 표현하는 것 말고도, 점·선과 형체의 유기적인 조합 속에 예찬의 그림 속에는 없는 일종의 운동감과 불안정감을 표현하였다.

〈갈치천이거도(葛稚川移居圖)〉(軸; 북경 고궁박물원 소장)도 세상을 피하여 은거하는 것을 주제로 한 채색 작품이다. 그림 속의 인물이 진(晉)나라 때의 은자(隱者) 갈홍(葛洪)과 그의 가족으로 바뀌었고, 구도는 대체로 앞에서 설명한 여러 그림들과 비슷하다. 다만 산과 바위의 묘사가 더욱 구체적이며, 입체감의 표현에 더욱 주의를 기울이고 있는데, 태점을 거의 사용하지 않아 부분적으로 비교적 많은 사실적 요소들을 간직하고 있을 뿐이다. 그가 초기에 완성한 것인지, 아니면 어쩌다 우연히 색다른 풍격이 나타난 것인지는 알 수 없지만, 소부벽준(小斧劈皴)의 채택은 그가 남송의 화파에 대해 완전히 배척하지는 않았음을 말해준다.

원나라 말기의 사대가들이 우뚝 솟은 네 개의 높은 산처럼 강남에서 활약할 때, 이미 의경(意景)과 필묵(筆墨)의 창조에 영향을 미치기 시작했는데, 당시 황공망과 왕몽의 영향을 받은 자가 비교적 많았다. 황공망을 본받아 배운 자들로는, 남경 사람인 마완(馬琬)과 소주 사람인 육광(陸廣)이 있었는데, 마완은 〈설강도관도(雪崗渡關圖)〉(軸) 등이 세상에 전해지고 있고, 육광은 〈단대춘효도(丹臺春曉圖)〉(軸) 등이 세상에 전해지고 있다. 왕몽의 영향을 받은 자들로는, 소주 사람인 진여언(陳汝言)과 소주에서 활동했던 산동(山東) 거성(莒城) 사람인 조원(趙原)이 있었는데, 진여언은 〈백장천도(百丈泉圖)〉(軸) 등이 세상이 전해지고 있고, 조원은 〈합계초당도(合溪草堂圖)〉(軸) 등이 세상에 전해지고 있다.

〈갈치천이거도(葛稚川移居圖)〉
(元) 왕몽
비단 바탕에 채색
139cm×58cm
북경 고궁박물원 소장

이 그림은 갈홍(葛洪)이 아들과 조카를 데리고 나부산(羅浮山)에 들어가 연단(煉丹)한 고사를 표현한 것이다.

화조화(花鳥畫)의 발흥과 공필(工筆)에서 사의(寫意)로

화조화는 당대에 이미 인물화에 예속된 지위에서 벗어나 독립된 회화의 영역이 되었다. 오대십국(五代十國) 시기에 이르면 각자 특기를 지닌 적지 않은 화조화의 명수들이 출현하는데, 대부분 전(前) 시대의 전통을 계승하면서 "생동감을 살리며, 무궁한 변화를 표현해내는 것[移生動質, 變態不窮]"에 노력을 기울여, "그 진면목을 오묘하게 터득하는 것[妙得其眞]"을 최고의 예술 경계로 삼았다. 그리고 서희(徐熙)와 황전(黃筌)의 출현은 중국 화조화가 성숙 단계로 나아갔음을 상징한다.

북송의 미술사가인 곽약허(郭若虛)는 『도화견문지(圖畫見聞志)』·「서황체이(徐黃體異)」에서 이렇게 지적하고 있다. "세속에서는 말하기를, '황 씨의 양식은 부귀체요, 서희의 양식은 질박하고 꾸밈이 없다'라고 하는 것은, 오직 각기 그 뜻을 말하고 있는 것만이 아니라, 대체로 또한 귀와 눈이 익히고, 이를 마음으로 터득하여 손으로 저절로 그려 낸 능숙한 솜씨도 그러하다는 것이다.[諺云, '黃家富貴, 徐熙野逸' 不唯各言其志, 蓋亦耳目所習, 得之于心而應之于手也.]" '서희와 황전의 화법이 다름'은 결코 곽약허가 발견한 것이 아니라 오대와 북송의 민간에서 전해 내려오던 것으로, 광범위한 감상자들이 양대 화풍에 대해 이해하고 있었음을 보여주는 것이다. "그 뜻을 말했다는 것[言其志]"은 곧 오늘날 우리들이 늘 말하는 "사물에 의탁해서 뜻을 말한다[托物言志]"는 것이다. 이러한 인식에 비추어본다면, 화조화 창작의 목적은 사물과 동떨어지지 않으면서도 생각과 의취를 표현하는 데 착안하는 것이었으며, 또 사실감을 경시하지 않으면서도 화조의 자연미를 생동감 있게 표현하는 것이었고, 아울러 동시에 화조를 매개로 하여 화가의 인생에서의 이상과 소망을 기탁하는 것이었다. 이에 이르자, 화조화는 진짜 화조의 대용품으로 감상에 이바지하던 시대는 지나가고, 화조화가 자연미(自然美)를 빌려 능동적으로 사회미(社會美)의 관념을 담아 내는 문호가 활짝 열렸다. 이것은 중국 화조화 역사에서의 일차 비약이며, 중대한 발전이었다.

황전(黃筌 : 903~965년)은 자가 요숙(要叔)이고, 사천(四川) 성도(成都) 사람이다. 그는 오대의 서촉(西蜀)부터 북송 초기까지 활동한 궁정화가로, 평생을 최고 통치자를 위하여 그림을 그려 깊은 신임을 받았으며, 생활 환경이 궁정의 정원이나 동물원이 아니었던 적이 없어, "귀와 눈이 익힌 바[耳目所習]"가 자연히 황실 소유의 진귀한 새와 짐승·기이한 꽃과 괴석 등이었다. 따라서 그의 그림 속에 구현된 심미취향은 실제로 제왕과 귀족들의 엽기적 취미와 부유하고 교만한 사람의 풍격이었다. 세상에 전해지는 그의 작품인 〈사생진금도(寫生珍禽圖)〉〈卷; 북경 고궁박물원 소장)는 '황가부귀(黃家富貴)'의 특징을 잘 보여주고 있다. 황전 화법의 면모에 대해서, 황휴복(黃休復)은 『익주명화록(益州名畫錄)』에서 "핍진하면서도 그 아름다움은 더욱 뛰어나다[逼眞, 其精彩則又過之]"라고 서술하고 있고, 곽약허는 『도화견문지』에서 "새와 동물은 품격과 기상이 풍만한 것을 숭상하였고, 하늘과 물은 색을 구별하였다[翎毛骨氣尙豊滿而水天分色]"라고 지적하고 있는데, 품격과 기상이 풍만한 조류의 형상은 바로 '부귀'를 간접적으로 구현한 것이라고 할 수 있다. 그리고 하늘과 물의 색을 구별하는 환경의 처리 기법은 또한 바로 핍진한 표현과 관계가 있다. 여러 화사(畫史)

〈사생진금도〉 (일부분)

(五代) 황전

(왼쪽) 〈사생진금도(寫生珍禽圖)〉 (일부분)

(五代) 황전(黃筌)

비단 바탕에 채색

41.5cm×70.8cm

북경 고궁박물원 소장

이 그림은 곤충과 조류·거북 등 모두 스물네 마리를 그리고 있는데, 필법이 공교하고 섬세하며, 조형이 정확하고, 채색이 부드럽고 아름다우면서도 조화롭다. 새의 자태는 각기 달라서, 차분하게 서 있거나 날개를 펼치고 있는 등 형태가 매우 생동감이 있다.

들에 실려 있는, 황전이 그린 여섯 마리의 학에 대한 고사는, 그가 여천(唳天-머리를 들고 부리를 벌린 채 우는 모습)·경로(警露-머리를 돌려 목을 빼고 위를 바라보는 모습)·탁태(啄苔-머리를 늘어뜨리고 부리로 땅을 쪼는 모습)·무풍(舞風-바람을 타고 날개를 떨치며 춤을 추는 모습)·소령(疏翎-목을 돌리고 깃털을 다듬는 모습)·고보(顧步-걸으면서 머리를 돌려 아래를 보는 모습) 등 여섯 가지 자태의 학을 성공적으로 그려 내어, 진짜 학들이 살아 있는 학으로 오인하고 달려들어 여섯 마리 학의 행렬에 끼어들려 했다고 말하고 있다. 〈사생진금도〉도 역시 선묘의 필법을 부각시키려 하지 않고, 형체의 질감을 표현하는 데 중점을 두었는데,

먹과 색의 사용에서도 후대의 화가들처럼 그렇게 과장하지 않았는데도 매우 선명하고 아름답다. 특히 색을 칠함으로 인해 옅은 먹 선이 가려지지 않도록 색 위에 다시 짙은 색으로 한 차례 두루 구륵하였는데, 이 기법은 후대에 가장 주요한 공필중채화법(工筆重彩畫法)의 하나가 되었다.

서희는 남당(南唐)의 버슬을 하지 않은 선비로, 금릉(金陵 : 오늘날의 남경)에서 생활하였다. 비록 큰 가문 출신이었지만, 고매한 지조와 분방하여 얽매이기 싫어하는 성격 때문에 평생 벼슬을 하려 하지 않았고, 스스로 전원생활의 즐거움을 누렸다. 그의 "눈과 귀가 익힌 바[耳目所習]"는 예외 없이 모두 이러한 환경 속의 자유자재한 새와 화목(花木)들, 즉 화사(畫史)에서 일컫는 "강과 호수의 물가에 핀 꽃·야생의 대나무·물새·연못 속의 물고기[江湖所有汀花·野竹·水鳥·淵魚]" 등이었다. 그가 작품 속에서 표현하고자 한 심미 요구는 바로 재야에 있는 문인 사대부들의, 구속받지 않는 그러한 "꾸밈없고 편안한[野逸]" 정취였다.

서희의 진적은 이미 존재하지 않지만, 서희 작품의 면모를 추측할 수 있는 하나의 출토 작품이 있어 참고할 수 있다. 그것은 바로 요녕(遼寧)의 법고(法庫) 엽무대(葉茂臺)에 있는 무덤에서 출토된 〈죽작쌍토도(竹雀雙兎圖)〉이다. 이 그림에 그려진 야생 식물들의 묘사 및 좌우대칭인 예스럽고 투박한 구도의 측면으로부터 보면, 이 그림은 요대(遼代)의 화가가 그렸을 가능성이 있다. 그러나 오대부터 북송 초기에 이르기까지 송나라와 요나라는 전쟁과 평화의 시기를 불문하고 문화 예술의 교류를 중단한 적이 없었기 때문에, 요나라 지역의 화가들이 명성이 널리 알려져 있던 서희의 화풍으로부터 영향을 받았을 가능성이 전혀 없었다고는 할 수 없다. 그림 속의 화법은 바로 송대 사람들이 서희에 대해서 "먹으로 그리는 것을 근본 격식으로 삼고, 여러 채색으로 이를 보완했으며[落墨爲格, 雜彩副之]", "일찍이 색을 칠하거나 옅은 색으로 훈염하거나 번잡하고 섬세하게 그리는 것을 공교함으로 여기지 않았다[未嘗以賦色暈淡細碎爲工]"라고 기술하고 있는 것과 일치한다. 이 때문에 우리는 그것이 서희의 화풍에서 영향을 받은 작품이며, 어느 정도 '서희야일(徐熙野逸)'의 풍격을 구현하였다고 생각하는 것도 그럴 만한 이유가 있다고 본다.

오대의 뒤를 이은 북송 초기의 화조화는 조야(朝野)에서의 수요가 변화함에 따라 유례없이 발전하였는데, 순식간에 인물화보다 윗자리를 차지하면서 산수화와 어깨를 나란히 하게 되었다. 당시 황실의 화원(畫院)에서는 오대의 서촉(西蜀)과 남당(南唐) 화원의 이름난 화조화 화가들을 받아들였는데, 서촉으로부터 온 황가(黃家-황전 일파)의 화조화파 풍격이 북송 궁정의 화조 화단을 백 년 이상이나 주도하였다. 이 때문에 남당의 유명한 화가인 서희의 손자 서숭사(徐崇嗣)는 시작부터 "황가의 풍격을 본받지[效諸黃之格]"[『몽계필담(夢溪筆談)』] 않을 수 없었으며, 나중에야 먹선으로 구륵하지 않고 순전히 색채만으로 형상을 빚어내는 '몰골도(沒骨圖)'를 그릴 수 있었다. 당시 황전화파(黃筌畫派)의 우두머리 인물은 황전의 넷째 아들인 황거채(黃居寀)였다. 『선화화보』의 기록에 따르면, 그의 화법은 화원에서 "단번에 표준이 되어, 기예를 다투는 자들은 황 씨의 체제(體制)와 비교하여 우열을 가렸다[一時標準, 較藝者視黃氏體制爲優劣去取]"라고 한다. 세상에 전해지는 황거채의 유일한 작품은 〈산자극작도(山鷓棘雀圖)〉(대북 고궁박물원 소장)로, 작자는 공교하고 치밀한 기교로 대상의 진실감을 최대한 추구하고 있는데, 물론 겉모습을 꼭 닮게 그려냈을 뿐만 아니라, 내재된 생명력도 담아 내고 있다. 황가의 화조화파가 화원을 통치한 시기에도 조창(趙昌)과 역원길(易元吉) 등의 특색 있는 화가들이 출현했지만, 중대한 진전은 없었다.

〈산자극작도(山鷓棘雀圖)〉

(宋) 황거채(黃居寀)

비단 바탕에 채색

97cm×53.6cm

대북 고궁박물원 소장

이 그림은 자고새[鷓]가 바위에 발을 딛고 물을 내려다보고 있고, 여러 마리의 참새들이 날아오르거나 앉아 있는 등 각사 갖추고 있는 자태들을 그렸다. 언덕과 바위는 붓으로 준찰하여 처리하였고, 대나무와 부들[蒲草]은 쌍구법(雙鉤法)으로 그렸는데, 선묘가 매우 섬세하며, 가시나무 줄기는 구륵을 사용하지 않고 직접 그려냈다. 채색이 정교하고 치밀하며, 풍격이 아름다워, 작자가 물상들을 매우 섬세하고 정교하게 관찰했으며, 사생(寫生) 능력이 매우 뛰어났음을 반영하고 있다.

희녕(熙寧-1068~1077년)·원풍(元豊-1078~1085년) 시기에 화가 최백(崔白)이 등장하면서 화조화는 한 걸음 더 나아가, 작자의 정감을 표현해 내는 데 이를 수 있었으며, 화법도 경쾌하고 자유로워질 수 있었다. 안휘(安徽)의 호량(濠梁)에서 출생한 최백은 자가 자서(子西)인데, 그는 그림을 그릴 때 밑그림을 그리지 않았다. 비록 궁정화가로서 황제의 특별한 대우를 받았지만, 성정이 소탈하고 게을러서 황제의 명을 받들어 그림을 그릴 때조차도 마지못해 억지로 하였기 때문에, 전혀 명령을 따라야 하는 어용화가답지 않았고, 오히려 구속받기 싫어하는 문인에 가까웠다. 화조화 방면에서의 성취는 아마도 문인화의 흥기와 관련이 있는 것 같다. 그의 〈쌍희도(雙喜圖)〉(軸; 대북 고궁박물원 소장)는 가우(嘉祐-1056~1063년의 송나라 인종의 연호) 신축년(辛丑年: 1061년)에 그렸는데, 추운 겨울이 닥치기 직전의 화조의 정취와 자태를 묘사하였다. 늦가을의 황량한 들판에, 바람은 세차고 하늘은 높으며, 몰아치는 광풍은 대나무와 나무의 가지와 잎을 뒤흔드는데, 마치 매서운 추위가 막 닥칠 것을 감지한 듯한 두 마리 까치[혹은 수대조(綬帶鳥)]가 놀란 모습으로 산토끼를 향해 지저귀는 듯하며, 경사지 위의 산토끼는 한쪽 발을 가볍게 든 채 고개를 돌려 쳐다보고 있다. 우리가 작자의 의도를 충분히 헤아릴 길은 없지만, 느낌을 통해 펼쳐내고 있는 그 마음은 분명하고도 쉽게 살펴볼 수 있다. 이 그림의 구도는 황거채의 〈산자극작도〉와 대체로 비슷하고, 배경 또한 작자가 노력을 기울인 부분이지만, 이미 공간의 깊이감을 그다지 강조하지 않고, 새와 짐승·대나무와 나무의 형상 표현이 사실적인 것보다는 생동감을 중시하는 경향을 보이고 있어, 심혈을 기울여 공교함을 추구한 흔적을 떨쳐버린 것 같다. 거칠고 큰 필치로 그려 낸 경사지는 특히 사람들에게 손 가는 대로 붓을 놀렸다는 인상을 준다.

〈한작도(寒雀圖)〉(卷; 북경 고궁박물원 소장)는 최백의 또 다른 명작

<쌍희도(雙喜圖)>

(宋) 최백(崔白)

비단 바탕에 채색

193.7cm×103.4cm

대북 고궁박물원 소장

이 그림은 늦가을에 바람이 매섭게 불어와, 이미 누렇게 시든 나뭇잎과 띠풀·대나무 잎이 바람을 맞으며 요동치는 모습을 그렸다. 두 마리의 까치[綬帶鳥] 가운데 한 마리는 허공에서 날개를 펼치고 있고, 한 마리는 나뭇가지 위에 걸터앉아 날개를 파닥이고 있는데, 모두 아래쪽의 같은 방향을 향하여 우짖고 있다. 나무 아래의 경사지에는 한 마리의 토끼가 고개를 돌려 쳐다보고 있다. 화면에는 자연계의 생기로 가득 차 있다.

으로, 황량하고 춥고 적막한 한겨울에 각기 다른 자태를 취한 작은 참새들이 날며 지저귀며 나무 위로 뛰어오르는 모습들을 그렸다. 배경의 묘사는 완전히 생략해버렸고, 단지 비스듬히 누운 듯이 휘어져 있는 한 그루의 늙은 나무만을 남겨놓았다. 화가가 공간의 처리에 신경을 쓴 것 같지는 않고, 그가 흥미를 가졌던 것은 매우 혹독하고 적막한 시절에 생명이 약동함을 표현하는 데 있었던 것 같다. 〈쌍희도〉와 비교하면 이 그림의 색채는 담백하여 색이 없는 것 같으며, 용필은 생기가 넘치면서도 경쾌하고, 먹의 운용도 메마름과 촉촉함·짙음과 옅음이 서로 어우러지면서, 단순한 가운데 풍부한 변화를 구현하였다. 이것은 대략 바로 『도화견문지』에서 "체제가 청아하고 넉넉하며, 화법의 운용이 막힘없이 유창하다[體制淸贍, 作用疏通]"라고 말한 것이다.

바로 이 무렵에 문인화가들은 "물상이 붓놀림에 따라 변화하고, 경물이 흥취를 새롭게 드러내는[象隨筆化, 景發興新]"[원나라의 탕후(湯垕)가 왕정균(王庭筠)의 〈유죽고사도(幽竹枯槎圖)〉에 쓴 발문] 사의(寫意)에

〈한작도(寒雀圖)〉 (일부분)
(宋) 최백
비단 바탕에 채색
25.5cm×101.4cm
북경 고궁박물원 소장

그림 속에는 아홉 마리의 참새를 그렸는데, 형태가 매우 생동감이 있다. 참새들은 날아다니며 재잘대거나 뛰어오르기도 하고, 깃털을 다듬거나 가려운 곳을 긁기도 하고, 또 눈을 감고 잠들어 있는 것도 있는데, 활기차고 생동감이 넘치며 귀엽고 사랑스럽다.

寒雀爭寒
枝如拼日お
好設有鸞

힘을 기울이기 시작했다. 북송 중엽에 등장한 관료 출신 문인화가들에게 회화 창작은 그들이 여가 시간에 행하는 문화생활에서 부차적인 일에 불과했으며, 더욱 중요한 분야는 시가(詩歌)와 서법이었다. 시(詩)·서(書)·화(畵) 삼자의 관계에서 그들은 일맥상통할 것을 강조했을 뿐만 아니라, 시가 속에 다 펼쳐 낼 수 없는 정감을 서법과 회화 속에 쏟아 냄으로써 문장과 시가에서 형용하기 부족한 것들을 보충하자고 주장하였다. 이와 같은 인식 아래, 중국 시가의 사물에 기탁하여 뜻을 말하고 사물을 빌려 정감을 펼치는 방식을, 화조화의 사물을 빌려 정감을 펼치고 사물에 기탁하여 흥취를 담아 내는 방식으로 변화시켰다. 또 중국 서법의 점과 획을 통해 감정을 전달하고 가슴속의 생각을 직접 펼쳐 내는 방식도, 화조화의 필묵을 운용하여 마음을 그려내고 성정(性情)을 직접 펼치는 방식으로 변화시켰다. 이러한 새로운 면모는 후대에 사의화(寫意畫)라고 불리게 되는데, 사의화가 정감의 기탁을 강구했기 때문에, 처음부터 문인 화조화의 제재는 비교적 집중되었는데, 초기에는 생장(生長)의 특징으로 인해 인격화된 고목·대나무·매화 등의 식물들에 집중되었다. 정감을 펼쳐 내야 했기 때문에, 정교하게 묘사하는 화법보다 간결함을 취하지 않을 수 없었으며, 예술 형상의 창조를 "일정한 형상은 없지만 변치 않는 이치를 갖춘[無常形而有常理]"[소동파(蘇東坡)의 「정인원화기(淨因院畫記)」] 대나무 그림자와 목석(木石)에 집중했다. 이처럼 그 생장의 법칙을 익숙하게 알고, 그 변화하는 형태를 이해하기만 한다면, 곧 가지나 마디의 지엽적인 형사(形似)에 구애될 필요 없이 총체적으로 파악할 수 있게 되며, 사상 감정을 수반한 전체 예술의 형상을 마음속에서 숙성시켜 대상과 주체가 상호 융합하고, 화가 자신과 대상이 하나로 융합되는 물화(物化)의 경지에 도달하여, "형상을 뛰어넘는 의경[象外之意]"이 충만한 예술의 경계를 형성하며, 마음과 솜씨가 함께 잘 어우러진 필묵 표현을 드러내게 된다. 송대 문인 화조화가 염두에 두었던 형사(形似)는 색에 의한 형사도 포함되는데, 그들의 "오로지 형사에만 전념하지 않는다[不專于形似]"는 주요한 창작 특성은 바로 오안육색(五顔六色)이라는 다양한 색채를 버리고 단일한 수묵을 숭상한다는 것으로, 이와 같은 양상도 일찍이 서법 속에서 발전을 이룩한 필법 형태의 풍부한 표현력을 발휘하는 데 유리하게 작용하였다. 이리하여 묵죽(墨竹)과 묵매(墨梅)·수묵 목석(木石)이 북송 때 흥기하였다.

세상을 떠나기 전에 명을 받고 호주자사(湖州刺史)를 지냈던 문동(文同 : 1018~1079년)은, 자(字)가 여가(與可)이며, 세간에서는 석실선생(石室先生)으로 불렸고, 재주(梓州)의 영태[永泰 : 오늘날의 사천성 염정(鹽亭)] 사람이다. 그는 문인화의 주창자인 소식(蘇軾)의 외사촌 형으

오안육색(五顔六色) : 색채가 복잡하며 무늬와 문양이 매우 복잡하고 많음을 비유하는 말이다. 원래 오안이란, 금(金)·은(銀)·동(銅)·철(鐵)·석(錫) 혹은 동안(童顔)·홍안(紅顔)·분안(粉顔)·용안(龍顔)·학안(鶴顔)을 가리키기도 하며, 육색이란 삼원색(三原色)과 삼간색(三間色) 즉 빨강·노랑·파랑과 주황·녹색·보라색 혹은 희색(喜色)·노색(怒色)·애색(哀色)·우색(憂色)·수색(愁色)·상색(傷色)을 가리키기도 한다.

로, 묵죽을 잘 그려 이름을 날렸으며, '호주죽파(湖州竹派)'를 개창하
였다. 다른 〈묵죽도(墨竹圖)〉(軸; 대북 고궁박물원 소장)는 구불구불 휘
어진 대나무 가지 하나를 그린 것인데, 먹으로 색을 대신했기 때문
에, 마치 하얗게 칠한 담장이나 종이를 바른 창 위에 비친 대나무 그
림자처럼 단순하면서도 생동감이 있다. 그가 늘씬하게 쭉쭉 뻗어 하
늘까지 깔보는 듯한 대나무는 그리지 않고, 누운 듯한 대나무를 그
리면서도 "의탁하고 있는 것이 땅이 아니다[所托非地]"라고 말하는 것
을 볼 때, 분명하고도 특별하게 기탁하는 바가 있었다고 할 수 있다.

〈묵죽도〉(軸; 광동성박물관 소장)도 화법상으로는 대체로 이와 같다.

소식(蘇軾 : 1036~1101년)은 자가 자첨(子瞻)이고, 호는 동파거사(東坡居士)이며, 사천(四川) 미산(眉山) 사람이다. 그는 문동에게 묵죽을 배웠는데, 그는 문동이 이렇게 주장했다고 말한다. "대나무를 그릴 때에는 반드시 먼저 가슴속에 완성된 대나무의 모습을 얻어야 하는데, 붓을 잡고 뚫어져라 응시하다가, 그 그리고자 하는 형상이 막 나타나면 급히 움직여 이를 그려야 한다.[畫竹必先得成竹于胸中, 執筆熟視, 乃見其所欲畫者, 急起從之.]"[소식, 「문여가화운당곡언죽기(文與可畫篔簹谷偃竹記)」] 문동이 "가슴속에 완성된 대나무가 있어야 한다[胸有成竹]"라고 주장한 것은, 그 핵심이 가슴속에 대나무의 생장과 변화의 법칙에 대한 이해가 있어야 "화가 자신이 대나무와 더불어 하나가 되는 물화(物化)의 경지에 이를 수 있고, 청신한 정감을 무궁하게 표출해낼[其身與竹化, 無窮出淸新]"[소식, 「서조보지소장여가화죽삼수(書晁補之所藏與可畫竹三首)」] 수 있게 되며, "대나무가 나 같고, 내가 대나무 같게[竹如我, 我如竹]" 되는 경계에 이르러야 대나무 그리는 것을 빌려 자신의 마음을 그려내고, 형상을 뛰어넘는 의경이 자연스럽게 붓끝에서 펼쳐시게 된다는 것이다.

"자신이 대나무와 더불어 하나가 된다[身與竹化]"라는 물화(物化)의 이론은 사의화조화(寫意花鳥畫) 화가들에게 사물을 빌려 정감을 펼쳐내는 방법을 가르쳐준 것이며, 또 형사(形似)에 구애받지 않는 예술 형상의 창조를 위한 전망을 열어주었다. 소식이 비록 대나무 그리는 것을 문동에게서 배웠지만, 선종(禪宗) 사상에 깊이 통달한 문인이기도 했던 소식은 과감하게 마음 내키는 대로 붓을 휘둘러 본심(本心)을 곧바로 그려냈으며, 기법상의 고된 수련에 심각하게 신경도 쓰지 않았을 뿐더러, 형사를 작품의 우열을 평가하는 척도로 삼지도 않았다. 그는 대나무를 그릴 때 마디를 구분하여 그리지 않았으며,

목석을 그릴 때에도 감정 표현을 강화하기 위하여 과장이나 변형을 아끼지 않았다.

소식이 그렸다고 전해지는 〈고목괴석도(古木怪石圖)〉(卷; 일본에 소장)는 마음속의 울분을 표현하기 위하여 구불구불 휘어져 자란 고목의 줄기와 가지에 울적한 심정을 쏟아낸 것일 가능성이 있다. 바로 그의 좋은 친구였던 미불(米芾)이 이렇게 말하고 있는 것과 같다. "소식이 고목(枯木)을 그렸는데, 줄기와 가지는 용처럼 꿈틀대는 것이 끝이 없으며, 바위의 주름 표현은 딱딱하면서도 매우 기괴하여, 마음속의 울분을 그려 낸 것 같다.[子瞻作枯木, 枝幹虯屈無端倪, 石皴硬, 亦怪怪奇奇, 如其胸中蟠郁也.]"[미불, 『화사(畫史)』]

소식은 문인화의 창도자로서, 이미 "시와 회화의 창작은 본래 한 가지 법칙[詩畫本一律]"이라고 말했으며, 또 "인위적이지 않은 자연스러운 솜씨와 맑고 참신한 풍격[天工與淸新]"을 주장하였다. 후자의 경우는, 화원이 복무하는 대상(즉 황제와 황실 및 고위 관료-편집자)의 취향과 화원 화가의 교양 및 이해의 차이에 따른 제한으로 인해, 최백

〈고목괴석도(古木怪石圖)〉

(宋) 소식(蘇軾)

등 소수의 화가들만이 겨우 가까이 접근할 수 있었을 뿐이며, 전자의 경우는 이해하기가 훨씬 쉬웠기 때문에 더욱 많은 궁정화가들이 동참할 수 있었다. 이리하여 중국의 화조화는 심미적 감성을 자각하여 표현하는 단계에 진입하기 시작하였다. 『선화화보』·「화조서론(花鳥敍論)」에서는 "사물을 보고 깨달음이 있을 때[覽物有得]" "흥취를 기탁하여[寓興]" 표현할 것을 제기하였는데, 바로 이러한 인식에 대한 이론적 정립이라고 말할 수 있다. 『선화화보』·「서론(敍論)」에서는 이렇게 서술하고 있다. "그림의 오묘함은 대부분 여기에 흥취를 기탁하는 데 있으니, 시인과 서로 표리를 이루는 격이라고 할 것이다. 그러므로 꽃 가운데 모란과 작약, 새 가운데 난봉(鸞鳳–난새와 봉황)과 공작은 반드시 부귀함을 나타내는 것이며, 소나무·대나무·매화·갈매기·해오라기·기러기·오리는 반드시 그윽하고 한가로움을 나타내게 된다. 학의 고고하고 우뚝한 자태, 매의 용맹한 발톱, 버드나무와 오동나무의 여유로운 풍류, 키 큰 소나무와 오래된 측백나무의 추위를 아랑곳하지 않는 시원시원한 기상들이 그림 속에 펼쳐지면서 사람들의 마음을 흥기시키는 것은, 대체로 자연의 조화를 빼앗아 정신을 아득한 상상의 세계로 옮겨가게 할 수 있어, 마치 높이 오르거나 가까이 임하여 사물을 바라볼 때 감흥을 느끼는 것과 같기 때문이다.[繪事之妙, 多寓興于此, 與詩人相表裏焉! 故花之于牡丹·芍藥, 禽之于鸞鳳·孔翠, 必使之富貴. 而松·竹·梅·鷗·鷺·雁·鶩, 必見之幽閑. 至于鶴之軒昻, 鷹隼之擊搏, 楊柳·梧桐之扶疏風流, 喬松·古柏之歲寒磊落, 展張于圖繪, 有以興起人意者, 率能奪造化而移精神遐想, 若登臨覽物之有得也.]" 이러한 주장은 창작자와 감상자의 정신적 소통 측면에 착안하여 "자연의 조화를 빼앗는 것[奪造化]"과 "정신을 옮겨가게 하는 것[移精神]"을 연계시키고 있는데, 당시로서는 파격적이고 독창적인 견해였다.

이러한 창작 사상의 추동으로 인해 화원의 우수한 화조화는 대

부분 황가(黃家) 화법의 정밀한 기교를 바탕으로 한 아름다움을 추구했으며, 또 몰골(沒骨) 등의 다른 화법도 참조하면서 화조 자태의 변화를 극진하게 표현하거나 시적 정취를 부여하기도 하였다. 대필 화가의 작품일 가능성이 높지만, 송나라의 휘종(徽宗)이 완성한 작품으로 전해지는 〈서학도(瑞鶴圖)〉(卷; 요녕성박물관 소장)는 형상이 정확하면서도 생동감이 있으며, 색채가 밝고 아름다우면서도 조화를 이루고 있는데, 도참(圖讖) 사상과 미신 사상이 팽배한 가운데에서 상서로운 것에 대한 동경을 표현하였다. 송나라 휘종 조길(趙佶 : 1082~1135년)은 25년의 재위 기간 동안 정치적으로는 우매한 군주로 평가받지만, 예술 방면에서는 업적을 남겼다. 그의 작품으로 전해지

〈서학도(瑞鶴圖)〉

(宋) 조길(趙佶)

비단 바탕에 채색

51cm×138.2cm

요녕성박물관 소장

이 그림은 1112년 임진년(壬辰年) 정월 보름날 한 무리의 학들이 변량(汴梁)의 선덕문(宣德門)에 운집한 상서로운 모습을 그린 것이다. 그림 속의 상서로운 오색 구름이 성문의 겹처마 지붕을 자욱하게 에워싸고 있는데, 계화(界畫)의 표현은 공교하면서도 섬세하며, 옅은 석청(石靑)으로 청명한 하늘을 홍탁(烘托)하여 그려냈다. 한 무리의 학들이 날아오르거나 앉아서 머물면서 다양한 ▶▶

이 그림은 바위 절벽에 돋아난 두 그루의 대나무 가지와 두 마리의 새가 서로 마주보며 나뭇가지에 깃들여 있는 모습을 그렸는데, 용필(用筆)이 섬세하며 세련되고 정돈되어 있지만, 대나무의 가지와 잎·가시나무의 줄기는 모두 색을 칠했고, 구륵을 사용하지 않았으며, 바위 절벽의 화법에서는 생졸(生拙)한 필치를 볼 수 있다.

자태의 변화를 보이고 있는데, 사실적이면서도 매우 강렬한 장식성을 띠고 있다.

는 〈죽작도(竹雀圖)〉(卷; 미국 메트로폴리탄 미술박물관 소장)도 정교하고 아름다우면서 시적 정취를 담고 있다. 고개를 돌려 바라보며 서로를 부르는 두 마리의 산까치가 절벽 위에 비스듬히 돋아난 푸른 대나무 위에 깃들여 있는데, 마치 서로를 그리워하며 대화를 나누고 있는 듯하다. 푸른 대나무는 형태는 진실하지만 색채가 과장되어 있으며, 꺾여 말라비틀어진 가지와 누렇게 뜬 잎은 생생하기 그지없고, 두 마리 산까치의 깃털의 윤택함과 요철(凹凸)의 확실한 표현이 돋보이는데, 눈동자는 생칠(生漆)로 찍어 완성하였기 때문에 비단 위로 도드라져 있다. 〈홍료백아도(紅蓼白鵝圖)〉(軸; 대북 고궁박물원 소장)의 그림자를 바라보며 스스로를 가련하게 여기는 듯한 모습이나, 〈자모계도(子母鷄圖)〉(軸; 대북 고궁박물원 소장)의 어미닭과 병아리의 사랑스런 모습에서는, 형사를 뛰어넘어 사물을 빌려 정감을 펼쳐 냄으로써, 그것으로 하여금 인격화의 의의를 갖도록 해주고 있다.

『화계(畵繼)』의 작자인 등춘(鄧椿)의 기술에 따르면, 송나라 휘종이 몸소 주재한 화원에서는 '형사(形似)'와 '법도(法度)'를 특별히 추구했다고 한다. '법도'를 추구한 것은 화가들이 진지하게 전통을 학습하는 것을 독려하기 위한 것이었다. '형사'를 추구한 경우는, 화원 화가들이 사물을 관찰하는 것을 진지하게 하도록 제창하기 위함이었는데, 진지하지 않으면 자연의 법칙을 파악할 방법이 없기 때문에 제아무리 아름답고 오묘하게 표현하더라도 겉만 화려할 뿐 진실하지 못하다고 여겼다. 그러나 형사와 법도를 추구하는 것은 단지 첫걸음에 불과했고, 더 나아가 참신한 아이디어와 교묘한 생각과 시적(詩的) 정취를 제창하였다. 송나라 휘종과 화원에 의해 제작된 것으로 여겨지는 대량의 화조화들은 풍격이 정교한 형

〈홍료백아도(紅蔘白鵝圖)〉
(宋) 작자 미상

사·화려함·아름다움의 표현이 뛰어나면서도 자못 시적 정취를 함께 겸비하고 있다. 세상에 전해지는 작품들을 살펴보면, 선화(宣和) 화원의 이러한 풍격은 남송의 소흥(紹興) 화원에까지 죽 이어지고 있다.

홍탁(烘托) : 동양화 기법의 한 가지로, 수묵이나 색채를 이용하여 물상의 윤곽 바깥면을 선염(渲染)으로 처리하여, 물상이 뚜렷이 두드러져 보이게 하는 것을 말한다.

순희(淳熙) 연간(1174~1189년)에 화원의 대조(待詔)였던 임춘(林椿)의 〈과숙래금도(果熟來禽圖)〉(頁; 북경 고궁박물원 소장)는 주도면밀하고 핍진한 채색의 기법으로 통통한 과실과 가지 끝에 앉아 있는 작은 새를 그렸는데, 작은 새의 앙증맞은 모습이 손에 잡힐 듯하며, 영락없이 천진하고 귀여운 새끼의 형상이다. 감상자로 하여금 끊임없이 감상하며 음미하게 만들고 있다. 나이가 임춘보다 상당히 많았으며, 순희 연간에 함께 화원에서 봉직했던, 하양(河陽 : 오늘날의 하남성 맹현(孟縣)] 사람인 이적(李迪)이 그린 〈욕금도(浴禽圖)〉(대북 고궁박물원 소

장)는, 아이를 목욕시키는 나무통 속으로 날아든 구관조 한 마리를 그렸는데, 물보라가 사방으로 흩어지고 있으며, 사람들의 어린아이에 대한 사랑을 한 마리의 새에게 주입하여, 보는 이들로 하여금 연상하게 하면서 무궁한 여운을 남기고 있다. 그가 경원(慶元) 2년(1196년)에 창작한, 가로 폭이 큰 작품인 〈응규치도(鷹窺雉圖)〉(북경 고궁박물원 소장)는 화면에 긴장된 분위기가 넘친다. 늙은 단풍나무 위에 내려앉은 수컷 매가 막 입을 벌리고 울음소리를 내면서 풀숲으로 도망쳐 숨는 한 마리의 꿩을 쫓아 덮칠 자세를 취하고 있다. 기세가 여유로우면서

도 담긴 뜻은 의미심장하다. 또 화가의 이름을 알 수 없는 대량의 책엽(冊頁)과 선엽(扇頁) 작품들 가운데 〈출수부용도(出水芙蓉圖)〉와 〈홍료수금도(紅蓼水禽圖)〉 같은 작품들도 매우 정교하고 아름답다.

화조화도 함께 잘 그렸던 궁정화가들 가운데 이숭(李嵩)·마원(馬遠)·진거중(陳居中)과 마린(馬麟)은 모두 특색 있는 작품들을 세상에 남겼다. 풍속화로 이름을 떨친 이숭(1166~1243년)은 전당[錢塘 : 오늘날

〈과숙래금도(果熟來禽圖)〉

(宋) 임춘(林椿)

비단 바탕에 채색

26.5cm×27cm

북경 고궁박물원 소장

이 그림은 한 그루 과일나무와 가지에 달린 몇 개의 큰 과일, 가지 위에 깃든 작은 새 한 마리를 그렸다. '林椿'이란 두 글자가 씌어 있다. 그림 속의 형상은 생동감이 넘치며 사랑스러워 보인다.

〈응규치도(鷹窺雉圖)〉

(宋) 이적(李迪)

비단 바탕에 채색

189.4cm×210cm

북경 고궁박물원 소장

이 그림은 한 그루 늙은 단풍나무가 땅에 우뚝 솟아 있으며, 규룡(虯龍)처럼 뒤틀린 가지 위에 매 한 마리가 막 몸을 기울여 풀숲으로 황급히 달아나며 숨는 꿩을 호시탐탐 엿보고 있는 모습을 그렸는데, 화면의 분위기가 긴장감이 넘치면서도 격렬하다.

〈출수부용도(出水芙蓉圖)〉

(宋) 작자 미상

책엽(册頁)·선엽(扇頁) : 책엽이란 한 장 한 장을 책처럼 엮은 것을 말하며, 선엽이란 합죽선 형태의 부채에 그려 접을 수 있게 만든 것을 말한다.

〈화람도(花籃圖)〉

(宋) 이숭(李嵩)

비단 바탕에 채색

19.1cm×26.5cm

북경 고궁박물원 소장

이 그림은 공필중채화(工筆重彩畫)이며, 등나무 넝쿨로 엮은 정교하고 아름다운 하나의 꽃바구니를 그린 것인데, 바구니 안에는 모란과 원추리 등 각종 꽃들이 담겨 있다. 화면의 왼쪽 아래에 '李嵩畫'라는 세 글자의 낙관이 있다. 화풍은 농염(濃艶)하고 아름다우면서도 엄격하고 신중하며, 구도는 화면을 꽉 채우면서도 균형이 잡혀 있다.

의 항주(杭州)] 사람으로, 산수와 인물 및 화훼 그림에 모두 뛰어났는데, 그가 그린 〈화람도(花籃圖)〉(頁; 북경 고궁박물원 소장)는 화훼화에 풍속화의 의미를 부여하여, 감상자로 하여금 꽃과 사람을 보고 절기와 풍속을 연상하게 했다. 가태(嘉泰) 연간(1201~1204년)에 화원에 봉직했던 인물화가인 진거중이 창작한 〈사양도(四羊圖)〉(頁; 북경 고궁박물원 소장)는 초가을에 하나의 가정을 이루고 있는 네 마리의 산양들이 언덕에서 놀고 있는 광경을 정밀하게 그린 것이다. 비탈면의 높은 곳에는 한 집안의 가장인 듯한 늙은 산양이 우두커니 선 채 언덕 아

〈사양도(四羊圖)〉

(宋) 진거중(陳居中)

비단 바탕에 담채

22.5cm×24cm

북경 고궁박물원 소장

이 그림은 네 마리의 산양들이 고목(枯木) 아래에서 장난치며 놀고 있고, 또 이를 바라보고 있는 모습의 서로 다른 자태들을 그렸는데, 생동감 있는 모습의 형상이 사람의 눈을 즐겁게 한다. 그림 속의 용필은 간결하고 세련되었으면서도 질박하며, 색채의 운용은 부드럽게 조화시킨 가운데 대비를 이루고 있다.

래에서 놀고 있는 어린 양들을 두 눈으로 엄숙하게 내려다보고 있다. 그 양의 시선을 따라서 생활의 정취가 풍부한 광경이 한바탕 펼쳐지고 있는데, 매우 장난이 심한 개구쟁이 같은 양 한 마리가 두 뿔로 동료의 넓적다리 부분을 들이받고 있고, 받친 녀석은 앞쪽 몸체를 곧추세워 고개를 돌려 노려보는 자세를 취하고 있는데, 그 눈빛에는 성난 듯 즐거운 듯한 표정이 흘러넘치고 있다. 그들 옆의 회색 털로 덮인 한 마리의 늙은 양은 자태가 편안하고 자상한 것으로 보아, 마치 양들의 어미인 듯한데, 이 광경은 바로 가족 사이에서 누릴 수 있는 즐거움을 표현한 것으로 볼 수 있다. 알다시피 양(羊) 부류의 동물들에게는 노소의 차이나 암수의 구별은 있지만 가정이라는 조직은 존재하지 않는데도 화가가 이와 같이 그린 것은, 그가 단지 산양의 형신(形神-외양과 정신)과 생활 습성만을 표현하는 것에 만족하지 않고, 산양을 인격화함으로써, 감상자가 감상하고 음미할 그림 밖의 의미

[畫外意]를 갖게 하고자 했음을 말해주는 것이다.

마원은 산수로써 이름을 떨쳤을 뿐만 아니라, 화조를 그린 〈매석계부도(梅石溪鳧圖)〉(頁; 북경 고궁박물원 소장)는 변각(邊角) 구도의 산수화를 화조화에 도입하여 양자를 결합한 가운데, 끊이지 않는 생기와 사람의 마음을 끄는 시적 정취를 표현하였다. 그의 아들인 마린(馬麟)은 대체로 진거중과 같은 시기에 활동한 화원 화가로, 인물·산수·화훼에 모두 능했다. 그가 그린 〈층첩빙초도(層疊冰綃圖)〉(軸; 북경 고궁박물원 소장)는 메마른 가지에 꽃이 많이 있어 인공적으로 가지를 쳐내고 다듬은 느낌이 비교적 강하며, 부드럽고 미미하면서도 가냘프고 연약한 궁정 귀족의 취향이 묻어난다. 〈암향소영도(暗香疎影圖)〉(대북 고궁박물원 소장)는 "성긴 그림자는 맑고 얕은 물 위에 비껴 있고, 그윽한 향기가 달이 뜨는 황혼에 떠도네.[疎影橫斜水淸淺, 暗香浮動月黃昏.]"라는 시적 의경을 생동감 있게 표현하였는데, 섬세하면서도 청신하여 보는 이로 하여금 연상을 불러일으키게 한다.

남송 전기(前期)의 문인들이 수묵으로 그린 매(梅)·죽(竹)·목석(木石)도 북송 문인화의 사의(寫意) 전통을 계승하여 계속 발전시켜왔는데, 대상의 형신(形神)을 소홀히 여기지 않는 화법으로 마음을 펼쳐 그려낸 것이 많다. 후기의 제재를 보면, '사군자(四君子)'에 한결같이 집착하여 사람들의 생각을 다 담아내지 못하고 있다. 이 때문에 일부 화원 화가와 선승(禪僧) 화가들은 제재가 광범위하고 풍격이 자유분방하며 구애되지 않는 수묵 사의화조화를 새롭게 개척하여, 중국의 대사의화조화(大寫意花鳥畫)로 하여금 새로운 단계로 접어들게 하였다. 일부 다른 문인화가와 그 추종자들은 인물화의 백묘(白描) 기법을 차용하여, 묘사가 정밀하면서도 온화하고 우아한 정취를 담은 백묘 화훼화를 그리기도 하였다. 요컨대 정밀하고 엄정한 풍격으로부터 초일(超逸)한 풍격으로, 현란함으로부터 평담함으로 나아간 남송

변각(邊角) 구도 : 산수화를 그리는 구도법의 하나로, 한쪽 가장자리나 모서리에 주체가 되는 대상물을 근경으로 배치하고 중경과 원경은 안개나 수면(水面) 등으로 흐릿하게 처리하거나 여백으로 남겨놓는 구도법을 가리킨다.

〈매석계부도(梅石溪鳧圖)〉

(宋) 마원(馬遠)

비단 바탕에 채색

26.7cm×28.6cm

북경 고궁박물원 소장

　이 그림은 강남의 풍경을 그린 소경화(小景畫)이다. 화면은 연못을 이루는 시내의 한 모퉁이로 구성되어 있는데, 절벽 위에는 납매(臘梅)가 활짝 피어 기묘한 아름다움을 뽐내고 있다. 절벽 아래 시내는 굽이지고 있는 가운데 물결이 찰랑거리고 있으며, 한 무리의 물오리가 연못 속에서 서로 쫓고 쫓기며 즐겁게 놀고 있는, 봄기운이 무르익은 생기발랄한 한 폭의 정경이다.

〈설탄쌍로도(雪灘雙鷺圖)〉

(宋) 마원

渾如冷蝶宿花房
擁抱襜心憶舊香
開到寒梢尤可愛
此般必是漢宮粧

層疊冰綃

화조화의 발전 특징을 이루었다.

　　마린의 작품에서 볼 수 있듯이 섬세하고 유약함에 빠졌던 그 시기에, 인물화로 명성을 날렸던 화원 화가 양해(梁楷)는 일찍이 아무도 해낸 적이 없는 사의화조화의 새로운 풍격을 개창하였다. 양해는 선조의 본적이 동평(東平 : 오늘날의 산동 동평)으로, 가태(嘉泰) 연간(1201~1205년)에 화원의 대조(待詔)에 임명되었는데, 뚜렷이 선종 사상과 문인화 사상의 영향을 받은 궁정화가였으며, 술을 즐긴 데다 신경질적이었고, 궁정의 속박을 받지 않았기 때문에, 화조화를 그릴 때에도 간결하기 그지없었고, 붓을 잡고 손 가는 대로 그린 듯하다. 〈추류쌍아도(秋柳雙鴉圖)〉(頁; 북경 고궁박물원 소장)는 버드나무 가지·가을 바람·겨울 까마귀·가을 하늘을 그린 것이다. 화법에서 마음으로 터득하여 손놀림에 따라 그려 낸 능숙한 솜씨[得心應手]는 표현해 낸 철리(哲理) 및 선기(禪機)와 서로 표리를 이룬다.

　　양해보다 조금 늦은 법상화상(法常和尙)은 호가 목계(牧溪)인데, 인물화에 뛰어났을 뿐만 아니라 남송 사의화조화의 대가이기도 했다. 그의 수묵 화조화는 "의미가 간결하고 적당하고, 과도하게 꾸미거나 장식을 하지 않았다.[意思簡當, 不費粧綴.]"[하문언(夏文彦), 『도회보감(圖繪寶鑑)』] 일본에 수장(收藏)되어 있는 〈노송팔가(老松八哥-노송과 개구쟁이)〉·〈원숭이[猿]〉·〈감[柿]〉 등의 그림들은 모두 마치 붓 가는 대로 먹 점을 찍어 완성해 낸 것 같아, 문인화가들이 추구한 자연스러운 정취와 같은 오묘함을 갖추고 있다. 작자는 이처럼 조금도 풍격화(風格化)한 흔적이 없는 자연스러운 필묵의 오묘한 경지를 빌려, 깨달음을 도와줄 수 있는 철리를 직관적으로

표현하였는데, 일반 문인화의 화외의(畫外意-191쪽의 '境外意' 참조)와 비교해도 특별히 달랐다.

남송(南宋) 문인화가들의 화조화 가운데, 한 종류는 북송(北宋)의 문동(文同)과 작품이 전해지지 않는 화광화상(華光和尙)이 수묵으로 그린 대나무와 매화의 전통을 곧바로 계승한 것으로, 비교적 사실적인 수묵화법으로 문인의 품격과 성정을 기탁할 수 있는 매화와 대나무를 그린 것들이다. 그 가운데 북송에서 남송에 진입한 시기에 활동했던 도선노인(逃禪老人) 양무구(揚無咎)가 대표적인 화가이다. 양무구(1097~1169년)는 자가 보지(補之)이며, 임강[臨江 : 오늘날의 강서 청강(淸江)] 사람이다. 전해지는 바에 의하면, 그는 '궁매(宮梅-궁중에서 감상하기 위해 심은 매화)'를 그리는 것을 좋아하지 않아 오로지 야생의 매화만을 그렸다고 하는데, 〈사매화도(四梅花圖)〉(卷)와 〈설매도(雪梅圖)〉(卷)(둘 다 북경 고궁박물원 소장)는 매우 간략한 필묵으로 야생의 매화를 그렸는데, 화광화상이 담묵으로 점을 찍듯이 매화 그리는 방법을 변화시켜, 곧바로 세필로 꽃을 구륵하고, 꽃술은 점을 찍어 그림으로써 필법의 작용을 부각시켰으며, 풍격은 성기고 수척하며 맑고 아름다워 생기가 가득 넘쳐난다.

그 두 번째 종류는 소식의 〈고목괴석도(古木怪石圖)〉에서 비롯한 것으로, 주로 금나라가 통치하던 북방에서 성행하였다. 금나라의 문인들은 북송의 소식(蘇軾)과 미불(米芾)의 문인화 전통을 숭상하였는데, 미불의 외가 생질인 황화노인(黃華老人) 왕정균의 성취가 가장 뛰어났고, 명성도 가장 높았다. 왕정균(王庭筠 : 1151~1202년)은 자가 자단(子端)이며, 호는 황화노인으로, 웅악[熊岳 : 오늘날의 요녕 개주(蓋州)] 사람이며, 금나라의 저명한 문인이었다. 그의 〈유죽고사도(幽竹枯槎

북송과 남송 : 오대(五代)가 끝난 뒤, 조광윤(趙匡胤)이 960년에 개봉(開封)에 도읍을 정하고 세운 나라를 북송이라 하며, 송나라 전반기에 속한다. 그 후 여진족이 금(金)나라를 세워 요나라를 멸망시킨 뒤 개봉을 점령하여 휘종(徽宗)과 흠종(欽宗)을 포로로 잡아갔으므로 송나라 왕실의 혈통이 끊기게 되는데, 이를 '정강의 변'(1127년)이라고 한다. 그러자 흠종의 동생 고종(高宗 : 재위 기간 1127~1162년)이 임안[臨安 : 지금의 항주(杭州)]에 도읍을 정하고 남송(南宋)을 세웠으므로, 송 왕조의 후기에 해당한다.

〈사매화도(四梅花圖)〉(일부분)

(宋) 양무구(揚無咎)

종이 바탕에 수묵

37.2cm×358.8cm

북경 고궁박물원 소장

이 그림은 매화가 아직 피지 않은 것·막 피는 것·활짝 핀 것·막 지고 있는 것의 네 가지 형태들을 그렸는데, 드문드문 추위에 떨고 있는 듯한 꽃술을 표현하였다. 그 화법은 오로지 수묵만을 사용하고 채색은 하지 않았는데도, 화면에서는 여전히 사람들에게 여러 빛깔이 섞여 알록달록 빛나는 듯한 느낌을 준다. 그림 속의 가지와 줄기는 비백법(飛白法-붓 자국에 희끗희끗하게 바탕이 드러나 보이는 필법)으로 처리하였는데, 성긴 그림자가 비스듬히 비낀 듯, 더욱 호방하면서도 맑고 소탈한 모습을 드러내고 있으며, 꽃잎은 백묘(白描)로 그렸고, 맑고 수척하면서도 원만하고 온윤하여, 마치 그윽한 향기가 코끝을 스치는 듯하다.

圖)〉[일본 교토 후지이 유린칸(藤井有隣館) 소장]는 대나무와 나무의 중간 부분만을 취하여 그리는 방식의 구도인데, 고목 표피의 균열과 가지 위에 새삼[菟絲]이 얽혀 자라는 모습과 한 그루 운치 있는 대나무가 그 사이를 뚫고 나온 모습을 그렸다. 그는 서법에 매우 뛰어난데다 서법을 바탕으로 그림을 그렸기 때문에, 필법의 운용에서 드러나는 메마르고 촉촉함과 짙고 옅음의 변화를 충분히 발휘하였다. 따라서 "물상이 붓놀림을 따라 변화하고, 경물이 흥취를 새롭게 드러내게[象隨筆化, 景發興新]" 되어, 서법과 회화의 상호 융합 속에서 자신의 마음을 펼쳐냈다.

또 다른 한 종류는 문인들이 창조한 묵룡화(墨龍畵)이다. 문헌의 기록에 의하면 북송의 궁정화가인 동우(董羽)가 용을 잘 그렸고, 남송 말기에 이르면 묵룡에 능하다고 일컬어진 문인화가인 진용(陳容)이 출현하였다. 진용은 자가 공저(公儲)이고, 호는 소옹(所翁)이며, 복당[福唐 : 오늘날의 복건 장락(長樂)] 사람이다. 그는 비록 낮은 벼슬을 하기는 했지만, 평생 불우하여 웅대한 포부를 가슴에 품고 있으면서도 이를 펼칠 수가 없었기 때문에, 정신이 왕성할 때마다 묵룡을 그려 호방한 감정을 펼쳐냈다. 이로 인해 그의 묵룡 작품들은 종종 구름이 피어오르고 비가 흩날리는 가운데 용트림하며 솟구쳐 오르는 모습이었으며, 거대한 기세로 충만했다. 광동성(廣東省)박물관에 소장되어 있는 진용의 〈묵룡도(墨龍圖)〉는, 창공 속에서 머리를 치켜들고 성난 눈매로 꿈틀대며 헤엄치듯 구름과 안개가 피어오른 속에서 몸을 감췄다 드러냈다 하는 모습을 그렸는데, 풍격이 웅장하고 기이하며, 필묵의 운용이 노련하면서도 씩씩하여, 실제로 존재하지 않는 신령스러운 용을, 마치 살아 있는 듯이 생기 넘치는 모습으로 표현하였다. 굳세고 힘찬 서법으로 그림 위에 쓴 제시(題詩)는 왕성하고 기세당당한 사상과 감정을 펼쳐 내고 있다는 점에서, 역시 묵룡과 서로

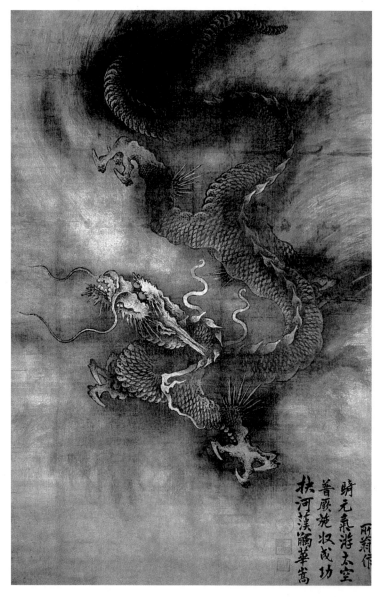

〈묵룡도(墨龍圖)〉

(宋) 진용(陳容)

비단 바탕에 수묵

201.5cm×130.5cm

광동성(廣東省)박물관 소장

이 그림은 두 폭의 비단을 이어 붙여서 그린 것이다. 거대한 용이 창공으로 솟구쳐 올라 구름 속에서 요동치고 있으며, 수염이 난 눈을 부릅뜨고 있고, 비늘과 발톱이 날카로워 흉폭하고 사나운 모습이다. 기법상으로는 순전히 수묵으로만 그렸으며, 준찰(皴擦)과 훈염(暈染)을 함께 사용하여, 배경의 분위기를 힘차게 부각시키면서 구름 속 용의 정신과 기질을 표현하였다.

표리를 이룬다고 할 수 있다. 미국 보스턴미술관에 소장되어 있는 진용의 〈운룡도(雲龍圖)〉는 심지어 반점(礬點)으로 비와 안개를 표현하여, 신명(神明)의 변화를 극진하게 구현하였다.

남송의 문인 화조화 가운데 가장 늦게 출현한 형태는, 청아하고 수려하며 고아하고 빼어난 백묘(白描) 화훼이다. 그 대표적인 화가로는 종실(宗室) 문인화가인 조맹견을 들 수 있다. 조맹견(趙孟堅 : 1199~1263년)은 자가 자고(子固)이고, 호는 이재(彝齋)이다. 그는 백묘의 수선화를 잘 그렸으며 매화와 난초도 그렸는데, 양보지(揚補之-양무구)의 영향을 받았으며, 북송 화가 이공린(李公麟)의 인물 백묘화법을 화훼에 적용하였고, 구륵한 다음 채색하는 화훼 그림의 정교하고 섬세하며 엄밀한 궁정화가들의 풍격을 참조하여, 백묘 화훼의 새로운 양식을 창조하였다. 〈수선도(水仙圖)〉[卷 : 천진(天津)예술박물관 소장]는 쌍구법(雙鉤法)으로 그린 다음, 먹으로 선염하여 정교하고 아름답기가 이를 데 없으며, 푸른 띠처럼 긴 수선화 잎의 뒤집힌 모습과 굽어보고 우러러보는 다양한 수선화 꽃의 자태 및 구성과 배치에서의 풍부한 변화는 이러한 통일되고 조화로운 두루마리 그림을 더욱 유연하고 아름답게 만들어준다. 그의 예술은 연지나 분 같은 화장기를 말끔히 털어 내고, 사물 묘사의 정교함을 잃지 않았으며, 또 맑은 뜻이 사람을 엄습하는 정감과 운치가 드러나 있어, 당시로서는 확실히 일종의 독창적인 풍격이었다. 이름을 알 수 없는 송나라의 화가가 그린 〈백화도(百花圖)〉(卷; 북경 고궁박물원 소장)도 수묵으로 그린 백묘 화훼에 속하는데, 사계절의 화초와 함께 초충(草蟲)도 그렸다. 공교하면서도 고아하고 빼어나면서도 운치가 있는데, 먹으로 색을 대신하

〈수선도(水仙圖)〉

(宋) 조맹견(趙孟堅)

고, 선묘와 수묵의 선염을 겸용했을 뿐만 아니라, 몰골화법도 융합시켰다. 따라서 그 분위기와 화법이 조맹견과 하나의 틀에서 나온 것처럼 유사하지만, 그 정신이 깊이 함축된 부분은 더 낫다고 할 수 있다. 이것은 문인화가들이 형상을 뛰어넘는 의미를 추구하면서도, 여전히 사물의 형상을 정교하고 아름답게 그려 낼 수 있었다는 것을 말해주는 것이다.

원대(元代)의 화조 화단은 송대만큼 그렇게 현란하고 다양한 색채를 드러내고 있지는 못하지만, 단순하고 청명하면서 차분한 기운이 충만하여, 사람들이 충분히 감상하고 즐길 만했다. 화가가 그려내는 화조는 현실의 화조와는 거리가 있지만, 오히려 특정한 문화 심리를 갖춘 감상자의 마음속으로 파고든다. 먼저 출현한 현상은 공필 채색 화조화 영역의 소략(疏略)하고 담박(淡泊)한 창작 풍조였다. 그 대표적인 화가가 전선(錢選)이었다. 그는 남송 문인 수묵화의 정신으로 섬세하고 화려하던 남송의 원체(院體) 화조화를 개조하였다. 그가 그린 화훼는 '절지(折枝)'로 널리 알려졌는데, 초기의 작품인 〈팔화도(八花圖)〉(卷; 북경 고궁박물원 소장)와 만년에 그린 〈이화도(梨花

절지(折枝) : 화훼화(花卉畫)의 일종으로, 화훼를 그릴 때 한 그루 전체를 그리지 않고, 단지 나무줄기에서 일부분의 꽃가지만을 취하여 그리기 때문에 붙여진 이름이다. 주로 선엽(扇頁)류의 소품(小品) 화훼화는 종종 간단하게 가지만으로 구도를 운용함으로써, 더욱 심오하고 우아한 느낌을 준다.

〈팔화도(八花圖)〉(일부분)

(元) 전선(錢選)

종이 바탕에 채색

29.4cm×333.9cm

북경 고궁박물원 소장

이 그림은 해당화·살구꽃·매화·치자·계수나무꽃·수선 등 여덟 종의 화훼들을 그린 것이다. 잎과 꽃잎은 세필로 구륵하여 그린 다음 색을 채워 표현하였으며, 꽃받침은 농묵으로 처리하여 부각시켰다. 필법은 정교하고 세밀하며, 채색은 해맑으면서 빼어나게 아름다워, 문인화의 고아한 품격이 넘쳐난다.

〈팔화도〉(일부분)

㈜ 전선

圖〉〉(卷; 미국 메트로폴리탄박물관 소장) 등이 세상에 전해지고 있다. 〈팔화도〉는 북송의 "소략하고 담박한 가운데 정교함을 머금고 있는[疏淡含精勻]" 구륵설채법(鉤勒設彩法)과 몰골법(沒骨法)을 참작하였고, 채색은 더욱 경쾌하고 담박하면서도 문아(文雅)함을 더하여, 화조화에 섬세한 서정적인 맛을 부여하였다. 그리고 일종의 적막하고 슬프며 맑고 수려하면서도 애절한 분위기를 표현하였으며, 담박한 아름다움이 마치 꿈결과 같은데, 어쩌면 옛 사람들이 말한 "생각을 기탁함을 어찌 색채의 닮음에서 구하겠는가? 전당(錢塘)의 풍물들이 태평성대를 말해주고 있거늘![寓意豈求顏色似, 錢塘風物記升平!]"이라는 심정이 무의식중에 표출된 것인지도 모른다. 만년의 작품인 〈백련화도(白蓮

花圖〉〉[卷; 산동의 노왕(魯王) 묘에서 출토]는 특별히 새로운 의경을 드러
내는데, 공교하고 화려한 풍격을 분방하고 자유로운 풍격으로 변모
시켜, 이미 후세의 수묵담채 화조화의 서막을 열어놓았다.

뒤이어 더욱 사람들의 주목을 끌 만한 현상이 출현했는데, 바로
수묵 화조화가 출현하면서 묵죽·묵매·묵란·수묵(水墨) 목석(木石)
과 수묵 화훼의 발흥이 촉발되었다. 이러한 풍조를 이끈 화가들로는
조맹부(趙孟頫)와 고극공(高克恭) 등이 있었다.

조맹부는 원나라에서 벼슬하기 이전에 일찍이 묵매를 그린 적이
있었으며, 조맹견의 풍격을 추종하며 수선화를 그리는 경우가 특히
많았는데, 형사(形似)에 구애되지 않고 담아(淡雅)한 경지로 나아갔
다. 원나라에서 벼슬한 이후에는 인물산수화를 창작함과 동시에 묵
죽을 그리는 일이 점점 많아졌으며, 고목(古木)과 죽석(竹石)도 그리기
시작했다. 일반적으로 말해서 그가 수묵으로 그린 난초와 대나무는
유연하며 아름답고 다양한 자태를 갖추었으면서도, 또한 수려하고
우아하며 차분하고, 아울러 인간사와 밀착된 어떤 감정들을 결코 구
체적으로 펼쳐 내지 않았을 뿐 아니라, 유가와 도가·벼슬과 은거·지
위가 매우 높은 관료와 시골의 운치를 잃지 않는 모습을 함께 구현
해 내는 데 뛰어났다. 같은 시기에 활동했던 유악중(劉岳中)은『신재
집(申齋集)』에서는 이 점에 대해 이렇게 지적하고 있다. "그 늘씬하고
빼어난 모습에는 유자(儒者)의 뜻도 있으며, 그 온화한 모습에는 왕손
의 고귀함도 있고, 그 의기소침한 모습에는 은거하는 풍미도 있으며,
그 엄숙한 모습에는 옥당(玉堂-즉 한림원)의 기개도 있다.[其修然也有儒
者之意, 其溫然也有王孫之貴, 其頹然也有茅檐之味, 其儼然也有玉堂之氣.]"
그가 그린 고목과 죽석은 풍격면에서 묵죽에 비해 간결하고 거칠지
만, 서법의 맛은 더욱 풍부하다. 〈수석소림도(秀石疏林圖)〉〈卷; 북경 고
궁박물원 소장)는 그가 그림을 다 그린 뒤에 쓴 제시(題詩)에서 말하고

있는 것처럼, 그가 그림을 그릴 때 관심을 기울였던 것은 형상 자체가 아니라 서법의 용필로 그림을 그려 내는 것이었다. 그리하여 필법이 비록 여전히 '응물상형(應物象形)'을 통해 심지어 질감까지도 표현해내는 것을 목표로 삼고 있는 것 같지만, 중당과 만당 이래 흥기했던 수석평원(樹石平遠)의 제재가 조맹부의 붓끝에서는 공간감과 입체감 모두 필법의 서정성 속에서 소실되었다.

고극공의 묵죽은 금나라에서 활동한 왕정균 부자와 북송의 소식으로부터 연원한 것이다. 〈묵죽파석도(墨竹坡石圖)〉(軸; 북경 고궁박물원 소장)에서, 그는 평평한 언덕의 돌 무더기 언저리에서 자라난 한 그루는 농묵으로, 또 다른 한 그루는 담묵으로, 두 그루의 우죽(雨竹)을 그려냈다. 그것을 보면, 그가 형사에는 그다지 주의를 기울이지 않아 대나무 잎의 처리가 지나치게 격식화되고 변화가 부족하긴 하지만, 비가 내리는 공간의 표현이 성공적이고, 풍격도 왕정균 부자처럼 황량하거나 거칠지 않아, 차분하고 온화하면서도 소박하고 중후한 특색을 드러내고 있음을 볼 수 있다.

우죽(雨竹) : 비에 촉촉하게 젖어 있는 대나무.

〈묵죽파석도(墨竹坡石圖)〉
(元) 곡극공(高克恭)
북경 고궁박물원 소장

같은 시기에 활동했던 화가였으며, 대도(大都
: 오늘날의 북경) 사람인 이간(李衎 : 1244~1320년)
은 자가 중빈(仲賓)이고, 호는 식재도인(息齋道人)
인데, 그는 쌍구(雙鉤) 채색의 대나무를 그린 것
으로 당시에 유명했을 뿐만 아니라, 수묵으로
죽석과 고사(枯槎-마른 나뭇가지)도 그렸다. 처음
에 그는 왕정균 부자를 배웠고, 나중에는 문동
(文同)의 화법을 본받았는데, 다시 대나무가 자
라는 깊숙한 죽향(竹鄕)으로 들어가 관찰하면
서 체득하고 음미하였기 때문에, "대나무의 변
화를 다 궁구해 낼 수[窮竹之變]" 있었다. 가지와
줄기의 배치, 잎의 꺾임과 뒤틀림[折旋] 및 향배,
계절에 따라 바람이 불거나 맑거나 비가 오거나
이슬이 내린 것 등의 모든 것을 구체적이면서
정미하게 그려 내어, "더할 나위 없이 생기가 넘
쳐난다.[曲盡生意.]" 앞부분과 뒷부분이 나뉘어
따로따로 미국의 넬슨-애킨스 미술박물관과 북

〈쌍송도(雙松圖)〉
(元) 이간(李衎)

경 고궁박물원에 소장되어 있는 〈사청도(四淸圖)〉(卷)가 가장 대표적
인 작품이다. 그의 그림은 결코 기탁하고 있는 바가 없지 않지만, 구
상[立意] 과정에서 마음을 기탁한 대나무의 형상은 번잡하여 성긴 모
습이 아니며, 진실감을 담고 있어 상징화[符號化]로 흐르지 않았다.
당시 화원에서 봉직했던 산수화의 대가인 상기(商琦)도 묵죽을 그렸
는데, 이것은 묵죽을 선호하는 것이 금대부터 원대에 이르는 동안 이
미 조정의 문인들이 숭상하는 풍조였음을 말해주는 것으로, 바로 장
욱(張昱)이 이렇게 말한 바와 같았다. "조정의 묘당(廟堂) 위에 (묵죽
이-역자) 하루도 없을 수 없음을 안다.[乃知廟堂上, 一日不可無.]" 이것

은 작자가 유민(遺民) 은사(隱士)인가 아닌가와는 전혀 상관이 없었다.

원대 초기에는, 새로운 왕조를 인정하고 받아들이지 않은 남방의 화가였던 정사초가 묵란(墨蘭)을 그리는 것으로 유명했는데, 묵죽과 묵국(墨菊)도 그렸다. 정사초(鄭思肖 : 1239~1316년)는 자가 소남(所南)이며, 복주(福州) 사람으로, 원나라의 군대가 남하하자 곧 오중(吳中)에 은거하면서 그림을 그려 한(恨)을 기탁하였는데, 그의 〈묵란도(墨蘭圖)〉(卷 ; 일본 오사카시립미술관 소장)는 땅에 뿌리를 내리지 않은 난초를 빌려 망국의 원통함과 슬픔을 펼쳐 그려 냈다. 그는 형상을 그려 내는 방법을 간략화하여 "성긴 꽃과 간결한 잎을 그려, 지나친 공교함을 추구하지 않음[疏花簡葉, 不求甚工]"으로써 성정(性情)을 곧바로 펼쳐 내는 것을 추구하였다.

원대 전기 화조화 풍격의 변천과 예술 인식의 발전은 원대 후기의 화조 화단에 직접 또는 간접으로 영향을 주어, 묵죽 위주의 '사군자' 화가 조정과 재야에서 유행하고 성행하며 주류(主流)가 되도록 하였

〈묵란도(墨蘭圖)〉
(元) 정사초(鄭思肖)
종이 바탕에 수묵
25.7cm×42.4cm
일본 오사카시립미술관 소장

이 그림은 담묵으로 난초 한 포기를 그렸는데, 용필(用筆)이 간결하고도 빼어나며, 소략하고 시원시원하다. 화가는 번잡함을 피하고 간결함을 추구하면서 갖가지 감정을 표현해냈으며, 청아한 형상을 통해 범속함을 초탈한 마음을 기탁하였는데, 이는 바로 세속에 물들지 않고 고결함을 지키는 화가 자신을 묘사한 것임이 분명하다.

는데, 이에 따라 묵희(墨戲)로 그린 묵화(墨花)가 범람하게 되면서 기교의 섬세함을 추구하던 화조화도 마침내 수묵과 백묘를 숭상하게 되었다.

원대 후기의 묵죽화가는 매우 많았는데, 고안(顧安)이 일정 정도 이간(李衎)을 거쳐 문동(文同)의 묵죽 전통으로 거슬러 올라간 일파를 대표한다면, 가구사(柯九思)는 고극공을 직접 계승하면서 소식의 전통을 멀리서 접한 일파를 대표한다고 할 수 있다. 산수화가인 오진(吳鎭)과 예찬(倪瓚)의 묵죽도 자신만의 풍격을 갖추고 있는데, 오진이 힘차고 거친 면이 뛰어나다면, 예찬은 산뜻하면서도 쓸쓸한 면이 뛰어나다. 고안의 〈신황도(新篁圖)〉(軸)와 가구사의 〈쌍죽도(雙竹圖)〉(軸; 북경 고궁박물원 소장), 오진의 〈묵죽도(墨竹圖)〉(軸; 미국 프리어박물관 소장)와 조맹부의 〈난석도(蘭石圖)〉(卷) 뒤에 붙여 표구한 예찬의 〈죽지도(竹枝圖)〉(상해박물관 소장)로부터 각 화가들의 예술 특징을 살펴볼 수 있다. 원대 후기의 묵란 화가로는 명설창화상(明雪窓和尙-?~약 1352년)이 가장 널리 이름이 알려졌는데, "집집마다 서재(恕齋)의 글씨요, 집집마다 설창(雪窓)의 난이라네[家家恕齋字, 戶戶雪窓蘭]"라는 명성을 얻을 정도였다. 〈난죽도(蘭竹圖)〉(軸; 미국 클리블랜드 미술박물관 소장)로부터, 그의 묵란이 조맹부의 화법을 터득하여 산뜻하고 맑으며 수려했음을 볼 수 있다.

묵매를 그린 화가들로는 도사(道士) 추복뢰(鄒復雷)와 문인 왕면이 있었다. 추복뢰는 세상에 전해지는 유일한 작품인 〈춘소하도(春消夏圖)〉(軸; 미국 프리어박물관 소장)가 있다. 왕면(王冕 : 1346~1395년에 생존해 있었음)은 자가 원장(元章)이고, 호는 자석산농(煮石山農)이며, 회계(會稽 : 오늘날의 절강 소흥) 사람인데, 그의 작품은 비

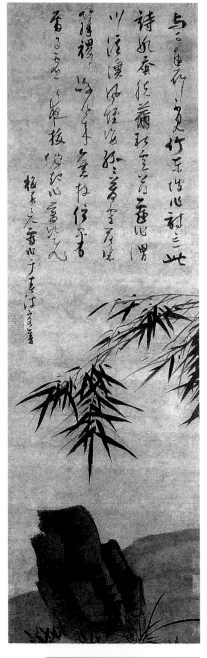

〈묵죽파석도(墨竹坡石圖)〉

(元) 오진(吳鎭)
종이 바탕에 수묵
103.4cm×33cm
북경 고궁박물원 소장

〈송석도(松石圖)〉

(元) 오진

〈묵매도(墨梅圖)〉

(元) 왕면(王冕)

교적 많이 전해지고 있다. 그들은 멀리 양보지(揚補之)의 매화 그림 전통을 이어받아 무성한 꽃과 빽빽한 꽃술의 묘사에 힘을 쏟았는데, 생기발랄하며 탁 트이고 명랑한 정취를 드러낸다. 〈춘소하도〉와 "우리집 벼루 씻던 못가의 나무에, 송이송이 핀 꽃 담묵으로 그렸네[吾家洗硯池頭樹, 個個花開淡墨痕]"라는 제시가 있는 왕면의 〈매화(梅花)〉(卷;북경 고궁박물원 소장)는, 기존의 구륵하여 꽃을 그리던 기법을 담묵의 점들로 꽃을 그려 내는 수법으로 일변시켜 새로운 국면을 개척하였다.

원대의 공필화조화에서도 먹으로 색을 전부 대체하는 현상이 출현하였는데, 대표적인 화가로는 원대 후기에 활동했던 왕연(王淵)과 변로(邊魯)가 있었다. 왕연은 항주 출신의 직업화가로, 일찍이 조맹부의 지도를 받은 적이 있으며, 화조화는 황전(黃筌)의 화법을 취하면서도 섬세한 수묵의 선염을 부각시켰는데, 〈화죽집금도(花竹集禽圖)〉(軸; 북경 고궁박물원 소장)와 〈산도금계도(山桃錦鷄圖)〉(軸; 상해박물관 소장)를 보면, 왕연의 수묵 공필화조화는 사물의 표현이 정미하고 형신(形神-외양과 정신)이 두루 갖추어져 있어, 남송 화원의 공교한 기법에만 구애되어 박약해진 폐단이 전혀 없으며, 격조가 중후하고 질박하며 온화함을 볼 수 있다. 소수민족 출신의 화가인 변로의 화풍은 왕연과 매우 비슷한데, 근래에 그의 〈기거평안도(起居平安圖)〉(軸; 천진예술박물관 소장)가 발견되었다.

원나라 초기에 수묵으로 그린 화죽(花竹)이 유행한 이래 몇몇 화가들은 당대 화가들의 발자취를 따르려 하지 않고, 백묘 화법으로 새로운 방도를 개척하기도 하였다. 원나라의 전기(前期)를 계승한 왕적간(王迪簡)이 백묘로 수선(水仙)을 잘 그린 이후, 원나라 말기에 다시 장손(張遜)의 백묘 쌍구(雙鉤-'구륵'과 같은 말)로 그린 대나무가 출현하였다. 장손의 〈쌍구죽(雙鉤竹)〉(卷; 북경 고궁박물원 소장)에서는 대나무를 쌍구법의 백묘 기법으로 그렸으며, 비탈면의 경우는 원나라의 화가들이 상용하던 동원(董源)의 준법을 사용하고 있는데, 이것은 원대 인물 백묘에 배경을 넣은[襯景] 것과 동일한 취지라고 할 수 있다.

원나라 후기의 화조화가들 가운데에는 수묵 사의화조화의 주류로부터 벗어나 있던 인물들이 있었는데, 장순자(張舜咨)와 설계옹(雪界翁)이 합작하여 그린 〈응회도(鷹檜圖)〉(軸; 북경 고궁박물원 소장)에서, 늙은 노송나무의 굳세고 힘찬 표현은 송대와 원대의 화법을 넘나들고 있으며, 참매[暢鷹]는 섬세한 공필로 그려내어 여전히 남송 원체(院體)의 유풍을 지니고 있다. 장중(張中)의 경우는 이미 수묵 사의화훼를 그렸으면서도 또한 담채의 화조도 그렸는데, 그가 그린 묵화(墨花)는 왕연에 비해 간결하고 대범하며, 또 담채로 그린 화훼는 전선(錢選)에 비해 거침이 없으며, 특히 몰골로 빼곡

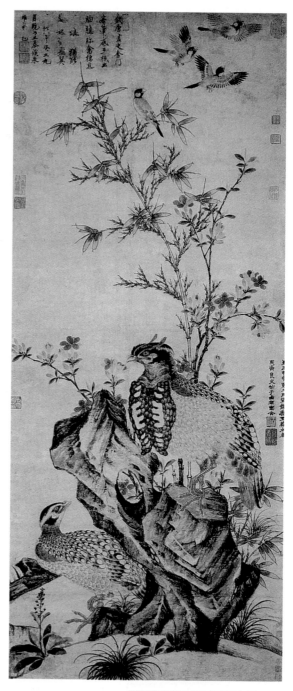

〈화죽집금도(花竹集禽圖)〉

(元) 왕연(王淵)

북경 고궁박물원 소장

하게 점을 찍듯이 그려 내는 데 뛰어났다.

원나라 후기의 화조화가들은 예술 인식의 측면에서 두 가지 새로운 추세를 반영하고 있는데, 첫째는 "형사를 추구하지 말 것[不求形似]"을 제창한 점이다. 원나라 초기의 화가들이 그림에 대해 논할 때에는 대부분 신(神)을 중시하고 형(形)을 중시하지 않았다. 원나라 말기에 이르러 화가들은 '일품(逸品)'을 추구하던 것으로부터 '일필(逸筆)'을 선호하는 것으로 파급되었는데, 이리하여 예찬(倪瓚)을 대표로 하는 위와 같은 견해(형사를 추구하지 말 것-역자)가 출현하였다. 그러나 관련된 작품들을 보면, 그들이 강조한 "형사를 추구하지 말 것"이 실제로는 "형사로부터 벗어나거나 형사를 간략하게 할 것[脫略形似]"을 주장한 것인데, 형사를 뛰어넘는 함축된 의미를 더욱 중시하는 것과 관계가 있었다. 다른 한 방면으로는 "서법을 통해 회화를 창작한[以書入畫]" 데에 연원을 두는 것으로, 매우 능숙하게 속마음을 묘사해 내는 데 취지가 있었다. 둘째는 이간(李衎)의 『죽보(竹譜)』를 뒤이어 화가들이 화보(畫譜)의 편찬에 많은 노력을 기울였다는 점이다. 설창(雪窓-일반적으로 '명설창화상'이라 함)은 『난보(蘭譜)』를 남겼고, 왕리(王履)는 『매보(梅譜)』를 남겼다. 이들 화가들의 화보는 회화 이론을 논술하고 있을 뿐만 아니라, 비교적 많은 지면을 할애하여 화법을 토론하고 있는데, 그 분석에서 이미 도식(圖式-그림)의 형식을 취하고 있다. 그 원인을 살펴보면, 한편으로는 가르치는 학생들의 요구에 부응한 것일 수도

〈오죽창응도(梧竹蒼鷹圖)〉

(元) 장순자(張舜咨)

일품(逸品) : 당나라의 주경현(朱景玄)이 지은 『당조명화록(唐朝名畫錄)』에서 비롯된 품평의 기준이며, 송나라의 황휴복(黃休復)이 지은 『익주명화록(益州名畫錄)』에 의해 비평의 최고 기준으로 정립되었다. 일반적으로 회화의 법칙을 중요시하지 않지만, 필묵은 정연하고 세련되며, 의취(意趣)가 보통사람들의 상식을 넘어선 작품을 가리킨다.

일필(逸筆) : 원나라 때 회화의 공통적인 특성이자 풍격이라고 할 수 있

있으며, 다른 한편으로는 문인화조화에 서법의 추상적인 요소가 더욱 증가된 이후에, 필요에 따라 도식의 형식을 받아들인 결과일 수도 있다.

중국의 화조화가 송대의 전면적인 발전을 거친 이후, 원대에는 또한 수묵 영역을 향해 심화되는 단계를 거치게 되는데, 그 음유(陰柔)할 뿐 양강(陽剛)하지 않고, 자유롭게 표현할 뿐 꾸미지 않으며, 차분한 기운으로 충만할 뿐 조급하게 움직이지 않는 화풍과 그 구상[立意]의 방면에서, 서(書)·화(畵)의 관계 방면에서, 형(形)·신(神)·의(意)의 관계 등의 방면에서 터득한 새로운 견해들은 모두 송대의 회화와는 다른 또 하나의 전범(典範)으로서의 의의를 가지면서 명·청 화조화의 발전에 광범한 영향을 미쳤다.

◀◀ 으며, 예찬(倪瓚)의 화법이 대표적으로 여기에 해당한다. 수일(秀逸=빼어나고 고아함)한 것이 그 특징인데, 그림은 성글고 간략한 것에 구애받지 않고 자연의 대상을 완벽하게 표현할 수 있는가 없는가를 원칙으로 삼았다. 작자의 사상이나 감정을 자유분방한 필묵 형식으로 표현하는 것이라고 할 수 있다.

|제5절|
인물화의 발전과 변화

오대의 인물 사녀화(仕女畵)와 초상화는 중당과 만당의 화풍을 일정 부분 계승하였으며, 종교 회화 방면의 오도자(吳道子) 일파도 여전히 매우 큰 세력을 유지하고 있었다. 세속의 인물화는 당나라의 장훤(張萱)과 주방(周昉)이 창안한 화려한 복장의 인물화 표현이 발전함에 따라 화법이 더욱 세밀하고 화려해졌으며, 인물의 내면세계를 그려내는 방법도 더욱 정교하고 아름다우며 치밀하고 심오한 경지로 나아갔다.

오대부터 송나라 초기에 걸쳐 활동했던 완고(阮郜)의 작품으로 세상에 유일하게 전해지는 〈낭원여선도(閬苑女仙圖)〉〈卷〉는 전설 속에 등장하는 요지(瑤池)와 낭원(閬苑) 속에 사는 여자 신선들의 활동을 묘사한 깃일 가능성이 있는데, 정밀하고 섬세하며 화려한 가운데 풍경은 장대하고 사람은 작게 표현되어 있으며, 경물의 배치는 '평원(平遠)'의 느낌을 준다. 인물의 배치 형식은 이미 번잡하고 빽빽한 방향으로 나아가고 있으며, 공간 속에서의 위치도 적당하다. 얼굴 형상이 풍만하면서도 자태가 얌전하고 아름다우며, 용필은 이미 복잡다단해지고 있고, 채색은 곱고 아름다운 쪽으로 나아가고 있다. 배경은 여전히 당나라 '이이(二李-이사훈과 이소도 부자)'의 청록과 구작(鉤斫)을 함께 구사한 화법에 속하지만, 나무의 표현은 사실적이다. 오대 시기에 앞 시대를 이어받아 새롭게 발전시켜가는 풍격을 드러내고 있다는 점에서, 이 작품은 비단 바탕에 공필중채(工筆重彩)로 그린, 세

요지(瑤池) : 곤륜산(崑崙山)에 있는 호수로, 신선들이 놀았다고 전해지며, 천지(天池)라고도 불렸다.

낭원(閬苑) : 지금의 사천성 낭중시(閬中市)를 가리키며, 전설 속에서는 신선들이 살았다는 곳으로, "하늘에는 요지요, 땅에는 낭원이다[天上瑤池, 地下閬苑]"라는 말이 있다.

구작(鉤斫) : 용필법의 일종으로 선의 운용을 가리킨다. 구(鉤)는 가늘고 긴 선을 가리키며, 작(斫)은 짧고 굵은 선을 가리킨다. 구작은 주로 윤곽과 구조를 표현하는 것으로, 대부분 중봉(中鋒)의 붓을 이용한다. 수목·가옥·선박은 모두 선을 이용하여 윤곽을 그린다. 사용하는 선의 굵기·경중(輕重)·농도에 변화를 주어야 하는데, 가까운 곳에서 먼 곳으로 갈수록 가볍고 옅어진다.

상에 전해지는 중요한 작품이다.

　주문구(周文矩)는 남당(南唐) 화원의 한림대조(翰林待詔)를 지냈으며, 다방면의 그림들에 모두 뛰어났다. 그의 인물 사녀는 주방의 화법을 본받았으면서도 다른 점도 있으며, 화법은 빼어나고 윤택하면서도 섬세하고 화려한 방향으로 나아가고 있다. 옷 주름은 가늘고 힘차며[瘦硬] 붓을 떨면서 끌었는데, 전해지는 바에 의하면 포의(布衣-소박한 무명옷)의 질감을 표현함과 아울러 이욱(李煜-남당의 마지막 황제)의 서법을 흡수하였기 때문이라고 한다. 구도의 설정에는 "정교한 구상이 많이 담겨 있다.[頗有精思.]" 현재 세계 각지의 네 곳에 나뉘어 소장되어 있는 〈궁중도(宮中圖)〉〈卷〉는 그가 주방의 화법을 본받은 예술 특징을 보여준다. 80여 명에 달할 정도로 많은 부녀자와 아이들이 등장하는 이 긴 두루마리 그림은, 궁정의 부녀자들이 여유롭고 한가롭게 즐기고 있는 생활의 정경들, 즉 초상·머리를 빗는 모습·나비를 쫓는 광경·악기를 연주하는 모습·강아지와 노는 모습·놀고 있는 아이와 새벽에 화장하는 모습 등을 그룹으로 나누어 그렸다. 인물의 자태는 평온하고 차분하거나 게으르고 피곤한 모습을 보이기도 하고, 생각에 빠져 있거나 놀고 있는 모습을 드러내기도 하여, 생동감이 넘쳐난다. 비록 인물의 옷 주름을 단지 먹선으로만 구륵하여 그렸지만, 얼굴 부위는 색으로 선염했고, 풍만하고 살진 얼굴과 몸의 자태 또한 대부분에서 주방의 화법과 풍격을 따르고 있다. 그러나 적막하면서도 답답하고 괴로운 심정은 이미 기쁨과 유쾌함으로 대체되었다. 간결하고 힘찬 옷 주름의 표현도 세밀하고 화려하게 변화하였다. 이 긴 두루마리 그림은 남송 소흥(紹興) 10년(1140년)에 백묘법으로 그린 모본(摹本)이다. 남송 때 장징(張澂)이 쓴 발문에 근거하면, 그것이 본보기로 삼은 저본(底本)은 확실히 주문구의 진적(眞迹)이었다.

바로 주방의 초상화가 대상의 "성정과 언행의 모습[性情言笑之姿]"을 담아낼 수 있었던 것처럼, 주문구도 초상화에 뛰어났다. 〈중병회기도(重屛會棋圖)〉(卷)는 곧 이경(李璟)의 형제들 네 명이 모여 바둑을 두고 있는 모습을 그린 것이다. 한 첩의 병풍이 배경을 이루고 있는데, 병풍 위에는 또 당나라의 시인 백거이(白居易)의 시「우면(偶眠)」의 시의(詩意)를 취하여 다시 병풍을 그려 넣었다. 이것은 남당 통치자들의 문학 취미를 표현한 것일 뿐만 아니라, 깊이감[縱深]을 느끼게 해주는 공간 처리 기법을 개척해 내는 등 구상의 교묘함을 반영하고 있다. 이 작품이 〈궁중도〉와 다른 점은, 화법의 채색에서 분(粉)을 사용하고 있다는 것과 옷 주름을 그리는 용필의 가늘고 힘차며 떨리고 있어, '전필(戰筆)'의 특징이 잘 반영되어 있다. 이 그림에는 이름을 적은 낙관이 없는데, 설사 반드시 원본[底本]은 아닐지라도, 주문구의 화법 면모를 충분히 반영하고 있다.

"조중달(曹仲達)의 풍격도 아니고 오도자(吳道子)의 풍격도 아니며, 스스로 일가를 이루었다[不曹(仲達)不吳(道子), 自成一家]"라는 평가를 얻은 왕제한(王齊翰)도 남당(南唐)의 후주(後主)인 이욱이 재위하던

전필(戰筆) : 서법에서의 용필법의 하나로, 붓을 떨면서 진행함으로써, 선이 힘차고 굳센 효과를 취하는 것을 말한다. '전필(顫筆)'이라고도 한다. 즉 손으로 붓을 잡고 필획을 쓸 때, 붓을 끌어당겨 쓰거나 눌러 쓰는[提按] 것을 연속으로 반복하여, 떨면서 앞쪽(혹은 뒤쪽이나 좌우)으로 나아가는 행필(行筆)을 가리킨다. 전필은 껄끄러운 기세를 취하는데, 전필할 때에는 떨림의 정도를 잘 파악해야 한다. 과도하게 떨면 곧 선의 모양이 마치 톱날처럼 보인다.

〈중병회기도(重屛會棋圖)〉

(五代) 주문구(周文矩)

비단 바탕에 채색

40.3cm×70.5cm

북경 고궁박물원 소장

이 그림은 남당의 중주(中主)인 이경(李璟)이 그의 동생 경수(景遂)·경달(景達) 등과 바둑을 두는 정경을 그린 것이다. 머리에는 높은 모자를 쓰고 있고, 손에는 반합(盤盒)을 쥐고 있는데, 가만히 바둑 두는 모습을 지켜보고 있는 나이 많은 사람이 중주인 이경이다. 인물들의 몸 뒤쪽에 있는 병풍에는 백거이가 쓴 시 「우면(偶眠)」의 시의(詩意)를 그렸는데, 그 속에 또 산수를 그린 한 첩의 작은 병풍이 그려져 있기 때문에 이 작품을 〈중병회기도(重屛會棋圖)〉라고 이름 붙였다.

시기에 궁정화가를 지낸 사람이다. 그의 〈감서도(勘書圖)〉(卷)는 한 문사가 책을 교감하는 여가 시간에 귀를 어루만지며 스스로 즐거워하는 자태를 그린 것인데, 병풍을 배경으로 삼고 있어 〈중병회기도〉와 유사한 면이 있다. 옷 주름의 표현이 비록 전필(戰筆)은 아니지만, 기복(起伏)의 변화가 풍부하다. 채색은 섬세하고 윤택하면서도 아름다워, 주문구의 작품과 똑같은 시대 풍격을 볼 수 있다. 〈유리당인물도(琉璃堂人物圖)〉(殘卷)[송나라의 휘종에 의해 한황(韓滉)의 〈문원도(文苑圖)〉로 제목이 잘못 붙여졌음]의 경우는 문단의 멋진 일화에서 제재를 취했는데, 성당(盛唐)의 시인 왕창령(王昌齡)과 그의 시우(詩友)인 이백(李白)과 고적(高適) 등이 강녕(江寧)의 유리당(琉璃堂)에서 시를 지어 주고

<〈감서도(勘書圖)〉>
(五代) 왕제한(王齊翰)
비단 바탕에 채색
28.4cm×65.7cm
남경대학 소장

이 그림은 한 문사(文士)가 책을
교감하는 여가 시간에 귀를 어루만
지며 스스로 즐거워하는 정경을 그
린 것이다. 문인은 흰 옷을 입고 있
고, 긴 수염을 길렀으며, 가슴을 드
러낸 채 맨발로 궤안(几案) 앞에 앉
아서, 왼손을 의자에 의지하고 오
른손으로 귀를 어루만지고 있는데,
그 모습이 편안하고 자연스럽다. 궤
안 위에는 서권(書卷)이 펼쳐져 있
고, 시중을 드는 한 서동(書童)이 궤
안 옆에서 시립해 있다. 문인의 뒤
쪽에는 산수를 그린 세 폭짜리 병
풍이 있는데, 병풍 앞쪽에 하나의
긴 탁자가 가로놓여 있고, 그 위에
는 책과 두루마리가 쌓여 있다.

받은 역사적 사실을 그린 것이다. 필법은 〈중병회기도〉와 같지만, 인
물의 표정이 더욱 오묘하고 핍진하다. 턱을 받치고 생각에 빠져 있는
사람도 있고, 소나무를 어루만지며 생각을 집중하고 있는 사람도 있
으며, 마주 앉아 환담을 나누거나 서책을 들고 정신을 집중하고 있
는 사람도 있으며, 서권(書卷)을 든 채 정신적으로 높이 비상하는 모
습을 드러내는 등 성격이나 자태가 각기 다르게 표현되어 있다. 지금
미국의 메트로폴리탄 미술박물관에 소장되어 있는, 청나라의 화가가
그린 한 모본을 참조하면, 주문구가 "오도자나 조중달의 수법에 빠지
지 않고, 스스로 일가를 이룬[不墮吳·曹之手, 而成一家之學]" 면모를 쉽
게 파악할 수 있다.

주문구와 함께 남당의 화원에서 대조(待詔)가 되었고, 송나라 초
기까지 활동했던 고굉중(顧閎中)은 인물화에도 능했다고 하는데, 일
찍이 후주(後主) 이욱의 명을 받들어 주문구와 함께 "소리와 미색을
매우 좋아하여 오로지 밤에 잔치를 벌였던[多好聲色, 專爲夜飮]" 한희
재(韓熙載)의 저택에 몰래 잠입한 다음 "눈으로 보고 마음속에 기억

하여[目識心記]" 그림으로 그려 바쳤으니, 오늘날로 말하자면 촬영기자와 유사한 역할을 담당했다고 할 수 있다. 〈한희재야연도(韓熙載夜宴圖)〉(卷)는 바로 세상에 전해지는 고굉중의 유일한 작품인데, 이 그림은 정치적으로 뜻을 이루지 못한 한희재가 소리와 미색에 감정을 쏟았던 밤의 생활 모습을 사실적으로 그려, 한희재의 복잡한 심경을 성공적으로 표현해냈다. 긴 수염이 나고 높은 모자를 쓴 그의 형상은 문헌의 기록과 서로 부합되어, 초상화의 성격도 갖추고 있다. 입고 있는 복식 및 평상과 의자, 탁자와 병풍도 섬세하고 핍진하게 그려져 있다. 용필은 부드러우면서도 굳세어, 붓의 경중을 분명하게 구사하고 있음을 볼 수 있으며, 채색은 현란하고 화려하면서도 청아하여 당대의 화가와는 다른 풍격과 기법을 드러내고 있다. 이 그림에 낙관은 없지만, 남송·원·명·청 등 여러 시대 사람들의 제발(題跋)이 있다. 비록 비단 바탕의 가공이 정밀하면서도 매끄럽게 다듬어져 있어, 문헌에 기록되어 있는 오대의 "방망이로 두들겨 은판(銀板)처럼[槌如銀板]" 만든 비단 화폭과 서로 부합되고, 화법도 지금까지 전해

<한희재야연도(韓熙載夜宴圖)〉(일부분)

(五代) 고굉중(顧閎中)

비단 바탕에 채색

28.7cm×333.5cm

북경 고궁박물원 소장

이 그림은 한희재가 밤에 연회를 베풀며 즐기고 있는 정경을 그린 것이다. 전체 두루마리 그림은 모두 다섯 단락으로 나뉘어져 있는데, '음악 청취[聽樂]'·'무용 관람[觀舞]'·'휴식 장면[歇息]'·'맑은 취주[淸吹]'·'연회 마무리[散宴]' 등의 내용을 담고 있다. 작자는 구도가 연속되는 형식을 운용하면서 각 단락 사이에 병풍이나 평상 등으로 장면을 구분하여, 끊어진 것 같으면서도 다시 이어지게 구성하였다. 인물의 개성과 생동감 있는 자태는 매우 치밀하고 섬세하게 잘 그려냈으며, 용필은 엄정하면서도 섬세하고, 채색은 현란하고 화려하면서도 청아하고 침착하여, 작가의 매우 뛰어난 예술적 조예를 충분히 잘 드러내고 있다.

지고 있는 오대의 작품들과 대체로 부합되긴 하지만, 그림 속 병풍에 그려진 산수가 이미 북송 화가들의 풍격에 가깝기 때문에, 북송의 모본으로 간주하기도 한다.

　　오대와 송나라 초기의 종교 회화는 '주가양[周家樣-주방(周昉)의 양식]'을 본받아 따르는 자들도 있었지만, 오도자 화파의 영향이 훨씬 두드러졌다. 거의 중원(中原) 지역과 서촉(西蜀)·오월(吳越)에 모두 일맥상통하는 고수들이 등장하였다. 중원의 유명한 화가들로는 한구(韓求)·이축(李祝)·장도(張圖)·발이(跋異)가 있었는데, 그들은 벽화를 많이 제작하였으며, 기세가 넘쳐난다. 남당의 조중현(曹仲玄)은 처음에 오도자를 배웠지만, 나중에는 공교하고 섬세하게 채색하는 양식을 스스로 창안했는데, 애석하게도 이미 세상에 전해지는 작품이 남아 있지 않다. 소주(蘇州) 서광탑(瑞光塔)의 지궁(地宮) 속에서 출토된 〈사천왕채화목함(四天王彩畫木函)〉은 대중상부(大中祥符) 6년(1013년) 이전에 그려진 것이다. 무종원(武宗元)의 〈조원선장도(朝元仙仗圖)〉

지궁(地宮) : 지하 궁전이라는 뜻으로, 제왕의 능묘 지하에 관을 놓아두는 곳을 가리킨다.

〈조원선장도(朝元仙仗圖)〉
(五代) 무종원(武宗元)

는 그 제방(題榜)의 피휘자(避諱字)에 근거해 볼 때 대중상부 5년(1012년) 이전에 제작된 것이다. 이들 두 작품은 모두 오도자의 '오가양(吳家樣-오도자의 양식)'을 계승한 것이다. 조금 뒤인 경력(慶歷) 4년(1044년)에 제작된 〈묘법연화경비화(妙法蓮華經扉畫)〉 속의 천왕(天王)도 여전히 오도자 일파의 풍격을 답습하고 있다. 이 밖에 '조가양(曹家樣-조중달의 양식)'의 영향도 아직 사라지지 않았다. 북송의 저명한 도석(道釋) 인물화가인 고문진(高文進)의 〈미륵보살상(彌勒菩薩像)〉은 태평흥국(太平興國) 9년(984년)에 제작되었는데, 비록 판화이긴 하지만 그 밑그림은 응당 선묘로 그렸을 것이다. 이 그림은 공력(功力)이 매우 깊이가 있고 용필은 생동감이 있지만, 보살을 그린 용필이 조밀하게 중첩되어 있는데, 그로부터 '조가양'의 유풍을 쉽게 살펴볼 수 있다. 그러나 위에서 서술한 것들과 같은 몇 가지 지난 시대의 풍격들이 계속 유행함과 동시에, 일종의 과장과 변형을 특징으로 하는 수묵화의 변형된 풍격이 나타났는데, 그 대표적인 화가들은 바로 월(越)나라에서 촉(蜀)나라로 온 관휴화상(貫休和尙)과 서촉의 석각(石恪)이었다.

당대 말기에 활동한 관휴는 자가 덕은(德隱)이며, 속성은 강(姜) 씨로, 무주(婺州) 난계(蘭溪 : 오늘날의 절강에 속함) 사람이며, 촉나라에

제방(題榜) : 그림 속의 인물들 옆에, 그 인물에 대한 간단한 설명이나 이름 등을 편액처럼 테두리를 둘러 써 넣은 글.

피휘자(避諱字) : 임금이나 자신의 조상의 이름에 포함되어 있는 글자를 사용하지 않는 대신 그와 비슷한 다른 글자를 사용하는 것을 피휘(避諱)라 하는데, 글자 자체뿐만 아니라 음이 비슷한 글자까지 피하기도 하였다.

들어온 후에는 선월대사(禪月大師)로 불렸다. 세상에 전해지는 그의 작품으로는 송대의 모본인 〈십육나한상(十六羅漢像)〉이 있다. 불교의 창시자인 석가모니의 열여섯 제자들을 그렸는데, 한 사람이 각기 한 폭의 그림을 이루고 있으며, 그 형상은 모두 기이하여 범속함을 뛰어 넘고 있다. 일본의 전문가가 연구한 바에 의하면, 전해지는 작품은 대체로 두 부류로 구분되는데, 한 가지는 구륵본(鉤勒本)이며, 다른 한 가지는 수묵본(水墨本)이다. 구륵본에서 묘사하고 있는 각각의 나한(羅漢) 조형들은 기괴하고 예스러우며, 과장과 변형을 극진하게 추구하였다. 바로 송나라의 황휴복(黃休復)이 『익주명화록(益州名畫錄)』에서 다음과 같이 말하고 있는 바와 같다. "희끗희끗한 눈썹과 큰 눈을 가진 자, 펑퍼짐하고 크게 솟은 코를 지닌 자, 소나무 아래의 바위에 앉아 있는 자, 산수(山水) 사이에 앉아 있는 자, 서역 오랑캐나 인도인의 모습을 한 자 등 그 자태를 곡진(曲盡)하게 표현하였다.[龐眉大目者, 朶熙隆鼻者, 坐松石者, 坐山水者, 胡貌梵像, 曲盡其態.]" 화가가 이와 같이 기이한 형상을 그려낸 것은, 그 관건이 되는 창작의 목적이 나한의 법력이 무한함을 실현하고, 짙은 종교적 신비감을 조성하는 데 있었다. 이것은 아마도 날로 심화되는 불상의 세속화 과정 속에서 출현한 일종의 역반응 심리 때문일 수도 있지만, 그림에서 나타난 효과로부터 본다면, 오히려 해학적이고 익살스러운 측면 때문에 세속화의 추세를 떨쳐버리지 못했다고 하지 않을 수 없다. 흥미 있는 것은 과장과 변형의 요구에 부응하기 위하여, 그 화법도 고고함과 탈속(脫俗)을 추구하고 있다는 점이다. 나한의 옷 주름 처리는 평행선의 배열과 중첩이 많아 장식적인 의미가 매우 풍부하다. 선의 운용은 원만하면서도 힘차지만, 기복의 변화는 적어 염립본(閻立本)의 화법과 비슷한 면이 있다. 배경의 나무와 바위는 구작(鉤斫-285쪽 참조)으로 표현한 것이 많고, 선염도 예스럽고 질박하여, 여전히 당대의 그림들 가운데 '이이(二李-이사훈과 이소도)'의 유풍이 남아 있다. 수묵본의 얼굴 부위의 기괴하고 예스러움은 구륵본보다 못한 듯하지만, 얼굴 부위만 섬세한 필치로 그렸고 옷 주름의 경우는 간결하고 거칠게 처리한 듯한 '절로묘(折蘆描)'의 필법을 이용하여 몇 번의 거친 붓놀림으로 그려냈는데, 거친 표현과 섬세한 표현이 서로 어우러져 아름다운 운치를 더해주고 있다. 거친 필치 가운데에는 심지어 '비백(飛白)'이라고 일컬어지는 물기가 적은 필치[乾筆]도 출현하는데, 물기가 적은 부분과 촉촉한 부분이 강렬한 대비를 이룬다. 문헌과 대조해보면, 이것은 같은 시대 사람이 서술한 내용과 매우 가깝다. 서촉의 한림학사 구양형(歐陽炯)은 「선월대사응몽나한가(禪月大師應夢羅漢歌)」에서 이렇게 서술하고 있다. "가사(袈裟)를 벗어놓고 신묘한 필치로 그려내는데, 붓을 높이 쥐고 팔을 놀리는 모습이 허공에 던지는 듯하네. 쓱싹 붓끝 움직임 속에 거침없이 그려 내니, 순식간에 두세 폭이 완성되네.[脫下 袈裟點神筆, 高握節腕當空擲, 窸窣毫端任狂逸, 逡巡便是兩三軀.]" 그 대체적인 뜻은 그가 그림을 그릴 때 자유분방하여 거리끼는 바가 없었으며, 필법이 거침없고 호방한 데다 매우 빠르게 그려 냈다는 말이다. 그러나 이러한 화법이 오대 시기에 이미 출현했는지의 여부는 같은 시기의 다른 작품을 통해 인증할 방법이 없는데다, 오히려 남송의 사의인물화(寫意人物畫)와 비슷하기 때문에, 일반적으로 수묵본의 모사 시기가 남송보다 앞설 수는 없다고 인정되지만, 이 작품이 어느 정도 관휴의 풍모를 구현하고 있는지는 현재로서는 알아낼 도리가 없다.

석각(石恪)은 서촉이 멸망한 후 북송의 개봉(開封)으로 이주한 화가로, 인물과 불도·도교의 그림을 그리는 데 뛰어났다. 일찍이 만당 때 성도(成都)로 이주하여 불[火]을 전문적으로 그렸던 화가인 장남본(張南本)의 필법을 운용하여 그렸는데, 성격이 얽매임을 싫어했기 때문에 화법도 분방하여 법도를 고수하지 않았으며, "얼굴과 손발만

절로묘(折蘆描) : 중국 인물화에서 옷 주름을 표현하는 기법의 일종으로, 그 선 모양이 마치 갈대 잎이 꺾이거나 전환하는 것과 비슷하다 하여 붙여진 이름이다. 선을 그을 때 뾰족한 붓으로 가늘고 길게 그리고, 왼쪽과 오른쪽으로 길게 삐치며, 원필(圓筆)을 방필(方筆)로 바꾸어, 여전히 모가 난 가운데 둥근 맛이 있어야 하는데, 원필은 예서(隸書)의 필법을 이용한다. 그런데 마른 후에 담묵으로 구륵함으로써 이를 중후하게 해주고 또 입체감을 증대시킬 수 있다.

화법에 따라 그리고, 옷 주름은 모두 거친 필치로 그리는[惟面部手足用畫法, 衣紋皆粗筆成之]" 새로운 방법을 창안하였다. 필묵의 운용이 분방하면서도 힘찬 기세를 펼쳐 내고 있어, 대사의(大寫意) 인물의 시작을 열었다. 문헌에 기재된 바에 따르면, 그는 〈별령개협도(鼈靈開峽圖)〉·〈대우치수도(大禹治水圖)〉·〈오정개산도(五丁開山圖)〉와 〈거령벽태화도(巨靈擘太華圖)〉를 그린 적이 있지만 지금은 이미 전해지지 않고 있으며, 세상에 전해지고 있는 작품인 〈이조조심도(二祖調心圖)〉는 남송 화가의 작품으로 보는 것이 마땅할 것이다.

북송의 인물화가 정교하고 문아(文雅)한 방향으로 발전하는 데 핵심적 역할을 한 중요한 인물은 문인화가인 이공린이다. 이공린(李公麟 : 1049~1106년)은 자가 백시(伯時)이며, 호는 용면거사(龍眠居士)이다. 그는 과거에 급제하여 진사가 된 후, 줄곧 하급 관리를 맡아 정치적으로 그다지 뜻을 펼치지 못했다. 그러나 문장과 서법 및 회화와 골동품 감정 등 정통하지 않은 분야가 없었으며, 특히 사람과 말을 잘 그렸다. 또 불교를 배우고 도교의 가르침을 깨우쳐 매우 풍부한 문화 교양을 갖추었으며, 지향하는 뜻이 고매하여 『선화화보(宣和畵譜)』에서는 그가, "벼슬을 하는 30년 동안 하루도 산수를 잊은 적이 없었다[從仕三十年, 未嘗一日忘林泉]"라고 일컫고 있다. 그의 회화 창작은 매우 정교하고 오묘한 경지에 올랐으면서도, 사람들에게 화공으로 간주되는 것을 부끄럽게 여겨, 감상하고 즐기는 목적으로 창작하기를 원치 않았다. 그러나 결코 생각대로 할 수는 없었으며, 생활과 자연을 관찰하는 것을 매우 중시하면서, 작품 속에 서로 다른 계급·계층·지역의 각종 인물들의 특징을 매우 멋지게 표현하였다. 이 때문에 문인화가들 가운데, 그의 예술은 거칠고 간략하게 그려 낼 수 있었을 뿐만 아니라, 또 더욱이 정교하게 그릴 수도 있었으니, 이 두 가지 면모 속에 오도자의 정수를 담아내면서 진(晉)·송(宋) 화가들의 빼어나면서도 산뜻하고 소탈한 풍격을 구현해 낼 수 있었다. 그의 인물화는 호방하고 웅장하며 씩씩하기가 이를 데 없으면서도 섬세하고 미묘한 격조를 추구하였으며, 화려한 장식과 꾸밈을 다 씻어 낸 인물의 '백묘' 화법을 한층 더 풍부하게 완성해 냄으로써 한 시대의 종사(宗師)가 되었다.

　이공린은 일생 동안 많은 작품들을 그렸지만 진적(眞迹)은 대부분 이미 전해지지 않고 있다. 그의 예술 면모를 살펴볼 수 있는 진적 가운데 화법이 정밀하고 뛰어난 작품들로는, 비단 바탕에 채색으로 그린 〈임위언목방도(臨韋偃牧放圖)〉(卷)와 종이 바탕에 백묘로 그린 〈오마도(五馬圖)〉가 있으며, 화법이 거칠고 간략한 것은 단지 교중상(喬仲常)의 〈후적벽부도(後赤壁賦圖)〉(卷)로부터 개략적으로 살펴볼 수 있을 뿐이다. 〈임위언목방도〉는 한 폭의 긴 두루마리 그림인데, 당나라 화가의 작품으로부터 모사하여 당대 화법의 소박하고 세련된 면모를 잃지는 않고 있지만, 이미 공교하면서도 전아(典雅)한 기질이 뒤섞여 있다. 〈오마도〉는 말 다섯 필이 가만히 서 있거나 천천히 걸어가는 모습 등을 그렸는데, 각각 말을 끄는 마부가 함께하고 있다. 사람과

〈임위언목방도(臨韋偃牧放圖)〉(일부분)
(宋) 이공린(李公麟)
비단 바탕에 채색
45.7cm×428.2cm
북경 고궁박물원 소장

　이 그림은 말 그림을 잘 그렸던 당대의 화가 위언(韋偃)의 작품을 이공린이 모사한 것이다. 작품은 황실 마구간의 준마들을 그린 것이다. 전체 그림 속에는 1286필의 말과 134명의 말 관리인들이 등장하는데, 장면이 거대하고 기세가 웅장하며, 사람과 말의 형상이 생동감 있고 정확하게 그려져 있다.

〈임위언목방도〉 (일부분)

(宋) 이공린

기기원(驥驥院) : 송나라 초기에 당나
라의 제도를 계승하여 좌·우 비룡원
(飛龍院)을 두었으며, 북송 태종 태평
흥국(太平興國) 5년(980년)에 좌·우 천
구방(天廏坊)으로 고쳤다. 태종 옹희
(雍熙) 4년(987년)에 다시 좌·우 기기원
(驥驥院)으로 고치고, 구당관(勾當官)
세 사람을 두었다. 원풍(元豊) 시기에
제도를 개편하여 태부시(太仆寺)에 소
속되었다. 숭녕(崇寧) 2년(1103년) 이후,
다시 태부(太仆)에 속하지 않게 되었
다. 관마(官馬)를 키워 황제의 거여(車
輿)에 공급하고, 왕공대신과 외국 사
절 및 기군(騎軍)에게 상으로 하사하
고, 역참 등에 이용하는 일을 담당하
였다.

말의 형체와 구성은 매우 정확하며, 각각의 말과 사람의 서로 다른
기질 및 성격도 충분히 잘 드러나 있다. 화가는 색채를 완전히 배제
하고, 단지 유창하면서도 변화무쌍하기가 "떠가는 구름과 흐르는 물
이 일어났다 스러지는 것 같은[行雲流水有起倒]"[원나라 하문언(夏文彦)
의 『도회보감(圖繪寶鑑)』] 필법에만 의지한 채 담묵의 선염으로 보완하
여, 대상의 입체감과 털과 피부의 광택을 표현하였는데, 백묘화법을
지극히 단순하면서도 또한 지극히 정교하고 오묘한 경지로 끌어올렸
다. 황정견(黃庭堅)의 표제(標題)에 근거하면, 다섯 필의 말들이 모두
황실에서 사육하던 명마들이었음을 알 수 있으며, 문헌의 기록에 의
하면, 이공린이 "일찍이 기기원(驥驥院)의 어마(御馬)를 그린 적이 있
는데, ……그 모습을 그린 것이 매우 많아 말을 관리하는 사람이 간
청하기를, 신물(神物-이공린이 그린 말 그림)에 의해 말의 정신과 기력이
빠져나갈까 두려워하며 그리지 말라고 하였다[嘗寫驥驥院御馬……寫貌
至多, 至圉人懇請, 恐爲神物取去]"(『선화화보』)라고 하는데, 이로부터 〈오
마도〉의 성공은 이공린이 고심과 노력을 다한 결과물임을 알 수 있
다. 교중상은 이공린의 제자인데, 세상에 전해지는 그의 유일한 작
품인 〈후적벽부도〉는, 이공린의 비교적 간결하면서도 소략하게 그렸

〈오마도(五馬圖)〉

(宋) 이공린

종이 바탕에 수묵

28.9cm×224.3cm

일본에 소장

이 그림은 송나라 철종(哲宗) 때인 원우(元祐) 원년(1086년)부터 3년 동안에 걸쳐 기기원(驥驥院)에 공물로 바쳐진 다섯 필의 명마들을 차례대로 그린 것이다. 각각의 말들 앞쪽에는 한 사람의 마부나 관리인이 고삐를 잡고 있는데, 그 가운데 세 사람은 소수민족이며, 다른 두 사람은 한족이다.

〈오마도〉

(宋) 이공린

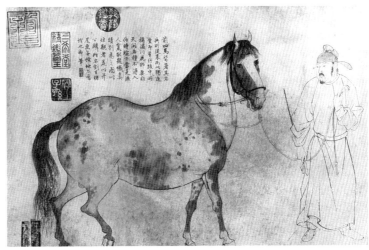

던 또 다른 면모를 반영하고 있다. 이 작품은 인구에 회자되는 소식
(蘇軾)의 유명한 작품인 「후적벽부(後赤壁賦)」로부터 제재를 취한 것
으로, 문장의 순서에 따라 긴 두루마리 형식으로 배열했는데, 배경이
맑고 그윽하며 인물은 생동감이 넘친다. 심지어 달빛에 비친 사람의
그림자도 그려내고 있는데, 이것은 회화의 역사에서 유례를 찾아보기
힘든 것이다. 필묵의 운용도 역시 간결하면서도 자연스러운데, 이 작
품으로부터 이공린 예술의 또 다른 측면을 이해할 수 있다.

북송 중엽부터 북송 말기까지는 전해지는 인물화가 매우 적은데, 화원에서 옛 작품들을 모사한 것 말고는, 고작 송나라의 휘종이 그렸다고 전해지는 〈청금도(聽琴圖)〉(軸)가 세상에 전해지고 있을 뿐이다. 이 작품은 맑고 그윽한 궁정 정원 안에서의 음악 활동을 그린 것이다. 사람의 주의를 끄는 것은, 채색의 선명하고 화려함과 필법의 정교함, 그리고 인물 표정의 섬세한 묘사와 금(琴)의 연주에 따라 흔들거리는 듯이 소나무와 대나무를 그린 화법의 섬세함이다. 이렇게 공교하기 이를 데 없는 화풍은 다소 사치스럽고 화려함으로 흐른 면이 있지만, 이는 문인화가의 인물화가 정교하고 문아한 방면으로 발전한 이후에 출현한 것이다.

이 그림은 소나무 아래에서 금(琴)을 연주하며 곡을 감상하고 있는 정경을 그린 것이다. 금을 연주하는 사람은 머리를 높게 틀어 올렸고, 수염이 길게 드리워져 있으며, 몸에는 갈색 도포를 입고 있는데, 그 모습이 유연하고 한가롭다. 그의 앞쪽에 두 사람이 측면으로 앉아 있으며, 한 사람은 고개를 숙이고 있고, 한 사람은 고개를 치켜들고 있는데, 모두 아름다운 악곡을 감상하는 데 심취해 있다. 그림 속 인물의 정밀한 묘사와 표정의 핍진함은 화가의 예민한 관찰력과 뛰어난 예술 수준을 보여주고 있으며, 그림 속 인물의 심리 상태를 비교적 잘 표현하고 있다.

북송 말기부터 남송에 이르는 동안 인물화 가운데 두 분야가 괄목할 만한 발전을 이룩하는데, 하나는 도시와 농촌의 경제 번영에 부응하며 출현한 풍속화이고, 다른 하나는 정강의 변[靖康之變] 이후에 중대한 역사적 사건을 묘사하거나 옛 것을 빌려 오늘을 비유한 작품 및 시사에 관심을 둔 작품의 등장이다.

정강의 변[靖康之變]: 북송 말기에 여진족이 거란족의 요(遼)나라를 멸망시키고 금(金)나라를 건립한 뒤, 북송의 수도였던 개봉(開封)을 점령하여 휘종(徽宗)과 흠종(欽宗)을 포로로 잡아갔으므로, 송나라 왕실의 혈통이 끊기게 되는데, 이를 정강의 변이라 한다. 이후 흠종의 동생인 고종(高宗)이 임안(臨安)으로 피난하여 도읍을 정하고 송나라의 재건에 나서는데, 이것이 남송(南宋)의 시작이다.

이 그림은 북송의 수도이던 변량(汴梁 : 오늘날의 하남 개봉)의 청명절(淸明節) 때 변하(汴河) 및 그 양쪽 강 언덕의 도시 풍광을 그린 것이다. 전체 그림은 모두 세 단(段)으로 구분되는데, 첫 단에는 도시 교외의 풍광, 즉 촌락과 숲 및 성묘를 마치고 도성으로 돌아가는 사람들을 그렸다. 가운뎃단에는 변하 양쪽 강 언덕의 경관, 특히 무지개다리 부근의 조운(漕運)·수레·배·시끌벅적한 시장과 사람들의 활동을 그렸다. 뒷 단에는 시내의 번화한 장면들, 즉 다방·술집·작은 여인숙·사관(寺觀) 등을 그렸는데, 사농공상(士農工商)의 각계각층이 두루 갖추어져 있다.

도시와 농촌의 풍속을 묘사한 산수인물화는 북송 전기에 이미 출현하였는데, 문헌의 기록에 의하면, 연문귀(燕文貴)의 〈칠석야시도(七夕夜市圖)〉와 섭인우(葉仁遇)의 〈회양춘시도(淮揚春市圖)〉가 여기에 해당한다. 이러한 풍속화는 도시 생활의 풍부한 내용 때문에 사람들의 흥미를 불러일으키면서 세속 백성들의 기호에 부응할 수 있었다. 12세기 초엽에 장택단은 천고(千古)의 걸작인 〈청명상하도(淸明上河圖)〉(卷)를 창작하여 풍속화를 전에 없이 높은 수준으로 끌어올렸다. 산동(山東) 출신의 장택단(張擇端)은 자가 정도(正道)이며, 동무[東武 : 오늘날의 산동 제성(諸城)] 사람이다. 그는 북송 후기의 문인이었는데, 계화(界畫)·주거(舟車)·시교(市橋)를 그리는 데 뛰어나 훗날 휘종의 화원에 들어갔다. 그의 〈청명상하도〉는 운하의 북단, 즉 변하(汴河)를 특정한 환경의 연결고리로 삼아 수도인 변량(汴梁) 안팎의 번화한 풍경들과 다양한 인물들의 일상생활을 정취가 가득 묻어나게 묘사하였다. 오른쪽에서 왼쪽으로 끊임없이 시점이 옮겨가는 구도를 운용하여, 5m가 넘는 긴 두루마리 그림 속에 차례로 도시의 교외·변하의 양쪽 강 언덕·시내의 대로(大路) 등 크게 세 부분으로 나누어 그렸는데, 관람자를 차츰차츰 번화하고 소란스러운 시가지 속으로 끌어들이면서, 변량 시내의 360개 길과 각계각층 인물들의 활동이 한눈에 다 들어올 수 있도록 처리하였다. 변하의 안팎에서 이루어지는 조운(漕運)의 긴장감과 분주함, 도시 속의 상업과 수공업 활동의 왕성함, 즐비한 점포와 행인들의 즐거운 활보 등이 사람들의 눈길을 사로잡아, 마치 관람자 자신이 그 속에 함께 있는 듯한 착각을 일으킬 정도이다. 작자는 또한 북쪽으로부터 온 낙타 무리가 변하를 따라 남하하는 광경을 의도적으로 정밀하게 그려 넣어, 이 수도가 남북의 경제를 소통시키는 핵심적인 역할을 하고 있음을 부각시켜 표현하였다. 아울러 일하는 사람과 즐기는 사람, 가난한 사람과 부자의 생활 차이와 시대 풍속을 사실적으로 재현하면서도 무지개다리 부근의 희극적인 요소가 넘치는 광경을 강조함으로써, 전체 그림에 파란만장한 변화를 주는 등, 사람들을 작품 속으로 끌어들이고 있다. 산수화·계화(界畵)와 인물풍속화를 집대성한 이 위대한 걸작은 조형이 정확하고 필묵이 유창하며, 채색이 담아(淡雅)하고, 구도가 통일성과 다양성을 함께 담아내어, 최고의 경지에 도달함으로써, 명·청 이래로 이루 헤아릴 수 없이 많은 모방자가 출현하게 되었다.

남송 시기에 풍속화와 절령화(節令畵-명절의 풍속을 그린 그림)의 유

〈청명상하도〉(일부분)
(宋) 장택단

〈청명상하도〉(일부분)
(宋) 장택단

행은 북송에 비해 더욱 풍부하고 다양해졌다. 도시 경제의 번영은 화가들의 세속생활에 대한 흥취를 한층 더 환기시킴으로써, 화가들은 더욱 평범하고 자질구레한 생활의 정경과 다양한 생활의 정취에 주의를 돌린 것 같다. 어린아이의 자태와 심리에 대한 묘사는 절령화와 일반 풍속화에서 모두 전에 없던 수준에 도달하였다.

어린아이를 그린 화가로 유명한 소한신(蘇漢臣)은 하남 개봉(開封) 사람으로, 본래 선화(宣和) 화원의 대조였는데, 남쪽으로 천도한 이후에도 계속 봉직하였다. 그의 〈추정영희도(秋庭嬰戲圖)〉(軸)는 화풍이 정밀하면서도 엄정하며, 채색은 밝고 화려하면서도 선명하고 요염하다. 정원에 가을꽃이 만개해 있고, 태호석이 우뚝 서 있으며, 꽃그늘 아래 두 아이가 막 나전으로 상감하여 만든 수돈(繡墩) 위에 온통 정신을 빼앗긴 채 장난감을 가지고 놀고 있는 모습을 그린 것이다. 꽃무더기 속의 또 다른 수돈의 아래위에도 장난감들이 널려 있어 아이들이 노는 데 푹 빠진 정경을 부각시켜 그려냈다. 이처럼 아이들의 자질구레한 생활 정경에 대한 발굴은, 화가가 생활을 관찰하는 수준이 섬세하면서도 심화되었음을 나타내준다. 소한신 등의 화가들은

수돈(繡墩) : 도자기로 만든 북 모양의 정원용 의자로, 대개는 화려한 무늬로 장식되어 있으며, 겨울에는 차가움을 방지하기 위해 자수를 놓은 덮개를 씌운다.

절령화 속에 아이들을 그려 넣는 번거로움을 꺼려하지 않았는데, 이것은 대체로 감상자가 자손을 많이 두고 복을 많이 받기를 바라는 심리를 만족시키기 위한 것이었다. 전통 연화(年畫)에 많이 등장하는 아동 제재도 어쩌면 여기에서 비롯되었을 것이다.

소한신은 또한 같은 시기에 〈화랑도(貨郎圖)〉를 그린 적이 있지만, 어린아이를 몰고 다니는 잡화상인 황아장수[貨郎]를 가장 많이 그린 화가는 그에 비해 한 세대 늦은 화원 화가인 이숭(李嵩)이었다. 목수 노릇을 한 적이 있는 이숭은 북송 때 선화(宣和) 화원의 화가였던 이종훈(李從訓)의 양자이다. 그는 다재다능했는데, 그가 그린 인물·산수와 화조 모두 풍속화의 의취(意趣)를 지니고 있다. 그의 인물풍속화 가운데 〈화랑도〉는 하나의 큰 화목(畫目)이었다. 두루마리나 선면(扇面)에 그린 이들 〈화랑도〉에서 사람들은 한 무리의 천진하고 발랄한 아이들이 황아장수의 보따리에 빨려들어 벌떼처럼 몰려들고 있는 것을 볼 수 있다. 장난감을 빨리 갖고 싶은 아이들은 스스로 달려와 손을 뻗치기 시작하고, 약간 늦게 상황을 이해한 아이는 엄마의 옷깃을 잡아당기며 꼭 사고 싶은 마음으로 뒤늦게 달려오고 있으며, 아직 젖을 먹는 아이조차도 손에 장난감을 잡고 만지작거리는 것을 잊지 않고 있다. 이러한 정경이 펼쳐지는 가운데 화가는 엄마의 인내심과 황아장수의 팔고는 싶지만 잃어버리거나 파손될까 두려워하는 모순된 심리도 그려 냈다.

그는 전통적인 '계화(界畫)' 기법을 이용하여 사람들의 눈을 현혹

시키는 황아장수의 짐 보따리를 묘사함으로써, 자연스럽게 자신만의 특별한 표현 방법을 창안해냈다. 인물의 옷 주름을 표현하는 데 사용한 선의 떨리고 기복의 변화가 심한 표현은 대체로 단지 황아장수의 짐 보따리를 표현한 용필의 정밀하고 엄정함과 대비시키려는 것일 뿐만 아니라, 무명옷의 질감을 드러내기 위한 것일 수도 있는데,

〈화랑도(貨郎圖)〉
(宋) 이숭(李嵩)

색채의 사용이 소한신에 비해 간결하고 질박한 것으로 보아 이 궁정 화가의 취향이 평범한 감상자에게 훨씬 더 접근하고 있음을 엿볼 수 있다. 그가 그린 다른 부류의 작품들은 진부하고 고루한 풍습을 비판하는 데 목적을 둔 것들이다. 그의 그림이라고 전해지는 〈사미도(四迷圖)〉는 바로 알콜 중독·기방 출입·폭행 등 도시에서 벌어지는 퇴폐적인 생활을 비판적으로 그린 것이다. 그가 일찍이 그린 적이 있는 〈송강등삼십육인상(宋江等三十六人像)〉의 창안과 연계시켜 본다면, 그는 사상을 갖춘 화가라고 말해야 할 것이다.

유사한 풍속도들의 경우 농촌 생활을 제재로 한 것도 적지 않다. 그 가운데 염차평(閻次平)의 〈사계목우도(四季牧牛圖)〉(卷)와 이적(李迪)의 〈귀목도(歸牧圖)〉(軸)는 모두 매우 섬세하여 사람들을 감동시킨다. 〈사계목우도〉는 사계절 가운데 목동의 갖가지 생활 모습들을 다른 방면으로부터 전개해 보여주고 있는데, 겨울 정경은 매서운 바람이 몰아치는 속에서 소 등에 올라탄 목동이 도롱이를 걸친 채 추위에 벌벌 떨고 있는 모습을 생동감 있게 그렸다. 〈귀목도〉는 옆에서 부는 바람과 가랑비 속에서 목동이 소의 등에 올라탄 채 바람에 날려 떨어진 모자를 찾고 있는 모습을 표현하였는데, 생활의 정취가 물씬 풍긴다. 이들 작품들은 화가들의 농촌 생활에 대한 깊은 이해와 인식을 말해주는 것이다. 또 장난이 심한 농촌 아이가 낮잠을 자는 동홍선생(冬烘先生−시골 서당의 훈장)을 골려주는 모습을 그린 〈촌동요학도(村童鬧學圖)〉(頁)와 이당(李唐)의 작품이라고 전해지는 〈촌의도(村醫圖)〉(軸) 같은 것들도 농촌의 생활 풍속을 반영한 뛰어난 작품들이다.

사람들의 사색과 감동을 이끌어내는 역사 고사를 선택하여 현실적 의미를 갖춘 주제로 표현해 낸 분야의 작품들로는 이당의 〈진문공중이복국도(晉文公重耳復國圖)〉(卷)와 〈채미도(採薇圖)〉(卷)가 꽤 유명하다. 〈진문공중이복국도〉는 훗날 진나라의 문공(文公)으로 즉위한

〈사계목우도(四季牧牛圖)〉

(宋) 염차평(閻次平)

중이(重耳)가 도망하여 유랑하던 시절부터 나라를 되찾는 과정을 묘
사하고 있는데, 대략 북송이 금나라의 침입으로 위기에 처했을 때 창
작한 것으로, 훗날 남송의 고종(高宗) 조구(趙構)가 그림의 단락마다
고사의 내용을 써 넣어, 옛것을 빌려 현실을 깨우쳐주는 작품이 되
었다. 〈채미도〉는 백이(伯夷)와 숙제(叔齊)가 주(周)나라의 곡식을 먹
지 않고 굶어죽은 고사를 그린 것이다. 새로운 왕조에 투항하여 부
귀를 누리기를 바라지 않았던 이들 두 사람의 은(殷)나라 유민들은,
절개를 지키기 위하여 수양산(首陽山) 속으로 도망하여 고사리를 캐
먹다가 끝내 굶어죽었다. 그들은 주나라 무왕(武王)이 은나라 주왕(紂
王)을 치는 것을 반대하였는데, 본래 칭송할 만한 가치가 없는 사건이
었다. 그러나 이당의 본뜻은 결코 여기에 있었던 것이 아니고, "남쪽
으로 피하여 적에게 항복한 신하[南渡降臣]"를 겨냥한 것이다. 여기서
화가는 인물 성격의 견고하고 굳센 모습과 평정을 유지하지 못하는
마음을 섬세하게 그린 뒤, 엄숙하고 침울한 분위기의 배경을 선염하
여 표현함으로써, 차라리 굶어 죽을지언정 적에게 항복하지 않는 민
족의 기개를 성공적으로 찬미했음을 볼 수 있다. "남쪽으로 피난해
가는 임금과 신하들은 사직을 가벼이 여기니, 중원의 노인들은 행렬

〈진문공중이복국도(晉文公重耳復國圖)〉
(일부분)

(宋) 이당(李唐)

비단 바탕에 채색

29.4cm×827cm

미국 메트로폴리탄 미술박물관 소장

　이 그림은 『좌씨춘추전(左氏春秋
傳)』의 기록에 근거하여, 춘추 시대
진(晉)나라의 공자(公子) 중이(重耳)
가 나라 밖으로 망명한 후 송(宋)·
정(鄭)·초(楚)·진(秦) 등 여러 나라
들을 전전하다가, 마지막에 마침내
고국인 진(晉)나라로 돌아와 문공
(文公)으로 즉위한 고사를 그린 것
이다. 구도는 파노라마식의 연환화
(連環畵) 형식을 채택하여 모두 여섯
단락으로 그렸는데, 인물 고사를
섬세하면서도 생동감 있게 표현하
였다.

의 깃발을 원망하네[南渡君臣輕社稷, 中原父老望旌旗]"라는, 위기를 맞은 당시의 상황에서 이 작품은 매우 적극적인 의의를 지니는 것이었다. 이 그림을, 화법과 풍격이 이공린과 가까운 〈진문공중이복국도〉와 비교해보면, 인물의 표정과 태도에서 인물의 마음속 깊숙한 곳까지 묘사했을 뿐만 아니라, 옷 주름을 표현하는 선도 뻣뻣하고 가늘며 원만하고 굳센 것으로부터 리듬감이 풍부한 절로묘(折蘆描)로 바꿨다. 이로부터 보면 이 작품의 창작 시기가 더욱 늦어져, 대략 새로

〈채미도(採薇圖)〉 (일부분)

(宋) 이당

비단 바탕에 채색

27.2cm×90.5cm

북경 고궁박물원 소장

이 그림은 은나라 말기 고죽군(孤竹君)의 두 아들인 백이(伯夷)와 숙제(叔齊)가 은나라를 멸망시킨 주나라의 곡식을 먹는 것을 부끄럽게 여겨, 수양산(首陽山)에 숨어 고사리를 캐 먹다가 굶어죽은 고사를 그린 것이다. 작자는 이 역사적인 제재를 빌려 투항을 반대하는 민족적 기개를 우회적으로 표현하였다.

운 풍격이 최고 단계에 이르렀던 만년에 제작된 것임을 알 수 있다.

마찬가지로 역사 고사를 통해 현실을 풍자하고 깨우쳐주는 걸작으로는, 작자의 이름을 알 수 없는 〈절함도(折檻圖)〉(軸)가 있는데, 인물과 배경을 모두 섬세하고 엄정하게 그렸으며, 채색도 비교적 짙게 처리하였다. 그림의 고사는 『한서(漢書)』·「주운전(朱雲傳)」에서 제재를 취했지만, 화가는 정의와 불의가 투쟁하고 격렬하게 충돌하는 상황을 부각시켰다. 얼굴을 마주하며 굽히지 않고 강직하게 간언하는 주운(朱雲)이 권신(權臣)인 장우(張禹)를 탄핵하였기 때문에, 한나라 성제(成帝)가 발끈하며 크게 노하여 갑옷과 투구를 갖춘 무사로 하여

금 끌어낸 뒤 곧바로 그를 사형에 처하라고 하였다. 그러자 주운은
손으로 난간을 부여잡고 죽을힘을 다하여 버티며 간언하였다. 역사
의 기록에 의하면, 신경기(辛慶忌)가 주운을 위하여 진언하였는데, 그

의 꿋꿋한 의지가 황제를 감동시켰기 때문에 주운은 참수당하지 않았을 뿐만 아니라, 그가 손으로 부여잡아 부러진 난간도 황제의 명령에 따라 다시 수리하지 않고 그의 충직함을 기념하게 했다고 한다. 그러나 그림 속에서 화가는 오히려 모순되는 상황이 반전되기 직전의 순간을 포착하여, 힘의 비교 우위를 여전히 한나라 성제와 장우 쪽에 치중되도록 함으로써, 황제의 영명함을 칭송하지 않고 막 사형에 처해지려고 하는 주운의 신상(身上)에서 그의 충직한 모습이 돋보이도록 하였다. 화가가 추구하는 경향성이 매우 분명하게 드러나고 있다. 예술적 처리에서는 두 진영이 마주 대치하는 형식으로, 모순이 충돌하는 희극성을 강조하고 있는 것 말고도, 작자는 성제와 주운의 뒤쪽에 있는 태호석(太湖石)을 통해 투쟁하는 쌍방의 기세를 과장하고 있다. 화법은 공교하면서도 정확하며, 구륵한 다음 채색하는 화원(畫院)의 정밀한 화풍을 체현하고 있다.

이 밖에 화원 화가였던 진거중(陳居中)의 〈문희귀한도(文姬歸漢圖)〉(軸)와 낙관이 없는 작품인 〈호가십팔박도(胡笳十八拍圖)〉(卷)는 모두 채문희(蔡文姬)의 고사 및 그가 지은 시를 제재로 한 역사고사화인데, 마찬가지로 현실적 의의를 지니고 있다. 〈호가십팔박도〉는 이별하는 그림 속의 부모와 자식 사이의 정에 대한 묘사가 특히 사람들을 감동시킨다. 유사한 제재의 작품으로 금나라의 장우(張瑀)가 그린 〈문희귀한도〉(卷)가 있는데, 수묵 담채로 그린 이 작품의 화법과 풍격은 송나라 화가들과 다름이 없다. 수행(隨行)하는 자가 추위에 손을 비비는 섬세한 부분의 묘사와, 춤추며 나부끼는 듯한 깃발과 옷자락을 통해 이역만리 황량한 벌판에서의 뼛속까지 파고드는 겨울 바람을 생동감 있게 표현하였다. 송나라와 금나라 정권이 대치하는 상황에서 남과 북의 화가들이 동일한 제재의 작품을 마치 약속이라도 한 듯이 함께 그린 데다, 화풍까지도 비교적 비슷한데, 이 점은

매우 의미를 부여할 만한 현상이다.

　옛것을 빌려 현재를 깨우치고자 하는 이러한 역사고사화 말고도, 남송의 중흥을 바라면서 그 당시의 중대한 정치 사건과 인물을 그린 몇몇 작품들도 출현하였다. 이당의 제자인 초조(肖照)는 〈중흥서응도 (中興瑞應圖)〉를 그렸다. 초조는 산서(山西) 호택(護澤) 출신으로, 북송이 멸망한 뒤에 태항산(太行山)에 들어가 도적질을 하고 있었는데, 우연히 이당을 만나게 되고, 그를 따라 남쪽으로 내려와 화원에 들어

갔다. 그의 〈중흥서응도〉(卷; 송나라의 모본)는 송나라 고종인 조구(趙構)의 출생에서부터 황제로 즉위하기까지 일생의 경력을 그린 뒤, 여기에 신화고사(神話故事)를 억지로 갖다 붙인 것이다. 조구의 즉위가 바로 하늘의 뜻임을 선염으로 그려낸 것은, 남송의 중흥을 바라는 백성들의 갈망을 반영한 것이다. 이 모본은 채색 인물화 가운데 〈진문공중이복국도〉와 마찬가지로 정교하게 그려졌지만, 훨씬 간결하고 굳세면서도 힘이 있어 자질구레하지 않다. 이당과 함께 남송의 사대가로 함께 일컬어지는 전당(錢塘) 출신인 유송년(劉松年)은 이당보다 대략 50년 정도 늦게 활동하였다. 그가 금나라와 맞서 싸운 영웅들인 유기(劉琦)·한세충(韓世忠)·악비(岳飛)와 장준(張浚)을 그린 〈중흥사장도(中興四將圖)〉(卷)도 같은 종류의 성격을 지니는데, 애석한 것은 전해지는 모본의 수준이 높지 않아 〈나한도(羅漢圖)〉(軸)처럼 그렇게 그 인물화의 정수를 보여주지 못하고 있다는 점이다.

〈나한도(羅漢圖)〉

(宋) 유송년(劉松年)

종교나 문학 작품에서 제재를 취한 인물화도 어느 정도 남송 인물화풍의 계승과 변모를 반영하고 있다. 벼슬이 공부시랑(工部侍郎)에 이르렀던 마화지(馬和之)는 송나라 고종이 통치하던 시기에 활동하였는데, 문학의 제재를 그려내는 데 뛰어났으며, 특히 『시경(詩經)』의 내용을 즐겨 그렸다. 중국 국내외의 여러 박물관들에 소장되어 있는 〈모시도(毛詩圖)〉는 반드시 마화지의 원작이라고 할 수는 없지만, 〈후적벽부(後赤壁賦)〉는 한결같이 진적으로 공인받고 있다. 이 그림은 배치와 구성이 막힘 없이 탁 트여 시원스러운데, 산들바람이 불어오는 강물을 위주로 묘사하면서, 한 척의 작은 배가 강에 떠 있는 모습을 그린 것이다. 먹과 색의 사용이 매우 간결하고 담박

〈당풍도(唐風圖)〉

(宋) 마화지(馬和之)

비단 바탕에 채색

각 폭마다 28.3cm×46.5cm

요녕성박물관 소장

　이 그림은 『시경(詩經)』·
「당풍(唐風)」 가운데 '실솔(蟋
蟀)' 등 열두 편의 시에서 제
재를 취한 것이다. 각 시문(詩
文)들 뒤에 그림 한 폭씩을 더
하여 모두 열두 폭의 그림으
로 이루어져 있다. 전체 그림
은 필묵의 운용이 간결하고
세련되며, 선이 유창하고 변
화가 많다. 고전 문학 작품을
제재로 한 회화 작품들 가운
데 걸작이다.

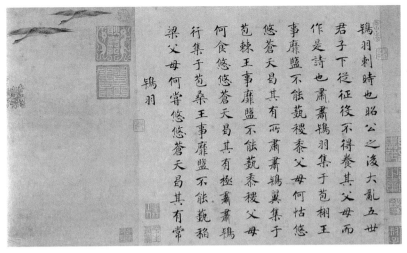

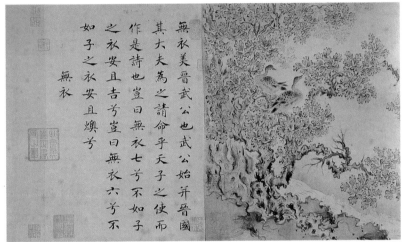

하며, 용필은 유연한 곡선을 많이 사용하여 날아갈 듯이 유려하고, 인물의 옷 주름은 양쪽 끝 사이 부분을 거친 난엽묘(蘭葉描)로 사용하여 매우 강한 리듬과 운율감을 드러내고 있다. 만일 이당의 작품과 비교한다면, 곧 마화지의 화풍이 훨씬 자유롭고 분방함을 느낄 수 있다. 전해지는 바에 의하면, 그의 화법은 오도자로부터 변형되어 나왔기 때문에, 당시에 '작은 오도자[小吳生]'라고 불렸다고 하는데, 필법의 유연하고 섬세함은 이미 오도자의 분방함과는 크게 다르다. 그는 남송에서 가장 일찍 북송의 화풍을 변화시킨 중요한 화가들 가운데 한 사람이다. 1180년에 대리국(大理國)의 화가인 장승온(張勝溫)이 그린 〈범상도(梵像圖)〉(卷)는 종이 바탕에 공필중채(工筆重彩)로 그린 사이즈가 큰 묘금(描金-금박으로 그림) 작품인데, 화법은 주로 당나라와 북송의 전통을 계승했으면서도 토번(吐藩) 불화(佛畫)의 영향도 받았다. 불상 얼굴의 원만한 모습은 여전히 당나라의 풍격을 간직하고 있지만, 장식의 번잡하고 화려함과 색채의 현란하고 조화로움은 이미 북송 이후의 풍격을 보여주고 있다. 이공린의 수묵 백묘 일파를 계승하여 발전시킨 작품으로는 장격(張激)의 〈백련사도(白蓮社圖)〉(卷)가 있으며, 또한 원래 이공린의 작품이라고 전해지는 〈유마연교도(維摩演敎圖)〉(卷)와 원나라의 왕진붕(王振鵬)이 금나라 화가 마운경(馬雲卿)의 〈유마불이도(維摩不二圖)〉(卷)를 모사한 작품도 있는데, 뒤의 두 그림은 구도와 화법이 완전히 똑같다. 유마거사(維摩居士)가 문수보살(文殊菩薩) 및 승려와 천녀(天女)들에게 대승(大乘)의 교의(敎義)를 강의하는 정경을 그렸는데, 유마거사의 형상은 고개지 이래로 그 "맑고 파리하여 병색이 완연한 모습과, 궤안에 기대어 말을 잊고 있는 형상[淸贏示病之容, 隱几忘言之狀]"을 중요시하여 묘사하던 전통을 계승하고 있다. 조형은 매우 정확하며, 표정의 묘사도 섬세하게 잘 그려 내어, 참으로 백묘 인물의 최고 걸작에 속한다. 이 작품은 또 이공린

난엽묘(蘭葉描) : 난(蘭)의 잎을 그릴 때와 같은 필선으로 인물의 옷 주름을 표현하는 동양화의 화법을 말한다.

대리국(大理國) : 단사평(段思平)이 938년에 운남(雲南) 지방에 세운 나라로, 22대에 걸쳐 3백여 년 동안 지속되었지만, 1253년에 몽고의 쿠빌라이에 의해 멸망했다.

일파의 백묘 화법이 북방의 금나라 화가들에게 미친 영향이 매우 컸다는 것을 말해준다.

백묘 화법이 끊어지지 않고 계속 이어짐과 동시에, 간결한 필치의 수묵 인물도 남송 시기에 크게 발전한 것은, 남송의 인물화가 새롭게 진전을 이루어낸 중요한 상징이 되었는데, 인물화 방면에서 여러 화법을 겸비했던 양해(梁楷)가 바로 가장 돋보이는 대표 작가이다.

양해가 종교화 풍격에서 여러 차례에 걸쳐 화법을 변화시킨 데에는, 또한 남송 시기에 있었던 인물화풍에서의 여러 차례에 걸친 변화를 반영하고 있다. 황제가 하사한 금대(金帶)도 받지 않고 스스로를 미치광이라는 의미의 '양풍자(梁風子)'라고 불렀던 이 인물은, 아무도 그의 인물화가 꼼꼼하고 섬세한 백묘로부터 출발했다고는 생각하기 쉽지 않지만, 이러한 사실은 결국 〈황정내경신상도(黃庭內經神像圖)〉에 의해 증명되었다. 성김과 빽빽함이 어우러진 그 배치와 구성, 조형의 엄격하고 신중함은 이공린 백묘 화파를 추종했다는 단서[그의 스승인 가사고(賈師古)는 이공린을 배웠다]를 드러내준다. 필법이 힘차고, 재치가 번뜩이며, 선명한 개성과 시대성을 드러내 보여준다. 〈팔고승고사도(八高僧故事圖)〉와 〈출산석가도(出山釋迦圖)〉는 약간 훗날의 풍모를 보여주는 작품들이다. 인물은 대부분 반신(半身)만을 취하였고, 평범한 격식을 크게 벗어났으며, 형상은 살아 있는 듯이 생생하고, 옷 주름은 필법이 굳세고 힘차면서도 조밀하게 중첩되어 있다. 채색은 예스럽고 고우며 침착하고 중후하여, 여전히 공교한 화법에 속하면서도 기세가 우뚝 드러나는 형체의 면모를 풍부하게 갖추고 있다. 〈육조작죽도(六祖斫竹圖)〉와 〈육조파경도(六祖破經圖)〉에까지 발전하게 된 것은, 선종 사상의 영향을 받아 '간결한 필치[簡筆]'의 풍모를 형성한 것일 수도 있다. 이들 두 작품 속에서 양해는 모두 거의 신경을 쓰지 않은 듯이 단지 몇 번의 필치로 날아갈 듯 빠르면서도 리듬감이 선명하게 대상의 형신(形神)을 표현함으로써, 생각을 집중하여 공교함을 추구하던 흔적을 깡그리 일소해버렸다. 나무를 그리는 준법도 파필(破筆)을 일필휘지하여 자연스럽게 오묘한 경계를 표현하였는데, 이것은 목계화상(牧谿和尙)이 나무를 그리던 방법과 매우 유사하다. 양해가 도달한 마지막 풍격은 〈발묵선인도(潑墨仙人圖)〉(軸)로 대표되는데, 이 작품의 화법은 간결한 필치로부터 발묵(潑墨)으로 진화한 것이다. 선의 한계를 철저하게 벗어나 흥건하고 호방한 먹의

파필(破筆) : 회화의 용어인데, 두 가지 의미가 있다. 하나는 효과의 측면으로, 붓을 댄 다음 붓 끝에 힘을 주어 바탕에 누르면서 진행함으로써, 붓 끝이 흩어지게 하는 효과를 가리킨다. 다른 하나의 의미는, 그림을 그리기 위해 붓을 댄 부분을 가리킨다. 윤곽의 안에서 구조를 분명히 드러내도록 하는 것으로, 예를 들면 산석(山石)을 그릴 때, 처음 붓을 대는 것을 구(鉤)라고 하는데, 즉 외형의 테두리를 그려 내는 것을 말한다. 두 번째 붓질을 곧 '파필'이라고 하는데, 이는 산석의 모서리 면을 구분해주는 것이다. 여기에서는 첫 번째 의미로 사용되었다.

발묵(潑墨) : 회화의 한 가지 화법으로, 붓에 진한 먹물을 듬뿍 묻혀 종이나 비단 위에 먹물이 번지도록 물체의 형상을 그려 내는 것이다.

〈팔고승고사도(八高僧故事圖)〉 (일부분)
(宋) 양해(梁楷)

〈육조작죽도(六祖斫竹圖)〉
(宋) 양해

변화무쌍한 자취 속에서 선인의 낭만적인 풍모를 부각시켰다. 형상과 필묵을 하나로 융합시키고, 또 대상에 중점을 두어 그려 낸 전신(傳神−핍진하고 생생한 모습)과 주체에 치중하며 펼쳐낸 사의(寫意)가 상호작용을 하도록 하였다.

권축화(卷軸畵)에 대해서 말한다면, 원대의 인물화는 산수화나 화조화의 발달보다는 못했지만, 다음과 같은 선명한 시대적 풍격을 형성하였다. 첫째, 수량이 점점 감소한 불교와 도교 인물화는 더욱 세속화되면서 민간 분위기가 더욱 풍부해졌다. 현실과 거리가 있는 역사고사화와 고인일사화(高人逸士畵)의 지위가 향상됨에 따라 궁정화가들마저 정치 교화와 무관한 은일(隱逸)의 제재를 그리도록 만들었다. 둘째, 온화함과 우아함을 지향한 수묵 백묘의 풍격이 인물화의 주류를 이루면서, 심지어 초상화에까지 영향을 주었다. 셋째, 백묘 인물을 그린 적지 않은 유명한 화가들은 동시에 백묘 계화(界畵)를 그린 화가들이기도 했다. 인물화나 계화를 막론하고, 남송의 발랄하면서도 강건한 아름다움이 넘치는 풍격은, 온유하고 수려하며 섬세하면서도 차분하고 아름다운 풍격으로 대체되었다.

원대 초기에 궁정의 인물화가들은 대체로 일찍부터 송대의 경험

을 흡수한 금대(金代)의 전통을 이어가고 있었
다. 구륵채색[鉤勒設彩]의 화법이나 백묘 화법
을 계승하였다. 구륵채색의 대표 화가는 하
북(河北)의 중산(中山) 사람인 유관도(劉貫道)이
며, 백묘 화법의 대표 화가는 연(燕)나라 사람
인 하징(何澄)이었다. 유관도의 인물화 명작인
〈소하도(消夏圖)〉(卷)는 평상 위에 한가롭게 누
워 있는 한 문사를 그렸는데, 평상의 뒤쪽은
병풍을 배경으로 삼았으며, 병풍 속에는 다시
병풍 및 인물들의 활동을 그렸다. 작품의 구상
은 확실히 오대(五代) 시기 주문구의 〈중병회기
도〉(288쪽 참조)에서 유래한 것인데, 인물은 형
신(形神)이 겸비되어 있고, 경물의 배치는 정밀
하고 공교하게 처리하였으며, 옷 주름의 필법
은 유창하면서도 기복의 변화가 있는 철선묘
(鐵線描)를 구사하고 있어, 금나라 화가인 장우
(張瑀)의 〈문희귀한도〉(313쪽 참조)나 송대의 원
체화 풍격과 매우 비슷하다. 그는 또한 초상화

가이기도 했는데, 세상에 전해지는 작품으로는 〈원세조출렵도(元世
祖出獵圖)〉(軸)가 있다.

〈발묵선인도(潑墨仙人圖)〉
(宋) 양해

　유관도의 인물화와 초상화는 모두 비단 바탕에 구륵한 다음 채
색하는 화법을 사용하고 있지만, 그보다 나이가 더 많았던 하징은
오히려 종이 바탕에 백묘 인물화가 매우 뛰어났다. 하징은 원나라 초
기에 명성을 누렸던 궁정화가로, 일찍이 비서감승(秘書監丞)·소문관
대학사(昭文館大學士)·중봉대부(中奉大夫)를 지냈는데, 도석(道釋)을 제
재로 한 〈수관도(水官圖)〉(軸)를 그린 적이 있으며, 은일한 명사로 널

(위·아래) 〈소하도(消夏圖)〉 (일부분)

(元) 유관도(劉貫道)

비단 바탕에 채색

29.3cm×71.2cm

미국의 넬슨-애킨스 미술박물관 소장

　이 그림은 한 문사(文士)가 웃
통을 벗어젖힌 채 평상 위에 누
워 있는 모습을 그렸는데, 오른손
에는 주미(塵尾)를 쥐고 있고, 왼
손에는 두루마리 책자를 집고서
생각에 잠겨 있는 모습이다. 평상
옆에는 하나의 금(琴)이 있고, 평
상 뒤쪽의 탁자 위에는 두루마리
책자·벼루·찻잔 등이 진열되어
있어, 그림 속 주인공의 생활 정
취를 분명하게 밝혀주고 있다. 평
상 옆에는 하나의 병풍이 있으며,
화폭의 다른 한쪽에는 서로 마주
보며 이야기를 나누는 사녀(仕女)
(아래 그림)들이 그려져 있다.

〈원세조출렵도(元世祖出獵圖)〉

(元) 유관도

비단 바탕에 채색

182.9cm×104.1cm

대북 고궁박물원 소장

이 그림은 원나라 세조 쿠빌라이가 늦가을이나 초겨울 무렵에 수행원들을 거느리고 사냥에 나선 정경을 그린 것이다. 화면에는 황량한 사막이 끝없이 펼쳐져 있고, 먼 곳에 기복이 있는 모래 언덕이 있으며, 물건을 실은 낙타 대상이 천천히 지나가고 있다. 근경에는 원나라 세조 쿠빌라이 및 수행원들이 말고삐를 당기며 잠시 머물러 있다. 원나라 세조의 곁에는 화려하게 치장한 부인이 있다.

물을 그렸으며, 비교적 거칠고 호방한 필치로 산수와 수묵을 표현하였다. 그 회화의 기법에는 송나라의 유풍과 여운이 남아 있으며, 또한 원대의 자유분방한 필치[逸筆]를 앞서 사용하기 시작했다.

리 알려진 역사 인물인 도연명(陶淵明)을 그린 〈귀장도(歸莊圖)〉(卷)는 바로 도연명의 「귀거래사(歸去來辭)」를 제재로 하여 그린 것이다. 도

(위·아래) 〈귀장도(歸莊圖)〉 (일부분)

(元) 하징(何澄)

종이 바탕에 수묵

41cm×732cm

길림성박물관 소장

이 그림은 동진(東晉) 때 도잠(陶潛)의 작품인 「귀거래사(歸去來辭)」의 의경을 수묵으로 그린 것이다. 구도는 연속적으로 이어져 있는 형식이며, 주제의 인물이 반복하여 출현하고 있다. 정교한 백묘로 인

연명이 집으로 돌아온 이후의 한가롭고 자유로운 생활을 묘사하였다. 화가는 산수를 배경으로 삼으면서 중심인물이 반복하여 출현하는 기법을 운용하여, 도연명이 집으로 돌아온 이후의 한가롭고 자유로운 생활의 구석구석 장면들을 묘사하였다. 심지어 늙은 농부가 호미를 들고 김을 매는 모습을 통해 농사일에 익숙하지 못한 도연명이 손으로 풀을 뽑는 모습을 부각시키는 등, 인물의 신분에 따른 모습들을 종이 위에 생동감 있게 표현하였다. 화법으로 볼 때 그는 이공

린의 백묘 화법을 계승했으면서도, 남송의 범륭(梵隆)과 유사한 풍격을 보여주고 있다. 옷 주름은 간결하고 힘찬 데다, 모난 방필(方筆)이 많으며, 경물의 구성과 배치에서도 물기가 적은 붓의 메마른 먹과 부벽준(斧劈皴)을 사용하고 있어, 훗날 원대 회화의 온아하고 함축적인 격조는 아직 형성되지 못하였다. 하징은 계화에 뛰어났는데, 정거부(程鉅夫)가 쓴 『설루집(雪樓集)』의 기록에 근거하면, 그는 〈고소대·아방궁·곤명지도(姑蘇臺·阿房宮·昆明池圖)〉를 그린 적이 있으며, 그 목적은 "예술을 통해 간언을 하는 것[執藝以諫]"이었다고 한다. 이러한 기록과 연계시켜 볼 때, 하징이 왜 멸망한 송나라의 유민(遺民)인 전선(錢選)과 마찬가지로 〈귀거래사〉를 그렸는지 이해하기 어렵지 않다. 즉 똑같이 은일(隱逸)의 제재를 그림으로써, 자신의 생각을 직접 펼쳐낼 수 있었고, 또 황제가 심사숙고하며 간언을 받아들이도록 청원할 수도 있었던 것이다.

안휘(顔輝)는 수묵 도석화에 뛰어났던 원나라 초기의 민간 화가로, 그의 예술은 남송 수묵화와의 연관성을 보여준다. 전해지는 작품을 살펴보면, 그가 그린 불교와 도교의 인물 형상들은 세속적인 분위기를 물씬 풍기고 있으며, 옷 주름의 화법은 이미 송대 원체(院體)의 모가 나고 딱딱한 것으로부터 목계(牧溪→269쪽 참조)와 같이 원만하고 유연한 방향으로 바뀌었다. 〈수월관음도(水月觀音圖)〉(軸)는 수묵담채 그림인데, 관음은 영락없이 민간의 젊은 부인 같으며, 반투명한 얇은 비단옷의 질감도 매우 훌륭하게 묘사하고 있다. 그러나 공교하게 표현한 인물은 발묵으로 표현한 수석(樹石)과 선명한 대비를 이루고 있다. 〈이괴선상(李拐仙像)〉(軸)은 비단 바탕에 그린 수묵화인데, 그려진 이괴 신선의 모습은 도시를 떠돌며 구걸하는 걸인의 모습이지만, 표정이 신비하고 엄숙하며, 막 손가락을 꼽으며 불법(佛法)을 펼쳐 보이고 있다. 인물을 표현하는 화법은 양해(梁楷)의 간결한 필치와

부벽준(斧劈皴) : 당나라 때 이사훈(李思訓)이 창조해 낸 준법으로, 필선이 힘차고, 운필에 울퉁불퉁하고 구불구불한 변화가 많아, 마치 칼로 찍고 도끼로 팬 것 같아서 붙여진 이름이다. 이 준법은 재질이 단단하고 모서리가 분명한 암석을 표현하는 데 적합하며, 소부벽준과 대부벽준의 두 가지가 있다. 소부벽준은 이사훈이 대표적이며, 대부벽준은 이당(李唐)이 대표적으로 사용했다.

〈이괴선상(李拐仙像)〉

(元) 안휘(顔輝)

비단 바탕에 채색

146.5cm×72.5cm

북경 고궁박물원 소장

  이 그림은 전설 속의 여덟 신선 가운데 하나인 이철괴(李鐵拐)가 걸 터앉아 지팡이에 의지하고 있는 모습을 수묵으로 그린 것이다. 산발한 머리에 맨발의 모습인데, 장중하고 엄숙한 자태로 바위 위에 앉아 있다. 몸 뒤쪽으로 보이는 높이 솟은 절벽·물이 쏟아지는 폭포·구름과 연무 등이 이철괴의 범속하지 않은 기질과 풍모를 부각시켜주고 있다.[이철괴는 '철괴리(鐵拐李)'라고도 한다.─편집자]

발묵을 받아들였지만, 산과 바위의 표현은 오히려 한결같이 이당(李唐) 일파의 소부벽준(小斧劈皴)으로 비교적 정밀하고 섬세하게 그려냈는데, 이것은 또한 일종의 번잡함과 간결함의 대비이다.

이와 같은 시기에 전선(錢選)은 화법에서 북송을 본받으면서도 진(晉)나라 때의 화가들에게까지 거슬러 올라갔는데, 그의 인물화로는 〈시상옹상(柴桑翁像)〉(卷)과 〈축국도(蹴鞠圖)〉(卷) 등이 세상에 전해지고 있다. 〈시상옹상〉은 도연명이 술항아리를 등에 짊어진 동자(童子)를 뒤따르게 하면서 지팡이를 짚고 가는 모습을 그린 것인데, 이 제재를 선정한 목적은 바로 길게 쓴 자제(自題)에서 말하고 있는 것처럼, "이것으로써 자신을 비유한 것[以此自況]"이었다. 화법의 경우는, 옷 주름은 '고고유사묘(高古遊絲描)'를 운용하여 경쾌하고 수려하면서도 간결한 면모를 드러내보이며, 채색은 담담하면서도 고운데, 비록 어두운 부분을 선염으로 처리하였지만 입체감을 추구하지는 않았다. 풍격은 송대의 화가들에 비해 고졸(古拙)하지만, 당대의 화가들과 비교하면 경쾌하고 수려하다.

조맹부는 산수화 분야에서 한바탕 새로운 바람을 일으켰을 뿐만 아니라, 인물화 분야에서도 '고의(古意)'와 '사기(士氣)'를 추구하여 남송 원체의 "용필이 섬세하고, 채색이 농염한[用筆纖細, 賦色濃艷]"

〈축국도(蹴鞠圖)〉

(元) 전선(錢選)

고고유사묘(高古遊絲描) : 중국 고대 인물의 옷 주름을 그리는 화법의 하나이다. 선의 묘사법이, 실이 공중에 나부끼는[遊絲] 것 같아 붙여진 이름이다. 그 화법은 다음과 같다. 즉, 중봉(中鋒)의 붓끝을 사용하여 둥글고 고르며 가늘게 그리는 것으로, 빼어나고 굳세며 예스럽고 고아한 분위기를 표현하는 데 적합하다. 청나라 때의 화론집인 『회사조충(繪事雕蟲)』에는 이렇게 기록되어 있다. "유사묘(遊絲描)는 붓끝이 굳세고 힘찬 것이 마치 조의(曹衣-조중달이 인물을 그릴 때, 몸에 착 달라붙게 그린 옷 주름)와 같아, 매우 고아하면서도 고풍스럽다.[遊絲描者, 筆尖遒勁, 宛如曹衣, 最高古也.]"

(오른쪽) 〈홍의나한도(紅衣羅漢圖)〉

(元) 조맹부

비단 바탕에 채색

26cm×52cm

요녕성박물관 소장

늙은 등나무가 휘감고 있는 보리수 아래, 서역에서 온 한 승려가 붉은색 가사를 입고 푸른 이끼가 온통 뒤덮은 바위 위에 가부좌(跏趺坐)를 틀고 앉아 있다. 그는 움푹 들어간 눈과 높은 코, 뺨까지 덮은 수염, 두 귀에 축 늘어진 둥근 귀걸이를 하고서, 왼쪽 손바닥을 평평하게 펴서 사람들에게 보여주는 모습을 하고 있다. 등 뒤로 둥근 두광(頭光)이 있고, 몸 아래쪽에는 주홍색의 네모난 양탄자가 깔려 있다. 표정은 생동감이 넘치며, 풍격은 소박하면서도 온화하다. 필선은 굳세고 힘차며, 채색은 농염하고 짙어 강렬한 대비를 이루고 있다.

이 그림은, 목 부분이 둥근 장삼을 입은 하급관리가 손에 말고삐를 잡고 있는 모습을 그렸다. 인물의 옷 주름은 철선묘(鐵線描)에 가까우며, 먹과 옅은 채색을 이용하여 간략하게 그렸다. 간결하고 담백한 백묘로 말을 그렸는데, 생각을 집중하여 섬세하게 표현한 작품은 아니지만, 평범한 가운데 작자의 이유적인 뜻[寓意]이 담겨 있다.

작풍을 바로잡는 데 탁월한 성과를 올렸다. 그가 그린 〈인마도(人馬圖)〉(卷)와 〈홍의나한도(紅衣羅漢圖)〉(卷)는 모두 공교하고 치밀한 구륵과 채색으로 그렸는데, 대체로 당대의 단순하고 소박하면서도 형신(形神)을 겸비하고 있는 풍격을 본받았으며, 화풍은 침착하면서도 함축적이어서, 전선처럼 그렇게 유연하거나 담백하지는 않다. 〈홍의나한도〉의 배경을 이루는 나무와 바위는 물기가 적은 붓으로 준점(皴

點)을 사용하여, 원대 산수화의 수려하면서도 힘이 넘치는 새로운 면
모를 드러내고 있다.

조맹부의 영향을 받은 관료 화가이자, 당나라 화가들이 추구했던
화법을 좇아 나아갔던, 수리(水利) 방면의 전문가인 임인발도 이 시
대를 가장 잘 대표할 만한 화가이다. 임인발(任仁發 : 1254~1327년)은
자가 자명(子明)이고, 호는 월산(月山)으로, 송강(松江) 사람이다. 그가
젊은 시절에 그린 〈출어도(出圉圖)〉(卷)는 구륵이 섬세하면서도 힘차
며, 채색이 고아(古雅)하고 조형이 정확하여, 당나라 화가들의 풍모가
물씬 풍긴다. 〈이마도(二馬圖)〉(卷)는 곧 살지고 수척한 두 마리의 말
들을 통해 관리의 청렴과 부패의 차이를 은유적으로 표현한 작품인
데, 그림 위에 쓴 제사(題詞)에서 "한 몸이 수척해져 한 나라를 살찌
게 하는[瘠一身而肥一國]" 청렴한 관리를 칭송하면서, "한 몸만을 살
찌워 온 백성을 수척하게 하는[肥一己而瘠萬民]" 부정부패한 관리를
비판하고 있어, 그 창작 의도가 매우 정묘하고 의미가 깊다. 〈장과로현
명황도(張果老見明皇圖)〉(卷)는 그가 그린 인물화들 가운데 대표적인 작
품으로, '여덟 신선[八仙]' 중 한 명인 장과로(張果老)가 당나라 현종(玄
宗) 앞에서 법술을 펼치는 모습을 그린 것이다. 화법은 당나라 화가들

〈추교음마도(秋郊飮馬圖)〉
(元) 조맹부
비단 바탕에 채색
23.6cm×59cm
북경 고궁박물원 소장

이 그림은 붉은 옷을 입고 검은
모자를 쓴 하급 관리가 말을 타고
채찍질하는 모습을 그린 것이다.
몇 필의 준마를 몰면서 황야의 계
곡에서 말을 다루는 정경이다. 준
마의 자태는 각각 달라서, 내달리거
나 물을 마시기도 하고, 서로 물어
뜯기도 하는 등 생동감이 넘쳐, 보
는 이의 눈을 즐겁게 한다.

의 뛰어난 의경을 잘 터득하고 있는데, 염립본(閻立本)이 그렸다고 전해지는 작품 및 송대에 장훤(張萱)을 모사한 작품과 일맥상통할 뿐만 아니라, 조형이 정확하고, 표정이 살아 움직이는 듯하다.

임인발 이후에 권축(卷軸) 인물화의 구륵 채색 표현이 점점 줄어들고, 백묘 인물이 거의 이를 대체하면서, 조야(朝野)에서 널리 성행하였다. 지위가 궁정화사(宮廷畫師)에 가까웠던 왕진붕(王振鵬)은 원나라 초기의 하징(何澄)처럼 인물과 계화의 백묘 표현에 뛰어났던 대가이다. 그는 자가 붕매(朋梅)이고, 호는 고운(孤雲)이며, 영가(永嘉) 사람

〈이마도(二馬圖)〉

(元) 임인발(任仁發)

비단 바탕에 채색

28.8cm×142.7cm

북경 고궁박물원 소장

이 그림은 살진 말과 수척한 말 두 마리를 그렸다. 살진 말은 얼룩무늬가 있고, 기골이 장대하며, 피둥피둥 살이 쪄 비만한 모습인데, 고삐를 늘어뜨린 채 고개를 쳐들고 있어 그 기세가 잘 표현되어 있다. 수척한 말은 적갈색으로, 근육과 뼈대를 다 드러낸 채 고개를 숙이고 느릿느릿 걷고 있는데, 피곤에 지쳐 있는 모습이다. 작자는 간결하면서도 힘차고 군센 필법과 맑고 수려한 채색으로 두 마리 말의 진실하고 생생한 형상을 표현하였다.

〈장과로현명황도(張果老見明皇圖)〉

(元) 임인발

비단 바탕에 채색

41.5cm×107.3cm

북경 고궁박물원 소장

이 그림은 당나라 현종(玄宗)인 이융기(李隆基)와 신화 전설 속의 여덟 신선들 중 한 명인 장과로(張果老)가 만난 특이한 고사를 그린 것이다. 당나라 현종은 몸집이 크고 위엄이 넘치는 모습이며, 몸에 노란색 장삼을 입고 둥근 팔걸이가 있는 의자에 앉아 있다. 장과로는 흰수염을 길렀으며 높은 관을 쓰고 있는데, 몸에 자주색 옷을 입고 얼굴에 웃음을 띤 채 막 현종을 향해 무엇인가를 설명하고 있다. 그림 속의 인물들은 모습이 생동감이 넘치며, 옷 주름은 실이 허공에 나부끼는 듯한 유사묘(遊絲描)로 처리하여 섬세하고 공교하면서 힘차고 엄정하며, 임인발의 인물화 가운데 걸작이다.

으로, 일찍이 원나라 인종(仁宗)의 총애를 받았다. 그의 〈백아고금도(伯牙鼓琴圖)〉(卷)는 춘추 시대의 유백아(俞伯牙)와 종자기(鍾子期)가 음악을 매개로 서로를 이해하는 친구가 되었던 '지음(知音)'의 고사를 그린 것이다. 금(琴)을 연주하는 자의 정신 집중과 연주를 듣는 자의 몰입한 모습은 모두 매우 생동감 있게 표현되어 있다. 주의할 가치가 있는 부분은, 그가 비단 바탕 위에 담묵으로 선염하여 백묘를 보완하는 화법을 채택하고 있다는 점과, 옷 주름을 표현한 선이 유연하고 수려한 방향으로 나아가기 시작했고, 색조도 담아(淡雅)한 쪽으로 나아갔다는 점을 들 수 있다.

왕진붕보다 20세 남짓 어린 회남(淮南)의 화가 장악(張渥)은 자가 숙후(叔厚)이고, 호는 정기생(貞期生)이며, 재야에서 활동한 원나라 말기의 유명한 백묘 인물화가이다. 백묘 인물은 이공린의 화법을 계승하였는데, 전국 시대 굴원(屈原)의 시가(詩歌)를 제재로 한 〈구가도(九歌圖)〉(卷) 여러 폭이 세상에 전해지고 있다. 비록 그의 〈구가도〉가 이공린에서 비롯된 것이지만, 부분적으로 재창조를 거쳤다. 길림

<**구가도(九歌圖)**> [상군(湘君)]

(元) 장악(張渥)

상군(湘君) : 중국 신화 속의 여신으로, 상부인(湘夫人)과 함께 상수(湘水)에 살았다고 한다. 상수는 호남성에 있는 동정호(洞庭湖)로 흐르는 강이다.

대사명(大司命) : 중국 신화 속에 나오는 신(神)으로, 어른들의 생사를 주관하며, 소사명(小司命)은 어린아이의 생사를 주관한다.

하백(河伯) : 고대 중국의 신화에 나오는 황하(黃河)의 수신(水神)이다. 원래의 이름은 '풍이(馮夷)'이며, '빙이(冰夷)'라고도 한다.

성박물관(吉林省博物館) 소장본 속의 '대사명(大司命)'은 얇은 비단옷[紗衣]·의상(衣裳)·피부와 수염과 머리카락의 서로 다른 질감을 매우 사실적으로 표현하였다. 또 미국 클리블랜드박물관 소장본 속의 '하백(河伯)'은 옷과 띠가 휘날리고 파도가 용솟음치도록 표현함으로써, 바람소리·파도소리가 들리는 듯하고, 움직이며 나가는 속도가 실제로 느껴지는 듯이 생생한 것은, 모두 그의 백묘 인물 수준을 말해준다.

그는 중국 모필(毛筆)의 특유한 성능을 충분히 발휘하였는데, 선의 거칠고 섬세함과 길고 짧음, 마르고 촉촉함과 짙고 옅음, 돌고 꺾임의 변화, 성김과 빽빽함의 대비와 기승전결의 구성 등을 스스로 깨우쳐 운용하였다. 부분부분마다 간략하게 담묵의 선염을 살짝 가하여, 대상의 질감·형신(形神)·동작과 자태·층차를 이루는 공간과 상호관계를 표현함과 동시에, 또 일종의 온화하고 우아하며, 차분하며 아름답고 유려하게 생동하는 분위기를 추구하였다. 즉 사물의 특성을 잘 파악하여 그에 따라 형상을 그려내는 '응물상형(應物象形)'과 형상과 정신을 함께 중시하는 '형신구중(形神俱重)'을 추구하였을 뿐만 아니라, 선묘의 서정적 풍격도 추구하였다. 이러한 서정적 풍격의 추구는 이공린의 백묘 작품 속에서는 크게 자각되지도 않았고, 그다지 선명하지도 않았던 부분이다. 이 때문에 후대의 화사(畵史)와 화론(畵論) 저작들에서는 그와 이공린을 백묘화가의 본보기로 나란히 열거하기에 이르렀다. 세상에 전해지는 장악의 작품들로는 〈설야방대도(雪夜訪戴圖)〉(軸)와 〈요지선경도(瑤池仙慶圖)〉(軸) 등이 있다. 장악과 같은 시기에 활동했고, 백묘 인물과 계화를 겸비했던 유명한 화가로 위구정(衛九鼎)이 있는데, 그가 그린 〈낙신도(洛神圖)〉(軸)의 인물 풍격은 장악과 비슷하다. 먼 산은 유연하고 수려하며, 물기가 적은 붓에 담묵으로 그려 인물과 흑백의 대비를 이루도록 하였으며, 또 부드럽고 차분하며 유쾌하고 쾌적한 풍격에서 조화를 이루고 있는 면모는, 장악의 〈구가도〉 가운데 '국상(國殤)'에서의 인물과 그 배경 배치의 관계와 일반적으로 매우 흡사하다.

원나라 말기 강남의 초상화가들 가운데 왕역(王繹)은 매우 중요한 인물인데, 세상에 전해지는 작품으로는 수묵 백묘로 그린 〈양죽서소상(楊竹西小像)〉(卷)이 남아 있을 뿐이다. 이 초상화에 그려진 인물은 송강(松江)의 한 은사(隱士)로, 그는 "호걸의 재주를 품었으면서도 세상을 구제하는 것을 달가워하지 않았던[抱豪杰之才, 而不屑于濟世]" 사람이었다.

국상(國殤) : 굴원의 시 「구가(九歌)」 속에 포함되어 있는 한 수의 시로, 국토를 보위하다 전사한 장병들을 제사 지내는 제가(祭歌)이다. 장병들의 영웅적 기개와 장렬한 정신을 찬양하고, 국가의 치욕을 깨끗이 씻어내 줄 것을 열망하면서, 작자의 조국을 열렬히 사랑하는 고상한 감정을 펼쳐냈다.

상의(尙意)의 서풍(書風)과 오대(五代)·송(宋)의 서법

오대와 송나라의 서법은 당대 이후의 새로운 단계에 진입하였다. 초기는 중당과 만당을 계승하면서 새로운 기틀을 갖추어 갔던 단계로, 중대한 발전이나 변화는 없었다. 그러나 서첩들을 모은 총첩(叢帖)의 판각과 간행은 서법의 전파를 강화시킴과 동시에 형신(形神)의 진면목을 잃게 하는 상황도 초래하였다. 중당과 만당의 "방법을 변화시켜 새로운 뜻을 펼쳐내던[變法出新意]" 서예가들이 창조 정신을 보여주었는데, 북송 중기에 이르러 마침내 송나라 4가(四家)로 대표되는 새로운 풍격이 형성되었다. 풍반(馮班)은 『둔음서요(鈍吟書要)』에서 그러한 변화에 대해 이렇게 지적하고 있다. "당나라 서법가들은 법을 숭상하여 마음과 생각의 운용이 지극히 정밀했으며, 송나라 서법가들은 당나라의 방법을 해체하고 새로운 뜻을 숭상하였으나, 본령은 그 사이에 있었다.[唐人尙法, 用心意極精, 宋人解散唐法, 尙新意而本領在其間.]" 당나라 서법가들과는 다른 이러한 서법의 풍격은 모양보다 뜻을 숭상하는 '상의(尙意)'의 서풍이라고 일컬어지면서, 송나라 서법의 방향을 좌우하게 되었다. 이후로 비록 여전히 시대의 요구에 따라 단정하고 엄격한 해서(楷書)로 비명(碑銘)을 새겼지만, 권축(卷軸)이나 간찰(簡札)에서는 행서 또는 초서로 인품과 성정을 펼쳐내는 것이 이미 세속에서 숭상하는 풍조가 되었다. '상의'의 서풍을 벗어나는 서법이 여전히 존재했음을 부인할 수는 없지만, 총체적으로 살펴볼 때 오대와 송대에는 '상의' 서풍의 주도하에 행서(行書)가 행해(行楷)와 행초(行草)를 포함하여 큰 발전을 이루었고, 더불어서 새로운 성취를 얻은 시대였다.

오대와 북송 초기에 서법은 앞 시대를 계승하며 발전해가는 점진적인 변화의 단계에 처해 있었는데, 비록 뛰어난 개별적인 서법가들이 출현하긴 했지만 근본적인 변화는 없었다. 서법가들은 대략 네 가지 전통들 중에서 나아갈 바를 선택하여, 네 가지 추세를 형성하였다. 첫째 부류는 이왕(二王 : 왕희지와 왕헌지)의 전통을 이어받은 것으로, 황실의 제창과 후원 아래 각첩(刻帖)을 통해 그 영향력을 발휘하였다. 선후(先後)로 이어서 각첩의 간행을 추진했던 제왕들은 남당(南唐)의 후주(後主) 이욱(李煜)과 송나라 태종 조광의(趙光義)였으며, 대표적인 주요 서법가들로는 왕저(王著)·범중엄(范仲淹)과 송수(宋綬) 등이 있었다. 이 일파는 결코 두드러진 성취는 없었지만, 송나라 초기에 상당한 영향을 미쳤다.

남당의 후주 이욱은 비록 나라를 망친 군주였지만, 사(詞)를 짓는 데 뛰어났을 뿐만 아니라 서법에도 정통했다. 그의 서법은 '이왕'의 집필법을 전승하여 행서에 뛰어났으며, 전필(顫筆)로 써서 돌고 굽은 형상을 이루는 경우가 많아 '금착도(金錯刀)'라고 불리기도 했지만, 전해지는 진적으로는 단지 조간(趙幹)의 〈강행초설도(江行初雪圖)〉에 쓴 표제만이 남아 있을 뿐이다. 그가 내부(內府)에 소장된 법서들을 가지고 간행한 『승원첩(升元帖)』은 총첩(叢帖)을 판각하여 간행하는 풍조의 물꼬를 텄으며, 『순화각첩(淳化閣帖)』의 출현에 직접적인 영향을 미쳤다. 송나라 태종 조광의는 문치를 시행하였는데, 여가를 틈타 몸소 필묵을 가까이 하였으며, 유명한 서예 작품을 모으는 데 크게 힘을 기울이면서, 『승원첩』을 모방한 판각을 제작하기 위해 시서(侍書)였던 왕저에게 편차(編次)하도록 명하고, 순화(淳化) 3년(992년)에 『순화각첩』을 간행하여 총첩의 최고 본보기가 되도록 하였다. 왕저는 왕희지의 후손이어서, 간행한『순화각첩』10권 가운데 '이왕'이 그 절반을 차지하였다. 그 이후 송나라 철종(哲宗) 때에 다시『원우비각속첩(元祐秘閣續帖)』과『담첩(潭帖)』등이 잇따라 간행되었는데, '이왕'의 전통은 바로 이들 총첩의 간행을 통해 널리 유포되면서 영향력을 발휘하였다.

왕저(王著)는 자가 지미(知微)이며, 서촉에서 송나라에 들어와 궁궐 내에서 봉직하였는데, 그 글씨는 가법(家法)을 이어받아 지영(智永)의 발자취를 따르면서 멀리 '이왕'을 추종하였다. 필적은 굳세면서도 아름다웠지만, 인문적 교양이 부족했기 때문에 운치는 적은 편이었다. 범중엄(范仲淹 : 989~1052년)은 자가 희문(希文)이며, 오현(吳縣 : 오늘날의 소주) 사람이다. 그는 "천하의 사람들이 근심하기에 앞서 먼저 근심하는 데[先天下之憂而憂]" 뜻을 두었던 훌륭한 재상으로, 서법으로 이름을 날리진 못했지만, '이왕'의 필법을 본받아 만년에「악의론(樂毅論)」을 배웠으므로 옛 사람들의 법도에 넉넉히 들어설 수 있었는데, 작품은 맑고 굳세며 살집이 적은 편이었다. 세상에 전해지는 작품인「도복찬(道服贊)」은 소해(小楷)로 씌어졌는데, 안진경(顔眞卿)과 유공권(柳公權)의 서체와 기세가 섞여 있다. 송수(宋綬)는 자가 공승(公乘)이며, 벼슬은 참지정사(參知政事)를 지냈다. 서법은 처음에 서호(徐浩)를 배웠고, 뒤이어 '이왕'을 본받아, 풍격이 맑고 수려하며, 지나치게 검박(儉薄)함에 빠지기도 했지만, 황제가 칭찬하며 좋아하여, "그의 글씨를 많이 가져와 궁궐 안에 소장하였는데[多取其書藏禁中]", 이 때문에 한 시대를 풍미하면서 "온 조정이 이 서법을 배웠으므로[傾朝學之]", '조체(朝體)'라고 일컬어졌다.

두 번째 부류는 당나라의 전서(篆書)와 예서(隸書)의 전통을 이어받았는데, 특히 당대의 서법가인 이양빙(李陽冰)의 전서 전통에 독실

지영(智永) : 수나라 때의 서예가로, 원래 성은 왕(王) 씨이며, 이름은 법극(法極)으로, 왕희지의 7대손이다.

하게 힘을 쏟았다. 여기에 힘을 기울였던 사람들은 대부분 문자학을 깊이 연구한 서법가들이었다. 대표적인 서법가들로는 오대의 서현(徐鉉), 북송의 곽충서(郭忠恕)와 장우직(章友直) 등이 있었지만, 특출한 성취는 이루지 못한 채 대략 앞 시대 사람들의 서법을 계승했을 따름이다.

서현(916~991년)은 자가 정신(鼎臣)이며, 광릉[廣陵 : 오늘날의 양주(揚州)] 사람으로, 오대 때에 남당에서 벼슬을 하였는데, 송나라 초기에도 그대로 관직에 있었다. 그는 소학(小學)에 정통하였으며, 전서와 예서를 잘 썼다. 그의 전서는 처음에는 이양빙을 배웠고, 나중에 〈역산비(嶧山碑)〉의 글씨를 터득하여 마침내 이사(李斯)까지 거슬러 올라갔다. 서현은 소전(小篆)을 예서처럼 썼는데, 글자는 네모난 형태를 보이고, 수직으로 곧게 뻗은 획인 수각(垂脚)이 없으며, 글자의 아랫부분이 차고(釵股)처럼 약간 크고, 점획의 행필(行筆)에는 법도가 있으며, 필봉은 곧게 내려와 한쪽으로 기울지 않기 때문에, 붓끝이 항상 획의 가운데에 있어, 햇빛에 비추어보면 획의 한가운데에 한 가닥의 짙은 먹선이 보인다. 세상에 전해지는 작품으로는 송대의 모본인 〈전서천자문(篆書千字文)〉 잔권(殘卷)이 있다.

곽충서는 후주(後周)로부터 송나라에 들어왔으며, 계화(界畫)와 옥목(屋木-집과 나무)을 그리는 데 뛰어났던 것 말고도, 소전과 팔분(八分)을 잘 썼으며, 특히 문자학에 뛰어났다. 그의 전서는 이양빙을 이어받았으며, 그 성취 또한 서현에 비해 뒤떨어지지 않는데, "전서와 고문의 필법을 바탕으로 팔분과 예서에 더욱 매진[以篆古之筆益入分隸]"하였으며, 작은 해서인 소해(小楷)에도 뛰어났다.

장우직은 자가 백익(伯益)이며, 건안(建安) 사람으로, 전서를 잘 썼다. 『선화서보(宣和書譜)』에서는 이렇게 기록하고 있다. "장우직은 옥저(玉箸-옥으로 만든 젓가락처럼 유려한 전서 글씨) 문자학에 뛰어났다.

소학(小學) : 중국의 문자 및 훈고(訓詁)에 관한 학문.

소전(小篆) : 진시황이 중국을 통일한 후(기원전 221년), "동일한 문자를 쓰고, 크기가 같은 수레바퀴를 사용하도록[書同文, 車同軌]" 하는 도량형 통일 정책을 취했다. 이때 재상 이사(李斯)가 책임을 지고, 진(秦)나라에서 원래 사용하던 대전(大篆)과 주문(籀文)의 기초 위에서 간소화를 진행하였으며, 기타 6국에서 사용하던 이체자(異體字)들을 없애고 창제한 한자를 가리킨다. 이 서체는 곧장 중국의 전역에 보급되어, 서한(西漢) 말기까지 유행하다가, 점차 예서(隸書)로 대체되었다.

차고(釵股) : 중국의 고대 여인들이 머리카락을 고정시키기 위해 사용했던 장식으로, 가늘고 긴 송곳 모양이며, 대개 은(銀)으로 만들었다. 또한 대나무를 그리는 화법(畫法)에서 곧은 가지를 가리키는 말로도 사용한다.

팔분(八分) : 고대 한자 서체의 일종으로, 해예(楷隸)라고도 하며, 동한(東漢) 중기 이후에 나타난 새로운 풍격의 예서체를 가리킨다. 팔분(八分)이라는 이름에 대해서는 여러 가지 설이 있는데, 어떤 사람은 이분(二分)이 예서와 비슷하고, 팔분은 전서와 유사하기 때문에 붙여진 이름이라고 주장하며, 어떤 사람은 한나라 때 예서를 좌우로 나누어서 써서, 조금씩 '八'자처럼 분산되었기 때문에 붙여진 이름이라고 주장하기도 한다. 글자의 모양이 네모반듯하며, 가지런한 파세(波勢)가 있고, 가로획의 기필(起筆) 부분은 갑자기 멈췄다가 끝부분을 약간 들어올린다. 이른바 '잠두(蠶頭-누에대가리)'에 '연미(燕尾-제비꼬리)'의 모양을 하고 있으며, 모양이 장엄하면서도 전아하다. 한나라 영제(靈帝) 희평(熹平) 4년(175년)에, 채옹(蔡邕)이 일곱 종의 경서(經書)를 써서 돌에 새긴 뒤, 태학(太學) 앞에 세워두고는, 동한 말기의 표준 서체로 삼았다. 한자가 예서에서 해서로 넘어가는 과도기의 서체이다.

이사의 전서 필법이 단절되고 나서 이양빙이 나타났으며, 이양빙 이후에 서현이 나타났다. 장우직은 서현의 문하에 있었으니, 그것은 마치 공자(孔子)의 뛰어난 제자들인 자유(子遊)나 자하(子夏)와 같다.[友直工玉箸字學, 自李斯篆法亡, 而得一陽冰. 陽冰後得一徐鉉, 友直在鉉之門, 其猶游夏歟.]" 세상에 전해지는 작품으로는 송나라 때의 모본인 염립본(閻立本)의 〈보련도(步輦圖)〉에 쓴 발문인 「염립본보련도발(閻立本步輦圖跋)」이 있는데, 그 발문의 글씨를 보면, 그 소전의 결체(結體)가 길쭉한 형태를 취하고 있어, 이미 서현과는 다르다.

세 번째 부류는 당나라의 전통을 발양하는 데 힘을 기울여, 초당(初唐) 시기의 법도를 숭상하는 서법의 형식에 뜻을 집중하기도 하고, 안진경과 유공권의 변화를 추구하는 새로운 기틀에 심취하기도 했으며, 또 이들 두 가지를 참작하여 스스로 일가를 이루기도 했기 때문에 일정한 성취가 있었다. 이 일파는 북송 중기에 뜻을 숭상하는[尙意] 서풍의 출현을 위한 조건을 마련했다고 할 수 있는데, 대표적인 서법가들로는 양응식(楊凝式)·이건중(李建中)·임포(林逋) 등이 있었으며, 특히 양응식의 성취가 두드러졌다.

양응식은 자는 경도(景度)이고, 호는 허백(虛白)이며, 섬서 화양(華陽) 사람이다. 당나라 말기에 이미 관직에 올랐으며, 오대 시기에도 계속 관직에 머물러 태자소보(太子少保)에 이르렀는데, 이 때문에 사람들이 양소사(楊少師)라고 불렀으며, 또한 거짓으로 미친 척하고 자신을 감추어서 미치광이라는 의미의 양풍자(楊風子)라고 불렀다. 양응식은 문사(文詞)를 잘 지었고, 특히 행초(行草)에 뛰어났다. 행초는 안진경과 유공권 및 구양순(歐陽詢)을 넘나들어, 자유분방하고 천진난만하면서도, 필세가 웅장하고 뛰어나며, 마음껏 내달려 자신의 의기를 얻었다. 미불(米芾)은 이렇게 말했다. "옆으로 바람이 몰아쳐 비가 비스듬히 흩뿌리는 것처럼, 구름과 안개가 종이 위에 퍼져, 눈에 즐거움이 넘쳐난다.[如橫風斜雨, 落紙雲煙, 淋漓快目.]" 양응식의 글씨는 개성이 매우 두드러져 이미 북송의 '상의(尙意)'를 중시하는 서풍'의 효시가 되었다.

세상에 전해지는 그의 작품들로는 〈구화첩(韭花帖)〉·〈노홍초당십지주발(盧鴻草堂十志周跋)〉·〈하열첩(夏熱帖)〉과 〈신선기거첩(神仙起居帖)〉 등이 있다. 〈구화첩〉은 해서 속에 행서의 요소가 섞여 있는데, 비록 우세남(虞世南)과 구양순에게서 나왔지만, 결체가 빽빽하고 행간의 기운이 트여 있으며, 또 비스듬히 기운 세(勢)를 잘 취하여 고상한 정취가 생동하고 있다. 〈노홍초당십지주발〉은 행해(行楷─행서와 해서의 중간 서체)로 썼으며, 원필(圓筆)에 중봉(中鋒)을 사용했고, 결체가 넉넉한 것이, 이미 안진경과 한 유파를 이루었다. 〈하열첩〉과 〈신선기거첩〉은 더 나아가 행서에 초서의 요소를 가미하여 또 다른 새로운 면모를 열었다. 즉 안진경 행서의 필의(筆意)를 취하면서 장욱(張旭)과 회소(懷素)의 체세(體勢)를 융합시켰는데, 용필(用筆)은 시작과 마침이 분명하고, 돈좌(頓挫─자유분방한 기복과 전환)가 적당하며, 연속적으로 이어짐과 이어지고 끊어짐을 극진하게 추구하였을 뿐 아니라, 크기가 고르지 않고, 들쑥날쑥하면서 비스듬하기도 하고 반듯하기도 한 변화 때문에, 분방하면서도 기이하고 가파르며, 유창하면서도 변화무쌍하여, 마치 손 가는 대로 쓴 것 같은데도 웅장한 맛이 특히 두드러진다. 송나라 이후의 혁신파 서법가들에게 매우 큰 영향을 미쳤다.

구양수(歐陽脩)는 『집고록(集古錄)』에서 이렇게 말했다. "오대 때에 서법가 양응식이 있었다. 건륭(乾隆─송나라 태조 때인 960~962년의 연호) 이후로는 이건중(李建中)을 일컫게 되었는데, 두 사람은 필법이 달랐지만 서법의 명성은 한 시대의 으뜸이었다.[五代之際, 有楊少師. 建隆以後, 稱李西臺, 二人筆法不同, 而書名爲一世之絶.]" 만일 양응식이 북송의 뜻을 숭상하는[尙意] 새로운 풍조의 선구였다고 한다면, 이건중은 곧

원필(圓筆): 붓을 처음 대는 기필(起筆)과 붓을 거두는 수필(收筆) 및 획을 꺾는 전절(轉折) 부분이 원만하고 힘찬 형상을 나타내는 것을 가리킨다. 그 운필 방법은 역입평출(逆入平出)인데, 즉 붓을 처음 댈 때는 나아가고자 하는 방향과 반대 방향으로 들어가서[裹鋒], 붓 끝이 흩어지지 않도록 한 다음, 붓을 들어 올려 운행하되, 끝까지 쓰면서 멈추거나 꺾지 않고, 단번에 멈추어 거두어들이는 것이다. 이렇게 쓴 필획은 원만하고 부드러우며, 빼어나고 고아하다.

중봉(中鋒): 붓 끝이 필획의 한가운데로 오도록 붓을 좌우로 기울이지 않고 반듯하게 진행하는 필법을 가리킨다. 이 운필법은 용필(用筆)에서 주요한 방법이다.

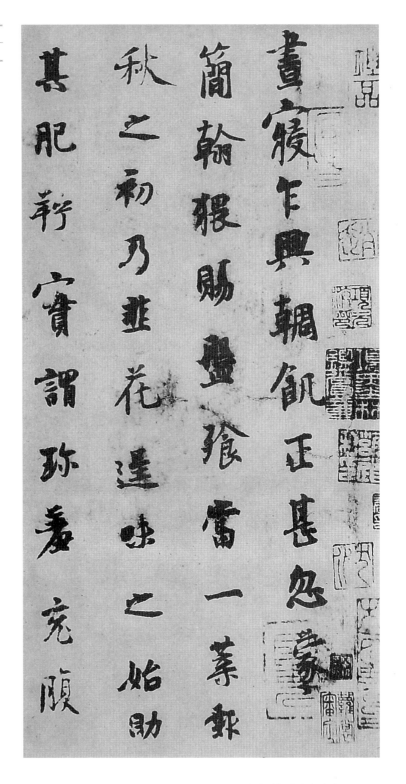

당나라 서법의 유풍을 지키는 마지막 보루였다고 할 수 있다. 이건중(945~1013년)은 자가 득중(得中)이며, 과거에 급제하여 진사에 오른 후 서경(西京 : 오늘날의 洛陽)의 유수어사대(留守御史臺)를 지낸 적이 있었기 때문에, 사람들은 그를 이서대(李西臺)라고 불렀다. 그는 각종 서체를 잘 썼지만 행서에 가장 뛰어났다. 전해지는 바에 의하면, 그의 서법이 중당의 장종신(張從申)에게서 연원하였기 때문에, 풍격이 씩씩하고 착실하며 원만하고 중후하다고 한다. 세상에 전해지는 작품들로는 〈토모첩(土母帖)〉·〈귀택첩(貴宅帖)〉·〈동년첩(同年帖)〉 등이 있다. 〈토모첩〉은 결체가 구양순과 같으면서도 측봉(側鋒)을 잘 운용하고 있어, 이미 약간 풍만한 맛이 느껴진다. 〈동년첩〉의 경우는 안진경의 필세를 더욱 많이 흡수하여, 용필에 제안(提按)이 적고, 매번 붓 끝을 끌어안듯이 거두어들여, 질박하고 혼후하며 원숙한 모습이 드러나며, 힘차고 상쾌한 가운데 응축된 묵직한 기운을

행초(行草) 〈하열첩(夏熱帖)〉
(五代) 양응식

측봉(側鋒) : 글씨를 쓰기 위해 처음 붓을 대는 기필(起筆) 방법의 일종으로, 붓을 종이에 댈 때 붓 끝을 약간 옆으로 기울여서 쓰는 것을 말하는데, 이렇게 하면 먹이 묻은 곳이 약간 기울어진 형세를 나타내게 된다.

제안(提按) : 용필(用筆) 중 하나로, 돈좌(頓挫)가 길이의 장단과 필획의 전환이나 꺾임이라면, 제안은 필획을 쓸 때 붓끝을 끌어당기듯이 쓰는 것[提]과 붓끝을 눌러서 내려 쓰는 것[按]을 말한다. 붓을 끌어당겨 쓰면[提], 선이 가늘어지고, 눌러 쓰면[按] 선이 굵어
▶▶

행해(行楷) 〈토모첩(土母帖)〉
(宋) 이건중(李建中)

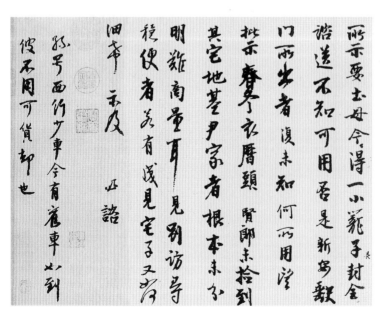

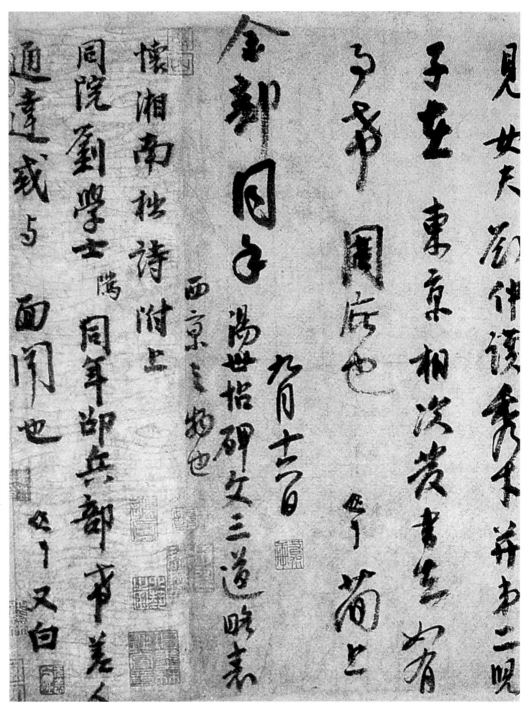

見女夫劉仲讓秀才并書二眼
子壻
東京相次發書生少有
子弟開院也 子蒞上
懷湘南拙詩附上
同院劉學士勝
今郡同子湯世恂研文三道晚素
西京之物也
通達載与面開也 以一又白
同年郎兵部市美人

행서(行書) 〈동년첩(同年帖)〉

(宋) 이건중

담고 있다. 엄격한 법도를 숭상하고 있으면서도 이미 완연한 큰 기운에 도달하였다.

이건중과 나란히 명성을 날렸던 임포(林逋 : 967~1028년)는 자가 군도(君度)이고, 호는 화정거사(和靖居士)이며, 전당(錢塘 : 오늘날의 항주)의 처사(處士-벼슬을 하지 않은 선비)였다. 그는 매화를 읊은 유명한 시구로 명성을 얻었으며, 행서도 잘 썼다. 그가 행해서(行楷書)로 쓴 〈자서잡시(自書雜詩)〉〈卷〉가 세상에 전해진다. 그 연원을 살펴보면, 초당의 우세남과 구양순에 근본을 두고 있는 듯하지만, 그 필의(筆意)를 조사해보면 이건중에 가깝다. 용필이 맑고 수척하며, 결체(結體)는 가파르고 힘차며, 장법(章法)이 탁 트이고 시원스럽기 때문에, 황정견(黃庭堅)은 평하기를, "이건중은 살진 것이 안타깝고, 임포는 수척한 것이 안타깝다[西臺傷肥, 和靖傷瘦]"라고 하였다. 그러나 골기(骨氣)는 수척하나 신기(神氣)는 맑아서 매우 정취가 넘친다.

이 밖에 송나라 초기의 서법가들로는, 서법이 굵고 고졸했던 이종악(李宗諤), 초서에 정통하고 원숙했던 주월(周越), 해서에서 안진경의 힘줄과 유공권의 뼈를 얻었다고 평가받는 한기(韓琦)가 있었으며, 기타 두연(杜衍)·소순흠(蘇舜欽)·뇌간부(雷簡夫)·구양수(歐陽脩)·왕안석(王安石) 같은 사람들도 모두 당시에 명성을 날렸거나 스스로 자신의

◀◀ 지는데, 불완전해 보이고 불규칙하게 굵기의 변화를 주어 투박한 아름다움을 창조해 내는 것이 목적이다. 행초서(行草書) 안에서는 여러 차례 '제안'이 나타나는 것을 볼 수 있다.

장법(章法) : 문장에서는 짜임새와 구조를 가리키며, 서법에서는 전체 작품 속에서 글자와 글자·행과 행 사이의 호응 및 고려 등의 관계를 안배하고 배치하는 방법을 가리킨다. 전체 작품의 여백을 포함한 공간 배치인 '포백(布白)'은 '대장법(大章法)'이라고 하며, 한 글자 속의 점획의 안배와 배치 및 한 글자와 여러 글자 사이의 안배와 배치 관계는 관용적으로 '소장법(小章法)'이라고 한다.

행해(行楷) 〈자서잡시(自書雜詩)〉
(宋) 임포(林逋)

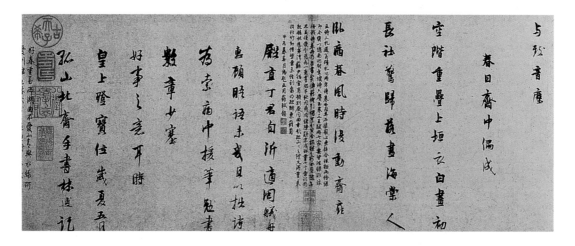

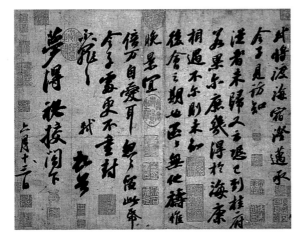

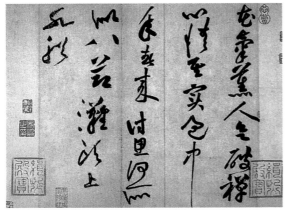

채양(蔡襄) 등 사대가들의 소품

서법을 우뚝 확립하였다.

그러나 진정으로 당대의 해서와 다른 행초(行草)로 상의(尙意)를 중시한 송대의 서풍을 형성한 것은, 역시 북송 중기와 후기에 활동한 사대가인 소식(蘇軾)·황정견(黃庭堅)·미불(米芾)과 채양(蔡襄)을 그 대표로 삼을 수 있다. 사대가들 가운데 채양은 활동한 시기가 다른 세 사람보다 일러서 예술계에서 이미 다른 세 사람의 선배에 속하며, 실제적으로도 '상의'의 서풍이 형성되기 이전의 서법 대가였다. 예술의 연원을 논한다면, 채양과 미불은 모두 이왕(二王-왕희지와 왕헌지)을 계승하여 발양시키는 것을 중심 노선으로 삼으면서, 비교적 넓게 섭렵했다. 소식과 황정견의 경우는 가까운 시대 서법가들의 풍격을 취하면서, 중당과 만당 및 오대 이래의 서법 혁신가들을 자신이 새로운 길을 찾아가는 출발점으로 삼았다. 주의할 만한 가치가 있는 것은, 그들이 모두 독자적으로 개성을 펼치는 선명한 풍격을 창조했다는 점이다. 바로 원나라의 왕지(王芝)는 채양의 〈조하석연명(洮河石研銘)〉에 쓴 발문에서 이렇게 밝히고 있다. "소식은 혼후하고 넓으며 변화가 넘치고, 정신과 기색이 가장 씩씩하다. 황정견은 수척하고 딱딱하면서도 정신적으로 소통할 수 있고, 미불은 종횡으로 분방한 변화를 드러내지만, 모두 모름지기 분방함을 아름다움으로 삼는다. 만약 채양을, 법도에 구애되어 끌려다니는 자들과 비교하면, 비록 역시 스스로 분방하다고 할 수 있지만, 위의 세 사람과 비교하면, 곧 법도를 철저히 지켜 한 치의 기울어짐도 없다.[東坡渾灝流轉, 神

色最壯, 涪翁瘦硬通神, 襄陽縱橫變化, 然皆須以放筆爲佳. 若君謨作, 以視拘牽繩尺者, 雖亦自縱, 而以視三家, 則中正不倚矣.]" 채양의 서법 예술이 다른 세 사람들에 비해 개성이 부족했던 점을 옛 사람들은 이미 통찰하고 있었다.

채양(蔡襄 : 1012~1067년)은 자가 군모(君謨)이고, 흥화(興化) 선유(仙遊-오늘날의 복건 선유) 사람이며, 송나라 인종(仁宗) 때인 천성(天聖) 8년(1030년)에 진사가 되었고, 벼슬은 서명전학사(瑞明殿學士)에 이르렀다. 그는 여러 서체들을 두루 잘 썼지만, 특히 행서에 뛰어났다. 소식은 이렇게 평가하였다. "행서가 가장 뛰어나고, 소해(小楷)가 그 다음이며, 초서는 또 그 다음이고, 큰 글자는 또 그 다음이다. 팔분(八分)과 예서는 조금 떨어지는데, 또 일찍이 생각해내어 비백(飛白)의 글씨를 쓴 적도 있다.[行書最勝, 小楷次之, 草書又次之, 大字又次之, 分隸小劣, 又嘗出意作飛白.]" 그의 서법 연원에 관해서, 청대의 유희재(劉熙載)는 도대체 알 수 없다고 하였지만, 송나라의 예사(倪思)는 일찍이 이렇게 지적한 바 있다. "채양은 처음에 주월(周越-북송 때의 서예가)의 서법을 배웠으며, 그 변화된 서체는 안진경에게서 나온 것이다.[君謨始學周越書, 其變體出于顔平原.]" 채양은 또한 일찍이 '이왕'을 진지하게 임모하며 학습했고, 아울러 광범하게 두루 섭렵했지만, 안진경에게 얻은 것이 많았으므로, 송나라 휘종은 그를 일컬어 "송나라의 안진경[宋之魯公]"이라고 했다. 그의 서법은 "붓의 운용이 느리고, 살집이 골기(骨氣)보다 뛰어나지만[行筆遲, 肉勝骨]," 뒤엉켜 돌린 곳은 매우 민첩하다. 따라서 "단아하고 엄격하면서도 각박하지 않고, 온후하여 함부로 범하지 않는[端嚴而不刻, 溫厚而不犯]" 일종의 온화하고 차분하며 얌전한 아름다움을 창조하였다. 큰 글자는 안진경과 유공권을 겸하고 있는 것 같지만, 힘줄과 뼈가 이미 살과 피부에 의해 감춰지고 있으며, 작은 글자는 구성과 배치가 완전히 새로워, 편안하고 여유로우며 단

해서(楷書) 〈징심당첩(澄心堂帖)〉
(宋) 채양(蔡襄)

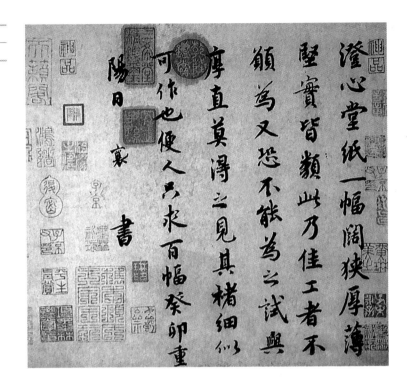

해서(楷書) 〈호종첩(扈從帖)〉
(宋) 채양

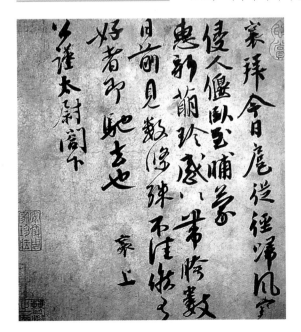

아하고 아름답다. 지금까지 전해지는 채양의 작품들로는 〈입춘첩(入春帖)〉·〈사사어서시권(謝賜御書詩卷)〉·〈자서시권(自書詩卷)〉·〈징심당첩(澄心堂帖)〉·〈몽혜첩(蒙惠帖)〉과 〈병오삼월첩(丙午三月帖)〉 등이 있는데, 이 작품들이 씌어진 시기는 43세 무렵부터 세상을 떠나기 1년 전까지이다. 그 가운데 41세 때 해서로 쓴 〈사사어서시권〉은 우세남의 서법을 취한 듯하지만, 다시 서호(徐浩)와 안진경의 필의가 혼합되어 있어, 격렬하지도 않고 사납지도 않으며, 단아하고 수려하며 청신하다. 49세 때 행서로 쓴 〈자서시권〉은 특히 의기가 투합한 작품으로, 시작부터 온건하며 단아하고 엄정한 가운데, 행서 속에 해서의 요소가 담겨 있다. 점차 행서로 변화해가면서 자유자재로 유창한데, 두루마리의 말미에 이르면, 더욱 마음껏 자유롭게 써내려감으로써 행서에서 초서로 나아가고 있으며, 전체적으로 작품에서 공교함을 추구하는 데 진력하지 않아 자연스러운 자태들을 보여준다. 만년에 행해서(行楷書)로 쓴 〈병오삼월첩〉은 안진경의 영향을 받은 것이 분명하게 드러나지만, 순수하고 담박하며 곱고 아름다운 자신만의 풍격으로 돌아간다. 그가 큰 글자로 쓴 해서 작품으로는 〈낙양교비(洛陽橋碑)〉·〈주금당기(晝錦堂記)〉·〈만안교기(萬安橋記)〉 등의 비문들이 세상에 전해지고 있는데, 대부분 안진경과 유공권 및 서호의 서법 가운데에서 나온 것들이다.

　　소식(蘇軾)은 문인화의 주창자일 뿐만 아니라, 상의(尙意)의 풍조를 고취한 서법가이기도 했다. 그는 일찍이 시로써 이렇게 말하였다. "나의 글씨는 뜻이 만들어내는 것이어서 본래 법도가 없으며, 점과 획은 손 가는 대로 이를 따져가며 추구하는 것은 번거로울 뿐이다.[我書意造本無法, 點劃信手煩推求.]" 비록 이와 같이 말했지만, 그의 서법은 여전히 연원하는 바가 있었는데, 진(晉)나라의 서법을 배우는 것에서 방향을 바꾸어, 만당과 오대의 개혁파 서법가들을 배우는 것으로 전환했을 따름이었다. 그의 친구인 황정견은 이렇게 지적하고 있다. "소식은 젊은 시절에 왕희지를 배웠기 때문에, 그 글씨의 분방한 아름다움이 서호(徐浩)와 비슷하다. 술이 거나하여 거침없는 마음 상태가 되면, 공교함이나 졸렬함에 대한 생각조차 잊어버리는데, 글자가 특히 수척하면서 힘찬 것이 유공권과 비슷하다. 중년에는 안진경과 양응식의 서법을 즐겨 배웠는데, 그 부합하는 부분은 이옹(李邕)에 뒤떨어지지 않는다.[東坡道人少日學蘭亭, 故其書姿媚似徐季海. 至酒酣放浪, 意忘工拙, 字特瘦勁似柳誠懸. 中歲喜學顔魯公·楊風子書, 其合處不減李北海.]"

　　소식은 행서와 해서를 잘 썼으며, 특히 행서에 뛰어났는데, 옛 법

서호(徐浩) : 703~782년. 당나라 때의 서법가로, 자는 계해(季海)이며, 월주[월주 : 지금의 절강 소흥(紹興)] 사람이다. 팔분(八分)·행서·초서를 잘 썼으며, 특히 해서에 뛰어났다.

이옹(李邕) : 678~747년. 당나라 때의 서법가로, 자는 태화(泰和)이며, 광릉(廣陵) 강도(江都) 사람이다. 그의 아버지 이선(李善)은 『문선(文選)』[양나라의 소통(蕭統)이 편찬에 주(注)를 달았다. 일찍이 호부원외랑(戶部員外郎) 등의 직책을 거쳐, 북해태수(北海太守)를 역임했기 때문에 사람들은 이북해(李北海)라고 불렀다.

식의 속박으로부터 벗어나 뜻을 법도로 삼고 따름으로써, 일종의 중후하고 함축적이며 골기가 두텁고 살집이 풍만하며 생동감 넘치는 아름다움을 창조하였다. 그의 해서는 형태가 납작하면서 체세(體勢)가 비스듬한 맛이 있는데, 비문 글씨로는 〈표충관비(表忠觀碑)〉·〈풍락정기(豊樂亭記)〉·〈취옹정기(醉翁亭記)〉·〈나지묘비(羅池廟碑)〉 등이 있다. 행서는 구속받는 바가 없어 생동감이 넘치는데, 행서이면서 해서 쪽으로 치우치기도 하고, 행서이면서 초서 쪽으로 치우치는 면모를 보이기도 한다. 전해지는 진적(眞迹)들 가운데 유명한 것들로는 〈치평첩(治平帖)〉·〈천제오운첩(天際烏雲帖)〉·〈황주한식시첩(黃州寒食詩帖)〉·〈적벽부권(赤壁賦卷)〉·〈기목시첩(橿木詩帖)〉·〈동정춘색(洞庭春色)〉·중산송료부(中山松醪賦)〉·〈제황기도문(祭黃幾道文)〉·〈이백선시권(李白仙詩卷)〉·〈답사민사논문권(答謝民師論文卷)〉 등이 있고, 초서로는 〈취옹정기권(醉翁亭記卷)〉이 있다. 그 가운데 〈치평첩〉은 35세 전후에 쓴 것으로, 단아하고 씩씩하며 자태가 아름다운데, 왕희지에게서 나왔지만, 용필이 풍성하고 윤택하여 이미 솜으로 쇠뭉치를 싼 것

행서(行書) 〈제황기도문(祭黃幾道文)〉

(宋) 소식(蘇軾)

같은 특징을 지니고 있다. 〈황주한식시첩〉은 원풍(元豊) 5년(1082년)에 썼는데, 그가 황주로 귀양간 다음 심정이 매우 침울하던 무렵에 손수 쓴 시의 원고이다. 서체는 시적 정취에 따라 변화무쌍하게 기복(起伏)을 이루며, 단숨에 써내려간 글씨 속에서는 가지런하지 않고 들쑥날쑥한 변화와 크기와 길이의 다양한 변화가 더욱 두드러져 보인다. 감정이 붓에 따라 운용되면서 글씨의 다양한 자태들이 끊임없이 이어져, 상의(尙意) 서법의 내용과 형식의 완전한 통일에 도달하였다. 황정견은 이 작품에 대해 "안진

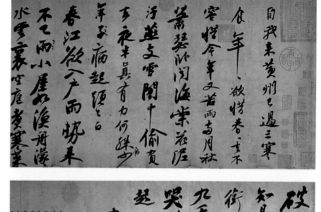
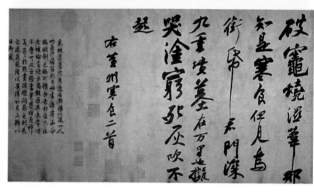

행서(行書) 〈한식시(寒食詩)〉
(宋) 소식

경과 양응식 및 이건중의 필의를 겸하고 있다[兼顔魯公·楊少師·李西臺筆意]"라고 말하였는데, 이것은 단지 연원에 대해서 말한 것일 뿐이

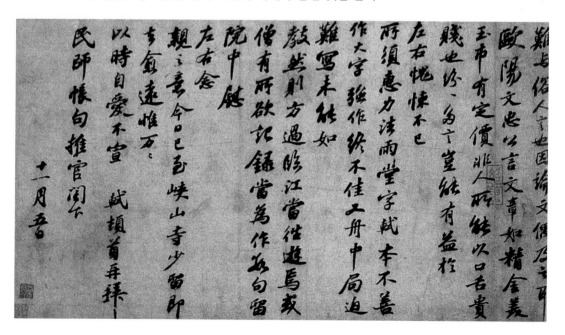

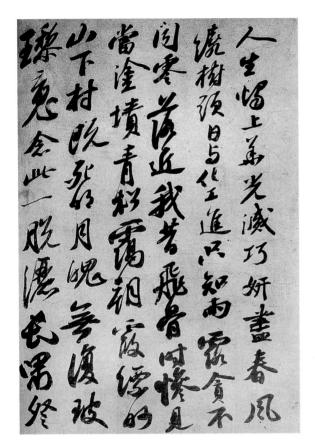

人生啼上萬光滅巧妍盡春風
遠樹頭日与住工進只知雨露貪不
闌零萬近我芳飛蓋何懷見
當塗墳青彩雲朝露溥的
山下村曉昏月晚無復破
瓊光起金此一脫濃氏哥終

행서(行書) 〈이백선시권(李白詩卷)〉

(宋) 소식

(왼쪽) 행서(行書) 〈답사민사논문권(答謝民師論文卷)〉

(宋) 소식

고, 실제로 이 작품의 빼어나고 상쾌하며 자태가 아름다운 부분은 이미 이들 세 서법가의 범위를 뛰어넘어, 서법으로 감정을 펼쳐낸 최고의 작품이라고 할 수 있다. 그가 만년에 쓴 〈답사민사논문권〉은 필묵이 원숙하고, 빼어난 자태가 이어져, 평담하고 꾸밈없이 순수한[平淡天眞] 경계에 도달하였다.

황정견(黃庭堅 : 1045~1105년)은 자가 노직(魯直)이고, 호는 산곡도인(山谷道人)이며, 만년(晚年)의 호는 부옹(涪翁)이다. 송나라 영종(英宗) 치평(治平) 4년(1067년)에 진사가 되었고, 관직은 주저작랑(主著作郎)에 이르렀으나, 훗날 유배를 당했다. 그는 강서시파(江西詩派)를 개창한 시인으로, 서법도 그의 시풍처럼 기이하고 빼어났다. 비록 그림을 잘 그리지는 못했지만, 대나무를 그리는 필법으로 서법의 창작에 들어섰다. 초서를 잘 썼으며, 행서와 해서도 스스로 일가를 이루었다. 그의 초서는 처음에 주월(周越)을 스승으로 삼았고, 이어서 소순원(蘇舜元)을 배웠으며, 나중에는 다시 회소(懷素)와 장욱(張旭) 및 고한(高閑)의 필법에서 오묘함을 터득하였는데, 회소의 원만하고 생동하는 맛과 장욱의 자유분방하고 변화무쌍한 풍격을 하나로 융합할 수 있었다. 특히 점을 구사하는 필법에 뛰어나 항상 획을 점으로 변화시켜, 바위가 굴러 떨어지고 번개가 치는 듯한 필세 속에서 격렬함이 넘치고 기운이 솟구치는 풍격과 정신을 표현하였다. 대표작들로는 〈이백억구유시권(李白憶舊遊詩卷)〉·〈제상좌첩(諸上座帖)〉·〈유우석죽지사권(劉禹錫竹枝詞卷)〉·〈염파린상여전권(廉頗藺相如傳卷)〉·〈화기첩(花氣帖)〉 등이 있다.

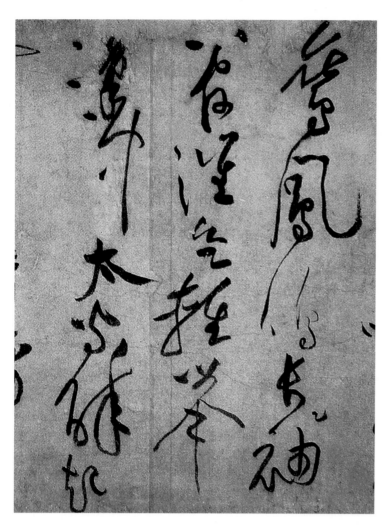

〈이백억구유시권〉은 만년에 쓴 것으로, 필세가 용과 뱀이 날아오르며 춤을 추는 듯한 모습이며, 흥취가 호탕하고, 필법이 힘차며 굳세다. 그 밖의 작품들도 씩씩하고 호방하며, 기이하거나 변화무쌍한 자태를 드러내고 있다.

그의 행해서(行楷書)는 젊은 시절엔 저수량(褚遂良)을 배웠고, 나중에는 〈예학명(瘞鶴銘)〉으로 기초를 다진 다음, 안진경·유공권·양응식의 서법을 넘나들었다. 또 노를 젓는 것으로부터 필법을 깨달아 거침없이 넘실대는 듯한 필법의 묘를 터득할 수 있었다. 그가 쓴 해서에

〈예학명(瘞鶴銘)〉: 진강(鎭江) 초산강(焦山江)의 심도(心島)에 있는 마애석각(摩崖石刻)으로, '瘞'는 '매장'을 의미한다. 옛날에 한 서법가가 자신의 집에서 학을 한 마리 키웠는데, 그 학이 죽자 매장하고서 새긴 명문(銘文)이라고 전해진다. 여기에는 옛날 유명한 서법가들의 서법들이 모두 담겨 있다고 한다.

는 행서의 필의(筆意)가 담겨 있는데, 그 일반적인 특징은 결체(結體)가 빽빽하면서도 안정감이 있고, 긴 획을 크게 하여, 험준하고 기이한 모습 속에서 온건함을 추구하였다. 용필은 곧 빠르고 맹렬한 가운데 매끄럽지 않게 하여, 일파삼절(一波三折)을 강조하였다. 따라서 체세(體勢)가 시원스러우면서 응장하고, 필법이 힘차고 굳세며, 서풍은 분발하며 기세등등하여, 마치 굶주리고 목마른 준마가 날뛰는 듯하다. 대표적인 작품들로는 〈백이숙제묘비(伯夷叔齊廟碑)〉·〈시송사십구질첩(詩送四十九侄帖)〉·〈송풍각시(松風閣詩)〉·〈송장대동제기권(送張大同題記卷)〉·〈화엄소권(華嚴疏卷)〉·〈발소식황주한식시권(跋蘇軾黃州寒食詩卷)〉·〈경복파신사시권(經伏波神祠詩卷)〉·〈왕장자·사익정묘지명고(王長者·史翊正墓志銘稿)〉 등이 있다. 〈경복파신사시권〉은 만년인 58세 때 쓴 뛰어난 작품으로, 엄격하고 신중하면서도 분방하며, 단번에 완성한 것이다. 비록 백발의 몸으로 병상에서 막 일어나 쓴 것이지만, 여전히 분방하게 써 내려간 것이, 기개가 넘치며 쇠락한 기상은 느낄 수 없다.

미불은 북송 사대가들 가운데 나이가 가장 어렸지만, 그의 성취는 다른 세 사람에 전혀 뒤지지 않는다. 소식은 그의 서법 풍격을 칭찬하여 이렇게 말했다. "순풍에 돛을 단 배나 말을 탄 채 진두에 선 무사 같이 웅건하고 힘이 넘치며, 침착하고 통쾌하기가 응당 종요(鍾繇)나 왕희지와 어깨를 나란히 할 만하다.[風檣陣馬, 沉着痛快, 當與鍾王并行.]" 황정견도 그를 이렇게 말하였다. "미불의 글씨는 날랜 칼솜씨로 적진을 유린하고, 강한 쇠뇌로 멀리 천 리까지 쏘아, 성벽을 뚫고 관통한 듯하니, 서법가들의 필세(筆勢)는 이것으로 다하였다.[元章書如快劍斫陣, 强弩射千里, 所當穿徹, 書家筆勢亦窮于此.]" 미불은 글씨와 그림에 모두 뛰어났으며, 서법은 각 서체들에 능했으나 행서가 특히 뛰어났고, 감정(鑑定) 분야에도 조예가 깊었다. 집안에 옛날 법첩

(法帖)들을 매우 많이 수장하고 있었는데, 스스로 보진재(寶晉齋)라고 불렀다. 이와 같은 편리함을 바탕으로, 그는 역대 서예 작품들에 대해 매우 광범하게 임모하여 학습하면서 폭넓게 섭렵할 수 있었다. 이 때문에 "옛 글자를 한데 모았다[集古字]"라는 말을 듣기도 했지만, 마침내 "여러 장점들을 취하여 종합하고 완성함으로써[取諸長處總而成之]" 왕헌지(王獻之)를 주축으로 삼으면서 개혁으로 나아간 대가가 되었다. 동기창(董其昌)은 그의 학습 과정을 다음과 같이 말하고 있다.

"젊은 시절 아직 스스로 일가(一家)를 이루지 못했을 때, 하나하나 옛 법첩들을 본보기로 임모하였는데, 전목보[錢穆父─송나라의 서법가인 전협(錢勰)]가 판에 박은 듯이 모방하여 쓰는 것이 지나치게 심하다고 꾸짖으며 마땅히 기세를 위주로 해야 한다고 지적하자, 이에 크게 깨달아, 집안의 필법에 근본을 두던 것을 다 떨쳐내고 스스로 기축(機軸)을 운용하는 것이, 마치 선가(禪家)에서 깨달음을 얻은 후 부모를 만나면 부모를 죽이고, 부처나 조사(祖師)를 헐뜯고 비방하듯이 면모가 완전히 달라졌다. 비록 소식(蘇軾)이나 황정견(黃庭堅)이 와서 보더라도, 두려워하는 기색이 없지 않을 것이다.[少壯未能立家, 一一規摹古帖, 及錢穆父訶其刻畫太甚, 當以勢爲主, 乃大悟, 脫盡本家筆, 自出機軸, 如禪家悟後拆肉還母·拆骨還父, 呵佛罵祖, 面目全非, 雖蘇·黃相見, 不無氣懾.]"

그가 글씨를 쓸 때에는 다섯 손가락으로 붓대를 움켜쥐고, 팔면출봉(八面出鋒)에 뛰어났으며, 붓을 눌러 종이에 펼칠 때 측봉을 위주로 하였는데, 이것을 스스로 '쇄자(刷字)'라고 일컬었다. 또 서법의 표현 속에 개성을 창조하는 것을 매우 잘 했는데, 손적(孫覿)은 이렇게 평하였다. "그 글씨 또한 그 사람과 비슷한데, 앞 사람의 발자취와 속기(俗氣)를 뛰어넘어 진부한 자취를 답습하지 아니하고, 매번 법도 속에서 새로운 뜻을 펼쳐 내어, 필묵의 법식 밖으로 우뚝 벗어나

기축(機軸) : 기관 또는 바퀴의 축을 의미하는데, 사물의 가장 긴요하고 핵심적인 곳을 가리킨다. 여기서는 창의력을 발휘하는 내면적인 핵심, 즉 창의적인 예술 창작을 가능케 하는 근원적인 힘을 발휘하게 하는 것을 의미한다.

팔면출봉(八面出鋒) : 미불(米芾)이 일찍이 말하기를, "당나라 서법가들은 단지 한 면만을 사용하지만, 자신은 바로 '팔면출봉'한다"라고 하였다. 이 말의 뜻은 곧 당나라 서법가들은 전필(轉筆)·절필(折筆)·행필(行筆)할 때를 막론하고 시종일관 붓끝의 한 면만이 종이에 닿는 데 반해, 미불은 곧 필세(筆勢)에 따라 끊임없이 붓끝의 다른 면들이 종이에 닿도록 하여, 글씨의 모양이나 체태(體態)가 천변만화하게 하였는데, 이를 '팔면출봉'이라 일컫는다.

있다.[其書亦類其人, 超軼絶塵, 不踐陳迹, 每出新意于法度之中, 而絶出筆墨畦徑之外.]" 그 서법 풍격의 특징을 살펴보면, 침착하고 통쾌하며 자태가 더없이 아름답다고 개괄할 수 있다.

세상에 전해지는 미불의 작품들은 매우 많은데, 대략 40세 이전에는 '米黻(미불)'이라고 관서(款署)했으며, 그 이후에는 '米芾(미불)'로 고쳤다. 40세 이전의 주요 작품들로는 30세 때 쓴 〈삼오첩(三吳帖)〉이 있는데, 아직 구양순(歐陽詢)의 유풍이 많이 남아 있으며, 33세 때 쓴

행서(行書) 〈초계시(苕溪詩)〉
(宋) 미불(米芾)

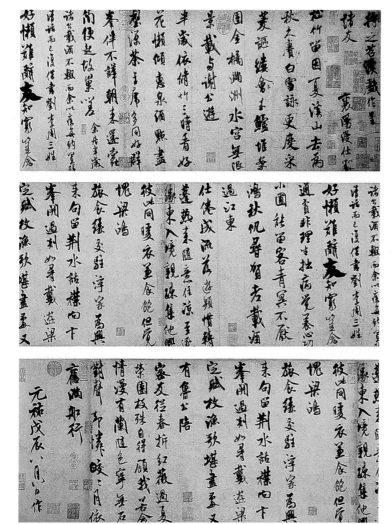

행서(行書) 〈촉소첩(蜀素帖)〉 (일부분)

(宋) 미불

〈방원암기(方圓庵記)〉는 오로지 진(晉)나라의 서법가들을 본받고 있
다. 38세에 쓴 〈촉소첩(蜀素帖)〉과 〈초계시(苕溪詩)〉는 모두 미불의 회
심작들이다. 두 작품은 풍격이 서로 비슷한데, 둘 다 뛰어난 작품들
이다. 〈촉소첩〉은 촉나라에서 생산한 비단 위에 쓴 작품으로, 검은
비단으로 오사란(烏絲欄)을 짜 넣었는데, 그 때문에 서법의 풍격이 수
척하고 굳센 가운데 생동감이 있다. 〈초계시〉는 바탕이 종이이기 때
문에 필적이 풍만하고 윤택하면서도 침착하며, 결체가 비스듬히 기
운 세(勢)를 취하는 데 뛰어나, 험준한 곳을 밟고 지나기를 마치 평탄
한 곳을 지나는 것 같다. 또 운필의 움직임이 변화무쌍하여, 배회하
면서 굽어보기도 하고 우러러보기도 하며, 강건하고도 아름다워, 힘
줄과 뼈대가 씩씩하고 빼어난 가운데 고아한 아취가 더욱 돋보인다.

40세 이후의 주요한 작품들로는 〈이태사첩(李太師帖)〉·〈복관첩(復
官帖)〉·〈산호첩(珊瑚帖)〉·〈자금연첩(紫金
研帖)〉·〈배중악명시(拜中岳命詩)〉 등이 있
다. 〈배중악명시〉는 초기의 작품들에 비
해 더욱 침착하고 더욱 초일(超逸)한 모습
을 보여주는데, 호방하고 자연스러운 가운
데 맑고 생동한 기운을 담고 있다. 그 밖
의 뛰어난 작품들로는 〈향태후만사(向太后
挽詞)〉·〈홍현시(虹縣詩)〉·〈오강주중시(吳江
舟中詩)〉·〈행서삼찰(行書三札)〉·〈연산명(研
山銘)〉과 〈다경루시(多景樓詩)〉 등이 있다.
〈향태후만사〉는 주도면밀한 소해(小楷) 작
품이며, 〈다경루시〉는 큰 글자의 행서인
데, 운필이 굳세고 강건하며 힘줄과 뼈대
가 씩씩하고 빼어나, 내달리고 뛰어오르며

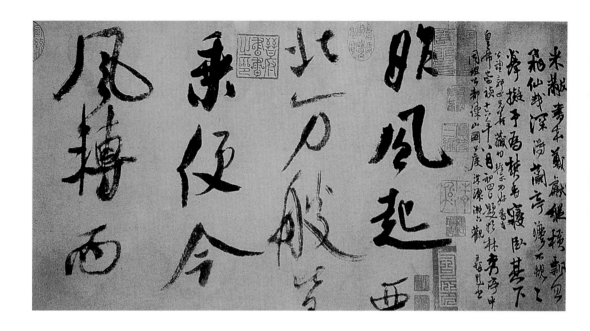

행서(行書) 〈오강주중시(吳江舟中詩)〉
(宋) 미불

세차게 솟구치는 듯한 기세를 띠고 있다. 금나라 사람 조병문(趙秉文)은 이를 이렇게 묘사하고 있다. "기울어진 필세는 고송(枯松)이 산골짜기로 누운 듯하고, 끊어진 모습은 날랜 검으로 교룡이나 악어를 자른 것 같으며, 분연히 떨쳐 일어나는 모습은 용이나 뱀이 몸을 솟구치는 것 같고, 굳세고 강한 모습은 독수리나 매가 허공을 선회하는 것 같다.[偃然如枯松之臥澗壑, 截然如快劍之斫蛟鼉, 奮然如龍蛇之起陸, 矯然如彫鶚之盤空.]"

미불의 아들인 미우인(米友仁)의 서법은 가학(家學)을 계승하였으며, 주로 남송 때 활동하였다. 그의 서법은 아버지인 미불이 지나치게 비범한 방향으로 치달았던 것으로부터 벗어나, 그 풍격이 비교적 수려하고 윤택하며 함축적이다.

북송 중기와 후기의 서법가들로는, 미불과 명성을 나란히 했던 설소팽(薛紹彭), 이채(二蔡)로 불렸던 채경(蔡京)과 채변(蔡卞), 송나라 휘종 조길(趙佶), 그리고 서법가로서 명성을 날리지는 못했지만 특별한 풍격을 갖추고 있었던 문언박(文彦博)·왕안석(王安石)·사마광(司馬光)

등이 있었다.

　설소팽은 자가 도조(道祖)이고, 벼슬은 비각수찬(秘閣修撰)과 지재동조운(知梓潼漕運)을 지냈으며, 미불과는 좋은 친구였다. 그는 행초서(行草書)를 잘 썼는데, '이왕'의 서법을 계승하였고, 결자(結字)는 안으로 거두어들였으며, 장봉(藏鋒)에 뛰어났고 측봉(側鋒)을 쓰지 않았으며, 서법의 풍격은 미불에 비해 전통을 따르고 있다. 세상에 전해지는 작품들로는 〈잡토첩(雜討帖)〉·〈사리위도첩(乍履危塗帖)〉·〈청화첩(晴和帖)〉·〈득고첩(得告帖)〉·〈득미로서첩(得米老書帖)〉 등이 있다.

　채경(1047~1126년)은 자가 원장(元長)이며, 흥화(興化) 선유(仙遊 : 오늘날의 복건에 속함) 사람으로, 벼슬은 상서우승우복야(尙書右丞右僕射)에 이르렀다. 비록 간신이었지만, 서법은 당시에 명성을 날렸다. 그의 서법은 채양(蔡襄)으로부터 당나라를 거쳐 '이왕'까지 거슬러 올라갔는데, 엄정하면서도 얽매이지 않았으며, 분방하면서도 법도를 벗어나지 않았다. 특히 큰 글씨를 잘 썼는데, 큰 글씨로 쓴 작품으로 〈대관성작비액(大觀聖作碑額)〉이 있으며, 작품의 풍격은 호방하고 씩씩하다. 해서 작품으로는 〈십팔학사도발(十八學士圖跋)〉이 있는데, 풍격이 빼어나고 굳세면서도 자태가 아름다워, 어느 정도 송나라 휘종의 '수금서(瘦金書)' 서법의 영향을 받은 것 같다. 동생 채변(1058~1117년)은 자가 원도(元度)이고, 벼슬은 관문전학사(觀文殿學士)와 검교소보(檢校少保)를 지냈으며, 서법은 원만하고 굳건하며 힘차고 아름다웠다. 작품으로는 〈웅공신도비(熊公神道碑)〉가 있는데, 풍격이 왕희지의 〈성교서(聖敎序)〉에 가깝다.

　송나라 태조 조광윤(趙匡胤) 이래로 송대에는 서법에 능한 황제들이 많았지만, 스스로 일격(一格)을 성취한 자로는 나라를 망친 우매한 군주로 비판받는 송나라 휘종 조길(趙佶)이 있다. 그는 그림을 잘 그렸을 뿐만 아니라 해서와 행초서를 잘 썼는데, 해서는 당나라 설요(薛

결자(結字) : 글자의 점획(點劃)의 배치와 형식의 구도를 말하는 것으로, '결체(結體)' 혹은 '간가(間架)'라고도 한다. 한자 필획의 길고 짧음·굵고 가늚·올려다봄과 내려다봄[俯仰]·늘어남과 줄어듦 등, 그리고 편방(偏旁)의 넓고 좁음·높고 낮음·기울고 바름 등 글꼴을 가리키는데, 결자는 다양한 형태로 구성된다.

장봉(藏鋒) : 점이나 획을 낙필(落筆)할 때 역입(逆入)하여 붓의 끝이 보이지 않고 감추어지도록 하는 서예 기법으로, 주로 해서(楷書)에 많이 사용된다.

측봉(側鋒) : 낙필할 때 붓끝이 약간 옆으로 기울어지게 하여, 낙필하는 곳에 약간 기울어진 자세가 드러나게 하는 것을 말한다.

수금서(瘦金書) : 송나라 휘종 조길(趙佶)이 창조한 글자체로, '수금체(瘦金體)' 혹은 '수근체(瘦筋體)'라고도 하며, 또는 '수금체 학체(鶴體)'라고 고상하게 부르기도 했는데, 해서의 일종이다.

曜)의 서법을 터득한 뒤, 적절히 변화시켜, '수금서'체를 창안하였다. 이 서체의 결자(結字)는 단아하고 수려하면서 산뜻하고, 용필은 굳세고 힘이 있으며 탄성이 풍부한데, 붓을 대어 글씨를 쓰기 시작할 때[入筆] 무겁게 힘을 주어 누르면서 멈추어[重頓] 점을 이루었고, 붓을 거둘 때[收筆]에도 역시 붓에 힘을 주어 누르면서 잠시 멈추어 점을 이룬 다음 갈고리 필획을 돌렸다. 또 왼쪽에서 오른쪽 위로 올려친 필획[挑趯]은 날카롭고 예리하여, 마치 철판이나 은판에 새긴 것처럼 웅건하면서도 힘이 넘치고, 웅건하고 힘이 넘치며, 왼쪽으로 삐친 획[撇]과 오른쪽으로 삐친 획[捺]은 마치 난초 잎이 바람에 하늘하늘 나부끼는 것 같다. 풍격은 굳세고 힘이 넘치며 아름답다. 작품들로는 〈대관성작지비(大觀聖作之碑)〉·〈농방시첩(穠芳詩帖)〉·〈윤중추시첩(閏仲秋詩帖)〉·〈하일시첩(夏日詩帖)〉 등이 있는데, 시문(詩文)을 써넣은 그림[題畫]도 많이 보인다. 그의 행서는 당대의 설직(薛稷)을 본받고 있어 필세가 굳세고 빼어난데, 〈채행칙(蔡行敕)〉·〈방구칙(方丘敕)〉 같은 작품들이 있다. 초서의 경우는 장욱(張旭)과 회소(懷素)에 근본하고 있으면서도 방원(方圓─모가 남과 원만함)과 꺾고 돌림[轉折]의 변화가 훨씬 뚜렷하며, 용필 또한 더욱 유창하고 날카로운데, 작품들로는 〈천자문(千字文)〉·〈칠언시첩(七言詩帖)〉 등이 있다.

송나라 휘종(徽宗) 조길(趙佶)이 해서로 쓴 시

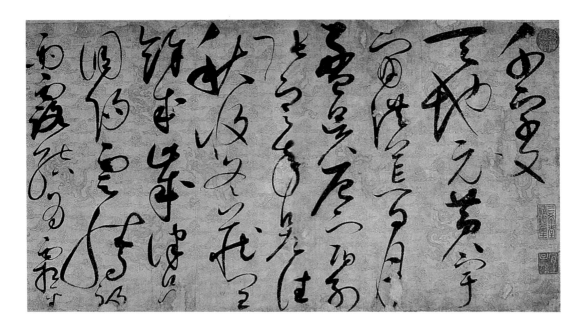

초서(草書) 〈천자문(千字文)〉
(宋) 조길

남송이 존립했던 150여 년 동안 서법은 대체로 북송의 연속이었는데, 비록 서법가들은 많았지만 성취는 오히려 북송을 넘어서지 못했다. 심지어 상의(尙意)를 중시하는 서법의 추구가 약화되면서 기술화(技術化)와 전문화(專門化)로 변질되었으며, 심한 경우는 사치스럽고 섬약하며 메마른 방향으로 흐르기도 하였다. 그 변화의 자취를 살펴보면 대체로 세 가시 추세가 있었다. 첫 번째는 가장 주요한 추세로, '상의'의 서법 풍격을 추구한 북송 시기 여러 서법가들의 풍모를 계승한 것이었다. 이 일파의 서법가들은 한 서법가를 전공하는 것을 위주로 하였기에, 작품을 나란히 놓고 보면 거의 진본을 구별할 수 없는 경지에 이르기도 했는데, 미불을 배운 유명한 서법가들로는 미우인(米友仁) 외에도 오거(吳琚)와 왕승(王升)이 있었다.

오거는 자가 거보(居父)이고 호는 운학(雲壑)이며, 대대로 변량(汴梁 : 오늘날의 하남 개봉)에 살았으며, 송나라 고종(高宗) 오(吳) 황후의 조카로, 벼슬은 소사(少師)와 진안절도사(鎭安節度使)에 이르렀다. 그는 일생 동안 미불의 서법을 학습하며 한결같이 나아갔다. 동기창은 그가 "미불 이외에는 조금도 한눈을 팔지 않았다[米南宮而外, 一步不窺]"라고 말하고 있지만, 결체는 더욱 굳세고 험준하며, 용필은 약간 풍만하고 두터운데, 제멋대로 함부로 나아가지 않으면서 준수하고 빼어난 모습을 보여주고 있다. 세상에 전해지는 작품들로는 〈화교반수양시축(畫橋畔垂楊詩軸)〉·〈초산제명첩(焦山題名帖)〉·〈수부첩(壽父帖)〉·〈연파정시(煙波亭詩)〉 등이 있다.

또 여러 서법가들을 두루 배운 뒤 스스로 변화시켜 운용한 자들도 있는데, 예컨대 오설(吳說)은 "황정견의 경지까지 깊이 들어왔다[深入黃太史之室]"고 보았지만, 위로 회소(懷素)에까지 거슬러 올라가, 마치 딱딱한 필치[硬筆] 같은데 오히려 계속 끊이지 않고 이어지는 '유사서(遊絲書)'를 창조하였다. 이러한 서법이 비록 사람들의 이목을 일신하였지만, 성정(性情)을 펼쳐내는 표현력이 전혀 없고, 이미 기교로 흐르는 새로운 모습을 보였다. 오히려 몇몇 문인 학자나 선비의 풍모를 지닌 무장(武將)들은 근본적으로 '상의'의 서법 풍격을 계승하면서 눈에 띄는 성취를 이룩했는데, 그 중 육유가 비교적 두드러졌다.

육유(陸游 : 1125~1210년)는 자가 무관(務觀)이고, 호는 방옹(放翁)이며, 산음(山陰 : 오늘날의 절강 소흥) 사람으로, 벼슬은 보장각시제(寶章閣侍制)에 이르렀다. 그의 서법은 비록 문학의 명성에 의해 가려져 있지만, 품격이 높고 운치가 고아하여 범속함과는 거리가 멀었다. 육유는 스스로 "초서는 장욱을 배웠고, 행서는 양응식을 배웠다[草書學張顚, 行書學楊風]"라고 말했는데, 실제로는 소식과 황정견의 영향을 많이 받았다. 그의 행초서(行草書)는 필봉이 굳세고 빼어나며 정감과 운치가 풍성하게 넘쳐나는데, 평론가들은 "필치가 정묘하며, 의경이 고아하고 심원하다[筆扎精妙, 意致高遠]"라고 여기고 있다. 세상에 전해지는 작품들로는 중년에 행초서로 쓴 〈고한첩(苦寒帖)〉·〈추덕첩(秋德帖)〉·〈회성도십운시첩(懷成都十韻試帖)〉이 있으며, 행서로는 만년에 쓴

杞宋文獻不足而礼乐所係先聖惻
之今觀唐李民譔唯命誌宛然具存
迺知來裔善守其家者如此攬卷
為之三欸時淳熙歲丙午中秋後四
日書于淮東捴餉官舍延陵吳琚
九月某日

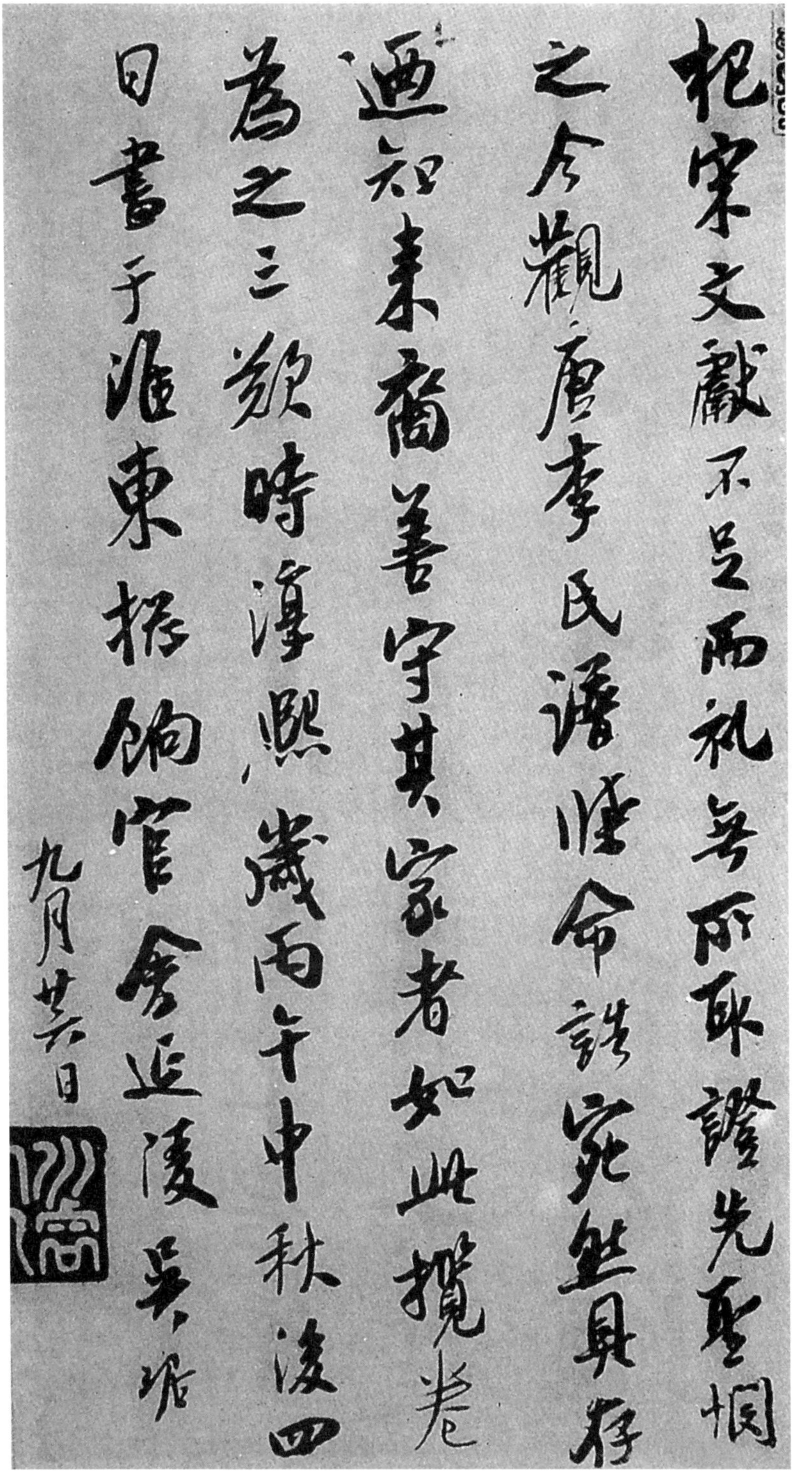

〈자서시(自書詩)〉 등이 있다. 그 가운데 〈회성도십운시첩〉은 50세 무렵에 쓴 작품인데, 소식과 황정견의 서법을 넘나들고 있으면서도 더욱 수려하고 힘차며, 공교함과 신중함을 추구하지 않아 오히려 표정과 자태에 자유로움이 넘치는 것이, 그의 서법 가운데 걸작이다.

그 밖에 범성대(范成大) 같은 인물은 황정견과 미불을 넘나들면서도 굳세고 힘차면서 시원스럽고, 문천상(文天祥)은 맑고 시운스러우며 굳세고 빼어나면서도 산뜻하고 시원하게 속기를 벗어나 있으며, 악비(岳飛)는 소식(蘇軾)의 서법을 취하여 충성과 절의가 넘치는데, 모두 일정한 성취를 이루었다.

두 번째 추세는 법첩들을 모아놓은 총첩(叢帖)을 임모하고 학습하면서 '이왕'을 본보기로 배우고 진(晉)나라의 서법을 취한 것이다. 이일파는 황실의 제창과 남송 때까지 지속된 총첩 발행의 풍조에 힘입어 널리 성행하였다. 남송에 들어선 이후 송나라 고종(高宗) 조구(趙構)는 북송 때의 '상의(尚意)'를 중시했던 여러 서법가들을 점점 숭모하면서 '이왕'에 귀의하였는데, 공적·사적 총첩의 판각과 간행이 더욱 유행하면서, 처음으로 『소흥국자첩(紹興國子帖)』이 등장하였고, 뒤이어 『순희수내사첩(淳熙修內司帖)』·『담첩(潭帖)』·『역첩(繹帖)』 등이 출현하였으며, 또 가사도(賈似道)가 번각(翻刻)한 각첩(閣帖)도 나타났으며, 이리하여 '이왕'을 정통으로 받드는 자들이 일파를 형성하였다. 이 일파는 황실이 중심을 이루었는데, 송나라의 고종 조구·효종(孝宗) 조신(趙愼)·광종(光宗) 조돈(趙惇)·영종(寧宗) 조확(趙擴)·이종(理宗) 조윤(趙昀)은 모두 '이왕'의 울타리 안에서 머물면서 황실의 "가정의 법도[家庭法度]"를 형성하였으며, 조야의 선비와 서민에게까지 파급되었다. 강기(姜夔)와 같은 서법가들이 바로 이 일파에 속한다. 그 가운데 송나라 고종 조구가 가장 대표적이며, 성리학자인 주희(朱熹)와 종실인 조맹견(趙孟堅)은 '이왕'을 넘나들면서 스스로 일가를 이루

번각(翻刻) : 간본(刊本)이나 사본(寫本)을 저본(底本)으로 삼아 활자를 새겨 간행하는 것을 가리킨다.

었다.

조구(趙構 : 1107~1187년)는 자가 덕기(德基)이며, 송나라 휘종 조길(趙佶)의 아홉째 아들로, 정치적으로는 중원을 잃고 남방의 임안(臨安)으로 쫓겨가 안주하는 데 만족하는 것으로 타협했는데, 서법에서는 힘이 있고 매우 독실하였다. 그는 해서·행서·초서를 잘 썼는데, 처음에는 황정견을 배우다가 나중에 미불을 배웠고, 다시 손과정(孫過庭)으로 거슬러 올라갔으며, 마지막에는 '이왕'으로 귀결되었다. 그는 일찍이 이렇게 말한 적이 있다.

"나는 진(晉)나라 이래 육조(六朝)의 필법에 이르기까지 임모하지 않은 것이 없었다. ……여러 서체가 붓끝에 갖추어졌으며, 간결함을 염두에 두면서 취하거나 버렸는데, 왕희지의 〈계첩(禊帖)〉과 같은 경우는 헤아릴수록 더욱 깊고 견줄수록 더욱 엄격하며, 자태가 종횡으로 펼쳐져 그 근원에 이를 수가 없다. 점과 획을 따지며 살펴보면 마음에 담아 외울 만한 것이 되니, 조금도 버릴 생각이 없다.[余自晉以來至六朝筆法, 無不臨摹……衆體備于筆下, 意簡猶存取捨, 至若禊帖, 測之益深, 擬之益嚴, 姿態橫生, 莫造其原, 評觀點畫, 以至成誦, 不少去懷也.]"

그가 불러일으킨 진(晉)나라의 고전적인 서법 풍격으로의 복귀는 황실의 '가정의 법도'를 이루었을 뿐만 아니라, 원나라의 서법 풍격에도 영향을 미쳤다. 조구의 작품들 가운데 해서는 〈휘종문집서(徽宗文集序)〉가 있고, 행서는 〈사양여가칙(賜梁汝嘉敕)〉이 있으며, 초서는 〈낙신부(洛神賦)〉 등이 있다. 〈낙신부〉는 태상황(太上皇)으로 물러났던 만년에 쓴 것으로, 필법이 힘차고 윤택하여 지영(智永)과 매우 유사한 것이, 확실히 '이왕'과 같은 풍격을 이루었다.

주희(朱熹 : 1130~1200년)는 호가 회옹(晦翁)이며, 안휘(安徽) 무원(婺源 : 오늘날의 강서에 속함) 사람으로, 벼슬은 환장각시제(煥章閣侍制)와 시강(侍講)에 이르렀다. 그는 유명한 성리학자로, 역시 왕희지의 〈계

계첩(禊帖) : 〈난정서(蘭亭序)〉의 또 다른 이름들 중 하나이다.

첩(禊帖)에 심취하였고, 왕희지로부터 종요(鍾繇)까지 거슬러 올라갔는데, 행초(行草)를 잘 썼으며, 특히 큰 글자에 뛰어났다. 주희의 서법은 용필이 침착하고 전아하여, 일종의 기운이 넘치며 혼후하고 맑은 정신을 표현해 낼 수 있었으므로, 평론가들은 "외로운 소나무와 오래된 매화와 같다[如孤松老梅]"라고 하였는데, 마치 고졸하고 분방한 듯하면서도 능통한 조예가 보이는 듯하다. 세상에 전해지는 작품들로는 〈주역문사본의고(周易文辭本義稿)〉·〈상시재이찰자(上時宰二札子)〉·〈추심첩(秋深帖)〉 등이 있다.

조맹견(趙孟堅)은 송나라 종실(宗室)의 서화가이다. 그의 서법은 송나라 고종 조구를 배웠으며, 위로는 이옹(李邕)과 왕희지까지 거슬러 올라갔다. 결자(結字)가 비스듬히 기울어져 있으며, 기세가 씩씩하고 유창하면서 의취가 고상하여, 이 일파의 서법가들 중에서도 뛰어났다. 세상에 전해지는 작품들로는 〈혜장부약첩(惠臟腑藥帖)〉·〈자서시(自書詩) 등이 있다.

세 번째 추세는 북송의 여러 서법가들로부터 벗어나 스스로 문호(門戶)를 확립한 것인데, 주로 초당의 서법가들인 우세남(虞世南)·구양순(歐陽詢)과 저수량(褚遂良) 등의 서법을 본받았다. 대표적인 서법가들로는 문인 장효상(張孝祥)과 그의 동생 장효백(張孝伯), 장효백의 아들 장즉지 및 그 추종자들이 있었다.

장효상은 자가 안용(安用)이고, 호는 우호거사(于湖居士)이며, 역양(歷陽) 오강[烏江 : 오늘날의 안휘 화현(和縣)] 사람이다. 그가 행해서로 쓴 〈관서후기(觀書後記)〉는 구양순과 우세남의 맑고 굳센 풍격을 얻었는데, 장단점을 잘 따져서 받아들여, 침착하고 용맹스러우며 힘이 있다. 장효백은 〈오은첩(誤恩帖)〉을 세상에 남겼는데, 작은 글자가 정확하고 긴밀하다.

장즉지(張卽之 : 1186~1263년)는 자가 온보(溫父)이고, 호는 저료(樗寮)이며, 음서(蔭敍─과거를 보지 않고도 조상의 음덕으로 벼슬을 하는 것)로 승무랑(承務郞)을 제수받았고, 사농시승(司農寺丞)과 직비각(直秘閣)을 역임하였다. 그의 서법은 백부(伯父)인 장효상의 영향을 받았으며, 우세남과 구양순을 배우고 나서 안진경을 겸하기에 이르렀다. 아울러 미불의 서체를 참조하면서, 위로 종요(鍾繇)와 위부인(衛夫人)까지 거슬러 올라갔는데, 행서와 해서를 모두 잘 썼으며, 특히 해서에 뛰어났다. 그가 쓴 큰 글자는 굳세고 힘차면서도 고아하며, 작은 글자는 빼어나고 씩씩하며 자태가 다양하다. 결체는 네모난 가운데 둥근 맛이 있으며, 골격이 굳세고 힘차다. 용필은 못이나 쇠를 자른 것처럼 단호하며, 조화와 원숙함을 염두에 두었기 때문에 단정하고 씩씩하며 공손하고, 신중한 가운데 유려함이 섞여 있어, 북송 사대가를 넘어 새로운 법식을 개척할 수 있었다. 장녕(張寧)은 그의 글씨를 이렇게 평하였다. "장즉지가 큰 글자를 쓴 것은 마치 작은 해서 글자를 쓴 것 같지만, 필의(筆意)는 행서(行書)의 의취를 겸비하면서 돌리고 꺾임[轉折]을 없앤 자태로 썼는데, 마치 늙은이가 예의를 갖추는 듯한 모습이다.[卽之作大字, 如寫小楷, 而筆意兼行, 轉折作止之態, 如老生作禮.]"

동기창은 이렇게 말하였다. "운필과 결자(結字)가 앞 시대 사람들을 답습하지 않고, 하나하나 홀로 창안하였다[運筆結字, 不襲前人, 一一獨創]."

비록 장즉지의 서법이 새로운 것을 추구하는 데 진력함으로써

해서(楷書) 〈왕씨보본암기(汪氏報本庵記)〉
(宋) 장즉지(張卽之)

함축한 내용이 부족한 흠은 있지만, 결국 자신의 솜씨와 안목을 드러낼 수 있었고, 따라서 당시에 명성이 매우 높아 금나라의 서법가들이 특히 그의 서법을 보배처럼 여겼다. 세상에 전해지는 작품들로는 경전을 베껴 쓴[寫經] 작품들이 많아서 〈금강경(金剛經)〉·〈화엄경(華嚴經)〉·〈불교유경(佛敎遺經)〉·〈대방광불화엄경(大方廣佛華嚴經)〉 등이 남아 있다. 그 밖에 〈왕씨보본암기(汪氏報本庵記)〉·〈두보시권(杜甫詩卷)〉·〈고송시권(古松詩卷)〉 등이 있다. 〈고송시권〉은 큰 해서로 썼는데, 결자는 평온하며 안쪽으로 거두어들였고[內斂], 붓끝은 비교적 숱이 적어, 때때로 비백(飛白)을 드러내며, 굵기의 변화도 역시 매우 크다. 따라서 비록 용필이 지나치게 곧은 흠이 있지만, 선명한 개성을 뚜렷하고 쉽게 찾아볼 수 있다.

이 밖에 남송에는 전예(篆隷-전서와 예서의 중간 서체)에 뛰어났던 서법가들도 있었다. 예컨대 전서가 자연스러운 세(勢)를 취하면서도, 아울러 "일찍이 전서의 필법에 여러 예서의 풍격을 담아 냈던[嘗以篆法寓諸隷]" 위료옹(魏了翁), 전예와 큰 글자의 초서를 함께 잘 썼던 도사(道士) 백옥섬(白玉蟾), 진(秦)·한(漢) 시대의 전예 글씨로부터 "고인(古人)들의 의성을 오묘하게 깨달았던[妙解古人意]" 도사 장유(張有), 십팔체(十八體)에 진력했으며 특히 옥저전(玉箸篆)에 뛰어났던 승려 몽영(夢英) 등이 있었다.

십팔체(十八體) : 북송의 고승인 몽영이 잘 썼던 18가지의 전서체(篆書體)로, 후세에 전각(篆刻)에 매우 심대한 영향을 미쳤다. 십팔체는 다음과 같다. 즉 고문(古文), 대전(大篆), 주문(籒文), 회란(回鸞), 유엽(柳葉), 수운(垂雲), 조충(彫蟲), 소전(小篆), 전전(塡篆), 비백(飛白), 지영(芝英), 전도(剪刀), 해엽(薤葉), 용조(龍爪), 과문(蝌文), 영락(瓔絡), 현침(懸鍼), 수로(垂露) 등이다.

옥저전(玉箸篆) : 필획이 옥 젓가락 같이 가늘면서 둥글고, 골력이 특히 뛰어나며, 약간 굵은 전서체(篆書體)를 일컫는 용어이다.

|제7절|

요(遼)·금(金)의 서법과 원대(元代)의 고전 서풍

　요(遼)·서하(西夏)·금(金)과 같은 소수민족들에 의한 지역 정권의 통치하에 있던 지역들에서도 서법은 오대와 북송 혹은 남송과 어깨를 나란히 하며 발전했다. 요나라와 서하는 대체로 당대의 서법을 계승하였고, 금나라는 북송의 영향을 많이 받았다. 송나라를 멸망시키고 원나라의 전국 정권이 수립된 뒤, 송대의 '상의(尚意)'를 중시하던 서법의 풍격이 점차 진(晉)·당(唐)의 전통을 부흥시킨 고전적 서풍으로 대체되면서, 중국의 서법 역사에서 다시 중대한 변화와 발전을 완성하였다. 개괄적으로 그 내용을 살펴보면 다음과 같다.

　요대의 문화는 당나라와 오대를 계승하였는데, 서법도 예외는 아니었다. 비록 요나라 태조(太祖) 시절 거란 문자를 창조할 때 한자 해서의 편방(偏旁) 부수(部首)를 음부(音符-발음부호)로 조합하여 완성하였지만, 실용적 의의만 있었을 뿐 서법 예술을 형성하지는 못했기 때문에, 당시에는 한자 해서가 여전히 거란 문자와 함께 통용되었다. 당나라와의 거리가 멀지 않았기 때문에 한자 서법가들은 거의 모두 한족 학사(學士)들이었다. 그러므로 한자 서법은 당나라의 해서를 계승하여 구양순·우세남·안진경·유공권의 각 서체들이 유행하였는데, 아직 북송의 '상의'를 중시하는 서풍의 영향을 받지 않았으며, 또한 창신(創新)의 면모도 적었고, 서법가들도 역시 매우 한정되어 있었다. 기록에 의하면, 요나라의 도종(道宗)과 천조제(天祚帝)가 서법에 능했고, 하북(河北) 문안(文安) 사람인 유조(劉操)가 시를 잘 짓고 글씨도 잘 썼다고 한다. 그러나 지금까지 전해지는 작품들은 주로 비각(碑刻)인데, 〈경릉애책(慶陵哀册)〉의 해서는 유공권에 가깝고, 공력이 많이 갖추어져 있으며, 전액(篆額-비석에 쓴 전서 글씨)은 당나라의 이양빙(李陽冰)과 일맥상통한다. 〈동상동묘감죄진언(董庠董墓減罪眞言)〉의 해서는 구양순과 비슷하며, 〈발선제심계(發善提心戒)〉는 우세남에게서 나왔으나 두툼한 편이다. 이 밖에 많은 묘지(墓誌)들이 남아 있는데, 서법은 당나라의 해서 전통을 계승하고 있다. 오늘날 남아 있는 서하의 서법 작품들은 대부분 비각(碑刻)인데, 마찬가지로 서하 문자와 한자를 함께 사용하였다. 서하 문자에도 전서·해서·행서·초서의 각 서체들이 있었으며, 한자는 역시 당대의 전통을 따랐다.

금나라 정권은 중원으로 진입한 이후 점차 한족의 문화를 흡수하면서 법서(法書)와 회화 작품들을 수집하거나 약탈하기도 하였으며, 원래 한족의 영토에 살던 한족 서법가들은 금나라 정권을 위해 벼슬을 하거나 사신으로 왔다가 머물기도 하면서, 당나라와 북송 서법 풍격의 전파자가 되었다. 이러한 상황들이 금나라 지역에서의 북송 서법의 전승을 더욱 촉진시켰다. 이 때문에 금 왕조에서는 비교적 많은 서법가들이 출현하였으며, 그 성취 또한 요나라나 서하와는 비교할 수 없을 정도로 높았다. 전체적인 상황을 살펴보면 해서·행서·초서·전서 방면에 모두 뛰어난 서법가들이 있었으며, 서법의 풍격은 안진경 및 소식과 미불의 영향을 비교적 많이 받았다.

유명한 서법가들로는 임순·왕정균(王庭筠)·오격(吳激)·조병문(趙秉文)·조풍(趙渢)·당회영(黨懷英)과 금나라의 장종(章宗)인 완안경(完顔璟) 등이 있었다.

임순(任詢)은 금나라 전기(前期)의 유명한 서법가로, 자는 군모(君謨)이고, 호는 남록(南麓) 또는 용암(龍巖)이며, 역주[易州-오늘날의 하북

역현(易縣)] 사람이다. 벼슬길은 순탄치 못했으며, 60세에 은퇴하여 은
둔생활을 하였다. 그의 시문과 서화는 당시에 모두 유명했으며, 서법
에서는 해서와 행초(行草)를 잘 썼는데, 풍격은 안진경에게서 연원하
였다. 서법 작품으로는 〈곽희산수권발(郭熙山水卷跋)〉이 남아 있을 뿐
이며, 중봉(中鋒)으로 전환[轉折]하고, 돈좌(頓挫)는 힘이 넘치는 것이,
안진경으로부터 나왔음을 보여준다. 그 나머지는 비각인데, 중요한

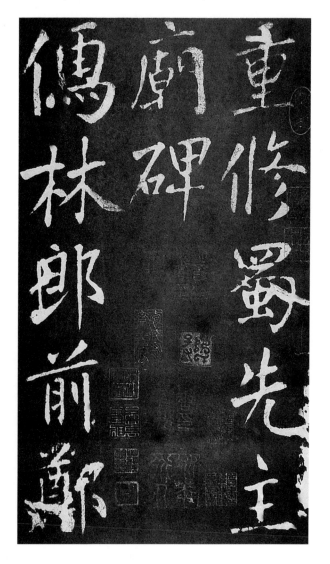

해서(楷書) 〈중수촉선주묘비(重修蜀先主
廟碑)〉
(金) 왕정균(王庭筠)

것들로는 해서로 쓴 〈완안루실비(完顔婁室碑)〉·〈완안희윤비(完顔希尹
碑)〉와 행서로 쓴 〈고백행(古柏行)〉 등이 있
으며, 대부분 안진경의 서법에 뿌리를 두고
있고, 공력이 원숙하다.

　왕정균(王庭筠)은 미불의 생질이고, 오
격(吳激)은 미불의 사위였으며, 서법은 모
두 미불 일파를 이어받았는데, 왕정균이
더 뛰어났다. 왕정균은 행서·초서를 잘 썼
는데, 해서는 자태가 약간 부족하다. 행서
는 미불을 거쳐 진(晉)나라의 서법가들로
거슬러 올라갔는데, 평론가들은 말하기를,
"기운은 미불과 비슷하고, 묘처(妙處)는 진
나라의 서법가들에 뒤지지 않으며[氣韻似
米南宮, 妙處不減晉人]", "고아하기는 장종신
(張從申)과 같고, 굳세고 아름답기는 유공
권과 견줄 만하여, 송나라 사대가들과는
또 다른 새로운 풍격을 수립하였다[高如張
從申, 勁媚和柳誠懸, 于宋四家外別樹一幟]"라
고 하였다. 세상에 전해지는 그가 쓴 비각
들로는 〈중수촉선주묘비(重修蜀先主廟碑)〉

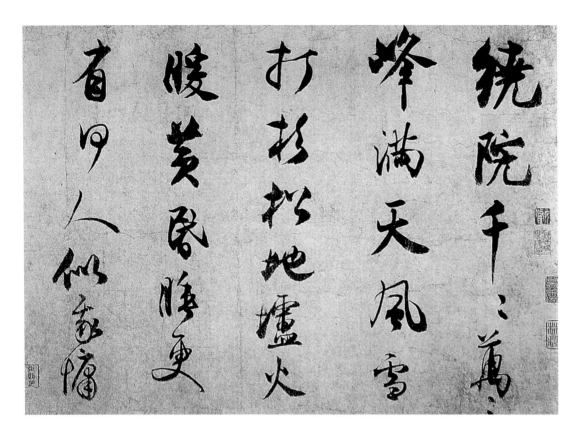

행서(行書) 〈이산풍설송삼도발(李山風雪松杉圖跋)〉

(金) 왕정균

와 〈박주삽학비기(博州卅學碑記)〉가 있는데, 모두 해서 속에 행서의 의취를 띠고 있으며, 북송 서법가들의 풍모를 곧바로 이어받고 있다. 서법 작품들로는 〈유죽고사도발(幽竹枯槎圖跋)〉과 〈이산풍설송삼도발(李山風雪松杉圖跋)〉이 있다. 두 작품은 모두 미불의 서법을 바탕으로 변화 발전된 것이지만, 고아한 운치와 빼어나고 분방한 부분은 이미 진(晉)나라 서법가들의 경지에 들어섰다.

조풍(趙渢)과 조병문(趙秉文)은 왕정균과 나란히 명성을 날렸는데, 평론가들은 조풍의 해서에 대해 "서체가 안진경과 소식을 겸했고[體兼顔·蘇]", "행초(行草)는 여러 서법가들의 서체를 갖추고 있다[行草備諸體]"라고 했으며, 특히 양응식 및 소식과 황정견의 서법에서 도움을 얻었다. 전해지는 비각으로는 〈대금고승진영국공충후시공신도비

행초(行草) 〈발조림소릉육준도(跋趙霖昭陵六駿圖)〉

(金) 조병문(趙秉文)

명(大金故崇進榮國公忠厚時公神道碑銘)〉이 있는데, 이로부터 안진경에게서 연원한 특징을 볼 수 있다. 조병문은 금나라의 다섯 왕을 섬기며 벼슬을 하였고, 저술도 많이 남겼다. 서법은 조풍과 나란히 이름을 날렸으며, 그의 해서는 안진경을 배웠고, 행초(行草)는 처음에 왕정균을 배우다가 소식과 이백(李白)을 학습하는 쪽으로 전환하였으며, 초서는 특히 굳세고 힘이 있다. 세상에 전해지는 작품들로는 행초로 쓴 〈발조림소릉육준도(跋趙霖昭陵六駿圖)〉가 있으며, 또 무원직(武元直)의 〈적벽도권(赤壁圖卷)〉과 함께 합쳐서 표구한 〈적벽회고사(赤壁懷古詞)〉가 있다. 조병문의 전서(篆書)는 이양빙(李陽冰)의 서법을 배웠는데, 〈대금고숭진영국공충후시공신도비명〉의 비문에서 그 일단을 엿볼 수 있다.

금나라의 황제 장종(章宗)인 완안경(完顔璟 : 1118~1208년)은 『계신잡지(癸辛雜識)』의 기록에 근거하면, 그의 어머니가 송나라 휘종의 공주들 가운데 한 명이며, 서법은 휘종 조길(趙佶)의 수금서(瘦金書)를 본받아 휘종의 진적과 거의 구별할 수 없을 정도였다고 한다. 금나라 장종의 내부(內府)에서 장황(裝潢-표구)한 법서와 명화(名畫)의 제첨(題簽)들은 모두 그가 직접 썼다고 한다. 이 밖에 이름이 알려진 금나라의 서법가들로는 우문허중(宇文虛中)·왕경(王競)·채송년(蔡松年)·채규

제첨(題簽): 서적이나 권책(卷冊)의 겉면에 붙이는 표시글로, 일종의 라벨이다.

(蔡圭)·곽천석(郭天錫) 등이 있었다.

원나라의 몽고 귀족들이 중원으로 들어와 천하에 군림한 이후에, 비록 황제의 스승이었던 파스파[八思巴]가 "여러 범문(梵文)을 모아 나라 글자를 창제[採諸梵文, 創爲國字]"하였지만, 이 병음문자(拼音文字)도 서법 예술을 형성하지는 못했다. 서법 예술은 여전히 한자 문화의 영역 안에서 발전하고 변화하였다. 송대에 흥기한 '상의(尙意)'를 중시하는 서법 풍격은 남송 후기에 이르면 이미 기법 중심으로 흐르기 시작하여, 과거를 그대로 답습하거나 무미건조해지면서 폐단이 날로 더해갔다. 법첩 모음집인 총첩(叢帖)을 임모하고 익히면서 진(晉)·당(唐)의 서법을 본보기로 삼는 것이 이미 하나의 새로운 추세가 되었다. 송나라에서 원나라로의 왕조 교체는 정치적으로 이민족의 지배를 받게 된 한족 문인 서법가들로 하여금 전통을 회복함으로써 민족 문화 정신을 지켜나가도록 했으며, 또 원나라 통치자들은 한족의 문화를 받아들임으로써 정통성을 확보하며 통치를 공고히 하는 것을 촉진시켰다. 이로 말미암아 남송 정권을 받들면서 진·당으로 귀의함으로써, 상의(尙意) 서풍(書風)의 폐단을 바로잡았던 고전파 서풍이 원대(元代) 서단(書壇)의 주류를 형성하였다.

이러한 주류의 서풍은 원대 전기에 이미 형성되었는데, 송나라의 종실로 원나라 조정에서 벼슬을 했던 조맹부는 고전 서풍의 중요한 주창자이자, 한 시대에 영향을 미친 대가였다. 원대 초기에는 한 차례 안진경의 서체가 유행하였다. 남송 말기의 무미건조하고 함축된 내용이 부족한 서법 풍격과 요나라와 금나라 이래로 씩씩하고 호방함으로 나아갔던 일파의 서법 풍격은 모두 일정한 영향을 미치기는 했지만 성취는 적었다. 조맹부는 서단에 등장하자마자 진·당의 서법을 본받고 숭상하면서, 복고(復古)를 더욱 새롭게 변화시킴으로써, 서법의 풍격에 변화를 일으켰다. 해서·행서·초서는, 법도에 구애

파스파[八思巴] : 1239~1280년. 장전 불교(藏傳佛敎) 라살가파(喇薩迦派)의 제5대 조사(祖師)이며, 토번(吐蕃) 살사(薩斯) 출신으로, 본명은 라사감장(羅思監藏(bLo-gros-rgyal-mtshan=hPhags-pa)이며, 파스파[八思巴]: '성자(聖者)'라는 뜻)는 존칭이다. 몽케칸[蒙哥汗-원나라 세조 쿠빌라이] 3년에 불계를 받았고, 몽케가 세조(世祖)에 즉위한 뒤에 국사(國師)로 존숭되었으며, 몽고의 새로운 문자를 만들었다.

받지 않고 뜻을 숭상하며 정감에 부합되고자 했던 송대의 개성화 추구를 일변시켜, 개성을 약화시키고 법도를 강구하며 정신을 평온하게 담아내는 풍모로 전환되었다. 전서·예서·장초(章草)도 부흥하였는데, 비록 사라진 것을 새로 불러일으키고 끊어진 것을 다시 이어 놓은 것은 아니지만, 역시 약간의 발전이 있었다. 이리하여 원나라 전기에는 각기 성취를 이룩한 일군의 고전파 서법가들이 출현하였으며, 특히 해서·행서·초서에 뛰어난 자들의 성취가 돋보였다. 대덕(大德)·연우(延祐) 연간(1279~1320년)에 "글씨를 잘 쓴 사람을 일컬을 때는 반드시 등문원(鄧文原)·선우추(鮮于樞)·조맹부(趙孟頫)로 귀착되는데[稱善書者, 必歸巴西·漁陽·吳興]", 이들 세 사람 가운데 앞의 두 사람의 영향이 가장 컸다.

조맹부는 원대의 가장 걸출한 고전파 서법가로, 서법 풍격을 혁신하였을 뿐만 아니라 각종 서체들에 두루 능했다. 해서와 행서가 가장 뛰어났지만, 전서·예서·초서·장초(章草) 중 어느 것 하나 능하지 않은 것이 없었다. 우집(虞集)은 지적하기를, 그가 "전서는 〈석고문(石鼓文)〉과 〈저초문(詛楚文)〉을 본받아 배웠으며, 예서는 양곡(梁鵠)과 종요(鍾繇)를 본받아 익혔다[篆書師法〈石鼓文〉·〈詛楚文〉, 隸書師法梁鵠·鍾繇]"라고 하였으며, 양재(楊載)는 그에 대해 말하기를, "초서는 왕희지의 〈십칠첩(十七帖)〉을 충분히 익히고 나서 그 형태를 변화시켰다[草書飽〈十七帖〉而變其形]"라고 했다. 성취가 뛰어났던 그의 행서와 해서에 대해 말하자면, 진·당의 서법을 두루 배우면서 '이왕(二王)'에 더욱 힘을 쏟았다. 그가 일생 동안 이룩한 서법의 변화를 종합적으로 살펴보면, 대략 45세 이전의 초년기와 46세부터 59세에 이르는 중년기, 60세 이후의 만년기로 나눌 수 있다.

조맹부의 초년기 서법은 처음에는 남송 황실의 영향을 많이 받아, 그 면모가 송나라 고종인 조구(趙構)와 비슷했는데, 세상에 전해지는 행서 작품인 〈추흥사수(秋興四首)〉로부터 그 일단을 엿볼 수 있다. 그러나 그것이 연원한 바를 논한다면, 주로 진·당의 서법에 뿌리를 두고 있다. 종요·왕희지 부자·지영(智永)·저수량(褚遂良)·서호(徐浩)는 모두 그가 본받아 배웠던 사람들인데, 본받아 배우는 것이 한 가지가 아니었기 때문에 면모 또한 상당히 다양하여, 아직 자신만의 독특한 풍모를 형성하지는 못했다. 33세에 초서로 쓴 〈천자문(千字文)〉은 대체로 지영을 본받았으면서, 필법에서는 진(晉)나라의 풍격이 엿보이며, 변화가 매우 많다. 36세 이전에 작은 글씨의 해서로 쓴 〈계첩원류(禊帖源流)〉는 또한 종요와 초자운(肖子雲)을 본받아, 형태가 고졸하다. 그러나 이 시기 중 약간 늦게 씌어진 〈발한황오우도(跋韓滉五牛圖)〉 등에서는 이미 자태가 아름답고 유연하면서도 강인한 개성이 점차 드러나고 있다.

조맹부의 중년기 작품은 오랜 기간에 걸쳐 임모하여 배우고 스스로의 운용 과정을 거쳐 융합하고 관철시켜 나아감으로써, 당나라 서법의 엄격하고 신중함뿐 아니라 '이왕' 서법의 자태와 운치도 적지 않게 갖춘 자신만의 서체인 '조체(趙體)'를 형성하였는데, 정교하고 단정하며 생기가 넘치고, 원만하고 윤택하며 수려하고 고아하여, 예술적으로 성숙되기에 이르렀다. 47세에 성일민(盛逸民)을 위해서 행해(行楷)로 쓴 〈낙신부(洛神賦)〉는 단정하면서도 고아한 풍격인데, 결체(結體)는 모가 나지도 않고 둥글지도 않으며, 용필은 경쾌함과 중후함이 적합하게 어우러져 있고, 주옥처럼 원만하고 윤택한 가운데 견사사전(牽絲使轉)의 빼어남도 있다. 이것보다 2~3년 뒤에 씌어진 〈현묘관중수삼문기(玄妙觀重修三門記)〉는 큰 글자의 해서로 썼기 때문에 결자(結字)가 엄격하고 단정하며 너그럽고 넉넉하다. 또 용필은 원만하고 명랑하며 침착한데다, 당나라의 서법으로 위(魏)·진(晉)의 풍격과 운치를 운용한 특징을 갖추고 있다. 명대의 이일화(李日華)는 이를 일컬

견사사전(牽絲使轉) : 견사(牽絲)란 서예에서 획과 획, 점과 점, 글자와 글자 사이에 연결되는 가늘고 미세한 붓의 흔적을 가리키며, 인견(引牽) 혹은 인대(引帶)라고도 한다. 따라서 견사사전이란, 견사를 통해 전환하는 부분을 가리킨다.

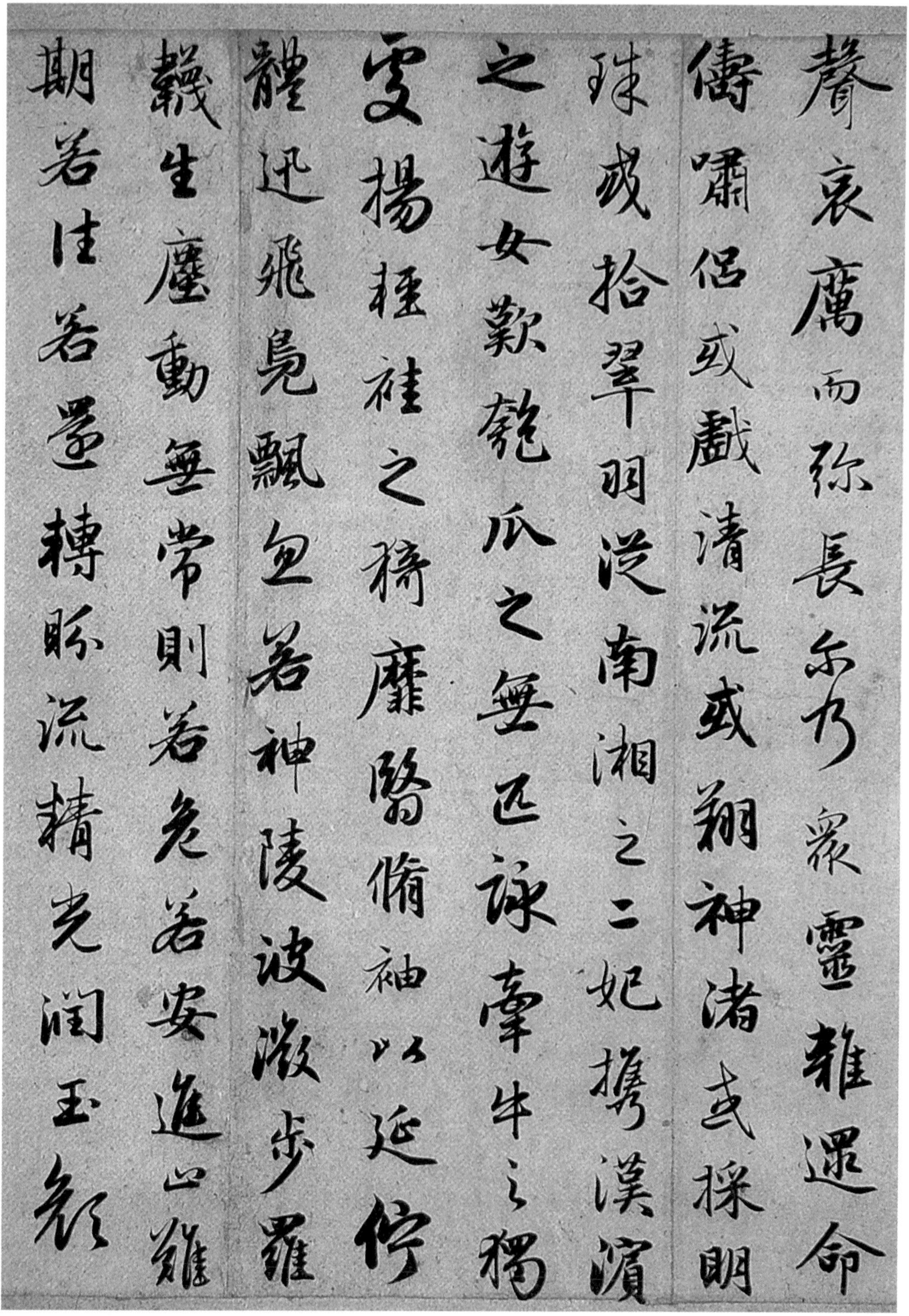

馨哀厲而弥長乐乃眾靈雜還命

傳嘯侶或戲清流或翔神渚或採明

珠或拾翠羽淩南湘之二妃攜漢濱

之遊女歎匏瓜之無匹詠牽牛之獨

雯揚輕袿之猗靡兮翳脩袖以延佇

體迅飛鳧飄忽若神陵波微步羅

韈生塵動無常則若危若安進止難

期若往若還轉盼流精光潤玉顏

(왼쪽) 행해(行楷) 〈낙신부(洛神賦)〉

(元) 조맹부(趙孟頫)

어, "이 비석은 이옹(李邕-346쪽 참조)의 명랑함을 지니고 있으나 그 경박함은 없으며, 서호(徐浩-346쪽 참조)의 중후함을 갖추고 있으면서도 둔중함이 없고, 안진경의 면모를 운용하지는 않았지만 그 정신은 담아냈다[此碑有泰和之朗而無其佻, 有季海之重而無其鈍, 不用平原面目而含其精神]"라고 하였는데, 비록 칭찬이 지나친 감이 없지는 않지만, 결국 어느 정도 일리가 있다. 만일 〈현묘관중수삼문기〉가 비석 글씨의 맛이 비교적 농후하다고 한다면, 50세에 중간 크기의 해서로 쓴 〈장총관묘지명(張總管墓誌銘)〉의 경우는 서첩의 글씨로 비문을 쓴 것으로, 결체(結體)와 용필 방면에서 변화를 더욱 풍부하게 하면서도 통일감을 잃지 않았다. 이것보다 3년 뒤에 쓴 〈난정십삼발(蘭亭十三跋)〉은 각

해서(楷書) 〈담파비(膽巴碑)〉

(元) 조맹부

비(刻碑)의 제한을 받지 않았기에 서첩 뒷부분의 미지(尾紙-두루마리의 맨 끝 부분) 위에 마음 내키는 대로 썼는데, 이 때문에 더욱 수려하고 힘차며 맑고 산뜻하면서도 정교함과 단정함을 잃지 않았으며, 변화가 더욱 많아지고, 고아한 정취가 흘러넘치며, 생각이 미치는 대로 글씨를 써내려갔음을 느낄 수 있다.

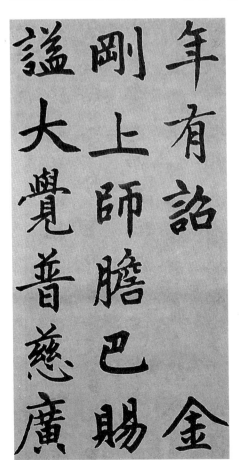

60세 이후 조맹부의 서법은 최고로 숙련된 경지에 이르렀는데, 엄정하고 신중함은 여전하면서도 엄정함 속에 분방함을 드러냈고, 수려한 가운데 씩씩함을 보여주고 있어, 사람됨과 글씨가 모두 원숙해졌다고 할 수 있다. 그가 63세에 중간 크기의 해서로 쓴 〈담파비(膽巴碑)〉, 소해(小楷)로 쓴 〈도덕경(道德經)〉과 행서로 쓴 〈주덕송(酒德頌)〉이 가장 대표적인 작품들이다. 〈담파비〉는 해서 속에 행서의 의취를 띠고 있는데, 결체(結體)는 유공권(柳公權)이나 이옹과 비슷하고, 필법은 '이왕'과 일체를 이루어, 정연하면서도 웅장하고, 민첩하고 빼어나면서도 자연스

러우며, 용필은 더욱 강건하면서도 아름답다. 〈도덕경〉은 해서의 원칙을 모두 갖추고 그 글자의 체세를 다 구성해 내어, 주도면밀하고 온건한 가운데 맵시 있고 아름다운 모습을 드러낸다. 〈주덕송〉은 '이왕'에 연원하면서도 입신의 경지에 들어섰으며, 용필은 더욱 분방한 가운데 많은 변화를 추구하여 완전히 왕희지의 서법으로부터 환골탈태하였다. 그리하여 문팽(文彭)은 발문(跋文)에서 이렇게 말하고 있다. "손 가는 대로 집어 들어도, 어느 것이나 모두 부처의 경지이다. 반드시 난정[蘭亭—왕희지의 서체]을 말해야 한다면, 아마 이 것으로써 조맹부를 논할 필요가 없을 것이다.[信手拈來, 頭頭是佛, 若必

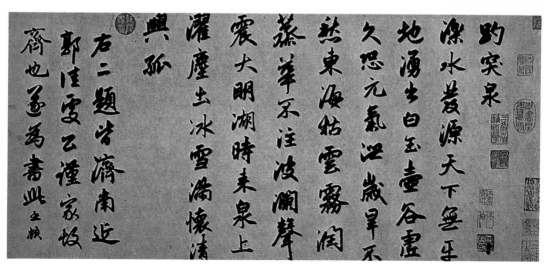

행서(行書) 〈표돌천권비(趵突泉卷碑)〉

(元) 조맹부

曰蘭亭, 恐不必以此論松雪.]"

조맹부가 남긴 중요한 작품들로는 소해로 쓴 〈대동옥경(大洞玉經)〉, 행서로 쓴 〈전후적벽부(前後赤壁賦)〉와 〈오흥부(吳興賦)〉, 큰 글자의 행서로 쓴 〈연강첩장시(煙江疊嶂詩)〉, 큰 글자의 해서로 쓴 〈구악묘지(仇鍔墓誌)〉와 〈복신관기(福神觀記)〉 등이 있다. 그의 아내인 관도승(管道昇)과 아들인 조옹(趙雍)·조혁(趙奕)도 모두 조맹부의 서법 풍격을 이어받아 당시에 이름을 날렸다.

선우추(鮮于樞 : 1257~1302년)는 자가 백기(伯機)이고, 호는 곤학산민(困學山民) 등이며, 어양(漁陽 : 오늘날의 북경) 사람이다. 일찍이 호남(湖南)·양주(揚州)·항주(杭州)에서 하급 관리를 지냈으며, 항주에서 가장 오래 살았는데, 46세로 세상을 떠났을 때의 벼슬은 태상시전부(太常寺典簿)였다. 그의 서법은 가까운 시대의 서법가들과 고대의 비각(碑刻)에 연원을 두고 있으며, 또한 생활로부터 깨달은 바도 있었다. 원나라 사람의 기록에 의하면, 선우추는 어린 시절부터 글씨를 배웠는데, 두 사람이 수렁 속에서 수레를 끌고 가는 것을 보고 마침내 필법을 깨우쳤다고 한다. 또 그는 여진(女眞) 사람인 오돈주경(奧敦周卿)에게 글씨를 배우기 시작했고, 다음으로 요설재(姚雪齋)를 배웠으며, 그 이후에 이옹의 〈녹산사비(麓山寺碑)〉에서 서법을 터득했고, 강절(江浙)에 이른 이후에는 조맹부와 교유하면서 서법이 크게 발전하여, 조맹부와 명성을 나란히 하며 고전 서풍을 이끈 대가가 되었다고 한다. 이에 대해 명대의 육심(陸深)은 이렇게 지적했다. "서법이 남송 말기에 쇠퇴하였다가 원대에 들어와 흥기하였는데, 공적이 있는 사람으로 조맹부와 선우추를 으뜸으로 꼽을 수 있다.[書法敝于宋季, 元興, 作者有功, 而以趙吳興·鮮于漁陽爲巨擘.]" 비록 이들 두 사람 모두 양송(兩宋)의 서법을 바로잡으려고 힘쓰면서 곧바로 진(晉)·당(唐)의 서법을 계승하였지만, 서법의 풍격은 결코 같지 않았다. 조맹부는

(왼쪽) 해서(楷書) 〈한거부(閒居賦)〉
(元) 조맹부

강절(江浙) : 강소(江蘇)와 절강(浙江) 지역을 함께 일컫는 말이다. 강소 문화와 절강 문화는 모두 오월(吳越) 문화에서 변화 발전해왔으며, 현재도 실제로 문화·성격·언어 등등이 모두 비교적 유사하기 때문에, 사람들은 강소와 절강을 합쳐서 '강절'이라고 부른다.

단정하고 빼어나며 윤택하고, 선우추는 팔목을 돌려 운용하는 데 뛰어나 풍격이 씩씩하고 위풍당당한데, 글씨를 쓸 때에 거리끼는 바가 없어서 점과 획에 의태(意態)가 넘쳐났다. 그러나 조맹부와 비교하면 골력(骨力)은 뛰어나지만 맵시 있는 자태는 부족한 것 같다.

선우추는 해서·행서와 초서에 매우 뛰어났다. 해서 작품은 세상에 전해지는 것이 매우 적은데, 중간 크기의 해서로 쓴 〈노자도덕경(老子道德經)〉(卷)에는 기년(紀年)이 없으며, 대략 40세 전후에 쓴 것으로, 글자의 형태가 가늘고 길며, 결체는 엄격하고 신중하다. 필법은 단아하고 수려하여 우세남(虞世南)으로부터 온 것 같지만, 견사사전(牽絲使轉-375쪽 참조)한 곳에는 조맹부의 영향이 없지 않다. 당나라 서법가의 단정하고 엄격함 속에서 유려함이 섞여 있는 시대 풍격을 드러내고 있어, 선우추의 작품들 가운데 가장 정교하고 단정하며 수려한 것이다. 큰 글자의 해서로 쓴 〈어사잠(御使箴)〉은 45세에 쓴 것으로, 조맹부가 발문에서 "필법마다 모두 옛 법식을 갖추고 있다.[筆筆皆有古法]"라고 말하고 있으나, 실제로는 이미 스스로 하나의 풍격을 이루고 있다. 결체가 비교적 또렷하고 산뜻하며, 운필이 굳세고 힘차며 자연스럽고, 기세가 넘친다. 선우추의 행초(行草) 글씨는 상대적으로 세상에 전해지는 것이 비교적 많지만, 성취는 그다지 높지 않다. 40세 이전의 작품으로는 행초로 쓴 〈왕형공잡사시(王荊公雜事詩)〉가 알려져 있을 뿐인데, 바로 36세 때 쓴 것이다. 행서와 초서가 서로 섞여 있으며, 생각대로 분방하게 써내려가 기운이 호방한데, 이로부터 그의 서풍이 이미 성숙한 단계로 나아갔음을 볼 수 있다. 기타 행초 작품들은 모두 40세부터 45세 사이에 씌어진 것들로, 이미 훌륭하게 스스로 일가를 이루고 있다. 40세에 쓴 〈당시첩(唐詩帖)〉도 행서에 초서의 필의가 섞여 있어, 풍성한 정신이 흘러넘치면서도 크고 작음·이어짐과 끊김·경쾌함과 중후함·빠름과 느림의 변화가 극진하며, 필묵은 원만하고 윤택하며, 기세는 웅장하고 거침이 없다. 큰 글자로 쓴 행초 작품인 〈두보모옥위추풍소파가(杜甫茅屋爲秋風所破歌)〉(45세 때의 작품)와 〈두공부행차소릉시(杜工部行次昭陵詩)〉는 결체가 시원스럽고 산뜻하며, 용필은 근골(筋骨)이 풍만하고 **빼어나며**, 웅장하고 거침이 없으며 준수하고 힘차다. 또 이미 필봉의 능각(稜角)이 원만하고 윤택하며, 붓의 돌림과 꺾음과 멈춤 및 들어 올림과 누름의 아름다움이 보이며, 또한 기세가 드높음을 느낄 수 있다.

그가 행초로 쓴 중요한 작품들로는 〈옥국옹해당시(玉局翁海棠詩)〉·〈자서시찬(自書詩贊)〉·〈한문공진학해(韓文公進學解)〉와 〈한유석고가(韓愈石鼓歌)〉 등이 있다. 일반적으로 말해서 선우추는 의기가 호방하기 때문에, 큰 글자가 작은 글자보다 뛰어나며, 행초가 해서보다 나은데, 이에 대해 조맹부는 이렇게 말한다. "내가 선우추와 초서를 함께 배웠는데, 선우추가 나보다 훨씬 뛰어나, 힘을 다해 따라갔지만 미칠 수가 없었다.[余與伯機同學草書, 伯機過余遠甚, 極力追之, 而不能及.]" 자태와 체세가 웅장함으로 충만하고 흥취가 드높음을 논한다면, 조맹부가 선우추에 미치지 못한다. 그러나 자태의 맵시와 운치를 논한다면, 선우주가 조맹부에 미치지 못한다.

등문원(鄧文原 : 1258~1328년)은 자가 선지(善之)이며, 면주[綿州 : 오늘날의 사천 면양(綿陽)] 사람으로, 항주에서 오래 살았다. 후세 사람들은 그를 등파서(鄧巴西)라고 부른다. 그는 원나라 초기에 항주로(杭州路) 유학생(儒學生)에 임용되었으며, 벼슬은 집현직학사겸국자좨주(集賢直學士兼國子祭酒)·경연강관(經筵講官)에 이르렀다. 등문원은 박학하면서 서법에 뛰어났는데, 해서·행서와 초서를 잘 썼다. 젊은 시절에 이왕(二王)을 본받아 배웠고, 그 다음에 이옹(李邕)을 학습하였으며, 조맹부·선우추 등과 교유하면서, 원대 전기에 이들과 명성을 나란히 하는 서법가가 되었다.

항주로(杭州路) : 원래 원나라 지원(至元) 13년(1276년)에, 양절(兩浙) 대도독부(大都督府)를 설치하였으며, 다시 고쳐 안무사(安撫使)를 설치하였고, 2년 후인 지원 15년(1278년)에 항주로(杭州路)로 승격시켰다. 항주로는 전당현(錢塘縣)·인화현(仁和縣)을 통치했으며, 전당현·인화현·여항현(余杭縣) 등 8개 현을 관할했다.

세상에 전해지는 그의 작품은 많지 않은데, 중년 이후에 관직이 날로 높아지면서 서법에는 그다지 전념하지 않았다고 전해진다. 그의 서법 풍격은 진(晉)나라 서법가들의 의경과 법도를 갖추었으나 약간 굵다. 30여 세 때 쓴 작은 글자의 해서 작품인 〈발보모전첩(跋保母磚帖)〉은 글자 구조에 짜임새가 있고, 필법이 굳세고 맵시가 있어, 왕희지의 〈황정경(黃庭經)〉과 왕헌지의 〈낙신부(洛神賦)〉로부터 연원한 듯 하지만, 이미 상당히 성숙된 모습이다. 40여 세에 행서로 쓴 〈오언율시이수(五言律詩二首)〉는 이왕(二王)의 자태와 운치가 있을 뿐만 아니라, 이옹의 침착하고 힘차며 굳센 면모를 더하였다. 50세 이후에 쓴 행해(行楷) 글씨는 서화에 쓴 발문에서 가끔 보이는데, 일반적으로 결체가 헐렁하고 필의도 분방하고 자유로워, 의도하지 않은 가운데 한산한 운치를 드러낸다. 하징(何澄)의 〈귀장도(歸莊圖)〉에 쓴 발문으로부터 그 일단을 엿볼 수 있다.

장초(章草)를 회복시키는 데에서, 등문원은 원대 초기에 일정한 공헌을 하였다. 그가 쓴 〈급취장(急就章)〉은 43세 때인 대덕(大德) 3년 (1299년)에 완성하였는데, 필법이 가늘고 굳세며, 체세는 민첩하고 빼어나다. 그러나 예술의 취향은 이미 위(魏)·진(晉)의 질박하고 고졸하며 험준하고 굳센 풍격이 아니라, 정교하고 아름답고 빼어나다.

원대 전기의 서법가들 가운데 비교적 저명한 사람들로는, 호가 설재(雪齋)인 요추(姚樞)가 있었는데, 초서를 잘 썼으며, 일찍이 선우추가 젊은 시절에 본받아 배운 적이 있다. 이 밖에 전당(錢塘 : 오늘날의 항주) 사람인 백정(白挺)과 구원(仇遠) 등이 있었는데, 모두 조맹부·선우추·등문원과 많은 교유를 하면서 영향을 주고받았으며, 해서와 행서를 잘 썼다. 석부광(釋溥光)은 호가 설암(雪庵)으로 서법의 명성이 매우 높았는데, 해서·행서·초서 등 각 서체에 뛰어났으며, 특히 방서(榜書)를 잘 썼다. 세상에 전해지는 큰 글자의 해서 작품으로는 〈한유

방서(榜書) : 옛날에는 '서서(署書)'라고 했으며, 또한 '벽과대자(擘窠大字)'라고도 했다. 궁전이나 관청의 현판이나 편액 등에 주로 쓰인다. 문헌 기록에 따르면, 처음으로 방서를 쓴 서예가는 진(秦)나라 승상이었던 이사(李斯)였다고 한다.

산석시(韓愈山石詩)〉 등이 있으며, 서법에 관한 저작인 『설암자요(雪庵字要)』가 전해오고 있다.

원대 후기는 조맹부 등이 원대 초기에 주창하여 불러일으킨 고전 서풍이 여전히 주도적인 지위를 차지하고 있었지만, 이미 정교하고 고아하며 화창한 풍격으로부터 단정하며 맵시 있고 아름다운 풍격으로 점차 탈바꿈하였다. 여러 가지 사회적 모순들의 격화 및 이로부터 야기된 사회적 심미 심리의 편향에 따라, 해서·행서·초서 등 각 서체들 속에서 모두 일종의 지극히 힘차고 한쪽으로 기울어져 비스듬하거나 고졸한 풍격이 출현하였다. 화가의 서법에서도 일종의 소탈하고 담박하며 간결하고 심원한 풍격이 출현하여, 조맹부를 대표로 하는 고전 풍격과는 달리 각자 제 갈 길을 갔다. 전예(篆隸) 서체 부흥에 대해 말하자면, 원대 전기를 이어받았으면서도 훨씬 뚜렷한 성과를 얻었다.

이 시기에는 주류의 풍격을 따른 서법가들이 매우 많았는데, 대부분 조맹부의 영향을 받고 있었다. 비교적 저명한 사람들로는 네 가지 서체를 모두 잘 썼던 우집(虞集), 해서·행서·초서를 잘 썼던 게혜사(揭傒斯), 소수민족 출신의 서법가 강리기기(康里巎巎), 규장각(奎章閣) 학사원(學士院) 감서박사(鑑書博士)에 임용되었던 가구사(柯九思), 서법의 풍격이 조맹부와 매우 비슷했던 유화(俞和) 및 요개(饒介)와 위소(危素) 등이 있었는데, 모두 출세하여 높은 관직에 올랐거나 궁정에서 봉직했던 사람들이다. 그 가운데 우집·강리기기·가구사가 가장 대표적이다.

우집(虞集 : 1272~1348년)은 자가 백생(伯生)이고, 촉군(蜀郡 : 오늘날의 사천에 속함) 사람으로 박학하고 재주가 많았으며, 벼슬은 규장각(奎章閣) 시서학사(侍書學士)에 이르렀다. 그의 시문(詩文)은 '원나라 사대가' 가운데 하나로 손꼽히며, 서법의 경우는 해서·행서·초서·전서

의 여러 서체를 모두 잘 썼는데, 고예(古隸)에 특히 뛰어났다. 그의 해
서·행서·초서는 모두 진(晉)·당(唐)의 서법에 연원을 두면서 스스로
풍격을 이루었는데, 큰 글자의 해서는 단아하고 엄격하며 굳세고 아
름다웠고, 소해(小楷)와 행서 및 초서는 종종 그다지 의도하지 않은
것 같으면서도 법도에 다 부합되었으며, 체세는 활발하고, 용묵(用墨)
은 부드러우면서도 힘차며, 고아한 운치가 있었다. 세상에 전해지는
작품들로는 큰 해서로 쓴 〈유해신도비(劉垓神道碑)〉, 작은 해서로 쓴
〈제기국헌시(題杞菊軒詩)〉, 행서로 쓴 〈제소식악지첩(題蘇軾樂地帖)〉 등
이 있다.

강리기기(康里巎巎 : 1295~1345년)는 자가 자산(子山)이고, 호는 정
재(正齋)이며, 고강리(古康里 : 오늘날의 신강에 속함) 사람으로, 원대에
'색목인(色目人)'에 속했는데, 벼슬길에 나아가 관직이 한림학사승지(翰
林學士承旨)에 이르렀다. 그는 해서·행서·초서를 두루 잘 썼다. 해서
는 우세남을 배웠고, 행초(行草)는 '이왕'을 본받았는데, 특히 행초를
잘 썼다. 그의 행초는 현완(懸腕)을 잘 운용하여 체세가 늘씬하게 길
며, 필획은 굳세고 아름다우며, 필획의 전환이 원만하고 힘차며, 붓
의 운용이 신속하여, 능숙하고 씩씩하며 힘차다. 비록 붓끝이 겉으
로 드러나 침착함이 결여되어 있지만, 활발하고 청신하며, 광채가 흘
러넘치기 때문에, 조맹부 이후 한 시대에 명성을 날렸다. 전해지고
있는 그의 작품들은 주로 행초서이며, 초서를 위주로 삼았는데, 대
표작들로는 〈안노공술장장사필법기(顔魯公述張長史筆法記)〉·〈추야감
회시(秋夜感懷詩)〉·〈재인전(梓人傳)〉 등이 있다. 〈안노공술장장사필법
기〉는 결자(結字)가 여유롭고 시원시원하며, 필법이 정교하고 막힘이
없이 유창하며, 한 자 한 자마다 서로 이어지지 않으면서도 맥락이
관통하고 있어, 마치 단숨에 써내려간 것 같은 것이, 이미 고도로 성
숙한 경지에 이르렀다.

색목인(色目人) : 몽골족이 중국을 통
치하던 때, 원나라에 복속된 여러 서
방 민족들을 통칭하는 말이다.

현완(懸腕) : 서예 집필법의 하나로,
팔꿈치를 탁자나 책상의 면에 대지
않고 팔목을 공중에 든 상태에서 쓰
는 방법을 가리킨다. 어깨를 느슨하게
하고, 전신의 힘을 방애받을 곳이 없
으므로, 비로소 붓 끝에 집중할 수 있
어, 점획이 힘차고 씩씩하다.

가구사(柯九思)는 묵죽을 잘 그렸을 뿐만 아니라 서법에도 뛰어났다. 평론가들은 그를 일컬어, "4체와 8법 모두 고아함을 불러일으키고 속기를 없앨 수 있었다[四體八法, 俱能起雅去俗]"라고 하였다. 전해지는 서법 작품들은 행해(行楷)로 쓴 서화의 제발(題跋)이 많은데, 구양순(歐陽詢)과 구양통(歐陽通)에게 연원한 것 같으면서도 당나라 서법가들의 사경(寫經) 필의를 융합시키고 있다. 서체의 풍모가 정교하고 긴밀하며, 모양이 넓적한 방형(方形)이지만 어색하지 않으며, 용필은 경중을 즐겨 사용하여, 일정하게 장식의 의취와 선명한 개성을 갖추고 있다. 작품들로는 〈상청궁사(上淸宮詞)〉·〈제동원하경산구대도도(題董源夏景山口待渡圖)〉·〈독고승본난정첩발(獨孤僧本蘭亭帖跋)〉 등이 있다.

같은 시기 비주류 서풍의 특징 가운데, 하나는 험준하고 굳세면서 비스듬하고 기괴하며 고졸한 풍격으로 나날이 나아간 것이다. 풍자진(馮子振)과 장병(張丙)이 그 물꼬를 텄으며, 양유정(楊維楨)에 이르러 극치에 도달했다. 다른 하나는 적적하면서 그윽한 풍격으로 나아간 것인데, 예찬(倪瓚)이 그 대표자이다.

풍자진(馮子振 : 1257~?)은 사가 해속(海粟)이고, 호는 괴괴도인(怪怪道人)이며, 유주[攸州 : 오늘날의 호남 유현(攸縣)] 사람이다. 그는 경사(經史)에 널리 통달했으며 문사(文詞)에도 뛰어났다. 벼슬은 집현시제(集賢侍制)를 지냈으며, 늘 대장공주(大長公主-황제의 고모)였던 상가자길(祥哥剌吉)의 명을 받들어 그림에 제(題)를 썼다. 화제(畫題)로 쓴 글은 행해(行楷) 글씨가 많았으며, 풍격은 정교하고 단정하며 예쁘장한 원대의 주류 서풍과 달랐는데, 왕헌지와 미불의 서법을 취한 듯하면서도 과장된 면모가 있었다. 결체(結體)가 웅장하고 사다리꼴에 가까운 경우가 많았으며, 글씨를 쓰기 시작할 때에 붓끝을 꺾지 않고 갈고리를 치켜 올려 날카로운 각을 만드는 경우가 많았기 때문에, 풍격이 오만하고 사나우며 자유분방하다. 세상에 전해지는 작품들로는 〈증무은원회시(贈無隱元晦詩)〉·〈홍월루기(虹月樓記)〉와 〈제전자건유춘도(題展子虔遊春圖)〉 등이 있다.

장우(張雨 : 1283~1349년)는 자가 백우(伯雨)이며, 전당(錢塘) 사람이다. 20세에 집을 떠나 도(道)를 배웠으며, 호는 정거자(貞居子) 또는 구곡외사(句曲外史)이다. 그는 다재다능했는데, 예찬(倪瓚)은 그를 이렇게 일컬었다. "시문과 서화 모두 원나라 도사들 가운데 으뜸이다.[詩文字畵, 皆爲本朝道品第一.]" 서법은 행해(行楷)가 많은데, 젊은 시절에 조맹부를 배우고 나중에 이옹을 배웠기 때문에, 맑고 굳세고 험준하고 사나우며, 심지어는 호탕하고 매서움이 넘치는 풍격을 형성하였다. 그가 작은 행해로 쓴 글씨는 맑고 고아하거나 험준하고 사나워서, 이미 조맹부의 정교하고 엄정하며 온화하고 고아한 풍격으로부터 벗어나 있으며, 큰 행해로 쓴 글씨는 매우 웅장하고 사나운 데다, 때때로 과장되고 변형된 고졸한 풍미를 섞어놓아 기이한 풍취가 넘친다. 작품들로는 〈대선각기(臺仙閣記)〉·〈자서시(自書詩)〉·〈제화양시(題畵兩詩)〉와 〈당인절구(唐人絕句)〉 등이 있다.

만일 풍자진과 장우의 서풍이 단지 주류 서풍에 대한 서로 다른 정도의 이탈이라고 한다면, 양유정은 대단히 힘차고 비스듬하며 괴이하고 심오함을 특징으로 하는 비주류 서풍의 두드러진 대표자이다. 양유정(楊維楨 : 1296~1370년)은 자가 염부(廉夫)이고, 호는 철애(鐵崖) 또는 철적도인(鐵笛道人)이며, 회계(會稽) 사람이다. 그는 태정(泰定) 4년(1327년)에 진사가 되었고, 벼슬은 절강유학제거(浙江儒學提擧)에 이르렀는데, 미처 부임도 하지 않은 상황에서 원나라 말의 큰 난리를 만나게 되어, 결국 부춘산(富春山) 속으로 피신하여 지내다

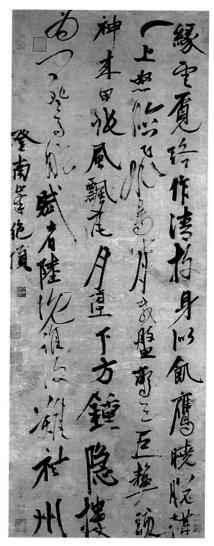

행서(行書) 〈칠언율시(七言律詩)〉
(元) 장우(張雨)

철애체(鐵崖體) : 철애(鐵崖)는 원나라의 시인 양유정의 호인데, 그의 시(詩)는 의도적으로 옛 사람들의 법칙을 답습하지 않아, 시구(詩句)의 구성 방식이 길거나 짧고 빠르거나 늦었으며, 용어는 유난히 아름답거나 대단히 괴이하여, 사람을 묘사하는 곳은 감히 묘사할 수 없었고, 사람을 말하는 곳은 감히 말할 수 없었으며, 스스로 하나의 시체를 형성하여, 한때 동남 지방에서 이름을 떨쳤다. 제목은 대부분 새롭게 창작했으며, 제재는 고사를 새롭게 고치기도 하고 세상사를 묘사하기도 했으며, 고시의 운치를 즐겨 사용했다. 그리하여 자유분방한 옛 악부(樂府)를 주요 형식으로 삼았다. 당시 사람들은 이를 '철애체' 혹은 '철체'라고 불렀다.

가 다시 항주(杭州)로 옮겼는데, 명 왕조 건립 이후에 여러 차례 부름을 받았으나 응하지 않았다. 그는 시문에 뛰어나 '철애체(鐵崖體)'로 시단(詩壇)을 주도했는데, 시풍이 기발하고 괴이하였다. 서법은 행초를 잘 썼는데, 늠름하면서 배척하지 않고, 대담하게 새로운 것을 추구하면서 고전 서풍과 다른 길로 달려 나갔다. 그가 비록 구양순(歐陽詢)·육조(六朝)의 비판(碑版)·전서·예서·장초(章草)를 모두 본받은 바가 있지만, 이미 옛 법식을 자신의 것으로 변화시켜 독특한 자신의 풍격을 확립하였다. 그의 행초(行草) 글씨는 가장 널리 전파되었는데, 결체는 비스듬하거나 비틀림이 많으며, 갑자기 커졌다가 홀연히 작아지기도 한다. 용필도 경중의 변화를 많이 주어, 때로 필봉의 능각(稜角)이 드러나기도 하고, 때로 원만하게 돌아가다가 구불구불해지기도 한다. 먹의 운용은 마르고 윤택함이 서로 섞여 두드러지게 대비를 이루기 때문에, 서법의 풍격이 늠름하고 헌걸차며 고졸하고 굳세면서도 빼어나며, 기발하고 대단히 괴이한 가운데, 일종의 마음이 분하고 답답한 분위기가 묻어나온다.

양유정의 대표적인 작품들로는 행초로 쓴 〈유선창화시(遊仙唱和詩)〉·〈진경암모연소(眞鏡庵募緣疏)〉·〈육자와명(鬻字窩銘)〉·〈장씨통파천표(張氏通波阡表)〉와 〈몽유해당시(夢遊海棠詩)〉 등이 있는데, 대부분 그가 만년에 쓴 것들이다. 그 가운데 〈유선창화시〉는 그가 68세에 쓴 작품으로, 스스로 시를 지으며 쓴 것이기 때문에 마음 내키는 대

행초(行草) 〈진경암모연소(眞鏡庵募緣疏)〉
(元) 양유정(楊維楨)

로 써내려갔으며, 행서와 초서가 섞여 있고, 때때로 전서와 예서도 뒤섞여 있어, 홀연 길어졌다가 짧아지고, 갑자기 커졌다가 작아지기도 하며, 끊어졌는가 하면 어느새 이어지고, 경쾌하게 나아가던 것이 돌연 중후해지기도 하며, 갑자기 날카롭다가 순식간에 둔중해지는 등, 극진히 변화를 주면서 단숨에 완성하여, 기이하고 분방하며 대단히 험준하다. 〈장씨통파천표〉를 쓴 시기는 이보다 2년 이르지만, 문장 내용이 요구하는 바를 따랐기 때문에, 서법 또한 기이하고 험준한 가운데 통일을 추구하고 있으며, 결자(結字)의 크고 작음이나 행(行) 기운의 변화에서 기이함을 추구하지 않았고, 필법 속에서 장초(章草)의 필세를 강화하였다. 〈몽유해당시〉는 이미 명대(明代)에 들어선 이후인 74세에 쓴 작품인데, 1년 뒤에 양유정이 세상을 떠났기 때문에, 서법은 더욱 원숙하고 노련해졌으며, 풍격도 맑고 기이하며 자유분방하다.

예찬(倪瓚)의 서법도 회화와 마찬가지로 특별한 솜씨와 안목을 드러내어, 뛰어나게 출중하다. 원대에 그는 조맹부의 단아하고 수려하며 맵시가 고운 고전 서풍으로부터 벗어난 몇 안 되는 서법가들 가운데 한 사람이었다. 그의 서법은 해서와 행서가 많으며, 구양순과 저수량으로부터 시작하여 종요와 왕헌지로 거슬러 올라갔는데, 예서의 풍격을 해서에 가미하여, 천진하면서 고담(古淡)하고 한적하고 그윽한 풍격을 형성하였다. 비록 딱딱한 붓을 사용하였으나, 용필의 운치가 느긋하면서도 고상하며, 부드러운 가운데 강함을 드러내어, 의도하지 않은 듯하지만 법도가 정연하며, 미려한 아름다움으로 인기에 영합한다는 혐의도 없을 뿐 아니라, 칼을 뽑아들고 활시위를 당기는 듯한 기세를 다 제거하였기 때문에, 담박하고 차분한 서권기(書卷氣-학자풍)가 넘쳐흐른다. 세상에 전해지는 작품들로는, 그림에 쓴 대량의 제화(題畫) 외에도 〈담실시(淡室詩)〉·〈정기헌시문(靜寄軒詩文)〉과 〈자서시고(自書詩稿)〉 등이 있다.

해서(楷書) 〈담실시(淡室詩)〉
(元) 예찬(倪瓚)

장초(章草) : 초기의 초서체로, 진(秦)나라 말기와 한나라 초기에 예서체(隸書體)를 간략하게 흘려 쓰면서 시작되었는데, 후한의 장제(章帝)가 즐겨 써서 장초(章草)라고 했다.

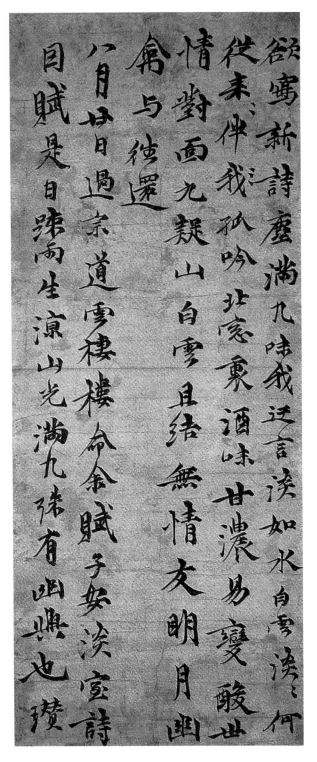

먼 옛날의 서체인 전서와 예서를 부흥시킨 측면을 살펴보면, 원대 초기 고전 서풍의 대가인 조맹부가 이미 그 풍조의 단초를 열었는데, 그의 친구 오구연(吾丘衍)도 전서와 예서의 대가로 명성을 날렸으며, 원나라 전기의 소수민족 서법가인 태불화(泰不華)도 전서를 잘 쓰는 것으로 유명했다. 원나라 후기에 이르면 오예와 주백기 등의 서법가들이 등장했다.

오예(吳睿 : 1298~1355년)는 자가 맹사(孟思)이고, 호는 설도산인(雪濤散人)이며, 선조는 복양(濮陽 : 오늘날의 하남에 속함) 사람으로, 항주(杭州)에서 출생하였다. 그는 오구연의 제자로 문장과 서법에 뛰어났는데, 특히 전예(篆隸)를 잘 썼다. 그의 전서는 아직 종정문(鐘鼎文)의 의취가 남아 있는 〈저초문(詛楚文)〉으로부터 터득한 것이 많은데, 붓을 대기 시작하는 곳[落筆處]은 모두 뾰족하고, 가지런하면서도 힘차고 자유분방하여, 앞시대 사람들과는 다른 새로운 방도를 열어 놓았다. 예서는 곧 한(漢)나라의 팔분(八分)에서 나왔는데, 당나라 예서의 영향도 없지 않았으며, 결체(結體)는 단정하고 가지런하며, 필법은 미끈하고 수려하다. 주요 작품들로는 전서로 쓴 〈천자문〉과 예서로 쓴 〈이소경(離騷經)〉 등이 있다.

주백기(周伯琦 : 1299~1369년)는 자가 백온(伯溫)이고, 호는 옥설파진일(玉雪坡眞逸)이며, 요주[饒州 : 오늘날의 강서 파양(波陽)] 사람으로, 벼슬은 한림수찬(翰林修撰)에 이르렀다. 그는 한 차례 규장각(奎章閣)의 서법가로 활약한 적이 있었는데, 박학하고 문장에도 뛰어났으며, 전서·예서·해서·초서로 당시에 명성을 날렸다. 일찍이 명(命)을 받들어 전서로 '선문각도서인(宣文閣圖書印)'과 '선문각보(宣文閣寶)'를 썼으며, 아울러 방서(榜書-382쪽 참조)로 '선문각(宣文閣)'의 편액을 썼다. 세상에 전해지는 그의 전서 작품들로는 〈궁학·국사이잠(宮學·國史二箴)〉·〈임석고문책(臨石鼓文册)〉 등이 있다. 그의 〈궁학·국사이잠〉은 서현(徐鉉-당나라 때의 서예가)의 전서를 이어받은 것으로, 결자(結字)가 대략 네모 형태를 이루고 있지만, 크고 작음이 법도에 따라 이루어지고 있고, 원만한 가운데 모가 남[方]을 추구하였으며, 용필도 곡선 속에서 직선을 추구하고 있어, '옥저전(玉箸篆)'과는 다르다.

| 제8절 |

서화 관련 저술(著述)의 발전

　오대·송·원의 460여 년 동안에 서화의 창작과 감정(鑑定) 및 수장(收藏)의 흥성, 특히 문인 사대부들의 서화에 대한 관심이 증대함에 따라 서화 방면의 저술도 수(隋)·당(唐) 시기에 확립된 기초 위에서 매우 큰 발전을 이루었다. 저술의 범위도 날로 광범위해져, 창작·전수(傳授)·수장·감상(鑑賞)·장황(裝潢-표구)·전파(傳播) 등 여러 방면들을 다루게 되었다. 저술의 체재(體裁)도 더욱 풍부해져서 총집(叢輯)·논술·사전(史傳)·저록(著錄)·품제(品題) 등의 여러 방식들을 포괄하게 되었다. 같은 시기의 미술 저술들 가운데 서화 저술은 수량이 많은데다 포괄하는 내용도 풍부하여 으뜸으로 손꼽지 않을 수 없다.

　이 시기의 서화 저술들은 여전히 역사와 평론을 결합시키고 화법과 이치를 함께 중시하는 전통을 계승하고 있지만, 사회의 요구에 부응하면서 종류와 분야가 더욱 다양해졌다. 이론 저술들은 총집 형식으로 앞 시대 사람들의 이론을 집대성하거나 스스로 일가(一家)의 논리를 내세웠는데, 이론의 계통성을 제고시켰을 뿐만 아니라, 화론은 날로 점차 흥성하던 회화의 각 부문들로 심화되기 시작하였다. 사전(史傳-역사와 전기)의 저술은 더욱 다채롭게 변모하였는데, 통사(通史)를 쓰거나 통사의 속편을 쓰는 전통이 계속 이어졌을 뿐만 아니라, 문화의 중심이 다원화하며 발전함에 따라 지역성을 띤 화사(畫史)들도 출현하였다. 시대를 구분하여 다룬 단대(斷代) 서화사도 여전히 편찬되었다. 공공기관과 개인에 의한 감정(鑑定)과 수장(收藏)의 발흥과 첩학(帖學)의 흥기로 말미암아, 중국 미술사상 특유의 서화 저록(著錄)과 첩학 저작들도 이에 호응하여 나왔다. 이 밖에 서화의 감정과 고증 경험을 총괄한 감식(鑑識) 저작들도 비교적 많이 출현하였다. 서화 전수 및 기법 보급에 대한 수요에 기초하여 창작 방법을 다루는 저술들도 전에 없이 흥성하였는데, 특히 원대에 이르러 두드러졌다. 이러한 각 분야의 서화 저술들은 이 역사 시기의 서화 발전을 반영하였을 뿐만 아니라, 또한 이 시기 서화의 변화와 발전을 추동하였다.

이론 저술 방면은 대략 두 부문으로 나눌 수 있다. 한 부문은 앞 시대 사람들의 저술들을 수집·정리하여 한데 모아 편찬하는 총집(叢輯)이다. 주로 서법 영역에서 나타났는데, 대표적인 저작들로는 북송의 주장문이 저술한 『묵지편(墨池編)』과 남송의 진사가 저술한 『서원정화(書苑精華)』가 있다. 이러한 부류의 저작들은 당대에 장언원(張彦遠)이 지은 『법서요록(法書要錄)』의 전통을 계승하여 발전시킨 것들로, 서법 예술의 이론 체계 및 그 발전을 체계적으로 연구하기 위하여 풍부한 자료들을 모아서 편집한 것이다. 원대의 성희명(盛熙明)이 앞 시대 사람들의 서사(書史)와 서론(書論) 및 기법들을 분류하여 편찬한 『법서고(法書考)』도 중요한 저작이다.

주장문(朱長文 : 1039~1098년)은 자가 백원(伯原)이고, 오현(吳縣 : 오늘날의 강소 오현) 사람이며, 과거를 통해 진사에 오르지는 못했으나 벼슬이 비서성정자(秘書省正字)에 이르렀다. 그가 저술한 『묵지편』 20권이, 비록 앞 시대 사람들이 서법을 논한 저작들을 편집하여 수록한 『법서요록』의 예를 모방하고는 있지만, 자학(字學)·필법(筆法)·잡의(雜議)·품조(品藻)·찬술(贊述)·보장(寶藏)·비각(碑刻)·기용(器用-용도·쓰임새)의 8부문으로 분류하여 편집하였는데, 수록한 범위가 광범위하기 때문에 서법을 논한 송나라 이전의 글들은 대부분 이 저술 덕분에 보존되고 있다. 평론도 정확하게 핵심을 찌르고 있는데, 종종 권미(卷尾)나 편말(篇末)에 덧붙였다. 평소 학자들에게 칭찬을 받았으며, 서학 방면의 저작들 가운데 영향력이 매우 컸다.

진사(陳思-생몰년 미상)는 임안(臨安 : 오늘날의 항주) 육서(鬻書) 사람으로, 벼슬은 송나라 이종(理宗) 시기(1225~1264년)에 성충랑(成忠郎)·집희전국사실록(緝熙殿國史實錄)·비서성수방(秘書省搜訪)을 지냈다. 그가 저술한 『서원정화(書苑精華)』도 역시 20권인데, 그 체재가 『묵지편』과 서로 닮았다. 역대의 서법을 논한 문헌들을 분류하여 편찬하였는데, 수록한 내용이 더욱 풍부하고 분류도 더욱 자세하다. 그 분류 방식을 살펴보면, 법(法)·세(勢)·상(狀)·체(體)·지(旨)·품(品)·평(評)·의(議)·고(估)·단(斷)·녹(錄)·보(譜)·명(名)·부(賦)·논(論)·기(記)·표(表)·계(啓)·전(箋)·판(判)·서(書)·서(序)·가(歌)·시(詩)·명(銘)·찬(贊)·서(叙)·전(傳)·결(訣)·의(意)·지(志)·잡저(雜著) 등 32부문으로 되어 있다. 그 결점은 수준의 높고 낮음이나 진위를 따지지 않고 일률적으로 채집하여 수록한 것이지만, 『패문재서화보(佩文齋書畫譜)』에 많이 채용되었기 때문에 영향 또한 지대하였다.

서법과 그림을 논한 또 다른 종류의 저작들로서 당시 사람들이 편찬한 것들에는 통론(通論)과 잡지(雜識)가 있다. 일반적으로 말해서 서법을 논한 저작은 각 서체의 서법에 대한 논술을 포괄하고 있는 것들이 많은데, 중요한 저작들로는 미불의 『해악명언(海嶽名言)』, 송나라 고종 조구(趙構)의 『한묵지(翰墨志)』, 강기(姜夔)의 『속서보(續書譜)』, 정표(鄭杓)가 편찬하고 유유정(劉有定)이 주(注)를 단 『연극(衍極)』 등이 있다. 그림을 논한 저작들의 경우는 이미 몇몇 화목(畫目)으로 심화되고 있는데, 산수화론은 비교적 규모를 갖춘 이론 체계를 형성하였다. 대표적인 저작들로는 형호(荊浩)의 『필법기(筆法記)』, 곽희(郭熙)의 『임천고치집(林泉高致集)』, 한졸(韓拙)의 『산수순전집(山水純

화목(畫目) : 그림을 각 분야별로 나눈 것. 예를 들면, 인물·산수·화조·초상 등이 그것이다.

全集)』등이 있다.

　『해악명언』과『한묵지』는 모두 잡지(雜識)류에 속하며, 서법에 관한 논저들이다.『해악명언』은 한 권으로 되어 있는데, 후대 사람들이 미불이 평소에 서법에 관해 논평한 말들을 모아 수록한 것으로, 모두 26항목이며, 매우 폭넓게 언급하고 있다. 평이한 말로 서법의 심오한 의미를 잘 설명하고 있는데, 고금의 여러 서법가들을 논평할 때 과도하게 폄하하여 깎아내리긴 했지만 독창적인 견해를 보여주고 있으며, 용필과 포백(布白)을 논하는 곳에서는 더욱 많은 식견을 갖추고 있다.『한묵지』는 송나라 고종 조구가 만년에 저술한 것인데, 오늘날의 판본에는 22항목만이 남아 있다. 대체로 서법을 논할 때 '이왕(二王-왕희지와 왕헌지)'을 높여 숭상하고 있으며, 지론이 매우 뛰어나고, 북송의 서법에 대해 독자적인 견해를 갖추고 있는데, 서법의 배움에 대해 논하는 데에서는 곧 먼저 해서를 배울 것을 주장하면서, 해서와 초서를 겸비할 것을 강조하고 있다.

　『속서보』가 비록 종요와 왕희지를 숭앙하며 본받을 것을 제창하고는 있지만, 이미 나름대로의 계통을 형성하고 있다. 저자인 강기(姜夔 : 1163~1203년)는 자가 요장(堯章)이고, 호는 백석도인(白石道人)이며, 파양[鄱陽 : 오늘날의 강서 파양(波陽)] 사람이다. 일생 동안 벼슬을 하지 않았으며, 사(詞)와 곡(曲)을 잘 지었고, 서법에도 뛰어났으며, 서법과 시(詩)·곡(曲) 모두에 대한 저술들이 있다. 이 책은 가정(嘉定) 무진년(戊辰年 : 1208년)에 서문을 썼으며, 손과정(孫過庭)의『서보(書譜)』를 잇는다는 의미로 제목을 정했지만, 그 체재는 조금도 닮지 않았다. 전체 저작은 모두 26항목으로 되어 있는데, 총론(總論)·진서(眞書)·용필(用筆)·초서(草書)·용필(用筆)·용묵(用墨)·행서(行書)·임모(臨摹)·서단(書丹)·정성(情性)·혈맥(血脈)·조윤(燥潤)·경미(勁媚)·방원(方圓)·향배(向背)·위치(位置)·소밀(疏密)·풍신(風神)·지속(遲速)·필봉(筆鋒)의

포백(布白) : 글자의 점획 구조와 글자의 배치·행간의 공백 관계를 안배하는 방법을 말한다.

사(詞) : 시(詩)의 또 다른 형태로, 당대(唐代)에 흥기한 일종의 문학 장르이며, 송대에 이르기까지 오랜 기간 동안 끊임없이 발전하여 전성기에 도달했다. 곡자사(曲子詞)·장단구(長短句)·시여(詩餘)라고도 한다.

곡(曲) : 중국 고전문학의 한 장르로, 일종의 운문 형식이며, 원대(元代)에 성행하여 원곡(元曲)이라고도 한다. 민간 가곡의 영향을 많이 받아 구(句)의 활용이 더욱 다양하고 구어(句語)를 많이 사용한다.

차례로 구성되어 있다. 역대의 서법가들이 중시했던 저술이다.

『필법기』·『임천고치집』 및 『산수순전집』은 모두 산수화 이론에 관한 저작들이다. 『필법기』는 대화 형식으로 산수화에 대한 이론적 견해를 밝혀 서술한 글이다. "참모습을 그려 낼 것[圖眞]"을 주장하여, 형사(形似)만으로는 충분하지 못하고 "오묘함을 찾아내어 참모습을 창조하기[搜妙創眞]" 위해서는 "사물의 모습을 헤아려 그 참모습을 취해야[度物象而取其眞]" 한다고 했으며, 또 남제(南齊)의 사혁(謝赫)이 제기한 '육법(六法)'론을 산수화 영역에 창조적으로 응용하여 '육요(六要)' 즉 기(氣)·운(韻)·사(思)·경(景)·필(筆)·묵(墨) 및 '유형의 병[有形病]'과 '무형의 병[無形病]'을 제기하였다. 이 저술은 당·송 시기의 산수화에 대한 인식과 기법의 변화 발전을 반영하고 있으며, 후대의 창작과 평론에 대해 매우 큰 영향을 미쳤다.

『임천고치집』과 『산수순전집』의 산수화 이론에 대한 탐구는 더욱 깊이 있고 구체적이다. 『임천고치집』은 북송의 유명한 산수화가인 곽희(郭熙)가 서술한 내용을 그의 아들 곽사(郭思)가 정리하여 편찬한 것으로, 정화(政和) 7년(1117년) 이전에 완성되었다. 전체 저술은 6편, 즉 산수훈(山水訓)·화의(畫意)·화결(畫訣)·화제(畫題)·화격습유(畫格拾遺)·화기(畫記)로 구성되어 있다. 앞의 4편은 곽희의 논술을 아들 곽사가 기록한 것이며, 뒤의 2편은 아버지 곽희의 창작과 그 당시의 상황을 기술한 것이다. 이 책은 "관청이나 자리를 뜨지 않고도 앉은 채로 산수 자연을 궁구한다[不下堂筵, 坐窮泉壑]"는 산수화에 대한 효능관(效能觀)을 서술하고 있으며, "노닐 만하고[可遊]" "살 만한[可居]" 풍경을 그려내는 것을 통해서 "경외의(景外意)"와 "의외묘(意外妙)"를 표현하는 의경을 창조할 것을 요구하였다. 의경의 창조 속에서 사계절의 산수 풍경과 감상자의 정감을 연계하는 문제를 논술하였으며, 자연 산수의 풍부한 변화를 분석하였고, 자연에 대한 관찰을 총괄하

경외의(景外意)·의외묘(意外妙) : 산수화에서, 보는 사람이 실제로는 그 경물 밖에 있지만 마치 자신이 그 속에 함께하고 있는 것처럼 느끼게 하는 것을 '경외의'라고 하며, 더 나아가 보는 사람이 그 자연 경관과 하나가 되었다고 공감하게 하는 것을 '의외묘'라고 한다.

는 것으로, 예술 처리의 방법과 기교를 진행해 나갔다. 그 가운데 "산의 형상은 걸음걸음 달라지며[山形步步移]" "산의 형상은 면면이 달리 보이고[山形面面看]", "산수는 물을 혈맥(血脈)으로 삼고, 초목을 모발(毛髮)로 삼으며, 연기와 구름으로 신채(神采-풍채)를 삼고[山以水爲血脈, 以草木爲毛髮, 以煙雲爲神采]", "산에는 삼원(三遠)이 있으며[山有三遠]" "용필에는 세 가지 병이 있다[用筆三病]" 등의 내용들은 모두 논쟁의 여지가 없는 것들이다. 이 책은 어디에 내놓아도 손색이 없는, 산수화 창작에 대해 체계적이고 완벽하게 탐구한 으뜸가는 이론 저작이다.

『임천고치집』이 산수화에 대한 견해에 독창성이 많다고 한다면, 『산수순전집』은 곧 앞 시대 사람들의 경험을 비교적 전면적으로 체계를 갖춰 종합한 것이라고 할 수 있다. 작자인 한졸(韓拙)은 자가 순전(純全)이며, 남양(南陽) 사람으로, 화원에서의 지위도 곽희와 견줄 만했다. 이 책이 완성된 시기는 선화(宣和) 신축년(辛丑年 : 1121년)으로, 작자가 만년에 쓴 것이다. 이 책은 모두 9장으로 되어 있는데, 논산(論山)·논수(論水)·논임목(論林木)·논석(論石)·논운하연애람광풍우설무(論雲霞煙靄嵐光風雨雪霧-구름과 안개·연기와 노을·이내와 빛·바람과 비·눈과 안개를 논함)·논인물교작관성사관산거선거사시지경(論人物橋杓關城寺觀山居船車四時之景-인물과 다리와 외나무다리·관문과 성·불교 사원과 도교 사원·산에 은거하는 모습·배와 수레의 사계절 풍경을 논함)·논용필묵격법지병(論用筆墨格法之病-필묵과 격법을 운용할 때의 병폐를 논함)·논관화별식(論觀畫別識-그림의 감상과 구분해 냄을 논함)·논고금학자(論古今學者-옛날과 지금의 학자들을 논함)의 차례로 구성되어 있다. 비록 규범과 법칙을 비교적 중시하고는 있지만, 옛 화법의 계승과 참다운 산을 그려내는 것의 결합을 강조하고 있으며, '삼원(三遠)'과 '용필의 병폐[用筆之病]'에 대한 관점도 곽희와 다르다. 또 "그림에는 8격이 있다

[畫有八格]"라는 주장에는 당시 화원에서 강조하던 격법(格法)의 모식(模式-유형)들이 집중적으로 반영되어 있다.

사전(史傳) 저술 방면에서는 오대의 송나라 초기에 지역적인 성격을 띤 일군의 화사(畫史)와 서화단대사(書畫斷代史-서화의 시대별 역사)가 출현하였다. 화사는 황휴복(黃休復)의 『익주명화록(益州名畫錄)』이 대표적이며, 서화단대사 가운데 중요한 것들로는 유도순(劉道醇)의 『오대명화보유(五代名畫補遺)』와 『성조명화평(聖朝名畫評)』, 주장문(朱長文)의 『서단(書斷)』과 동사(董史)의 『황송서록(皇宋書錄)』이 있다. 북송 중기부터 원대에 이르는 기간에도 앞 시대 사람들이 쓴 회화 통사의 속편들이 잇따라 편찬되었는데, 예컨대 곽약허(郭若虛)의 『도화견문지(圖畫見聞志)』·등춘(鄧椿)의 『화계(畫繼)』·장숙(莊肅)의 『화계보유(畫繼補遺)』가 있다. 또 새롭게 편찬한 서화 통사들도 출현했는데, 예컨대 진사(陳思)의 『서소사(書小史)』·하문언(夏文彦)의 『도회보감(圖繪寶鑑)』 등이 있지만, 내용이 간략하여 실제로는 서화 사전(史傳)의 축소판에 불과했다.

황휴복은 자가 귀본(歸本)이며, 성도(成都)에 오래 살았고, 『익주명화록』을 저술하였다. 이 책은 경덕(景德) 2년(1005년)에 서문을 썼는데, 오대십국 시기에 지역적 성격의 화사를 편찬하던 전통을 계승하여, 건원(乾元) 원년(758년)부터 송나라 건덕(乾德) 연간(963~967년)까지 서촉(西蜀) 지역의 화가들과 창작들을 전문적으로 기술하였다. 책은 3권으로 되어 있으며, 일(逸)·신(神)·묘(妙)·능(能)의 사격(四格)으로 화가를 품평하여 서술하고 있는데, 세상에 전해지는 것들 가운데 가장 일찍 편찬된 서촉의 화사이다.

유도순은 대량(大梁 : 오늘날의 하남 개봉) 사람으로, 오대 송나라 초기에 활동하였다. 그가 저술한 『오대명화보유』는 가우(嘉祐) 4년(1059년)에 서문을 썼으며, 지금은 남아 있지 않은 호교(胡嶠)의 『광양조화목(廣梁朝畫目)』을 보유(補遺-빠진 것을 채워 넣음)하여 만든 것이다. 이 책은 인물(人物)·산천(山川)·주수(走獸)·화죽(花竹)·옥목(屋木)·소작(塑作)·조목(彫木)의 7부문으로 나뉘어 있다. 각 부문마다 신(神)·묘(妙)·능(能)의 삼품(三品)으로 미술가들을 품평하여 서술하였다. 모두 24명의 전기가 실려 있다. 이 책은 오대 시기의 생생한 회화 사료(史料)들을 기재하고 있을 뿐만 아니라, 또 '소작(塑作)'·'조목(彫木)' 두 부문 속에는 조소가들을 기재하고 있어, 실제로는 한 권의 오대 시기 미술사라고 할 수 있다. 『성조명화평』은 『오대명화보유』보다 일찍 저술되었는데, 인물(人物)·산수임목(山水林木)·축수(畜獸)·화훼영모(花卉翎毛)·귀신(鬼神)·옥목(屋木)의 6부문으로 분류하고 있으며, 신(神)·묘(妙)·능(能)의 삼품으로 송대 초기인 경우 연간(景祐 : 1034~1037년)부터 지화(至和) 연간(1054~1055년)까지의 화가들을 품평하여 서술하였다. 책에 수록된 90여 명의 화가들은 사람마다 각각 전기(傳記)와 평어(評語)를 붙여놓았는데, 간략하지만 요점을 잘 담아내고 있다. 자서(自序)에서 제기한 '육요(六要)'와 '육장(六長)'의 개념은 심미 인식의 심화(深化)와 감상 취미의 주도면밀함을 반영한 것으로, 후대에 많은 영향을 미쳤다.

주장문의 『속서단(續書斷)』은 『묵지편』의 품조문(品藻門-품평 부문) 안에 수록되어 있는데, 희녕(熙寧) 7년(1074년)에 자서(自序)를 썼으며, 작자가 당나라 장회관(張懷瓘)의 『서단』을 증보하여 저술한 것이다. 모두 2권으로 되어 있으며, 신(神)·묘(妙)·능(能)의 삼품으로 나누어, 위로는 당나라 초기부터 아래로는 희녕 연간에 이르는 시기의 118명의 열전을 싣고 있다. 상권의 앞부분에는 '품서론(品書論)'과 '신한술(宸翰述)'을 두었다. 전자는 양나라의 유견오(庾肩吾)·당나라의 이사진(李嗣眞)과 장회관의 서법 저작들에 대해 장단점을 지적하고 있는데, 직접 체험으로 깨달은 내용이 적지 않다. 후자는 송나라

육요(六要)·육장(六長) : 육요는 기운겸력(氣韻兼力-기운이 힘을 갖추어야 하고)·격제구로(格制俱老-격식과 체제가 완숙해야 하며)·변이합리(變異合理-변화와 다름도 이치에 합당해야 하고)·채회유택(彩繪有澤-색을 칠함에는 윤택함이 있어야 하며)·거래자연(去來自然-붓의 오고감은 자연스러워야 하고)·사학사단(師學捨短-스승에게 배울 때는 단점을 버려야 한다)을 말하며, 육장은 추로구필(麤鹵求筆-거칠고 조잡함에도 필법이 있어야 하고)·벽삽구재(僻澁求才-외지고 난삽해도 재능을 구해야 하며)·세교구력(細巧求力-섬세하고 공교해도 힘을 구해야 하며)·광괴구리(狂怪求理-미친 듯하고 괴상해도 이치를 구해야 하며)·무묵구염(無墨求染-먹이 없어도 칠한 것처럼 해야 하며)·평화구장(平畫求長-평면의 그림에서도 먼 거리를 구해야 한다)을 가리킨다.

역대 황제들의 서법 및 서법 활동을 품평하여 서술한 것이다. 하권의 말미에 '계설(系說)'을 덧붙여, 같은 시기의 서법가들 10여 명의 예술을 서술하고 있지만, 지론이 신중하여 품평을 하지는 않았다.

동사(董史)는 자가 양사(良史)이며, 홍도[洪都 : 오늘날의 강서 남창(南昌)] 사람이다. 그가 저술한 『황송서록』은 남송 순우(淳祐) 임인년(壬寅年 : 1242년)에 자서를 썼는데, 모두 3권으로 되어 있으며, 부록으로 외편(外篇) 1권이 있다. 상권은 송나라 고종 이전의 서법에 능했던 여러 황제들을 기술하였으며, 중권과 하권은 북송과 남송의 서법가들 155명을 나누어 기술하고 있고, 외편에는 여성 서법가들 6명을 기술하였다. 각 서법가들의 뒤에는 작자가 보았던 각 글씨와 그 사람에 대한 평론들을 모아놓았다. 비록 두루 완비하여 망라하지는 못했지만, 전고의 핵심을 인용하고 있으며, 고증의 근거가 정확하고 상세하다.

『도화견문지』는 장언원이 지은 『역대명화기(歷代名畫記)』의 속편이다. 작자인 곽약허(郭若虛)는 태원(太原) 사람으로, 서화를 풍부하게 수장하고 있던 귀척(貴戚-황제의 친인척) 가문 출신이다. 곽약허는 희녕(熙寧) 연간(1068~1077년)에 서경좌장고사(西京左藏庫使)를 지낸 적이 있으며, 또 두 차례 요나라에 사신으로 간 적이 있다. 이 책은 널리 자료를 수집하고 견문을 보태 편찬했는데, 모두 6권으로 되어 있다. 제1권은 서론(叙論-개요) 16편으로, 제시한 견해들 중에는 교묘한 이치를 담고 있는 것이 많다. 제2권부터 제4권까지는 화가들의 전기인데, 당나라 회창(會昌) 2년(842년)부터 송나라 희녕(熙寧) 7년(1074년)까지 280명의 화가들을 기록하고 있다. 제5권은 고사습유(故事拾遺)로, 당대 말기와 오대 화단의 역사적 사실들을 기록하였다. 제6권은 근사(近事)로, 맹촉(孟蜀)·북송(北宋)·요국(遼國)과 고려(高麗) 화단의 자취를 기술하였다. 비록 『역대명화기』의 체제와 범례를 참고하고 있지만, 열전에서 더 이상 품등을 나누지는 않았으며, 또한 '고사습유'와

맹촉(孟蜀) : 당나라 이후에 건국한 오대(五代) 시기 후촉(後蜀)의 또 다른 이름으로, 934년부터 965년까지 30여 년간 존립했다.

'근사'를 두어 중요한 미술 활동과 미술 현상들을 보충하고 있는데, 평론가들은 미술사학에 대한 발전으로 인식하고 있다.

『화계』는 『도화견문지』를 잇는 저작이다. 작자인 등춘(鄧椿)은 자가 공수(公壽)이며, 사천(四川) 쌍류(雙流) 사람이다. 그는 출세한 관료 집안 출신으로, 집안에 수장품들이 풍부했으며, 북송 말기부터 남송 초기까지 활동하였다. 그리하여 희녕 7년(1074년)부터 건도(乾道) 3년(1167년)까지의 화가와 회화에 관한 사항들을 모아 한 권의 책으로 편찬하였다. 이 책은 모두 10권으로 구성되어 있는데, 앞의 7권이 화가의 전기이다. 제1권부터 제5권까지는 화가의 신분에 따라 편차(編次)하였으며, 제6권부터 제7권까지는 회화의 부문에 따라 배열하였다. 제8권은 명심절품(銘心絶品-마음속에 남아 있는 뛰어난 작품)으로, 당시의 중요한 개인 수장품들을 기록하였다. 제9권과 제10권은 곽약허가 '고사습유'와 '근사'를 둔 것을 모방하여 '잡설론원(雜說論遠)'과 '잡설론근(雜說論近)'으로 하여, 그림의 품평에 대한 견해를 표현하기도 하고, 역사적 사실들을 기록하기도 하였다. 이 책은 수집한 자료가 풍부하고, 독창적인 안목과 체제로 편찬한 저술로, 화사(畫史) 저작들 가운데 중요한 저작이다.

『화계보유(畫繼補遺)』는 송·원 교체기에 장숙(莊肅)이 저술한 것으로, 소흥(紹興) 원년부터 덕우(德祐) 연간까지(1131~1275년)의 화가들 90명을 기술하였다. 대덕(大德) 원년(1297년)에 책이 완성되었으나, 청나라 이전에는 간행본이 없어 널리 전파되지 못했다.

진사(陳思)의 『소서사(小書史)』는 함순(咸淳) 정묘년(丁卯年 : 1267년)에 서문을 썼으며, 모두 10권으로 되어 있다. 권1에서는 역대 제왕(帝王)들 가운데 서법에 능한 사람들을 기록하였으며, 권2부터 권10까지는 후비(后妃)와 여러 왕들 및 기타 서법가들을 합쳐 모두 531명을 기록하였다. 엄격하게 말하면 이 책은 통사가 아니라 역대 서법가들의 전기 모음집이라 할 수 있다. 비록 자료의 출처에 대해 주를 달지는 않았지만, 정밀하게 판단하여 수집하고 편집하였고, 적지 않은 사료들을 보존하고 있었기 때문에, 이후에 나온 『서원정화(書苑精華)』와 서로 보완해가면서 영향력이 매우 컸다.

하문언(夏文彦)은 자가 사량(士良)이고, 호는 난저(蘭渚)이며, 오흥(吳興) 사람으로, 원대 말기의 감식(鑑識) 수장가였다. 『도회보감』은 그가 지정(至正) 25년(1365년)에 완성한 회화 통사 간략본이다. 전체가 5권으로 구성되어 있는데, 권1은 서론(叙論)이며, 나머지 4권은 삼국 시대부터 원대까지의 화가들에 대한 간략한 전기이다. 전체 내용의 거의 대부분이 앞 시대 사람들의 저술로부터 따온 것들이다. 비록 수집하여 망라하고 있는 내용이 폭넓지만, 짧은 기간에 급하게 써서, 정교함이 부족하기 때문에, 질서가 어수선하고, 종종 누락된 내용들도 드러난다. 그러나 망라하고 있는 내용이 광범위하고, 기록하고 있는 내용이 요점을 꿰뚫고 있기 때문에, 오랜 기간 동안 줄곧 화사(畫史), 특히 원대의 화사를 연구하는 데 필요한 참고 도서로 간주되어 왔다.

저록(著錄)·감식(鑑識)과 첩학(帖學)의 저술 방면을 보면, 궁정에서의 서화 저록이 북송 시기에 스스로의 체재와 격식을 갖추었는데, 『선화서보(宣和書譜)』와 『선화화보(宣和畫譜)』가 가장 유명하다. 남송부터 원나라에 이르기까지는 『중흥관각록(中興館閣錄)』·『중흥관각속록(中興館閣續錄)』·『사릉서화기(思陵書畫記)』와 왕운(王惲)의 『서화목록(書畫目錄)』이 있다. 개인의 저록과 감식 분야의 잡다한 저술들도 갑자기 흥기하였는데, 『선화서보』와 『선화화보』보다 이른 시기에 이루어진 저술들로는 미불의 『보장대방록(寶章待訪錄)』·『서사(書史)』·『화사(畫史)』, 동유(董逌)의 『광천서화발(廣川書畫跋)』 등이 있다. 『중흥관각록』보다 늦게 저술된 것들로는 주밀(周密)의 『지아당잡초(志雅堂

雜抄)』・『운연과안록(雲煙過眼錄)』과 탕후(湯垕)의 『화감(畫鑑)』 등이
있다. 첩학 분야의 저작들로는 상세창(桑世昌)의 『난정고(蘭亭考)』와
조사면(曹士冕)의 『법첩보계(法帖譜系)』 등 여러 종류가 있다.

선화(宣和-송나라 휘종 말기인 1119~1125년의 연호) 궁정에서 편찬한
『선화서보』와 『선화화보』는 각각 20권씩으로 구성되어 있는데, 중국
최초로 궁정에 수장되어 있는 서화들을 체계적으로 기록하였으며,
또한 사전(史傳)과 논술(論述)을 서로 결합한 저작들이다. 『선화화보』
가 선화(宣和) 2년(1120년)에 완성되었으므로, 『선화서보』도 이 무렵
에 완성되었을 것이다. 『선화서보』는 서체의 부문별로 분류하여 전
(篆)・예(隷)・정(正)・행(行)・초(草)・팔분(八分)의 순서로 기술하고 있지
만, 권수(卷首)에 '역대제후(歷代帝后)' 한 항목과 권말(卷末)에 '제조고
명(制詔誥命)' 한 항목을 덧붙이고 있다. 각 부문마다 앞에 서론(叙論)
을 붙여 원류를 설명하면서 견해를 표명하고 있다. 그 다음에 시대의
선후에 따라 서법가들의 열전을 두어 그들의 일생과 예술 활동을 서
술하였다. 열전 뒤에는 궁정에서 소장하고 있는 작품들의 목록을 나
열하였다. 이 책에는 모두 190명의 서법가들과 1240여 건의 작품들
이 실려 있다. 『선화화보』 또한 화학(畫學)의 부문별로 분류하여 도
석(道釋)・인물(人物)・궁실(宮室)・번족(番族)・용어(龍魚)・산수(山水)・축
수(畜獸)・화조(花鳥)・묵죽(墨竹)・소과(蔬果) 등 10부문으로 나누어 기
술하였다. 각 부문마다 앞에 서론을 붙이고, 그 다음에 전기를 기재
했으며, 다시 그 뒤에 작품 목록을 나열하였다. 이 책에는 모두 화가
231명과 회화 작품 6396건을 수록하였다. 두 책에 기재된 작품들이
비록 명칭과 작품 수만 나열하고 상세한 기술이 없긴 하지만, 이미 『
정관공사화록(貞觀公私畫錄)』의 체재와 『도화견문지』의 사전(史傳) 체
재를 하나로 결합시켜 스스로 계통을 세웠다. 앞 시대 사람들의 사
전 저술을 광범하게 채택한 기초 위에서, 궁정에서 수장하고 있던 주

제조고명(制詔誥命) : '제조(制詔)'는
임금의 명령을 기록한 글을 가리키
며, '고명(誥命)'은 고위 관직을 임명하
는 일종의 발령장이다.

요한 서화 작품들의 상황을 보여주고 있을 뿐만 아니라, 선화 시기 궁정 서화사(書畵史)의 발전에 대해서, 그리고 서화 이론의 관점 및 그 감식 품평의 기준에 대해서 매우 큰 영향을 미쳤다.

남송의 비각(秘閣)에 수장되어 있던 서화들도 또한 궁정에 의해 목록을 담은 저록이 편찬되었다. 바로 서법 작품들의 목록인『중흥관각록』은 저작랑(著作郎)으로 있던 양간(楊簡)의 주관하에 가정(嘉定) 2년(1209년)에 완성되었다. 그리고 회화의 목록인『중흥관각속록』은 비서감(秘書監) 양왕휴(楊王休)의 주관하에 그 다음해에 완성되었다.『중흥관각록』은 시대순으로 서술하였는데, 궁정에서 소장하고 있던 역대 유명 서법가들의 법서와 송대 제왕들의 어서(御書) 및 법첩(法帖)·비각(碑刻)들을 기록하였다. 비록 기술이 간략하여 작자·작품 명칭·작품의 건수만 적어놓았지만, 법첩에 각판(刻版)의 단락 수효와 보관 장소를 병기하고, 서법가의 간략한 전기도 서술하였다.『중흥관각속록』은 부문별로 분류하여 서술하고 있는데, 부문별 분류의 순서는 도·불상(道·佛像)·고현(古賢)·귀신(鬼神)·인물(人物)·잡화(雜畵)·산수(山水)·과석(窠石)·화죽영모(花竹翎毛)·축수(畜獸)·충어(蟲魚)로 하였다. 그러나 송나라 휘종의 작품과 휘종이 그림에 제(題)를 쓴 작품들은 맨 앞에 배치하였다. 기술한 내용은 간략하지만, 오로지 송나라 휘종의 항목만은 비교적 상세하다. 작품의 명칭과 작품의 건수 외에 제지(題識)도 기재하였다.

『사릉서화기』는 송·원 교체기에 주밀(周密)이 송나라 고종(高宗) 때 소흥(紹興)의 내부(內府)에 있던 저술들을 근거로 정리하여 완성한 것이다. 원래 저록 부분이 있어야 하는데, 지금은 장표(裝裱)의 격식에 관한 부분만 남아 있다. 이 책은 궁정의 장황과 표구의 제도를 기재한 중국 최초의 저작이다.『서화목록』은 원대의 궁정에서 수장하고 있던 서화들을 기술한 저록이다. 작자인 왕운(王惲)은 급현(汲縣)

비각(秘閣): 북송의 태종(太宗) 단공(端拱) 원년(988년)에 숭문원(崇文院) 안에 전각을 건립하고 이를 비각(秘閣)이라 불렀으며, 삼관[三館-소문관(昭文館)·집현원(集賢院)·사관(史館)을 일컬음]에 있던 서적 진본들과 궁정의 고화(古畵) 묵적(墨迹) 등을 모아서 수장했던 관청이다. 직비각(直秘閣)·비각교리(秘閣校理) 등의 관직이 있었다.

사람으로, 지원(至元) 연간(1264~1293년)에 감찰어사(監察御使)가 되었기 때문에, 원나라 궁정에서 차지한 남송의 수장품들을 감상할 기회가 있었다. 책의 앞쪽에 지원(至元) 병자년[丙子年, 즉 송나라 경염(景炎) 원년인 1276년]에 쓴 자서(自序)가 있어 이 무렵에 책이 완성되었다고 볼 수 있다. 책 속에 수록된 서화는 모두 200여 폭인데, 서법을 앞에 놓고 회화를 뒤에 배치하였으며, 모두 시대순으로 배열하였다. 기재한 항목은 작자와 작품의 명칭 외에, 때때로 작자의 간략한 전기·작품 내용·예술 특징·제발(題跋)·사용한 인장·장황과 표구 등도 포괄하고 있는데, 남송 궁정의 저록들에 비해 비교적 상세히 기록하였다.

개인의 저록들 가운데, 미불(米芾)의 『보장대방록(寶章待訪錄)』1권은 원우(元祐) 원년(1086년)에 완성되었는데, 개인 서화 저록의 서막을 열었다. 그 당시는 민간에 전해지는 법서들이 많았으며, 당나라의 내부(內府)인 보장각(寶章閣)에서 보존해온 법서들도 있었다. 미불은 이 무렵 아직 궁궐에서 봉직하지 않은 상태였는데, 황실에서 수소문하여 찾기 쉽도록 하기 위해 이 책을 썼다. 이 책은 '목견(目見)'과 '적문(的聞)'의 두 부류로 나누어 법서 명작들의 주요한 특징과 소장자를 구분하여 기록하였다.

『운연과안록』은 송나라 말기와 원나라 초기의 개인들이 수장하고 있던 서화들을 위주로 기록한 저술인데, 주밀(周密)이 만년에 완성하였다. 주밀(1232~1296년)은 자가 공근(公謹)이고, 호는 초창(草窗)이며, 제남(濟南) 사람으로 오흥[吳興 : 오늘날의 절강 호주(湖州)]에 와서 살았는데, 벼슬은 의오령(義烏令)에 이르렀다. 송나라가 멸망하자 벼슬을 하지 않았으며, 수장과 감식에 뛰어났다. 『운연과안록』4권에는 그가 직접 보았던 43명의 수장품들을 기재하고 있는데, 송대에 비서성(秘書省)에서 보았던 일부 뛰어난 작품들도 있다. 기재한 내용은 작자의 이름과 수장자 외에, 간혹 전해져온 과정 및 수장인기(收藏印記)

와 제발(題跋)의 기재 및 평어(評語)도 있다. 현재 전해오는 『운연과안록』은 원나라의 탕윤모(湯允謨)가 정리한 것인데, 탕윤모는 또한 『운연과안속록(雲煙過眼續錄)』을 저술하였다.

감식 분야의 잡저(雜著)는 미불의 『서사(書史)』와 『화사(畫史)』에서 비롯되었다. 두 책은 사(史)라는 명칭이 붙어 있지만, 역사 서술의 체재에는 부합되지 않으며, 실제로는 시대를 따라 약간의 정리를 가한 감식(鑑識)을 다룬 필기(筆記)에 속한다. 두 책은 작자가 직접 보았던 법서와 명화들을 분별하여 품평하며 서술하고 있는데, 진(晉)·당(唐)과 오대(五代)를 위주로 하였으며, 또한 주(周)·진(秦)의 금석(金石)과 송나라 초기의 서법과 회화도 함께 다루고 있다. 기재한 내용은 그 수장자와 작품의 내용·풍격·출처·인장(印章)·발미(跋尾)·장표(裝裱)를 품평한 것이 많다. 때때로 고증과 감식에 대한 논평을 가하고, 그 진위를 판별하고, 그 작품의 고하(高下)를 구분했으며, 또 서화가(書畫家) 및 감상계(鑑賞界)의 재미있는 일화나 소문들을 기록하기도 했는데, 문장이 활발하여 생기가 넘친다. 비록 내세우는 논지에 자신의 재주를 과시하거나 감정적으로 서술한 부분이 없지 않고, 때로는 한도를 넘어서기도 했지만, 서화(書畫) 저록이 나날이 더더욱 철저해지는 체재를 이미 열어놓았으며, 풍부한 감식의 경험을 총괄했기 때문에, 역대 감상가와 감식가들이 소중한 보배처럼 받들었다.

미불의 『서사』와 『화사』보다 늦게 출현한 『광천서화발(廣川書畫跋)』은 감식과 고증을 다룬 잡저(雜著)들 가운데 특히 고증 방면에 장점을 가진 저작이다. 작자인 동유(董逌)는 자가 원언(遠彦)이며, 동평(東平 : 오늘날의 산동 동평) 사람이다. 정강(靖康) 말년(1127년)에 사업(司業)의 관직에 올랐으며, 『동관여론(東觀餘論)』의 저자인 황백사(黃伯思)와 함께 고증과 감식 분야에서 유명했다. 『광천서발(廣川書跋)』은 모두 10권으로 구성되어 있으며, 동유의 고기(古器)에 관한 관지(款識)

사업(司業) : 학관(學官) 명칭으로, 수대(隋代) 이후에 국자감(國子監)에 설치하였으며, 국자감 부장관에 해당한다. 좨주(祭主)를 도와 국자감의 업무를 주관했으며, 청대 말에 폐지되었다.

및 한(漢)·진(晉)·수(隋)·당(唐) 이래의 비각(碑刻)들에 대한 발어(跋語)가 수록되어 있다. 마지막 부분에 송나라 사람이 법첩에 쓴 발어를 덧붙였는데, 그가 내린 논단(論斷)과 고증은 모두 매우 정확하고 타당하다.『광천화발(廣川畫跋)』은 모두 6권으로 구성되어 있고, 화발(畫跋-그림에 쓴 발문) 130여 항목이 수록되어 있으며, 고증한 그림의 제재와 내용을 위주로 한 것이 많고, 논평을 가하기도 했는데, 견해가 매우 깊이가 있다. 주밀은『운연과안록』을 완성하기 전에『지아당잡초(志雅堂雜抄)』도 저술했는데, 시기·지역·경험에 의거하여 비첩(碑帖)·주완(珠玩)·보기(寶器)에 대한 견문을 두루 기술하고 있어,『운연과안록』과 참고하여 볼 수 있다.

원대의 가장 중요한 회화 감식 분야의 저술은 탕후(湯垕)의『화감(畫鑑)』이다. 탕후는 자가 군재(君載)이고, 호는 채진자(采眞子)이며, 산양[山陽 : 오늘날의 강소 회안(淮安)] 사람이다. 그는 옛 물건을 감식하는 데 뛰어났으며, 일찍이 가구사(柯九思)와 그림을 논한 적이 있는데, 천력(天歷) 원년(1328년)에 이 책을 저술하였다.『화감』의 체재는 대체로 미불의『화사』를 따르고 있으며, 시대순으로 배열하여, 삼국(三國)·진(晉)·당(唐)·오대(五代)·송(宋)·금(金)·원(元) 및 외국의 화가 160여 명을 기술하고 있는데, 그 사승(師承) 관계와 그가 잘 그렸던 분야 및 그 작품의 명칭을 수록했고, 그 내용을 기록했으며, 그 필묵의 풍격을 평하고 있으며, 아울러 제지(題識)와 인장(印章)도 다루고 있다. 진위를 분별하고 우열을 품평하는 견해가 모두 주도면밀하지만, 고증 분야는 뛰어난 것 같지 않다.

송대에 각첩(刻帖)의 간행이 유행하면서 첩학(帖學) 분야의 저술들도 많아졌는데, 총첩(叢帖)에 관한 것도 있고, 하나의 서첩(書帖)에 관해 전문적으로 서술한 것도 있다. 총첩에 관한 것으로는 992년에 완성된 진관(秦觀)의『법첩통해(法帖通解)』가 가장 이르다. 그 이후의 것들로는 유차장(劉次莊)의 『법첩석의(法帖釋義)』·황백사(黃伯思)의 『법첩간오(法帖刊誤)』·강기(姜夔)의 『강첩평(絳帖評)』 등이 있다. 이러한 여러 저작들은 대부분 고증을 통해 옳고 그름을 고증하여 해석하는 데 치중하고 있지만, 비교적 늦게 출현한 『법첩보계(法帖譜系)』는 각첩의 원류(源流)를 전문적으로 기술하고 있다. 하나의 서첩에 관한 저작으로는 강기의 『계첩편방고(禊帖偏旁考)』가 있는데, 왕희지의 〈난정서(蘭亭序)〉 모본의 점과 획에 보이는 미묘한 변화를 기술하고 있으며, 『난정고(蘭亭考)』에서는 〈난정서〉의 원류를 고증하고 있어 널리 인용되었다. 유송(俞松)의 『난정속고(蘭亭續考)』의 경우는 각 수장본에 유명인들이 쓴 제발(題跋)들을 수록하였다.

『법첩보계』의 저자인 조사면(曹士冕)은 도창(都昌 : 오늘날의 산동성에 속함) 사람인데, 그의 행적은 분명하지 않다. 이 책은 순우(淳祐) 을사년(乙巳年 : 1245년)에 완성되었는데, 『순화각첩』이 간행된 시기와는 253년의 시차가 있다. 이 기간 동안 각첩의 간행이 유행하면서 흐름과 갈래가 다양해졌는데, 『법첩보계』 2권은 곧 그 원류들을 서술한 저작이다. 상권은 『순화각첩』 이하 22본(本)을 다루고 있으며, 하권은 『강첩』[강주(絳州)에서 모각한 『각첩(閣帖)』] 이하 14본을 다루고 있다. 모든 본(本)마다 각각의 발어(跋語)들이 있으며, 그 모각(摹刻)의 시말(始末) 및 공졸(工拙-뛰어난 점과 부족한 점)의 차이를 기술하였다. 작자는 『각첩(閣帖)』을 대종(大宗-적통)으로 삼고 『강첩(絳帖)』을 자손으로 삼았으며, 그 나머지는 모두 그 지류로 여기고 있다. 이 책은 송대 각첩의 역사를 연구하는 데 중요한 자료이다.

『난정고』의 작자인 상세창(桑世昌)은 회해(淮海 : 오늘날의 강소성에 속함) 사람으로 천태(天台 : 오늘날의 절강성에 속함)에 이주하여 살았는데, 시인 육유(陸游)의 생질이다. 이 『난정고』는 원래의 명칭이 『난정박의(蘭亭博議)』인데, 나중에 고사손(高似孫)이 첨삭하여 고친 뒤,

『각첩(閣帖)』: 중국에서는 역사상 수많은 각첩들 중 『순화각첩(淳化閣帖)』을 최고로 여기기 때문에, 일반적으로 『각첩(閣帖)』이라고 하면 『순화각첩』을 가리킨다. 『강첩(絳帖)』은 송나라 황우(皇祐)·가우(嘉祐) 연간(1049~1063년)에 반사단(潘師旦)이 『순화각첩』을 저본으로 삼아 첨삭한 뒤 모각(摹刻)한 것인데, 강주(絳州)에서 모각했기 때문에 붙여진 이름이다.

지금의 이름으로 정하였다. 이 책은 12권으로 되어 있으며, 오로지 〈난정서〉를 고증하기 위해 만든 것이다. 난정(蘭亭)·예상(睿賞)·기원(紀原)·영자팔법(永字八法)·임모(臨摹)·심정(審定)·추평(推評)·법습(法習)·영찬(咏贊)·전각(傳刻)·석계(釋禊)의 각 권들로 분류하고 있다. 평론가들은, 그가 대가(大家)들의 글을 인용한 것이 매우 핵심을 포괄하고 있다고 평가하는데, 송대 사람들의 제지(題識)에 대한 고증이 특히 상세하다.

서화의 기법을 전수하는 저술은 송·원 시기에 이르러 갑자기 발전하였다. 그 가운데 구결(口訣) 계통의 저술들과 도보(圖譜) 계통의 저술들이 특히 눈길을 끈다. 구결식 저작의 본류는 민간에서 행해지면서 스승과 제자를 통해 전해져 내려온 것인데, 송대에 이르면 문인들이 정리한 다음 유명한 대가들의 이름을 거짓으로 차용한 책으로 만들어져 유포되었다. 서법 방면에서는 구양순(歐陽詢)의 이름을 차용하여 저술한 『삼십육법팔결(三十六法八訣)』이 있으며, 회화 방면에서는 양(梁)나라 원제(元帝)를 칭탁한 『산수송석격(山水松石格)』과 왕유(王維)를 칭탁한 『산수론(山水論)』[일명 형호(荊浩)의 『논화산수부(論畫山水賦)』]이 있다. 원대에는 황공망(黃公望)과 왕역(王繹)이 산수와 초상화법을 전수한 저작이 있는데, 비록 가사(歌詞)나 구결 형식은 아니지만, 역시 각각 『화산수결(畫山水訣)』(황공망)과 『사상비결병채회법(寫像秘訣并彩繪法)』(왕역)으로 불렸다. 진역증의 서법(書法) 기법에 관한 저작은 그 제목이 『한림요결(翰林要訣)』이다. 여기서 뒤의 두 책에 대해 간략하게 소개하고자 한다.

왕역은 저명한 초상화가였는데, 그의 『사상비결병채회법』1권은 초상화법과 초상화 채색 방법을 전문적으로 논술한 것이다. 그는 "소리지르고 휘파람 불며 책을 읽고 이야기를 나누는 사이에, 그리는 대상의 본래의 성정(性情)을 차분하게 찾아내어, 마음속에 묵묵히 기

구결(口訣) : 외우기 쉽도록 요점만 간략하게 정리하여 만든 문구.

팔격(八格) : 북송의 화가 한졸(韓拙)
이 『산수순전집(山水純全集)』에서 이
렇게 제시하였다. 즉 "凡畫有八格, 石
老而潤, 水淨而明, 山要崔巍, 泉宜洒
落, 雲煙出沒, 野徑迂回, 松偃龍蛇,
竹藏風雨也.[무릇 그림에는 여덟 가지 풍
격이 있으니, 바위는 원숙하면서 윤택하
고, 물은 깨끗하고 밝으며, 산은 가장 높고
우뚝하고, 샘물은 마땅히 티 없이 맑고 깨
끗하며, 구름과 연기는 출몰하고, 들판에
난 길은 멀리 돌아가며, 소나무는 용과 뱀
처럼 비스듬하고, 대나무는 비바람을 드러
내지 않는 것이다.]"

삼정(三庭) : 옛 사람들은 사람의 얼
굴을 삼정으로 나누어, 이마 끝에서
양 눈썹 사이까지를 상정(上庭), 양 눈
썹의 중간 부분부터 코끝까지를 중정
(中庭), 코끝에서 턱까지를 하정(下庭)
이라고 하였는데, 각각 천(天)·지(地)·
인(人)을 상징한다고 여겼다. 그리고
이 삼정의 비례가 같은 것을 얼굴 길
이의 표준으로 삼았다.

오배삼균(五配三勻) : 중국 인물화의
얼굴 표현에 대한 일종의 표준을 나
타내는 것으로, 얼굴의 전체 길이는
위의 삼정(三庭)이 같은 비례로 균형
을 이루어야 하고, 얼굴의 전체 폭은
눈 하나의 폭을 기준으로 하여, 눈과
눈 사이가 대략 눈 하나의 폭이며, 그
좌우에 각각 두 눈이 있고, 또 좌우
눈초리부터 얼굴 윤곽선까지가 각각
눈 하나의 폭이어서 5등분하는 비례
가 균일해야 좋은 얼굴 형태라고 규정
한 것이다.

억한 다음에 붓을 대야 한다[叫嘯讀談話之間, 靜求其本性情, 黙識于心, 然後落筆]"라고 주장하였다. 그의 화법 및 채색법에 대한 논술도 매우 상세하고 구체적이며, 경험에서 얻은 내용도 적지 않다. 초상화에 대한 옛날의 비결들만 늘어놓지 않고, 상(像)을 대하는 '팔격(八格)'에 대해 개괄하였으며, '삼정(三庭)'과 '오배삼균(五配三勻)'에 대한 분석은 특히 초학자(初學者)에게 매우 편리하다. 이 책은 화법과 이치를 결합시켜 구체적으로 설명한, 초상화에 관한 중국 고대의 보기 드문 저술이다.

진역증(陳繹曾)은 자가 백부(伯敷)이고, 처주(處州 : 오늘날의 절강성에 속함) 사람으로, 벼슬은 국자조교(國子助敎)에 이르렀으며, 글씨를 잘 썼다. 그의 『한림요결(翰林要訣)』 1권은 모두 12장으로 되어 있는데, 집필법(執筆法)·혈법(血法)·골법(骨法)·근법(筋法)·육법(肉法)·평법(平法)·직법(直法)·방법(方法)·포법(布法)·변법(變法)·법서(法書)로 분류하여 서술하고 있다. 지론은 앞 시대 사람들을 계승한 것도 있고, 특별히 마음으로 터득한 것도 있는데, 초학자에게 편리했기 때문에 오래도록 사람들이 중시하였다.

도보(圖譜) 계통의 저작들은 주로 회화 영역에서 출현하였는데, 송대에 이미 송백인의 『매화희신보(梅花喜神譜)』가 출현하였으며, 원대에 이르러 더욱 흥성하였다. 이간(李衎)의 『죽보(竹譜)』가 그 단초를 열었으며, 가구사(柯九思)의 『묵죽보(墨竹譜)』와 장퇴공(張退公)의 『묵죽기(墨竹記)』(이것도 도보에 속함)가 그 뒤를 이었다. 또 명설창(明雪窓)은 『난보(蘭譜)』를 저술하였고, 왕면(王冕)도 『매보(梅譜)』를 남겼다. 그 가운데 송백인의 『매화희신보』와 이간의 『죽보』가 가장 유명하다.

송백인(宋伯仁)은 자가 기지(器之)이고, 호주(湖州) 사람으로, 일찍이 염운사(鹽運司)의 속관(屬官)을 지냈다. 그가 저술한 『매화희신보』는 사생(寫生)을 거쳐 제작한 것이다. 두 권으로 된 이 책은 가희

(嘉熙) 무술년(戊戌年 : 1238년)에 완성되었다. 상권에는 배뢰(蓓蕾-꽃망울) 4지(枝)·소예(小蕊-작은 꽃술) 16지·대예(大蕊-큰 꽃술) 8지·욕개(欲開-막 피려는 꽃) 8지·대개(大開-활짝 핀 꽃) 14지를 그렸으며, 하권에는 난만(爛漫-꽃들이 만개한 모습) 18지·욕사(欲謝-막 지려는 모습) 16지·취실(就實-열매 맺은 모습) 6지를 그렸다. 각 그림들마다 오언절구(五言絕句)를 덧붙였다. 평론가들은 비록 번다하기는 하지만 매화의 심원한 정신을 잘 전하고 있다고 평하였다.

이간의 『죽보』는 대덕(大德) 3년에 자서(自序)를 썼으며, 지금의 책은 모두 10권으로 되어 있다. 시작 부분은 「죽보상록(竹譜詳錄)」인데, 대나무를 그린 경력을 스스로 서술하였다. 그 다음은 「화죽보(畵竹譜)」·「묵죽보(墨竹譜)」·「죽태보(竹態譜)」·「죽품보(竹品譜)」의 순서로 구성되어 있다. 「죽품보」는 다시 세부 항목들이 '전덕품(全德品)'·'이형품(異形品)'·'이색품(異色品)'·'신이품(神異品)'·'사시이비죽품(似是而非竹品)'·'유명이비죽품(有名而非竹品)'으로 되어 있다. 그림과 문장이 모두 뛰어나고, 인용과 고증 내용이 깊고 풍부하며, 분석이 자세하고, 대나무를 그리는 법에 대한 논술이 매우 상세하게 갖추어져 있다.

[본 장 집필 : 수에융니엔(薛永年)]

|제1절|
생산 구조와 풍격의 변화

오대(五代)부터 원나라에 이르는 동안 중국의 공예 미술은 매우 번성하였으며 휘황찬란한 성취를 이룩하였다. 그 동안에 매우 놀랄 만한 커다란 풍격의 변화를 겪게 되는데, 많은 왕조들 가운데 가장 큰 공헌을 한 나라는 양송(兩宋-북송과 남송)과 원나라였다. 양송의 경우 위로는 만당(晩唐)과 오대를 계승하면서, 차츰 일찍이 없었던 전아한 법식을 확립하였으며, 나아가 주변 왕조의 예술 방향을 이끌었다. 원나라의 경우는 다양한 문화들의 충돌과 융합 속에서 마침내 정교하고 화려한 새로운 전범(典範)을 만들어 냈다. 이러한 법식과 전범은 명·청의 공예 미술 발전에 매우 큰 영향을 미쳤다.

적어도 은상(殷商) 왕조 때부터 중국의 공예 미술 생산은 관(官)과 민(民) 양대 체계로 나뉘어졌다. 송나라에 이르면 관부(官府) 생산의 조직은 더욱 완비되는데, 그 생산품은 일단 봉건 정치를 위해 이바지해야 했으며, 더 나아가 황실과 귀족들의 사치 욕구를 만족시켜야 했다. 중앙에는 문사원(文思院)·능금원(綾錦院)·염원(染院)·문수원(文繡院)·후원조작소(後苑造作所) 등을 설치하여, 생산되지 않는 물품이 없었다. 각 지역의 물산과 공예 전통에 의거하여 다시 많은 주(州)·부(府)에 장(場)과 원(院)을 두었는데, 그곳의 가장 일반적인 생산품은 비단이었다. 더욱 정교한 물품을 생산하기 위하여 관부에서 운영하는 작방(作坊-작업장)에서의 분업 공정은 상당히 세밀했으며, 문사원에서는 "금(金)·은(銀)·서(犀)·옥(玉) 같은 공교함을 요하는 물품

은상(殷商) : 원래는 상(商) 왕조인데 나중에 '은(殷)' 지방으로 천도하면서부터 국호도 '은'으로 부르게 되는데, '은상'은 바로 이 은(殷) 왕조를 가리킨다.

들과 금채(金彩)·회소(繪素-그림)·나전 장식 같은 일들을 관장했는데[掌金銀犀玉工巧之物, 金彩繪素裝鈿之節]", 그것을 상·하 두 계(界-범주)로 구분하였다. "상계(上界)는 금은과 주옥(珠玉)을 다루었으며, 하계(下界)는 동철(銅鐵)·죽목(竹木)과 잡다한 재료들을 다루었는데[上界造金銀珠玉, 下界造銅鐵竹木雜料]", 모두 42곳의 작방을 거느렸다. 더욱 세밀했던 곳은 후원조작소로, 그곳에서는 "궁중 및 황족의 혼인에 필요한 최고 물품 제조를 관장하였는데[掌造禁中及皇屬婚娶名物]", 81곳의 작방을 거느릴 수 있었다. 관에서 운영하는 작방의 규모는 결코 매우 크다고는 할 수 없었는데, 대형 작방의 경우 일반적으로 공장(工匠-공예인과 기술자)이 수백 명이었지만 예외도 있었다. 북송의 휘종(徽宗) 황제는 지나치게 사치를 좋아하여, 특별히 항주(杭州)와 소주(蘇州)에 조작국(造作局)을 설치하였는데, 하루에 동원되는 장인이 수천 명이었다. 관에서 운영하는 작방 외에, 일부 무장(武將)과 문신(文臣)들이 권세에 의지하여 개인 소유의 공예 미술품 생산 작방을 경영하거나 지배했는데, 그 생산품도 역시 비단이 대부분을 차지했다.

통치 집단의 공예 미술에 대한 강한 관심으로 말미암아, 원대(元代)의 관부(官府) 생산의 규모는 이전에 볼 수 없을 정도로 커졌는데, 단지 기록의 내용이 결코 완벽하다고는 할 수 없는 『원사(元史)』·「백관지(百官志)」만을 보더라도 관에서 운영한 공예 미술 작방들은 160곳이 넘었다. 중앙 기구적인 성격의 작방들은 관련이 있는 원(院)·부(部)·사(司)·감(監)에 예속되어 있었으며, 지방 기구적인 성격의 작방들은 소재지 정부 기관의 관할하에 두었다. 이 밖에 종친과 공신·귀족들도 개인 소유의 작방을 운영했다. 원대의 관에서 운영하던 작방, 특히 비단 제조 작방의 규모가 항상 가장 컸는데, 예컨대 오늘날의 남경에 설치한 작방, 즉 자정원(資政院)에 예속되어 있던 동직염국(東織染局)의 경우는 거느리고 있던 장인이 3006호(戶)에 달했다.

관에서 운영하던 작방은 수량도 많고 규모도 컸으며, 총 생산량도 역시 매우 많았다. 그러나 생산량 대비 장호(匠戶)의 비례는 오히려 매우 낮아서, 앞에서 열거한 동직염국의 경우 매년 4527단(段)을 생산했는데, 장호 1호당 연간 총 생산량은 고작 1.5단에 불과했다. 물론 여기에는 고품질의 물품 생산이라는 요인도 있었지만, 더욱 중요한 것은 장인들이 반드시 날마다 공방에 들어와 작업할 필요가 없었고, 작업에 임하는 여가에 자신이 만든 것을 개인적으로 팔 수 있었기 때문이었다. 적어도 남방 직염국(織染局)의 상황은 대체로 이와 같았으며, 오늘날의 경덕진(景德鎭)에 설치했던 부량자국(浮梁磁局)도 "명령이 있으면 일하고, 그렇지 않으면 쉬었다.[有命則供, 否則止.]"

앞 시대와 비교하면, 양송 시기의 민간 공예 미술은 매우 큰 발전을 이루었는데, 개인이 운영하는 공방의 수효는 증가했고, 규모는 보편적으로 확대되었으며, 고용한 공장(工匠)은 많아야 몇 명 내지 수십 명에 불과했지만, 백 명을 넘는 경우도 문헌의 기록에 가끔 보인다. 개인이 운영하는 공방에서는 대부분 비단과 도자기를 생산했지만, 도시에는 금·은·서·옥 등 고급품을 제조하는 공방들도 있었다. 민간 공예 미술 생산의 주체는 여전히 도시와 농촌에 널리 분포한 가내(家內) 방직(紡織)이었는데, 설령 농촌이라 하더라도 적지 않은 사람들이 농업을 포기하고 전문적인 기계 직조 생산자로 전환하였으며, 그 수효도 당나라 때보다 훨씬 많았다. 예컨대 새롭게 부상한 비단 생산의 중심지인 재주[梓州 : 오늘날의 사천 삼대(三臺)]의 경우는 "기계 직조 생산자가 수천 호에 이르렀다.[機織戶數千家.]" 양송 시기 고급 직물과 자수품의 생산은 항상 사원 경제와 관련이 있었는데, 예컨대 무주(撫州 : 오늘날의 강서 무주) 연화사(蓮花寺)에서 생산된 연화사(蓮花紗)·월주[越州 : 오늘날의 절강 소흥(紹興)]에서 생산된 사릉(寺綾)과 니라(尼羅)는 모두 널리 이름이 알려진 섬세하고 화려한 물품들이었

장호(匠戶) : 원대(元代)와 명대(明代)에는 민간인을 민적(民籍)·군적(軍籍)·장적(匠籍)의 세 부류로 분류하는 호적 제도를 시행하였다. 그 중 장적에 편입된 가구인 장호(匠戶)는 전문적으로 수공업 생산에 종사하는 가구인데, 납세나 군역 대신 관에서 운영하는 작방에서 일정 기간 동안 생산 활동에 종사하는 번역(番役)을 해야 했다.

단(段) : 비단이나 포목의 양을 나타내는 단위로, 반 필(匹)을 가리킨다. 천의 종류에 따라 단위의 양도 다른데, 비단의 경우 30척(尺)을 1필로 삼기 때문에, 1단은 15척에 해당하며, 광목이나 옥양목 등은 40척을 1필로 한다.

다. 북송 숭녕(崇寧) 3년(1104년)에 문수원이 설립되기 전에는 조정의 자수(刺繡)도 종종 비구니들의 손을 통해 제작되었다. 당시에는 도자 산업이 매우 발달했는데, 예컨대 경덕진에는 도자기를 굽는 가마가 3백 여 곳이 있었으며, 재료 준비·아직 유약을 입히지 않은 날그릇 제작·장식·시유(施釉)·가마 제작 등의 공정들마다 모두 각각 그 담당자들이 있었고, 세분화된 분업화도 대량 생산의 품질을 위한 중요한 보증이었다.

원대의 통치 집단은 좋은 원료를 독점하면서 대량의 우수한 장인들을 부려먹었기 때문에, 민간 공예 미술의 발전은 큰 어려움을 겪었다. 북방은 요나라와 금나라의 옛 영토였던 지역으로, 민간의 직물 자수와 도자 생산이 이미 위축되어 있었으며, 원대에 대규모로 설치한 관영 작방들로 인해 북방의 민간 생산은 예전 같지 못하게 되었고, 생산품은 거의 모두 중·저급의 일용품들로 실용에 중점을 두었을 뿐, 미관(美觀)은 부차적이었다. 이에 비해 남방의 상황은 훨씬 나은 편이었다. 송나라가 멸망한 후 처음에는 비록 여러 가지 어려움을 겪었지만, 원대 중·후기에 이르면 강소와 절강을 대표로 하는 민간 공예 미술이 이미 회복되었고, 심지어 발전한 것도 있었는데, 방직과 도자 생산이 두드러졌다.

중원은 전통적인 정치·경제·문화의 중심지로, 공예 미술이 가장 발달한 지역이었다. 8세기 중엽에 발생한 안사(安史)의 난으로 말미암아 비록 경제 중심이 이동하여 남방 공예 미술의 획기적인 발전을 추동했다 하더라도, 중원 지역은 결국 그 뿌리와 터전이 견고하고 깊었다. 사회의 안정과 경제의 발전에 따라 이곳은 다시 북송 시기 관부와 민간 공예 미술이 가장 번성한 생산지가 되었으며, 요대의 공예 미술 생산도 주로 이 지역에서의 약탈과 부분적인 점령에 의거해야만 했다. 금대에 들어서면, 중원의 공예 미술은 비록 일정한 수

안사(安史)의 난 : 현종의 신임을 받고 동북 지역 국경을 지키던 실력자 안록산과 양귀비의 일족이던 재상 양국충(楊國忠) 간의 권력 투쟁으로 인해 발생하여, 755년부터 763년까지 약 9년 동안 당나라를 뒤흔든 난으로, 안록산(安祿山)과 사사명(史思明) 등이 주동했기에 '안사의 난'이라고 부른다.

준을 유지했지만, 총체적으로는 이미 쇠락의 면모를 드러냈다. 쿠빌라이가 칸[汗]으로 칭한 이후, 원나라의 정치 중심은 대도(大都 : 오늘날의 북경) 및 상도[上都 : 오늘날의 내몽고 정람기(正藍旗)]였는데, 이 일대에 관에서 운영하는 작방이 밀집하면서 생산이 특별히 번성한 반면, 서북방의 민간 제작은 보편적으로 시들고 쇠퇴하였다. 남방의 공예 미술은 강소와 절강 지역이 가장 두드러졌다. 중당 이래로 이곳의 비단과 도자기 등은 천하에 이름을 날렸다. 북송 시기에는 그 위상이 중원 다음에 위치했지만, 여전히 안정적으로 발전하였다. 송나라 왕실이 남쪽으로 옮겨가면서 강소와 절강은 가장 중요한 지역이 되었으며, 원대 초기에 짧은 기간의 파괴를 겪은 것을 제외하면 기본적으로 기예(技藝)면에서 우세를 유지하였다. 이곳의 생산은 대체로 관영(官營)과 민영(民營)이 병행하여 발전했는데, 민간의 생산이 늘 관부의 생산을 뛰어넘었으며, 오대부터 원나라에 이르기까지 이름난 민간의 품종들과 이름난 장인들은 대부분 이곳에서 나왔다. 성도(成都) 일대도 전통적인 공예 미술품의 유명한 생산지였으며, 비단과 조각 공예로 천하에 이름이 났지만, 교통로인 촉도(蜀道)가 험난했기 때문에 이 지역에서 전국적인 경쟁에 참여할 수 있었던 것은 대체로 가볍고 간편한 사치품들이었다. 공예 미술은 풍토(風土)나 백성들의 정서와의 관계가 가장 긴밀하기 때문에, 생산지가 다르면 대체로 풍모도 다르게 마련이다. 대체로 북방은 씩씩하고 강한 반면, 남방은 맑고 빼어난데, 이는 민간의 생산품에서 더욱 두드러지게 표현되었다.

공예 미술의 생산 중심은 종종 대도시가 되곤 한다. 도성은 중앙에서 관할하는 관부 작방이 가장 밀집한 지역이었는데, 이들 작방들의 생산품은 재료가 좋고 솜씨가 정교하여 공예 미술의 최고 수준을 대표했다. 민간의 정품(精品)도 대부분 대도시 및 그 주변에서 생산되었는데, 다만 도자기의 상황은 약간 특수했다. 그것은 그 생산 과정

촉도(蜀道) : 옛날 촉(蜀)나라가 있던 지역인 오늘날의 사천(四川) 일대는 수많은 높은 산들로 둘러싸여 있어, 옛날에는 교통이 매우 불편했다. 도로는 절벽의 난간에 사람이 겨우 지나갈 수 있을 정도로 좁고 위험한 곳이 많았다. 그리하여 오늘날에는 다니기에 매우 힘든 것을 대신하는 말로도 쓰인다.

에서 대규모로 땅을 파고 흙을 채취하고, 나무를 베어 연료를 마련하고, 먼지와 연기가 많이 일어나는 것 등과 관련이 있었기 때문이다. 설령 이와 같다 할지라도, 몇몇 유명한 가마와 작업장들은 여전히 도시 인근에 위치했다. 대도시에는 관료와 부호들이 모여 살며, 백성들도 비교적 강한 사치 욕구와 구매력을 갖고 있었으므로, 이에 따라 명품들의 생산을 촉진하였다. 대도시는 발달한 상업 기반을 갖추고 있었는데, 상업의 공예 미술에 대한 역할은 단지 사고파는 일뿐만 아니라 경쟁도 초래하였으며, 이에 따라 조형·장식 내지 품종의 부단한 새로운 변신과 창조를 촉진하였다.

생산의 측면에서 말한다면, 고대의 공예 미술은 관부 생산품과 민간 생산품 두 부류밖에는 없었다. 관부 생산품은 자연히 관부에서 지정한 사용처가 있었고, 설계와 제작이 명령에 따라 이루어졌기 때문에, 장인이 자기 마음대로 표현하여 규정된 법도를 파괴하는 것은 결코 용납될 수 없었다. 민간의 생산품들 가운데 소수는 생산자 자신이 사용했고, 대다수는 시장에 내다 팔고자 했으며, 생산자는 일단 이들 생산품으로 생계를 유지해야 했기 때문에, 반드시 생산품이 소비자의 취향에 부합되도록 만들어야 했다. 이처럼 하나하나의 공예 미술품의 면모는 최소한 어떤 계층의 수요나 취향과 거의 일치하게 되며, 대부분이 상당한 정도의 보편성을 반영해 내고 있어, 내포되어 있는 공통성이 특수성보다 훨씬 크기 때문에, 독창성을 강구하며 "마음을 그려 내거나[寫心]" "스스로 즐길[自娛]" 수 있는 시문이나 회화와는 확실히 달랐다. 공예 미술은 전반적으로 시대의 공통적인 심미 정신을 표현하고 있다.

관부의 생산은 자본·원료·기예의 우위를 점하고 있었으며, 그 생산품의 사용자 또한 문화적으로 통치 지위를 차지하고 있었기 때문에, 관부의 생산품은 그 시대 공예 미술을 주도했다. 민간의 생산품은 박해를 받고 수탈을 당했기 때문에 물질적 역량과 기술의 기초가 모두 관부에 미치지 못했으며, 제작도 종종 좀 조악했다. 고대 사회에서는 신분의 귀천(貴賤)과 존비(尊卑)에 따라 각각 등급이 있었기 때문에, 공예 미술은 곧 계급 제도의 물질적 체현이었다. 즉 재질에서 품종에 이르기까지, 그리고 도안부터 색의 사용에 이르기까지도 신분의 고하에 따라 차별을 두어 함부로 사용할 수 없도록 하였다. 민간 생산품 사용자의 신분은 비교적 비천하여 제한받는 것도 매우 많았다. 그러나 제도를 위반하지 않는다는 전제 아래 그것들은 항상 관부의 생산품을 본보기로 삼았다. 이 때문에 등급의 차이는 있었다 하더라도 예술 추구는 오히려 종종 같은 방향으로 나아가곤 했는데, 심지어 법령이 약간 느슨해지기라도 하면 금지 규범을 위반하면서 관부의 생산품과 꼭 닮은 물품들을 제작하곤 했다. 정부의 금지 제한 조치가 빈번하게 반포된 까닭은 바로 아무리 금지해도 중지하지 않았기 때문이었다. 다만 원대에 일부 민간이 생산한 고급품의 상황은 약간 특수했는데, 그 물품들은 송대의 전범을 본받으면서 주류 문화로부터 벗어난 독립된 품격을 드러내 보여주고 있다. 예컨대 장성(張成)·양무(楊茂)의 조칠(彫漆), 주벽산(朱碧山)의 은기(銀器), 가요(哥窯)의 청자, 경덕진의 일부 백자 등은 모두 가장 멸시받던 '남인(南人)'들의 손으로부터 나왔는데, 앞 왕조를 추구하여 모방한 데에는 따로 깊은 뜻이 담겨 있었다.

공예 미술의 여러 분야들 가운데 현재 가장 많이 남아 있고 가장 관심을 많이 받는 것은 도자이다. 그러나 고대에는 도자의 지위가 도저히 비단과 견줄 수 없는 것이었다. 그 당시 직조에 종사한 인구는 도자 제작에 종사하는 인구보다 훨씬 많았으며, 비단은 국가가 민생을 계획할 때의 위상도 도자보다 훨씬 높았다. 비단은 또 군신의 품계를 구분하는 복식의 주요한 옷감으로, 이것에 근거하여 차례를 나

조칠(彫漆) : 기물에 여러 차례 칠을 발라 말린 다음, 각종 문양과 그림을 부조(浮彫)로 새긴 공예품.

남인(南人) : 원대(元代)에는 네 등급으로 구분된 신분 가운데 가장 낮은 등급을 가리키는 말이었으며, 남송 시기에는 한족(漢族)이 통치하는 지역이나 소수민족 거주 지역에 거주하는 소수민족을 일컫던 말로, 일반적으로 회하(淮河) 이남의 남송 국경 내에 거주하는 사람들을 가리켰다. 원대에는 가장 지위가 낮았을 뿐 아니라, 가장 압박과 멸시를 당하는 계급이었다.

누고 귀천을 구분하는 표지로 삼았기 때문에, 통치 집단의 비단에 대한 중시는 여전히 도자를 훨씬 능가했다. 비단은 대부분 옷을 만드는 데 사용했으며, 따라서 또한 전시 효과와 영향력을 매우 잘 구비했기 때문에 각 계층 사람들의 관심을 가장 많이 받았다. 그 도안에는 장식 예술의 정수가 응축되어 있으며, 그 시대가 숭상하던 심미 풍조의 변천을 체현하고 있어, 각 분야 공예품 학습의 본보기였을 뿐만 아니라, 새로운 양식의 가장 민첩한 전파자 역할을 담당하였다. 아마도 쉽게 썩고 보존이 어려웠기 때문에 오늘날에는 많이 볼 수가 없지만, 사람들이 비단에 대해 갖는 관심은 항상 변화하였는데, 이미 일부의 관심은 또한 온통 격사(緙絲)와 자수로 쏠렸다. 그것들이 비록 제작 기교와 예술 조예를 더욱 잘 드러내 보여주고 있지만, 비단 생산에서는 단지 그럭저럭 격식만을 갖추고 있을 뿐이다.

공예 미술은 실용에 가장 관심을 기울이는 분야이기 때문에, 음식기구(飮食器具)의 지위가 두드러지는데, 그 재질에도 역시 고저(高低)와 귀천의 구분이 있었다. 옥과 금·은의 재료는 진귀하고 드물어서 가격이 비쌌는데, 제도에 따라 이러한 다기와 주기(酒器)를 사용하는 사람들의 신분은 비교적 존귀했으며, 칠목(漆木)이나 도자 재료는 구하기가 쉬워 가격이 저렴했기 때문에, 장식 이외에 사용에는 제한이 없었다. 틀림없이 화려한 사치와 권세를 누리고 싶은 심리에서 비롯된 것이었겠지만, 금은기(金銀器)의 조형 및 장식은 종종 칠기와 도자기가 모방하는 본보기가 되었다. 상반된 상황도 물론 존재했지만(특히 요대에 그러했음), 근본적으로 재질이 저렴한 것이 비싼 것을 모방한다는 규칙과 필적할 수는 없었다. 옥으로 만든 기명(器皿)의 품격이 가장 높았지만, 드물게 예외도 있었다. 좋은 재질의 옥은 머나먼 서쪽 변방에서 생산되었는데, 관산(關山)으로 가로막혀 있어 내륙 지역에서는 매우 보기 드물었으며, 기물로 만들었을 경우에도 망가지

격사(緙絲) : 일명 '각사(刻絲)'라고도 하며, 중국의 가장 전통 있는 장식성 직조품의 하나로, 송·원 이래로 줄곧 황실의 어용 직물로 사용되었다. 주로 제후의 복식이나 어진(御眞－황제의 초상)과 명인의 서화를 모사하는 데 사용되었다. 직조 과정이 매우 섬세하고 치밀하여 원작보다 뛰어날 정도였는데, 현재 전해지는 것은 매우 드물다. 흔히 "1촌(寸)의 격사는 1촌의 금이다[一寸緙絲一寸金]"라거나 혹은 "직중지성(織中之聖－직물들 중 으뜸)"이라고 불린다.

관산(關山) : 감숙성 천수시(天水市) 장가천(張家川) 회족(回族) 자치현 내에 있는 산으로, 옛날에는 장안(長安)에서부터 서쪽으로 갈 경우, 대부분 관롱대도(關隴大道－실크로드의 남쪽 대로)를 거치게 되었는데, 그때 반드시 거치게 되는 산이다. 매우 험준하며, 옛날에는 농산(隴山)이라고 했다.

고 깨지기 쉬웠다. 더구나 그것들의 수량이 너무 적었기 때문에, 식별해낼 수 있는 영향력도 거의 없는 것이나 마찬가지였다.

　진교역(陳橋驛)에서 병변(兵變)을 일으킨 송나라 태조 조광윤이 황제로 등극한 뒤, 나라에서 또 다시 정권이 바뀌는 것을 방지하기 위하여, 송 왕조는 문교(文敎)에 힘쓰고 전쟁을 중단하는 일련의 국가 정책들을 펼쳤는데, 그것은 공예 미술의 발전에 대단히 심각한 영향을 미쳤다. 문교에 치중함으로써 모든 백성들의 문화적 소양을 제고해냄으로써, 시대정신을 가장 잘 반영해낼 수 있는 공예 미술도 맑고 빼어나면서 전아한 취향에 대한 집중적인 추구를 표현해 내게 되었다. 전쟁의 중단은 곧 요·금·서하와 정치적으로나 군사적으로 대치를 초래하였고, 이로 인해 서방 문명 대국들과의 육로 연결이 단절되면서 공예 미술은 상당히 순수하게 중국 전통의 분위기 속에서 안정적인 발전을 이룩하였다. 그리고 양송의 발달한 사회 경제는 공예 미술이 오래도록 번영할 수 있는 담보가 되었을 뿐 아니라, 또한 관부와 민간 생산품의 차이가 상대적으로 작아지는 물질적 조건이었다.

　양송의 공예 미술은 품질의 순수성을 강조하였는데, 도자가 바로 그 대표적인 것이었다. 많은 고급품들은 대부분 장식을 생략하였고, 유약을 바른 면의 온화하고 윤택하기가 마치 옥과 같은 것을 높게 평가하여, "글자 한 자 넣지 않고도, 풍류를 다 얻을 수 있다[不着一字, 盡得風流]"라고 할 정도로 차분하고 온화한 아름다움을 최고 경지까지 끌어올렸다. 장식의 경우는 맑고 고우며 부드럽고 빼어남을 중시했고, 제재로는 전지(纏枝-뒤엉킨 가지)나 절지(折枝)와 같은 각종 화훼류를 많이 채택했으며, 완곡하게 감도는 분위기를 힘써 추구함으로써, 비록 사실적으로 표현했지만, 현실 속의 화훼에 비해 더욱 아름답고 부드러웠다. 기물의 조형은 항상 호도(弧度-휘어진 정도)가 비교적 적은 곡선을 채택하여 풍만함을 숭상하기보다는 힘차고 굳센 것

진교역(陳橋驛) : 오늘날의 하남성(河南省) 신향시(新鄕市) 봉구현(封丘縣) 동남쪽에 위치하며, 960년에 송나라 태조 조광윤이 여기에서 재차 군대를 동원하여 반란을 일으켜 북송을 건국하여, 중국 역사상 최초로 피를 흘리지 않고 왕조가 교체되었다.

을 중시하였는데, 예리한 전환을 비교적 적게 하고 장식성 첨가물들을 더욱 줄임으로써 각별히 단순하면서도 세련된 아름다움을 드러나게 하였다. 색채는 담백하고 고아한 조화로움을 추구하여, 은기유금(銀器鎏金)은 당대의 '금화은기(金花銀器-문늬만 금으로 새긴 은기)'의 전통을 변화시켜 전체를 유금하는 방식으로 전환하여 무늬와 바탕이 한 가지 색으로 되게 하였다. 도자의 경우는 항상 표면에 무늬를 넣지 않았고, 그 장식도 유약을 바른 면과 같은 색으로 각획(刻劃-부조로 새김)·퇴첩(堆貼-덧붙임)·모인(模印-형틀로 찍음)한 것들이 다른 색을 사용하여 그림을 그린 것들보다 많았다. 바탕·장식·조형·색채의 갖가지 특징들이 맑고 빼어나면서도 전아한 풍격을 만들어 냈다. 전형적인 양송의 작품들은 비록 정교하고 섬세하게 제작되었지만, 결코 현란한 기교를 부리지 않아, 사람들을 놀라게 하거나 충격을 주지 않았으며, 자연스러움과 함축미를 추구하여 사람들이 친근하게 다가올 수 있도록 하였다. 따라서 가볍고 담박한 가운데 농후함을 드러내고, 쉽고 친근한 가운데 고아하고 심원함을 드러내며, 평화로운 가운데 기묘함을 깃들게 하였는데, 이것이 바로 중국 전통 문화의 정수이며 민족 미술의 전형이다.

송대에 들어선 이후 공예 미술과 문인 사대부의 연계가 더욱 긴밀해졌는데, 적지 않은 고급 민간 생산품들은 전문적으로 그들을 위해 제작되었다. 많은 장인들이 이로 인해 이름을 날리게 되었는데, 이것은 주로 기물의 방고(仿古-옛것을 본떠 만듦)와 회화성 장식에서 표현되었다. 중국 공예 미술의 방고 풍조는 결코 송대에 시작된 것은 아니지만, 양송 시기 금석학의 흥성이 방고 풍조에 일조한 것도 부인할수 없다. 송대에 방고를 추구한 공예 분야로는 금속기(金屬器)와 도자기가 가장 두드러졌는데, 모방의 대상은 바로 하(夏)·은(殷)·주(周) 삼대 및 양한(兩漢) 시기의 동기(銅器)와 옥기(玉器)였다. 방고가 물론

은기유금(銀器鎏金) : 은기를 유금한 기물을 말한다. '유금(鎏金)'이란, 금과 수은을 합성한 금홍제(金汞齊)를 가리키는데, 동기(銅器)의 표면에 이 금홍제를 바른 다음, 가열하여 수은을 증발시키고 금이 기물의 표면에 부착되도록 하는 일종의 도금 방식이다.

창작을 번영시킬 수는 없었지만, 또한 확실히 작품들로 하여금 전아하고 혼후하며 고풍스럽고 소박해지게 만들 수는 있었다. 명·청대에 이르면 공예 미술이 몇 차례 어려움을 겪으며 위축되곤 했는데, 이때 방고는 영락없이 창작을 구원하는 훌륭한 처방이 되었으며, 모방의 대상도 또한 양송까지 확대되었다. 후세에는 방고의 목적이 항상 경제와 밀접하게 얽히면서, 마침내 가짜 골동품들이 천지를 뒤덮는 상황을 초래하게 되는데, 이것은 방고의 주창자들이 미처 헤아리지 못한 점이었다. 회화성 장식도 매우 오랜 연원을 지니고 있는데, 송대에 들어와서 다시 두 갈래로 나뉘어졌다. 비교적 전통적인 것은 주로 도자에서 보이는데, 중·저급 생산품들에 운용되는 경우가 많았으며, 간결하고 질박한 민간의 작풍이라고 할 수 있다. 비교적 새로운 것은 주로 직물 자수에서 보이는데, 고급 생산품들에 운용되는 경우가 많았으며, 도안이 섬세하고 전아하였고, 항상 유명 작가의 회화로부터 모방하였다. 송·원대 이후에는 회화성 장식이 누구나 따라 하는 풍조를 이루게 되면서, 점차 도안의 주류가 되었다. 회화가 비록 훌륭하다 하더라도 그 성질이 도안과는 결국 다르기 때문에, 지나친 남용은 필연적으로 장식 취향의 쇠퇴를 초래하였다.

양송 시기에 중국의 영토 안에는 또한 몇몇 봉건 왕조들이 있었으며, 그 지역의 공예 미술은 모두 송나라의 강렬한 영향을 받았지만, 각각 그 민족적 특색을 갖추고 있었다. 그 가운데 요나라의 특색이 가장 선명했다. 요나라를 건국한 것은 "어로와 수렵으로 먹고 살며, 수레와 말을 집으로 삼았던[漁獵以食, 車馬爲家]" 거란족이었으며, 요 왕조의 공예품은 대개 중원으로부터 수입한 것이었지만, 해당 지역에서 한족 장인에 의해 생산된 물품이 더욱 많았다. 거란족의 작품은 기본적으로 대부분 후자의 경우에 속한다. 그 공예품의 재료는 귀금속에 편중되어 있었는데, 이것은 유목민족이 보편적으로 진귀하고 희소한 재료에 대해 열중하는 성향에서 기인한 것이다. 요나라 지역의 생산품들은 백색이 비교적 많았는데, 이것 또한 일찍이 샤머니즘을 신봉했던 북방 민족의 공통적인 전통이었다. 요나라 지역의 기물들은 항상 휴대하기에 편리하도록 제작되었는데, 이것도 바로 이리저리 떠돌아다니는 통치 민족의 생활 형태와 서로 조응한 것이었다. 거란족 통치자들은 그들의 민족 전통을 매우 소중하게 여겼는데, 이때문에 일부 조형 및 장식에 그들이 초기부터 사용했던 가죽으로 만든 기물과 목기를 모방하기도 하였다. 요나라 지역의 생산품들은 대부분 위풍당당하고 강인한 기세를 갖추고 있었는데, 이러한 측면은 요나라의 초기에 더욱 분명하게 드러났으며, 심지어 중원의 후한(後漢) 등에도 영향을 미쳤다. 그러나 그 흐름은 오히려 송대의 풍격에 더욱 가까운 쪽으로 나아갔다. 요나라의 자리를 이어받은 것은 금(金)나라이다. 금 왕조를 건설한 여진족도 북방으로부터 발원했지만, 그들은 일찍부터 농업 생산을 해왔기 때문에 거주가 상대적으로 안정되어 있었다. 나라를 건국한 후 영토를 남쪽으로 넓혀가면서, 통치의 중심이 부단히 남쪽으로 옮겨갔으며, 한족과의 관계가 긴밀해졌는데, 장인들도 기본적으로 한인들이었다. 따라서 금 왕조 공예 미술의 조형과 장식 및 품종은 대부분 양송 시기와 차이가 크지 않았고, 풍모 또한 더욱 가까워졌는데, 이미 알려져 있는 비교적 큰 차이점으로는, 옛 사람들이 기록한 "보통사람들이 흰 옷 입기를 좋아한 것[俗好衣白]"과 금으로 장식하는 풍조의 성행을 들 수 있다.

원 왕조의 천하 통일은 1279년에 완성되었지만, 징기스칸이 몽고국을 세운 것은 1206년이었다. 남송을 멸망시키기 전에 몽고의 대군은 이미 서역을 휩쓸어, 서하와 금나라를 멸망시켜버렸다. 천하 통일 이전에 공예 미술의 발전을 제약하는 여러 가지 요인들이 이미 형성되었다. 몽고족의 초기 정복 전쟁과, 전에 없이 발달한 동서 교통으로 말미암아, 원대 사회는 다양한 문화들이 공존할 수 있었고, 이와 동시에 정부는 서로 다른 민족들이 "각각 본래의 습속을 따르는 것[各依本俗]"을 보호하였다. 이 때문에 몽고족·이슬람교·한족(漢族)·티베트 불교·기독교·고려의 문화 등이 모두 공예 미술에 영향을 미쳤는데, 그 가운데 몽고족·이슬람교·한족의 역할과 작용이 더욱 두드러졌다. 몽고족이 청색과 백색을 숭상한 것과 9를 중시하고 7을 싫어한 것, 호탕하게 술 마시기를 매우 즐긴 것, 이리저리 옮겨 다니는 생활 형태 등등이 공예 미술 속에 선명하게 구현되었으며, 그들이 좋아한 양탄자도 중국 본토에서 전에 없던 발전을 이룩하였다. 몽고족은 초기에 수공업이라고 할 만 것이 없었지만, 중앙 아시아에 대한 정복은 그들로 하여금 정교하고 화려한 공예 미술품과 우수한 이슬람계 장인들을 소유하도록 해주었다. 이로 인해 그들의 심미 감정은 항상 이슬람 문명과 함께 연계된다. 원나라 시기에는 대량으로 서역의 진귀한 물품들이 잇따라 수입되었으며, 정부는 또한 많은 작방(作坊)들을 전문적으로 설치하고, 이슬람계 장인들에 의해 이슬람 세계의 전통적인 물품들을 대량으로 생산하게 하였는데, 서역의 생산품 및 그 장식 풍격은 사회에서 광범위하게 환영받았다. 한족의 전통 문화는 일찍이 많은 몽고족 상류층 인사들의 멸시를 받은 적이 있지만, 그들은 여전히 중국의 봉건 정치를 대면해야 했기 때문에, 공예 미술 생산의 주체는 여전히 한족 장인들이었다. 이 때문에 당시의 생산품들은 늘 여타 문화들의 분위기를 짙게 띠고 있었지만, 한족 전통을 지닌 조형·장식 및 공예 방법들은 거의 대부분 발전을 유지하였으며, 또한 적지 않은 민간 생산품들은 전적으로 양송(兩宋)을 추종하였다. 원대 공예 미술의 실질적인 내용은 각종 문화에 대한 종합이라고 할 수 있는데, 남북을 융합하고 동서를 함께 아우르는 새로운 길로 나아갔던 것이다.

이 새로운 길은 어느 방향으로 나아간 것일까? 이것에 대해서는 여전히 보편적인 오해가 자리하고 있다. 이전에 일찍이 없었던 대규모의 관부(官府) 생산은 원대 공예 미술의 두드러진 특징이었다. 그러나 몽고족은 간소한 장례를 숭상하여 군주의 순장품조차도 빈약할 정도로 적었으며, 통치 집단이 시행한 종족 정책은 또한 명나라 초기의 오랑캐 풍습과 기물을 엄격하게 금지하는 조치로 나타났는데, 이로 인해 앞 왕조의 관부 생산품은 거의 다 소진되었다. 이러한 상황으로 인해 원대 관부 생산품의 출토와 전해오는 것이 모두 적어지게 되었고, 상대적으로 조악했던 민간 생산품들이 현존하는 원대 실물의 주체를 이루도록 하였다. 이를 근거로 사람들은 습관적으로 당시의 공예 미술을 조악하고 호방한 것으로 간주하게 되었다. 그러나 당시의 중국과 서역의 관부나 개인들이 저술한 문헌들은 모두 원대의 생산품에 대해 칭송해마지 않고 있는데, 직금금(織金錦)과 전형적인 청화자기(青花瓷器)가 시대정신을 가장 잘 구현하고 있으며, 그 정교하고 화려하며 진귀함은 또한 당시 사람들의 기록을 통해 증명되고 있다. 그러나 원대 공예 미술의 풍격은 결코 최종적으로 완성되지 못했는데, 이러한 면모는 거대한 조형과 정교하고 화려한 장식의 대립에서 뚜렷이 표현되고 있다. 그러나 매우 큰 조형들은 대부분 초기에 출현하였으며, 말기의 대형 기물들의 척도는 이미 합리적인 수준에 접근하고 있지만, 장식은 오히려 더욱 정교하고 화려해지며, 효과도 더욱 화려하고 진귀해졌다. 이 때문에 그 발전의 추세는 여전히 명확해진다.

원대의 공예 미술은 양송의 "맑은 물 위로 피어난 부용꽃, 꾸밈 없이 자연스럽네[清水出芙蓉, 天然去彫飾]"라는 전통을 변모시켜, 잔뜩 새기고 다듬는 것을 능사로 삼는 인공미를 점차 추구하였다. 이러한 변화의 의미는 매우 중요한데, 명·청대의 관부 공예 미술은 이미 그

직금금(織金錦) : 직금금은 원래 페르시아 특산품으로, 페르시아어로 'Nasich'인데, 원대에는 몽고어로 '납석실(納石失)'이라고 불렀다. 금실이나 금박을 잘라서 만든 금사(金絲)를 씨실로 하여 만든 비단으로, 중국의 고대 비단 제품에 금을 첨가한 것은 대략 전국 시기의 십육국에서 이미 직금금을 생산하면서 시작되었다.

清水出芙蓉, 天然去彫飾 : 당대(唐代)의 시인 이백(李白)의 시에 나오는 구절로, 전문(全文)은 다음과 같다. "覽君荊山作, 江鮑堪動色. 清水出芙蓉, 天然去彫飾."

들이 이끌었던 방향을 뛰어넘기가 매우 어려워져서, 비록 반발이 있긴 했지만, 결국 어려운 형세를 만회할 방법이 없었다. 이것이 원대에 개척한 노선이 명·청대까지 계속된 이유였다.

해운의 발달에 따라 중국 공예 미술품의 수출은 송·원대에 이르러 최고조에 이르렀는데, 수출이 이루어진 지역은 아시아 전체와 아프리카와 유럽의 일부 지역들까지 망라할 정도였다. 수출품은 비단과 도자기가 주종을 이루었는데, 그것들은 심지어 몇몇 국가들의 공예 미술의 발전 과정을 변화시켰다. 주변 국가들을 제외하고 멀리 이집트에서도 그 지역의 대규모 도기들이 오대와 송·원의 중국 도자기를 모방했으며, 14세기 페르시아의 일부 자수 밑그림은 중국의 양식을 취하였다. 몽고족 대제국의 하나인 킵차크한국[金帳汗國]에서도 중국 생산품을 모방한 도기와 은기 및 동경(銅鏡)을 생산하였다. 가장 중요한 것은 청화자기로, 14세기 후반부터 중동과 근동 및 유럽에서 잇따라 모방하여 제작하기 시작했는데, 그 영향은 오늘날에도 여전히 분명하게 볼 수 있다.

킵차크한국[金帳汗國] : 징기스칸의 손자이자, 동유럽과 러시아를 정복하는 데 앞장섰던 몽고 제국의 서부 지역 총사령관 바투[拔都]가 세운 왕국으로, 러시아 남부 킵차크 지역에 설립하여 약 2백 년 동안 존립하였다.

오대(五代) 양송(兩宋)의 도자 및 그 찬란한 성취

사람들은 흔히 "남방의 청자, 북방의 백자[南靑北白]"라는 말로 당대 도자의 기본적인 면모를 개괄하곤 한다. 오대에 이르면 이러한 구도가 타파되는데, 정교하고 아름다운 백자는 여전히 북방에서 생산되었지만, 이곳에서도 정교하고 아름다운 청자를 소조(燒造)하였다. 시요(柴窯)는 명·청대 사람들이 최고의 품격으로 꼽은 도자 가마였다. 전해지는 바에 따르면 후주(後周)의 세종(世宗) 시영(柴榮) 때의 청자 가마로, 그 기물이 "푸르기는 하늘빛 같고, 밝기는 거울 같고, 얇기는 종이 같고, 소리는 경쇠 같았다[靑如天, 明如鏡, 薄如紙, 聲如磬]"고 한다. 그러나 황하의 침적토[泥沙]는 이미 시요의 유지(遺址)를 찾아내기 어렵게 하여, 위에서 서술한 특징과 서로 부합하는 실물을 아직 발견하지는 못했다. 그러나 『책부원귀(册府元龜)』에 실린 한 사료는 이러한 견해를 인정할 수 있도록 해준다. 즉 현덕(顯德) 6년(959년) 2월에 세종은 "영춘원(迎春苑) 및 신채하(新蔡河)에 행차하였다가, 도기를 만드는 도가(陶家)로 나아가 그 도기를 보았으므로, 이윽고 도기 만드는 사람들에게 차등을 두어 물품을 하사하였다[幸迎春苑及新蔡河, 因就陶家觀其陶器, 旣而, 賜陶人物有差]"라고 기록되어 있다.

당나라 말부터 송나라 초에 이르는 100여 년 동안에, 바닥에 '관(官)' 혹은 '신관(新官)'이라는 관지(款識)를 새긴 백자는 그 수효가 적지 않다. 그것들은 대부분 기벽(器壁)의 두께가 균일하며, 유약을 바

『책부원귀(册府元龜)』: 북송(北宋)의 역사서로, 경덕(景德) 2년(1005년)에 송나라 진종(眞宗) 조항(趙恒)의 명에 따라, 왕흠약(王欽若)·양억(楊億)·손석(孫奭) 등 18명이 함께 편찬했으며, 역대 군신(君臣)들의 사적을 기록한 책이다.

른 표면은 순수하고 깨끗하면서 흰 빛을 발하고, 조형은 반듯하고 완전하며, 장식은 간결하면서도 우아하고, 또 항상 금이나 은을 씌워, 그 수준이 오랫동안 명성을 날린 형요(邢窯)보다 훨씬 뛰어나, 당시 가장 우수했던 도자 물품 가운데 하나였다. 그것들이 어디에서 생산되었는지에 대해 학계에서는 의견이 갈리지만, 적어도 그것들이 정요(定窯)와 밀접한 관계를 갖고 있다는 것은 믿을 만하다.

오대와 송나라 초기는 여전히 월요(越窯)의 전성기였다. 월요에서 번조(燔造)한 기물의 유색(釉色)은 이미 상당히 안정되고 순수하고 깨끗한 청록으로 발전하였으며, 태체(胎體)는 상당히 얇게 만들 수 있었고, 기물의 형태도 매우 커졌다. 또 매우 정교하면서도 보편적으로 부조로 새겨 장식했으며, 제재는 화훼와 금조(禽鳥)가 대부분이었고, 구도는 시원스러워졌으며, 기법도 숙련되었다. 최고의 정품은 여전히 관부가 독점 생산하던 비색(秘色) 자기로, 그것들은 정교하고 아름다웠으며, 항상 금과 은으로 구연부(口沿部-아가리 부위)를 씌웠다. 월요는 오월(吳越) 지역에 있었는데, 오월의 국왕들은 중원의 통치자들에게 매우 공손하여 빈번하게 공물을 바쳤다. 그 가운데 도자가 대종을 이루었는데, 다만 태평흥국(太平興國) 3년(978년)에 영토를 바치기 전에, 북송에게 "금은으로 장식한 도기 14만여 건[金銀飾陶器一十四萬餘事]"을 바쳤으니, 이로부터 정교한 물품의 생산량이 많았음을 알 수 있다. 그 이후 북송은 이 지역에 관리를 두어 도자 생산을 감독하였으며, 송나라와 요나라가 우호 관계를 유지함에 따라서 11세기 초 요대의 큰 무덤들에서는 여전히 월요에서 생산된 우수한 제품들이 출토되고 있다. 북송 중기에 이르러 월요가 쇠퇴하게 되지만, 그 영향은 이미 남북 지

번조(燔造) : '구워서 만든다'는 의미로, '소성(燒成)'·'소조(燒造)'와 비슷한 말이다.

오대 월요(越窯)의 각화연화문탁완(刻花蓮花紋托碗)
전체 높이 13cm, 구경(口徑) 13.5cm, 완의 높이 8.9cm
강소 소주(蘇州)의 호구탑(虎丘塔)에서 출토.
소주시(蘇州市)박물관 소장

정요(定窯)의 인화운룡문반(印花雲龍紋盤)

北宋

높이 4.8cm, 구경 23.2cm

상해박물관 소장

반(盤)의 안쪽에 엄격하고 세밀한 구름과 용의 도안을 형틀로 찍어서[模印] 표현했는데, 용은 그 당시 신하와 백성들에게 사용이 금지된 문양이었기 때문에, 이 반은 아마도 황실에서 사용하던 기물인 듯하며, 찍어낸 문양이 매우 또렷한 것이, 또한 기술이 매우 뛰어났음을 드러내준다. 그릇의 구연부(아가리 부위)에는 금속을 씌웠으며, 그 재질에는 금도 있고 은도 있지만, 이 사진 속의 그릇은 구리[銅]를 사용하였다. 흔히 사람들은 정요(定窯) 자기의 구연부에 금속을 씌운 것은, 가마 속에 엎어놓고 소성했기[覆燒] 때문에 생긴 구연부의 까슬까슬한 모습을 감추기 위한 것이라고 말하지만, 완전히 부합되는 말은 아니다. 자기에 금속을 씌우는 것은 이미 당대에 나타났는데, 엎어놓고 소성하는 방법은 오히려 북송 때 발명되었기 때문이다. 이후부터 엎어놓고 소성하지 않은 자기들에서도 금속을 씌운 것을 볼 수 있다. 씌운 재질과 색채는 모두 태체(胎體)나 유약과 같지 않기 때문에, 엎어놓고 소성한 그릇에 금속을 씌운 것은 까슬까슬함을 감추기 위한 것이자, 또한 대비 효과를 추구하기 위한 것이었다. 송나라의 자기가 나날이 조화롭고 담아함을 추구해감에 따라, 금속을 씌우는 것을 여전히 볼 수는 있지만, 이미 시대에 뒤진 낡은 방식이 되어버렸다.

화장토(化粧土) : 흙으로 빚은 도자기의 표면에 바르는 흰색의 흙물로, 표면을 매끈하게 하여 그림을 그리거나 유약을 바를 때 좋은 효과를 내기 위한 것이다.

역에 파급되어 요주요(耀州窯)와 용천요(龍泉窯)의 생산품도 '월기(越器)'·'비색(秘色)'으로 불리게 되었다.

양송은 중국 도자 예술의 황금 시대였다. 도자 제작 기술은 이미 매우 정교해져서 화장토(化粧土)를 보편적으로 사용했을 뿐만 아니라, 화장토를 이용하여 갖가지 장식을 하기도 하였다. 또 석회를 이용한 알칼리성 유약을 발명하였으며, 유약 층을 두껍게 하여 옥과 같은 미감을 얻을 수 있었다. 도자기를 엎어놓고 소성하는 복소법(覆燒法)의 창안과 확대는 도자기의 생산량을 제고시켰으며, 도자 가마의 개선과 불의 세기를 관찰할 수 있는 방식을 채용함으로써 완성품의 비율을 대폭 늘렸다. 양송 시기에는 도자를 생산하는 가마들이 즐비하게 생겨났으며, 분포 지역도 대단히 넓었는데, 이미 알려진 도자 생산 지역이 백여 곳을 넘었다. 도자 가마의 증대는 불가피하게 경쟁을 초래했다. 이러한 경쟁 속에서 일군의 이름난 도자 가마들이 두각을 드러냈으며, 각기 그 독특한 방법들을 운용함에 따라 도자

가마의 체계를 형성하였다.

　통상적으로는 관요(官窯)와 민요(民窯)로 송대의 자기를 구분하는데, 비록 약간 전형적인 도자 가마와 작품을 판별할 수는 있었지만, 공물을 바치는 제도는 이미 적지 않은 민요(民窯)들에서 생산한 훌륭한 제품들이 해마다 제왕에게 무상으로 귀속되도록 하였으며, 정부도 또한 매매를 독점하고, 제작할 품목을 지정하고, 관원을 파견하여 검사하고 선별하는 등의 수단을 통하여 민요의 정품들을 수탈하여 궁중으로 들여갔다. 더욱 중요한 것은 또한 이팔추분제(二八抽分制)가 있었는데, 이것은 북송 중기에 시행된 신법(新法) 가운데 하나로 원대까지 계속되었다. 이 제도를 근거로, 도자 산업을 포함한 각 지역의 민영 광산과 야금업의 특산품 10분의 2를 국가에 바치도록 하는 실물세(實物稅)를 시행하였는데, 바치는 물품은 반드시 우수한 품질의 생산품이어야 했으며, 그 나머지는 "자기 마음대로 판매하거나 임대하였다[自便貸賣]". 이에 따라 양송 민요의 최고 제품들이 대량으로 궁정에 유입되었으며, 궁정 생활에서는 관요의 기물과 대체로 동등한 지위를 점유하게 되었다. 양송 시기에 어떻게 민요가 관부 및 궁정과 갖가지 연계를 맺게 된 것일까? 어떻게 관부와 민요의 그렇게 많은 기물들의 풍모가 서로 꼭 닮게 된 것일까? 이런 의문들은 모두 여기에서 해답을 찾을 수 있다. 그러나 순수한 관요는 변경(汴京)과 임안(臨安)에만 있었으며, '균요(鈞窯)'와 '여요(汝窯)'는 준칙으로 삼을 수 없었다.

　양송의 도자는 종류도 풍부하고 성취도 찬란했는데, 이것은 유명한 가마들이 창조한 제품들 속에 집중적으로 구현되어 있다.

　정요(定窯) : 가마터[窯址]는 하북 곡양(曲陽)에 있다. 자기 제조의 역사는 만당까지 거슬러 올라갈 수 있으며, 일찍이 형요(邢窯)의 영향을 받았는데, 북송에 이르러 그 전성기를 누렸다. 정요는 유백유(乳白

날그릇을 내화재료(耐火材料)로 만든 용기 안에 넣어 굽는데, 이러한 용기를 갑발 혹은 갑자(匣子)라고 한다. 다시 말하면, 날그릇을 담아서 굽는 그릇이라고 할 수 있다. 갑발을 사용하여 도자기를 구움으로써, 한 번에 장착하여 굽는 양을 높이고, 제품이 엉겨 붙는 것을 방지하며, 완성품의 비율을 높일 수 있을 뿐만 아니라, 갑발은 또한 일정한 열 전도성과 열 안정성을 갖기 때문에 도자기의 질을 보증할 수 있다. 갑발의 형태는 기물의 형태에 따라 다르다.

앙소(仰燒) : 도자기를 굽는 방법의 일종으로, 송나라 초기에 시작되었다. 이는 도자기를 구울 때, 진흙으로 만든 받침떡[墊餠]을 이미 구워놓은 갑발 안에 넣고, 구울 기물을 갑발 안에 넣는데, 기물의 권족(圈足) 한 벌씩을 겹겹이 쌓아올려 가마 속에 보낸다. 이렇게 채워 넣고 굽는 방법을 원나라 사람들이 '앙소'라고 불렀다.

정요(定窯)의 '官'자 관지(款識)가 새겨진
각화연판문정병(刻花蓮瓣紋淨瓶)
北宋
높이 31cm, 구경 1.1cm
하북 정현(定縣)의 탑 기단에서 출토.
정주시(定州市)박물관 소장

묘금은(描金銀) : 초벌 구운 자기의 유
약 위에 금분(金粉)이나 은분(銀粉)을
이용하여 장식하는 기법을 말한다.
단색 유약으로 장식하는 전통적 도자
의 장식 기법에서 탈피하여 색유 자기
위에 금분이나 은분으로 색을 가미하
여 장식을 가함으로써 화려하고 휘황
찬란한 장식 효과를 거두었다.

갑발(匣鉢) : 가마에서 사용하는 도
구의 하나이다. 도자기를 굽는 과정
에서, 공기나 유해물질이 날그릇의 태
체나 유면(釉面)을 파괴하거나 손상시
키는 것을 방지하기 위하여, 도자기나

釉) 자기로 명성을 날렸으며, 아울러 흑유(黑釉)와
녹유(綠釉) 자기도 생산했다. 비록 붉은색 계통인
강유(絳釉) 자기는 적었지만 오래도록 명성을 누렸
다. 백자의 태토 품질은 섬세하며 매끄러웠고, 유
약 색은 윤택했으며, 조형은 일정하게 규격에 맞았
고, 항상 장식을 가했는데, 초기에는 문양을 새기
거나 그리는 방식이 많았고 도안도 간결했지만, 북
송 중기부터는 빽빽하고 가득하면서도 또렷한 인
화(印花-문양을 형틀로 찍어서 새기는 방법) 기법이 유
행하였다. 묘금은(描金銀)은 고귀하면서도 보기 드
문 장식이다. 복소(覆燒)는 정요(定窯)에서 발명한
방식이다. 이것은 똬리받침[墊圈]을 조합하여 만든
갑발(匣鉢)을 이용하여, 완(碗)류나 반(盤)류의 기
물들을 포갠 상태로 엎어놓고 굽는 것인데, 각각
의 똬리받침의 높은 좌대는 앙소(仰燒) 갑발의 단지 5분의 1 내지 6분
의 1에 지나지 않아, 가마의 공간을 줄일 수 있었기 때문에, 수많은
가마들에 널리 보급되었다. 복소의 결점은 아가리 부위에 유약을 바
르지 않기 때문에 까슬까슬해지는 것이었다. 그리하여 또한 금속 조
각을 이용하여 아가리에 테두리를 둘렀는데, 이것이 곧 '釦(구)'이다.
이것은 까슬까슬함을 감추기 위한 것이었을 뿐만 아니라, 또한 장식
을 위한 것이기도 했다. 정요는 통치 집단과의 연계가 매우 많았는
데, '官'이라는 관지(款識)가 있는 대다수의 백자들은 바로 이곳의 생
산품이었다. 당시에 정요는 이미 하나의 가마 계통을 형성하였고, 그
생산품들은 북방에서 가장 유행하는 기물이었다.

자주요(磁州窯) : 가마터는 하북 자현(磁縣)에 있다. 이곳은 전형적
인 민간 가마로, 자기를 제조한 역사는 대략 북송 중기에 시작되었

다. 유약의 색은 백색과 흑색을 위주로 하였으며, 삼채(三彩) 등도 생산하였다. 장식의 기법이 매우 풍부했는데, 흰색 바탕에 검은색의 무늬를 그려 넣는 것이 가장 전형적이었다. 그 정품(精品)들에는 종종 획화(劃花)도 함께 그려 넣었는데, 제재는 화조(花鳥)가 대부분을 차지했으며, 또한 일부는 아들이 노는 모습이나 말이 노니는 모습 등과 같은 생활 속의 한 장면들을 주제로 삼기도 했다. 시문(詩文)을 넣는 장식도 자주 채택되었는데, 도안이 간결하면서 깨끗하고 해맑았으며, 생동하는 운치가 넘쳐흘렀다. 이 또한 훌륭한 민간의 회화 자료였다. 자주요의 영향은 매우 커서 오늘날의 하남·하북·산서 등지에서 매우 큰 민요(民窯) 체계(體系)를 형성하였는데, 같은 계통의 일부 요장(窯場-가마)들의 자기 생산 역사는 자주요 자체보다 앞선 경우도 있었다. 유명한 각 요장들의 어떤 품종들은 대단히 뛰어나거나 독특한 풍격과 운치를 갖추고 있었다. 예컨대 하남(河南) 당양욕요(當陽峪窯)의 척화(剔花)·교태(絞胎)·백지흑화(白地黑花-흰 바탕에 검은색으로만 문양을 새긴 자기), 학벽집요(鶴壁集窯)의 황갈색(黃褐色) 유약에 문양

삼채(三彩) : 삼채기(三彩器)는 남북조(南北朝) 시기에 처음 만들어지기 시작했으며, 당나라 초기에 가장 흥성했기 때문에, 당삼채(唐三彩)라고 부른다. 삼채기는 황지삼채(黃地三彩-황색 바탕의 삼채)·녹지삼채(綠地三彩)·자지삼채(紫地三彩)·묵지삼채(墨地三彩)·장백지삼채(醬白地三彩)·호피삼채(虎皮三彩)가 있다. 또한 유하삼채(釉下三彩)가 있는데, 즉 청화(靑花)·유리홍(釉裏紅) 및 두청(豆靑) 등 세 종류의 유약 아래 색채를 조성한 것이며, 이것은 강희(康熙) 시기(1662~1722년)에 출현한 일종의 특수 품종이다.

자주요(磁州窯)의 백지흑화속련문침(白地黑花束蓮紋枕)

北宋

자기

높이 19.5cm, 둘레 30.5cm, 너비 29.3cm

상해박물관 소장

자주요(磁州窯)에서 생산한 침(枕 -베개)의 조형과 장식은 매우 풍부하다. 사진 속의 이 작품은 형태가 여의운(如意雲) 같으며, 문양은 흰 바탕에 검은색으로 그렸는데[白地黑花], 모두 흔히 볼 수 있는 유형들이다. 침의 겉면은 여타 부분들에 비해 뚜렷하게 매끄럽고 흰데, 이는 이 부분에 화장토(化妝土)를 발랐기 때문이다. 도안은 형상이 간략하면서도 싱그러운 한 묶음의 연꽃이다. 이처럼 흰 바탕에 검은색만으로 문양을 그리고 획화(劃花)를 가미한 것은 자주요에서 생산한 정품(精品)의 장식 방법이었다. 그것은 예리한 도구로 검은색 문양의 윤곽과 세부를 그려 내어, 흑과 백 혹은 백과 흑의 이중 대비를 형성하는 것으로, 기법은 복잡하거나 어렵지 않지만, 효과는 오히려 대단히 풍부하다. 자주요는 전형적인 민간 가마로, 도안도 이처럼 맑고 빼어나며, 설계도 역시 정교하고 주도면밀한데, 이로부터 또한 송대 사회의 문화 소양이 높았음을 알 수 있다.

등봉요(登封窯)의 진주지획화인물문병
(珍珠地劃花人物紋瓶)

北宋

높이 39.7cm, 구경 7cm

상해박물관 소장

획화(劃花) : 도자기 장식 기법의 일종
으로, 아직 완전히 건조되지 않은 도
자기의 표면에 목도(木刀)나 대나무나
금속제 기구 등 뾰족한 공구로 얕게
그려낸 선(線) 모양의 문양.

척화(剔花) : 도자기의 전통 장식 기법
의 일종으로, 문양 장식을 잘 새긴 후
에, 문양 이외의 부분을 파내는 것을
가리킨다.

교태(絞胎) : 도자기 장식의 특수한 기
법의 일종으로, 통상 두 가지의 서로
다른 색상의 자토(瓷土)를 이용하여,
구별이 되도록 점토의 색을 만든 다
음, 꽈배기를 꼬듯이 그것들을 한데
꼬아서, 새로운 점토 재료를 만들어
사용하는 것으로, 직접 날그릇을 만
들기도 하고, 혹은 조각(片) 형태로 만
들어 상감(象嵌)하는 데 사용하기도
하였다. 이렇게 복잡하게 반복하여
가공한 도자기는 그릇 표면에 두 종
류의 자토가 한데 뒤엉켜서 나타나는
데, 나이테 문양·깃털 문양·꿩의 꼬
리 같은 문양·활짝 핀 매화 문양·흘
러가는 구름 문양 등 각종 다양한 문
양들을 나타낸다. 이 기법은 기술이
복잡하고, 제작이 매우 어려워서, 그
생산품이나 생산량도 대단히 제한을
받았다.

요주요(耀州窯)의 인화국화문다자합(印花
菊花紋多子盒)

北宋

전체 높이 4.9cm, 구경 12.5cm

감숙(甘肅) 화지(華池)에서 출토.

경양시(慶陽市)박물관 소장

을 새긴 자기, 등봉요(登封窯)의
진주(珍珠) 무늬 바탕에 획화로
그린 자기 등등이 그러한 것들
이다. 그 가운데 진주 무늬 바
탕에 획화로 새긴 자기는 당나
라 이래의 금은기(金銀器) 장식
물들을 본보기로 삼은 것이다.

　요주요(耀州窯) : 가마터는
섬서 동천(銅川)에 있다. 자기
제조의 역사는 당대까지 거슬
러 올라갈 수 있으며, 일찍이
월요(越窯)의 영향을 받았다. 주로 청자를 생산했으며, 흑자(黑瓷) 등
도 함께 구웠다. 북송 초기에는 청자에 간결하게 문양을 손으로 새
기는 각화(刻花) 기법이 유행하였으며, 중기에 번성기의 국면에 접어
들면서 다시 무늬를 형틀로 찍는 인화(印花) 기법과 투조(透彫) 등의
장식이 첨가되었다. 각화는 힘차고 굳세며 시원스럽고 거침없으며,
인화는 번잡하고 빽빽하며 엄밀하고, 유약의 색은 푸른 비취색이어

서, 설령 복잡한 조형이라 하더라도 "교묘하기가 금을 본뜬 것 같으며, 정교하기가 옥을 다듬은 것 같고[巧如範金, 精比琢玉]" "모나고 둥글고 크고 작은 것이 모두 법도에 맞을[方圓大小, 皆中規矩]"수 있었다. 요주요의 영향은 광범위하여, 같은 계통의 요장(窯場)들이 오늘날의 하남과 멀리는 광동과 광서까지 많이 분포되어 있었으며, 이곳의 도자 가마들에서도 이와 비슷한 청자들을 생산하였다.

　　균요(鈞窯) : 가마터는 하남 우현(禹縣)에 있다. 처음 자기를 굽기 시작한 연대는 대략 북송 초기이며, 북송 말기에 전성기를 구가하였다. 생산품들로는 문양을 형틀로 찍어 새긴 인화(印花) 청자·흰색 바탕에 검은색 무늬를 넣은 백지흑화(白地黑花) 자기·흑자(黑瓷) 등이 있었으며, 생산량이 매우 많은데다 특색을 더욱 잘 드러내고 있는 것으로는 북방 청자 계통에 속하는 남색에 우윳빛이 감도는 유약의 자기[藍色乳光釉瓷]이다. 그리고 가장 귀하고 화려했던 것은 구리 산화물을 착색제로 하여 환원염(還元焰)에 구운 자홍색 유약의 자기[紫紅釉瓷]이다. 이들 두 종류 기물들은 두 번 굽는 방법을 채택하였는데, 먼저 유약을 바르지 않고 소성한 다음 다시 유약을 입혀 소성하였다. 남색 유약의 발색은 옅기도 하고 짙기도 했는데, 비교적 옅은 것을 월백(月白)이라 하고, 비교적 짙은 것을 천청(天靑)이라 한다. 자홍색 유약도 색채의 차이에 따라 매괴자(玫瑰紫-장미꽃 색깔의 자주색)·해당홍(海棠紅-해당화 색깔의 홍색) 등의 명칭이 있었다. 균요의 정품은 태토의 품질이 섬세하고 매끄러우며, 기물의 몸체가 중후한데다, 조형이 반듯하고, 장식을 중시하지 않았다. 그리고 유약의 미묘함을 훌륭한 것으로 여겼으며, 유약의 표면에는 항상 들쑥날쑥하고 자유분방하게 가려지기도 하고 드러내기도 하면서 서로를 돌보이게 해주는 이색(異色) 요변(窯變)이 나타나, 유약 속에서 곧 변화무쌍하게 "진흙 위로 지렁이가 기어간 듯한 무늬[蚯蚓走泥紋]"가 나타나기도 했는

환원염(還元焰) : 도자기를 가마에 넣고 구울 때, 가마 내부에 공기의 공급을 제한하고 연료를 많이 공급함으로써 산소가 부족해지면, 유약에 포함되어 있는 금속성 산화물이 환원되어 본연의 선명한 색을 띠게 되는데, 이처럼 산소 공급이 부족한 상태의 불꽃을 환원염이라 한다.

요변(窯變) : 도자기를 구운 다음 가마 속에서 꺼냈을 때, 색깔·형태·소리·질 등의 방면에서 나타나는 특이한 변화를 가리킨다.

균요(鈞窯)의 화분(花盆)
北宋
자기
높이 14.4cm, 구경 24.5cm
중국 국가박물관 소장

형태는 마치 네 잎의 꽃과 같은데, 이것은 해당식(海棠式)이라고도 부른다. 전체가 수수한 빛에 무늬가 없으며, 요변유(窯變釉)를 입혔는데, 화분 안쪽은 천청색(天靑色)을 위주로 하고, 화분 바깥쪽은 매괴자(玫瑰紫) 색을 칠하여, 명암과 농담의 변화를 통해 조화로운 운치가 가득하다. 매괴자는 균요의 유명한 자홍유(紫紅釉) 가운데 일종으로, 북송 말기에 전적으로 궁정을 위해 구워낸 것이라고 믿어진다. 자홍색은 부귀와 화려함을 상징하는 것으로, 중국에서 전통적으로 사용되어온 고귀한 색인데, 자홍색 기물의 존귀함과 진기함은 응당 이것과 관계가 있을 것이다. 봉건 통치자들은 매우 편벽된 성향을 갖고 있었는데, 균요의 발굴을 통해 밝혀진 것은, 합격한 어용품은 군왕에게 바쳤고, 탈락된 것은 곧바로 깨트려 깊게 묻음으로써 민간에 흘러들어가지 못하게 했다. 따라서 송대의 균요에서 생산된 우수한 제품의 절대 다수는 궁정으로부터 전해진 것이며, 사진 속의 화분도 역시 그러하다.

데, 그것은 소성하는 과정에서 자연스럽게 형성된 것이다. 우현의 현성(縣城) 안에 있는 균대(鈞臺)와 팔괘동(八卦洞)에서는 북송 말기에 궁정에서 사용했던 준(尊)·세(洗－붓을 씻는 筆洗)·화분 등의 자기들을 소성한 적이 있는데, 조형이 예스럽고 질박하며 단정하였으며, 유약의 색은 남색 외에 또한 온화하고 점잖으면서도 귀하고 화려한 자홍색을 사용하기도 하였다. 황실에 바친 송대의 균요에서 생산한 자기들에는 당시 새겼던 명문(銘文)이 자주 보이는데, 그것들은 대부분 一부터 十에 이르는 숫자들이 매겨져 있으며, 그 규칙은 숫자가 작을수록 기물은 더 크도록 하였지만, 소수는 화분과 화분받침을 짝짓기 편리하도록 하기 위한 것이다.

여요(汝窯) : 가마터는 하남 보풍(寶豊)에 있으며, 근래에 발견되었다. 이곳은 청자를 생산한 것으로 유명한데, 오랜 기간 동안 관요(官窯)로 오인되어 왔다. 사실 그것은 일찍이 궁정을 위하여 자기를 생산했던 민요일 뿐이며, 황실 진상품 검사에서 탈락한 것은 판매할 수 있었다. 여요의 정품은 공물로 진상하는 기물이었는데, 송대 사람들은 그것이 정요 자기의 아가리 부위가 까슬까슬한 것 때문에 명을 받아 제작한 것이라고 말하고 있으므로, 시대는 응당 북송 중기 이후일 것이다. 공물로 바친 여요 자기의 태토는 향회색(香灰色-옅은 회색)을 띠며, 매우 섬세하고 매끄럽다. 태토와 유약은 모두 흰색이고, 유약의 색은 농담이 한결같지 않아서 푸르면서도 남색에 가까우며, 매우 균일하고 깨끗하다. 현미경을 통해 유약층의 성긴 기공(氣孔)을 관찰할 수 있는데, 이 때문에 발색이 부드럽고 온화하다. 그리고 유약 속의 마노(瑪瑙) 결정체는 송대 사람이 마노로 유약을 만들었다는 기록과 서로 부합되며, 유약 표면에는 잘게 갈라진 개편열(開片裂)들이 있다. 소형의 기물들은 수량이 비교적 많은데, 항상 유약을 태체의 전체에 바른 뒤 받침못에 괴어놓고 소성하는 만유지소(滿釉支燒) 방법을 채택함으로써, 최대한 태토가 그대로 드러나는 부분을 줄였다. 여요는 후대 사람들에 의해 매우 칭송받았으며, 송대 자기의 발전에 매우 큰 작용을 했다. 왜냐하면 그것이 도자 공예의 새로운 바람을 일으켰고, 정교하고 아름다우면서도 장식을 매우 적게 하여, 아

만유지소(滿釉支燒) : 이른바 만유(滿釉-그릇 전체에 유약을 바르는 것)는, 통상적으로 부득이 기명(器皿)의 밑바닥까지 전체에 유약을 바르는 것이다. 그렇게 하는 것은, 유약이 높은 온도에서 녹을 때, 화학적 변화를 거친 후 경도(硬度)가 높은 반투명의 유리질 물질로 변화하기 때문인데, 만약 유약을 기물 전체에 발라 직접 가마에 넣고 구우면, 반드시 기명이 가마 속에 들러붙게 된다. 이 때문에 이전의 기명들에는 밑바닥 부분에 유약을 바르지 못했다. 후대 사람들은 밑바닥까지 전체에 유약을 칠하기 위하여, 바로 받침못[支釘]을 발명함으로써 이 문제를 해결하였다. 이때에도 유약이 역시 받침못에 들러붙지만, 받침못은 결국 면적이 적기 때문에, 가마에서 막 꺼낸 뒤 물건을 이용하여 두드려서 떼어 내면 된다. 그러므로 밑바닥까지 전체에 유약을 바른 기명들에서는 통상 받침못의 흔적들을 볼 수 있다.

여요(汝窯)의 준(樽-술 단지)

北宋

자기

높이 12cm, 구경 17.6cm

북경 고궁박물원 소장

조형은 한대(漢代)의 동준(銅樽)을 모방하였다. 기물의 몸체는 수수한 빛을 띠고 있으며, 3조(組)의 현문(弦紋-줄무늬)은 장식의 의미를 지닐 뿐만 아니라 조형 수단이기도 하다. 태토와 유약은 모두 얇으며, 천청색(天青色) 유약을 기물 전체에 입혔는데, 색이 균일하고 깨끗하며 바탕이 온화하고 윤택하다. 유약 표면에 작은 개편열들이 있는데, 이 개편열들은 태토와 유약의 팽창계수가 다르기 때문에 생긴 것

▶▶

이다. 여요로부터 시작된 이 개편열들은 의도적으로 만들어내는 특수한 장식이 되었다. 기물 바닥에는 다섯 개의 가늘고 작은 받침못[支釘]의 흔적들을 볼 수 있는데, 이것은 괴어놓고 소성하였기 때문에 생긴 것이다. 도자에는 또 태토가 드러난 곳도 있는데, 그렇게 하지 않으면 곧 가마의 도구들과 들러붙어버리기 때문이었다. 만일 유약을 태토 상태의 몸체에 다 덮어 바르고자 한다면, 가마의 도구 위에 받침못을 놓아 기물을 받쳐 놓는 것이 최선의 선택이어서, 당시의 고급 기물은 여전히 받침못을 괴어놓고 소성하는 방법을 채택하였다. 고대에는 받침못을 괴어놓고 소성하는 방법을 주로 가장 아름다운 기물들에 사용하였다.

자구철족(紫口鐵足) : 관요(官窯)와 가요(哥窯) 및 용천요(龍泉窯)에서 생산한 자기들에 나타나는 특징의 하나이다. 우윳빛의 탁한 유약을 두텁게 시유하고, 구연부의 유약 층은 비교적 얇기 때문에, 대체로 구연부가 검은 태체에 비해 약간 옅은 자색을 나타낸다. 반면 밑바닥 굽[底足]의 유약이 없는 부분은 곧 태토(胎土)의 검붉은 색을 드러낸다. 그것이 청색 유약과 배합되면 청색 유약의 온화한 아름다움을 더욱 돋보이게 하면서 두텁게 시유한 기물이 빼어나고 수려한 질감을 지닐 수 있게 한다. 자기 구연부의 얇게 시유된 부분은 회흑색(灰黑色)에 자색이 떠도는 듯한 색을 나타내고, 유약이 없는 굽 부분은 철갈색(鐵褐色)의 모습을 띠기 때문에 '자구철족'이라고 부른다.

름다움을 단순하면서도 전형적인 조형과 순수하면서도 균일하고 깨끗한 유약의 통일 속에 모아 냈기 때문이다. 이러한 전통은 관요(官窯) 및 용천요(龍泉窯) 등에 의해 크게 발양되었다.

관요(官窯) : 송대 사람들의 기록에 따르면 모두 세 곳이 있었는데, 즉 휘종(徽宗) 후기의 변경(汴京) 관요와 남송 임안(臨安)의 수내사요(修內司窯)와 교단하요(郊壇下窯)이다. 수내사요는 "옛 수도의 제도를 답습했으며[襲故京遺制]", "매우 정교했고[極其精致]" "유약의 색이 빛나고 투명했는데[釉色瑩徹]", 얼마 뒤에 설립한 교단하요는 수준이 크게 떨어졌다. 오늘날 항주(杭州)의 오구산(烏龜山) 일대에서 겨우 한 곳만을 발견했는데, 바로 교단하요로 믿어진다. 출토된 표본들은 두 종류가 있는데, 전기의 것은 태토와 유약이 얇으며, 태토의 색은 회흑색(灰黑色) 혹은 심회색(深灰色)이며, 유약은 윤이 나고 투명하며, 유약의 색은 분청을 위주로 하였다. 또 청회(青灰)와 청황(青黃) 등의 색도 있는데, 보편적으로 밀도가 한결같지 않은 균열이 있고, 일용 기물들 외에도 조형이 옛것을 모방한 전시용 기물과 제기(祭器)가 대다수이며, 굽이 있는 기물은 받침못을 괴어놓고 소성하는 지소(支燒) 기법을 채택하였다. 후기의 것은 태토가 더 얇아지고 유약이 두터워질 뿐, 태토와 유약·기물의 형태 등은 대체로 전기와 동일하다. 두터운 유약은 여러 차례에 걸쳐 구우면서 여러 차례 유약을 입혔기 때문이며, 그것은 기물로 하여금 옥과 같은 미감을 나타내도록 하였다. 또 받침못을 괴어놓고 굽는 지소를 받침떡을 받쳐놓고 굽는 점소(墊燒)로 변화시켰는데, 기물 구연부의 유약이 아래로 흘러내려 태토의 뼈대가 보였다 안 보였다 하며, 받침떡과 들러붙는 것을 피하기 위해, 굽 바닥은 유약을 긁어내어 태토가 드러났는데, 이것은 곧 자구철족(紫口鐵足)의 특색을 형성하였다. 세상에 전해지는 관요 기물의 면모는 오구산 일대에서 발견된 것들에 비해 풍부한데, 기록에 보이는 세

관요(官窯)의 관이병(貫耳甁)
宋
자기
높이 23cm, 구경 8.3cm
중국 국가박물관 소장

조형은 전국 시대의 동호(銅壺)를 모방하여, 단정하며 예스럽고 질박하다. 어깨에 통 모양으로 된, 끈을 꿸 수 있는 두 개의 관이(貫耳)가 있으며, 굽에는 직사각형 모양의 작은 구멍 두 개가 있어 끈을 꿰어 차고 다닐 수 있도록 만들었다. 몸체에는 순수하고 깨끗한 분청유(粉靑釉)를 시유(施釉)했는데, 유약의 층이 두껍고, 바탕이 환하게 빛나고 윤택하여 옥과 같은 느낌이 난다. 유약 표면에 큰 균열들이 있는데, 가로세로로 반듯하거나 비스듬히 나 있어 전혀 종잡을 수가 없으며, 자연스러운 의취가 매우 풍부하다. 균열 부분은 황색을 드러내는데, 이것은 금사(金絲)라고 일컬어진다. 태토는 철흑색(鐵黑色-검붉은색)을 드러내고 있으며, 상단은 유약이 흘러내려 태토의 색이 희미하게 드러나 있다. 비교적 큰 기물들은 받침못을 괴어놓고 굽기[支燒]가 마땅치 않아, 굽바닥을 긁어냈기 때문에 태체가 드러나 있다. 이리하여 사진 속의 작품은 자구철족(紫口鐵足)을 형성하고 있는데, 이는 송대(宋代) 관요(官窯) 자기들의 보편적인 특징이었다. 황실에 바쳤던 여요(汝窯)의 자기들과 서로 비교해보면, 관요(官窯)에서 생산한 기물들의 유약 층은 두껍고 개편열은 큰 편인데, 이것도 또한 전아하고 차분한 아름다움을 더해준다.

곳의 관요는 아직 제대로 실증할 수가 없기 때문에, 오늘날 세상에 전해지는 관요 기물의 가마 구분에 대해서는 아직 여러 가지 경험적인 요소들이 뒤섞여 있다. 관요의 기물은 단정하고 전아하면서 깔끔하여, 명성이 매우 높았는데, 그 당시 이미 용천요에서 따라서 모방하였으며, 그 이후에도 항상 전범(典範)으로 받들어졌다.

용천요(龍泉窯) : 가마터는 절강 용천에 있으며, 청자를 소성하였던 유명한 도요지이다. 북송 시기에 월요(越窯) 등의 영향을 받았고, 주로 무늬를 각화(刻花)나 획화(劃花) 기법으로 새겨 넣은 제품들을 퇴첩(堆貼): 각화(刻花)나 획화(劃花)가 본래의 태체(胎體)에 조각하거나 선으로 직접 새기는 것인 데 비해, 퇴첩은 별도의 재료로 장식하고자 하는 문양을 만들어 태체에 덧붙이는 방식을 말한다.

생산하였다. 남송에 들어와 도자 산업이 크게 번창하고 흥성하였다. 남송 후기의 태토가 얇고 유약이 두터운 기물은 관요의 영향을 받은 것으로 가장 높게 평가받은 제품이었는데, 그것들의 태토 색은 백색과 회흑색의 두 종류가 있다. 백색 태토의 기물은 조형이 풍부하며, 당시 유행하던 갖가지 양식들을 보여주고 있다. 또 옛 기물을 모방하여 제작한 많은 제품들도 있는데, 유약의 색으로는 분청(粉靑)·두청(豆靑-녹두색)·매자청(梅子靑-매실색)이 있으며, 표면에 무늬가 없는 기물이 유행하였다. 장식을 붙인 것도 혼후하고 질박한 방향으로 나아갔으며, 각화와 획화는 사라지고 퇴첩(堆貼)과 부조(浮彫)가 비교적 많아졌다. 회흑색 태토로 만든 기물의 태체·유약·조형·장식은 관요의 것과 더욱 비슷해졌으며, 유약의 색은 분청이 대부분을 차지했지만, 해각청(蟹殼靑-게의 등껍질과 같은 청색) 등도 있었다. 보편적으로 유약 표면에 개편열이 있으며, 자구철족(紫口鐵足)을 나타낸다. 용천요의 분청과 매자청을 대표로 하는 두터운 유약은 중국 청자의 유약

용천요(龍泉窯)의 봉이병(鳳耳甁)

南宋

자기

높이 26.6cm, 구경 8.6cm

상해박물관 소장

윤곽선은 비스듬한 직선을 위주로 이루어져 있고, 조형은 늘씬하면서도 힘차고 굳세다. 목 부위의 옆에 장식으로 붙인 두 귀는 서로 등지고 있는 봉황의 대가리 모습인데, 간략하게 추상화된 형태이다. 기물 표면은 광택이 수수하고 무늬가 없다. 몸체에는 촉촉하고 윤택하며 순수하게 아름다운 청유(靑釉)를 시유하였는데, 그 색이 푸른 매실과 같기 때문에 속칭 매자청(梅子靑)이라고 한다. 남송의 용천요는 특히 자기의 유약을 중시하였는데, 예컨대 얼음이나 옥과 같은 매자청은 그곳에서 발명한 대표적인 것이다. 매자청과 더불어 색조가 남색에 가까운 분청은 모두 청유(靑釉) 가운데 대표적인 것들이다. 매자청은 푸른빛이 석청(石靑)처럼 부드럽고 온화하여 마치 봄의 난초나 가을의 국화처럼 각기 그 아름다움을 뽐내지만, 매자청의 수량은 분청의 기물들보다 훨씬 적다. 남송의 용천요는 관요의 영향을 매우 많이 받았지만, 유약의 색이 좀더 온화하고 윤택하다. 따라서 그 정품은 기묘한 개편열을 포기하고, 한결같이 자기 바탕의 전아하고 함축적인 아름다움을 표현한 이유가 있었다.

색의 아름다움을 최고 수준으로 끌어올렸다. 그것은 전통적인 석회 유약을 고온에서 점도가 강해지는 석회 알칼리 유약으로 여러 차례 시유(施釉)하는 기법으로 변화시킴으로써, 유약의 층이 아름다운 옥처럼 촉촉하고 윤기가 있으며 부드럽고 온화한 느낌이 들게 한 것이다. 남송 시기에는 오늘날의 절강 서남부 지역에 용천요가 이미 가마의 계통을 형성하고 있었고, 제품은 또한 대량으로 수출되었다.

명대 사람들의 주장에 따르면, 용천현(龍泉縣)에는 가요(哥窯)와 제요(弟窯)가 있었다고 한다. 초기의 문헌과 발굴에 따른 확실한 실물이 없고, 세상에 전해지는 가요의 기물이 관요의 것과 꼭 닮았기 때문에, 가요의 문제는 의견이 분분하여 풀어야 할 과제로 남아 있다. 비교적 설득력 있는 주장은, 용천요에서 생산한 자기들 가운데 회흑색의 태토가 얇고 유약이 두터운 기물들이 바로 가요에서 만든 제품이며, 그 가마터가 용천현의 대요(大窯)와 계구(溪口) 일대에 있다는 것이다. 가요에서 송대의 관요를 모방하던 것은 원대에 이르러서도 여전히 성행하며 쇠퇴하지 않았다.

경덕진요(景德鎭窯) : 가마터는 강서 경덕진(景德鎭)에 있다. 송대에 들어와 도자 산업이 비약적으로 발전하게 되면서, 정부는 이곳에 관리를 두어 생산과 판매를 감독하고 관리하게 하였다. 가장 유명한 생산품은 청백자(靑白瓷)인데, 그 유약의 색이 푸른 가운데 흰빛이 돌았기 때문에 거의 100년 이래로 영청(影靑)이라고 일컬어졌다. 청백자를 최초로 만든 것은 북송 초기보다 결코 이르지 않지만, 북송 중기

경덕진요(景德鎭窯)의 청백자획화모란문완(靑白瓷劃花牡丹紋碗)

北宋

자기

높이 5.3cm, 구경 17.5cm

요녕성(遼寧省) 법고(法庫) 엽무대(葉茂臺) 19호 무덤에서 출토.

요녕성박물관 소장

이것은 청백자 가운데 뛰어난 작품으로, 태체(胎體)가 견고하고 섬세하며 가볍고 얇으며, 유약 표면은 순수하고 깔끔하며 광택이 난다. 조형은 힘차고 굳세면서도 우아하고 아름다운데, 마치 거꾸로 놓아둔 삿갓 같기 때문에 두립완(頭笠碗)이라고 부른다. 완의 안쪽에는 가지가 뒤얽힌 모란을 획화 기법으로 새겨.넣었는데, 형상이 수려하고 빼어나며 산뜻하고 해맑다. 동일한 양식의 조형과 장식은 정요(定窯)에서도 자주 보인다. 기물의 벽이 곧게 기운 이러한 완은 차를 마실 때 사용했는데, 당시의 차 마시는 풍속은 오늘날과 달라서 찻잎에 항상 향료와 약재를 함께 갈아 넣고 끓여야 했으며, 일단 그 물을 마신 다음 다시 그 재료를 먹었는데, 곧게 기운 완의 벽은 차의 재료를 쏟아내기 편리하도록 만든 것이다. 사진 속의 작품은 요녕 법고(法庫)에 있는 요나라 무덤에서 출토된 것인데, 청백자는 요대의 무덤 부장품과 탑의 기단에서 자주 출토된다. 그러나 그것들이 요나라로 들어올 때 반드시 중원을 거쳐야 했음에도 중원에서는 오히려 발견되는 것이 매우 적은데, 그 원인에 대해서는 앞으로 더 많은 연구와 조사를 기다려야 할 것이다.

경덕진요의 청백자연적[靑白瓷水注]

南宋

높이 8.5cm, 구경 2.7cm, 바닥 지름 5.5cm

사천 수녕(遂寧)의 땅광(움)에서 출토.

에 이르러 번영의 길로 접어들었다. 태체(胎體)는 견고하고 섬세하며 가볍고 얇았으며, 유약 표면은 광택이 윤택하고 투명했으며, 색조는 순수하고 깨끗했으며, 조형은 날렵하면서도 수려했다. 표면에 무늬가 없는 기물이 적지 않았으며, 장식을 더한 것들은 깔끔하고 우아한 각화(刻花)나 획화(劃花) 문양이 대부분을 차지하며, 간혹 인화(印花) 문양도 있는데, 점차 따리받침[墊圈]을 조합한 방식의 복소법(覆燒法)이 보급되면서, 정요(定窯)의 백

자와 비슷한 점이 매우 많아졌다. 남송의 청백자 수준은 대체로 하향세에 있었지만, 뛰어난 정품들은 여전히 매우 높은 품격을 유지하였으며, 심지어 옥과 같은 질감을 가진 것들도 있었다. 양송 시기의 남방에는 청백자를 소성하는 가마가 대단히 많아, 매우 큰 하나의 가마 계통을 형성하였으며, 해외와 국내에 매우 큰 시장을 확보하고 있었다.

건요(建窯) : 가마터는 복건 건양(建陽)에 있으며, 흑유(黑釉)로 찻잔을 소조(燒造)하는 것으로 이름을 날렸던 자요(瓷窯-자기 가마)이다. 흑자(黑瓷)의 근원은 한대(漢代)까지 거슬러 올라갈 수 있고, 당대(唐代) 이래로 각각의 가마들에서 항상 흑자도 함께 생산했지만, 대부분 거칠고 소박한 제품들이었다. 건요의 상황은 특수해서 흑유 찻잔을 대량으로 생산했을 뿐만 아니라, 작품은 또한 매우 정교하고 아름다웠다. 이것은 당시 유행하던 두차(斗茶)와 밀접한 관계가 있는데, 흑색의 유약 표면은 두차에 가장 적합했기 때문이다. 휘종과 군신들은 두차를 매우 즐겼으며, 건요도 일찍이 궁정을 위하여 만든 적이 있는데, 표본 가운데 자주 출현하는 '供御(공어-어용으로 바치다)'와 '進琖(진잔-찻잔을 바치다)'이라고 새겨진 명문(銘文)이 바로 그 증거이다. 건요의 찻잔은 유약이 두텁고 바닥과 가까운 곳에 흑색 태토가 많이 드러나며, 칠흑 같은 유약 바탕 위에 가늘고 긴 은색 결정(結晶)의 반점 문양을 가득 채운 경우가 많은데, 이것을 토호(兔毫)라고 부른다. 이러한 기법은 다른 자요(瓷窯)들에서도 자주 보이지만, 건요 제품의 명성이 가장 높았다. 세상에 전해지는 건요의 찻잔 위에는 여타 형상의 결정 반점들도 있는데, 작고 둥근 점 모양의 것은 '유적(油滴)'이라고 부르며, 비교적 큰 채색 원형으로 나타나는 것은 '요변(曜變)'이라고 부른다. '유적'은 건요에만 있는 것이 결코 아니지만, '요변'의 경우는 아주 미묘하고 매우 드문데, 건요의 특산인 듯하다. 일본에서는

두차(斗茶) : 송나라 때 왕공과 귀족들은 나라 안팎의 귀중한 차들을 널리 수집하여 때때로 연회를 베풀었으며, 이때 그들은 서로 격식을 갖추어 자신이 갖고 있는 좋은 차와 다구(茶具)를 과시하면서 차를 마셨는데, 이를 두차(斗茶)라고 한다.

건요의 찻잔이 매우 귀중하게 여겨졌기 때문에, 훌륭한 정품은 항상 그곳에서 보물처럼 소장하였다.

길주요(吉州窯) : 가마터는 강서 길안(吉安)에 있고, 자기 생산의 역사는 오대(五代)보다 늦지 않으며, 제품의 종류가 매우 풍부하다. 북송 시기에는 주로 경덕진요를 모방한 청백자를 소성하였다. 남송 시기에는 도자 산업이 창성하여 서로 내로라하며 아름다운 자태를 경쟁하였다. 자주요(磁州窯)를 모방한 흰색 바탕에 흑색 무늬를 넣은 자기와 정요(定窯)를 모방한 백자 등은 모두 비교적 높은 수준에 이르렀으며, 더욱 특색이 있던 생산품은 건요와 대체로 같은 연원(淵源)을 지닌 흑자(黑瓷)였다. 흑자의 장식은 매번 새로운 창안을 보여주었는데, 예컨대 전지첩화(剪紙貼花) 기법은 민간의 전지(剪紙) 예술을 도자 공예에 이식한 것으로, 질박하지만 경사스러운 의미를 가지며, 나뭇잎 첩화(貼花)는 천연의 나뭇잎을 완의 벽에 장식한 것으로, 신기하면서도 미묘하다. 송대의 도자 장인들 가운데 오늘날까지 알려진 사람은 매우 적지만, 서옹(舒翁)과 서교(舒嬌) 부녀는 보기 드문 예외라고 할 수 있다. 그들은 북송 말기부터 남송 초기까지 활동한 길주요의 이름난 장인들이었다. 송대 사람들은 "그 기물은 신선과 부처를 중시하였다[其器重仙佛]"고 말했으며, 가마터에서는 또 바닥에 '서가기(舒家記)'라는 관지(款識)가 찍힌 침편(枕片-베게 조각)이 발견되었다.

양송 시기의 도자에서 사용한 장식 제재들은 너무나 많으며 천태만상이다. 그 가운데 전지(纏枝-얽힌 가지)와 절지(折枝) 화훼는 가장 많이 출현하며, 신령스럽고 상서로운 금수(禽獸)를 위주로 한 동물 문양도 일정한 수량이 보이고, 인물 문양의 숫자가 비교적 적지만, 하나하나가 모두 생활 정경들을 표현하였다. 문자 장식은 전통의 길상(吉祥) 문자 외에도, 또한 약간의 시문(詩文)도 있으며, 기하 문양은 주로 테두리 장식에 사용되었다. 장식 기법들은 무엇 하나 포함하지 않

전지첩화(剪紙貼花) : 도자 장식 기법의 일종으로, 오리거나 새긴 지화(紙花-종이 장식)를 태체 위에나 바탕의 유약 위에 평평하게 붙이고, 다시 유약을 바른 후에 지화를 파낸 다음, 굽는 것을 말한다.

길주요의 흑자는 오랫동안 명성을 누렸는데, 그 중 대모유(玳瑁釉)·전지첩화(剪紙貼花)의 평판이 특히 높았다. 사진 속 작품의 외벽이 곧 대모유를 시유한 것으로, 흑색 바탕에 황색 반점이 있으며, 색조가 마치 바다거북[玳瑁]과 비슷하여 붙여진 이름이다. 이것은 쇄유(灑釉-유약을 뿌리는 것)의 방법으로 만들어 낸 것인데, 송나라 사람들의 글 속에 나타나는 자고반(鷓鴣斑)이라는 단어가 곧 이것을 가리키는 것이다. 내벽은 전지첩화로 장식하였다. 전지첩화는 이치가 간단한데, 오려낸 도안을 태토 상태의 벽 위에 붙이고, 시유한 다음 소성하는 것이지만, 도안은 먼저 특수한 처리를 거쳐야 했다. 전지첩화의 제재는 화훼·조수(鳥獸) 외에도 또한 항상 길상(吉祥)을 의미하는 문자도 보이는데, 사진 속의 작품에는 '福如東海[복이 동해처럼 넘쳐라]'·'長命富貴[장수하고 부귀를 누려라]'라고 되어 있다. 길주요는 전형적인 민간 가마인데, 그곳에서 창안한 전지첩화에는 민간 예술의 분위기가 물씬 풍기고 있으며, 질박하면서도 교묘하기 그지없다.

대모유(玳瑁釉) : 유약을 바른 면에 흑색과 황색 등이 뒤섞여 혼합되어 있는 것으로, 대모유의 태체는 철분의 함량이 비교적 적은 자토를 이용하여 만든다.

은 것이 없었는데, 즉 투각(透刻)·태체에 문양을 잘 새긴 후 문양 이외의 부분을 파내는 척화(剔花)·조각하여 새기는 각화(刻花)·송곳 등 뾰족한 물체를 이용하여 얕은 선으로 그려내는 획화(劃花)·완전히 건조되지 않은 태체에 형틀로 찍어서 문양을 새기는 인화(印花)·동판(銅版) 등 다른 재질로 문양을 만들어 붙이는 첩화(貼花)·점토로 장식물을 빚어 덧붙이는 퇴첩(堆貼)·기물을 손으로 직접 빚는 날소(捏塑), 그리고 회화(繪畫) 등 있어야 할 것들은 다 있었다. 그 가운데 가장 흔히 보이는 것은 각화·획화·인화·회화이다. 도안은 종종 제작이 복잡한가 간단한가에 따라 두 종류로 나누는데, 하나하나 만들어내야 하는 각화·획화·회화는 대부분 구도가 시원스러우며, 형상이 소탈하고 산뜻하다. 그러나 형틀을 반복하여 여러 번 사용할 수 있는 인화는 보편적으로 구도가 빽빽하고, 형상은 깔끔하며 단정하다. 장식은 무늬와 유약이 같은 색인 경우가 많은데, 이를 통해 온화하고 조화로우며 담백하고 고아한 것에 대한 추구를 구현하였다. 그리고 이색적인 회화나 척화의 경우는 비록 대비를 중시하고 있긴 하지만, 눈을 찌르는 듯한 강한 기운을 띠지는 않아, 또 다른 종류의 우아한 아름다움을 반영해냈다. 특수한 장식으로는 유약 속에 문장을 써넣은 것이 있는데, 요변(窯變)이나 개편열(開片裂) 등과 같은 것들은, 그 문장들이 천연의 아름다움으로 더욱 높은 경계를 펼쳐 내게 하였다.

송대 사람들의 자기 유약에 대한 공헌은 매우 돋보인다. 백색·청백색·청색·흑색은 단지 대체적인 구분일 뿐이고, 청색 유약의 경우는 10여 가지 색조로 구분할 수 있는데, 그 미세한 차이는 항상 매우 정교한 기예를 통해 실현해낸 것이다. 그러나 만당(晚唐) 시기 비색 자기의 유약 색의 차이는 오히려 소성하는 과정에서의 결함의 요인을 포함하고 있다. 조악하고 질박한 민간의 일용 기물을 제외하면, 균일함은 이미 송대 자기의 유약 표면의 일반적인 표준이었으며, 전형적인 작품은 또한 순수미·촉촉한 윤택함·부드럽고 온화함을 추구하여, 얼음이나 옥과 같은 전통적인 이상(理想)이 수많은 청자와 청백자들에 완벽하게 실현되었다. 이 때문에 옥(玉)도 자기(瓷器)를 일컬을 때 상용하는 대명사가 되었다.

생산량의 급격한 증가는 자기를 더욱 광범하고 더욱 깊이 사회생활 속으로 녹아들게 하였으며, 조형도 이로 인해 전에 없이 풍부해졌다. 완(碗)과 반(盤)류는 가장 기본적인 음식 기구로서, 형상과 구조에는 비록 차이가 있었지만 여전히 상대적으로 안정적이었다. 그러나 실생활에서 사용하는 합(盒)·침(枕)·병(瓶)·호(壺)·로(爐) 등은 오히려 다양한 변화를 드러내어 하나하나 눈여겨 볼 겨를이 없을 정도였다. 이러한 차이는 실생활에서의 수요에 따른 것이기도 하고, 또 다른 측면은 미관에 대한 고려에서 나온 것이다. 일용 기물의 조형은 대부분 세련되고 새로웠으며, 패턴화된 문양[花式]이나 과릉형(瓜棱形 −참외의 표면처럼 올록볼록한 굴곡이 있는 형태)을 한 것들의 수효가 대단히 많았는데, 그것은 물론 식물의 형상들이 이미 장식을 주도했던 요인도 있지만, 또한 도자기의 특수성에도 주의를 기울여야 했기 때문이다. 즉 도자기는 불에 구워야 하는데, 구울 때 형태의 변화를 피하기가 어렵다. 그러나 기물의 몸체에 기복이 있으면 시각적으로 형태가 변했다는 것을 느끼기 어렵고, 이로 인해 정연하고 단정한 아름다움을 더할 수가 있었다. 송대 자기의 조형은 항상 금은기(金銀器)에서도 같은 유형들을 찾을 수 있는데, 송대 자기가 구현해낸 조형들이 금은기의 영향을 받았기 때문이다. 진설기(陳設器-진열용 기물)와 제기(祭器)의 방고(仿古) 풍조가 특히 성행하였는데, 그것은 금석학의 발달과 일맥상통한다. 풍류를 즐겼던 송나라 휘종과 고종은 방고 풍조의 강력한 주창자였다. 균요(鈞窯)와 여요(汝窯)에서는 이미 대량의 방고 기물들을 생산했는데, 남도(南渡)로 인해 휘종 때 "새로 만든 예기[新成禮器]"의 대다수가 전쟁의 불길에 훼손되었다. 주조할 때 필요한 구리 원료가 부족했지만, 자기의 제작은 오히려 간편했다. 이 때문에 여요(余姚)·평강(平江)·임안(臨安)에서는 모두 명을 받들어 도자 제기(祭器)를 만들었으며, 그 양식은 『박고도(博古圖)』와 『삼례도(三禮圖)』로부터 나왔는데, 이는 도자의 조형으로 하여금 특유한 고아함과 장중함을 드러내게 하였다. 조형의 단순하고 고아함과 장식의 평화롭고 간소함은 양송 시기 도자의 두드러진 특징인데, 종종 관부나 궁정과 연계가 많으면 많을수록 조형은 더욱 단순하고 고아해졌으며, 장식은 더욱 평화롭고 간소해졌다. 이것은 고대에는 거의 없던 현상이었다.

비록 송대 자기의 종류가 많아지고 면모가 풍부해지긴 했지만, 3백여 년에 걸친 발전 과정에서 예술은 여전히 대체로 단정하고 명확한 방향으로 나아갔는데, 이러한 조류를 이끈 것은 관요의 기물과 민요에서 황실에 진상한 기물들이었다. 정요(定窯)는 비교적 이른 시기에 명성을 얻었는데, 그 수려한 조형과 자연스러운 장식은 이미 전

남도(南渡) : 송나라 말기에 여진족이 세운 금나라가 세력을 확장하여 침입해오자, 고종(高宗)은 1127년에 수도인 개봉(開封)을 버리고 장강 이남의 임안(臨安)으로 쫓겨가게 되는데, 이를 가리킨다. 역사에서는 이때를 기준으로 그 이전을 북송, 그 이후를 남송이라고 일컫는다.

아함을 추구했음을 드러내 보여주고 있지만, 황실에 진상하는 영예는 오히려 여요(汝窯)에게 빼앗겨버렸다. 일반적으로 알고 있기로는, 그렇게 전환된 원인이 정요(定窯)에서 생산한 기물들의 구연부가 까슬까슬했기 때문이었다고 한다. 그러나 만약 금속을 씌우면 보완할 수 있었을 뿐만 아니라, 또한 색채와 재료의 대비 효과도 누릴 수 있었다. 그런데 여요에서 생산한 기물들은 표면에 무늬가 없고, 순수한 한 가지 색이어서, 정요에서 생산한 기물들에 비해 더욱 전아했다. 그러므로 그 전환(정요에서 여요로의 전환—역자)은 조화로움이 대비됨보다 낫고, 단순함이 장식을 압도했기 때문에 이루어졌다고 보아야 할 것이다. 여요에서 생산한 기물들을 시작으로, 송대(宋代) 자기의 아름다움은 이미 조형과 유약의 질에 더욱 집중되어, 지나치게 꾸미며 오히려 어색해 보이고 좀 무거운 장식은 황실에 진상했던 균요(鈞窯)의 자기나 건요(建窯)의 찻잔이나 관요(官窯)의 기물들에서는 보이지 않는다. 남송 후기에, 용천요(龍泉窯)의 청자는 급속히 발전하였는데, 수많은 고급품들은 심지어 미묘한 개편열까지도 없애고, 고요하고 엄숙한 무언지미(無言之美)의 최고봉에 올랐다. 그리고 청백자 가운데 적지 않은 수량의 뛰어난 제품들도 장식을 줄이고, 순결하기가 옥과 같은 질감을 부각시킴으로써, 자기만의 특유한 재질의 아름다움을 표현하였다. 구양수(歐陽脩)는 "도(道)는 오히려 근본으로 돌아갈 것을 취하거늘, 이치를 어찌 바깥의 꾸밈에서 구하겠는가[道尚取乎返本, 理何求于外飾]"라는 유명한 구절을 남겼는데, 이것은 또한 송대 자기의 전형적인 예술 추구로 볼 수 있다. 송대의 자기가 갈망한 것은 전아하면서도 편안하고 차분한 것으로, 짙은 서권기(書卷氣—학자풍)를 발산하고 있는데, 비록 침착하고 웅장하지는 않지만, 오히려 매우 그윽하고 심원함을 드러냈으며, 이는 영원한 매력을 지닌 우아한 아름다움의 전형이다.

| 제3절 |

요(遼)·금(金) 도자의 특색과 원(元) 자기의 발전

요나라 지역의 도자는 두 종류가 있었는데, 한 가지는 남방으로 부터 수입된 것들로, 정요(定窯)의 백자·월요(越窯)의 청자·경덕진(景 德鎭)의 청백자 등이며, 다른 한 가지는 그 지역에서 생산된 것들이 다. 요대(遼代)의 중요한 가마터는 이미 일곱 곳이 알려져 있다. 즉 내 몽고 임동(林東)의 상경요(上京窯)·남산요(南山窯)·백음과륵요(白音戈 勒窯)와 적봉(赤峰)의 항와요(缸瓦窯), 요녕 요양(遼陽)의 강관둔요(江官 屯窯), 북경 문두구(門頭溝)의 용천무요(龍泉務窯)와 산서 대동(大同)의 청자촌요(靑瓷村窯)가 그것들이다. 그 가운데 상경요는 황성 안에 있 어 관요임을 확인할 수 있으며, 항와요와 용천무요는 일찍이 관부(官 府)를 위해 자기를 소성(燒成)한 적이 있다. 요나라의 가마들에서 생 산된 종류로는 백자·흑자·백지흑화(白地黑花-흰 바탕에 검은 문양) 자 기가 있으며, 도기로는 백색·흑색·녹색·황색 등 단색 유약의 자기 말고도 수준이 상당히 높은 삼채(三彩)도 있었다. 그 기물들은 유목 민족의 특색이 짙게 묻어나지만, 날이 갈수록 정요(定窯) 등 송대 생 산품의 영향을 더욱 더 크게 받았다.

백색 유약의 유행은 요대 도자의 가장 큰 특징이다. 무덤과 유적 지들 속에서는 중원과 그 지역에서 생산한 백색 유약의 도자가 절 반 정도를 차지하는데, 몇몇 중요한 성터에 대한 조사에서 채집된 백 자와 백색 도기 파편들이 차지하는 비율은 더욱 컸다. 거의 모든 자기 가마들에서 모두 백색 유약의 기물들을 생산했는데, 상경요와 항와요 및 용천무요의 유적지에서는 '官'자 관지(款識)를 새긴 백자들이 발굴되었다. 거란족 귀족 및 한족 고관들의 무덤 속에서는 항상 '官' 혹은 '新官'이라는 관지가 있는 백자들이 출토되는데, 그 기물들은 종종 매우 정교하면서도 아름답다. 백자의 이어지는 전통은 북조 말기부터 시작되는데, 이것은 바로 북방 유목민족이 중원에 들어와 왕조를 세운 시대이다. 당대에는 백자가 번영하여, 중당 이전에 이미 백자의 명성이 유서 깊은 청자를 능가하게 되었으며, 이 시기의 통치 집단들은 유목민족과 정치·문화·혈연 등의 방면에서 친밀한 관계를 맺고 있었는데, 이로부터 백자의 생산·발전·번영은 모두 유목민족과 불가분의 관계가 있었음을 알 수 있다. 중국 북방의 유목민족들은 모두 샤머니즘을 신봉했으며, 이 지역의 샤머니즘에서는 백색이 길색(吉色)이었는데, 요대에 백색 유약을 바른 기물들이 유행한 것은 바로 여기에서 근원하였다.

　휴대하기에 편리한 기물의 성행은 요대 도자의 또 다른 중요한 특징 가운데 하나이다. 닭의 허벅지 모양의 계퇴병(鷄腿瓶)·봉황 대가리 모양의 봉수병(鳳首瓶)·목이 긴 장경병(長頸瓶) 등 몸체가 긴 자기의 수량이 매우 많은데, 요나라의 무덤 벽화로부터 얻은 지식을 통해 그것은 노예들이 등에 지고 다녔다는 것을 알 수 있다. 또 기물의 표면에는 으레 올록볼록한 요철(凹凸) 형태의 줄무늬들이 보이는데, 이것은 당연히 끈으로 묶기에 편리하도록 만든 것이다. 끈으로 꿰어 휴대할 수 있는 호(壺)도 비교적 많이 보이는 기물인데, 호의 측면에 물을 따를 수 있는 홈과 고리 모양의 코[環鼻]는 끈을 꿰어 휴대하고 다니기에 편리하도록 만든 것이다. 수량이 가장 많고 가장 특색이 있는 기물은 우선 가

황유획화모란문장경호(黃釉劃花牧丹紋長頸壺)
遼
높이 36.3cm, 구경 10.3cm
요녕성박물관 소장

죽 주머니 모양의 피낭호(皮囊壺)를 들 수 있다. 이 피
낭호는 다음과 같은 다섯 종류의 유형들로 나눌 수 있
다. 즉 납작한 몸통에 구멍이 하나인 것·납작한 몸통
에 구멍이 두 개인 것·납작한 몸통에 고리 모양의 손잡
이가 있는 것·둥근 몸통에 고리 모양의 손잡이가 있는
것·키가 낮은 몸통에 가로로 된 손잡이가 있는 것 등
인데, 다섯 번째의 기물이 이미 당나라 때에도 보인다
는 것 말고는, 앞에서 열거한 네 종류의 기물 순서는 시
대 순서에 따른 것으로, 요대의 초기부터 중기까지 변

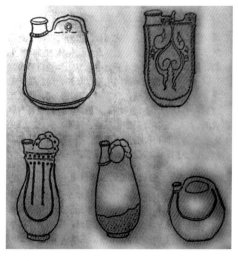

요대 피낭호(皮囊壺)의 다섯 유형[선묘도
(線描圖)]

천해온 것들이다. 조형의 발전은 구멍이 있는 것에서 손잡이가 있는
것으로, 납작한 형태에서 둥근 형태로 나아갔는데, 구멍은 끈을 묶기
에 편리하고 손잡이는 손으로 잡는 데 편리했으며, 납작한 형태의 기
물은 몸에 휴대하는 것이고, 둥근 형태의 기물은 진열해놓기에 편리
했는데, 이것은 바로 거란족이 이리저리 떠돌며 목축 수렵 생활을 하
던 데에서 안정적인 실내 생활로 전환했음을 보여주는 것이다.

　공예 미술은 생활과의 연계가 매우 긴밀한데, 피낭호의 변천은 매
우 훌륭한 증거이다. 피낭호는 계관호(鷄冠壺) 또는 마등호(馬鐙壺)라
고도 불리는데, 이것은 그 중 어떤 유형이 대략 닭의 볏이나 말의 등
자(鐙子)와 닮았기 때문이다. 그러나 피낭호는 대개 유목 생활을 할
때 사용하던 가죽으로 만든 용기를 모방한 것으로, 가늘고 긴 가죽
끈·가죽 매듭·가죽 노끈·가죽 면과 같은 것들, 심지어는 가죽 면의
봉합선까지도 만들어 표현하였다. 오늘날의 시점에서 보면, 가죽 제
품의 흔적을 새긴 것은 그 조형에 대한 암시일 뿐이지, 실제 효용의
의미는 전혀 없다. 그러나 민족학에서는 오히려 또 다른 해설을 제시
하고 있다. 즉 문화가 상당히 낙후된 일부 민족들의 입장에서 볼 때
는, 어떤 물품의 형태를 모방하기만 하면 바로 자연스럽게 그 물품의

백유녹채피낭호(白釉綠彩皮囊壺)
遼
도기
높이 37.8cm, 복부의 긴 쪽 직경 17.2cm
요녕성박물관 소장

담홍색 도기의 태체는, 유약을 바르기 전에 화장토를 입힘으로써, 기물의 표면이 희고 깨끗하며 섬세하고 부드러운 느낌이 나게 하였다. 조형은 유목민족의 물을 담는 가죽 재질의 용기를 모방했는데, 원형(原型)과 꼭 닮았다. 또 가죽 매듭·가죽 끈과 가죽 면을 퇴첩(堆貼)하여 장식으로 삼았으며, 녹채(綠彩)를 칠하여 눈에 확 띄게 하였다. 도자기 위의 이러한 장식들은 물론 효용적 의미는 없지만, 거란인들은 오히려 기물의 효용이 이것과 밀접하게 서로 관련된다고 생각했다. 피낭호는 요대에 한때 매우 성행했으며, 다섯 가지 유형들이 있는데, 사진 속에 있는 것은 납작한 몸통에 고리 모양의 손잡이가 있는 형식이다. 납작한 몸통은 여전히 몸에 밀착시켜 휴대하기에 편리하지만, 고리 모양의 손잡이는 이미 손으로 들기에 편리하지만 끈으로 묶기엔 불편했다. 이것은 거란족의 생활이 이미 상대적으로 정착 생활로 전환되었음을 보여주는 것이다. 요대 말기에 이르면 피낭호는 차츰 종적을 감추게 된다.

기능을 구비하게 되고, 심지어 그 기능의 우열조차도 모방을 얼마나 정확하게 하느냐의 여부에 의해 결정된다는 것이다. 피낭호는 가죽 제품을 모방한 기물인데, 요대에는 또 나무 접시를 모방하여 백자와 삼채로 제작한 네모난 접시도 있었으며, 유약을 입힌 도기 중에는 또한 자작나무 껍질로 만든 통을 모방한 것도 있었다. 이것은, 공예 미술은 재질이 싸고 흔한 것이 고귀한 것을 모방한다는 일반적 법칙과 어긋나는 것이지만, 오히려 거란족의 문화 상황과는 상통한다. 더구나 거란인들은 결코 나무로 만든 기물을 저급하다고 생각하지 않았는데, 예컨대 1105년에 북송의 사신에 따르면, 요나라 지역에서는 "한족 음식[漢食]은 금속 기물에 저장하는데, 변방 민족의 음식은 목기에 저장한다[漢食貯以金器, 番食貯以木器]"하는 현상을 기록하고 있으며, 얼마 뒤에 진국공주(陳國公主)와 부마(駙馬)의 무덤에도 나무 재질의 피낭호를 부장품으로 넣었다.

요대 도자의 장식 제재는 그 지역에서 흔히 볼 수 있는 모란과 야생 작약을 위주로 하였으며, 장식 기법들로는 각화(刻花)·획화(劃花)·척화(剔花)·인화(印花) 및 회화(繪畫)·날소(捏塑) 등이 있었는데, 그것은 북송 정요(定窯)와 자주요(磁州窯)의 영향을 많이 받았지만, 뛰어난 정품의 백자와 삼채(三彩)를 제외하면 대부분 간소하고 거친 편이었다. 삼채는 요대 말기에 유행했으며, 품질은 항와요(缸瓦窯)의 기물이 가장 뛰어났다. 유약의 색은 황(黃)·녹(綠)·백(白)·자(赭)가 대

삼채모란문장반(三彩牧丹紋長盤)
遼
도기
높이 2.1cm, 구장(口長) 30.1cm
요녕 신민(新民) 파도영자(巴圖營子)의 요
대 무덤에서 출토.
요녕성박물관 소장

이 반은 요녕 신민현(新民縣) 파도 영자(巴圖營子)에 있는 요나라 말기의 무덤에서 출토된 것으로, 요대의 삼채 가운데 뛰어난 작품이다. 유약은 황색·녹색·백색의 세가지 색을 사용했는데, 색이 선명하고 광택이 있다. 구연부에는 권초(卷草-덩굴 풀)를 한 바퀴 둘러 새겼으며, 반의 한가운데에 절지(折枝) 모란을 퇴첩했는데, 형상이 시원시원하게 펼쳐져 있다. 반은 해당화(海棠花) 형상으로 만들었는데, 동일한 조형이 당대와 요대의 금은기들에서도 보인다. 이것은 요대의 공예 미술이 지난 시대의 전통을 계승하고 있음을 보여주는 것이며, 또 귀금속 공예가 도자 기물에 대해 매우 큰 영향을 미쳤음을 반영하고 있는 것이다. 요대 중기와 말기에 금은기를 부장하는 것을 몇 차례 금지하거나 제한했었는데, 삼채는 바로 이러한 배경 하에서 당나라 삼채와 발해 삼채를 모방하면서 점차 발전하며 성숙한 것으로 믿어진다. 그것이 유행한 것은 이미 11세기 말 이후이다.

부분이었으며, 발색은 매우 짙거나 귀엽고 아름다웠으며, 도안은 비교적 정교하고 정확했으며, 조형도 항상 매우 아름다웠는데, 이는 요대 도자가 비교적 높은 수준에 도달했음을 보여주는 것이다.

금대의 도자 생산의 시작은 주로 요대의 민간 옛 가마들에 의거하였으며, 생산품은 대부분 태토와 몸체가 거칠고 투박하며 불순물이 많이 섞여 있어서 유약 표면이 혼탁하고 광택이 없었다. 또 장식은 간결하고 거칠며 미감이 부족한데다, 조형도 투박하고 치졸하여 형식에 맞는 정돈된 맛이 모자랐다. 중원의 도자 가마는 송나라와 금나라의 전쟁으로 인해 갑자기 황폐화되었지만, 1153년에 새로운 전기를 맞이하였다. 이 1년은 금나라의 해릉왕(海陵王)이 연경(燕京 : 오늘날의 북경)으로 천도하여 금 왕조의 정치·경제·문화의 중심이 남쪽으로 옮겨간 시기이다. 8년 후에 '소요순(小堯舜-작은 요·순임금이라는 뜻으로 태평성대를 구가했음을 기리는 말)'으로 칭송받은 세종(世宗)이 즉위하면서 경제가 회복되고 남북 간에 수호조약이 체결됨에 따라, 중원의 도자도 다시 발전하기 시작하였다. 비록 옛날의 찬란한 면모를 재현하기는 어려웠지만, 그래도 매우 높은 수준을 갖출 수 있었다. 이 이후의 중요한 가마터들로는 정요(定窯)·자주요(磁州窯)·요주요(耀州窯)·균요(鈞窯)와 자촌요[瓷村窯 : 오늘날의 산동 치박(淄博)] 등이 있다.

이 가마들은 대체로 북송의 전통을 이어받았지만, 수준은 약간 퇴보하였다. 요주요에서 소성한 대다수 청자들의 유약 표면은 강황(姜黃-누런색)과 담청(淡靑)으로 바뀌었으며, 유약의 층은 얇으면서 광택이 없었고, 장식은 제작이 간편하고 도안이 간단한 인화(印花)가 대부분을 차지했으며, 각화(刻花)는 감소하였다. 균요의 유약 색은 천람(天藍)을 위주로 하여 자홍색(紫紅色)은 이미 자취를 감춘 듯하며, 조형도 정연함이 부족했다. 인기를 끌었던 것은 여전히 정요 계통의 백자였는데, 이들 백자가 출토되는 기물들의 주류이며, 또한 남송의 시장에 진입할 수 있었다. 완(碗)과 반(盤) 같은 식기류들 가운데 비교적 조악한 생산품은 금 왕조에서 유행했던 사권첩소법(砂圈疊燒法)을 채택하여, 안쪽 바닥에 고리 모양으로 태토가 드러나도록 하였으며, 일반적으로 장식을 가하지 않았다. 뛰어난 작품들의 경우는 복소법(覆燒法)을 채택하여 북송의 태토의 흰색과 유약의 윤택함 및 조형의 날렵하고 수려한 전통을 여전히 유지하였으며, 장식은 인화가 대부분을 차지하는데, 찍어낸 문양이 또렷하고 아름다웠으며, 고상한 운치는 여전했다. 자주요 계통은 제품의 종류가 다양하기로 유명한데, 가장 대표적인 백지흑화(白地黑花) 자기는, 비록 장식이 간략화되는 추세에 있었지만, 일부 작품들은 이로 인해 더욱 산뜻하고 시원하며 빼어남을 더할 수 있었다. 자주요 계통의 여러 가마들에서 채색을 가하는 현상이 사람들의 주목을 끌었는데, 오랫동안 명성을 날렸던 호형침(虎形枕-호랑이 모양의 베개) 외에 홍록채(紅綠彩)도 새롭게 두각을 나타냈다. 비록 이 시기의 기물들이 그다지 정교하거나 아름답지는 않았지만, 채색 회화와 두 번에 걸쳐 소성하는 공예 방법을 통해 훗날의 오채(五彩) 자기의 시작을 열었던 것도 주목할 만하며, 그

사권첩소법(砂圈疊燒法) : 흙으로 빚은 자기에 유약을 발라 가마에 넣기 전에, 기물의 안쪽 바닥(완과 반이 대부분임)을 먼저 한 바퀴 깎아내어, 고리 모양의 태토가 드러나도록 하였다. 그런 다음 포개어 굽는 기물의 바닥 굽을 그 위에 두어(포개어 굽는 기물의 바닥 굽은 모두 유약을 바르지 않는다), 드러난 고리 모양의 태토가 정확히 유약을 바르지 않은 기물의 굽과 접촉하게 하면서 층을 이루어 쌓는다. 이러한 종류의 포개어 굽는 방법을 사권첩소법이라고 한다.

자주요(磁州窯) 계통의 백지흑화조문호
형침(白地黑花鳥紋虎形枕)

金

자기

높이 12.6cm, 길이 39.6cm

상해박물관 소장

자주요 계통에서 제작한 침(枕-베개)의 양식은 매우 많은데, 엎드린 호랑이 형태의 침은 산서(山西)에서 유행하였다. 사진 속의 작품은 그 모습이 꼬리를 말아 올린 채 엎드려 있는 호랑이인데, 호랑이의 표정과 자태(神態)가 자못 위엄이 있고 용맹스럽다. 침면의 도안은 청신하면서도 고요하고 차분한 분위기인데, 넓게 탁 트인 수면 위에 한 마리의 새가 부유물에 발을 딛고 머리를 돌려 하늘을 쳐다보고 있으며, 공중에는 기러기 두 마리가 날아오고 있다. 호랑이 몸통의 황색은 호랑이 형상을 더욱 사실적으로 보이게 할 뿐만 아니라, 색채상의 의미도 내포하고 있다. 금대의 자주요 계통은 색채의 응용을 중시했는데, 이 작품에 비해 더욱 전형적인 것으로는, 홍록채(紅綠彩) 자기도 있다. 침의 밑바닥에 "大定二年六月六日□家造[대정 2년 6월 6일 □집안에서 만듦]"이라고 먹으로 쓴 글씨가 있다. 대정은 금나라 세종의 연호(1161~1189년)로, 그가 재위하던 동안 중원의 도자 산업은 수십 년의 침체기를 벗어나 생산을 회복하였다.

이후 순수한 홍록채도 단절되지 않고 계속 이어졌다.

금대 도자의 민족적 특색은 그다지 선명하지 않았는데, 그 원인은 여진족이 한족과 더욱 많은 문화 교류와 민족 융합을 추구한 데서 찾을 수 있다. 그러나 여진족이 여전히 목축과 수렵의 전통을 지니고 있었기 때문에, 도자기 가운데에는 끈으로 묶어 휴대하기 편리한 삼계병(三系瓶)·사계병(四系瓶)·계이관(系耳罐)·장경병(長頸瓶)·계퇴병(鷄腿瓶) 등이 있었으며, 장식 문양은 동물 문양이 약간 많은 편이다. 특히 호랑이·사슴·물고기 등의 문양들은 그들의 전통적인 어로와 수렵 경제 및 제왕과 귀족들의 사냥을 즐기는 습속과 밀접한 관계가 있었다.

원대(元代)의 도자는 성취가 탁월했는데, 이것은 경덕진의 다양한 창조 속에 집중적으로 구현되어 있다. 그 청화(靑花)·유리홍(釉裏紅)·남유(藍釉)·홍유(紅釉) 등은 정교하고 아름다운 장식과 화려한 면모를 통해 도자 예술의 새로운 세계를 열었다. 이러한 창조는 모두 부량자국(浮梁磁局)과 밀접한 관계가 있다. 그곳은 당시 유일하게 관부에서 운영하던 자기 공방으로, 전적으로 궁정을 위해 물품을 제작

청화(靑花) : 청화 자기 혹은 백지청화(白地靑花) 자기라고도 하며, 줄여서 일반적으로 청화라고 한다. 중국 자기의 주류 품목 중 하나로, 도자기의 표면에 산화철(酸化鐵)을 함유한 광석을 발색제로 하여 그림을 그린 뒤, 투명한 유약을 칠하여, 고온의 환원염에서 구워내면, 산화철 안료가 파란색 문양을 나타내며 바탕이 흰 자기가 탄생되는데, 이를 가리킨다.

유리홍(釉裏紅) : 유약을 바르기 전에 태체에 산화동(酸化銅)으로 그림이나 문양을 그린 다음 백색 유약을 발라 투명하게 구워내면, 그림이나 문양이 붉은색을 띠기 때문에 유리홍이라고 부른다.

유하채(釉下彩) : '요채(窯彩)'라고도 한다. 유하채는 도자기의 주요 장식 수단의 하나로, 색료를 이용하여 이미 형체를 만들어 그늘에서 말린 반제품 도자기 위에 각종 문양 장식을 그린 다음, 백색의 투명한 유약이나 혹은 기타 옅은 색의 유약을 칠하여 초벌구이를 한다. 굽고 난 후의 도안은 한층 투명한 유막으로 덮어씌워져, 표면에 광택이 나고 온화하며, 평평하고 매끄러우며, 문양이 볼록하게 튀어나오지 않고, 수정처럼 반짝이게 되는데, 이것을 유하채라고 한다. 즉 유약의 아래에 채색으로 도안을 그린다는 의미이다. 반면 유상채(釉上彩)는 '노채(爐彩)'라고도 하는데, 유하채와는 달리 먼저 백색 유약을 발라 구운 도자기나 혹은 단색 유약을 발라 구운 도자기, 또는 여러 가지 색의 유약을 발라 구워낸 자기 등 유약을 발라 초벌구이를 한 도자기 위에 채색 그림을 그린 후에, 다시 섭씨 6백 도 정도의 온도에서 구워낸 도자기를 가리킨다. 유하채는 그림 부위가 다른 부분과 마찬가지로 평평하지만, 유상채는 유약을 발라 구운 다음에 다시 채색 유약으로 그림을 그렸기 때문에, 그림이나 도안 부위가 볼록하게 도드라져 나와 있다. 유약 위에 채색 그림을 그렸다는 의미이다.

하던 장작원(將作院)에 예속되어 있었으며, 그 규모는 그다지 크지 않았다. 또 태정(泰定) 연간(1324~1328년) 이후로 "명령이 있으면 만들어 바치고, 그렇지 않으면 그만두었지만[有命則供, 否則止]", 위에서 설명한 기물의 고급 명품들은 대부분 부량자국에서 일하던 장인들의 손에서 나왔다.

원대의 도자 가운데 청화의 성취가 가장 높았고 영향도 가장 컸으며, 내포되어 있는 문화의 내용도 가장 풍부했다. 따라서 청화를 이해하는 것은 바로 원대의 도자, 심지어는 공예 미술의 정수를 파악하는 것이기도 하다.

청화(青花)는 코발트 안료를 발색제로 그림을 그려 넣은 유하채(釉下彩) 자기로, 흰색 바탕에 남색 문양[白地藍花] 혹은 남색 바탕에 흰색 문양[藍地白花]을 드러내는 효과가 있었다. 당대와 송대의 도요지들에서 소량의 흰색 바탕에 문양을 남색으로 그린 자기의 파편들이 출토되고는 있지만, 역사상 청화가 대규모로 출현한 것은 원대에 접어든 이후로, 그것은 매우 갑작스럽게 흥성했고, 발전도 이상할 정도로 신속하고 왕성했다. 몽고족이 선호하는 색상의 취향도 청화가 흥성하고 발전한 중요한 동력이었다. 그 당시 백색과 남색의 공예 미술품들이 천하를 풍미했는데, 이것은 몽고족이 일찍이 샤머니즘을 신봉하여 "나라의 풍속이 흰색을 숭상하였기[國俗尙白]" 때문이며, 또 하늘을 공경하고 조상을 숭배함으로 인해 남색을 숭상하였다. 원대 청화의 성취가 왜 백자에 비해 훨씬 높고, 그 수량도 남색 유약의 자기에 비해 더 많았던 것일까? 그것은 바로 백색과 남색이 섞인 기물들이 이들 통치 민족이 함께 숭상했던 두 가지 색을 완벽하게 구현해낼 수 있었기 때문이며, 백자와 대다수의 남색 유약의 자기는 두 가지 색들 중 한 가지만을 반영할 수 있었기 때문이다.

원대의 청화는 한족 전통 문화·이슬람 문화·몽고족 문화의 결정체이다. 이들 세 문화들 가운데 한족 전통 문화의 경우는 사람들에 의해 반복적으로 논증되고 있지만, 이슬람 문화는 어느덧 사람들에게서 기억이 흐릿해져 잊혀져가고 있으며, 몽고족 문화는 완전히 저 멀리 까마득히 사라져버렸다. 원대 청화의 조형과 장식의 제재는 대부분 오래 전부터 중국에 있었던 것들이다. 비록 조합 방식과 표현 형태에 매우 큰 변화가 있긴 했지만, 한족 전통 문화의 여러 요소들을 쉽게 찾아볼 수 있다. 중국 도자의 우수한 전통, 특히 당대와 송대의 유하채(釉下彩) 그림의 정교하고 높은 수준에 대해서는 사람들이 자주 들어서 잘 알고 있다. 무슬림 장인들을 고용하고 서방의 재료와 기법을 채택하여 이슬람 풍격의 물품을 생산한 것이 원대 관부 공예 미술의 중요한 특징이다. 서아시아에서 코발트 안료로 도기에 그림을 그린 것은 적어도 9세기부터 이미 시작되었는데, 원대 청화의 정품들에 사용된 코발트 안료는 서방으로부터 유입되었으며, 층층의 장식 띠를 기물의 몸통에 에워싸는 도안의 구성은 이슬람 금속 기명(器皿)의 풍격과 상통하는 것이었다. 몽고족은 연향(宴饗)을 중시했기 때문에 그들은 일찍부터 대형 기명을 좋아했는데, 예컨대 작은 술통보다도 큰 그릇에 술을 가득 채워 마시곤 했다. 원대 청화들 가운데 수두룩하게 많은 대반(大盤)과 대완(大碗)은 바로 여기에서 근원한 것들이다. 몽고족은 수시로 옮겨 다니며 생활했는데, 이것이 휴대하기에 편리한 청화의 기형이 원대에 매우 많았던 이유이다. 예컨대 네 곳에 끈을 꿸 수 있는 납작한 형태의 사계편호(四系扁壺)와 기물의 몸체가 팔각인 여러 가지 병(瓶)과 호(壺)가 그러한데, 사계편호는 말할 필요도 없지만 모가 난 몸통의 기물도 원형의 몸통에 비해 들고 다니거나 끈으로 묶기에 편리했다.

원대 청화의 장식이 수량을 나타내는 경우가 비록 많기는 했지만, 의외로 7층으로 된 것은 없는데, 이것은 몽고 사람들이 7을 흉(凶)을

연향(宴饗) : 천자가 신하들과 함께 어울려 즐기는 연회.

▶▶

일어났는데, 몽고 부락은 모두 불타고 겨우 남녀 각각 두 사람씩만 살아남아 액이고열곤(額爾古涅昆)의 산속으로 도망쳤다. 점차 자손이 번창하여 좁은 산골짜기에서 살 수 없게 되자, 이들은 초원으로 이주하였다. 그 중 한 부락의 수령은 이름이 패아첩적나(孛兒貼赤那–'푸른 늑대'라는 의미)였으며, 그의 아내는 이름이 활애마란륵(豁埃馬闌勒–'흰 사슴'이라는 의미)이었는데, 이들이 그 부락 사람들을 이끌고 알난하(斡難河)의 발원지인 불아한산(不兒罕山)으로 옮겨가 생활하였다. 이 전설은 몽고인들이 액이고납하(額爾古納河) 서쪽으로부터 이주하였다는 사실을 반영하고 있는데, 이때가 대략 당대 말엽에 해당한다. '창랑'은 바로 푸른 늑대이며, '백록'은 흰 사슴을 가리킨다.

경덕진요의 청화전지모란문매병(靑花纏枝牡丹紋梅瓶)

元

자기

전체 높이 48.7cm, 구경 3.5cm

강서 고안(高安)의 무덤에서 출토.

강서성(江西省) 고안현(高安縣)박물관 소장

매병은 송대 이래로 오래도록 성행한 기물의 형태로, 그렇게 이름을 붙인 것은 몸체의 형상이 늘씬하고 매화의 빼어난 기상과 닮았기 때문이라고 믿어진다. 매병은 통상 술을 담는 데 사용되었는데, 사진 속의 작품에 뚜껑이 있는 것이 그 증거이다. 명대 이후에 매병은 다시 진열품의 용도로 변화한다. 이 매병의 장식은 철분 함유량이 높고 망간 함유량이 낮은 수입(輸入) 코발트 안료로 그림을 그렸기에, 발색이 농염하다. 병의 몸통 상부의 백련(白蓮)으로 안쪽을 장식한 운견문(雲肩紋)은 몽고족 복식의 운견을 모방한 것이며, 바닥 가까운 곳의 변형된 연꽃잎은 원나라의 청화에서 가장 널리 사용되던 보조 문양인데, 응당 이슬람 건축의 아치형 문을 모방했을 것이다. 뚜껑과 장식은 모두 9층으로 되어 있는데, 9는 당시에 길(吉)한 숫자였기 때문에, 이로부터 원대 길상(吉祥) 도안의 조합은 또한 장식의 수효에서 도움을 받았음을 알 수 있다.

정기(旌旗) : 각종 화려한 장식을 하거나 문구를 써넣은 깃발로, 군왕이 신하에게 하사하거나, 군대의 사기를 북돋우기 위하여 하사한 깃발 등을 총칭하는 말.

창랑백록(蒼狼白鹿) : 이는 몽고족의 고대 토템 관념이다. 『몽고비사(蒙古秘史)』 등의 역사서들에는 모두 몽고인의 선조에 대한 다음과 같은 전설이 기록되어 있다. 먼 옛날 몽고 부락과 돌궐 등 여타 부락들 사이에 전쟁이

범하는 것으로 믿었기 때문이다. 예컨대 군왕(君王)은 금속 기물 7건을 부장하였고, 범죄자에 대한 태형의 끝수를 7로 했으며, 몽고 관원들은 한자를 쓸 때조차도 '七'자를 'ㄣ'자로 쓰곤 했다. 원대 청화의 장식이 9층으로 된 것도 적지 않은데, 이것은 몽고족이 9를 중시했기 때문이다. 징기스칸은 나라를 건국하면서 아홉 가닥으로 휘날리는 흰 깃발을 세우도록 했으며, 제왕이 상으로 하사하는 물품과 사방에서 신년에 바치는 공물의 수효는 항상 9나 혹은 9의 배수였다. 원대 청화의 많은 문양들에도 이러한 몽고족의 습속과 어렴풋하게 연관이 있는 듯하다. 예컨대 옥마문(玉馬紋)은 제왕의 정기(旌旗) 도안을 모방한 것이고, 운견문(雲肩紋)은 몽고족의 복식을 모방한 것이며, 기린의 몸체 형상이 사슴 같기도 하고 사자 같기도 한 것은 몽고족의 '창랑백록(蒼狼白鹿)'이라는 선조에 대한 전설과 관련이 있다. 큰 키에 뿔이 하나인 짐승이 묘사하고 있는 것은 응당 징기스칸의 인자함을 과시할 수 있는 각서(角瑞―전설 속의 성스러운 동물)일 것이며, 흔히 볼 수 있는 연지(蓮池) 도안은 문종(文宗)의 어의(御衣) 자수를 모사(摹寫)한 것이다. 원대의 청화를 몽고족과 연계시키는 것은 종종 우여곡절을 겪기도 하는데, 늘 추상적 사상 관념과 생활 형태를 빌려 표현하고자 했으면서도, 조형과 장식에 직접적으로 계승

경덕진요의 청화만지교문반(靑花滿池嬌紋盤)

元

높이 6.7cm, 구경 46.5cm

북경 고궁박물원 소장

되어 반영된 것은 비교적 적다. 이것은 그들이 "애초부터 무지몽매했고[始初草昧]" "백공[百工]의 일이 갖추어진 것이 하나도 없어서[百工之事, 無一而有]", 다른 문화에 이미 있는 형식을 빌려서 표현하는 것을 존중하고 좋아했기 때문이다. 비록 이러했지만, 몽고족은 청화 자기의 번영에 대해 매우 중요한 역할을 담당했는데, 왜냐하면 북방에서 남색과 백색을 숭상하고, 9를 중시하고 7을 싫어한 것이 단지 몽고족만이 아니기 때문이다. 서아시아에서 도기에 코발트 안료를 사용한 역사는 매우 오래되었으며, 중원에서의 흰색 바탕에 남색 문양을 넣은 기물이 출현한 것도 원대에 처음 시작된 것은 아니다.

오늘날 볼 수 있는 원대의 청화는 대부분 원대 후기의 생산품으로, 그 태토·유약·기형·문양·색채의 차이가 매우 두드러지는데, 이러한 차이는 다시 시대 구분의 근거가 되어 왔다. 즉 비교적 조악한 것은 앞 시대의 것이고, 비교적 정교한 것은 후기의 것이라는 주장이다. 사물의 발전 법칙을 고려할 때, 이것도 어쩌면 채택할 수 있는 주장일 것이다. 그러나 도자는 사람이 생산하는 것으로, 소유하고 사용하는 사람들의 지위·신앙·풍습·경제 등 갖가지 서로 다른 여러 요소들이 직접적으로 구현되기 마련이다. 원대에 청화를 생산한 연대가 상당히 짧은 기간에 집중되어 있음에 비추어볼 때, 그 차이가 반영하고 있는 것은 또한 주로 그것을 소유하고 사용했던 사람들이 달랐다는 점이다. 이를 근거로 그것들을 아래와 같이 몇 부류로 나눌 수 있다.

궁정에서 사용한 용기 : 이 물품들은 명을 받들어 소성한 부량자국(浮梁磁局)의 생산품이다. 전형적인 기물은 중국 내외에 두루 소장되어 있는 '春壽(춘수)'라는 관지(款識)가 있는 운룡문(雲龍紋) 매병이며, 그것은 발색이 농염한 수입 코발트 안료로 신민들에게 사용이 엄격하게 금지된 두 개의 뿔과 다섯 개의 발톱을 가진 용을 그렸는데, 이 '춘수'는 바로 임금이 마시는 어용주(御用酒)의 일종이었다. 비록 제왕에게 귀속되는 기물이었지만, 구도는 산뜻하고 시원스러우며, 문양은 매우 거칠고 호방하다. 이는 용도에 따라 결정된 것으로, 그것들은 단지 땅광 속에 장기간 저장해두는 용기일 뿐이어서, 또한 궁중의 연회에는 등장하지 않았으며, 도안도 단지 어용(御用)이라는 표기만 있을 뿐, '미(美)'에 대해서는 주의를 기울이지 않았다. 『원사(元史)』·「별아겹불화전(別兒怯不花傳)」에서는 1338년 이전의 한 무더기의 궁정 주병(酒瓶)을 언급하고 있는데, 바로 그것들을 가리키는 것이다. 궁정 용기들 가운데에는 또 태토가 얇고, 유약이 윤택하며, 발색이 농염하고, 도안이 정교하며 아름다운 완(碗)·반(盤)·병(瓶) 등도 있었으며, 이것들은 원나라의 고궁 터에서 이미 소량의 파편들이 출토되었는데, 그것들이 바로 진정한 일용 기명(器皿)들이었을 것이다.

중국 내외의 고위 관리와 부호들이 사용한 용기 : 이 기물들은 자국(磁局-부량자국)에서 명을 받들어 제작한 것으로, 하사품과 황실의 무역에 사용되었거나, 부량자국의 장인들이 생산해서 팔았던 고가 상품(商品) 자기들이다. 이것들은 원대 청화 가운데 가장 전형적인 기물들로, 형체가 대체로 매우 컸으며, 그 조형도 단정하며 당당하고 호방했다. 장식은 종종 매우 번잡하고 조밀하며, 솜씨가 매우 정교하였으며, 제재도 매우 풍부하여, 화훼와 충어(蟲魚)·신령스럽고 상서로운 새와 짐승·인물고사 등 포함되지 않는 것이 없을 정도였다. 또 수입 코발트 안료를 사용하여 발색이 농염하고 선명하였다. 그 기물들은 해외에 대량으로 수출되었기 때문에, 오늘날에도 이슬람 지역에 많은 양이 보존되어 있다. 소유한 사람의 소재지가 어디인가에 따라 이 기물들도 차이가 있었다. 일반적으로 말한다면, 서아시아로 수출된 것은 장식이 좀더 번잡하고 조밀하며, 도안의 구성도 이슬람 예술과 더욱 흡사해져, 남색 바탕에 흰색의 문양을 넣은 것이 많은 편이다. 그러나 동방에서 발견된 것들은 문양이 상대적으로 산뜻하여, 중국 전통 예술의 전형적인 풍모가 더욱 순수하게 드러난다.

문사(文士)들이 사용한 용기 : 이 기물들은 경덕진에서 상품으로 팔기 위해 생산한 자기이다. 수량은 많지 않으며, 소형 기물을 위주로 했고, 제작이 비교적 정교하고 섬세하며, 도안의 발색은 농염하면서도 담백하고 우아하며, 장식은 비교적 세련되었다. 일부 기물들은 옛 기물들을 모방하여[仿古] 제작했는데, 예컨대 술잔인 고(觚)의 조형과 장식은 모두 상대(商代)와 주대(周代)의 예기(禮器)들을 모방한 것이다. 이러한 기물들은 중국 문화의 소양을 상당히 잘 갖춘 관료 및 부호들의 집에서 발견되기도 하는데, 예컨대 북경의 후막방(後莫房) 유적지에서 출토된 송죽매(松竹梅)의 문양이 있는 얕은 반(盤)은 그 풍채가 빼어나 명나라 성화(成化) 연간의 청화와 흡사하다.

경덕진요의 청화홍람유관(靑花紅藍釉罐)

元

자기

전체 높이 41.2cm, 구경 15.5cm

하북 보정(保定)의 땅광에서 출토.

하북성(河北省)박물관 소장

이 기물은 하북 보정(保定)의 땅광에서 출토되었다. 이 땅광 안에서 모두 11건의 매우 정교하고 아름다운 청화(靑花)·남유(藍釉)·백유(白釉) 자기들이 출토되었다. 이 사진 속의 뚜껑이 있는 관(罐)은 조형이 풍만하면서도 단정한데, 날소(捏塑-손으로 직접 빚어 만듦) 기법으로 만든 웅크린 사자를 뚜껑의 손잡이로 하였으며, 뚜껑의 표면과 관의 몸통에는 변형된 연꽃잎·권초(卷草)·회문(回紋)·화훼·해수(海水)·운견(雲肩) 등 다양한 문양들을 그렸다. 몸통의 복부에는 네 개의 개광(開光)으로 장식하였는데, 그 안에는 누조(鏤彫) 방식으로 홍색과 남색의 유약을 칠한 산석(山石)과 사계화(四季花)를 배치하였으며, 개광의 바깥 테두리에는 섬세하고 정교하게 퇴첩(堆貼)하여 구슬을 꿴 것 같은 모양의 철주문(綴珠紋)을 두 바퀴 둘렀다. 이 뚜껑이 있는 관에는 청화와 날소 등 네 가지 기법으로 완벽한 아름다움을 조합해냈으며, 원대 도자 공예의 매우 높은 기술 수준을 보여주고 있다. 보정의 땅광 안에서 이러한 종류의 뚜껑이 있는 관 한 쌍이 출토되었는데, 영국과 일본에서도 각각 뚜껑이 없는 것 하나씩을 보유하고 있어, 이 기물이 당시에 매우 애호받았음을 알 수 있다.

개광(開光) : 기물 위에 변화가 다양하게 장식을 했는데, 간혹 어떤 한 가지 형상을 돌출시키기도 하는데, 왕왕 기물의 어떤 위치에 어떤 형상(예컨대 부채꼴 모양·마름 모양·하트 모양 등)의 공간을 만든 후에, 그 공간 속에 문양 ▶▶

평민이 사용한 용기 : 이 기물들은 경덕진 및 기타 지역들에서 상품으로 팔기 위해 구워 만든 자기이다. 대부분 비교적 조악한 소형의 일용 기물로, 태체와 유약에서 흠집이 자주 보이고, 장식은 간결하고 거칠며, 구도는 시원스러워, 완연하게 민간 작풍(作風)이다. 시대의 특징은 종종 그다지 선명하지 않은데, 설령 새롭게 출현한 기형(器形)일지라도, 흔히 지난 시대의 유풍(遺風)을 비교적 많이 보유하고 있었다. 예컨대 하북 정흥(定興)에서 출토된 매월문고족배(梅月紋高足杯)는 송대에 출현했던 두립완(斗笠碗―441쪽 도판 참조)의 기초 위에서 손으로 잡을 수 있도록 굽을 길게 늘인 것일

을 장식하는 것을 가리킨다. 항상 경태람(景泰藍)·조칠(彫漆)·도기(陶器) 기명들의 장식에서 보인다. 원래는 고대 건축의 창문에 있는 어떤 형상이 변화 발전한 것이다.

누조(鏤彫) : 조소의 한 형식으로, 부조(浮彫)를 기초로 하면서, 배경 부분을 투각하는 기법이다. 어떤 것은 단면으로 새기고, 어떤 것은 양면으로 새긴다.

뿐이다. 이러한 기물들은 동남아시아에서도 자주 발견되는데, 기물의 형태는 때때로 중국에서 발견되는 것들과는 다르다.

유리홍(釉裏紅)은 원대에 창조된 것인데, 구리를 문양의 발색제로 삼은 유하채(釉下彩) 자기이다. 이것은 청화와 매우 흡사하지만, 소형 기물이 차지하는 비율이 비교적 크며, 도안은 비교적 거친 것들이 많고, 어떤 기물들은 큰 면적을 마구 칠한 표현도 있어, 결코 진정한 회화라고는 할 수 없다. 유리홍의 수량은 청화보다 적은 편인데, 이것은 동홍(銅紅)으로 구워내는 일이 쉽지 않아 발색을 순정하게 표현하기가 어려웠기 때문이며, 또한 당시에 홍색(紅色)은 특별히 존귀하게 여겨져, 법령에 신하와 백성들은 사용하지 못하도록 금지한 아홉 가지 색채들 가운데 홍자(紅紫) 계통의 색들이 다섯 가지나 차지하고 있었기 때문이기도 하다. 원대에는 남유(藍釉)와 홍유(紅釉) 자기도 발

명했는데, 이 기물들은 코발트나 구리를 유약 속에 섞어 만든 것이다. 홍유 기물의 수량은 남유 기물보다 적었는데, 그 원인은 유리홍이 청화보다 적은 것과 같은 이유였다. 이 기물들은 대부분 정교하고 아름다웠으며, 매우 화려하고 고급스러웠다. 홍유 기물의 장식은 인화(印花)와 각화(刻畵) 기법이 많으며, 제재는 고귀한 두 뿔과 다섯 개의 발톱을 가진 용(龍)이 자주 등장하여, 그 품격의 비범함을 나타내주고 있다. 남유 기물의 전형적인 장식은 남색 바탕에 흰색의 문양을 넣는 남지백화(藍地白花) 기법인데, 그것은 유약을 입

힐 때 도안을 가리고 차단하여, 도안 부위에 유약이 묻지 않게 하는 방법으로 만든 것으로, 남색과 백색이 잘 어우러지며, 간결하면서도 명쾌하다. 남유 기물에는 사용이 금지되었던 묘금(描金-금박으로 그림) 장식도 자주 보이는데, 묘금 장식은 경덕진의 난백유(卵白釉) 자기에도 나타난다. 그러나 남색 유약의 바탕 위에 금빛 문양이 찬란한 것이 더욱 화려하고 아름답다. 묘금으로 장식한 남유 기물들은 대부분 기물의 형태가 상당히 작지만, 아름답고 영롱하여 유달리 사랑스럽다.

원대에는 난백유 자기가 천하를 풍미했는데, 그 유약은 우유처럼 탁하며, 흰색 속에 푸른빛이 감돈다. 그것은 고온하에서 점도가 커졌기 때문에, 소성(燒成)했던 범위가 넓었고, 따라서 경덕진에서도 한때 왕성하게 소성하였다. 난백유 자기의 뛰어난 정품은 부량자국(浮梁磁局)에서 명령을 받들어 제작한 것으로, 용도가 모두 위풍당당하

경덕진요의 유리홍화조문관(釉裏紅花鳥紋罐)

元
자기
높이 24.8cm, 구경 13.3cm
강서 고안(高安)의 땅광에서 출토.
강서성(江西省) 고안현(高安縣)박물관 소장

원대의 유리홍은 지금 많이 볼 수 없는데, 동홍(銅紅)으로 소성하기가 쉽지 않았기 때문에 도안의 발색이 대개 순정하지 않고, 심지어는 흑색이나 갈색을 띠기도 하였다. 사진 속의 작품은 형체가 비교적 크며, 일정한 규격에 맞춰 단정하게 제작된 것으로, 도안의 발색도 비교적 선명하고 농염하여, 쉽사리 만나기 어려운 훌륭한 기물이다. 장식은 약간 조잡한 듯하지만, 선이 고르고 섬세하여, 마치 전지공예(剪紙

工藝) 같은 효과를 내고 있다. 이것은 회화 방식의 장식을 채택한 원대의 유리홍 제품들 가운데에서 이미 여러 차례 본 적이 있다. 이 관(罐)과 앞에서 살펴보았던 청화 매병은 모두 강서성 고안현에 있는 원대의 한 무덤 속에서 출토된 것들이다. 발굴 과정에서 모두 자기 239건을 수습했는데, 그 가운데 청화 19건과 유리홍 4건이 있었다. 지금까지 이것이 원대의 청화와 유리홍이 한꺼번에 가장 많이 출토된 경우이다.

절요완(折腰碗) : 당대(唐代)의 자기에서 처음 보이며, 원대(元代) 중기에 성행했다. '허리 부위가 곡면(曲面)을 이루며 꺾인[折腰]' 것으로 인해 이 명칭을 얻게 되었다. '허리 부위가 꺾인[折腰]' 것 외에도, 굽이 바깥쪽으로 벌어져 있으며, 굽의 벽이 두껍고, 굽의 안쪽 바닥에는 볼록하게 튀어나온 하나의 유정(乳釘)이 있는 등의 특징을 띤다. 그 외에도 부분적으로는 완의 벽 안쪽에 '樞府'라는 두 글자가 찍혀 있어, '추부완(樞府碗)'이라고도 부른다.

고 성대했는데, 황가(皇家)의 제기(祭器)로 사용되기도 했고, 혹은 제왕(帝王)의 일용 기물로 충당되기도 했으며, 혹은 황제의 친인척이나 신료(臣僚)들에게 하사품으로도 사용되었다. 장식 방법은 모두 인화(印花) 기법을 사용하였으며, 운룡문(雲龍紋)이 매우 자주 보인다. 자기의 태토는 "하얗기가 하얀 분 같았고[白如粉堊]", 매년 관리를 파견하여 그 생산을 감독하였으며, "소성(燒成)이 끝나면 곧 흙으로 가마를 막아버렸다.[燒罷卽封土.]" 공물로 바치고 남은 재료는 그곳의 장인들에 의해 상품용 자기로 만들어졌는데, 당시 사람들의 그 기물에 대한 평가는 매우 높아서, "희고 빛나며, 색이 사랑스럽고[白而瑩, 色可愛]" "매우 고아하고 얇다[甚雅薄]"라고 하였다. 비교적 정교한 난백유 자기는 '樞府(추부)'라는 관지(款識)를 인화한 기물이 대표적인데, 이것은 응당 추밀원(樞密院) 및 그 산하 기관에서 주문 제작한 것으로, 기물의 벽이 약간 두껍고 일정한 규격에 맞게 제작되었다. 흔히 보이는 기물들은 절요완(折腰碗) 및 고족배(高足杯)인데, 내벽에는 또렷하고 엄밀한 전지화(纏枝花) 등의 도안을 찍어[印] 표현하였다. '樞府'라는 관지가 있는 기물의 수량이 비교적 많고, 품질이 비교적 정교하기 때문에, 난백유의 경우 흔히 추부유(樞府釉)로 일컬어지기도 한

경덕진요의 남유묘금절지매문배(藍釉描金折枝梅紋杯)
元
높이 4cm, 구경 8.1cm
하북 보정(保定)의 땅광에서 출토.
하북성(河北省)박물관 소장

다. 상품(商品)으로 제작된 난백유 자기의 수량은 비교적 많은데, 그 기물들은 일반적으로 품질이 조악한 편이며, 종종 단색 바탕에 무늬가 없는 것도 있으며, 기물의 형태도 절요완과 고족배가 가장 자주 보인다. 부량자국의 장인들도 정요(定窯)를 모방한 기물들을 소성한 적이 있는데, "그 품질과 색이 정요에서 생산한 기물들의 중등품(中等品)과 매우 흡사하여, 옛 기물에 해박한 사람들도 종종 구별할 수 없을 정도였다.[其質與色絶類定器之中等者, 博古者往往不能辨.]" '남인(南人)'이 송대의 기물을 모방하여 제작한 것은 확실히 특별한 의미가 내포되어 있었다.

원대의 청백자는 여전히 광활한 중국 국내외의 시장을 갖추고 있었으며, 경덕진은 여전히 대표성을 띤 요장(窯場-가마)이었다. 당시의 대다수 청백자는 이미 송대에 비해 확실히 퇴보하였으며, 기물의 태체는 두꺼워지는 추세이고, 유약 표면[釉面]은 불순물이 대체로 많아졌으며, 기물은 그다지 정연한 규격을 갖추지 않았다. 반면에 장식은 확실히 풍부해졌는데, 비록 순정하고 빼어난 풍채가 이미 기본적으로 자취를 감추긴 했지만, 새로운 풍격도 갖가지 정교하고 아름다운 걸작들을 만들어냈다. 예컨대 자침(瓷枕-자기로 만든 베개)은 항상 네 면을 투각하여 복잡한 인물고사를 표현하였는데, 관음상(觀音像)의 경우는 퇴첩(堆貼)과 날소(捏塑)의 기법으로 매우 섬세하고 매끄럽게 표현함으로써, 그 표정과 자태가 장엄하고 자상한 가운데 매우 풍부한 감화력이 넘쳐났다. 북경에서는 또한 승모호(僧帽壺-승려가 쓰는 모자 형상의 호)가 출토된 적이 있는데, 그 조형은 확실히 티베트 불교의 영향을 받은 것이다. 유약의 표면은 순정한 가운데 온화하고 윤택하며, 전체가 수수하고 빛이 나, 전아함은 송대에 비해 뒤떨어지지 않는다.

경덕진요의 난백유(卵白釉)로, '추부(樞府)'라는 관지가 찍힌 인화전지모란문절요완(印花纏枝牡丹紋折腰碗)

元

높이 4.5cm, 구경 11.5cm

중경시(重慶市)박물관 소장

남인(南人) : 원대에 백성을 구분하던 네 등급의 신분 가운데 최하위 등급을 가리킨다. 남송의 통치하에 있던 한인(漢人) 및 그 지역에 살고 있던 소수민족 주민들을 가리키며, 일반적으로 회하(淮河) 이남의 송나라 국경 내에 살던 주민들을 가리킨다. 『원사(元史)』·「선거지(選擧志) 一」에는 이렇게 기록되어 있다. "몽고인과 색목인이 한 편을 이루고, 한인과 남인이 한 편을 이룬다.[蒙古·色目人作一榜, 漢人·南人作一榜.]" 또 명나라의 섭자기(葉子奇)가 지은 『초목자(草木子)』·「극근(克謹)」에는 다음과 같은 내용이 있다. "중앙의 고위 관직들은 대부분 북인(北人)들이 이를 맡았으며, 한인(漢人)과 남인(南人)은 만 명 가운데 한두 명도 안 되었다. 그들이 맡을 수 있는 것은 주(州)·현(縣)의 낮은 관직들에 불과했으므로, 대개 어쩌다 있거나 전혀 없었다고 할 수 있다.[臺省要官皆北人爲之, 漢人南人萬中無一二, 其得爲者不過州縣卑秩, 蓋亦僅有而絶無者也.]"

경덕진요의 청백자누공침(靑白瓷鏤空枕)

元

자기

높이 15.3cm, 길이 32cm

산서(山西) 대동시(大同市)박물관 소장

원대의 청백자는 양송(兩宋)에 비해 이미 퇴보하여, 기물의 태체가 점점 두꺼워졌으며, 유약의 표면은 고르고 균일함이 부족했지만, 정품(精品)들은 오히려 장식에 온갖 정성을 다 기울였다. 사진 속에 있는 작품은 비록 기물의 표면에 흠이 있긴 하지만, 꽃잎 형태의 침면(枕面) 위에는 만자금문(万字錦紋-길상을 의미하는 '卍'자 모양의 문양)을 새겼으며, 몸통의 옆에는 곧 4면을 투각[鏤空]하였고, 투조(透彫)와 날소(捏塑) 기법으로 전당(殿堂)과 동부(洞府-전설 속의, 깊은 산속에 있는 신선이 사는 곳) 속의 인물고사를 표현하였다. 정면은 상아(嫦娥-서왕모의 불사약을 훔쳐 달 속으로 달아났다는 전설 속의 선녀)의 광한궁(廣寒宮-달 속에 있다고 전해지는 궁전)이며, 양쪽 옆면은 각각 노군(老君-太上老君, 즉 노자)이 연단(煉丹)하는 모습과 동자가 관음(觀音)을 모시는 장면이고, 뒷면에 있는 것은 아직 분명하지 않아 조사와 연구를 기다려야 한다. 장식한 공간이 비록 크지는 않지만, 장면이 복잡하고, 인물이 매우 많이 등장하며, 형상이 섬세하다. 유사한 자침(瓷枕)은 이미 매우 많은 사례들이 보도되고 있어, 당시에 매우 인기가 있었음을 알 수 있다. 송나라 때는 전아함을 숭상했으며, 원나라 때는 정교하고 화려한 것을 귀하게 여겼는데, 청백자의 변화 발전도 대단히 좋은 증거이다.

경덕진요 이외에도 원대에는 매우 영향력 있는 몇몇 가마들이 있었다. 비록 그 수준이 대부분 송대에 미치지는 못했지만 새로운 기상을 펼쳐냈다. 균요(鈞窯)의 요변(窯變)은 이미 동(銅)을 함유한 물질로 칠하고 그렸기 때문에 변환(變幻)의 오묘함을 잃게 되었지만, 균요는 이미 가마의 계열을 형성하며 시장을 확대하였다. 자주요(磁州窯) 계통의 백지흑화(白地黑花) 자기는 언제나 기물의 형태가 비교적 컸고, 휴대하기 편리한 기물의 수량이 적지 않았으며, 장식도 일반적으로 거칠고 호방한 쪽으로 나아갔다. 그러나 그 정품은 여전히 시원스럽고 대범하여 소탈함을 잃지 않았으며, 장식 띠의 수효도 확실히 지난 시대에 비해 더욱 많아졌다. 용천(龍泉)의 청자는 송대의 기반 위에서 크게 발전하였지만, 그 풍모는 남송의 옛 모습을 일변시켰으며, 제재의 채택이 광범하고, 풍부한 기법을 이용한 장식이 옥처럼 온화하고 윤택한 유약의 색을 대체하였으며, 당당하고 호방한 조형도 과거의 고졸하고 질박하며 전아함을 압도하였다. 남송 용천요 청자의 유약 색은 남색에 가까운 분청이 많았지만, 이 시기에는 오히려 순정한 녹색이 유행하였다. 이것은 원대에 이슬람 문명이 풍미했고 기물의

자주요(磁州窯)의 백지흑화인물문관(白地
黑花人物紋罐)

元

높이 30.5cm, 구경 18.4cm

양주시(揚州市)박물관 소장

대다수가 서아시아로 수출되었다는 사실과 관련이 있는데, 왜냐하면
이슬람교, 특히 시아파(수니파와 함께 이슬람교 2대 종파의 하나—역자)가
녹색을 숭상했기 때문이다.

자주요의 백지흑화인물문관 (다른 쪽 면)

는 경우가 많았다. 송·원 양대의
용천 청자의 풍모는 매우 다르다.
그 원인은 시대적인 풍조 외에도 또
한 원대 용천요의 생산품을 서아시
아로 수출했다는 사실도 고려해야
한다. 거기에서는 또 국내에서 보지
못하는 특수한 조형과 특수한 장식
도 발견할 수 있다.

용천요(龍泉窯)의 퇴첩화훼문호로병(堆貼花卉紋葫蘆瓶)

元

자기

높이 25.9cm, 구경 4.6cm

중국 국가박물관 소장

호로(葫蘆)는 송대 이래로 도자 호(壺)와 병(甁)이 늘 모방해온 대상이지만, 송·요·금대에는 호(壺)류에서 비교적 많이 출현하며, 원대에 들어서서는 주로 병(甁)류에서 많이 출현한다. 사진 속의 작품은 유약이 순정한 녹색을 드러내고 있는데, 이것은 원나라의 용천요에서 가장 흔히 보이는 것이다. 병의 몸통에 전지(纏枝)와 절지(折枝)의 화훼를 퇴첩(堆貼)하였는데, 원대에는 이러한 문양과 유약이 한 가지 색이어서 비교적 소박한 듯한 느낌이다. 당시에는 문양을 퇴첩한 기물의 문양에 결코 유약을 입히지 않아, 색채를 대비시키는 장식 효과를 취하

가요(哥窯)에서도 여전히 생산을 하고 있었으며, 또한 "무리를 이룰[成群隊]" 수 있었는데, 이 시기의 작품들은 "옛날 관요(官窯)보다 월등히 뛰어났다.[絕類古官窯.]" 정요(定窯)를 모방한 기물들도 다시 유행했었던 것 같으며, 경덕진 외에 또한 산서(山西)의 곽주요(霍州窯)도 있었다. 이와 같은 시대 풍조와 어긋나는 복고풍은, 패망한 송나라의 신하와 백성들이 과거를 그리워하며 물질에 구현해낸 것으로 간주해야 할 것이다. 이 밖에 당시 전성기를 누리던 청화에서조차도 옛 기물을 모방한 고(觚-사각이나 팔각으로 모가 난 술잔)가 출현하였다. 흥미 있는 것은 청화·유리홍·남유·홍유 자기의 아름다움이 당시에 최고였는데, 원대의 문헌이 상당히 많이 남아 있음에도, 그것들에 대한 서술을 찾아볼 수 없다는 점이다. 원대 사람이 서술하고 있는 당시의 자기는, 송대를 모방한 것이나 이것과 시대가 멀지 않은 백자이며, 노래하며 읊은 것은 송대 여요(汝窯)의 자기와 건요(建窯)의 잔(盞)·용천요(龍泉窯)의 청자 등이었다. 그런데 문헌에 기록을 남길 수 있는 사람들은 모두 사대부들이었기 때문에, 옛것을 모방한 도자 또한 그들의 심리 상태를 보여주는 증거이다.

| 제4절 |

직물 자수의 번영과 발전

분명히 부패하기 쉬워 보존이 어렵기 때문에, 오늘날 볼 수 있는 고대의 직물 제품은 그 수효가 많지 않지만, 그렇다고 그것의 공예 미술에서의 높은 위상은 전혀 흔들릴 수 없다. 재료를 살펴볼 때, 고대의 직물 제품은 대체로 사(絲-견사)·마(麻-삼)·모(毛-양모 등 털실)·면(棉-목화 솜) 등 네 종류로 나눌 수 있다. 그 가운데 사(絲)가 가장 중요한데, 그 이유는 이것이 가장 정교하고 아름답기 때문이다. 고급 방직품(紡織品)은 대부분 장식을 띠고 있는데, 그 장식의 기법으로는 주로 직문(織紋-직기로 무늬를 짜 넣는 것)·자수(刺繡)·인염(印染-날염)이 있다. 그 가운데 직문 기법이 가장 중요한데, 왜냐하면 그것이 통상적으로 가장 보편성을 갖기 때문이다.

오대 시기에 중원의 비단은 비록 비교적 높은 수준을 유지하고 있긴 했지만, 강절(江浙-강소와 절강 지역) 및 천촉(川蜀-고대의 촉나라에 해당하는 지역)의 생산품이 더욱 정교하고 아름다웠다. 강절 지역에 있었던 남당(南唐)과 오월(吳越)은 항상 중원의 왕조에게 대량의 금(錦)·나(羅)·기(綺)·능(綾) 등 고급 비단을 공물로 바쳤는데, 예컨대 반룡봉금(盤龍鳳錦)·오월이문릉(吳越異紋綾)·금조사(金條紗)·직성(織成) 등등이 있었다. 도로(道路)가 매우 험난했던 데다 그 지역 통치자들이 매우 아꼈기 때문에 천촉 지역의 고급 비단은 중원에 유입되는 것이 비교적 적었지만, 비교적 안정적인 사회 환경은 오히려 이 지역의 견직물 산업이 지속적으로 번영을 누릴 수 있는 조건이 되었다.

금(錦) : 원래의 의미는 매우 정교한 비단 제품을 말하는데, 대부분 아름답고 화려한 도안이 있다.

나(羅) : 가볍고 부드러운 비단으로, 일종의 세밀하고 촘촘한 망사를 말한다.

기(綺) : 무늬와 색채가 있는 비단.

능(綾) : 매우 얇고 무늬가 있는 비단.

직성(織成) : 고대의 유명하고 귀한 직물로, '직융(織絨)' 혹은 '융(絨)'이라고도 한다.

468 중국미술사 3 : 오대(五代)부터 송(宋)·원(元)까지

촉금(蜀錦) : 중국 사천성 지역에서 생산되는 아름답기로 유명한 비단 제품을 가리키며, 그 기원은 전국(戰國) 시기부터 시작되어, 거의 2천 년의 역사를 가지고 있다.

등롱(燈籠) : 대나무로 뼈대를 만들고, 종이를 바른 다음, 색을 칠하여 만든 등.

소라(素羅) : 날실로 꼬아서 짠 흰색의 비단 직물을 가리킨다. 날실은 일반적으로 살짝 꼴 수 있지만, 씨실은 꼴 수가 없는데, 소라의 날실을 꼬는 방식의 특징에 근거하여 두 줄을 꼰 이경교라(二經絞羅), 세 줄을 꼰 삼경교라(三經絞羅) 및 네 줄을 꼰 사경교라(四經絞羅)로 나눌 수 있다.

화라(花羅) : 바탕에 문양과 도안이 있는 나(羅)의 총칭.

촉금(蜀錦)은 오래도록 성대한 명성을 누렸으며, 도안은 예로부터 새롭고 기이하면서도 정교하고 아름다웠다. 후촉(後蜀) 시기에는 또 장안죽(長安竹)·조단(彫團)·상안(象眼)·의남(宜男)·보계지(寶界地)·천하락(天下樂)·방승(方勝)·사단(獅團)·팔답훈(八答暈)·철경쇠하(鐵梗衰荷) 등 열 가지 금문(錦紋)을 창조하였는데, 이것을 십양금(十樣錦)이라고 불렀다. 그 가운데 일부는 오늘날에는 이미 그 자세한 내용을 알기 어려운 상황이지만, 대다수는 여전히 후세에도 볼 수 있다. 예컨대 천하락·조단·사단·의남·방승·팔답훈은 명대의 금단(錦緞-색채와 무늬가 있는 비단을 총칭하는 말) 도안들 가운데 여전히 특출한 지위를 차지하였다. 명대의 금문에 근거하면, 천하락은 등롱(燈籠)을 중심 도안으로 삼고, 꿀벌과 곡물을 보조 도안으로 삼았는데, 이들 제재의 발음을 조합하여 읽으면 오곡이 풍년이 든다는 의미의 '오곡풍등(五穀豐登)'이라는 말이 된다. 만일 후촉의 천하락도 이와 같았다면, 바로 완벽한 길상(吉祥) 도안이었을 것이다. 오대 시기에 호남 지역에서는 본래 양잠업에 종사하지 않았고, 다만 중원 왕조에 빈번하게 공물로 바쳤던 물품들 가운데 바로 법금(法錦)·소라(素羅)·화라(花羅)·녹태고단(鹿胎褲緞)·수금(繡錦) 등이 있었을 뿐이다. 이것은 이 지역 통치자들이 중시했기 때문에, "민간에 베틀이 크게 성행하게[民間機杼大盛]"되었다.

북송에 들어오면 강절(江浙)·천촉(川蜀) 지역이 안정적으로 발전하지만, 뿌리가 깊고 튼튼한 북방의 직물 산업도 품질이 우수한 제품을 대량으로 생산하던 전통을 신속하게 회복하였다. 금나라 군대가 남하하여 회수(淮水)와 황하(黃河) 이북이 다시는 송나라의 소유가 되지 못하면서, 비단 생산으로 전국을 선도하던 지위도 강절을 대표로 하는 동남 지역으로 옮겨가게 되었다. 비록 원나라 정권이 관부에서 운영하는 작방(作坊)을 대대적으로 설치했지만, 북방의 보편적 우세를 만회할 수는 없었다. 이때부터 견직업은, 남쪽이 흥성하고 북쪽이 쇠퇴하는 구도가 다시는 바뀌지 않았다.

사(紗)·나(羅)는 가볍고 얇아서 하복(夏服)이나 내의에 적합하였다. 송나라와 금나라의 국경이 남쪽으로 옮겨짐에 따라 사·나도 특별한 발전을 이루었다. 복주(福州)에 있는 남송 사람 황승(黃昇)의 무덤 속에서 출토된 비단의 2/3를 사와 나가 차지하고 있었을 뿐만 아니라, 제작한 공예 기술도 매우 훌륭했다. 양송 시기 사·나의 명품들은 적지 않는데, 그 진귀함은 또한 매우 가볍고 얇다는 데 있었다. 예컨대 박주[亳州 : 오늘날의 안휘 박주(亳州)]에서 생산한 가벼운 사는 "손에 들었을 때 무게가 없는 것 같고, 재단해서 옷을 만들면 그 야말로 연기나 안개와 같았다.[擧之若無, 裁以爲衣, 眞若煙霧.]" 면주[綿州 : 오늘날의 사천 면양(綿陽)]의 파서사(巴西紗)는 한 필(匹)의 무게가 겨우 2냥(兩–1냥은 약 37g)에 불과했는데, 양송 시기의 비단은 길이 42척(尺–1척은 약 33cm이므로 약 14m), 너비 2척 5푼[分–10푼이 1척이므로, 2척 5푼은 약 83cm]이 한 필이었다. 황승의 무덤에서 출토된 길이 70cm의 나(羅) 조끼는 그 무게가 16~17g에 불과하며, 그 위에는 정교하고 아름다운 직문(織紋)도 있다. 금(錦)·기(綺)는 문양의 화려함이 뛰어난 장점이다. 이러한 고급 제품들을 생산하던 관부에서 운영하는 작방들은 그 수효가 적지 않아, 오늘날의 하남·하북·산동·사천·강소·호남 등에 있었는데, 그 당시에는 모두 장원(場院)이나 직무(織務)를 가지고 있었다.

금(錦)은 색실로 무늬를 나타낸 여러 겹의 명주실로 짠 직물인데, 가장 현란하고 화려하며 아름답다. 당시 유명했던 관부에서 운영하던 작방들로는 변경(汴京)의 능금원(綾錦院)과 성도(成都)의 금원(錦院)이 있었다. 능금원은 소부감(少府監)에 예속되어 있었는데, 촉나라를 평정하고 얻은 수백 명의 직조 기술자들을 활용하여 설치한 것이다. 성도의 금원은 북송 원풍(元豐) 6년(1083년)에 세웠는데, 직기(織機) 154대를 설치했고, 고용한 직조공이 약 6백 명이었으며, 해마다 토공금(土貢錦)·관고금(官誥錦)·신료오자금(臣僚襖子錦)·광서금(廣西錦) 690필을 생산하였다. 1168년에 이르면, 서남부 지역 소수민족들의 말과 교역하던 능(綾)과 금(錦)도 금원에서 직조하게 되는데, 그 수량은 교역하는 말의 많고 적음에 따라 정해졌다. 원나라 사람이 저술한 『촉금보(蜀錦譜)』에서는 성도의 금원에서 생산한 금문(錦紋)의 명칭들을 조사하여 기록하고 있다. 이를 통해 분석해 보면, 토공금·관고금·신료오자금의 도안은 후촉의 십양금과 관련이 비교적 많은데, 예컨대 팔답훈(八答暈)·육답훈(六答暈)·천하락(天下樂)·반구(盤球)·족사금조(簇四金彫) 등의 도안들이 그러하며, 취지사자(翠池獅子)·규화(葵花)·운안(雲雁)은 십양금과 관련이 없는 듯하다. 역마금(易馬錦)과 광서금은 인물 제재인 팔선(八仙)과 신령스러운 동물인 천마(天馬)·비어(飛魚) 등을 채택한 경우가 많았지만, 더욱 중요한 것은 아들을 많이 낳아 자손이 번성하기를 기원하는 의남백화(宜男百花)나 만사가 뜻대로 이루어져 부귀영화를 누리기를 기원하는 여의모란(如意牧丹) 등 화훼 문양의 지위 상승을 들 수 있으며, 화조(花鳥)를 조합한 도안이 여전히 매우 큰 비중을 차지하였다. 예컨대 대백화공작(大百花孔雀)·천화봉(穿花鳳-전설 속의 새)·서초운학(瑞草雲鶴) 등의 도안들을 들 수 있으며, 색채의 경우는 진홍(眞紅)과 청록(靑綠)을 많이 사용하였다. 금(錦)의 장식은 이미 매우 큰 보편성을 띠고 있었지만, 보다 전형적인 것은 능(綾)과 나(羅) 등의 본래의 자카드(Jacquard)인데, 이로부터 양송 시기 장식의 청신하고 우아함과 화훼 제재가 주도적 지위를 차지했다는 것을 더욱 절실하게 느낄 수 있다.

격사(緙絲-480쪽 참조)와 자수(刺繡)를 제외한 양송 시기의 비단 실물은 주로 무덤의 부장품에서 찾을 수 있다. 신강(新疆) 아랍이(阿

拉爾)시에 있는 무덤 속에서 습득한 금(錦)이 비교적 많지만, 그것들은 대부분 서역에서 생산된 것들로, 아주 적은 양은 중앙아시아의 살답자기(撒答剌欺-474쪽 참조)와 같은 종류인데, 그 가운데에는 유명한 영취문금포(靈鷲紋錦袍)도 포함되어 있다. 호남·복건·강소·강서의 무덤들에서 출토된 화릉(花綾)·화라(花羅)·화사(花紗)는 황색과 갈색을 위주로 하였는데, 일부 색조가 비교적 짙은 나(羅)와 사(紗)도 직물 본체가 섬세하고 얇아서 옅은 색을 드러내고 있다. 장식의 제재는 이미 기본적으로 모란과 연꽃 등의 화훼 문양 일색이다. 이 문양들은 형상이 사실적이고 청신하면서도 부드럽고 아름

다우며, 꽃송이는 대부분 측면을 취하였다. 구도는 전지(纏枝)와 절지(折枝)를 상용하고 있는데, 가령 절지라 하더라도 종종 곧게 뻗은 한 가지의 모습이 아니라, 한껏 휘어진 채 휘어 감으려고 하는 것이, 부드러우면서도 미묘한 아름다움을 표현하려고 노력하였다. 이것은 당대(唐代)의 꽃송이 문양들이 대부분 정면을 취하고 있고, 구도가 항상 둥근 형태를 사용하고 있으며, 잎이 두툼하고 가지가 튼튼하며, 단정하고 가득하던 것과는 판이하게 다르다.

양송의 문양 처리도 차이가 있는데, 북송 시기에는 구도가 비교적 가득차고 빽빽하며, 가끔 인물 문양도 보이고, 소량의 금수문(禽獸紋)도 있으며, 기하 문양도 일정한 비율을 차지하고 있다. 남송 시기에는 구도가 비교적 성글고 시원시원해지며, 인물 문양은 나타나지 않고, 금수문과 기하 문양도 감소하면서, 화훼 문양의 주도적인

모란문(牡丹紋) 나(羅) (일부분)

宋

사(絲)

길이 104~135cm, 너비 57cm

복건(福建) 복주(福州)의 황승(黃昇) 묘 (1243년)에서 출토.

복건성(福建省)박물관 소장

사진 속의 작품은 두께가 겨우 0.08cm이고, 무게는 10g에 불과하여, 그야말로 연기나 안개 같은 느낌이 든다. 갈색으로 염색하였으며, 도안은 본래 색깔에 자카드로 문양을 도드라지게 짠 한 가지(枝)의 모란이다. 모란은 측면의 형상을 취하였다. 비록 절지(折枝) 형식이긴 하지만, 유연하게 휘어진 아름다운 모습이 마치 바람에 몸을 맡긴 채 비를 맞는 듯하며, 흔들리는 듯한 다양한 자태들이 매우 빼어나고 고아하면서도 청신하다. 화훼는 양송 ▶▶

화훼동자문(花卉童子紋) 직물
北宋
호남 형양(衡陽)의 무덤에서 출토.
호남성(湖南省)박물관 소장

시기 장식의 주류였는데, 그 표현은 대체로 이와 같다. 이 나(羅) 조각은 1243년에 조성된, 복주(福州)에 있는 황승(黃昇)의 묘에서 출토된 것이다. 이 무덤에서는 모두 비단 354건이 출토되었는데, 그 가운데 나(羅)가 198건을 차지하며, 공예의 기법도 매우 훌륭하다. 이것은 해당 지역의 기후와 관련이 있을 것이다. 황승은 송나라 왕족의 첩[少妻]이었다. 그 무렵 복건의 직물 산업은 매우 발달했는데, 부장품으로 쓰인 비단은 아마 해당 지역의 관부에서 운영하던 작방에서 생산된 제품일 것이다.

지위가 더욱 두드러지고, 형상도 더욱 아름다워진다. 북송 말년부터 비단 문양을 대표하던 화훼 도안에서 일종의 기묘한 조합이 유행하기 시작했다. 즉 다른 계절에 다른 지역에서 피는 여러 꽃들을 한데 조합하여 짰는데, 오늘날 이것을 사계화(四季花)라고 부르며, 송대에는 일년경(一年景 -483쪽 참조)이라고 일컬었다. 황승의 무덤 속에서는 또한, 한 종류의 꽃의 화심(花心-꽃의 중심)과 잎의 안쪽에 또 다른 꽃의 도안을 짜 넣은 것도 자주 보이는데, 상상력이 기발하고 정취도 풍부하다.

요나라와 금나라의 비단 직조는 양송 시기의 번성함에는 미치지 못했지만 그 수준은 여전히 높았다. 요대(遼代)의 남경(南京 : 오늘날의 북경)은 "수를 놓은 비단과 무늬를 넣어 짠 비단은 아름답기가 천하 제일이어서[錦繡組綺, 精絕天下]", 요나라 지역의 고급 비단 제품은 북송 군주의 찬탄을 이끌어낼 수 있었다. 금나라의 비단 직조는 요나라에 비해 발달했고, 관부에서 운영하는 작방도 더 많았으며, 금나라에서 생산된 견(絹)은 품질이 우수하고 가격이 저렴하여 남송에 대량으로 수출될 수 있었다. 이것은 북방의 비단 생산 중심지들이 거의 이미 금나라 영토에 귀속되었기 때문이다. 통치 집단이 항상 한족의 풍속을 흠모하였으므로, 직물을 짜는 기술자는 주로 한족 백성들이었으며, 이 때문에 요나라와 금나라에서 생산된 비단의 풍모도 오대 및 양송과 비슷했다. 그러나 차이도 여전히 존재했는데, 그 중 한 가지는 금수문(禽獸紋)의 수량이 약간 많아진 것이다. 이것은 그들의 목축 및 수렵 경제와 밀접한 관련이 있으며, 북방 민족에게 공

통된 전통이기도 했다. 또 다른 한 가지는 금(金)을 첨가하는 풍조가 성행한 것으로, 요대의 큰 무덤들 속에서 이미 금실로 짜거나 금으로 장식한 비단이 여러 번 출토되었으며, 금대(金代)의 소부감(少府監)에 예속되어 있던 문사서(文思署)에서는 또한 "직염서(織染署)와 문수서(紋繡署)에서 사용하는 금선(金線−금으로 만든 실)"을 제조하였고, 제(齊)나라 왕의 무덤에서도 직금금(織金錦)으로 만든 옷가지들이 적지 않게 출토되었다. 이 밖에 역사에서는 "금나라 사람들은 흰 옷을 좋아했다[金俗好衣白]"라고 말하고 있는데, 이것도 당연히 비단에 집중적으로 구현되었을 것이며, 이 점에 대해서는 앞으로 고고학적 증거물들을 만날 수 있으리라 믿는다. 흰색을 숭상했던 요나라의 경우도 상황은 같다고 할 수 있다.

원대의 견직물은 상당한 발전을 이루었다. 강남에서는 민간의 직조(織造)가 상당히 번성했는데, 관부에서 운영하는 비단 제조 작방을 대대적으로 설치한 정책과 원대 초기에 모든 장인들로 하여금 직업을 바꿔 직조를 배우도록 한 시책은 관부에서 운영하는 비단 제조업의 기형적인 번영을 추동하였다. 노주(潞綢)·집경관사(集慶官紗)·촉금(蜀錦−469쪽 참조)·단(緞)·직금금·살답자기(撒答刺欺)는 당시의 명품

노주(潞綢): 옛날 노주(潞州)에서 직조한 비단을 가리키는데, 그것이 어느 조대부터 생산되었는지는 파악되지 않고 있다. 다만 명대에 노주에서 일찍이 비단 생산이 최전성기를 누렸으며, 산서(山西)의 노주는 이로 인해 북방 최대의 직조 중심이 되었다는 것은 인정되고 있다. 노주는 장기간 황실을 위하여 조정에 비단을 진상하였다.

집경관사(集慶官紗): 지정(至正) 연간(1341~1368년)에 생산된 비단으로, "한 가지 색으로 깔끔한 것[一色素淨者]"이며, 매우 정묘했다.

단(緞): 비교적 두툼한 비단의 일종으로, 앞면이 평평하고 매끄러우며 광택이 있는 비단.

살답자기(撒答刺欺): 서역 비단의 일종으로, 대부분 개털이나 토끼털을 이용하여 중앙아시아나 페르시아의 비단 제품에 따라 정교하게 짰는데, 대단히 곱고 아름다웠다.

운룡문(雲龍紋) 단(緞)의 일부분

元

사(絲)

강소 소주(蘇州)의 조 씨(曹氏) 묘(1305년)에서 출토.

강소(江蘇) 소주(蘇州)박물관 소장

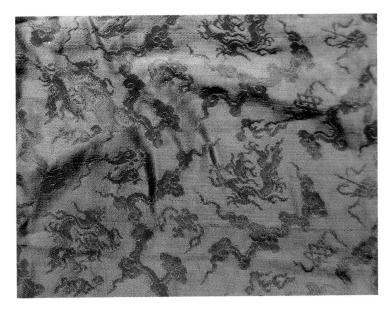

이것은 치마의 겉감 재료이다. 주요 문양은 상서로운 구름 속에 춤추며 날고 있는 용이고, 보조 문양은 보산(寶傘)·연화(蓮花)·쌍어(雙魚)·반장(盤長-불교 법기의 일종)인데, 이것은 팔길상(八吉祥) 가운데 네 가지에 해당한다. 나머지 네 가지는 법륜(法輪)·법라(法螺)·백개(白蓋)·보병(寶瓶)이다. 원나라는 장전불교(藏傳佛敎-티베트 불교)를 국교로 받들었는데, 이것은 공예 미술에 대해 당연히 영향을 미쳤으며, 그 두드러진 예가 곧 팔길상의 유행이다. 사진 속의 것은 소주의 조 씨(曹氏) 무덤에서 출토된 것이다. 무덤은 1365년에 조성되었으며, 무덤의 주인공은 원나라 말의 영웅이었던 장사성(張士誠)의 어머니이다. 원대에 소주(蘇州)에는 관에서 운영하는 직염국(織染局)이 있었는데, 장사성이 당시 소주를 차지하고 있었기 때문에 이 직염국도 그의 소유로 귀속되었다. 사진 속의 것은 응당 직염국에서 생산된 제품일 것이다. 그 날실(經絲)은 은회색이며, 씨실(緯絲)은 갈색인데, 원대 사람들이 은갈(銀褐) 혹은 영상갈(迎霜褐)이라고 일컬은 것이 이것이다. 당시 이러한 색조의 비단은 등급이 매우 높았다.

부선(浮線) : 재봉할 때, 선의 흔적을 구성하는 재봉선이 봉합하는 재료와 밀접하게 접합하지 못하는 것을 말한다. 재봉하는 재료의 밑바닥에 재봉선이 꽉 조여지지 않아 연속적이거나 혹은 불연속적인 둥근 테두리를 형성하는 현상이 나타나는 것을 타원형 부선이라고 한다.

들이었으며, 그 가운데 단·직금금·살답자기 등 세 가지는 특히 대표성을 띤 것들이었다.

단(緞)은 이미 남송 시기 황승의 묘에서 보이지만, 겨우 한 조각뿐이며, 기술도 치졸하다. 원대에 들어오면 단은 신속하게 발전하고 성숙하여, 관부와 민간의 직물 가운데에서 흔히 볼 수 있는 고급 제품이 되었으며, 대량으로 해외에 수출되었다. 단은 표면의 부선(浮線)이 비교적 길며, 비단의 매끄럽고 유연한 질감을 가장 잘 체현할 수 있었는데, 그것이 성숙한 것은 공예 미술의 역사에서 큰 사건이었다. 원대 이후에 단의 도안은 더욱 정교해졌고, 지위는 날로 더욱 중요해져, 전통적인 금(錦)을 곧바로 뛰어넘었다.

직금금의 유행은 원대의 중요한 특징이다. 그 당시에 납석실(納石失)이라는 명칭으로 불리기도 했으며, 그것은 여러 가지로 다르게 쓰이기도 했는데, 페르시아어 직금금(織金錦-Nasich)의 음역(音譯)이다. 그 당시의 직금금은 납석실과 금단자(金段子)의 두 종류가 있었는데, 다음과 같이 구별한다. 즉 납석실은 목면(木棉)의 씨실을 가한 것이

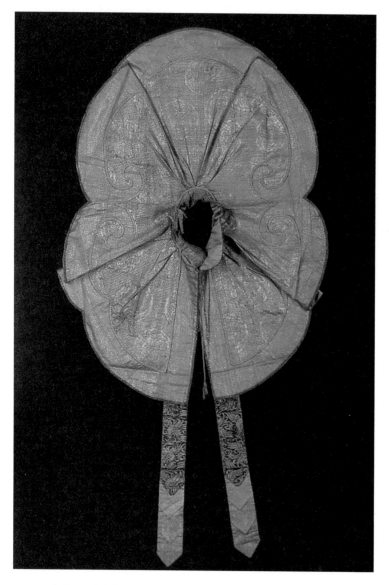

단용봉문직금금(團龍鳳紋織金錦) 불의(佛衣) 피견(披肩-솔)

元

사(絲)

어깨 너비 70cm, 표대(飄帶)의 길이 42cm

북경 고궁박물원 소장

　사진 속의 작품은 몇 조각의 직금금(織金錦)들을 연결하여 만든 것이다. 중앙 부분의 붉은색 바탕에는, 도안이 섬세하고 작은 구배문(龜背紋-거북의 등껍질 무늬)을 보조 문양으로 한 둥근 형태의 용[團龍]과 봉황[團鳳]을 배치하고 있는데, 용과 봉황은 연호형(連弧形)으로 둘러싸여 있다. 가장자리의 녹색 바탕에는, 도안은 가지가 얽힌 화훼이며, 표대(飄帶-띠)는 몇 조각의 직금금들을 꿰매어 붙여 만들었다. 전체의 문양은 모두 납작하고 평평하며 균일하고 가는 금선(金線)으로 직조했는데, 형상이 규격에 맞고 엄격하며, 광채가 눈부시다. 원대 직금금의 부귀하고 화려함을 이로부터 살펴볼 수 있다. 원대 직금금은 납석실과 금단자의 두 종류로 나뉘는데, 납석실은 이슬람 예술의 풍격이 농후하며, 금단자는 비교적 순수한 중국 풍격이다. 사진 속의 피견(披肩)은 금단자에 속하는 것인데, 적어도 그 도안 속에는 비교적 짙은 이국의 풍치가 드러나 있지는 않다. 원대에는 "사방으로 드리우는 구름처럼 만든[製如四垂雲]" 운견(雲肩)이 대단히 유행하였는데, 사진 속의 것도 아마 운견인 듯하다.

고, 금단자는 이것을 가하지 않은 것이며, 납석실은 그 폭(幅)이 침대의 시트처럼 넓을 수 있지만 금단자는 2척(尺)을 넘지 않으며, 납석실의 도안은 이슬람 풍격이 짙고 페르시아 문자로 장인의 성명을 짜 넣었지만 금단자는 오히려 비교적 중국 특색을 많이 간직하고 있다. 납석실은 당시 가장 존귀한 직물이었으며, 그 작방(作坊)은 대략 다섯 곳이 있었는데, 모두 중앙 직속이었다. 일하는 장인들은 중앙아시아 사람이거나 그들에게 배워 직조하였기 때문에, 그 생산품은 서역 납석실의 정통 기법을 곧바로 이어받았다. 그러나 중국의 봉건 정치와 유구한 문화를 마주해야 했기 때문에, 흔히 반룡(盤龍-몸을 서리고 있는 용)이나 희사(戱獅-놀고 있는 사자) 등 중국의 제재를 채택하곤 했다. 납석실은 주로 제왕의 차지가 되었는데, 궁정 의복용 이외에 종친과 백관에게 대량으로 하사하기도 하였다. 그것의 가장 큰 용도는 궁중에서 때때로 거행하던 질손연(質孫宴)이었다. 이 연회에 참석하는 자는 수천 명에 달했는데, 모두 황제가 하사한 같은 색의 질손(質孫 : 몽고어로 '한 가지 색상의 복장'이라는 의미)을 입어야 했다. 천자의 질손은 26종이고 백관은 23종이었는데, 매번 납석실을 옷감으로 삼았다. 납석실은 색채가 밝고 고우며, 도안이 정교하고 아름다워 고귀하고 화려한 효과가 있었으며, 재단하여 휘장이나 천막·이부자리·옷의 가장자리를 싸서 두르는 옷깃 등을 만들기도 하였다. 금단자의 수량은 납석실보다 많았으며, 원래 관부에서 직조하던 직물이었다. 민간에서도 사사로이 직조하여 사적으로 팔거나 옷을 만들어 입기도 했는데, 여러 차례 금지 조치를 내려도 근절되지 않았을 뿐만 아니라, "은박(銀箔)을 연기에 쪼여 가짜 금을 만들어, 선을 재단하여 직조한 제품을 판매하는[將銀箔熏作假金, 裁線織造販賣]" 현상도 출현하였다.

원대의 공부(工部)에는 규모가 매우 큰 살답자기제거사(撒答剌欺提擧司)가 예속되어 있었다. 살답자기(撒答剌欺)는 포합랍(布哈拉)이 원산지인 중앙아시아의 전통적인 직금(織錦-채색 무늬 비단)이다. 그 지역은 실크로드의 요충지였기 때문에 직금은 일찍부터 이미 중앙아시아·페르시아·빠이띠엔팅[拜店庭]·중국 등의 여러 요소들을 함께 지니고 있었다. 원대의 중국 살답자기는 이미 확실하게 말하기는 어렵지만, 관부가 운영하는 작방들에서 생산한 비단에서 보이는 서역

(西域)의 흔적은 반드시 그것과 크게 관련이 있을 것이다. 내몽고의 집녕(集寧)에서 한 폭의 직금 베일이 출토된 적이 있는데, 그 대칭을 이루고 있는 주된 문양은 긴 쪽 직경이 약 17cm인 연호형(連弧形-호가 연속되는 모양)의 둥근 테두리 안에 배치되어 있으며, 까마귀의 대가리에 양(羊)의 몸통이며 날개가 돋아 있다. 이러한 서역의 풍격이 선명한 직금은 적어도 살답자기와 같은 종류로 간주해야 할 것이다.

원대의 비단 염색은 매우 특징이 있다. 몽고족은 청색과 백색을 숭상했기 때문에, 남색과 백색 비단이 대단히 유행했지만, 백색은 주로 원대 중기 이전의 북방에서 유행하였다. 자황색(赭黃色-적황색)은 황제와 황후만이 전용하는 색이었고, 홍자색(紅紫色)은 귀족과 고관의 빛나는 영예를 상징하는 색이었기 때문에, 자황색 및 몇 가지 홍자색의 비단은 수량이 비교적 적다. 갈색은 천자와 백관이 평소에 입는 복장의 색이면

단과익양직금(團窠翼羊織錦-둥근 테두리 안에 날개 달린 양 문양이 있는 직금) 베일 (일부분)

元

내몽고(內蒙古) 집녕(集寧)의 무덤에서 출토.

내몽고자치구박물관 소장

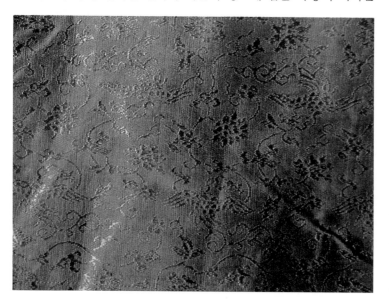

봉천모란문각군(鳳穿牡丹紋攔裙-봉황과 모란이 연결된 문양의 치마) (일부분)

元

강소 소주(蘇州)의 조 씨(曹氏) 무덤(1365년)에서 출토.

소주시(蘇州市)박물관 소장

서, 또한 법으로 정한 하급 관리와 유생(儒生)의 의복 색깔이었다. 따라서 갈색 비단은 지방 관부에서 운영하는 비단 제조 작방들의 주요 생산품이었다. 유방록[柳芳綠 : 즉 관록(官綠)으로, 순수한 녹색을 말함]을 제외하고, 평민들은 설령 기타 녹색을 이용하여 옷을 만들어 입는 데에는 아무런 금지나 제한도 없었으며, 아울러 녹색을 숭상하는 무슬림의 영향으로, 녹색 비단은 또한 매우 흔히 볼 수 있었다.

원대 비단의 무늬 형태는 보편적으로 작아지는 추세였지만, 문양은 오히려 정교하고 엄격해졌는데, 이것은 직물의 폭이 좁게 바뀐 것과 밀접한 관련이 있다. 당시의 직물의 규격은 매우 다양했지만, 폭의 너비는 일반적으로 1척(尺) 4촌(寸)부터 1척 6촌 사이여서, 당·송 시대보다 좁았다. 폭이 좁으면 다루기가 쉽고, 더욱 섬세하게 제재를 표현하는 데 편리했다. 장식의 제재는 일반적으로 화훼와 화조(花鳥)였지만, 기하 문양 및 장전불교와 함께 전래된 팔길상(八吉祥) 등도 있었다. 또 전지(纏枝)와 절지(折枝)도 화훼와 화조의 주요한 구도 형식이었지만, 둥근 문양[團花]의 비율이 증대했는데, 이것은 다시 명·청 시기에 크게 발양되었다. 원나라 말기에 이르면, 길상 도안이 이미 성숙의 단계로 들어서는데, 예컨대 산동 추현(鄒縣)에 있는 이유암(李裕庵)의 묘에서 출토된 한 건의 능포(綾袍-비단 도포)를 들 수 있다. 앞뒤 흉배(胸背)에 각각 매화 위에 앉아 있는 몇 마리의 까치 문양을 짜넣었는데, 이것은 오늘날에도 여전히 흔히 볼 수 있는 '희상미초(喜上眉梢)'라는 길상 도안이다. 이 능포는 줄곧 보복(補服)으로 여겨지지만, 원대에는 아직 보복이 생산되지 않았다. 같은 무덤에서 또 장수를 축원하는 의미가 담긴 능방건(綾方巾)도 출토되었는데, 위쪽에 도안이 있고 아래쪽에 문자가 있으며, 도안과 문자가 모두 훌륭하다. 이것은 길상 도안이 이 시기에 완전히 성숙되지 못했음을 나타내주는 것이다. 왜냐하면 길상 도안은 일종의 약속으로서 풍속을 이룬 장

희상미초(喜上眉梢) : 옛날 사람들은 까치를 기쁨의 상징으로 여겼다. 오대(五代) 시기 후주(後周)의 왕인유(王仁裕 : 880~956년)가 편찬한 『개원천보유사(開元天寶遺事)』에는 이렇게 기록되어 있다. "당시 사람들의 집에서는, 까치 소리를 들으면 모두 이를 길조로 여겼으므로, 까치는 기쁜 일을 알린다고들 말했다.[時人之家, 聞鵲聲皆以爲喜兆, 故謂喜鵲報喜.]" 또 『금경(禽經)』에는 "영묘한 까치는 기쁨의 징조이다[靈鵲兆喜]"라고 기록되어 있다. 따라서 일찍이 당(唐)·송(宋) 시대에 곧 이러한 풍속이 있었음을 알 수 있다. 당시의 동경(銅鏡)·직금(織錦-채색 무늬 비단) 및 도자 장식 등에는 이미 까치를 제재로 한 것들이 매우 많다. 동시에 사람들이 좋아하는 매화[梅]는 '眉(méi)'자와 음이 같기 때문에, 까치[喜鵲]가 매화나무 가지에 서 있는 그림을 그려서, 곧 '喜上眉(梅)梢[까치가 매화나무 가지 위에 있다는 뜻]'의 길상 도안을 만들었다.

보복(補服) : 명·청 시대의 관복으로, 가슴과 등 부위에 금실이나 각종 색실로 수를 놓아 보완했기 때문에 붙여진 이름이다. 대개 문관의 보복에는 새를 수놓았고, 무관의 보복에는 짐승을 수놓았으며, 각 품계마다 수놓는 문양이 정해져 있었다.

매작문(梅雀紋) 능포(綾袍) (일부분)

元

산동 추현(鄒縣)에 있는 이유암(李裕庵)의
묘(1350년)에서 출토.

추현문물보관소(鄒縣文物保管所) 소장

식 형식이므로, 굳이 문자로 제재가 담고 있는 의미[寓意]를 해설할 필
요가 없기 때문이다. 당시의 관부가 운영하는 작방들에서 생산한 고
급 비단들에는 금수문(禽獸紋)의 수량이 상당히 많았는데, 이것은 몽
고족의 유목생활 배경과 매우 큰 관련이 있다. 관부가 운영하는 작방
들에서 생산한 고급 비단 제품은 항상 서방의 정취가 짙게 묻어나는
데, 납석실과 살답자기가 바로 그 전형이다.

　격사(緙絲)는 특수한 공예의 고급 견직물로, 그 도안은 베를 짤 때
사용하는 작은 북[小梭]을 사용하여 각 색의 씨실을 설계의 요구에
따라 차례로 한 구획씩 짜나가는 것으로, 문양을 드러내는 씨실이
폭면(幅面)을 관통하지 않기 때문에 문양의 윤곽에서 수직선과 만날
때, 곧 끊어진 흔적이 생겨나, 마치 조각하여 새긴 것 같았다. 이 때
문에 옛날 사람들은 이 기법을 흔히 각사(刻絲) 등으로 표현하기도 했
다. 격사의 공예 방법은 서방의 모직물에서 근원하는데, 이러한 모직
물은 신강(新疆)의 한족(漢族) 무덤들 속에서 이미 여러 차례 출토된
적이 있다. 당대(唐代)의 중국 서북 지역에서는 이미 재료에 변화가

▶▶
사(緙絲) 명인(名人)이었는데, 오늘날
까지 많은 작품들이 전해지고 있
다. 그녀의 작품은 "고아하고 담박
하며 청아하고[古澹淸雅]" "실을 운
용하는 것이 붓을 다루는 것 같았
으며[運絲如運筆]", "정교함이 귀신
의 솜씨로 의심할 정도였고, 높은
제품의 가격으로 한 시대를 풍미했
다.[精巧疑鬼工, 品價高一時]" 오늘날
주극유에 대한 지식과 정보는 모두
세상에 전해지는 작품과 명대 말기
이래의 제발(題跋)로부터 얻은 것으
로, 보다 이른 시기의 확실한 자료
의 증거는 아직 찾지 못하고 있다.

생기면서 격사를 창조해 냈는데, 도안과 배색에는 여전히 '변방 민족[胡]'의 풍격이 많이 있었다. 위구르족의 일부가 동쪽으로 옮겨옴에 따라, 북송 시기에 격사는 이미 전통적인 견직물 제조 중심지인 정주(定州)에 뿌리를 내렸으며, 그곳은 당시 가장 유명한 격사의 생산지가 되었다. 요대(遼代)의 격사도 매우 발달했지만, 장인들의 대부분은 정주에서 잡아온 포로들로 충당하였다. 금나라가 북송을 멸망시킨 뒤, 중국의 격사 중심도 강남으로 옮

주극유(朱克柔)의 관지(款識)가 있는 격사(緙絲) 산다도(山茶圖)

(南宋) 주극유(朱克柔)

사(絲)

길이 26cm, 너비 25cm

요녕성박물관 소장

산다화(山茶花)가 바람을 맞고 있는 가운데 나비가 꽃가지로 날아드는 정경을 격사(緙絲) 기법으로 짠 것인데, 색을 알맞게 바림하였으며, 배색이 교묘하고 자연스럽고, 형태가 살아 있는 듯 생동감이 넘치며, 잎의 벌레 먹은 형상조차도 너무나 꼭 닮게 표현해냈다. 구도와 운치가 마치 소품(小品) 회화 작품 같은데, 왼쪽 아래 모퉁이에 격사(緙絲) 기법으로 '朱克柔印'이라는 붉은 인장을 표현한 것이 영락없는 회화의 형식이다. 주극유(朱克柔)는 여성으로, 이름은 강(剛)인데, 극유(克柔)는 그녀의 자(字)일 터이다. 운간[雲間 : 오늘날의 상해 송강(松江)] 사람으로, 남송 고종(高宗) 시기의 격

겨갔으며, 전설적인 명가(名家)들도 출현하였다. 격사의 직조는 대단히 품을 많이 들여야 했지만, 문양과 배색을 하고 싶은 대로 할 수 있었기 때문에, 세상에 전해지는 송대의 격사들에서는 실용품으로부터 감상품으로 바뀌는 경향을 볼 수 있으며, 심지어는 서화(書畫)를 격사로 모방하기도 하였다. 원대에 들어와서도 격사는 여전이 많이 제작되었지만, 강남의 민간에서만 생산되었기 때문에, 관청의 수요는 그들에게 사들여 충당하였다. 선면(扇面)은 어용(御) 격사의 주요 형식이었다. 원나라 사람들은, 그 제재에 포함되지 않는 것이 없었고, 배색이 순수하여 마치 자연스럽게 이루어진 것 같았으며, 형상이 섬세하고 정확하여, 그 효과가 회화보다 나았다고 말한다. 원나라는 정교한 솜씨를 숭상하였기 때문에, 출토된 격사들 중에는 의복용품도 있다. 원대에는 또 어용(御容-임금의 초상)과 불상(佛像)을 직조하기도 했는데, 당시 사람들은 그것을 대단히 숭배하였다. 그것들은 장작원(將作院)에 소속된 작방들에서만 제작되어, 공양하고 예배 드리

는 용도로 사용되었으며, 직조하는 데 매우 많은 품이 들었지만, 배색은 단순함을 추구하였는데, 그 공예 방법은 격사에 가까웠을 것이다. 이전에는 격사와 직성(織成-468쪽 참조)을 구분하지 않고 뒤섞어 사용하였는데, 오늘날에는 이미 직성이 하나의 통칭으로 되어, 복식용(服飾用)의 필요에 따라 그 형상과 도안을 직조해 내는 여러 종류의 견직물들을 폭넓게 지칭하게 되었으며, 여기에는 사(紗)·나(羅)·능(綾)·금(錦)과 격사도 포함될 수 있다. 그러나 격사는 견직물 가운데 단지 한 종류일 뿐이어서, 직성에 귀속시킬지의 여부는 그 형상과 도안을 직조하는 방법에 따라 결정된다.

자수(刺繡)는 여자의 일 가운데 가장 흔히 볼 수 있는 형식이다. 북송 숭녕(崇寧) 3년(1104년)에 문수원(文繡院)을 설치하기 이전에는, 궁정의 자수도 시민과 비구니 절에 주문하여 제작하였으며, 문수원에서는 자수를 놓는 기술자 3백 명을 거느리고 있었다. 송대의 실용

자수(刺繡) 요대과학도(瑤臺跨鶴圖)
南宋
길이 25.4cm, 너비 27.4cm
요녕성박물관 소장

이것은 세상에 전해지는 한 폭의 그림을 수놓은 명작으로, 짙은 갈색 비단 바탕의 깁부채[執扇] 모양이며, 도안은 색실과 금실로 수를 놓고, 간혹 묵필(墨筆)로 보완하였다. 우측은 운무가 감돌고 있는 높은 누대이며, 높은 누대 위에 누각이 우뚝 솟아 있고, 푸른 소나무가 용이 서린 듯 드리워져 있다. 높은 누대 아래에는 전당(殿堂)과 수석(樹石)이 있으며, 누각 앞에는 두 여인이 깃발을 들고 마중을 나가고 있는데, 하늘에서 한 여자 신선이 학을 타고 날아오고 있다. 침법(針法)이 풍부하고 물상이 자연스러워, 수(繡)의 밑그림이 회화와 관계가 있음이 드러나는데, 북경 고궁박물원에 소장되어 있는 송대의 회화인 〈요대보월도(瑤臺步月圖)〉[유종고(劉宗古)가 그렸다는 오래된 표제가 있다]가 바로 이 자수 작품과 흡사하다. 송대에는 그림을 자수로 놓는 것이 매우 유행했는데, 바늘[針]로 필묵의 뛰어남을 나누어 갖고, 실[線]로 회화의 오묘함을 빼앗을 수 있었기 때문에, 후세에 매우 높은 명성을 누릴 수 있었다.

성 자수 제품은 풍격이 사실적이고 기예가 숙련되었는데, 그 대표
적인 것들로 황승(黃昇)의 묘에서 출토된 17건을 들 수 있다. 그것들
은 대부분 좁고 긴 옷깃 및 패용하는 인끈과 관계가 있으며, 제재는
주로 화훼였다. 침법(針法)은 10여 종으로 분석해 낼 수 있는데, 서
로 다른 침법을 채택한 것은 물상과 물상의 다른 부위의 다른 질감
을 섬세하고 매끄럽게 표현하기 위해서였다. 꽃을 수놓는 것은 나비
를 수놓는 것과 달랐으며, 꽃의 꽃잎[瓣]·꽃술[蕊]·꽃받침[苞]·꽃 속
[心]·잎·줄기도 서로 달랐다. 일년경(一年景)도 매우 흔히 볼 수 있었
으며, 심지어 10여 종의 꽃송이들을 이용하여 한 가닥의 좁고 긴 도
안으로 조합하여 완성하기도 했다. 송나라의 자수는 후세에서도 큰
명성을 누렸는데, 이것은 감상용 자수로부터 기인한 것이다. 이 제
품들은 유명 작가의 서화를 자수의 밑그림으로 삼아, 각종 기법들
을 동원하여 진짜와 똑같이 모방하거나 묘사하려고 추구하였다. 송
나라 휘종(徽宗)은 이러한 그림 자수의 발전에 크게 공헌하였다. 그
는 황실의 화원(畫院) 안에 그림 자수(繡畫) 전문 분과를 설립하여,
한 무리의 최고 장인들을 끌어들여 자수에 서화를 융합시켰다. 이것
이 비록 자수 기능의 위축을 초래하기도 했지만, 침법을 풍부하게 하
는 데에는 커다란 도움이 되었다. 명·청의 다수 고급 자수와 일부 유
명한 자수 장인들은 대부분 서화를 자수의 원본으로 삼았다. 요·금
의 자수도 매우 수준이 높았는데, 그 가운데 금대(金代)의 수준이 더
욱 높았으며, 소부감(少府監) 문수서(紋繡署)에는 자수를 놓는 기술자
가 5백 명이나 있었다. 금대의 자수는 실용품을 위주로 했는데, 출토
유물들을 살펴보면 자수의 기예가 남송에 뒤지지 않는다. 원대의 자
수는 명·청의 문사(文士)들에 의해 상당히 폄하되고 배척당했지만,
이것은 감상용 자수의 쇠퇴에 대해 하는 말이다. 그러나 원대 사람
들은 오히려 실용성 자수에 대해 매우 큰 열정을 쏟아 부었으며, 관

일년경(一年景) : 북송 때부터 출현한
저명한 비단 문양이다. 기록에 의거하
면, 북송 정강(靖康) 연간(1126~1127년)
에 출현하였으며, 당시 변경[汴京-오늘
날의 개봉(開封)]의 부녀자들이 일년경
으로 장신구와 의복 문양을 삼는 것
을 즐겨했다고 한다. 이 문양들은 응
당 춘번(春幡-입춘 때 밖에 걸어두는 깃
발이나 여자들이 머리에 착용하는 띠)·
등구(燈球)·경도[競渡-단오에 용선(龍
船)을 만들어 행하는 경기]·애호(艾虎-
단오에 쑥으로 호랑이 모양을 만들어 머리
에 꽂는데, 액을 쫓는다고 믿었음)·운
월(雲月-옛날 부녀자들의 장신구) 등을
포괄하였다. 사계절의 물품들과 인사
말·살구꽃·연꽃·국화·매화 등 사계
절의 화훼 등 두 종류가 있었지만, 전
자(前者)의 제재는 예로부터 보기 드
물었고, 후자(後者)류의 제재들은 남
송 때에도 여전히 존재했다. 뿐만 아
니라 후세에 더욱 유행하여, 화훼 도
안의 주요 형식들 가운데 하나가 되었
으며, 이를 사계화(四季花)라고 일컬었
다.

부와 민간 모두 대량의 자수 제품들을 제작했는데, 비록 품질에 차이는 있었지만, 정품의 경우 대단히 정교하고 아름다웠다. 복건(福建) 지역의 자수 제품은 평판이 가장 좋았으며, 이곳의 문수국(紋繡局)은 원나라 중기에 수를 놓는 장인 5천 명을 거느렸고, 통치 집단의 자수 물품은 매번 이곳에서 공급받았다. 궁정의 자수 물품은 사치스럽고 화려하기가 사람을 놀라게 할 정도였는데, 항상 금을 첨가하거나, 구슬을 붙이고, 옥을 박았다. 신하와 백성들의 옷에도 수를 놓아 장식하는 일이 많았다. 원대 자수의 제재는 길상(吉祥)의 의미를 담고 있는 화훼와 금조(禽鳥) 말고도, 인물고사 제재도 적지 않았다. 장편의 문장을 수로 놓는 풍조도 매우 성행했는데, 예컨대 불경과 황제의 즉위 조서(詔書)를 때때로 수로 놓곤 하였다. 원대 자수의 영향은 매우 컸는데, 가장 두드러진 것은 연못의 작은 정경을 표현하는 것을 내용으로 하는 만지교(滿池嬌) 도안이다. 만지교 도안은 비록 송대에 이미 나타났지만, 원나라 문종(文宗)의 어의(御衣)에 이것을 수놓았기 때문에, 청화(靑花) 자기에서 자주 보이는 연지(蓮池) 도안의 저본(底

만지교(滿池嬌) : 이는 일종의 궁정 복장 도안의 명칭으로, 그것이 묘사한 것은 연못의 꽃이나 새들의 풍경이다.

만지교(滿池嬌) 문양의 자수(刺繡)

元

자수 문양의 길이 37cm, 너비 30cm

내몽고 집녕(集寧)의 땅광에서 출토.

내몽고자치구박물관 소장

이것은 나(羅)로 만든 협삼(夾衫-겹적삼)의 장식인데, 협삼에는 모두 크고 작은 도안 99조(組)를 수놓았다. 가장 크면서도 가장 정교하고 화려한 수는 양쪽 어깨 부분인데, 사진 속의 것이 바로 그 중 하나이다. 자수의 문양은 이등변 사다리꼴 모양의 연지선학(蓮池仙鶴)인데, 침법이 풍부하고 다양하며, 온갖 문양의 형태를 잘 표현하였다. 이것은 원대의 실용성 자수 중 걸작으로, 원나라의 자수 수준이 쇠퇴하지 않았음을 이를 통해 알 수 있다. 이 협삼은 내몽고 집녕(集寧)의 땅광에서 출토되었는데, 이 땅광이 원나라 집녕로(集寧路)의 다루가치[達魯花赤 : 해당 지역의 최고 군정장관(軍政長官)] 총관부(總管府)와 관련이 있기 때문에, 이 자수 물품도 '관부에 예속된 장인'의 손에서 나왔을 것이다. 원대 사람의 해설과 분석에 따르면, 만지교(滿池嬌)의 주제는 연못의 작은 정경으로, 어떤 종류의 새가 들어 있으며, 새가 있고 없고는 문제가 되지 않는다고 한다. 만지교 도안의 유행은 원나라 문종(文宗)의 애호와 밀접한 관계가 있다.

本)이 되기도 하였다.

촬훈(撮暈) : 민간에서는 보통 '촬화(撮花)'라고 한다. 중국 고대의 '방염법(防染法)'에 의한 직물의 문양 염색 기법을 가리킨다. 『일체경음의(一切經音義)』에는 이렇게 기록하고 있다. "실로 단단히 동여매어 염색한 다음, 실을 풀었을 때 형성되는 문양을 힐(纈)이라고 한다." 즉 비단 등의 직물 위에 계획한 대로 바늘로 꿰매거나 실로 묶어, 염색할 때 그 부분이 기계적인 방염 작용을 하여 염색이 되지 않도록 함으로써, 예정했던 문양을 형성하는 것이다. 교힐은 고대에 민간에서 많이 사용했던 방식으로, 제작이 간편하고, 풍격이 소박하며 시원스럽다. 일반적으로 단색 가공을 하며, 복잡한 가공은 다채로운 문양을 컬러로 염색할 수도 있어, 입체적이며 눈부시고 화려하며 변화무쌍한 장식 효과를 갖는다.

교힐(絞纈) : 촬훈(撮暈)과 거의 같은 의미로 쓰인다.

협힐(夾纈) : 투각한 형태의 판을 이용하여 양쪽 면이 염색되지 않도록 문양을 찍어 내는 기술을 가리킨다. 먼저 비단을 두 개의 투각된 판 사이에 끼워 단단히 고정시켜 직물이 움직이지 않도록 하고, 투각된 부분에 붓으로 색을 칠하거나 염료를 주입한 다음, 형틀을 떼어 내면 문양이 곧 나타나는 염색 기법을 말한다.

이금(泥金) : 금 가루나 금속 가루를 이용하여 만든 금색 도료를 가리키며, 편지지를 장식하거나 유칠(油漆)에 배합하여 기물을 칠하고 장식하는 데 사용하였다.

송대 비단 도안의 날염 방법은 주로 촬훈(撮暈)과 판을 새겨 문양을 찍어내는 인화(印花)였다. 촬훈은 교힐(絞纈)의 한 종류이며, 인화는 응당 협힐(夾纈)과 기법상 연관이 있을 것이다. 비록 작방(作坊)들이 각 지역들에 분포되어 있었지만, 날염은 여전히 시운(時運)이 좋지 않았고, 북송 시기에는 촬훈과 문양판[花版] 만드는 것을 금지한 적도 있어, 양송의 작품도 당대의 정교한 아름다움에는 미치지 못했다. 황승(黃昇)의 묘에서는 인화 기법으로 만든 옷깃들도 적지 않게 출토되었는데, 사용된 문양판은 볼록 문양도 있고 투각한 것도 있지만, 대부분은 채색 그림과 결합하였다. 또 황승의 지위에 비추어 볼 때, 이금(泥金)과 첩금(貼金-금 조각을 오려 붙임)을 사용한 것도 적지 않았는데, 옷깃이 좁고 길기 때문에 도안도 매우 엄격하였다. 원대의 비단 날염은 그다지 성취가 높지 않았지만, 금박을 찍는 것은 특별히 발달했는데, 매우 작은 도안을 또렷하고 정확하게 찍어낼 수 있어, 매우 높은 기술 수준을 나타내고 있다.

기후와 물산의 원인으로 인해, 모(毛) 제품은 서방과 북방 민족의 전통적인 수공업 물품이 되었다. 중국에서의 생산은 주로 변방 지역에서 이루어졌는데, 이곳에서 보유한 발달된 모전[氈-양탄자]과 융단[罽] 산업은 원대부터 시작되었다. 모전은 양모 등의 짐승 털을 적시고 열을 가하고 조이고 압력을 가하여 만든 조각[片] 형태의 재료이며, 융단은 세밀한 모직물이다. 원대에 가장 번성한 것은 모전인데, 그것은 장막·바닥에 까는 자리·침대 위에 까는 침구의 주요 물품이었다. 중앙에 예속되어 있던 관부의 작방은 10여 곳이 있었으며, 생산량도 매우 많았다. 바닥에 까는 모전의 크기는 매우 커서, 길이와 너비가 각각 20~30척(尺)인 것은 매우 흔했으며, 더 큰 것도 있었다. 당시의 모전은 10여 종류가 있었는데, 가장 견고하고 튼실한 것은 회족(回族)의 우단(羽緞-즉 벨벳) 모전이었다. 장식은 주로 색에 의지했는데, 백색이 가장 흔했으며, 청색·홍색·황색·녹색·흑색도 있었다. 각전(刻氈)도 비교적 유행했는데, 이것은 다른 색의 모전을 잘라서 문양을 만들고, 다른 하나의 모전 조각 위에 못을 박아 봉합한[釘縫] 것으로, 당시에는 종종 모단자(毛段子)라고 부르기도 했다. 그것은 모전에 비해 정교하고 아름다웠으며, 그 장식은 자수 외에도 또한 안에 무늬를 넣어 짠 직금(織金)도 포함된다. 고급품의 도안은 으레 서방의 것을 모방했으며, 꼭 닮게 모방하면 상을 내렸다. 예컨대 지원(至元) 24년(1287년)에 홍주(弘州)의 장관(匠官-장인을 담당하는 관리)이 개와 토끼의 털로 "마치 서금(西錦-서역의 비단)처럼 만든[製如西錦]" 모직물을 헌상하자, 원나라 세조(世祖) 쿠빌라이는 곧 "그 장관에게 지홍주(知弘州-홍주를 관장하는 벼슬) 관직을 수여하였다.[授匠官知弘州.]"

포(布)라는 용어는 변천을 거쳤지만, 처음에는 주로 마직물(麻織物)을 지칭했으며, 원대 이후에 다시 면직물(綿織物)을 지칭하게 되었다. 마직물은 대부분 소박하고 문양이 없지만, 면직물은 항상 장식을 띠고 있었다. 중국의 목화 재배와 방직은 일찍이 오랜 기간 동안 멀리 떨어진 서북과 남방 지역에 국한되어 있었다. 오대와 양송 시기에 점차 화하(華夏) 문명의 중심 지역으로 밀려들어 왔으며, 원대에는 이전에 없던 발전을 이룩하여 강남 지역에 이미 충분히 보급되었다. 가장 유명한 생산지는 송강(松江)으로, 14세기 말에 황도파(黃道婆)가 해남도(海南島)로부터 선진적인 생산 도구와 제작 방법을 도입하였으며, 아울러 사심 없이 이웃 마을에 전수해주었다. 이에 따라 송강 및 중국 내륙의 면포(綿布) 방적의 반(半)원시 상태를 변화시켜, "송강에서 만든 포의(布衣)가 천하를 입힌다[松江布衣被天下]"라는 역사를 창조하였다. 송강포(松江布)의 도안 제작은 무늬를 짜서 넣은 직문(織紋)과 무늬를 염색하여 넣은 인염[印染-즉 날염(捺染)]의 두 종류가 있었는데,

남인화포(藍印花布) : 1300여 년의 역사를 가진 중국 전통의 염색 방식으로, 투각된 판을 깔고 거기에 석회액을 부어 방염(防染)한 뒤 석회액이 묻지 않은 곳에 염료를 칠하여 문양을 찍어 내는 방식을 가리킨다. 전람화포(靛藍花布)라고도 하며, 속칭 '약반포(藥斑布)'·'요화포(澆花布)'라고도 한다.

황도파가 활동하던 시대에는 직문을 사용하여, "그 위에 넣은 절지(折枝-자른 꽃가지)·단봉(團鳳-봉황을 둥근 모양으로 도안화한 문양)·기국(棋局-바둑판 모양)·글자 모양은, 찬란하기가 마치 그린 듯했다.[其上, 折枝·團鳳·棋局·字樣, 粲然若寫.]" 그러나 직문은 노력과 시간이 많이 들었다. 원대 후기에 송강에서는 또한 남인화포(藍印花布)의 방법을 터득하였는데, 도안은 "완연히 한 폭의 화원(畫院) 그림과 같았으며, 갈대와 기러기[蘆雁]나 화초(花草)는 특히 오묘하였다.[宛如一軸院畫, 或蘆雁·花草尤妙.]" 인염은 제작이 간편하여 널리 전파되기에 적합했으며, 이 이후에 면포의 주요한 장식 방법이 되었다. 면포의 보급은 그 의미가 중대하여, 그것은 결국 복식 재료의 혁명을 초래하였는데, 보온성과 유연성을 가지면서도 가격이 저렴하고 품질이 우수한 면포는 마(麻-삼)·갈(葛-칡)·비단 직물들을 대신하면서 평민 백성들의 주요한 의복 용품이 되었다.

금속기·칠기·옥기의 발전

8세기 중엽부터 토번(吐藩-티베트)이 하농(河隴) 지역을 점거함에 따라 실크로드가 단절되면서, 중국 지역 금은기(金銀器)에서 이역(異域)의 분위기가 날로 감소하게 되었으며, 만당(晩唐)과 오대(五代)에 이르면 이미 중국의 풍격이 온 천하를 통일하게 된다. 이후 이역의 풍격이 비록 작은 파문을 일으킨 적은 있었지만, 커다란 물결로 밀려온 경우는 없었다. 원대는 당연히 예외이지만, 오늘날 볼 수 있는 기물들에서는 여전히 중국의 풍격이 주를 이루고 있다.

양송의 경제적 번영은 금은기가 더욱 사회생활에 밀접해지도록 하여, 변경(汴京)의 주루(酒樓-요릿집)에서조차도 은제 식기들을 대량으로 사용하고 외부에 빌려주었다. 관부의 생산은 문사원(文思院)이 대표적이었으며, 민간의 제작은 주로 성시(城市)들에서 이루어졌다. 남송 시기에는 장사(長沙)의 은제 다구(茶具)가 특히 정교하고 아름다워 궁정을 능가할 정도였으며, 장인의 품삯도 그릇을 만드는 데 드는 백은(白銀-은)의 값과 서로 비슷할 정도였다. 금기(金器)는 적었고 은기(銀器)가 많았는데, 금은 대부분 장식품을 만드는 데 쓰였고, 은은 흔히 기명(器皿-그릇)을 만드는 데 쓰였는데, 이는 어느 왕조에서나 공통적이었다. 오늘날 볼 수 있는 금제 기명이 적은 것도 특기할 만한데, 이 때문에 은제 기명이 더욱 중요하다. 오늘날 볼 수 있는 송대 은제 기명의 공예 방법은 전통을 계승한 것보다 새롭게 창안한 것이 많았는데, 참신한 풍격도 이로 인해 생겨났다. 예컨대 은판을 두

하농(河隴): 고대의 하서(河西)와 농우(隴右)를 가리키며, 오늘날의 감숙성 서부 지역에 해당한다.

참각(鏨刻) : 금속판 위에 서화(書畫)나 각종 도안을 부조 형태로 새겨 내는 세공(細工) 기술을 말한다. 제작할 때 사용하는 주요 공구는 각양각색의 세트를 이룬 끌이나 정인데, 이러한 도구들은 모두 탄성이 강한 철을 두드려서 만든다.

거푸집 단조[模衝] : 금속을 일정한 온도로 가열하여 부드럽게 만든 다음, 각종 형태의 형틀(거푸집)에 넣고 압력을 가하여 금속 제품을 만드는 공예 기법.

겹으로 만드는 기법인 협층법(夾層法)은 비록 은 조각[銀片]으로 형체를 만든 것이기는 하지만, 양쪽 은 조각 사이의 간격은 오히려 조형적으로 중후한 느낌이 들게 하였다. 투각(透刻)과 은사(銀絲)로 세공한 장식은 기물들의 정교함이 더욱 돋보이게 했으며, 고부조(高浮彫)의 도드라진 문양은 장식에 입체 효과를 부여했다. 참각(鏨刻) 기법은 여전히 흔히 사용하는 장식 방법이었지만, 대개는 기타 장식 방법과 결합하는 경우가 많았다. 거푸집 단조[模衝]도 많이 보급되었는데, 그것은 도안을 규격화하고 유형화할 수는 있었지만, 섬세하지 못했고, 생동감도 비교적 적었다. 유금(鎏金─421쪽 참조)은 이미 지난 시대에 비해 감소한데다, 대개 기물 전체에 실시했기 때문에, 그것은 기물의 금·은이 서로 눈부시게 빛을 발하는 효과를 잃게 했고, 간소하고 평온한 분위기를 증가시켰다. 은제 용기의 조형과 장식은 시대 풍조를 집중적으로 구현했지만, 옛 기물들의 형태를 모방한 기물도 그 수효가 적지 않았다. 그리고 꽃과 과일 같은 형태가 더욱 많이 나타났고, 장식이 없는 기물도 상당히 많이 보이는데, 그것들은 특히 조형의 세련됨과 당당한 기세에 중점을 두었다. 장식의 제재는 화훼를 위주로 하였

화훼문능화형은반(花卉紋菱花形銀盤)
宋
높이 1.5cm, 구경 17.2cm
사천 수녕(遂寧)의 땅광에서 출토.
사천성문물관리위원회(四川省文物管理委員會) 소장

으며, 동물 문양 중에는 날짐승 문양이 들짐승 문양보다 많고, 인물 문양도 나타난다. 그러나 그 제재들은 대부분 세속화의 경향을 보여주고 있다. 은제 기명의 재질은 비교적 비쌌기 때문에, 그 조형과 장식은 항상 자기와 칠기에 의해 모방되곤 했다. 예컨대 두립완(쒸笠碗 −441쪽 참조)·탁배(托杯−받침이 있는 잔)·화구반(花口盤−테두리가 꽃 모양인 반)·술주전자[酒注] 등은 자기(瓷器)들 중에서도 그와 같은 유형들을 찾아볼 수 있으며, 척서(剔犀) 칠기의 문양은 완전히 은제 기물을 본보기로 삼은 것이다.

당대와 서로 비교하면, 송대의 은제 기물은 이미 퇴보하고 있는 것 같으며, 제작의 뛰어남과 기물의 화려함에서 모두 부족함을 드러내고 있다. 그 원인은 주로 기물의 품격이 다르기 때문인데, 오늘날 볼 수 있는 당대의 은제 기물들에는 대량의 황실 용품들이 있지만, 같은 경우의 송대 작품은 아직 발견되지 않고 있다. 기존의 출토 물품들이 송대의 수준을 대표한다고 보기는 어렵겠지만, 정부의 빈번한 금지령이 있었던 점을 감안할 때, 그 당시의 금은세공(金銀細工)은 매우 발달했었다. 오늘날 볼 수 있는 송대 은제 기물의 풍모는 당

척서(剔犀) : 척서는 칠기 공예와 관련된다. 일반적인 상황에서는 모두 두 가지 색의 칠(주로 홍색과 흑색)을 사용하는데, 기물의 태체에 우선 한 가지 색의 칠을 여러 번 칠하여, 일정한 두께가 되도록 한다. 다시 바꾸어 또 다른 색의 칠을 여러 번 칠한다. 이렇게 하여 규칙적으로 두 색의 층이 일정한 두께가 되게 한 다음, 칼을 사용하여 45도 각도로 회문(回紋)·운구(雲鉤)·검환(劍環)·권초(卷草) 등 다양한 도안들을 조각해낸다. 이렇게 하면 칼날의 단면에 다른 색깔의 칠층이 드러나게 되는데, 무소뿔의 횡단면에 있는 층층이 휘감긴 무늬결 효과와 그것이 매우 비슷하기 때문에 '척서(剔犀)'라는 이름을 얻었다. 이러한 독특한 효과는 찬란한 무늬가 자연스러우면서도 생동감 있게 휘감아 도는 듯한데, 단색의 조칠(彫漆)에 비해 훨씬 변화가 풍부한 장식 효과를 얻을 수 있다.

유금인물문은팔각배(鎏金人物紋銀八角杯)
南宋
높이 5.5cm, 구경 7.5~9.3cm
복건(福建) 소무(邵武)의 땅광에서 출토.
복건성박물관 소장

이것은 전체에 유금(鎏金)한 은배(銀杯−은잔)로, 복건 소무(邵武)의 땅광에서 출토되었다. 기물이 두꺼워 보이지만 사실은 은 조각을 겹쳐 이중으로 만든 것으로, 이것은 송대에 유행한 새로운 공예 기법이다. 배(杯)의 구연부에는 새로 과거에서 장원 급제한 영광을 묘사하여 서술한 「답사행(踏莎行)」이라는 사(詞) 한 수를 새겨 넣었는데, 새겨 넣은 글에는 잘못 쓴 글자와 틀린 글자가 번갈아 나오고 있어, 고대 장인들의 문화 수준이 보편적으로 높지 않았음을 반영하고 있다. 사(詞)는 화본[話本−송대에 등장한 백화소설(白話小說)로, 통속적인 글로 씌어졌고, 역사고사와 당시의 사회생활을 제재로 하였음]으로부터 나온 것으로, 송대 은 ▶▶

제 기물의 세속화 경향을 보여주고 있다. 기물 몸통의 8개 모서리면[棱面]들에는 사(詞)의 내용을 표현하였다. 거푸집 단조[模衝] 기법으로 만들었고, 여기에 유금하여 새긴 것이다. 경림(瓊林)-송대의 원림으로, 천자가 과거시험에 급제한 사람들에게 연회를 베풀던 곳의 연회가 끝나고, 장원 급제자의 행차를 알리면서 앞에서는 길을 열고 뒤에서는 행렬을 호위하여 따르면서, 술에 취해 거리를 행진하는 광경이다. 비록 도안은 간략하지만, 그 정경은 오히려 매우 생동감이 있다. 그 당시 장원 급제를 하면, 그 영예와 은총이 무엇과도 견줄 수 없는데, 설령 대장(大將)이 개선하는 경우조차도 장원 급제의 광경에는 미치지 못했다. 송대의 문장에는 이미 약간 황당함이 있었다.

금화은기(金花銀器) : 문양을 금으로 장식한 은기.

집호(執壺) : '주자(注子)' 혹은 '주호(注壺)'라고도 하며, 수대(隋代)에 출현한 주구(酒具)이다. 형태는 대체로 목이 가늘고, 복부가 둥그런 고복(鼓腹)의 형태를 취하며, 주구(注口)가 있고, 둥근 손잡이가 있어, 술을 따르는 용도로 사용했다.

하포(荷包) : 중국의 전통 복식(服飾) 가운데, 사람들이 몸에 지니거나 착용하는 것으로, 일종의 자질구레한 물품들로 장식된 작은 주머니를 말한다. 하포의 모양은 원형·타원형·방형·장방형과 복숭아형·하트형·석류형 등이 있다. 하포의 도안은 복잡한 것도 있고 간단한 것도 있으며, 화훼·조수(鳥獸)·초충(草蟲)·산수·인물 등과 길상어(吉祥語)·시사(詩詞)의 문장 등 온갖 것들이 다 있으며, 장식의 의미가 매우 강했다.

대의 풍모와는 매우 다른 모습을 보이는데, 아마도 그것들이 대부분 남송 후기에 속하는 작품들이기 때문이라고 여겨지며, 북송 문헌의 기록도 그 기물들과는 일정한 차이가 있다.

당대(唐代)의 금은기(金銀器)와 분명한 전승 관계를 가지고 있는 것은 요(遼)나라인데, 예를 들면 금기(金器)가 비교적 자주 보이며, 장식은 참각(鏨刻)을 비교적 많이 채택하고 있고, 유금(鎏金)은 대부분 장식 부위에서 보이는데, 이것은 당대의 금화은기(金花銀器)의 전통이다. 이것은 당나라와 요나라의 시기가 거의 서로 맞물려 있을 뿐만 아니라, 요대의 작품은 흔히 귀족들의 무덤에서 출토된 것들이기 때문이다. 요대의 금은기들은 두 종류로 구분할 수 있다. 한 종류는 그 풍모가 한족(漢族)의 것과 같은데, 예컨대 배(杯)·완(碗)·반(盤)·합(盒)·집호(執壺)·하포(荷包)·대(帶-띠) 등을 들 수 있다. 그것들은 요나라 지역에서 생산되면서 중원의 영향을 받은 것이거나, 혹은 직접 중국의 남쪽 왕조들로부터 가져온 것들이다. 다른 한 종류는 민족 특색이 풍부한 것들로, 예컨대 면구(面具-얼굴 가리개나 가면)·관(冠)·침(枕-베개)·화(靴-가죽신)·마구(馬具)·피낭호(皮囊壺-물을 담는 가죽 주머니 모양의 항아리) 등을 들 수 있다. 그것들은 대부분 귀족들의 무덤에서 출토되었으며, 흔히 동물 문양으로 장식하였고, 제작도 꽤 훌륭한 것들이 많다. 당시의 거란족이 만든 마구(馬具)는 명성이 매우 높아, 오대(五代) 시기의 후한(後漢) 등 여러 왕조들이 보편적으로 모방하도록 야기했다. 거란의 안장[鞍]도 각지의 명산품들과 함께 송나라 사람들로부터 '천하제일'로 칭송받았다. 출토된 물품들로부터 볼 때, 거란의 마구는 항상 정교한 은 제품으로 장식되어 있어, 확실히 명성에 어긋나지 않았다.

금은기의 재료는 값이 비쌀 뿐 아니라, 휴대하기 쉬운 물질 재산이었으며, 또한 정교하고 아름다운 감상 대상이었기 때문에, 유목 민

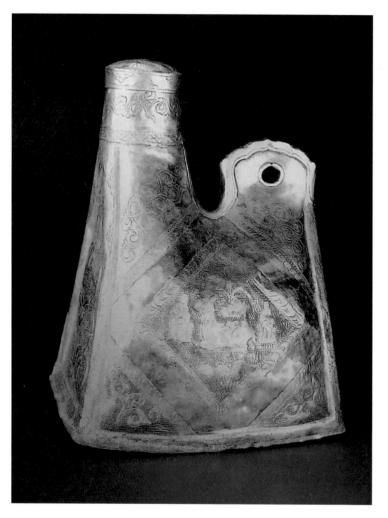

금화와록문은피낭호(金花臥鹿紋銀皮囊壺)
遼

전체 높이 26cm, 바닥 길이 21cm, 너비
16cm

내몽고 적봉(赤峰)의 땅광에서 출토.

적봉시문물공작참(赤峰市文物工作站) 소
장

　사진 속의 기물은 내몽고 적봉
(赤峰)에 있는 요대의 한 땅광에서
출토된 것인데, 바닥 부분은 하나
의 얇은 직사각형 동판으로 이루어
져 있으며, 사면(四面)은 얇은 은 조
각[銀片]을 접합하였다. 호(壺)의 몸
통은 위가 좁고 아래가 넓으며, 바
닥이 평평하여, 놓아두어도 쉽게
기울어지지 않도록 되어 있다. 위쪽
에 하나의 구멍이 뚫려 있어, 끈을
꿰어 묶을 수 있었고, 또한 몸에 휴
대하고 다니기에 편리했다. 또 도안
은 참각(鏨刻)하여 유금(鎏金)했고,
호의 복부(腹部)에 있는 사슴을 주
제로 삼았으며, 모서리·호의 측면
및 목 부위는 권초(卷草) 등으로 장
식했고, 대부분 어자문(魚子紋-물
고기의 알 문양)으로 바탕을 만들었
는데, 문양과 제작 기법이 당대와
매우 흡사하다. 은기(銀器) 속의 사
슴 문양은 서아시아와 중앙아시아
및 당대(唐代)의 중국에서 모두 자
주 보여 신선하지는 않지만, 그것이
요대에도 출현한 것은 응당 거란
족 통치 집단의 가을 수렵과 관련
이 있을 것이다. 사슴을 사냥하는
것이 가을 수렵의 주요 내용이었는
데, 968년에는 사슴 문양으로 제작
한 큰 주기(酒器)로 하늘에 제사를
지낸 적도 있다.

족은 그것들을 대단히 선호했는데, 거란족도 그러했으며, 몽고족은
더욱 심했다. 원대의 금은기 수량은 이전에는 유례가 없을 만큼 많았
으며, 통치 집단은 그것들에 더욱 열중하였다. 그리하여 대량의 식기
류 기물들 외에 궁정의 취사도구인 "옹앙(甕盎-독과 동이)과 같은 것
들도 모두 은으로 만들어, 사치가 극에 달했는데, 지난 시대에는 없
었던 일이다.[甕盎之類, 皆銀爲之, 極其侈糜, 前代之所無也.]" 민간에서도
매우 높은 열정을 나타냈는데, 심지어 "가짜 금은기를 만들기도 하
였다.[僞造金銀器皿.]" 그 당시의 금은기는 이미 대량으로 출토되었지

만, 합비(合肥)에 있는 무덤과 소주(蘇州)의 조 씨(曹氏) 무덤에서 출토된 것 말고는 대부분 민간에서 제작한 것들이다. 오늘날 볼 수 있는 관부의 생산품들은 원대 말기에 제작된 것들이 많기 때문에, 이역(異域)의 영향은 그다지 많이 보이지 않는다. 그것은 몽고 종족이 애호했던 공예 부문들 가운데에서도 매우 각별한 것이었다. 역사 문헌에 기록된 초기의 상황은 오히려 또 다른 양상을 보여준다. 페르시아의 역사가들은 말하기를, 원나라의 황제인 위대한 칸[大汗]이 이슬람 세계의 생산품을 좋아했다고 하며, 유럽 교회 사절(使節)의 말에 따르면, 구유크칸[貴由汗]이 황제에 즉위할 때 사용한 보좌(寶座)는 러시아의 금은세공 장인이 제조한 것이라고 하며, 화림(和林-오늘날의 외몽고 고륜의 서남쪽에 해당)의 궁전 안에는 프랑스 파리에 살던 사람이 제조한 매우 큰 나무 형상의 은제(銀製) 주구(酒具)가 있었다고 한다. 원대의 금은기는, 재질의 측면에서 보면 금기(金器)가 비교적 많으며, 용도의 측면에서 살펴보면 주구(酒具)가 비교적 많다. 기명(器皿)의 조형은 흔히 식물을 모방했는데, 이것은 송대와 비슷하다. 그러나 옛 기물들을 모방한 것은 비교적 적고, 짐승의 형상이 약간 많다. 이것은 적어도 원나라 황제 오고타이칸[窩闊臺汗] 시기부터 이미 시작되었으며, 원대 후기까지 계속 이어졌지만, 이미 한족(漢族) 전통의 신령스럽고 상서로운 금수(禽獸)로 바뀌었다. 문헌에 기록된 대형 주구(酒具)는 대부분 남아 있지 않지만, 길이가 50cm가 넘는 대형 은작(銀勺-은 국자)이 출토되기도 하였다. 표면에 문양이 없는 기물의 수량도 적지 않으며, 장식을 한 것은 화훼의 문양을 취한 것이 많다. 동물 문양 가운데 가장 눈에 띄는 것은 두 마리가 쌍을 이룬 봉황인데, 그것들은 모두 아름답고 정교한 기물 위에 나타난다. 도안은 항상 둥글게 원형으로 만들었으며, 절지(折枝) 문양은 비교적 많이 보이지만 전지(纏枝-뒤얽힌 가지) 문양은 매우 적다. 장식 기법은 참각(鏨刻-489쪽 참조)과 거푸집 단조[模衝−489쪽 참조]이 많았으며, 유금(鎏金)은 기물 전체에 시행하는 것 말고도, 문양만 금으로 장식한 '금화은기(金花銀器)'의 전통을 비교적 많이 회복하였다. 출토된 기물들을 분석해보면, 장사(長沙) 일대의 제작 수준은 여전히 높았는데, 문헌에서도 절강(浙江) 서부의 은세공 장인들의 명성이 높았다고 기록되어 있다. 그 지역에서 출중했던 사람은 가흥(嘉興)의 주벽산(朱碧山)인데, 그가 작품을 제작한 연대는 원대 중·후기이며, 세상에 전해지는 작품으로는 은사(銀槎) 몇 가지가 남아 있다. 이 기물은 일종의 조소 성격의 고목(枯木)으로 만든 배 모양[枯木舟形]의 술잔으로, 그 위에 정신이 청아하고 기운이 표일한 문사(文士)가 앉아 있는데, 풍격이 전아하고 분위기가 고요하며 차분하다. 주벽산이 문인들에게 격찬을 받을 수 있었던 것은 작품의 문아(文雅)한 기질이 주요 원인이었다.

위(魏)·진(晉) 시대에 자기가 크게 발전한 이후부터 동제(銅製) 용기들은 이미 비교적 다분히 장식품으로 바뀌었다. 동(銅)은 화폐 주조의 주요 재료였기 때문에, 화폐의 수요량이 증가함에 따라 동 자원이 갈수록 부족했기 때문에, 오대부터 원나라에 이르기까지 관부에

은사(銀槎) : 이 작품은 주벽산(朱碧山)이 만든 은사(銀槎−은으로 만든 뗏목)로, 북경 고궁박물원에 소장되어 있다. 술잔·도인의 머리와 손 및 운두리(雲頭履−신발의 한 종류)는 모두 따로 주조한 다음 다시 땜질하여 붙였는데, 완벽하게 일체가 되어 전혀 그 흔적을 찾아볼 수 없다.

금화단화문은렴(金花團花紋銀奩)

元

전체 높이 24.3cm, 받침 쟁반 구경 22cm

강소 소주(蘇州)의 조 씨(曹氏) 묘(1265년)에서 출토.

소주박물관 소장

이 기물은 소주(蘇州)에 있는 조 씨(曹氏)의 묘에서 출토되었는데, 전체는 꽃잎이 여섯 개인 해바라기 형태로 만들어졌으며, 상하 3층이고, 상·하단의 입구를 끼워 맞출 수 있도록 되어 있으며, 염(奩−화장 상자) 아래에 받침 쟁반이 있다. 고대의 염은 대부분 부녀자가 몸을 꾸미고 화장하는 용품을 담아두는 데 사 ▶▶

◀◀

용되었다. 사진 속의 작품은 안쪽에 한 벌을 세트로 갖추고 있는데, 이미 보아온 은(銀) 재질의 소은합(小銀盒-뚜껑이 있는 작은 은 그릇)·우(盂-사발)·관(罐-항아리) 외에도 크고 작은 은제 역[銀礫-은제 조약돌]·크고 작은 전도(剪刀-가위)·쇄(刷-솔)·괄편(刮片-깎거나 긁어내는 도구)·각도(脚刀)·소(梳-빗)·비(篦-참빗)·침(針-바늘)과 직경이 12.2cm이며 뒷면에 무늬가 없는 은제 거울도 있다. 네 개의 작은 둥근 합(盒) 안에는 모두 지분(脂粉)과 분첩이 들어 있다. 받침 쟁반이 있는 염과 그 속에 있는 용기들은 대부분 참각(鏨刻) 기법으로 제작한 단화(團花-둥근 꽃) 문양으로 장식되어 있다. 문양을 유금(鎏金)으로 장식했는데, 단화와 문양을 유금으로 장식하는 기법은 원대의 은기(銀器)에서 매우 자주 보이는데, 아무리 늦어도 당대(唐代)에 이미 세트를 이룬 은제 화장 도구를 만들기 시작했지만, 완전한 형태로 출토된 것은 이것이 처음이다.

구정(九鼎) : 하(夏)나라 초기에, 하나라 왕 대우(大禹)가 천하를 구주(九州)로 나누고, 구주를 다스리는 주목(州牧)들이 바친 청동(靑銅)으로 구주를 상징하는 아홉 개의 정(鼎)들을 만든 뒤, 이것들의 몸통에 각각 구주의 명산대천(名山大川)과 기이한 물건들을 새겼다.

호주경(湖州鏡) : 남송(南宋) 때 호주(湖州-지금의 절강성 오흥)에서 만들었던 유명한 동경(銅鏡)으로, 대부분이 해바라기꽃 모양으로 만들었으며, 원형이나 방형도 있었다.

서의 대규모 동제 기물 주조는 단지 송나라 휘종 때에만 잠깐 나타났다가 바로 사라졌다. 그 시기에 동 22만 근으로 구정(九鼎)을 주조한 적이 있는데, 하(夏)·은(殷)·주(周) 삼대의 제도에 의거하여 대량으로 옛것을 본뜬[仿古] 예기(禮器)들을 주조하였다. 그 기물들은 형태와 문양이 너무 흡사했고, 명성이 매우 높았으며, 영향도 작지 않았다. 민간에서 주조하는 추세도 나날이 쇠락의 길로 접어들었는데, 중당(中唐)부터 시작해서 이미 약삭빠른 백성들은 동전을 녹여 기물을 주조하여 폭리를 도모하였다. 송대에 들어와서도 여전히 근절되지 않자, 정부의 조치도 금지하던 것에서 민간의 동기를 대대적으로 수거하여 녹여 동전을 주조하는 방향으로 전환하였으며, 이이서 송나라 고종은 궁중의 기물 1500건을 꺼내어 동전을 주조하였다. 금지하지 않은 것은 거울 등 다른 재료로 대체할 수 없는 필수품들이었지만, 정부의 감독과 관리를 받아야 했다. 송대 사람들은 대부분 거울[鏡]을 감(鑑) 혹은 조자(照子)라고 불렀는데, 이것은 황제의 조상들 가운데 '경(敬)'이라는 이름이 있었으며, 경(敬)과 경(鏡)이 발음이 같아서, 피휘(避諱-292쪽 참조)해야 했기 때문이다. 남송 시기에는 비록 피휘하지 않아도 된다는 황제의 조칙(詔勅)이 있었지만, 그 관습은 이미 고치기 어려운 것이 되어버렸다. 9세기에 이르러 중국의 동경(銅鏡)은 이미 마지막 최고 정점에 이르렀다. 송대에 들어오면 보편적으로 거울의 몸체가 비교적 얇아지고, 녹여 제련하는 과정도 정밀하지 않게 되는데, 이것은 구리 자원이 부족했던 것과 관련이 있으며, 장식의 조악함은 바로 예술의 퇴보를 반영하고 있는 것이다. 도안은 있는 것도 있고 없는 것도 있었는데, 문양이 있는 것은 전지(纏枝)의 화훼를 주제로 한 경우가 많았고, 인물과 팔괘(八卦) 등도 약간 있었다. 문양이 없는 것은 아예 문양이 없는 뒷면에 별도로 단지 상표나 광고성 문자만을 주조했는데, 유명한 호주경(湖州鏡)조차도 대체로 이와 같았다. 그러나 송대의 거울에도 새로운 면모가 나타나는데, 이것은 주로 거울의 형태에서 구현되었다. 지난 시대부터 있었던 방형·원형·해바라기 모양·마름꽃 모양 외에도 하트·방패·종(鍾)·정(鼎)·노(爐-화로 또는 향로) 모양과 손잡이가 달린 손거울 등이 새로 등장하였다. 비록 이러했지만, 쇠퇴의 국면을 되돌릴 수는 없었다. 요·금·원나라의 동경들도 하나같이 다시는 이러한 국면을 진작시키지는 못했다. 그러나 원대에는 몇몇 동장(銅匠-구리를 다루는 장인)의 기예가 상당히 뛰어난 경우도 있었는데, 예컨대 심주(沈鑄) 부자가 옛것을 본떠 만든 동기(銅器)들은 "문양과 고색(古色)이 모두 진짜와 구분할 수 없을 정도였다.[文藻·古色, 皆可亂眞.]" 누진지(婁振之)는 직경이 겨우 한 치(1촌-약 3cm) 남짓한 작은 합(盒) 위에 외양과 정신을 겸비한 인물고사를 장식해 낼 수 있었는데, 도안에는 이공린(李公麟) 회화의 풍격이 가득했다.

오대부터 원대에 이르기까지 중국의 칠 공예는 성취가 탁월하였다. 그 시기에 중·저급 제품 일색이었던 칠기(漆器)는 여전히 가장 흔히 볼 수 있는데, 칠의 색은 흑색이 많았고, 자색(紫色)과 주색(朱色)이 그 다음이었다. 송대 사람들은 당시 녹색 칠기가 유행했다고 기록하고 있다. 단일한 색의 칠기는 일용 용기(容器)들이 많았는데, 단지 칠의 색만으로 장식을 했기 때문에 조형이 상당히 정교하고 아름다운데, 모서리를 세워 꽃잎처럼 나누기도 하고, 매끄럽고 세련되게 만들기도 하였다. 이러한 조형과 장식은 당시의 금은기 및 도자기와 매우 흡사했다. 칠 공예의 수준을 잘 대표할 수 것은 고급품들인데, 그 기물들은 실용적 가치가 비교적 적기는 했지만, 오히려 장식의 구상과 기예의 정교함을 드러내 보일 수 있었다. 이 시기의 고급 칠기는 큰 발전을 이루었는데, 어떤 것은 역사에서 최고 정점에 오르기도 하였다.

묘금(描金) : 칠기의 표면에 금색으로 문양을 그리는 장식 방법을 말한다. 묘금은 흑칠(黑漆) 바탕 위에서 가장 흔히 볼 수 있으며, 그 다음으로는 붉은색 바탕이나 자색(紫色) 바탕이 많다. 또한 묘금을 '묘금은칠장식법(描金銀漆裝飾法)'이라고 일컫기도 한다.

(오른쪽) 묘금퇴칠사리함(描金堆漆舍利函)

北宋

칠기

높이 41.2cm, 바닥 변의 길이 24.5cm

절강 서안(瑞安)의 혜광탑(慧光塔)에서 출토.

절강성박물관 소장

이것은 절강 서안(瑞安)의 혜광탑(慧光塔)에서 출토되었는데, 박달나무 재질에 자색(紫色) 칠을 입힌 것이다. 사리함 가운뎃부분의 각 면에는 한 폭의 묘금(描金) 기법으로 그린 인물들이 있는데, 그것들은 모두 범천(梵天)과 제석(帝釋)이 예불을 드리는 주제를 표현하고 있다. 화면은 금빛 찬란하며, 형상은 엄숙하고 경건하며, 선이 섬세하고 유창하며, 그림 솜씨가 원숙하여, 수준이 매우 높다. 네 폭의 화면은 모두 연호형(連弧形)으로 구성된 개광(開光-460쪽 참조) 안에 있는데, 두 개의 호(弧)가 만나는 곳에 작은 진주를 박았으며, 개광의 바깥쪽은 퇴칠(堆漆)의 기법으로 표현한 전지(纏枝) 국화이며, 녹정(盝頂-77쪽 참조)과 바닥 좌대도 퇴칠로 장식하였는데, 모든 퇴칠 부분은 금으로 칠했다. 사리함 바닥에는 11행의 글을 금으로 썼는데, 마지막 구절로부터 추산해보면, 이 사리함은 1043년에 만든 것이다. 양송 시기의 유명한 칠기 생산지인 온주(溫州) 제품으로 판단된다.

나전화조문흑칠경함(螺鈿花鳥紋黑漆經函)

五代

높이 12.5cm, 길이 35cm, 너비 12cm

강소 소주(蘇州)의 서광탑(瑞光塔)에서 출토.

소주시박물관 소장

평탈(平脫) : 금·은 문양 장식을 아교와 칠을 이용하여 기물의 바탕 위에 반반하게 붙이고, 공백에는 칠을 채워 넣은 다음 다시 곱게 연마하여, 붙인 문양을 칠면(漆面)과 같게 하여 드러내기 때문에, 이를 '평탈(平脫-평평하게 벗긴다)'이라고 부른다.

협저조상(夾紵造像) : 건칠조상(乾漆造像) 혹은 행상(行像)이라고도 한다. 당대(唐代)에 유행했던 불상 제작 기법의 일종으로, 목심건칠(木心乾漆)과 탈활건칠(脫活乾漆)의 두 종류가 있다. 전자는 목재로 기본 형태를 만든 다음, 다시 목분(木粉)과 칠 반죽의 혼합물로 원하는 형태를 빚는 것이다. 후자는 점토로 원형을 만들고, 칠 반죽을 이용하여 점토 위에 여러 층의 베를 겹쳐 쌓은 뒤, 마르기를 기다렸다가 점토를 제거하고 다시 목분과 칠 혼합물로 세부를 빚어 만드는 방식이다.

가장 유명한 오대(五代)의 칠기는 성도(成都)의 왕건(王建) 묘에서 출토된 것으로, 정교하고 화려한 은평탈(銀平脫) 기법의 장식을 한 것들 이외에도, 도안을 새겨 넣은 은연태(銀鉛胎-태체의 재질이 은과 납인 것)의 기물도 있다. 소주(蘇州)의 서광탑(瑞光塔)에서는 금평탈(金平脫)로 보완하고, 아울러 진주와 보석을 박아 넣은 나전(螺鈿) 경함(經函-경전들을 넣어 보관하는 상자)이 출토되었다. 오대 이후에는 금은평탈이 쇠퇴하고 나전과 귀금속을 재질로 한 것들이 발전한다. 송대의 퇴칠(堆漆)·창금(槍金)·나전(螺鈿)과 조칠(彫漆)은 성취가 매우 높았다.

퇴칠(堆漆)은 바로 칠 반죽을 기물 표면에 소조(塑造)처럼 쌓아올려 문양을 빚어내는 기법이다. 이 기법은 한대(漢代)에 처음으로 보이는데, 오랫동안 협저조상(夾紵造像)에 종속되어 있었다. 송대의 정교하고 아름다운 퇴칠 기물들 가운데 오늘날 볼 수 있는 것들로는, 북송 중기의 사리함(舍利函)과 경함(經函)이 있는데, 퇴칠한 도안이 완벽하고 정교할 뿐만 아니라, 금박으로 그림을 그리는 것과 진주를 상감하는 것을 배합하여 매우 화려하고 아름답다.

창금(槍金) 기법은 먼저 바늘로 칠 바탕 위에 섬세한 도안을 새겨 그려낸 다음, 새긴 문양 안에 금박을 붙이는 것인데, 매우 화려한 효과를 낸다. 창금 기법의 기원은 최소한 서한(西漢–前漢)까지 거슬러 올라갈 수 있지만, 가장 이른 시기의 완미(完美)한 작품은 강소(江蘇) 무진(武進)에 있는 남송 시기의 무덤에서 출토되었다. 그것은 두 개의 합(盒)과 하나의 염(奩–화장 상자)인데, 구성이 산뜻하고 도안이 아름다워, 매우 정교한 공예 수준과 매우 높은 예술 조예를 보여주고 있다.

나전은 서주(西周) 시대에서 비롯된 것이지만, 박아 넣은 조개껍질 조각은 두께에 차이가 있다. 얇은 나전은 양송 시기에 출현했다. 남

창금사녀도주칠염(槍金仕女圖朱漆奩)
南宋
칠목(漆木)
전체 높이 21.3cm, 직경 19.2cm
강소 무진(武進)의 무덤에서 출토.
강소성 상주시(常州市)박물관 소장

사진 속의 작품은 강소 무진(武進)의 무덤 속에서 출토된 것으로, 뚜껑[蓋]·반(盤)·중간[中]·바닥[底] 등 네 부분이 조합되어 이루어졌는데, 전체의 모습은 꽃잎이 여섯 개인 연꽃 형태로 되어 있으며, 백은(白銀)으로 테를 둘렀고, 나무 재질에 주칠(朱漆)을 하였다. 창금(槍金) 기법으로 도안하였는데, 뚜껑 표면에는 정원의 사녀(仕女)를 길게 장식하였고, 염(奩)의 몸통에는 절지(折枝) 화훼로 장식하였다. 조형은 수려하며, 도안은 섬세하고 정교하며, 색채는 화려하고 아름다워, 고대 창금 칠기의 대표작이다. 뚜껑 안쪽에 '溫州新河金念五郎上牢(온주신하금념오랑상뢰)'라는 관지(款識)가 있는 것으로 보아, 응당 남송 중기의 민간 제품일 것이다. 염의 표면 도안은 본체의 예술 가치 외에도, 진귀한 공예 미술의 형상 자료를 제공해주고 있다. 예컨대 사람들은 절선(折扇–합죽선 형태의 부채)이 명대에 고려(高麗)로부터 전래된 것으로 믿고 있었지만, 이제는 염 표면의 도안으로부터 그것이 중국 송대에 이미 사용되었음을 알 수 있다.

가사도(賈似道) : 1213~1275년. 자는 사헌(師憲)이고, 호는 열생(悅生)·추학(秋壑)이며, 천대(天臺) 사람이다. 남송 때 금나라의 침입에 맞서 싸웠던 충신인 가섭(賈涉)의 아들로, 남송 이종(理宗) 때의 권신이며, 중국 역사상 가장 유명한 간신 중 한 사람이다.

대칠(大漆) : 천연칠(天然漆)·생칠(生漆)·토칠(土漆)·국칠(國漆)이라고도 하며, 중국 특산이어서 중국칠(中國漆)이라고도 한다. 일종의 천연 수지(樹脂) 도료(塗料)로서, 옻나무의 껍질을 잘랐을 때 껍질 속에서 흘러나오는 백색의 끈적끈적한 액체이며, 가공을 거쳐 도료로 만드는 원료이다.

척채(剔彩) : 조칠(彫漆)의 일종으로, 기물의 바탕 위에 층층이 서로 다른 색의 칠들을 일정한 두께로 바른 다음, 도안 색채의 설계에 따라 위층을 칠을 긁어냄으로써, 원하는 색의 칠이 드러나게 하면서 그 위에 문양을 파서 새기는 방식을 말한다.

송의 왕숙(王橚)이 권세를 탐하던 간신 가사도(賈似道)에게 도면병풍(棹面屛風-탁상병풍) 10벌을 바쳤는데, 그 위에 각각 가사도가 국정(國政)을 맡아 시행한 '성대한 일[盛事]'을 조개껍질로 박아 새겼다. 장면의 정경이 복잡하고, 인물들이 많이 등장하며, 또 칭송하는 글도 있다. 탁상병풍은 결코 크지 않은데도, 박아 넣은 문양의 번다함이 이와 같았으니, 응당 얇은 나전이어야 했다. 박아 넣은 조각[片]이 얇게 변화한 것은, 단지 도안을 더욱 정교하고 섬세하게 해주었을 뿐만 아니라, 또한 더욱 현란하고 화려한 색채를 드러내 보여줄 수 있게 하였다.

조칠(彫漆)의 기법은 기물의 태체(胎體) 위에 수십 번 내지 수백 번 이상 층층이 대칠(大漆)을 칠한 다음, 칠 바탕 위에 도안을 조각하는 것이다. 칠의 색에 따라 조칠에는 척홍(剔紅)·척흑(剔黑)·척록(剔綠) 등의 명칭이 있으며, 또 칠하는 방법의 차이에 따라 척서(剔犀-490쪽 참조)·척채(剔彩)로 구별하기도 한다. 조칠 가운데에는 척홍이 가장 흔한데, 이 기법은 당대에 시작되었다고 전해진다. 오대 때부터 시작해서 송대 내부(內府)의 척홍은 칠 바탕의 견고하고 두터움·도법(刀法)의 원숙함·마치 그린 듯한 문양 때문에 대단한 찬양을 받았다. 그러나 오늘날에는 이미 전해지는 기물이 매우 적은데, 그 원인은 그 기물들이 때때로 황금으로 바탕 재질을 만들었기 때문이다. 대략 명·청 시기에 어떤 골동품 가게에서 우연히 이 기물 하나가 떨어져 깨졌을 때 황금 바탕 재질이 노출되었는데, 일시에 널리 소문이 퍼지면서 사람들이 황금을 얻기 위하여 다투어 사들였다. 비록 황금 바탕 재질은 적고 회(灰-석회) 재질이 대부분이었지만, 1년 안에 송대의 척홍은 거의 다 훼손되어버렸다. 국내에 현존하는 확실히 믿을 만한 송대의 조칠은 모두 고고 발굴을 통해 습득한 척서 제품들이다. 그 칠하는 방법은 몇 가지 색깔의 대칠을 층층이 쌓아올리는 것인데, 칼날로 베어 낸 단면으로부터 두께가 다른 색들의 층을 볼 수 있다. 척서의 문양은 운문(雲紋) 및 그 변형체이기 때문에, 운조(雲彫)라고도 부른다. 출토된 송대의 척서가 비록 그다지 정교하거나 아름답지는 않지만, 그 기예는 이미 성숙되어 있었다.

송대에는 관부와 민간에서 모두 칠기를 제조했다. 관부에서 만든 것은 척홍과 나전 기법의 기물들이 가장 명성이 높았으며, 민간의 유명한 생산지로는 양주[襄州 : 지금의 호북 양번(襄樊)]·임안(臨安)·호주(湖州) 등이 있었는데, 명성이 가장 높았던 곳은 온주(溫州)였다. 이곳에서는 단일한 색의 칠기를 생산했을 뿐만 아니라, 창금과 퇴칠 기법 등으로 제작한 고급 물품들도 있었다. 요나라와 금나라는 양송과 대체로 같은 시대였기 때문에, 그 지역에서 사용한 칠기는 대부분 송나라로부터 유입된 것들이었다.

비록 원나라의 수도인 대도(大都)의 대명전(大明殿) 안에 높이가 1장(丈)이 넘으며, "술 50석을 담을 수 있고[貯酒可五十石]" "금빛 운룡(雲龍)이 꿈틀거리며 이것을 휘감고 있는[金雲龍蜿繞之]", 나무 재질에 은으로 감싼 칠옹(漆甕-칠기 항아리)을 놓아두었고, 또 비록 중앙과 지방에 관부에서 운영하는 몇 곳의 작방(作坊)들을 설치하긴 했지만, 원대 통치 집단의 칠기에 대한 흥취는 별로 높지 않았다. 그들이 사용했던 칠기 기명(器皿)들은 기본적으로 홍색의 완(碗)·반(盤)들이었으며, 존귀한 물품은 단지 칠의 색과 기물의 바닥에 있는 '內府官物(내부관물)' 등의 관지(款識)에 의해 구분할 뿐이었다. 원대 칠 공예의 성취를 대표할 수 있는 것은 민간의 생산품들인데, 절강의 가흥(嘉興)과 온주 및 항주(杭州)와 강서의 여릉(廬陵)은 모두 칠기로 명성을 누렸다. 그 가운데 가흥의 성취가 가장 높았으며, 원대 초기에는 또한 이곳에 칠작국(漆作局)을 설립하였다.

가흥의 명품은 창금은(槍金銀) 및 조칠(彫漆)이었는데, 그것들은 칠작국과는 관련이 없다. 문헌 기록을 보면, 가흥의 창금은 작품은 송대의 작품들과 매우 흡사하다. 원대 초기에는 또한 명장(名匠) 팽군보(彭君寶)가 출현하였다. 명대 초기의 문헌에서 말하기를, 산서 곽주(霍州)에서 창금 장인인 팽군보가 정요(定窯)의 백자를 모방한 백자를 제작했다고 한다. 이 두 사람은 바로 동일 인물이다. 원대 가흥에서 제작된 창금은 제품은 아직 발견되었다는 소식이 없지만, 일본에는 1315년에 항주에서 제작된 작품이 소장되어 있다. 이 작품의 도안은 복잡하고 섬세하며, 풍격이 화려하고 아름다워, 무진(武進)에서 출토된 남송의 생산품과는 이미 상당한 차이가 있으며, 원대의 새로운 풍격을 드러내고 있다. 가흥 칠기의 황금시대는 원대 말기이며, 대표적인 인물은 조칠의 거장이었던 장성(張成)과 양무(楊茂)였다. 그들의 작품들은 아직도 여러 종류가 세상에 전해지고 있는데, 두 사람이 척홍 기법으로 만든 작품들은 전아하면서도 중후하여 그 풍격이 매우 흡사하며, 이와 비슷한 척홍 기물들이 원대의 무덤에서도 출토되었다. 『휴식록(髹飾錄)』에서 말하기를, 송대부터 명대에 이르기까

『휴식록(髹飾錄)』: 중국에 현존하는 유일한 칠 공예 전문 저서로, 명대 융경(隆慶) 연간(1567~1572년)에 안휘 신안(新安) 평사(平沙) 사람인 황성(黃成)이 지었다. 전체 내용은 건집(乾集)과 곤집(坤集)으로 나뉘며, 모두 18장(章) 186조(條)로 구성되어 있다. 건집에는 제조 방법·원료·공구 및 칠 공예의 금기 사항 등을 설명하고 있으며, 곤집에서는 칠기의 분류 및 각 품종들의 형태를 서술하고 있다.

지 조각칼의 운용은 "장봉(藏鋒-칼끝이나 붓끝의 흔적이 드러나지 않게 표현하는 기법)하여 청초하며[藏鋒淸楚]", 문양의 가공은 "돋을새김[隱起]이 원활하고[隱起圓滑]", 화려한 문양은 "섬세하고 정교하다[纖細精致]"고 하였는데, 이것이 척홍의 공통적인 특징이다. 이 시기에 성취가 가장 높았던 사람은 바로 장성과 양무였는데, 장성의 작품들 중에는 척홍 외에 척서 작품도 세상에 전해지고 있다. 명대에 이르러서 척홍의 풍격이 원대에 가까웠던 데에는 또 하나의 중요한 원인이 있는데, 그것은 바로 명대 초기에 궁정의 칠기 제작을 주관했던 장덕강(張德剛)이 장성(張成)의 아들이었기 때문이다. 원대 나전의 생산 중심지는 여릉(廬陵)이었고, 그 생산품들 중에는 가구가 많았는데, 해당 지역의 관부가 운영하는 작방들에서도 나전 가구를 제작할 수 있었다. 가장 유명한 나전 기명(器皿)은 북경에서 출토되었는데, 즉 광한궁도(廣寒宮圖)가 장식되어 있는 잔반(殘盤-일부가 손상되고 남아 있는 반)이다. 이 기물에 새겨 넣은 조각[嵌片]들은 매우 가늘고 얇으며, 문양은 엄격하고 정확하여, 마치 계화(界畫)와 같은데, 그 정교한 아름다움에 사람들이 감탄을 금치 못한다. 황생(黃生)은 원대 중기에 대도(大都)에서 활약했던 나전 명장이다. 그는 가구와 기명을 모두 제작했으며, 그의 작품은 사람들이 다투어 구입하는 대상이었다. 원나라의 시인은 그 장식의 제재에 대해 읊기를, "대나무와 나무숲이 누대와 전각을 덮고 있고, 봉황과 난새[鸞]를 따라 상서로운 구름 피어오르네[竹樹冠臺殿, 祥雲隨鳳鸞]"라고 하였는데, 이는 광한궁도가 장식된 잔반(殘盤)과 매우 비슷하다. 협저조상(夾紵造像-497쪽 참조)·서피(犀皮)·칠회(漆繪-칠 그림)도 원대에 유행하였다. 그러나 함께 유행했던 금칠기(金漆器)는 오히려 맑고 깨끗함을 추구하였다. 당대 이래로 금칠(金漆)이라는 용어가 매우 자주 보이지만, 명대 초기 이전에는 이 용어가 일종의 천연 수지(樹脂)를 가리키는 것으로, "이것을 기물에 칠하면 금과

계화(界畫): 자를 대고 그린 것처럼 반듯하고 섬세하며, 입체감 있게 묘사하는 중국 화법의 하나로, 주로 건축물이나 교량 등을 표현하는 데 사용되었다.

서피(犀皮): '호피칠(虎皮漆)' 혹은 '파라칠(波羅漆)'이라고도 한다. 제작 방법은, 우선 생칠에 석황(石黃)을 넣어 끈적끈적하고 걸쭉한 칠을 만든 다음, 그것을 기물의 태체 위에 발라, 높낮이가 고르지 않고 울퉁불퉁한 표면을 만든다. 그 다음에 다시 오른손 엄지손가락으로 가볍게 칠을 쌓아올려 하나하나 작고 뾰족하게 돌기들을 만들며, 끈끈한 칠을 서늘한 그늘에서 투명하게 말린 다음, 윗면에 다시 여러 층의 서로 다른 색의 칠을 한 층 한 층씩 칠하여 각종 색이 엇갈려 일정한 규율이 없게 만든다. 그리고 마지막으로 전체 몸통을 갈아서 고르게 만든다. 이렇게 만든 서피칠의 겉모습은 '표면이 빛이 나고, 무늬가 서로 다른 색의 칠 층으로 구성되어 있기 때문에, 어떤 것은 떠가는 구름이나 흐르는 물 같기도 하고, 혹은 소나무 줄기의 주름 무늬 같기도 하다. 얼핏 보면 매우 고른 것 같지만, 자세히 보면 변화가 풍부하고, 정해진 규칙이 없다. 도안은 자연스럽고 유동적이며, 색채는 찬란하면서도 매우 아름답다.

양장(楊藏)이라는 관지(款識)가 있는 척
홍관폭도팔방반(剔紅觀瀑圖八方盤)

(元) 양무(楊茂)

칠목(漆木)

높이 26cm, 구경 17.8cm

북경 고궁박물원 소장

뒷면과 반(盤) 안쪽의 가장자리는 사계화(四季花-473쪽 참조)를 조각하였으며, 안쪽 공간은 관폭도(觀瀑圖)를 주(主) 문양으로 삼았는데, 도안이 완연히 산수화와 같아, 맑고 그윽하며 전아하다. 장성(張成)이 만든 하나의 척홍원합(剔紅圓盒)의 구도도 이것과 서로 비슷하다. 장성·양무와 동향(同鄕)인 화가 오진(吳鎭)과 성무(盛懋)도 매우 성공한 화가들이었기 때문에, 이 척홍도 회화의 영향을 받았을 가능성이 있다. 장성과 양무는 나란히 이름을 날렸고, 작품의 풍격도 대체로 서로 같은데, 만일 세상에 전해지는 작품으로 비교한다면, 장성은 비교적 혼후(渾厚)한 편이고, 양무는 대체로 아름답고 기교적이다. 사진 속 작품의 바닥 굽에는 갈아서 지운 '양무조(楊茂造)'라는 침획(針劃-바늘로 새긴)의 관지(款識)가 있으며, 또 칼로 새기고 창금(槍金)의 기법으로 처리한 '大明宣德年製'라는 관지(款識)가 뚜렷하게 눈에 띄는데, 이것은 후대에 새긴 것이다. 명나라 선덕(宣德) 시기의 궁정 조각은 이전에 비해 퇴보했는데, 장인(匠人)들은 매번 이로 인해 죄를 얻었기 때문에, 개인적으로 앞 왕조의 기물을 구매한 다음 옛 관지(款識)를 갈아버리고 새로운 관지를 더하는 방식으로, 옛날 제조품으로 신작(新作)을 충당하였다.

다르지 않았다.[用塗器物, 如金不殊.]" 이 수지는 주로 한반도의 서남부에서 생산되었으며, 당대에는 중국의 대주(臺州)에서도 생산된 적이 있었다. 이후에는 점차 일종의 금이나 혹은 안료를 혼합한 대칠(大漆 -499쪽 참조)로 장식한 기물들을 가리키게 되었다.

옥(玉)의 재질은 견고하면서도 외관이 아름다워, 옛 사람들은 곧 옥에 갖가지 도덕이나 예법의 의미를 부여하였다. 좋은 재질의 옥은 매우 먼 신강(新疆)에서 생산되어 얻기가 쉽지 않았기 때문에, 옥은 가장 귀한 공예 미술 재료였다. 고대에는 옥의 사용에 엄격한 등급 제도가 있어, 제왕과 귀족 및 출세한 관료들만이 옥대(玉帶)를 착용하거나, 다기(茶器)나 주기(酒器)로 사용하는 영예를 누릴 수 있었다. 이 때문에 옥으로 만든 기명은 매우 진귀하고 드물며, 장식품 및 감상 용품이 비교적 자주 보인다.

오대의 옥기(玉器)는 남아 있는 것이 많지 않은데, 유명한 작품으로는 왕건(王建)의 묘에서 출토된 옥대가 있다. 이 기물은 부조식(浮彫式)의 용 문양으로 장식했는데, 매우 기세가 느껴진다. 항주(杭州)와 합비(合肥)에서 출토된 보요(步搖)는 갈고 다듬은 기법이 매우 정교하고 섬세하다. 송대에는, 위로는 제왕부터 아래로는 부호들에 이르기까지 옥기를 감상하고 수장하는 풍조가 크게 유행했는데, 금석학이 번성함에 따라, 공방이나 상점들에서 옛 기물들을 모방하여 옛날 작품처럼 만든 것이 다채롭고 성대하여 장관을 이루었다. 옛 기물들을 모방하여 제작한 옥 외에 송대의 옥기는 종류가 풍부하고 장식이 아름다우며, 갈고 다듬는 기법이 정교하기로 유명했는데, 짙은 문인의 분위기와 회화의 정취를 지니고 있었다. 북경 방산(房山)에 있는 금대(金代)의 무덤에서 정교하고 아름다운 북송의 옥기들 한 무더기가 출토되었다. 그 기물들은 대다수가 장식품으로, 화훼 및 화조 제재가 유행했음도 이 기물들에 집중적으로 체현되어 있다. 우아하고 아름다운 형상과 빼어나고 고아한 풍격은 이전 시대의 옥기들에서는 볼

왕건(王建) : 847~918년. 오대십국 시기 전촉(前蜀)의 고조(高祖)로, 재위 기간은 903년부터 918년까지이다. 자(字)는 광도(光圖)이다.

보요(步搖) : '떨잠'이라고도 하며, 옛날 비녀와 함께 꽂던 부녀자들의 머리 장식으로, 걸음을 한 번 옮길 때마다 세 번 흔들린다고 해서 붙여진 이름이라고 한다.

행영(行營) : 황제가 행차하는 도중에 잠시 머무는 곳에 세우는 임시 숙소로, 어영(御營)이라고도 한다.

쌍학함초옥식(雙鶴啣草玉飾)
北宋
높이 6cm, 너비 8.2cm, 두께 0.6cm
북경 방산(房山)의 금대(金代) 무덤에서 출토.
수도박물관(首都博物館) 소장

옥패(玉佩)

遼

옥

옥 장식의 길이 4.9~7.5cm

내몽고자치구 문물고고연구소 소장

옥은 청백색이며, 여섯 개가 한 세트로 되어 있는데, 유금(鎏金-421쪽 참조)한 은제 사슬로 연결되어 있다. 위쪽의 하나는 대략 장방형을 보이는데, 투각한 수대반(綬帶盤-인끈을 꿰어 차고 다닐 수 있는 모양의 반)으로 되어 있고, 아래쪽의 다섯 개는 각각 따로 물고기·쌍용(雙龍)·쌍봉(雙鳳)·쌍어(雙魚)·용어(龍魚)를 투각하였는데, 갈고 다듬는 기법이 정교하고 섬세하며, 조형이 치밀하여, 매우 장식적인 운치가 있다. 진국공주(陳國公主)의 무덤에서 출토되었는데, 여러 종류의 용구(用具)·패식(佩飾)과 함께 금과사대(金銙絲帶-혁대의 두 끝을 마주 걸어 잠그는 자물 단추가 있는 비단 허리띠) 위에 매달아 걸었던 것으로, 비단 허리띠는 공주의 허리 부분을 가로로 묶고 있었다. 이 무덤에서는 모두 옥기 47건이 출토되었다. 그 가운데에는 벼루 2건, 물을 담는 바리(盂) 1건과 패식(佩飾-착용하는 장식) 44건이 있었는데, 용기는 갈고 새긴 기법이 비교적 조악하고 엉성하여, 요나라 지역에서 생산된 수암옥(岫巖玉)으로 만든 듯하다. 두 개의 패식은 갈고 새긴 기법이 상당히 정교하고 품질이 뛰어난 연옥(軟玉)으로 만들어졌는데, 이 옥의 산지는 응당 오늘날의 신강(新疆) 화전(和田)일 것이다.

사승조(史繩祖) : 생몰년은 모두 알 수 없으며, 남송의 이종(理宗) 때인 순우(淳祐) 초년(대략 1241년)을 전후하여 살았던 인물이다. 자는 경장(慶長)이며, 미산(眉山) 사람이다. 일찍이 위료옹(魏了翁)에게 배웠으며, 관직은 조청대부(朝請大夫)·직환장각(直煥章閣)에 이르렀다.

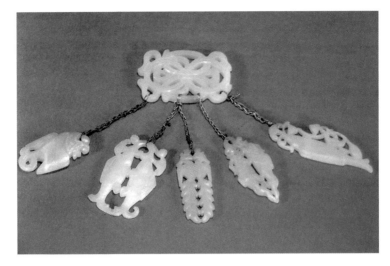

수 없는 것이다. 구주(衢州)의 남송 때 인물인 사승조(史繩祖)의 묘에서 출토된 연잎 모양의 잔은, 설계가 교묘하고 청신하면서도 빼어나며, 또한 세상에 전해지는 배(杯)와 완(碗)들의 단정하고 고아함과는 대조를 이룬다.

요대의 대묘(大墓)들에서 이미 여러 차례 옥기(玉器)가 출토되었다. 그러나 거란의 귀족들은 기명(器皿)을 패식(佩飾)보다 훨씬 덜 중요시했는데, 예컨대 진국공주의 무덤에서 출토된 용기의 수량과 품질 및 갈고 새긴 기법은 모두 패식보다 크게 뒤떨어진다. 그런데 패식의 정교함과 풍부함은 실로 기존의 평가를 훨씬 뛰어넘는다. 거란에는 '날발(捺鉢)'이라는 용어가 있었는데, 이것은 제왕의 행영(行營)을 가리킨다. 요나라는 사계절 날발제(捺鉢制)를 시행했는데, 제왕은 후비(后妃)와 신료 및 금군(禁軍)을 거느리고 "가을과 겨울에는 추위를 피하고[秋冬違寒]", "봄과 여름에는 더위를 피하여[春夏避暑]", 사계절을 옮겨다니다 적당한 장소에 도달하면, 임시로 머물며 일정한 시간을 보냈다. 이렇게 이동하고 머무는 과정에서 군대와 나라의 큰 계획을 결정하는 것 외에도 고기잡이와 사냥[漁獵] 활동을 진행했는데, 봄과 가을의 고기잡이와 사냥이 특히 빈번했으며 더욱 중요했다. 봄에는 거위를 잡고 물고기를 낚기 위하여 주둔지가 물에 가까워야 했기 때문에, 이를 춘수(春水)라고 일컬었으며, 가을에는 사슴과 호랑이·곰 등을 사냥했기 때문에 주둔지가 산에 가까워야 했으므로, 이를 추산(秋山)이라고 일컬었다. 요대의 옥기에는 거위와 물고기의 형상이 자주 보이는데, 이것은 당연히 봄철 사냥의 대상을 표현한 것이다. 이 날발 제도는 금·원·청나라에 의해 답습되었는데, 이들 왕조의 공예품들에 보이는 수많은 물고기·거위·사슴·호랑이의 형상과 그 동물들을 사냥하는 모든 장면들은 바로 이 날발 제도를 표현한 것이다. 금대에는 춘수와 추산의 제재가 매우 유행하여, 복식 도안에도 나타나고 옥패에도 나타난다. 그 가운데 춘수 도안의 옥 수준이 더욱 높았는데, 그 기물들은 대부분 해동청(海東靑—사냥매)이 백조를 포획하는 것을 내용으로 삼고 있다. 해동청의 영활하고 굳건한 기백과 백조가 최후의 발악을 하는 모습을 매우 생동감 있게 표현하고 있고, 아울러 아름다운 조형과 더불어 비장한 분위기마저 담아 내고 있어 예

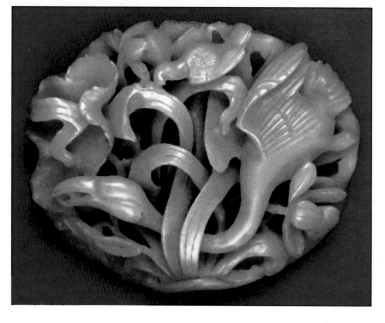

춘수옥식(春水玉飾)
金
높이 6.5cm, 너비 8cm, 두께 2cm
북경 고궁박물원 소장

술적 조예가 매우 높다. 금대에는 완비된 옥기(玉器) 사용에 대한 제도가 있었으며, 요대와 비교해 볼 때, 그 통치 집단이 옥기를 더 중시했음을 알 수 있지만, 그 출토물은 오히려 대부분 장식품들이다. 금대의 옥기는 주로 흑룡강(黑龍江)과 북경에서 출토되었는데, 흑룡강은 "금나라가 근원한 옛 땅[金源舊地]"이며, 북경은 얼마 후에 금나라의 수도였다. 출토품은 춘수와 추산을 제재로 한 것들 외에도 비천(飛天)·동자(童子)·말과 비교적 많았던 화훼와 화조 등을 제재로 한 것들도 있다. 북경에서 출토된 것들의 수준이 흑룡강 지역의 것들보다 더욱 높고, 재질도 더 좋고 형상도 더 아름다우며, 갈고 새긴 기법도 더욱 정밀하여, 그 풍격이 송나라에 더 가깝지만, 송나라보다 더욱 섬세하고 매끄럽다. 북경의 출토품들은 그 지역에서 생산되었을 가능성이 매우 높다. 왜냐하면 금나라 중도(中都-오늘날의 북경)의 창의문(彰義門) 밖 2리 남짓한 거리에 마옥국(磨玉局)이라고 불리는 곳이 있었는데, 여기에 거주하던 100여 호(戶)의 사람들이 모두 옥기를 갈고 다듬는 일에 종사했기 때문이다.

원대의 통치 집단은 옥기에 대해 매우 열중하였는데, 교통의 확충과 발달로 말미암아 신강(新疆)에서 생산한 아름다운 옥을 동쪽으로 계속 유입시킴으로써, 관부가 운영하는 작방들에서의 옥기 제작이 매우 번성하며 발달하게 하였다. 그러나 고고학이 제공한 원대의 옥기는 수량이 많지 않은데, 그 기물들은 대부분 소형 작품들로, 갖가지 종류의 장식품들 외에 몇 건의 용기(容器)들도 있다. 이것들은 비록 대략 품질이 조악해 보이지만, 대체로 송대와 금대의 기법을 취하여 시대적 특징이 그다지 선명하게 드러나지는 않는다. 역사 문헌들에는 또 다른 하나의 현상을 기록하고 있는데, 소형 기물들이 뚜렷하게 정교하고 화려한 방향으로 발전하여, 미조(微彫)도 옥기에 출현하기 시작하였다. 어떤 사람은 작은 옥환(玉環-옥가락지) 위에 『심경(心

미조(微彫) : 중국 전통의 공예 미술품들 중 가장 정교하며 섬세한 공예품이다. 이것은 쌀알 크기의 상아 조각이나 대나무 조각 혹은 몇 밀리터 크기의 머리카락 위에 조각하는 것으로, 그 작품은 확대경이나 현미경이 있어야만 조각하여 새긴 내용을 비로소 볼 수 있기 때문에, 과거에는 이것을 '절기(絕技)'라고 불렀다.

『심경(心經)』: 『마하반야바라밀다심경(摩訶般若波羅蜜多心經)』을 가리키며, 불경들 가운데 글자의 숫자가 가장 적은 경전이다.

經)』한 권을 새겨, 그 기예가 매우 뛰어나긴 했지만, 이렇게 뽐내기 위한 제품들은 결코 아무런 예술적 가치도 없다. 궁정용 물품들은 매우 화려하고 귀했는데, 예컨대 단오절(端午節)에 사용하는 어선(御扇－임금이 사용하는 부채)의 선면(扇面)은 격사(緙絲)를 사용했고, 옥으로 만든 손잡이는 길이가 1척(尺)이었는데, 운룡(雲龍) 문양을 조각해 넣었고, 문양 안에는 금으로 채웠다. 가장 시대적 특징을 지닌 것은 대형의 옥기 제작인데, 예컨대 옥상(玉像)·옥탑(玉塔)·옥옹(玉甕) 등이 그것이다. 궁정에서는 옥으로 건축을 장식하고, 실내에 진열하는 풍조가 한때 유행했다. 대도(大都)의 옥덕전(玉德殿)은 "정면이 100척, 측면이 49척, 높이가 40척"이었으며, "기둥과 두공(斗拱)에는 모두 백옥(白玉)으로 만든 운룡(雲龍) 문양 조각들을 붙였고, 그 안에 백옥에 금 문양이 장식된 '山'자 모양의 병대(屛臺－병풍 받침대)를 설치한 다음, 그 위에 옥상(玉床－옥으로 만든 평상)을 올려두었다.[楹拱皆貼白玉龍雲花片, 中設白玉金花山字屛臺, 上置玉床.]" 그리고 광한전(廣寒殿)에는 "한가운데 작은 옥전(玉殿)이 있고, 내부에 금을 상감한 옥룡(玉龍) 어탑(御榻－임금이 앉는 평상)을 설치하였고, 좌우에 여러 신하들이 앉는 탁자들을 늘어놓았으며, 앞쪽에 흑옥(黑玉)으로 만든 술 단지[酒甕] 하나를 놓아두었다. 이 술 단지의 옥에는 백색 무늬가 있는데, 그

독산대옥해(瀆山大玉海)
몽고국(蒙古國)
옥
높이 70cm, 구경 135~182cm
북경단성(北京團城) 소장

독산(瀆山)은 이 옥의 산지인 남양(南陽)의 독산(獨山)을 가리키며, 해(海)는 곧 술의 바다[酒海]이다. 이 기물은 1265년에 만들어그졌다. 옥의 재질은 흑색(黑色)에 흰색 무늬가 섞여 있는데, 형태에 따라 제작하였기 때문에 기물의 구연부가 평평하지 않으며, 기물의 몸통도 둥글지 않다. 외벽은 파도 문양을 바탕으로 삼고 있으며, 그 사이에 여러 종류의 수생동물들이 출몰하고 있는데, 웅혼하면서도 넓고 커서 고대의 대형 옥기들 가운데 걸작이다. 원대에는 이 기물을 광한전[廣寒殿 : 오늘날 북경의 경화도(瓊華島) 산꼭대기] 안에 두었던 궁정의 중요한 기물이었다. 원나라가 망하면서 고궁이 훼손되었을 때, 유독 광한전은 지나치게 사치(奢侈)를 부리다 나라를 망해먹은 것에 대한 실증(實證)으로 삼아, 자손들에 대해 경계하기 위하여 남겨두었다. 명대 후기에 광한전이 무너지면서 이 옥해(玉海)도 궁원(宮苑) 밖으로 유출되어, 마침내 어떤 도사(道士)의 채소를 담아두는 독으로 전락해버렸다. 1745년에 청나라 건륭제(乾隆帝)가 사들여 회수하였으며, 이후 네 차례의 보수와 연마를 거쳤기 때문에, 지금 볼 수 있는 것은 이미 당시의 것과는 약간 다르다.

가산(假山) : 원림(園林) 속에 조경(造景)을 목적으로 흙이나 돌을 이용하여 만든 가짜 산을 말한다. 여기에서는 실내 장식을 위하여 만든 산을 가리킨다.

형상에 따라 물고기와 짐승들이 파도 속에서 출몰하는 형태로 새겼으며, 그 크기는 술 30여 석(石)을 담을 수 있을 정도였다. 또 옥으로 만든 가산(假山) 봉우리 하나가 있는데, 철(鐵) 하나를 매달아 옥소리가 울리도록 하였다.[中有小玉殿, 內設金嵌玉龍御榻, 左右列從臣坐床, 前架黑玉酒瓮一, 玉有白章, 隨其形刻爲魚獸出沒于波濤之狀, 其大可貯酒三十余石, 又有玉假山一峰, 玉響鐵一懸.]" 이것은 사치와 호화로움의 극치라고 말할 수 있다. 그 당시의 궁정 용기들은 지금은 대부분 볼 수가 없지만, 겨우 하나 남아 있는 큰 성과는 앞의 인용문 속에 나오는 흑옥으로 만든 술 단지이다. 그것은 원나라 건국 이전에 만들어진 것으로, 정식 호칭은 독산대옥해(瀆山大玉海)이며, 술을 담는 용도의 기물로, 줄곧 궁정의 중요한 보물이었다. 이것은 고대에 옥으로 만든 용기들 가운데 가장 큰 기물의 하나로, 몽고족 통치 집단의 호탕하게 마시기를 좋아하던 풍속과 당시 대형 옥기를 제작하던 기술의 발달을 충분히 체현하고 있다.

[본 장 집필 : 샹강(尙剛)]

|부록 1| 중국의 연호 :
오대(五代) 부터 송(宋)·원(元)까지

〈오대십국〉

오대(五代)
후량(後梁)
- 개평(開平) 907~911년
- 건화(乾化) 911~915년
- 정명(貞明) 915~921년
- 용덕(龍德) 921~923년

후당(後唐)
- 동광(同光) 923~926년
- 천성(天成) 926~930년
- 장흥(長興) 930~933년
- 응순(應順) 934~934년
- 청태(淸泰) 934~936년

후진(後晉)
- 천복(天福) 936~944년
- 개운(開運) 944~946년

후한(後漢)
- 천복(天福) 947~947년
- 건우(乾祐) 948~950년

후주(後周)
- 광순(廣順) 951~954년
- 현덕(顯德) 954~959년

십국(十國)
오(吳)
- 무의(武義) 919~920년
- 순의(順義) 921~926년
- 건정(乾貞) 927~928년
- 대화(大和) 929~934년
- 천조(天祚) 935~937년

남당(南唐)
- 승원(昇元) 937~942년
- 보대(保大) 943~957년
- 중흥(中興) 958년
- 교태(交泰) 958년

오월(吳越)
- 천우(天佑) 907년
- 천보(天寶) 908~923년
- 보대(寶大) 924~925년
- 보정(寶正) 926~932년
- 개운(開運) 944~946년
- 개보(開寶) 968~976년

남한(南漢)
- 건형(乾亨) 917~924년
- 백룡(白龍) 925~927년
- 대유(大有) 928~941년
- 광천(光天) 942년
- 응건(應乾) 943년

- 건화(乾和) 943~957년
- 대보(大寶) 958~971년

민(閩)
- 용계(龍啓) 933~934년
- 영화(永和) 935년
- 통문(通文) 936~938년
- 영륭(永隆) 939~942년
- 천덕(天德) 943~945년

전촉(前蜀)
- 무성(武成) 908~910년
- 영평(永平) 911~915년
- 통정(通正) 916년
- 천한(天漢) 917년
- 광천(光天) 918년
- 건덕(乾德) 919~924년
- 함강(咸康) 925년

후촉(後蜀)
- 명덕(明德) 934~937년
- 광정(廣政) 938~965년

북한(北漢)
- 천회(天會) 957~973년
- 광운(廣運) 974~979년

〈북송(北宋)〉

- 건륭(建隆) 960~963년
- 건덕(乾德) 963~968년
- 개보(開寶) 968~976년
- 태평흥국(太平興國)
  976~984년
- 옹희(雍熙) 984~987년
- 단공(端拱) 988~989년
- 순화(淳化) 990~994년
- 지도(至道) 995~997년
- 함평(咸平) 998~1003년
- 경덕(景德) 1004~1007년
- 대중상부(大中祥符)
  1008~1016년
- 천희(天禧) 1017~1021년
- 건흥(乾興) 1022년
- 천성(天聖) 1023~1032년
- 명도(明道) 1032~1033년
- 경우(景祐) 1034~1038년
- 보원(寶元) 1038~1040년
- 강정(康定) 1040~1041년
- 경력(慶曆) 1041~1048년
- 황우(皇祐) 1049~1054년
- 지화(至化) 1054~1056년
- 가우(嘉祐) 1056~1063년
- 치평(治平) 1064~1067년
- 희녕(熙寧) 1068~1077년
- 원풍(元豊) 1078~1085년
- 원우(元祐) 1086~1094년
- 소성(紹聖) 1094~1098년
- 원부(元符) 1098~1100년
- 건중정국(建中靖國) 1101년
- 숭녕(崇寧) 1102~1106년
- 대관(大觀) 1107~1110년
- 정화(政和) 1111~1118년
- 중화(重和) 1118~1119년
- 선화(宣和) 1119~1125년
- 정강(靖康) 1126~1127년

〈남송(南宋)〉

- 건염(建炎) 1127~1130년
- 소흥(紹興) 1131~1162년
- 융흥(隆興) 1163~1164년
- 건도(乾道) 1165~1173년
- 순희(淳熙) 1174~1189년
- 소희(紹熙) 1190~1194년
- 경원(慶元) 1195~1201년
- 가태(嘉泰) 1201~1205년
- 개희(開禧) 1205~1208년
- 가정(嘉定) 1208~1225년
- 보경(寶慶) 1225~1227년
- 소정(紹定) 1228~1233년
- 단평(端平) 1234~1236년
- 가희(嘉熙) 1237~1240년
- 순우(淳祐) 1241~1252년
- 보우(寶祐) 1253~1258년
- 개경(開慶) 1259년
- 경정(景定) 1260~1264년
- 함순(咸淳) 1265~1274년
- 덕우(德祐) 1275~1276년
- 경염(景炎) 1277~1278년
- 상흥(祥興) 1278~1279년

〈요(遼)〉

- 신책(神册) 916~921년
- 천찬(天贊) 922~926년
- 천현(天顯) 926~938년
- 회동(會同) 938~947년
- 대동(大同) 947~947년
- 천록(天祿) 947~951년
- 응력(應曆) 951~969년
- 보녕(保寧) 969~979년
- 건정(乾亭) 979~982년
- 통화(統和) 983~1012년
- 개태(開泰) 1012~1021년

- 태평(太平) 1021~1030년
- 경복(景福) 1031~1031년
- 중희(重熙) 1032~1055년
- 청녕(清寧) 1055~1064년
- 함옹(咸雍) 1065~1074년
- 대강(大康) 1075~1084년
- 대안(大安) 1085~1094년
- 수창(壽昌) 1095~1100년
- 건통(乾統) 1101~1110년
- 천경(天慶) 1111~1120년
- 보대(保大) 1121~1125년

북요(北遼)
- 건복(建福) 1122년
- 덕흥(德興) 1122년
- 신력(神曆) 1123년

서요(西遼)
- 연경(延慶) 1132~1134년
- 강국(康國) 1134~1143년
- 함청(咸清) 1144~1150년
- 소흥(紹興) 1150~1163년
- 숭복(崇福) 1164~1178년
- 천희(天禧) 1178~1218년

〈서하(西夏)〉

- 현도(顯道) 1032~1033년
- 개운(開運) 1034~1034년
- 광운(廣運) 1034~1035년
- 대경(大慶) 1036~1037년
- 천수예법연조(天授禮法延祚) 1038~1048년
- 연사녕국(延嗣寧國)
  1049~1049년
- 천우수성(天祐垂聖)
  1050~1052년
- 복성승도(福聖承道)

1053~1056년
- 차도(嵯都) 1057~1062년
- 공화(拱化) 1063~1068년
- 건도(乾道) 1069~1070년
- 천사례성국경(天賜禮盛國
  慶) 1071~1075년
- 대안(大安) 1076~1085년
- 천안예정(天安禮定) 1086년
- 천의치평(天儀治平)
  1087~1089년
- 천우민안(天祐民安)
  1090~1098년
- 영안(永安) 1099~1101년
- 정관(貞觀) 1102~1114년
- 옹녕(雍寧) 1115~1119년
- 원덕(元德) 1120~1126년
- 정덕(正德) 1127~1134년
- 대덕(大德) 1135~1138년
- 대경(大慶) 1139~1143년
- 인경(人慶) 1144~1148년
- 천성(天盛) 1149~1170년
- 건우(乾祐) 1171~1193년
- 천경(天慶) 1194~1205년
- 응천(應天) 1206~1209년
- 황건(皇建) 1210~1210년
- 광정(光定) 1211~1222년
- 건정(乾定) 1223~1225년
- 보경(寶慶) 1226~1227년

〈금(金)〉

- 수국(收國) 1115~1116년
- 천보(天輔) 1117~1123년
- 천회(天會) 1123~1137년
- 천권(天眷) 1038~1040년
- 황통(皇統) 1041~1049년
- 천덕(天德) 1149~1153년
- 정원(貞元) 1153~1156년
- 정륭(正隆) 1156~1161년
- 대정(大定) 1161~1189년
- 명창(明昌) 1190~1196년
- 승안(承安) 1196~1201년
- 태화(泰和) 1201~1208년
- 대안(大安) 1209~1211년
- 숭경(崇慶) 1212~1213년
- 지녕(至寧) 1213년
- 정우(貞祐) 1213~1217년
- 흥정(興定) 1217~1222년
- 원광(元光) 1222~1223년
- 정대(正大) 1224~1232년
- 개흥(開興) 1232년
- 천흥(天興) 1232~1234년
- 성창(盛昌) 1234년

〈원(元)〉

- 중통(中統) 1260~1264년
- 지원(至元) 1264~1294년
- 원정(元貞) 1295~1297년
- 대덕(大德) 1297~1307년
- 지대(至大) 1308~1311년
- 황경(皇慶) 1312~1313년
- 연우(延祐) 1314~1320년
- 지치(至治) 1321~1323년
- 태정(泰定) 1324~1328년
- 치화(致和) 1328년
- 천순(天順) 1328년
- 천력(天曆) 1328~1329년
- 지순(至順) 1330~1333년
- 원통(元統) 1333~1335년
- 지원(至元) 1335~1340년
- 지정(至正) 1341~1368년

북원(北元)
- 선광(宣光) 1371~1378년
- 천광(天光) 1378~1381년

|부록 2| 참고문헌

1. 『中國建築史』(第2版), 中國建築工業出版社, 1986.

2. 『劉敦楨文集』, 中國建築工業出版社, 1992.

3. 『中國美術全集』(雕塑編), 人民美術出版社, 1989.

4. 王子雲: 『中國雕塑藝術史』, 人民美術出版社, 1988.

5. 項春生 編: 『遼代壁畵選』, 上海人民美術出版社, 1984.

6. 『巖山寺金代壁畵』, 文物出版社, 1983.

7. 薛居正 等: 『舊五代史』, 中華書局 點校本.

8. 脫脫 等: 『宋史』, 中華書局 點校本.

9. 脫脫 等: 『遼史』, 中華書局 點校本.

10. 脫脫 等: 『金史』, 中華書局 點校本.

11. 宋濂 等: 『元史』, 中華書局 點校本.

12. 『元朝秘史』, 中華書局 影印本, 李文田 注本.

13. 李燾: 『讀資治通鑑長編』, 上海古籍書店 影印本.

14. 李心傳: 『建炎以來系年要錄』, 商務印書館 排印本.

15. 李心傳: 『建炎以來系年雜記』, 商務印書館 排印本.

16. 王欽若 等: 『册府元龜』, 中華書局 影印本.

17. 徐松: 『宋會要輯稿』, 中華書局 影印本.

18. 葉隆禮: 『契丹國志』, 上海古籍出版社, 1985.

19. 宇文懋昭: 『大金國志』, 中華書局 校正本, 1986.

20. 『元典章』, 北京圖書館藏 抄本.

21. 黃時鑒 點校: 『通制條格』, 浙江古籍出版社, 1986.

22. 陳元靚 等: 『事林廣記』, 中華書局 影印本.

23. 蘇天爵: 『國朝文類』, 四部叢刊本.

24. 莊季裕: 『鷄肋編』, 中華書局, 1983.

25. 陸游: 『老學庵筆記』, 中華書局, 1979.

26. 周密: 『癸辛雜識』, 中華書局, 1988.

27. 彭大雅・徐霆: 『黑韃事略』, 叢書集成本.

28. 孔齊: 『至正直記』, 上海古籍出版社, 1982.

29. 陶宗儀: 『輟耕錄』, 中華書局, 1959.

30. 肖洵: 『故宮遺錄』, 北京古籍出版社, 1931.

31. 曹昭：『格古要論』, 夷門廣牘本.

32. 『大元氈罽工物記』, 廣倉學窘叢書本.

33. 能夢祥：『析津志 (輯佚−실전되어 전해지지 않는 것을 수집하여 수록한 책)』, 北京古籍出版社, 1983.

34. [朝鮮] 鄭麟趾：『高麗史』, (日本) 國書刊行會本.

35. [페르시아] 즈페이니(志費尼) 著, 何高濟 譯：『世界征服者史』, 內蒙古人民出版社, 1981.

36. [페르시아] 라쓰터(拉施特) 著, 余大鈞·周建齊 譯：『史集』, 商務印書館, 1983.

37. [영국] Dawson 編, 呂浦 譯：『出使蒙古記』, 中國社會科學出版社, 1981.

38. 中國硅酸鹽學會：『中國陶瓷史』, 文物出版社, 1982.

39. 『中國大百科全書·考古學』, 中國大百科全書出版社, 1986.

40. [일본] 三上次男 著, 李錫經 等 譯, 『陶瓷之路』, 文物出版社, 1984.

41. 劉新園：「元代窯事小考」, 『景德鎭陶瓷學院學報』에 수록, 1982.

42. 劉新園：「元青花特異紋飾和將作院所屬浮梁磁局」, 『景德鎭陶瓷學院學報』에 수록, 1983.

43. 尙剛：「唐·元青花叙論」, 『中國文化』第九期에 수록, 1994.

44. 尙剛：「元代的織金錦與刺繡」, 『工藝美術參考』에 수록, 1987. 2.

45. 尙剛：「鴛鴦鸂鶒滿池嬌」, 『裝飾』에 수록, 1995. 2.

46. 尙剛：「蒙元時期的棉布與氈罽」, 『工藝美術參考』에 수록, 1989. 1.

47. 尙剛：「漆藝二題」, 『裝飾』에 수록, 1993. 3.

48. 『文物 (文物考古資料)』, 文物出版社.

49. 『考古 (考古學報)』, 科學出版社.

50. 『考古學考』, 科學出版社.

51. 『故宮博物館院刊』, 科學出版社.

52. 『中國美術全集』, 文物出版社 等.

53. 『中國的博物館』, 講談社·文物出版社.

154 〈추림어부도(秋林漁父圖)〉(일부분)/(宋) 허도녕(許道寧)

155 〈추림어부도〉(일부분)/(宋) 허도녕

163 〈팔화도(八花圖)〉/(元) 전선(錢選)

165 〈추산유적도(秋山幽寂圖)〉/(元) 황공망(黃公望)

166 〈동정어은도(洞庭漁隱圖)〉/(元) 오진(吳鎭)

170 〈광려도(匡廬圖)〉/(五代) 형호(荊浩)

171 〈관산행려도(關山行旅圖)〉/(五代) 관동(關仝)/비단 바탕에 채색/144.4cm×56.8cm/대북(臺北) 고궁박물원 소장

172 〈산계대도도(山溪待渡圖)〉/(五代) 관동

173 〈고사도(高士圖)〉/(五代) 위현(衛賢)/비단 바탕에 채색/134.5cm×52.5cm/북경 고궁박물원 소장

176 〈용숙교민도(龍宿郊民圖)〉/(五代) 동원(董源)/비단 바탕에 채색/156cm×160cm/대북(臺北) 고궁박물원 소장

177 〈소상도(瀟湘圖)〉(일부분)/(五代) 동원/비단 바탕에 채색/50cm×141cm/북경 고궁박물원 소장

178 〈하경산구대도도(夏景山口待渡圖)〉(일부분)/(五代) 동원/비단 바탕에 담채/50cm×320cm

180 〈층암총수도(層巖叢樹圖)〉/(五代) 거연(巨然)/비단 바탕에 필묵/144.1cm×55.4cm/대북 고궁박물원 소장

180 〈계산난야도(溪山蘭若圖)〉/(五代) 거연/비단 바탕에 필묵/185.4cm× 57.5cm/미국 클리블랜드미술관 소장

181 〈강행초설도(江行初雪圖)〉(일부분)/(五代) 조간(趙幹)/비단 바탕에 채색/25.9cm ×376.5cm/대북 고궁박물원 소장

182 〈강행초설도〉(일부분)

184 〈계산행려도(溪山行旅圖)〉/(宋) 범관(范寬)/비단 바탕에 채색/206.3cm×103.3cm/대북 고궁박물원 소장

186 〈설산소사도(雪山蕭寺圖)〉/(宋) 범관

188 〈청만소사도(晴巒蕭寺圖)〉(일부분)/송나라 사람

189 〈독비과석도(讀碑窠石圖)〉/(宋) 이성(李成)·왕효(王曉)

192 〈조춘도(早春圖)〉/(宋) 곽희(郭熙)/비단 바탕에 채색/185.3cm×180.1cm/대북 고궁박물원 소장

194 〈유곡도(幽谷圖)〉/(宋) 곽희/비단 바탕에 수묵/167.7cm×53.6cm/상해박물관 소장

195 〈과석평원도(窠石平遠圖)〉/(宋) 곽희/비단 바탕에 수묵/120.8cm×167.7cm/북경 고궁박물원 소장

196 〈어촌소설도(漁村小雪圖)〉(일부분)/(宋) 왕선(王詵)/비단 바탕에 채색/44.4cm×219.7cm/북경 고궁박물원 소장

196 〈연강첩장도(煙江疊嶂圖)〉/왕선/비단 바탕에 채색/26cm×138.5cm/상해박물관 소장

197 〈호장청하도(湖莊淸夏圖)〉/(宋) 조영양(趙令穰)

222 〈운횡수령도(雲橫秀嶺圖)〉/(元) 고극공/비단 바탕에 채색/182.3cm×106.7cm/대북 고궁박물원 소장

223 〈유여구학도(幼輿丘壑圖)〉(일부분)/(元) 조맹부(趙孟頫)/비단 바탕에 채색/27cm×116.3cm/미국 프린스턴대학미술관 소장

225 〈작화추색도(鵲華秋色圖)〉(일부분)/(元) 조맹부/종이 바탕에 채색/29cm×90.5cm/대북 고궁박물원 소장

226 〈작화추색도〉(일부분)/(元) 조맹부

227 〈동정어은도(洞庭漁隱圖)〉/(元) 오진(吳鎭)

228 〈계산우의도(溪山雨意圖)〉/(元) 황공망(黃公望)/종이 바탕에 수묵/26.9cm×106.5cm/북경 고궁박물원 소장

230 〈천지석벽도(天池石壁圖)〉/(元) 황공망/비단 바탕에 채색/139.4cm×57.3cm/북경 고궁박물원 소장

231 〈구봉설제도(九峰雪霽圖)〉/(元) 황공망/비단 바탕에 수묵/117cm×55.5cm/북경 고궁박물원 소장

232 〈부춘산거도(富春山居圖)〉(일부분)/(元) 황공망/종이 바탕에 수묵/31.8cm×51.4cm/절강성박물관 소장

232 〈부춘산거도〉(일부분)/(元) 황공망

234 〈어부도(漁父圖)〉(일부분)/(元) 오진(吳鎭)/비단 바탕에 수묵/84.7cm×29.7cm/북경 고궁박물원 소장

234 〈어부도(漁父圖)〉(일부분)/(元) 오진

235 〈추강어은도(秋江漁隱圖)〉/(元) 오진

237 〈어장추제도(漁莊秋霽圖)〉/(元) 예찬(倪瓚)/종이 바탕에 수묵/96.1cm×46.9cm/상해박물관 소장

238 〈우산임학도(虞山林壑圖)〉/(元) 예찬/종이 바탕에 수묵/94.6cm×34.9cm/미국 메트로폴리탄 미술박물관 소장

239 〈청변은거도(靑卞隱居圖)〉/(元) 왕몽(王蒙)/종이 바탕에 수묵/140cm×42.2cm/상해박물관 소장

240 〈구구임옥도(具區林屋圖)〉/(元) 왕몽/종이 바탕에 채색/139cm×58cm/대북 고궁박물원 소장

241 〈갈치천이거도(葛稚川移居圖)〉/(元) 왕몽/비단 바탕에 채색/139cm×58cm/북경 고궁박물원 소장

244 〈사생진금도(寫生珍禽圖)〉(일부분)/(五代) 황전(黃筌)/비단 바탕에 채색/41.5cm×70.8cm/북경 고궁박물원 소장

245 〈사생진금도〉(일부분)/(五代) 황전

248 〈산자극작도(山鷓棘雀圖)〉/(宋) 황거채(黃居寀)/비단 바탕에 채색/97cm×53.6cm/대북 고궁박물원 소장

250 〈쌍희도(雙喜圖)〉/(宋) 최백(崔白)/비단 바탕에 채색/193.7cm×103.4cm/대북 고궁박물원 소장

251 〈한작도(寒雀圖)〉(일부분)/(宋) 최백/비단 바탕에 채색/25.5cm×101.4cm/북경 고궁박물원 소장

252 〈한작도〉(일부분)/(宋) 최백

254 〈묵죽도(墨竹圖)〉/(宋) 문동(文同)

256 〈고목괴석도(古木怪石圖)〉/(宋) 소식(蘇軾)

258 〈서학도(瑞鶴圖)〉/(宋) 조길(趙佶)/비단 바탕에 채색/51cm×138.2cm/요녕성박물관 소장

259 〈죽작도(竹雀圖)〉/(宋) 조길/비단 바탕에 채색/33.8cm×55.5cm/미국 메트로폴리탄 미술박물관 소장

260 〈홍료백아도(紅蓼白鵝圖)〉/(宋) 작자 미상

261 〈자모계도(子母鷄圖)〉/(宋) 작자 미상/대북 고궁박물원 소장

262 〈과숙래금도(果熟來禽圖)〉/(宋) 임춘(林椿)/비단 바탕에 채색/26.5cm×27cm/북경 고궁박물원 소장

263 〈응규치도(鷹窺雉圖)〉/(宋) 이적(李迪)/비단 바탕에 채색/189.4cm×210cm/북경 고궁박물원 소장

263 〈출수부용도(出水芙蓉圖)〉/(宋) 작자 미상

264 〈화람도(花籃圖)〉/(宋) 이숭(李嵩)/비단 바탕에 채색/19.1cm×26.5cm/북경 고궁박물원 소장

265 〈사양도(四羊圖)〉/(宋) 진거중(陳居中)/비단 바탕에 담채/22.5cm×24cm/북경 고궁박물원 소장

267 〈매석계부도(梅石溪鳧圖)〉/(宋) 마원(馬遠)/비단 바탕에 채색/26.7cm×28.6cm/북경 고궁박물원 소장

267 〈설탄쌍로도(雪灘雙鷺圖)〉/(宋) 마원

268 〈층첩빙초도(層疊冰綃圖)〉/(宋) 마린(馬麟)

269 〈원숭이[猿]〉/(宋) 목계(牧谿)

270 〈사매화도(四梅花圖)〉/(宋) 양무구(揚無咎)/종이 바탕에 수묵/37.2cm×358.8cm/북경 고궁박물원 소장

272 〈묵룡도(墨龍圖)〉/(宋) 진용(陳容)/비단 바탕에 수묵/201.5cm×130.5cm/광동성박물관 소장

273 〈수선도(水仙圖)〉/(宋) 조맹견(趙孟堅)

274 〈팔화도(八花圖)〉 (일부분)/(元) 전선(錢選)/종이 바탕에 채색/29.4cm×333.9cm/북경 고궁박물원 소장

275 〈팔화도〉 (일부분)/(元) 전선

277 〈묵죽파석도(墨竹坡石圖)〉/(元) 곡극공(高克恭)/북경 고궁박물원 소장

278 〈쌍송도(雙松圖)〉/(元) 이간(李衎)

279 〈묵란도(墨蘭圖)〉/(元) 정사초(鄭思肖)/종이 바탕에 수묵/25.7cm×42.4cm/일본 오사카시립미술관 소장

280 〈묵죽파석도(墨竹坡石圖)〉/(元) 오진(吳鎭)/종이 바탕에 수묵/103.4cm×33cm/북경 고궁박물원 소장

281 〈송석도(松石圖)〉/(元) 오진

281 〈묵매도(墨梅圖)〉/(元) 왕면(王冕)

282 〈화죽집금도(花竹集禽圖)〉/(元) 왕연(王淵)/북경 고궁박물원 소장

283 〈오죽창응도(梧竹蒼鷹圖)〉/(元) 장순자(張舜咨)

286 〈낭원여선도(閬苑女仙圖)〉/(五代) 완고(阮郜)/비단 바탕에 채색/42.7cm×177cm/북경 고궁박물원 소장

288 〈중병회기도(重屛會棋圖)〉/(五代) 주문구(周文矩)/비단 바탕에 채색/40.3cm×70.5cm/북경 고궁박물원 소장

289 〈감서도(勘書圖)〉/(五代) 왕제한(王齊翰)/비단 바탕에 채색/28.4cm×65.7cm/남경대학 소장

290 〈한희재야연도(韓熙載夜宴圖)〉 (일부분)/(五代) 고굉중(顧閎中)/비단 바탕에 채색/28.7cm×333.5cm/북경 고궁박물원 소장

291 〈한희재야연도〉 (일부분)/(五代) 고굉중

292 〈조원선장도(朝元仙仗圖)〉/(五代) 무종원(武宗元)

296 〈임위언목방도(臨韋偃牧放圖)〉 (일부분)/(宋) 이공린(李公麟)/비단 바탕에 채색/45.7cm×428.2cm/북경 고궁박물원 소장

297 〈임위언목방도〉 (일부분)/(宋) 이공린

298 〈오마도(五馬圖)〉/(宋) 이공린/종이 바탕에 수묵/28.9cm×224.3cm/일본에 소장

299 〈오마도〉/(宋) 이공린

300 〈청금도(聽琴圖)〉/(宋) 조길(趙佶)/비단 바탕에 채색/142.2cm×51.3cm/북경 고궁박물원 소장

301 〈청명상하도(淸明上河圖)〉 (일부분)/(宋) 장택단(張擇端)/비단 바탕에 채색/24.8cm×528.7cm/고궁박물원 소장

302 〈청명상하도〉 (일부분)/(宋) 장택단

303 〈청명상하도〉 (일부분)/(宋) 장택단

304 〈추정영희도(秋庭嬰戲圖)〉/(宋) 소한신(蘇漢臣)/비단 바탕에 채색/197.5cm×108.7cm/대북 고궁박물원 소장

305 〈화랑도(貨郞圖)〉/(宋) 이숭(李嵩)

307 〈사계목우도(四季牧牛圖)〉/(宋) 염차평(閻次平)

308 〈진문공중이복국도(晉文公重耳復國圖)〉 (일부분)/(宋) 이당(李唐)/비단 바탕에 채색/29.4cm×827cm/미국 메트로폴리탄 미술박물관 소장

309 〈진문공중이복국도〉 (일부분)/(宋) 이당

310 〈채미도(採薇圖)〉 (일부분)/(宋) 이당/비단 바탕에 채색/27.2cm×90.5cm/북경 고궁박물원 소장

311 〈절함도(折檻圖)〉/(宋) 작자 미상

313 〈문희귀한도(文姬歸漢圖)〉/(宋) 진거중(陳居中)

314 〈나한도(羅漢圖)〉/(宋) 유송년(劉松年)

315 〈당풍도(唐風圖)〉/(宋) 마화지(馬和之)/비단 바탕에 채색/각 폭 28.3cm×46.5cm/요녕성박물관 소장

317 〈백련사도(白蓮社圖)〉/(宋) 장격(張激)

318 〈팔고승고사도(八高僧故事圖)〉 (일부분)/(宋) 양해(梁楷)

319 〈육조작죽도(六祖斫竹圖)〉/(宋) 양해

320 〈발묵선인도(潑墨仙人圖)〉/(宋) 양해

321 〈소하도(消夏圖)〉 (일부분)/(元) 유관도(劉貫道)/비단 바탕에 채색/29.3cm×71.2cm/미국 넬슨-애킨스 미술박물관 소장

322 〈원세조출렵도(元世祖出獵圖)〉/(元) 유관도/비단 바탕에 채색/182.9cm×104.1cm/대북 고궁박물원 소장

|제4장| 공예 미술

449 황유획화모란문장경호(黃釉劃花牧丹紋長頸壺)/遼/높이 36.3cm, 구경 10.3cm/요녕성박물관 소장

450 요대 피낭호(皮囊壺)의 다섯 유형[선묘도(線描圖)]

451 백유녹채피낭호(白釉綠彩皮囊壺)/遼/도기/높이 37.8cm, 복부의 긴 쪽 직경 17.2cm/요녕성박물관 소장

452 삼채모란문장반(三彩牧丹紋長盤)/遼/도기/높이 2.1cm, 구장(口長) 30.1cm/요녕 신민(新民) 파도영자(巴圖營子)의 요대 무덤에서 출토./요녕성박물관 소장

454 자주요(磁州窯) 계통의 백지흑화조문호형침(白地黑花鳥紋虎形枕)/金/자기/높이 12.6cm, 길이 39.6cm/상해박물관 소장

457 경덕진요의 청화전지모란문매병(青花纏枝牡丹紋梅瓶)/元/자기/전체 높이 48.7cm, 구경 3.5cm/강서 고안(高安)의 무덤에서 출토./강서성(江西省) 고안현(高安縣)박물관 소장

458 경덕진요의 청화만지교문반(青花滿池嬌紋盤)/元/높이 6.7cm, 구경 46.5cm/북경 고궁박물원 소장

461 경덕진요의 청화홍람유관(青花紅藍釉罐)/元/자기/ 전체 높이 41.2cm, 구경 15.5cm/하북 보정(保定)의 땅광에서 출토./하북성(河北省)박물관 소장

462 경덕진요의 유리홍화조문관(釉裏紅花鳥紋罐)/元/자기/높이 24.8cm, 구경 13.3cm/강서 고안(高安)의 땅광에서 출토./강서성(江西省) 고안현(高安縣)박물관 소장

463 경덕진요의 남유묘금절지매문배(藍釉描金折枝梅紋杯)/元/높이 4cm, 구경 8.1cm/하북 보정(保定)의 땅광에서 출토./하북성(河北省)박물관 소장

464 경덕진요의 난백유(卵白釉)로, '樞府(추부)'라는 관지가 찍힌 인화전지모란문절요완(印花纏枝牡丹紋折腰碗)/元/높이 4.5cm, 구경 11.5cm/중경시(重慶市)박물관 소장

465 경덕진요의 청백자누공침(青白瓷鏤空枕)/元/자기/ 높이 15.3cm, 길이 32cm/ 산서(山西) 대동시(大同市)박물관 소장

466 자주요(磁州窯)의 백지흑화인물문관(白地黑花人物紋罐)/元/높이 30.5cm, 구경 18.4cm/양주시(揚州市)박물관 소장

466 자주요의 백지흑화인물문관 (다른 쪽 면)

467 용천요(龍泉窯)의 퇴첩화훼문호로병(堆貼花卉紋葫蘆瓶)/元/자기/높이 25.9cm, 구경 4.6cm/중국 국가박물관 소장

472 모란문(牡丹紋) 나(羅) (일부분)/宋/사(絲)/ 길이 104~135cm, 너비 57cm/복건(福建) 복주(福州)의 황승(黃昇) 묘(1243년)에서 출토./복건성(福建省)박물관 소장

473 화훼동자문(花卉童子紋) 직물/北宋/호남 형양(衡陽)의 무덤에서 출토./호남성(湖南省)박물관 소장

474 모란·부용·산다·치자문(牧丹·芙蓉·山茶·梔子紋) 나(羅)의 모사도(摹寫圖)/南宋/복건(福建) 복주(福州)의 황승 묘(1243년)에서 출토.

475 운룡문(雲龍紋) 단(緞)의 일부분/元/사(絲)/강소 소주(蘇州)의 조 씨(曹氏) 묘(1305년)에서 출토./강소(江蘇) 소주(蘇州)박물관 소장

476 단용봉문직금금(團龍鳳紋織金錦) 불의(佛衣) 피견(披肩-숄)/元/사(絲)/어깨 너비 70cm, 표대(飄帶)의 길이 42cm/북경 고궁박물원 소장

478 단과익양직금(團窠翼羊織錦) 베일 (일부분)/元/내몽고(內蒙古) 집녕(集寧)의 무덤에서 출토./내몽고자
치구박물관 소장

478 봉천모란문각군(鳳穿牡丹紋擱裙) (일부분)/元/강소 소주(蘇州)의 조 씨(曹氏) 무덤(1365년)에서 출토./
소주시(蘇州市)박물관 소장

480 매작문(梅雀紋) 능포(綾袍) (일부분)/元/산동 추현(鄒縣)에 있는 이유암(李裕庵)의 묘(1350년)에서 출
토./추현문물보관소(鄒縣文物保管所) 소장

481 주극유(朱克柔)의 관지(款識)가 있는 격사(緙絲) 산다도(山茶圖)/(南宋) 주극유(朱克柔)/사(絲)/길이
26cm, 너비 25cm/요녕성박물관 소장

482 자수(刺繡) 요대과학도(瑤臺跨鶴圖)/南宋/길이 25.4cm, 너비 27.4cm/요녕성박물관 소장

484 만지교(滿池嬌) 문양의 자수(刺繡)/元/자수 문양의 길이 37cm, 너비 30cm/내몽고 집녕(集寧)의 땅
광에서 출토./내몽고자치구박물관 소장

489 화훼문능화형은반(花卉紋菱花形銀盤)/宋/높이 1.5cm, 구경 17.2cm/사천 수녕(遂寧)의 땅광에서 출
토./사천성문물관리위원회(四川省文物管理委員會) 소장

490 유금인물문은팔각배(鎏金人物紋銀八角杯)/南宋/높이 5.5cm, 구경 7.5~9.3cm/복건(福建) 소무(邵武)
의 땅광에서 출토./복건성박물관 소장

492 금화와록문은피낭호(金花臥鹿紋銀皮囊壺)/遼/전체 높이 26cm, 바닥 길이 21cm, 너비 16cm/내몽
고 적봉(赤峰)의 땅광에서 출토./적봉시문물공작참(赤峰市文物工作站) 소장

494 금화단화문은렴(金花團花紋銀奩)/元/전체 높이 24.3cm, 받침 쟁반 구경 22cm/강소 소주(蘇州)의
조 씨(曹氏) 묘(1265년)에서 출토./소주박물관 소장

497 나전화조문흑칠경함(螺鈿花鳥紋黑漆經函)/五代/높이 12.5cm, 길이 35cm, 너비 12cm/강소 소주(蘇
州)의 서광탑(瑞光塔)에서 출토./소주시박물관 소장

497 묘금퇴칠사리함(描金堆漆舍利函)/北宋/칠기/높이 41.2cm, 바닥 변의 길이 24.5cm/절강 서안(瑞安)
의 혜광탑(慧光塔)에서 출토./절강성박물관 소장

498 창금사녀도주칠렴(槍金仕女圖朱漆奩)/南宋/칠목(漆木)/전체 높이 21.3cm, 직경 19.2cm/강소 무진
(武進)의 무덤에서 출토./강소성 상주시(常州市)박물관 소장

499 창금사녀도주칠렴의 뚜껑 표면

503 양장(楊藏)이라는 관지(款識)가 있는 척홍관폭도팔방반(剔紅觀瀑圖八方盤)/(元) 양무(楊茂)/칠목(漆
木)/높이 26cm, 구경 17.8cm/북경 고궁박물원 소장

504 쌍학함초옥식(雙鶴啣草玉飾)/北宋/높이 6cm, 너비8.2cm, 두께 0.6cm/북경 방산(房山)의 금대(金代)
무덤에서 출토./수도박물관(首都博物館) 소장

505 옥패(玉佩)/遼/옥/옥 장식의 길이 4.9~7.5cm/내몽고자치구 문물고고연구소 소장

506 춘수옥식(春水玉飾)/金/높이 6.5cm, 너비 8cm, 두께 2cm/북경 고궁박물원 소장

508 독산대옥해(瀆山大玉海)/몽고국(蒙古國)/옥/높이 70cm, 구경 135~182cm/북경단성(北京團城) 소장

|부록 4| 찾아보기

지은이_ **수에융니엔(薛永年)**

북경(北京)에서 출생했으며, 미술사론가(美術史論家)이다. 중앙미술학원(中央美術學院) 미술사학과를 졸업했으며, 중국서화사론(中國書畫史論)과 서화 감정(鑑定)을 전공했고, 틈틈이 서화와 전각(篆刻)을 한다. 중앙미술학원 미술사학과 주임·홍콩 중문대학(中文大學) 문물관(文物館) 연구원을 역임했으며, 현재 중앙미술학원 교수·박사과정 지도교수이면서, 중국미술가협회 이사와 북경미술가협회 이론위원회 주임을 맡고 있다. 저서로는『書畫史論叢稿』·『橫看成嶺側成峰』·『晉唐宋元卷軸畫史』(공저)·『揚州八怪與揚州商業』·『華嵒研究』등이 있으며, 공저(共著)로는『中國書畫』·『中國美術簡史』가 있다.

자오리(趙力)

강소(江蘇) 무석(無錫)에서 출생했으며, 중앙미술학원(中央美術學院) 미술사학과를 졸업했고, 현재 중앙미술학원 부교수·인문학원(人文學院) 부원장이다.『中國油畫簡史』·『中國初期油畫大系』의 출판을 주관하였으며, 저서로는『中國美術史簡編』·『京江畫派』등이 있다.

샹강(尚剛)

1952년 북경(北京)에서 출생했으며, 청화대학(淸華大學) 미술학원(美術學院) 예술사론학과(藝術史論學科) 교수·박사과정 지도교수이다. 저서로는『唐代工藝美術史』·『元代工藝美術史』등이 있다.

옮긴이_ **안영길(安永吉)**

한국외국어대학교 중국어과, 홍익대학교 대학원 미학과 졸업했다. 박사 논문은「송대 화론에 나타난 형신론 연구」이며, 저서로는『명·청대 회화예술』(공저)이 있고, 역서로는『중국길상도안』·『장황지(裝潢志)』·『동기창의 화론 화안(畫眼)』·『20세기 중국 회화의 거장 푸바오스(傅抱石)』·『황전화파』·『중국 미술 상징사전』등이 있다. 고려대학교 민족문화연구원 연구교수 등을 역임했으며, 현재 숙명여대·동덕여대 등에서 강의하고 있다.